정혜원 저

KB158024

CBT 시험을 위한
직업상담사 2급 필기

지식공유

CBT 시험을 위한 직업상담사 2급 필기

저　　자 | 정혜원

발 행 일 | 초판 2023년 01월 30일

발 행 인 | 김미영

발 행 처 | 지식공유

등록번호 | 제 2017-000107호

팩　　스 | 0504-477-9791

메　　일 | ksharing@naver.com

홈페이지 | www.ksharing.co.kr

공식카페 | https://cafe.naver.com/kksharing

주　　소 | 서울시 마포구 만리재로 14 르네상스타워 2201

I S B N | 979-11-91407-14-3 (13320)

정　　가 | 30,000원

S t a f f | 기획 · 진행 김미영 / 표지 · 디자인 김지영 / 편집디자인 주경미 / 교정교열 조동진 / 일러스트 조영준

1 핵심 빈출 1,000문제

과목별 핵심 빈출 200문제를 엄선하였으며, CBT 문제 은행 출제 방식을 고려하여 핵심 빈출 1,000문제를 수록하였습니다.

2 실전기출문제 10회

실전기출문제 10회로 실제 CBT 방식에 대비할 수 있도록 하였습니다.

3 저자 직강 해설 강의

직업상담사 전문 강사가 직접 집필하고 설명하는 저자 직강의 해설 동영상 강의를 무료로 수강할 수 있습니다.

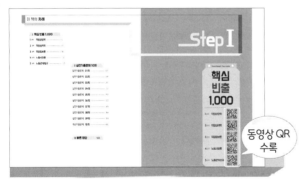

4 온라인 카페 질의 응답 서비스

최신 직업정보 및 노동법규에 대한 정보를 게시하고 질의 응답을 할 수 있습니다.

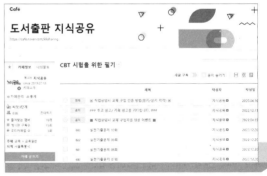

지식공유 공식 카페 cafe.naver.com/kksharing에서
동영상을 볼 수 있습니다.

본 교재를 구입한 독자는 2차 실기 최신 기출문제를 무료로 볼 수 있습니다.
(단, 교재 구매 영수증과 교재 인증 후 가능)

이 책의 차례

STEP I 핵심 빈출 1,000문제

1 과목 **직업상담학** ························ 6

2 과목 **직업심리학** ························ 47

3 과목 **직업정보론** ························ 90

4 과목 **노동시장론** ························ 132

5 과목 **노동관계법규** ························ 170

STEP II 실전기출문제 10회

실전기출문제 **01회** ························ 220

실전기출문제 **02회** ························ 240

실전기출문제 **03회** ························ 261

실전기출문제 **04회** ························ 281

실전기출문제 **05회** ························ 302

실전기출문제 **06회** ························ 323

실전기출문제 **07회** ························ 343

실전기출문제 **08회** ························ 364

실전기출문제 **09회** ························ 384

최신기출문제 **10회** ························ 405

STEP III 빠른 정답 426

Step I

Vocational Counselor

핵심 빈출 1,000

1과목 **직업상담학**

2과목 **직업심리학**

3과목 **직업정보론**

4과목 **노동시장론**

5과목 **노동관계법규**

직업상담학

01 직업상담의 기본원리에 관한 설명으로 틀린 것은?

① 직업상담은 변화하는 직업세계에 대한 이해를 토대로 이루어져야 한다.
② 직업상담은 신뢰관계를 형성한 후 인간의 성격 특성과 재능에 대한 이해를 토대로 진행되어야 한다.
③ 직업상담은 내담자의 전 생애적 발달과정을 반영할 수 있어야 한다.
④ 가장 핵심적인 요소는 진로 혹은 직업의 결정이므로 개인의 의사결정보다는 직업세계의 이해에 대한 상담이 우선되어야 한다.

해설 ④ 직업상담 기본원리의 핵심적인 요소는 진로 또는 직업적 결정을 돕는 것으로 직업상담 과정에서 의사결정에 대한 지도과정이 포함되어야 한다.

02 직업상담의 기본원리에 대한 설명으로 틀린 것은?

① 직업상담은 개인의 특성을 객관적으로 파악한 후, 직업상담자와 내담자간의 신뢰관계(rapport)를 형성한 뒤에 실시하여야 한다.
② 직업상담에 있어서 핵심적인 요소는 개인의 심리적·정서적 문제의 해결이다.
③ 직업상담은 진로발달이론에 근거하여야 한다.
④ 직업상담은 각종 심리검사를 활용하여 그 결과를 기초로 합리적인 결과를 끌어낼 수 있어야 한다.

해설 ② 직업상담 기본원리의 핵심적인 요소는 진로 또는 직업적 결정을 돕는 것이지 개인의 심리적·정서적 문제를 해결하지 않는다.

03 직업선택 과정에 관한 설명으로 옳은 것은?

① 직업에 대해 정확한 정보만 가지고 있으면 직업을 효과적으로 선택할 수 있다.
② 주로 성년기에 이루어지기 때문에 어릴 때 경험은 영향력이 없다.
③ 개인적인 문제이기 때문에 가족이나 환경의 영향은 관련이 없다.
④ 일생동안 계속 이루어지는 과정이기 때문에 다양한 시기에서 도움이 필요하다.

해설 ① 직업정보는 직업선택에 보조적 역할을 한다.
② 어릴 적 경험은 직업선택에 영향을 준다.
③ 가족이나 환경은 직업선택과 관련이 있다. 예 직업가계도

04 청소년 직업발달에 영향을 미치는 요인과 가장 거리가 먼 것은?

① 부모의 직업
② 성역할의 사회화
③ 진로교사의 직업선택
④ 실습기간 동안의 근로경험

해설 ③ 상담에서 직업문제 관련 의사결정은 내담자가 한다.

➕ 청소년의 직업발달에 영향을 미치는 요인
- 가정적 배경: 부모의 직업, 가정의 구조, 부모의 사회적·경제적 지위
- 학교와 친구집단: 학교와 교사의 관계, 또래집단
- 성역할의 사회화: 진로의식화와 직업결정에 영향
- 일의 경험: 아르바이트, 실습체험, 시간제 취업

05 Roe는 가정의 정서적 분위기, 즉 부모와 자녀 간의 상호작용을 세 가지 유형으로 구분하였는데 이에 해당하지 않는 것은?

① 정서집중형
② 반발형
③ 회피형
④ 수용형

➕ 로(Roe)의 부모 양육방법의 분류

정서집중형	인간지향적 성격을 가져 예능계통 직업 원함
회피형	타인과 접촉이 적은 직업, 과학계통의 직업 원함
수용형	인간지향적 성격을 가지나 타인과 접촉하는 서비스 계통 직업 원함

06 Gysbers가 제시한 직업상담의 목적에 관한 설명으로 옳은 것은?

① 생애진로발달에 관심을 두고, 효과적인 사람이 되는데 필요한 지식과 기능을 습득하게 한다.
② 직업선택, 의사결정 기술의 습득 등이 주요한 목적이고, 직업상담 과정에는 진단, 문제분류, 문제구체화 등이 들어가야 한다.
③ 자기관리 상담모드가 주요한 목적이고, 직업정보 탐색과 직업결정, 상담만족 등에 효과가 있다.
④ 직업정보를 스스로 탐색하게 하고 자신을 사정하게 하는 능력을 갖추도록 돕는다.

해설 ② 크라이티스(Crites)의 포괄적 직업상담에 대한 설명이다.
③ 크리바치(Krivatsy)와 마군(Magoon)이 제시한 직업적 상담처치의 견해 설명이다.
④ 마올라(Maola)와 카네(Kane)가 제시한 직업상담의 견해 설명이다.

➕ **기스버스(Gysbers)가 제시한 직업상담의 목적**
• 예언과 발달   • 처치와 자극   • 결함과 유능

07 Herr가 제시한 직업상담사의 직무내용에 해당되지 않는 것은?

① 상담자는 특수한 상담기법을 통해서 내담자의 문제를 확인하도록 한다.
② 상담자는 좋은 결정을 가져오기 위한 예비행동을 설명한다.
③ 직업선택이 근본적인 관심사인 내담자에 대해서는 직업상담 실시를 보류하도록 한다.
④ 내담자에 관한 부가적 정보를 종합한다.

해설 ③ 상담자는 내담자가 직업선택이 근본적인 관심이라면 직업상담 실시를 확정한다.

08 직업상담 영역과 가장 거리가 먼 것은?

① 직업일반상담   ② 직업정신건강상담
③ 취업상담   ④ 실존문제상담

해설 직업상담의 영역에는 ①, ②, ③ 외에도 직업적응상담, 직업전환상담, 직업문제치료, 은퇴상담이 있다.

09 직업상담의 목적과 가장 거리가 먼 것은?

① 내담자가 이미 잠정적으로 선택한 진로결정을 확고하게 해 주는 것이다.
② 개인의 직업목표를 명백하게 해 주는 과정이다.
③ 내담자가 자기 자신과 직업세계에 대해 알지 못했던 사실을 발견하도록 도와주는 것이다.
④ 내담자가 최대한 고소득 직업을 선택하도록 돕는 것이다.

해설 ④는 직업상담의 목적과 거리가 멀다.

10 상담실에 왔으나 상담에 적극적으로 참여할 의사가 없는 '방문자 유형'의 내담자에게 적절한 상담방안이 아닌 것은?

① 내담자의 목표에 동의하기
② 내담자가 원하는 것을 발견하기
③ 의뢰한 사람의 요구에 대한 내담자의 견해 묻기
④ 해결중심의 대화로 전환하기

해설 ④ 해결중심은 다른 상담에 비해 내담자의 적극적인 협력이 필요하다.

➕ **상담자와 내담자의 관계유형**
• 방문객형(visitor): 주위 가족이나 친척, 교사, 보호관찰관 등의 요구나 명령으로 상담에 의뢰된 경우가 많아 상담에 저항이 강하고, 문제해결에 대한 동기도 매우 약하다.
• 불평형(complaint): 자신이 타인의 문제로 희생당하고 있다고 생각하고 자신의 문제를 남의 탓으로 돌린다.
• 고객형(customer): 자신의 문제를 인식하고 그 문제를 상담을 통해 변화시키려는 동기가 강한 유형이다.

11 직업상담사의 업무와 가장 거리가 먼 것은?

① 구인·구직접수, 취업알선, 채용여부 확인 등의 직업소개업무
② 구직자에게 적성, 흥미검사 등을 실시하여 직업정보 제공
③ 제반 노동관계법 등을 검토하여 준수 여부를 확인
④ 채용박람회와 같은 채용행사의 기획·실행

해설 ③은 직업상담사의 업무와 거리가 멀다.

12 다음 행동특성을 모두 포함하는 집단상담자의 자질은?

> • 내면에 대한 깊이 있는 반성
> • 사소한 실수에도 낙심하지 않음
> • 집단구성원들에게 자신의 약한 부분과 한계를 기꺼이 드러냄

① 타인의 복지에 대한 관심
② 자기수용
③ 개방적인 소양
④ 공감적 이해능력

[해설] ② 표 안의 내용은 자기수용에 대한 설명이다.

➕ 집단상담자 자질

• 자기수용: 사소한 실수에 낙심하지 않으며, 때로 집단원들에게 자신의 약한 부분을 기꺼이 드러내기도 한다.
• 개방적 태도: 새로운 경험과 다른 삶의 유형과 가치에 대해 개방적인 것을 말한다.
• 타인의 복지에 대한 관심: 모든 상담자에게 필수적인 요소로 집단상담자가 자신의 이익을 위해 집단을 이용하지 않는다는 의미이기도 하다.
• 자발적인 모범: 집단원들에게 바람직한 행동을 습득하도록 하기 위한 효과적인 방법은 모델링, 즉 집단상담자가 모범을 보이는 것이다.
• 공감적 이해 능력: 집단원에 대해 민감하고 정확하게 이해한 것을 토대로 그들과 교류할 수 있는 능력이다.

13 아들러(Adler)의 개인심리학적 상담의 목표로 옳지 않은 것은?

① 사회적 관심을 갖도록 돕는다.
② 내담자의 잘못된 목표를 수정하도록 돕는다.
③ 패배감을 극복하고 열등감을 감소시킬 수 있도록 돕는다.
④ 전이해석을 통해 중요한 타인과의 관계 패턴을 알아차리도록 돕는다.

[해설] ④ 전이는 내담자가 과거 중요인물에게 느꼈던 생각이나 감정을 상담자에게 투사하는 현상으로 프로이드(Freud)의 정신분석 상담기법이다.

14 직업상담사의 역할과 가장 거리가 먼 것은?

① 직업정보의 수집 및 분석
② 직업관련 이론의 개발과 강의
③ 직업관련 심리검사의 실시 및 해석
④ 구인, 구직, 직업적응, 경력개발 등 직업관련 상담

[해설] ② 직업관련 이론을 개발하고 그 내용을 강의하는 것은 직업상담사의 역할과 거리가 멀다.

➕ 직업상담사의 역할

• 내담자를 상담하는 상담자
• 내담자의 문제해결을 돕기 위한 조언자
• 그 과정에서 필요한 직업상담 프로그램을 개발하는 개발자
• 개발한 프로그램을 내담자에게 적용하는 지원자
• 그 결과를 설명하는 해석자
• 제대로 된 직업정보인지 분석하는 정보분석가
• 공공기관 그리고 기업체 인사담당자와 협의하는 협의자

15 미국의 국립직업지도협회(national vocational guidance association)에서 제시한 직업상담자에게 요구되는 6가지 기술영역에 해당되는 않는 것은?

① 관리능력
② 실행능력
③ 조언능력
④ 타협능력

➕ 국립직업지도협회에서 제시한 직업상담가의 6가지 기술영역

• 일반상담능력
• 정보분석과 적용능력
• 개인 및 집단검사 실시능력
• 관리능력
• 실행능력
• 조언능력

16 직업상담사에게 요구되는 역할과 가장 거리가 먼 것은?

① 직업정보를 분석하고 구인·구직 정보제공
② 구직자의 직업적 문제를 진단하고 해결 및 지원
③ 노동통계를 분석하여 새로운 직업전망을 예견하여 미래의 취업정보를 제공
④ 직업상담실을 관리하며 구직자의 행동을 조정 및 통제

17 직업상담을 위한 면담에 대한 설명으로 옳은 것은?

① 내담자의 모든 행동은 이유와 목적이 있음을 분명하게 인지한다.

② 상담과정의 원만한 전개를 위해 내담자에게 태도 변화를 요구한다.

③ 침묵에 빠지지 않도록 상담자는 항상 먼저 이야기를 해야 한다.

④ 초기면담에서 내담자에 대한 기준을 부여한다.

해설 ② 상담과정의 원만한 전개를 위해 라포형성(관계형성)한다.
③ 내담자의 침묵은 상담에 대한 저항이나 자신의 생각을 정리하는 시간일 수 있으니 원인에 따른 적절한 대응이 필요하다.
④ 초기면담에서 내담자의 상담목표를 명확하게 한다.

18 상담 시 상담사의 질문으로 바람직하지 않은 것은?

① 당신이 선호하는 직업이 있다면 무엇인가요? 그런 이유를 말씀해 주시겠어요?

② 당신이 특별히 좋아하는 것이 있다면 말씀해 주시겠어요?

③ 직업상담을 해야겠다고 결정했나요?

④ 어떻게 생각해야 할지 이해가 잘 가지 않는군요. 잘 모르겠어요. 제가 좀 더 확실하게 이해할 수 있도록 도와주시겠어요?"

해설 ③ 내담자에게 특정한 내용의 답변을 요구하는 폐쇄형 질문으로 정보지향적 상담이외의 상담장면에서 사용하는 것은 바람직하지 않다.

19 개방적 질문의 형태와 가장 거리가 먼 것은?

① 시험이 끝나고서 기분이 어떠했습니까?

② 지난주에 무슨 일이 있었습니까?

③ 당신은 학교를 좋아하지요?

④ 당신은 누이동생을 어떻게 생각하는지요?

➕ 개방형 질문과 폐쇄형 질문의 비교

개방형 질문	폐쇄형 질문
질문의 범위가 포괄적이다.	질문의 범위가 한정되어 있다.
내담자에게 모든 반응의 길을 터놓는다.	내담자에게 특정한 답변을 요구한다.
내담자로 하여금 시야를 넓히도록 유도한다.	내담자로 하여금 시야를 좁게 만든다.
바람직한 촉진관계를 열어 놓는다.	바람직한 촉진관계를 닫는다.
예 지난주에 무슨 일이 있었습니까?	예 당신은 학교를 좋아하지요?

20 카운슬러 윤리강령을 기반으로 한 직업상담사의 기본윤리로 가장 적합한 것은?

① 상담자는 내담자가 이해하고 수용할 수 있는 한도 내에서 상담기법을 활용한다.

② 상담자는 내담자 개인이나 사회에 위험이 있다고 판단이 될지라도 개인의 정보를 보호해 줄 수 있는 포용력이 있어야 한다.

③ 상담자는 내담자가 도움을 받지 못하는 상담임이 확인된 경우라도 초기 구조화한 대로 상담을 지속적으로 진행하여야 한다.

④ 내담자에 대한 정보가 교육장면이나 연구장면에서 필요한 경우 내담자와 합의한 후 개인정보를 밝혀 활용하면 된다.

해설 ② 내담자 개인 및 사회에 임박한 위험이 있다고 판단될 때는, 극히 조심스러운 고려 후에 내담자의 사회생활 정보를 적정한 전문인 혹은 사회당국에 공개한다.
③ 내담자가 도움받지 못했다고 확인되면 다른 전문가에게 의뢰한다.
④ 내담자에 관한 정보를 교육장면이나 연구용으로 사용할 경우에는 내담자와 합의한 후 그 정체가 전혀 노출되지 않도록 해야 한다.

21 직업상담사의 요건 중 '상담업무를 수행하는 데 가급적 결함이 없는 성격을 갖춘 자'에 대한 사례와 가장 거리가 먼 것은?

① 지나칠 정도의 동정심
② 순수한 이해심을 가진 신중한 태도
③ 건설적인 냉철함
④ 두려움이나 충격에 대한 공감적 이해력

➕ **직업상담사의 자질**
• 객관적인 통찰력
• 지나치지 않은 동정심
• 순수한 이해성(이해심)을 가진 신중한 태도
• 내담자에 대한 존경심
• 자아 편견에서 벗어나는 능력
• 전문적인 심리학적 지식과 개인적 자질
• 직업정보 분석능력
• 도덕적 판단, 두려움, 충격 등을 그냥 넘기지 못하는 뜻깊은 이해성

22 직업상담사가 지켜야 할 윤리사항으로 옳은 것은?

① 습득된 직업정보를 가지고 다니면서 직업을 찾아준다.
② 습득된 직업정보를 먼저 가까운 사람들에게 알려준다.
③ 상담에 대한 이론적 지식보다는 경험적 훈련과 직관을 앞세워 구직활동을 도와준다.
④ 내담자가 자기로부터 도움을 받지 못하고 있음이 분명한 경우에는 상담을 종결하려고 노력한다.

해설 ① 효율성이 떨어지기 때문에 내담자를 돕기 어렵다.
② 직업상담사의 윤리사항에 어긋난다.
③ 상담은 이론적 지식과 경험을 바탕으로 객관적 입장에서 해야 한다.

23 상담 윤리강령의 역할과 기능을 모두 고른 것은?

ㄱ. 내담자의 복리증진
ㄴ. 지역사회의 도덕적 기대존중
ㄷ. 전문직으로서의 상담기능 보장
ㄹ. 상담자 자신의 사생활과 인격 보호
ㅁ. 직무수행 중의 갈등 해결 지침 제공

① ㄱ, ㄴ, ㄷ
② ㄴ, ㄷ, ㄹ
③ ㄱ, ㄴ, ㄹ, ㅁ
④ ㄱ, ㄴ, ㄷ, ㄹ, ㅁ

해설 상담 윤리강령은 상담장면과 상담과정에서 내담자를 돕는 것은 물론 상담자 자신을 보호하는 역할이며 기능이다.

24 상담자의 윤리강령으로 옳지 <u>않은</u> 것은?

① 상담활동의 과정에서 소속기관 및 비전문인과 갈등이 있을 때 내담자의 복지를 우선적으로 고려한다.
② 타 전문인과 상호합의가 없었지만 내담자가 간절히 원하면 타 전문인으로부터 도움을 받고 있는 내담자라도 상담한다.
③ 자신의 개인 문제 및 능력의 한계 때문에 도움을 주지 못하리라고 판단될 경우는 다른 전문가 동료 및 관련기관에 의뢰한다.
④ 사회공익과 자기가 종사하는 전문직의 바람직한 이익을 위하여 최선을 다한다.

해설 ② 이미 타 전문인과 상담중인 내담자가 도움을 요청할 경우 타 전문인과 상호합의가 있어야 한다.

25 레벤슨(Levenson)이 제시한 직업상담사의 반윤리적 행동에 해당하는 것은?

① 상담사의 능력 내에서 내담자의 문제를 다룬다.
② 내담자에게 부당한 광고를 하지 않는다.
③ 적절한 상담비용을 청구한다.
④ 직업상담사에 대한 내담자의 의존성을 최대화한다.

해설 ④는 레벤슨(Levenson)이 말하는 반윤리적 행동에 해당된다.

➕ **레벤슨과 스완슨이 제시한 반윤리적 행동**
• 비밀누설
• 자신의 전문적 능력 초월
• 태만함
• 자신이 갖지 않은 전문성의 주장
• 내담자에게 자신의 가치를 속이기
• 내담자에게 의존성을 심기
• 내담자와의 성적 행위
• 이해갈등　　　• 과중한 요금
• 의심스러운 계약　　• 부당한 광고

26 상담사가 비밀유지를 파기할 수 있는 경우와 거리가 가장 먼 것은?

① 내담자가 자살을 시도할 계획이 있는 경우
② 비밀을 유지하지 않는 것이 효과적이라고 슈퍼바이저가 말하는 경우
③ 내담자가 타인을 해칠 가능성이 있는 경우
④ 아동학대와 관련된 경우

해설 ② 슈퍼바이저의 의견은 비밀유지를 파기할 수 있는 경우와 거리가 멀다.

➕ 비밀유지를 할 수 없는 경우 = 비밀유지를 파기할 수 있는 경우
- 내담자가 불법적인 행위를 했을 경우
- 내담자가 자신이나 타인의 생명 혹은 사회의 안전을 위협하는 경우
- 내담자가 감염성이 있는 치명적인 질병이 있다는 확실한 정보를 가졌을 경우
- 미성년인 내담자가 학대를 당하고 있는 경우
- 내담자가 아동학대를 하는 경우
- 공식기관을 통해 법적으로 내담자 정보의 공개가 요구되는 경우

27 상담자가 내담자와 상담한 내용에 대해 보고할 의무가 없는 상황은?

① 내담자가 적개심이 강할 때
② 가족을 폭행했을 때
③ 내담자가 범법행위를 했을 때
④ 미성년자로 성적인 학대를 당한 희생자일 때

해설 ① 내담자가 상담에서 적개심을 강하게 보일 경우, 상담자는 관계형성을 다시 해야 한다.

➕ 비밀보장 원칙의 예외
- 내담자가 불법적 행위를 했거나 당했을 때
- 내담자가 자신이나 타인의 생명 또는 사회의 안전을 위협하는 경우
- 미성년인 내담자가 학대를 당하고 있는 경우
- 내담자가 아동학대를 하고 있는 경우
- 내담자에게 감염성 질병이 있다는 확실한 정보가 있을 경우
- 공식기관을 통해 법적으로 내담자 정보의 공개가 요구되는 경우

28 직업상담자와 내담자 사이에 직업상담관계를 협의하는 내용에 대한 설명으로 틀린 것은?

① 내담자와의 라포형성을 위해서 내담자가 존중받는 분위기를 만들어 주어야 한다.
② 내담자가 직업상담을 받는 것에 대해서 저항을 보일 때는 다른 상담자에게 의뢰해야 한다.
③ 상담자와 내담자가 직업상담에 대한 기대가 서로 다를 수 있기 때문에 서로의 역할을 명확히 해야 한다.
④ 상담자는 내담자가 직업상담을 통해서 얻고자 하는 것이 무엇인지 분명하게 확인해야 한다.

해설 ② 비자발적 내담자는 상담장면에서 저항을 보일 수 있으므로 관계형성하고 상담을 전개하도록 한다.

29 다음 중 효과적인 적극적 경청을 위한 지침과 가장 거리가 먼 것은?

① 내담자의 음조를 경청한다.
② 사실 중심으로 경청한다.
③ 내담자의 표현의 불일치를 인식한다.
④ 내담자가 보이는 일반화, 빠뜨린 내용, 왜곡을 경청한다.

해설 ② 사실 중심으로 경청은 적극적 경청으로 보기 어렵다.

30 상담기법 중 내담자가 전달하는 이야기의 표면적 의미를 상담자가 다른 말로 바꾸어서 말하는 것은?

① 탐색적 질문   ② 요약과 재진술
③ 명료화   ④ 적극적 경청

해설 ① 탐색적 질문: 내담자가 자신과 자신의 문제를 자유롭게 탐색하도록 한다.
③ 명료화: 내담자가 하는 말 중에서 모호한 점이 있으면 명확하게 그 의미를 밝혀내 내담자의 의사와 감정을 구체화하는 방법이다.
④ 적극적 경청: 내담자의 말을 듣고 태도와 행동을 관찰하며 선택적 주목하는 것을 말한다.

31 일반적으로 상담자가 갖추어야 할 기법 중 내담자가 전달하려는 내용에서 한 걸음 더 나아가 그 내면적 감정에 대해 반영하는 것은?

① 해석   ② 공감
③ 명료화   ④ 직면

해설 ① 해석: 내담자가 직접 진술하지 않은 내용이나 개념을 그의 과거 경험이나 진술을 토대로 하여 추론하여 말하는 것이다.
③ 명료화: 내담자가 하는 말 중에서 모호한 점이 있으면 이를 명확하게 그 의미를 밝혀내 내담자의 의사와 감정을 구체화하는 기법이다.
④ 직면: 내담자가 모르거나 인정하기를 거부하는 생각, 느낌에 주목하게 하도록 하는 것이다.

32 상담기법에 관한 설명으로 옳은 것은?

① 경청은 내담자의 행동을 제외한 모든 말을 항상 세심하게 주목하는 것을 말한다.
② 반영은 내담자의 말을 정확하게 반복하여 되돌려주는 기법이다.
③ 명료화는 내담자의 말이나 행동이면에 있는 무의식적 갈등을 가설의 형태로 제시하는 것이다.
④ 직면은 내담자가 모르고 있거나 인정하기를 거부하는 생각과 느낌에 대해 주목하도록 하는 것이다.

해설 ① 적극적 경청: 내담자의 말을 듣고 태도와 행동을 관찰하며 선택적 주목하는 것을 말한다.
② 반영: 내담자의 표현을 거울로 비추어 보듯이 상담자가 다른 구체적인 말로 부연 설명해, 자기 이해를 돕는 것이다.
③ 명료화: 내담자가 하는 말 중에서 모호한 점이 있으면 명확하게 그 의미를 밝혀내 내담자의 의사와 감정을 구체화하는 방법이다.

33 다음에서 설명하고 있는 것은?

상담에서 기본적으로는 내담자의 감정, 경험 및 잠재력에 대해 긍정적인 존중과 관심을 전달하는 것이고, 궁극적으로는 내담자를 한 인간으로서의 가치와 자유인으로서의 잠재력에 대해 매우 깊은 긍정적 존중을 전달하는 것

① 공감
② 반영적 경청
③ 내용의 재진술
④ 수용적 존중

해설 ④ 수용적 존중의 **예** "저 오늘 몸이 아파서 조퇴를 했어요. 좀 더 견뎌보려고 했는데 참을 수가 없었어요." ⇒ "그래, 자네니깐 그만큼이나 참았지. 자네 웬만하면 조퇴하지 않는 거 알지."

34 상담과정의 본질과 제한조건 및 목적에 대하여 상담자가 정의를 내려주는 것은?

① 촉진화   ② 관계형성
③ 문제해결   ④ 구조화

➕ 관계형성(라포형성)
내담자가 갖고 있는 긴장감을 풀어주도록 노력하고 상담관계에서 유지되는 윤리적 문제와 비밀유지의 원칙을 설명함으로써 불안을 감소시키고 친밀감을 형성시키는 과정이다.

35 일반적인 진로상담의 과정을 바르게 나열한 것은?

ㄱ. 상담목표의 설정
ㄴ. 관계수립 및 문제의 평가
ㄷ. 문제해결을 위한 개입
ㄹ. 훈습
ㅁ. 종결

① ㄱ → ㄴ → ㄷ → ㄹ → ㅁ
② ㄴ → ㄱ → ㄷ → ㄹ → ㅁ
③ ㄱ → ㄴ → ㄹ → ㄷ → ㅁ
④ ㄴ → ㄹ → ㄱ → ㄷ → ㅁ

➕ 진로상담의 과정
• 관계수립 및 문제의 평가 → 상담목표의 설정 → 문제해결을 위한 개입 → 훈습 → 종결
• 관계형성 → 진단 및 측정 → 목표설정 → 개입 또는 중재 → 평가

36 내담자의 적성과 흥미 또는 성격이 직업적 요구와 달라 생긴 직업적응문제를 해결하는 데 가장 적합한 방법은?

① 스트레스 관리 방안 모색
② 직업전환
③ 인간관계 개선 프로그램 제공
④ 갈등관리 프로그램 제공

해설 ② 내담자가 선택한 직업의 직무를 수행할 능력도 없고, 그 직무를 좋아하지도 않는다면, 직업전환을 해야 한다.

➕ 자신의 흥미·적성에 대한 이해가 부족한 내담자 상담단계
직업적성검사 및 흥미검사 실시 → 직업지도 시스템을 통한 검사결과 처리 → 적합한 직업탐색 → 직업에 관한 상세정보 제공

37 초기 상담과정에서 상담사가 수행해야 할 내용으로 옳지 않은 것은?

① 상담사의 개입을 시도한다.
② 상담과정에서 필요한 과제물을 부여한다.
③ 조급하게 내담자에 대한 결론을 내리지 않는다.
④ 상담과정과 역할에 대한 서로의 기대를 명확히 한다.

해설 ① 상담사의 개입은 내담자 문제해결단계인 상담 중기단계에서 이루어진다.

➕ 초기면담 수행시 유의사항
• 상담 시작 전에 가능한 모든 사례자료 검토하기
• 내담자와 만나기
• 내담자의 초기목표를 명확히 하기
• 내담자의 직업상담에 대한 기대를 결정하기
• 내담자가 상담자의 기대를 얼마나 잘 수용하는지 관찰하기
• 비밀유지 원칙에 대해 설명하기
• 요약하기
• 반드시 짚고 넘어가야 할 상담시의 필수질문들을 확인하기
• 과제물 부여하기
• 적절한 때에 상담관리자나 다른 직업상담가에게 피드백 받기

38 상담 중기 과정의 활동으로 가장 거리가 먼 것은?

① 내담자에게 문제를 직면시키고 도전하게 한다.
② 내담자가 가진 문제의 심각도를 평가한다.
③ 내담자가 실천할 수 있도록 동기를 조성한다.
④ 문제에 대한 대안을 현실 생활에 적용하고 실천하도록 돕는다.

해설 ② 내담자가 가진 문제파악은 상담초기 단계에 한다.

상담의 초기 단계	접수 면접 및 상담 신청서 작성 → 내담자 문제 파악 → 상담 관계의 형성 → 상담의 구조화 및 목표 설정
상담의 중기 단계	문제해결 방안 탐색 → 실행 계획의 수립 → 실행
상담의 종결 단계	이별 감정 다루기 및 홀로 서기의 준비 → 전체 상담의 평가 및 성과 다지기 → 추수 상담에 대한 안내

39 상담 종결단계에서 다루어야 할 사항이 아닌 것은?

① 상담 종결단계에 대한 내담자의 준비도를 평가하고 상담을 통해 얻은 학습을 강화시킨다.
② 남아 있는 정서적 문제를 해결하고 내담자와 상담사 간의 의미 있고 밀접했던 관계를 적절하게 끝맺는다.
③ 상담사와 내담자가 협력하여 앞으로 나아갈 방향과 상담목표를 설정하고 확인해 나간다.
④ 학습의 전이를 극대화하고 내담자의 자기 신뢰 및 변화를 유지할 수 있는 자신감을 증가시킨다.

해설 ③ 상담목표를 설정하는 것은 상담 초기단계에서 다루어야 할 사항이다.

40 위기상담 시 상담내용에 관한 설명으로 틀린 것은?

① 정서적 지원을 제공한다.
② 정서 발산을 자제하게 한다.
③ 희망과 낙관적인 태도를 전달한다.
④ 위기 문제에 집중하도록 선택적인 경청을 한다.

해설 ② 위기상담 시에는 정서적 발산 기회를 제공한다.

➕ 위기상담 기법
• 정서적 지원
• 희망, 낙관적 태도의 전달
• 사실적 정보의 제시
• 문제에 대한 공감 및 구체화
• 정서적 발산 기회의 제공
• 선택적 경청
• 문제상황의 규명

41 집단상담의 특징에 관한 설명으로 <u>틀린</u> 것은?

① 집단상담은 상담사들이 제한된 시간 내에 적은 비용으로 보다 많은 내담자들에게 접근하는 것을 가능하게 한다.

② 효과적인 집단에는 언제나 직접적인 대인적 교류가 있으며 이것이 개인적 탐색을 도와 개인의 성장과 발달을 촉진시킨다.

③ 집단은 집단과정의 다양한 문제에 많은 시간을 사용하게 되어 내담자의 개인적인 문제를 등한시할 수 있다.

④ 집단에서는 구성원 각자의 사적인 경험을 구성원 모두가 공유하지 않기 때문에 비밀유지가 쉽다.

해설 ④ 집단상담은 비밀을 유지하기 어렵다.

42 효과적인 집단상담을 위해 고려해야 할 사항이 <u>아닌</u> 것은?

① 집단발달과정 자체를 촉진시켜 주기 위하여 의도적으로 게임을 활용할 수 있다.

② 매 회기가 끝난 후 각 집단 구성원에게 경험보고서를 쓰게 할 수 있다.

③ 집단 내의 리더십을 확보하기 위해 집단상담자는 반드시 1인이어야 한다.

④ 집단상담 장소는 가능하면 신체활동이 자유로운 크기가 좋다.

해설 ③ 집단 내 집단상담자는 리더 1명이며, 보조진행자를 두기도 한다.

43 다음 설명에 해당하는 집단상담 기법은?

- 말하고 있는 집단원이 자신이 무엇을 말하는가를 잘 알 수 있게 돕는 것
- 말하고 있는 집단원의 말의 내용과 감정을 이해하고 있음을 알리며 의사소통하는 것

① 해석하기　　　　② 연결짓기

③ 반영하기　　　　④ 명료화하기

해설 ① 해석하기: 집단원이 자신의 행동을 통찰하도록 돕기 위해 집단상담자가 행동의 원인에 대한 설명이나 연관성 여부를 잠정적인 가설의 형태로 기술하는 것을 말한다.
② 연결짓기: 특정 집단원의 행동이나 말을 다른 집단원의 관심사와 연결시키는데 사용되는 집단상담자의 통찰력 표현의 한 기법이다.
④ 명료화하기: 집단원의 모호한 진술 다음에 사용되는 질문 형태의 반응기법이다.

44 Butcher가 제시한 집단직업상담을 위한 3단계 모델에 해당하지 <u>않는</u> 것은?

① 탐색단계　　　　② 전환단계

③ 평가단계　　　　④ 행동단계

해설 부처(Butcher)의 집단직업상담 3단계: 탐색단계 → 전환단계 → 행동단계

45 직업선택에 대해 내담자들이 보이는 우유부단함의 일반적인 이유와 가장 거리가 먼 것은?

① 자신이 선택하려는 직업영역에서의 다재다능함

② 자신의 선택이 중요한 다른 사람에게 나쁜 결과를 줄 것이라는 죄의식

③ 자신이 선택하려는 직업 중에 좋은 직업이 없음

④ 실수 영역을 예견하고 그에 대비하는 융통성

해설 ④는 우유부단함의 일반적인 이유가 거리가 멀다.

➕ **직업선택에 우유부단함을 보이는 이유**
- 실패에 대한 공포
- 중요한 타인의 영향
- 완벽하려는 욕구
- 성급한 결정내리기
- 우유부단함의 강화
- 다재다능
- 좋은 직업들이 없다는 생각

46 Tolbert가 제시한 집단직업상담의 요소에 대한 설명으로 옳은 것은?

① 일정: 가능한 모임의 횟수를 늘려야 한다.
② 집단구성: 2~4명 정도의 소규모 집단에서 구성원들 간의 상호작용과 피드백이 촉진된다.
③ 과정: 집단직업상담의 과정은 5가지 유형의 활동으로 이루어진다.
④ 리더: 집단의 리더는 상담의 목표가 달성되었는지 평가하고 구성원에게 피드백한다.

해설 ① 가능한 한 집단직업상담 모임의 횟수를 최소화하여야 한다.
② 6~8명 정도로 집단이 구성될 때 구성원들의 상호작용과 피드백이 촉진된다.
④ 리더는 집단상담과 직업정보에 대해 잘 알고 있어야 한다.

47 전화상담의 장점이 <u>아닌</u> 것은?

① 상담관계가 안정적이다.
② 응급상황에 있는 내담자에게 도움이 된다.
③ 청소년의 성문제 같은 사적인 문제를 상담하는 데 좋다.
④ 익명성이 보장되어 신분노출을 꺼리는 내담자에게 적합하다.

해설 ① 상담도중 내담자가 전화를 일방적으로 끊는 경우 도움을 줄 수 없는 불안정성이 단점이다.

➕ 장점
• 시간과 장소의 제약을 적게 받아 응급상황에 있는 내담자에게 도움이 된다.
• 익명성의 보장으로 청소년 상담, 성폭력 상담에 적합하다.

48 사이버 직업상담 기법으로 적합하지 <u>않은</u> 것은?

① 질문내용 구상하기
② 핵심 진로논점 분석하기
③ 진로논점 유형 정하기
④ 직업정보 가공하기

➕ 사이버 직업상담 기법
• 자기노출 및 주요 진로논점 파악하기
• 핵심 진로논점 분석하기
• 진로논점 유형 정하기
• 답변내용 구상하기
• 직업정보 가공하기
• 답변 작성하기

49 사이버 직업상담에서 답변을 작성할 때 고려해야 할 사항으로 가장 거리가 <u>먼</u> 것은?

① 추수상담의 가능성과 전문기관에 대한 안내를 한다.
② 친숙한 표현으로 답변을 작성하여 내담자가 친근감을 느끼게 한다.
③ 답변은 장시간이 소요되더라도 정확하게 하도록 노력한다.
④ 청소년이라 할지라도 반드시 존칭을 사용하여 호칭한다.

해설 ③ 답변은 가급적 신속하게 하도록 노력한다. 내담자가 게시한 날로부터 24시간 내에 답변을 올리는 것이 원칙이나 직업정보 가공이 장시간 소요되거나 사정상 어려울 경우, 2~3일은 넘기지 않도록 하는 것이 좋다.

50 사이버 직업상담의 장점이 <u>아닌</u> 것은?

① 개인의 지위, 연령, 신분, 권력 등을 짐작할 수 있는 사회적 단서가 제공되지 않으므로 전달되는 내용 자체에 많은 주의를 기울이고 의미를 부여할 수 있다.
② 내담자의 자발적 참여로 상담이 진행되는 경우가 대면상담에 비해 압도적으로 많으므로 내담자들이 문제해결에 대한 동기가 높다고 할 수 있다.
③ 내담자 자신의 정보가 제한되며 상담의 저항 같은 것에 영향을 받지 않아 상담을 쉽게 마무리할 수 있다.
④ 상담자와 직접 얼굴을 마주하지 않기 때문에 자신의 행동이나 감정에 대한 즉각적인 판단이나 비판을 염려하지 않아도 된다.

해설 ③ 사이버 직업상담의 단점에 대한 설명이다.

51 정신분석에 관한 설명으로 틀린 것은?

① 분석가의 중립적 태도는 내담자의 전이를 촉진시키는 데 중요하다.

② 해석은 자유연상이나 꿈, 저항, 전이 등을 분석하여 그 의미를 설명해주는 것이다.

③ 저항에 대한 주의를 환기시킨 후에 저항을 해석해주어야 한다.

④ 현재몽은 잠재몽에 대한 자유연상을 통해 더 쉽게 이해할 수 있다.

> **해설** ④ 프로이드(Freud)는 꿈의 분석을 통해 내담자의 무의식 속에 억압된 욕구와 본능적 충동을 찾아내고, 내담자로 하여금 자신의 호소 문제에 대한 통찰력을 얻도록 돕는다고 하였다. 현재몽을 통해 잠재몽의 내용을 더 쉽게 이해할 수 있는 것이다.

52 정신역동 상담이론에 관한 설명으로 옳은 것은?

① 정신분석에서 해석은 목적지향적으로 이루어진다.

② 개인심리학에서는 내담자의 심리내적인 갈등이 가장 중시된다.

③ 정신분석에서 내담자가 상담자에게 느끼는 모든 감정은 전이의 표현이다.

④ 개인심리학에서 상담자는 내담자에 대한 광범위한 격려의 사용을 권장한다.

> **해설** ① 프로이드(Freud)의 정신분석 해석은 과거지향적으로 이루어진다.
> ② 아들러(Adler)는 개인심리학에서 열등감을 중시했다.
> ③ 내담자가 상담자에게 느끼는 모든 감정을 전이라고 보기 어렵다.

53 정신분석에서 제시하는 불안의 유형을 모두 고른 것은?

ㄱ. 사회적 불안	ㄴ. 현실적 불안
ㄷ. 신경증적 불안	ㄹ. 도덕적 불안
ㅁ. 행동적 불안	

① ㄱ, ㄴ, ㄷ
② ㄱ, ㄴ, ㅁ
③ ㄱ, ㄹ, ㅁ
④ ㄴ, ㄷ, ㄹ

> **해설** 프로이드(Freud)가 제시했던 세 가지 유형의 불안은 현실적 불안, 신경증적 불안, 도덕적 불안이다.

➕ **불안의 세 가지 유형**
- 현실적 불안: 외부세계에서의 실제적인 위협을 지각함으로써 발생하는 감정적 체험이다.
- 신경증적 불안: 현실을 고려하여 작동하는 자아와 본능에 작동되는 원초아 간의 갈등에서 비롯된 불안이다.
- 도덕적 불안: 원초아와 초자아 간의 갈등에서 비롯된 불안으로 본질적으로 자신의 양심에 대한 불안이다.

54 정신분석적 상담에서 내담자가 과거의 중요한 인물에게서 느꼈던 감정이나 생각을 상담자에게 투사하는 현상은?

① 증상형성
② 전이
③ 저항
④ 자유연상

> **해설** ① 증상형성: 무의식적 충동에 대한 자아의 방어가 효율적이지 못할 때 적절한 대처를 위해 심리적 증상을 형성하는 것이다.
> ③ 저항: 내담자가 상담에 협조하지 않는 모든 행위를 말한다.
> ④ 자유연상: 어떤 대상과 관련하여 마음에 떠오르는 생각, 감정, 기억들을 아무런 수정도 가하지 않고 이야기하도록 하는 것이다.

55 정신분석적 상담에서 훈습의 단계에 해당하지 않는 것은?

① 환자의 저항
② 분석의 시작
③ 분석자의 저항에 대한 해석
④ 환자의 해석에 대한 반응

> **해설** ② 분석의 시작은 훈습의 단계에 해당하지 않는다.
> 훈습은 내담자의 갈등과 방어를 탐색하고 이를 해석해나가는 과정으로, 내담자의 통찰을 변화로 이끄는 것을 방해하는 저항을 반복적이고 점진적으로 정교하게 탐색하는 것을 말한다.

➕ **정신분석적 상담: 훈습의 단계**
환자의 저항 → 분석자의 저항에 대한 해석 → 환자의 해석에 대한 반응

56 상담이론과 직업상담사의 역할의 연결이 바르지 않은 것은?

① 인지상담 – 수동적이고 수용적인 태도
② 정신분석적 상담 – 텅 빈 스크린
③ 내담자 중심의 상담 – 촉진적인 관계형성 분위기 조성
④ 행동주의상담 – 능동적이고 지시적인 역할

해설 ① 인지상담: 능동적이고 수용적인 태도
• 텅 빈 스크린(blank screen): 상담사가 자신을 개방하지 않고 중립성을 유지하여 내담자가 상담자에게 투사할 수 있도록 하여 전이현상을 끌어내는 기법이다.

57 상담이론과 그와 관련된 상담기법을 바르게 짝지은 것은?

① 정신분석적 상담 – 인지적 재구성
② 행동치료 – 저항의 해석
③ 인지적 상담 – 이완기법
④ 형태치료 – 역할 연기, 감정에 머무르기

해설 ④ 형태치료: 빈의자기법, 과장하기, 책임지기, 역할연기, 감정에 머무르기
① 정신분석: 전이, 저항, 자유연상
② 행동치료: 인지적 재구성, 대처기술훈련, 문제해결 접근
③ 인지적 상담: 엘리스(Ellis)의 인지·정서·행동기법, 베크(Beck)의 인지치료

58 아들러(Adler)의 개인주의 상담에 관한 설명으로 옳은 것은?

① 내담자의 잘못된 가치보다는 잘못된 행동을 수정하는데 초점을 둔다.
② 상담자는 조력자의 역할을 하며 내담자가 상담을 주도적으로 이끈다.
③ 상담과정은 사건의 객관성보다는 주관적 지각과 해석을 중시한다.
④ 내담자의 사회적 관심보다는 개인적 열등감의 극복을 궁극적 목표로 삼는다.

해설 ③ 아들러(Adler)는 개인의 생활양식의 원초를 드러내는 주관적 출발점이자 단서를 제공하는 초기 기억을 강조한다.

59 프로이드(Freud)의 정신분석과 아들러(Adler)의 개인심리학의 특징을 순서대로 나열한 것으로 가장 적합한 것은?

① 생물학적 토대 – 사회심리학적 토대
② 목적론 강조 – 인과론 강조
③ 총체주의 – 환원주의
④ 꿈의 분석 – 각본(script) 분석

해설 ② 프로이드 – 결정론 강조, 아들러 – 목적론 강조
③ 프로이드 – 환원주의, 아들러 – 총체주의
④ 프로이드 – 꿈분석, 아들러 – 격려하기

60 아들러(Adler)의 개인심리학적 상담의 목표로 옳지 않은 것은?

① 사회적 관심을 갖도록 돕는다.
② 내담자의 잘못된 목표를 수정하도록 돕는다.
③ 패배감을 극복하고 열등감을 감소시킬 수 있도록 돕는다.
④ 전이해석을 통해 중요한 타인과의 관계 패턴을 알아차리도록 돕는다.

해설 ④ 전이는 내담자가 과거 중요인물에게 느꼈던 생각이나 감정을 상담자에게 투사하는 현상으로 프로이드(Freud)의 정신분석 상담기법이다.

61 아들러(Adler) 이론의 주요 개념인 초기기억에 관한 설명을 모두 고른 것은?

ㄱ. 중요한 기억은 내담자가 '마치 지금 일어나고 있는 것처럼' 기술할 수 있다.
ㄴ. 초기기억에 대한 내담자의 지각 보다는 경험을 객관적으로 파악하는 것이 중요하다.
ㄷ. 초기기억은 삶, 자기, 타인에 대한 내담자의 현재 세계관과 일치하는 경향이 있다.
ㄹ. 초기기억을 통해 상담자는 내담자의 삶의 목표를 파악하는데 도움을 받을 수 있다.

① ㄱ, ㄴ
② ㄴ, ㄷ
③ ㄱ, ㄷ, ㄹ
④ ㄴ, ㄷ, ㄹ

해설 ㄴ. 초기기억은 개인의 생활양식의 원초를 드러내는 주관적인 출발점이자 단서를 제공한다.

62 아들러(A. Adler)의 개인주의 상담에 관한 설명으로 맞는 것을 모두 고른 것은?

> ㄱ. 범인류적 유대감을 중시한다.
> ㄴ. 인간을 전체적 존재로 본다.
> ㄷ. 사회 및 교육문제에 관심을 갖는다.

① ㄱ, ㄴ
② ㄱ, ㄷ
③ ㄴ, ㄷ
④ ㄱ, ㄴ, ㄷ

해설 아들러(Adler)는 더 나은 세계를 만들기 위해 현재·과거·미래의 인류와 갖는 유대감을 중시하고, 인간은 사회적 동기에 의해 동기화되는 존재로 보았으며, 인간을 분리하여 볼 수 없는 전체적 존재로 보았다.

63 개인주의 상담에서 허구적 최종목적론에 관한 설명으로 틀린 것은?

① 인간의 행동을 유도하는 상상된 중심목표를 설명하기 위한 것이다.
② 허구나 이상이 현실을 보다 더 효과적으로 움직인다.
③ 인간은 현실적으로 전혀 실현 불가능한 많은 가공적인 생각에 의해서 살아가고 있다.
④ 인간의 행동은 미래에 대한 기대에 의해 좌우되기보다는 과거경험에 의해서 더 좌우된다.

해설 ④ 인간의 행동은 과거경험에 의해 좌우되기보다는 미래에 대한 기대에 의해서 좌우된다.

64 상담이론과 상담목표가 잘못 짝지어진 것은?

① 행동주의 상담이론 – 내담자의 문제행동을 증가시켜 왔던 강화요인을 탐색하고 제거한다.
② 인지행동주의 상담이론 – 내담자가 가지고 있는 비합리적 신념을 확인하고 이를 수정한다.
③ 현실치료이론 – 내담자가 원하는 것이 무엇인지 확인하고 이를 달성할 수 있는 적절한 방법을 탐색한다.
④ 게슈탈트 상담이론 – 내담자의 생활양식을 확인하고 바람직한 방향으로 생활양식을 바꾸도록 한다.

해설 ④ 게슈탈트 상담이론의 목표는 내담자가 성숙하여 자신의 삶을 책임지고 접촉을 통해 게슈탈트를 완성하도록 조력하는 것이다. 그리고 내담자가 느끼는 불안을 삶의 부분으로서 수용하고 처리하도록 조력하는 것이다. 선택지의 설명은 아들러의 개인심리학 설명이다.

65 행동수정에서 상담자의 역할은?

① 내담자가 사랑하고, 일하고, 노는 자유를 획득하도록 돕는다.
② 내담자의 가족 구성에 대한 정보를 수집한다.
③ 내담자의 주관적 세계를 이해하여 새로운 이해나 선택을 할 수 있도록 돕는다.
④ 내담자의 상황적 단서와 문제행동, 그 결과에 대한 정보를 얻기 위하여 노력한다.

해설 ④ 행동수정 상담에서 상담자 역할은 첫째, 문제 증상에 대한 정보를 얻는 것이고, 둘째, 내담자에게 본보기가 되어 내담자가 상담자의 행동을 모방함으로써 학습하도록 하는 것이다.

➕ 행동주의 행동수정 프로그램 절차
- 1단계 목표행동의 정의: 행동 관찰·기록
- 2단계 행동의 기초선 측정: 행동의 빈도와 지속성을 측정
- 3단계 기법의 적용: 부적응 행동 약화
- 4단계 행동수정 결과의 검증: 행동수정 기법의 철회를 통한 검증
- 5단계 행동의 일반화: 수정된 행동의 고착

66 행동주의 상담에서 내적인 행동변화를 촉진시키는 방법이 아닌 것은?

① 체계적 둔감법
② 근육이완훈련
③ 인지적 모델링과 사고정지
④ 상표제도

➕ 내적행동변화 촉진기법과 외적행동변화 촉진기법
- 내적행동변화 촉진기법: 체계적둔감화(단계적둔화법), 근육이완, 사고정지
- 외적행동변화 촉진기법: 상표제도(토큰법), 주장훈련, 자기관리프로그램, 행동계약, 혐오치료

67 행동주의 직업상담 프로그램의 문제점에 해당하는 것은?

① 직업결정 문제의 원인으로 불안에 대한 이해와 불안을 규명하는 방법이 결여되어 있다.
② 진학상담과 취업상담에 적합하지만 취업 후 직업적응 문제들을 깊이 있게 다루지 못하고 있다.
③ 직업선택에 미치는 내적 요인의 영향을 지나치게 강조한 나머지 외적 요인의 영향에 대해서는 충분하게 고려하고 있지 못하다.
④ 직업상담사가 교훈적 역할이나 내담자의 자아를 명료화하고 자아실현을 시킬 수 있는 적극적 태도를 취하지 않는다면 내담자에게 직업에 대한 정보를 효과적으로 알려줄 수 없다.

해설 ② 크라이티스(Crites)의 포괄적 직업상담에 대한 비판점이다.
③ 보딘(Bordin)의 정신역동적 직업상담에 대한 비판점이다.
④ 로저스(Rogers)의 내담자중심 상담에 대한 비판점이다.

68 행동주의상담에서 문제행동에 대한 대안행동이 거의 없거나 효과적인 강화 인자가 없을 때 유용한 기법으로서 파괴적이고 폭력적인 행동을 수정하는 데 효과적인 것은?

① 과잉교정
② 모델링
③ 반응가
④ 자기지시기법

해설 ② 모델링: 내담자가 다른 사람의 바람직한 행동을 관찰해서 학습한 것을 수행하는 기법이다.
④ 자기지시기법: 외적행동변화 촉진기법의 자기관리 프로그램에 사용하는 기법으로 자신에게 지시하는 것이다.

➕ 자기관리 프로그램의 기법
내담자가 자기관리와 자기지시적인 삶을 영위하고 상담자에게 의존하지 않도록 하기 위해, 상담자가 내담자와 지식을 공유하는 것을 의미한다.

69 다음 중 예상되는 신체적, 정신적인 긴장을 약화시켜 내담자가 충분히 자신의 문제를 다룰 수 있도록 준비시키는 데 사용되는 인지적 행동주의 기법은?

① 인지적 재구조화
② 스트레스접종
③ 사고정지
④ 행동계약

해설 ② 스트레스 접종 또는 스트레스 면역이라 한다.
① 인지적 재구조화: 사람들의 생각 내용과 방식을 재구성하여 정서적 문제를 해결하려 한다.
③ 사고정지 또는 사고중지: 내담자가 부정적인 인지를 억압하거나 제거함으로써 비생산적이고 자기패배적인 사고와 심상을 통제하도록 도우며, 불안제거에 사용한다.
④ 행동계약: 두 사람이나 그 이상의 사람들이 정해진 기간 내에 각자가 해야 할 행동을 분명하게 정해 놓은 후, 그 내용을 서로가 지키기로 계약을 맺는 것이다. 외적행동변화 촉진 기법이다.

70 행동주의 상담의 모델링 기법에 관한 설명으로 틀린 것은?

① 적응적 행동이 어떤 것인지 가르칠 수 있다.
② 적응적 행동을 실제로 행하도록 촉진할 수 있다.
③ 내담자가 두려워하는 행동을 하는 모델을 관찰함으로써 불안이 감소될 수 있다.
④ 문제행동에서 벗어나도록 둔감화를 적용할 수 있다.

해설 ④ 불안감소기법인 체계적 둔감화에 대한 설명이다.
모델링은 내담자가 다른 사람의 바람직한 행동을 관찰해서 학습한 것을 수행하는 기법이다.

71 행동주의 상담에서 외적인 행동변화를 촉진시키는 방법은?

① 체계적 둔감법
② 근육이완훈련
③ 인지적 모델링과 사고정지
④ 상표제도

해설 ①, ②, ③은 내적 행동변화를 촉진시키는 기법이고, 외적 행동변화를 촉진시키는 기법으로는, 상표제도(토큰법), 주장훈련, 자기관리프로그램, 행동계약, 혐오치료 등이 있다.

72 행동주의적 상담(행동치료)에서 고전적 조건형성의 원리를 반영한 것으로, 특정대상에 대한 공포증상을 치료하는 데 효과적인 기법은?

① 토큰기법　　　　　② 체계적 둔감법
③ 조형기법　　　　　④ 타임아웃기법

해설 ① 토큰기법: 강화원리를 이용한 외적행동변화 촉진기법이다.
③ 조형기법: 점진적 강화를 주는 것으로, 학습촉진기법이다.
④ 타임아웃기법: 부적절한 행동 시 긍정적 강화의 기회를 일시적으로 박탈하는 것이다. **예** 숙제를 하지 않으면 일정시간 동안 게임을 하지 못하게 한다.

73 행동주의적 접근의 상담기법 중 공포와 불안이 원인이 되는 부적응 행동이나 회피행동을 치료하는데 가장 효과적인 기법은?

① 타임아웃 기법　　　② 모델링 기법
③ 체계적 둔감법　　　④ 행동조성법

해설 ① 타임아웃 기법: 부적절한 행동 시 긍정적 강화의 기회를 일시적으로 박탈하는 것이다. **예** 숙제를 하지 않으면 일정시간 동안 게임을 하지 못하게 한다.
② 모델링 기법: 내담자가 다른 사람의 바람직한 행동을 관찰해서 학습한 것을 수행하는 기법이다.
④ 행동조성법: 새로운 행동을 처음 가르칠 때 사용하는 기법으로 학습촉진기법에 주로 사용된다.

74 행동주의 상담기법 중 내담자가 긍정적 강화를 받을 기회를 박탈시키는 것은?

① 타임아웃　　　　　② 혐오치료
③ 자극통제　　　　　④ 토큰경제

해설 ① 타임아웃: 부적절한 행동 시 긍정적 강화의 기회를 일시적으로 박탈하는 것이다. **예** 숙제를 하지 않으면 일정시간 동안 게임을 하지 못하게 한다.
② 혐오치료: 바람직하지 않은 행동이 제거될 때까지 바람직하지 않은 행동과 고통스러운 자극을 연관시키는 것이다.
③ 자극통제: 내담자에게 특정 종류의 자극을 어떻게 통제하는지 보여줌으로써, 역기능적으로 행동할 가능성을 줄이는 것이다. **예** 비만증 환자가 과자 자동판매기를 피하도록 한다.
④ 토큰경제: 행동을 변화시키기 위해 강화원리를 이용하는 것이다. **예** 바람직한 행동을 했을 때 칭찬 스티커를 준다.

75 다음 설명에 해당하는 행동주의 상담기법은?

- 불안에 역제지하는 방법으로 사용한다.
- 대인관계에서 오는 불안의 제거에 효과적이다.
- 이 기법의 목표는 내담자로 하여금 광범위한 대인관계의 상황에 효과적으로 대처하기 위해 필요한 기술과 태도를 갖추게 하는 데 있다.

① 모델링　　　　　　② 주장훈련
③ 자기관리 프로그램　④ 행동계약

해설 ① 모델링(대리학습): 내담자가 다른 사람의 바람직한 행동을 관찰해서 학습한 것을 수행하는 기법이다.
③ 자기관리프로그램: 내담자가 자기관리와 자기지시적인 삶을 영위하고 상담자에게 의존하지 않도록 하기 위해, 상담자가 내담자와 지식을 공유하는 것을 의미한다.
④ 행동계약: 두 사람이나 그 이상의 사람들이 정해진 기간 내에 각자가 해야 할 행동을 분명하게 정해 놓은 후, 그 내용을 서로가 지키기로 계약을 맺는 것이다. 외적행동변화 촉진 기법이다.

76 다음에서 진우 엄마가 사용하고 있는 기법은?

책을 전혀 읽지 않는 진우를 위해 진우 엄마는 방에 동화책을 가득 늘어놓았다. 방 안 가득 쌓인 책을 진우가 만지면 "그 책은⋯⋯에 대한 이야기다."라고 설명해주고 흥미를 보이면 한 페이지씩 읽어주었다. 함께 쇼핑을 할 때에도 서점 근처에 가면 칭찬해주고 진우가 서점에 들어가자고 했을 때는 진우가 좋아하는 만화책을 사 주었으며 책을 한 페이지라도 읽으면 원하는 장난감을 사게 했다. 장난감을 사는 재미에 얇은 책을 읽기 시작한 진우는 차츰 책읽기에 재미를 붙이기 시작했다.

① 조형법　　　　　　② 토큰법
③ 타임아웃　　　　　④ 변별적 강화

해설 ① 조형법: 행동조성, 점진적 강화를 주어 현재는 보이지 않는 목표 형성에 도달하는 것으로 대개 학습촉진기법으로 활용한다.
② 토큰법(상표제도): 외적행동변화 촉진기법. 적절한 행동을 할 때마다 직접 확인할 수 있는 강화물(토큰)을 부여하는 체계적 기법이다.
③ 타임아웃: 부적절한 행동 시 긍정적 강화의 기회를 일시적으로 박탈하는 것이다. **예** 숙제를 하지 않으면 일정시간 동안 게임을 하지 못하게 한다.
④ 변별적 강화: 정적 강화(칭찬, 선물 등 유쾌한 자극)를 제공하거나, 부적 강화(청소, 숙제 등 혐오적 자극)를 제거하는 것이다.

77 행동주의 상담에서 부적응행동을 감소시키는데 주로 사용되는 기법은?

① 행동조성법　　　② 모델링
③ 노출법　　　　　④ 토큰법

해설 ③ 노출법: 내담자가 무서워하거나 위험을 느끼는 장면에 실제로 노출시키는 방법으로 내담자가 생각했던 만큼 실제로 두렵지 않음을 직접 경험하게 하여 내담자의 잘못된 인지를 교정하도록 하는 치료기법이다. ⇒ 실제적 노출법(혐오치료), 심상적 노출법(체계적 둔감화), 집중적 노출법(홍수법), 점진적 노출법(스트레스접종)
① 행동조성: 새로운 행동을 처음 가르칠 때 사용하는 기법으로 학습촉진기법에 주로 사용된다.
② 모델링: 내담자가 다른 사람의 바람직한 행동을 관찰해서 학습한 것을 수행하는 기법이다.
③ 토큰법(상표제도): 적절한 행동을 할 때마다 직접 확인될 수 있는 강화물로 토큰이 주어지는 체계적인 기법이다.

78 행동주의적 상담기법 중 학습촉진기법이 <u>아닌</u> 것은?

① 강화　　　　　　② 변별학습
③ 대리학습　　　　④ 체계적 둔감화

해설 ④ 체계적 둔감화는 불안감소기법이다.
① 강화: 어떤 행동에 따른 결과를 제공하는 절차로서, 그 행동의 확률을 증가 또는 유지시킨다. 정적 강화를 제공하거나 부적 강화를 제거하는 것이다.
② 변별학습: 유사한 자극에서 나타나는 조그만 차이에 따라 서로 다른 반응을 보이도록 유도하는 것이다.
③ 모델링(대리학습): 내담자가 다른 사람의 바람직한 행동을 관찰해서 학습한 것을 수행하는 기법이다.

79 행동주의 상담기법에 해당되지 <u>않는</u> 것은?

① 조형법　　　　　② 역전기법
③ 혐오치료법　　　④ 긍정적 강화법

해설 ② 역전기법: 펄스(Perls)의 형태주의 상담기법으로 어떤 증후와 행동의 바탕이 되는 잠재적인 충동의 역전이 형태이다. 예 심한 소심증 환자에게 집단에서 노출증 환자 역할을 시킨다.

80 내담자가 자기지시적인 삶을 영위하고 상담사에게 의존하지 않게 하기 위해 상담사가 내담자와 지식을 공유하며 자기강화 기법을 적극적으로 활용하는 행동주의 상담기법은?

① 모델링　　　　　② 과잉교정
③ 내현적 가감법　　④ 자기관리 프로그램

해설 ① 모델링(대리학습): 내담자가 다른 사람의 바람직한 행동을 관찰해서 학습한 것을 수행하는 것이다.
② 과잉교정: 강화로 제공될 대안이 거의 없거나 효과적인 강화인자가 없을 때 유용한 기법으로 파괴적이고 폭력적인 행동을 수정하는데 사용하는 기법이다.
③ 내현적 가감법: 불쾌감을 연상시켜 행동소거한다.

81 다음은 무엇에 관한 설명인가?

> 행동주의 직업상담에서 내담자가 직업선택에 대해 무력감을 느끼게 되고, 그로 인해 발생된 불안 때문에 직업결정을 못하게 되는 것

① 무결단성　　　　② 우유부단
③ 미결정성　　　　④ 부적응성

해설 행동주의에서 진로나 직업선택 시 의사결정을 미루는 유형은 2가지로 분류된다.
• 무결단성: 진로선택에 관한 결정과 연관되는 오래 지속된 불안에서 일어나는데, 이것은 위압적이거나 지나친 요구를 하는 부모의 태도에서 비롯된다.
• 우유부단형: 제한적인 경험에 기인되는 자아와 일의 세계에 대한 정보의 결핍이 주요 원인이다.

82 내담자중심 상담의 상담목표가 <u>아닌</u> 것은?

① 내담자의 내적 기준에 대한 신뢰를 증가시키도록 도와주는 것
② 경험에 보다 개방적이 되도록 도와주는 것
③ 지속적인 성장 경향성을 촉진시켜 주는 것
④ 내담자의 자유로운 선택과 책임의식을 증가시켜 주는 것

해설 ④ 내담자중심 상담에서 제시한 상담목표가 아니다.

83 다음 중 인간중심상담이론의 기본 가정에 포함되는 것을 모두 고른 것은?

> ㄱ. 인간의 개별성과 독자성을 존중한다.
> ㄴ. 치료적 관계 그 자체가 성장의 경험이다.
> ㄷ. 적응의 정서적 측면보다 지적 측면을 강조한다.
> ㄹ. 현재의 직접적인 장면보다 유년기의 외상적 경험을 강조한다.
> ㅁ. 인간은 성장, 건강, 적응을 이루려는 기본적 충동을 가지고 있다.

① ㄷ, ㅁ
② ㄱ, ㄴ, ㅁ
③ ㄴ, ㄹ, ㅁ
④ ㄱ, ㄴ, ㄷ, ㄹ

해설 ㄷ : 윌리암슨(Williamson)의 특성-요인이론에 대한 설명이다.
ㄹ : 프로이드(Freud)의 정신분석에 대한 설명이다.

84 인간중심 진로상담의 개념에 관한 설명으로 옳지 않은 것은?

① 일의 세계 및 자아와 관련된 정보의 부족에 관심을 둔다.
② 자아 및 직업과 관련된 정보를 거부하거나 왜곡하는 문제를 찾고자 한다.
③ 진로선택과 관련된 내담자의 불안을 줄이고 자기의 책임을 수용하도록 한다.
④ 상담자의 객관적 이해를 내담자에 대한 자아 명료화의 근거로 삼는다.

해설 ④의 설명은 로저스(Rogers)의 인간중심 이론의 개념에 대한 설명이 아니다.

85 인간중심상담이론에서 상담사의 역할과 가장 거리가 먼 것은?

① 조력관계를 통해 성장을 촉진한다.
② 내담자 문제를 진단하여 분류한다.
③ 내담자가 자신의 깊은 감정을 깨닫게 돕는다.
④ 내담자로 하여금 존중받고 있음을 느끼게 한다.

해설 ② 특성-요인이론의 특징에 대한 설명이다.

➕ 로저스(Rogers)의 인간중심상담이론

• 로저스(Rogers)는 내담자 스스로 자신의 문제를 알고 있고 문제를 해결할 능력이 있다고 보며, 상담관계 그 자체가 성장의 경험이라고 하였다.
• 요구되는 상담자의 태도: 일치성(진실성 또는 진솔성), 무조건적인 긍정적 관심과 수용, 정확한 공감적 이해가 필요하다.
• 진단과 처방 배제: 중요한 것은 구체적인 문제의 해결에 있는 것이 아니라, 내담자의 성장을 돕는 것이다. 그러므로 상담자의 입장에서 진단하고 처방하는 것을 배제한다.

86 내담자중심 상담이론에 관한 설명으로 틀린 것은?

① 다양한 진로 관련 검사결과에 기초하여 상담을 진행한다.
② Rogers는 직업과 관련된 의사결정에 대해 구체적으로 언급하지 않았다.
③ 몇몇 내담자중심 상담사들은 일반적 적응과 직업적 적응 사이에 관련성이 크지 않다고 보았다.
④ 직업정보는 내담자의 입장에서 필요할 때에만 상담과정에 도입한다.

해설 ① 다양한 진로 관련 검사결과에 기초하여 상담을 진행하는 것은 특성-요인이론에 대한 설명이다.

87 내담자 중심상담 이론에 관한 설명으로 틀린 것은?

① Rogers의 상담경험에서 비롯된 이론이다.
② 상담의 기본목표는 개인이 일관된 자아개념을 가지고 자신의 기능을 최대로 발휘하는 사람이 되도록 도울 수 있는 환경을 제공하는 것이다.
③ 특정 기법을 사용하기보다는 내담자와 상담자 간의 안전하고 허용적인 '나와 너'의 관계를 중시한다.
④ 상담기법으로 적극적 경청, 감정의 반영, 명료화, 공감적 이해, 내담자 정보탐색, 조언, 설득, 가르치기 등이 이용된다.

해설 ④ 상담기법으로 적극적 경청, 감정의 반영, 공감적 이해 등이 이용되고, 로저스는 상담자의 태도를 강조 했다.

88 내담자중심 상담이론의 특징이 아닌 것은?

① 동일한 상담원리를 정상적인 상태에 있는 사람이나 정신적으로 부적응 상태에 있는 사람 모두에게 적용한다.
② 상담은 모든 건설적인 대인관계의 실제 사례 중 단지 하나에 불과하다.
③ 실험에 기초한 귀납적인 접근방법이며 실험적 방법을 상담과정에 적용한다.
④ 상담의 과정과 그 결과에 대한 연구조사를 통하여 개발되어 왔다.

해설 ③ 행동주의 상담이론의 특징에 대한 설명이다.

89 인간중심 상담이론에 관한 설명으로 틀린 것은?

① 실현화 경향성은 자기를 보전, 유지하고 향상시키고자 하는 선천적 성향이다.
② 자아는 성격의 조화와 통찰을 위해 노력하는 원형이다.
③ 가치의 조건화는 주요 타자로부터 긍정적 존중을 받기 위해 그들이 원하는 가치와 기준을 내면화하는 것이다.
④ 현상학적 장은 경험적 세계 또는 주관적 경험으로 특정 순간에 개인이 지각하고 경험하는 모든 것을 뜻한다.

해설 ②는 칼 융(Carl Jung)의 성격심리학 이론이다.

90 인간중심적 상담에 적합한 내담자인지 알아보기 위해 상담사가 우선적으로 고려해야 할 점은?

① 상담자의 적극적인 개입 없이도 자신의 방식을 찾아갈 수 있는 내담자의 역량은 어느 정도 인가?
② 무의식적인 방어의 강도가 어느 정도이며 주로 사용하는 방어기제의 종류는 무엇인가?
③ 개인과 환경 간의 상호작용에 만들어진 성격 유형은 무엇인가?
④ 내담자의 기억에서 우세하게 나타나는 주제의 내용과 양상은 무엇인가?

해설 ① 인간중심적(비지시적) 상담은 상담자의 개입을 최소화한다.

91 인간중심상담의 실현화 경향성에 관한 설명으로 틀린 것은?

① 유기체의 성장과 향상, 즉 발달을 촉진하고 지지한다.
② 성숙의 단계에 포함된 성장의 모든 국면에 영향을 준다.
③ 동물을 제외한 살아있는 모든 사람에게서 볼 수 있다.
④ 유기체를 향상시키는 활동으로부터 도출된 기쁨과 만족을 강조한다.

해설 ③ 로저스(Rogers)는 인간중심상담의 주요개념을 말하면서, 모든 유기체는 자신을 유지하고 실현하며 향상시키려는 하나의 기본적인 경향성(실현화 경향성)을 가지고 있다고 설명하였다. 다시 말해, 실현화 경향성은 사람뿐 아니라 동물을 비롯한 살아 있는 모든 유기체에서 찾아볼 수 있는 것이다.

92 내담자중심 상담에서 기대하는 상담결과가 아닌 것은?

① 내담자는 이상적 자아개념을 갖는다.
② 내담자는 불일치의 경험이 감소한다.
③ 내담자는 문제해결에 있어 더 능률적이 된다.
④ 타인을 더 잘 수용할 수 있게 된다.

해설 ① 로저스(Rogers)의 내담자중심 상담은 현실적 자아와 이상적 자아의 괴리감에서 불안이 있다고 보기 때문에, 내담자가 현실적 자아개념을 갖도록 한다.

93 인간중심 상담에서 중요하게 요구되는 상담자의 태도로 옳은 것은?

ㄱ. 해석	ㄴ. 진솔성
ㄷ. 공감적 이해	ㄹ. 무조건적 수용
ㅁ. 맞닥뜨림	

① ㄱ, ㄴ, ㄷ
② ㄴ, ㄷ, ㄹ
③ ㄱ, ㄹ, ㅁ
④ ㄴ, ㄷ, ㅁ

해설 인간중심상담에서 요구되는 상담자의 태도: 일치성(진실성 또는 진솔성), 무조건적 긍정적 관심과 수용, 정확한 공감적 이해

94 내담자중심 직업상담에서 상담자가 지녀야 할 태도 중 내담자로 하여금 개방적 자기탐색을 촉진하여 그가 지금-여기에서 경험하는 감정을 자각하도록 하는 요인은?

① 일치성　　　　　　② 일관성
③ 공감적 이해　　　　④ 무조건적 수용

➕ 로저스(Rogers)의 인간중심상담에서 상담자의 태도

태도	내용
일치성	진실성 또는 진솔성이라고도 한다. 상담관계에서 상담자가 경험하는 감정이나 태도를 있는 그대로 인정하고 개방하는 것을 의미한다. 이 태도는 인간중심상담에서 요구되는 상담자의 태도 중 가장 기본이 되는 태도이다. '지금-여기'에서의 경험을 강조하는 것과 관련된다.
무조건적 긍정적 관심과 수용	내담자의 감정이나 생각, 행위에 대한 평가(좋거나 나쁨)와 판단에 영향을 받지 않는다는 점에서 무조건적이다.
정확한 공감적 이해	상담 중에 내담자와의 상호작용을 통해 나타나는 내담자의 경험과 감정 등을 민감하고 정확하게 이해하는 것이다.

95 다음은 어떤 직업상담 접근방법에 관한 설명인가?

모든 내담자는 공통적으로 자기와 경험의 불일치로 인해서 고통을 받고 있기 때문에 직업상담 과정에서 내담자가 지니고 있는 직업문제를 진단하는 것 자체가 불필요하다고 본다.

① 내담자 중심 직업상담
② 특성-요인 직업상담
③ 정신 역동적 직업상담
④ 행동주의 직업상담

해설 ② 윌리암슨(Williamson)의 특성-요인 직업상담은 상담과정에 진단이 포함된다.
상담과정:분석(자료수집) → 종합(자료 요약) → 진단(변별진단) → 처방 → 상담(내담자 참여) → 추수지도
③ 보딘(Bordin)의 정신역동적 직업상담은 프로이드(Freud)의 정신분석이론에 진로교육을 도입 했다.
④ 행동주의 진로상담은 진로의사결정에 영향을 미치는 학습과정에 초점을 두고, 진로결정에서의 문제점들이 학습과정에서 변화를 일으킴으로써 수정될 수 있다고 본다.

96 내담자중심 직업상담에서 Snyder가 제시한 상담자가 보일 수 있는 반응 중 다음은 어떤 반응에 해당하는가?

상담자가 내담자의 생각을 변화시키려 시도하거나 내담자의 생각에 상담자의 가치를 주입하려하는 범주

① 안내를 수반하는 범주
② 지시적 상담범주
③ 감정에 대한 비지시적 상담범주
④ 감정에 대한 준지시적 상담범주

➕ 스나이더(Snyder)의 상담 중 상담자가 보일 수 있는 반응범주
• 안내를 수반하는 범주: 면접의 방향을 결정짓는 범주이다.
• 감정에 대한 비지시적 반응범주: 해석이나 충고, 비평이나 제안 없이 내담자가 표현하는 감정을 재진술하는 범주이다.
• 감정에 대한 준지시적 반응범주: 내담자 감정을 해석하는 범주이다.
• 지시적 상담범주: 상담자가 내담자의 생각을 변화시키려 시도하거나 내담자의 생각에 상담자의 가치를 주입하려 하는 범주이다.
※ 상담의 흐름에 맞추어 배치하여 선택지와 순서가 다릅니다.

97 다음은 어떤 상담이론에 관한 설명인가?

부모의 가치조건을 강요하여 긍정적 존중의 욕구가 좌절되고, 부정적 자아개념이 형성되면서 심리적 어려움이 발생된다고 본다.

① 행동주의 상담　　　② 게슈탈트 상담
③ 실존주의 상담　　　④ 인간중심 상담

해설 ④ 로저스(Rogers)는 유기체가 자기개념이 생기면서 타인(부모나 교사)에게 조건적·긍정적인 관심과 존중을 받으려는 욕구가 생기면서 좌절되거나 충족되기도 한다고 본다.
① 행동주의 상담: 행동주의자들은 인간의 행동이 자연현상과 마찬가지로 일정한 법칙성을 지니고 있다고 가정한다.
② 게슈탈트(형태주의) 상담: 펄스(Perls)의 형태주의는 '지금-여기'를 강조하고 미해결과제에 관심을 두었다.
③ 실존주의 상담: 내담자와의 대면적 관계를 중시하며, 내담자의 문제를 모두 해결할 수는 없다고 보며, 내담자가 피해자적 역할들로부터 벗어나도록 도와야 한다고 설명한다.

98 내담자 중심 상담에서 사용되는 상담기법이 <u>아닌</u> 것은?

① 적극적 경청   ② 역할연기
③ 감정의 반영   ④ 공감적 이해

해설 ② 역할연기는 내담자 중심 상담에서 사용하는 상담기법이 아니다.
① 적극적 경청: 내담자의 내면적 감정을 반영하는 것으로 이를 통해 내담자의 감정을 충분히 이해하고 수용할 수 있다.
② 역할연기: 내담자가 문제 행동과 관련된 장면에서의 느낌을 탐색하도록 하기 위해 그 장면에서의 행동을 연기해 보도록 한다.
③ 감정의 반영: 내담자의 진술에 관련된 감정에 대한 명확한 주의와 함께 내담자의 표현을 부연하는 것이다.
④ 공감적 이해: 상담기간 중에 상호작용을 통해 나타나는 내담자의 경험과 감정을 민감하고 정확하게 이해하는 것이다.

99 내담자중심 상담에서 상담자가 심리검사를 사용할 때의 활용원칙이 <u>아닌</u> 것은?

① 검사결과의 해석에 내담자가 참여하도록 한다.
② 검사결과를 명확하게 전달하기 위해 평가적인 언어를 사용한다.
③ 내담자가 알고자 하는 정보와 관련된 검사의 가치와 제한점을 설명한다.
④ 검사결과를 입증하기 위한 더 많은 자료가 수집될 때까지는 시험적인 태도로 조심스럽게 제시되어야 한다.

해설 ② 검사결과를 내담자에게 전할 때 평가적인 말투를 사용해서는 안 되며, 항상 중립성을 지켜야 한다.

100 비지시적 상담을 원칙으로 자아와 일에 대한 정보 부족 혹은 왜곡에 초점을 맞춘 직업상담은?

① 정신분석 직업상담
② 내담자중심 직업상담
③ 행동적 직업상담
④ 발달적 직업상담

해설 ② 로저스(Rogers)의 내담자중심(인간중심 또는 비지시적) 상담이론의 목표에 대한 설명이다.

101 직업상담의 기법 중 비지시적 상담 규칙과 가장 거리가 <u>먼</u> 것은?

① 상담사는 내담자와 논쟁해서는 안 된다.
② 상담사는 내담자에게 질문 또는 이야기를 해서는 안 된다.
③ 상담사는 내담자에게 어떤 종류의 권위도 과시해서는 안 된다.
④ 상담사는 인내심을 가지고 우호적으로, 그러나 지적으로는 비판적인 태도로 내담자의 말을 경청해야 한다.

해설 ② 상담사는 특수한 경우에 한해 내담자에게 질문 또는 이야기할 수 있다.

102 정상적인 실직자와의 상담장면에서 피해야 할 것은?

① 정신분석적 해석을 근거로 한 꿈의 해석
② 공감적 이해
③ 자기개방하기
④ 반복, 요약, 환언하기

해설 ① 자발적 상담자와의 상담에서 정신분석적 해석을 근거로 한 꿈의 해석은 피하는 것이 좋다.
※ '자발적 실직자'를 '정상적인 실직자'로 표현한 것으로 보인다.

103 Perls의 형태주의 상담이론에서 제시한 기본 가정으로 옳은 것은?

① 인간은 전체로서 현상적 장을 경험하고 지각한다.
② 인간의 행동은 행동이 일어난 상황과 관련해서 의미 있게 이해될 수 있다.
③ 인간은 자기의 환경조건과 아동기의 조건을 개선할 수 있는 능력이 있다.
④ 인간은 결코 고정되어 있지 않으며 계속적으로 재창조한다.

해설 ② 펄스(Perls)는 프로이드(Freud)의 정신분석이 지나치게 과거에 머무는 것을 비판하며 지금-여기(here and now)를 중요하게 다뤘다. 펄스는 프로이드와 마찬가지로 문제의 원인을 과거경험에서 찾지만 문제해결은 상담 받고 있는 그 순간에 느끼는 감정과 생각에서 찾았다.

104 게슈탈트 이론에 관한 설명으로 옳은 것을 모두 고른 것은?

> ㄱ. 지금 여기서 무엇을 어떻게 경험하느냐와 각성을 중요시한다.
> ㄴ. 성격은 생물학적 요구 및 충동에 의해 결정된다.
> ㄷ. 인간은 신체, 정서, 사고, 감각, 지각 등 모든 부분이 서로 관련을 갖고 있는 전체로서 완성되려는 경향이 있다.
> ㄹ. 인간의 행동은 외부의 환경조건에 의해 좌우된다.

① ㄱ, ㄴ　　　　　　② ㄱ, ㄷ
③ ㄱ, ㄴ, ㄷ　　　　④ ㄴ, ㄷ, ㄹ

해설 게슈탈트 상담은 내담자가 지각하는 현실에 초점을 둔다.
ㄴ. 인간은 자신의 현재 욕구에 따라 게슈탈트를 형성한다.
ㄹ. 인간의 행동은 행동이 일어난 상황과 관련해서 의미 있게 이해될 수 있다.

105 형태주의 상담에 관한 설명으로 틀린 것은?

① 인간은 과거와 환경에 의해 결정되는 존재로 보았다.
② 개인의 발달초기에서의 문제들을 중요시한다는 점에서 정신분석적 상담과 유사하다.
③ 현재 상황에 대한 자각에 초점을 두고 있다.
④ 개인이 자신의 내부와 주변에서 일어나는 일들을 충분히 자각할 수 있다면 자신이 당면하는 삶의 문제들을 개인 스스로가 효과적으로 다룰 수 있다고 가정한다.

해설 ① 펄스(Perls)의 형태주의 상담은 '지금-여기'를 강조한다.

106 직업카드분류시 고려해야 할 사항과 가장 거리가 먼 것은?

① 선택한 직업카드의 숫자
② 포함될 직업의 혼합에 관한 문제
③ 경력수준
④ 한국직업사전 분류체계

해설 ③ 직업카드는 일반적으로 직업명과 직업 관련 정보를 포함하고 있으며, 경력수준은 직업카드분류시 고려해야 할 사항이 아니다.

➕ 직업카드 분류(occupational card sort)
직업카드 분류는 직업흥미를 탐색하기 위해 사용한다. 직업카드에는 관련 직업의 사진 또는 그림, 직업명, 카드번호, 직무개요, 흥미코드, 적성 등이 수록되어 있으나 발급기관에 따라 제공하는 정보에 차이가 있다.

107 게슈탈트 상담이론에서 주장하는 접촉-경계의 혼란을 일으키는 현상에 대한 설명으로 옳지 않은 것은?

① 투사(projection)는 자신의 생각이나 요구, 감정 등을 타인의 것으로 지각하는 것을 말한다.
② 반전(retroflection)은 다른 사람이나 환경에 대하여 하고 싶은 행동을 자기 자신에게 하는 것을 말한다.
③ 융합(confluence)은 밀접한 관계에 있는 사람들이 어떤 갈등이나 불일치도 용납하지 않는 의존적 관계를 말한다.
④ 편향(deflection)은 외고집으로 다른 사람의 의견을 전혀 받아들이지 않고 자기 틀에서만 사고하고 행동하는 것을 말한다.

해설 ④ 편향은 자신의 감각을 둔화시켜서 자신과 환경과의 접촉을 약화키는 것을 말한다.

108 인간을 과거나 환경에 의해 결정되는 존재가 아니라 현재의 사고, 감정, 행동의 전체성과 통합을 추구하는 존재로 보는 상담접근법은?

① 정신분석학적 상담
② 형태주의 상담
③ 개인주의 상담
④ 교류분석적 상담

해설 ② 펄스(Perls)는 프로이드(Freud)가 지나치게 과거중심인 것을 비판하며 '지금-여기'를 강조한 형태주의 상담을 구체화했다.

109 다음 중 형태주의 상담기법과 가장 거리가 먼 것은?

① 꿈 작업
② 빈 의자 기법
③ 과장하기
④ 탈중심화

해설 ④ 탈중심화: 인지치료에서 사용하는 기법으로 명상 등을 통해 다른 사람들의 관심이 자신에게 집중되어 있다고 믿는 내담자의 부적절한 신념을 수정하는 것이다.
① 꿈 작업: 꿈을 해석하거나 분석하지 않고 내담자의 꿈에 나타난 사물이나 인물을 내담자와 동일시함으로써 내담자가 회피해 왔던 자신의 욕구, 충동, 감정에 다시 접촉하고 통찰하도록 하는 기법이다.
② 빈 의자 기법: 내담자가 빈 의자를 앞에 놓고 어떤 사람이 실제 앉아 있는 것처럼 상상하면서 이야기를 하는 치료기법이다.
③ 과장하기: 상담자는 내담자의 행동이나 언어를 과장하여 표현하게 함으로써 내담자의 감정자각을 돕는다.

110 내담자가 빈 의자를 앞에 놓고 어떤 사람이 실제 앉아 있는 것처럼 상상하면서 이야기를 하는 치료기법을 사용하는 상담이론은?

① 게슈탈트 상담
② 현실요법적 상담
③ 동양적 상담
④ 역설적 상담

해설 ① 게슈탈트 상담의 빈 의자 기법은 현재 상담장면에 와 있지 않은 사람과 상호작용할 필요가 있을 때 사용하는 기법이다. 이 기법에서는 두 개의 의자가 사용되는데, 내담자는 두 의자에 번갈아 앉으며 대화를 나눈다.

111 강박증이나 공포증을 가지고 있는 사람들의 예기불안(anticipatory anxiety)을 다루기 위하여 자기가 두려워하는 그 일을 일부러 하도록 격려하는 상담기법은?

① 행동시연
② 자극변별
③ 적극적 심상화
④ 역설적 의도

해설 ④ 역설적 의도: 파괴적 행동형태를 없애는 데 사용되며, 내담자들의 행동을 유사한 행동, 즉 긍정적 결과의 행동으로 치환할 수 있다. 파괴적 행동이란 두려움으로 인한 행동제약을 말한다.

112 게슈탈트 상담의 상담기법으로 적절하지 않은 것은?

① 꿈을 이용한 작업
② 자기 부분들과의 대화를 통한 자각
③ 자각을 증가시키기 위한 숙제의 사용
④ 상담사 – 내담자 사이에 드러나는 전이의 분석

해설 ④ 상담자와 내담자 사이의 전이분석은 프로이드(Freud)의 정신분석 상담기법이다.

113 게슈탈트 상담에서 인간의 분노, 격분, 증오, 고통, 불안, 슬픔, 죄의식, 포기 등과 같은 표현되지 못한 감정을 포함하는 개념은?

① 미해결과제
② 미성숙과제
③ 정서결핍과제
④ 구조적과제

해설 ① 개인에게 어떤 욕구가 출현하여 해결하지 못해 게슈탈트를 완성하지 못하면 그는 미해결 과제를 갖게 된다. 이러한 미해결 과제는 분노, 증오, 노여움, 고통, 불안, 죄책감, 회한과 같은 표현되지 않은 감정으로 나타난다.

114 형태주의 상담에서 Perls가 제안한 신경증의 층 중 개인이 자신의 고유한 모습으로 살아가지 않고 부모나 주위환경의 기대역할에 따라 행동하며 살아가는 단계는?

① 피상층
② 곤경층
③ 공포층
④ 내파층

해설 ③ 펄스(Perls)는 인간의 인격을 펼쳐 보이는 것을 양파껍질을 벗기는 것에 비유하였으며, 문제는 공포층에 대한 설명이다.

➕ 펄스(Perls)의 성격변화의 단계(신경증의 층)

허위층	진실한 마음이 없이 상투적으로 대하는 거짓된 상태
공포층	자신의 고유한 모습으로 살아가지 않고 부모나 주위환경의 기대역할에 따라 행동하며 살아가는 단계
난국층	자신의 욕구를 나타내고자 하나 불안하여 어쩔 줄 모르는 상태
내적 파열층	자신의 욕구를 인식하지만 겉으로 나타내지 못하고 안으로 억압하는 상태
폭발층	감정이나 욕구를 억압하지 않고 표출하는 상태

115 실존주의 상담에 관한 설명으로 **틀린** 것은?

① 정형화된 상담 모형과 훈련프로그램이 마련되어 있지 않은 것이 한계점이다.
② 인간을 자기인식 능력을 지닌 존재로 본다.
③ 상담자는 내담자가 스스로 삶의 의미와 목적을 발견하고, 삶을 주체적으로 선택하고 책임지도록 돕는 것을 목표로 한다.
④ 실존주의 상담에서 가정하는 인간의 궁극적인 관심사는 무의식의 자각이다.

➕ 실존주의 상담의 궁극적인 관심사

• 자유와 책임
• 삶의 의미성
• 불안과 죄책감
• 죽음과 비존재

116 실존주의 상담에 관한 설명으로 틀린 것은?

① 실존주의 상담의 궁극적 목적은 치료이다.
② 실존주의 상담은 대면적 관계를 중시한다.
③ 인간에게 자기 지각의 능력이 있다고 가정한다.
④ 자유와 책임의 양면성에 대한 지각을 중시한다.

해설 ① 실존주의 상담의 원리 중 하나는 치료할 수 없는 위기의 원리이다. 치료 자체보다는 인간 존재의 순정성 회복을 궁극적인 목적으로 한다.

117 Yalom이 제시한 실존주의 상담에서의 4가지 궁극적 관심사에 해당하지 <u>않는</u> 것은?

① 죽음
② 자유
③ 고립
④ 공허

➕ Yalom(얄롬)이 제시한 궁극적 관심사 4가지

• 죽음: 불안의 가장 기본적 원천이다.
• 자유: 자유는 책임을 가정한다.
• 고립: 얄롬은 세 가지 고립을 가정한다. 대인관계적 고립, 개인내적 고립, 실존적 고립
• 무의미성: 삶의 의미가 무엇인가 하는 질문에 대한 내적 갈등이다.

118 현실치료적 집단상담의 절차와 가장 거리가 먼 것은?

① 숙련된 질문의 사용
② 유머의 사용
③ 개인적인 성장계획을 위한 자기조력
④ 조작기법의 사용

해설 ④ 조작기법은 행동치료에 사용된다.

➕ 현실치료

우볼딩(Wubbolding) 현실치료 과정 4단계	현실치료 상담기법
W(Want) 바람파악 D(Doing) 현재행동파악 E(Evaluating): 평가하기 P(Planning): 계획하기	질문하기 직면하기 역설적기법 유머사용하기 은유사용하기

119 교류분석적 상담에 관한 설명으로 틀린 것은?

① 대부분의 다른 이론과는 달리 계약적이고 의사결정적이다.
② 새로운 결정을 내릴 수 있는 개인의 능력을 강조한다.
③ 현재를 온전히 음미하고 경험하는 학습을 강조한다.
④ 개인 간 그리고 개인 내부의 상호작용을 분석하기 위한 구조를 제공한다.

해설 ③ '지금−여기'를 중시한 펄스의 형태주의 이론에 대한 설명이다.

120 다음 중 교류분석(transactional analysis)에서 주로 사용되는 개념은?

① 집단무의식
② 자아 상태(부모−성인−아동)
③ 전경과 배경
④ 비합리적 신념

해설 ① 집단무의식은 칼 융(Carl Jung)의 이론에서 언급된다.
③ 전경과 배경은 펄스(Perls)의 형태주의 이론에서 언급된다.
④ 비합리적 신념은 엘리스(Ellis)의 인지−정서이론에서 언급된다.

121 교류분석(TA)에 대한 설명으로 가장 적합한 것은?

① 어린 시절의 결단에 기초한 삶의 계획을 생활양식이라 한다.
② 의사교류에서 교차적 의사교류가 가장 건강하다고 할 수 있다.
③ 사람들은 애정이나 인정 자극(stroke)을 얻기 위해 게임을 한다.
④ 개인 내부에서 이루어지는 다양한 자아들 간의 상호작용을 의사교류라 한다.

해설 ② 의사교류에는 상보적, 교차적, 이면적 방식이 있는데 이 중 상보적 방식이 가장 건강한 방식이다.

➕ **교류분석의 심리적 욕구(갈망)**
- 자극갈망(stimulus hunger): 다른 사람들로부터 신체적 접촉을 받고 싶어 하는 욕구를 의미한다.
- 인정갈망(cognition hunger): 다른 사람들로부터 제공될 수 있는 특별한 종류의 감각추구이다. 다른 사람으로부터 받은 어루만짐(strokes)이라고 불렀다.
- 구조갈망(structure hunger): 인간이 삶을 유지하는 동안 주어진 시간을 어떻게 보낼 것인가의 방법을 우리 각자가 찾고 발달시키려는 욕구를 의미한다.

122 직업상담 중 대본분석 평가항목이나 질문지를 사용하고, 게임과 삶의 위치분석, 가족모델링 등의 상담기법을 활용하는 것은?

① 교류분석적 상담 　② 실존주의 상담
③ 형태주의 상담 　④ 개인주의 상담

해설 ① 교류분석 상담은 에릭 번(Eric Berne)의 이론으로, 구조분석(P: 부모 자아, A: 성인 자아, C: 아동 자아) → 교류분석(상보적, 교차적, 이면적) → 게임분석 → 각본분석으로 이루어진다.
② 실존주의 상담: 내담자와의 대면적 관계를 중시하며, 내담자의 문제를 모두 해결할 수는 없다고 보며, 내담자가 피해자적 역할들로부터 벗어나도록 도와야 한다고 설명한다.
③ 형태주의 상담: 프로이드(Freud)의 영향을 받아 펄스(Perls)가 구체화한 이론으로, 내담자의 문제를 과거의 경험에서 찾지만 문제해결은 '지금-여기'에서의 생각과 감정에서 찾는다.
④ 개인주의 상담: 아들러(Adler)의 개인심리학이다. 인간은 불완전한 존재로서 열등감이 있기 때문에, 상담기법 중 격려하기를 중시한다.

123 교류분석상담의 상담과정에서 내담자 자신의 부모자아, 성인자아, 어린이자아의 내용이나 기능을 이해하는 방법은?

① 구조분석 　② 의사교류분석
③ 게임분석 　④ 생활각본분석

해설 ① 구조분석은 상담자가 내담자의 성격을 구성하는 자아를 분석하여 내담자가 자신을 이해하도록 돕는 것이다.

124 다음 대화는 교류분석이론의 어떤 유형에 해당하는가?

> A : 철수야, 우리 눈썰매 타러 갈래?
> B : 나이에 맞는 행동 좀 해라. 난 그런 쓸데없는 짓으로 낭비할 시간이 없어!

① 암시적 교류
② 직접적 교류
③ 이차적 교류
④ 교차적 교류

➕ **에릭 번(Eric Berne)의 교류분석 상담기법**
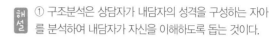

과정	내용
구조분석	P(부모 자아), A(성인 자아) C(아동 자아)
교류분석	상보적 교류: 원만한 대화가 이루어지며 바람직한 인간관계의 유형이다.
	교차적 교류: 의사소통에 단절이나 왜곡이 생기고 바람직하지 못한 인간관계가 될 수 있다.
	이면(암시)적 교류: 겉으로는 합리적 대화를 하는 것 같으나 대화 이면에 다른 진의를 감추고 있다.
게임분석	구조자, 박해자, 희생자
각본분석 (생활분석)	• 자기긍정-타인긍정(I'm OK - You're OK): 가장 좋은 자세로, 생산적 인간관계가 될 수 있다. • 자기긍정-타인부정(I'm OK - You're not OK): 자신은 좋지만 상대가 나쁘기 때문이라고 생각하여, 공격적 인간관계가 될 수 있다. • 자기부정-타인긍정(I'm not OK - You're OK): 상대는 좋으나 나는 그렇지 않다고 생각하여, 피해자적 인간관계가 될 수 있다. • 자기부정-타인부정(I'm not OK - You're not OK): 나도 상대도 틀렸다고 생각하여, 파괴적 인간관계가 될 수 있다.

125 다음 설명에 해당하는 상담이론은?

> 인간은 합리적인 사고를 할 수 있는 동시에 비합리적인 사고의 가능성도 가지고 있는 존재이며, 따라서 내담자의 모든 행동적/정서적 문제는 경험적으로 타당성이 없는 비논리적이고 비합리적인 사고로 인해 발생한 것이라고 보았다.

① 합리적 정서행동 상담
② 현실치료적 상담
③ 형태주의 상담
④ 정신분석적 상담

해설 ① 엘리스(Ellis)의 합리적 정서행동 상담: 비합리적 신념으로 인해 정서적 혼란을 겪기 때문에 논박하여 비합리적 신념을 최소화하거나 합리적 신념으로 전환해야 한다고 했다.
② 윌리암 글래서(William Glasser)의 현실치료적 상담: 상담자가 내담자의 문제를 해결하고 사회의 현실적 요구에 대처하는 데 초점을 둔다.
③ 펄스(Perls)의 형태주의 상담: 지나치게 과거를 중심으로 해석하는 정신분석을 비판하며 게슈탈트 치료를 발전시켰다.
④ 프로이드(Freud)의 정신분석적 상담: 주요개념에는 어린 시절 경험, 결정론, 무의식, 방어기제, 전이가 있다.

➕ 엘리스(Ellis)의 인지적·정서적·합리적(REBT) 상담과정
A(선행사건) → B(신념) → C(결과) → D(논박) → E(효과) → F(감정)

126 Ellis의 합리적 정서치료의 정신건강 기준에 관한 설명으로 옳은 것은?

① 사회적 관심: 자신의 삶에 책임감이 있고 독립적이다.
② 관용: 변화에 대해 수긍하고 타인에게 편협한 견해를 갖지 않는다.
③ 몰입: 실수하는 사람들을 비난하지 않는다.
④ 과학적 사고: 깊게 느끼고 구체적으로 행동할 수 있다.

해설 엘리스(Ellis)는 사람들이 명확히, 유연하게 그리고 과학적으로 생각하도록 돕는 것을 강조했다.

127 인지적·정서적 상담에 관한 설명으로 틀린 것은?

① Ellis에 의해 개발되었다.
② 모든 내담자의 행동적-정서적 문제는 비논리적이고 비합리적인 사고에서 발생한 것이다.
③ 성격 자아상태 분석을 실시한다.
④ A-B-C 이론을 적용한다.

해설 ③은 에릭 번(Eric Berne)의 교류분석 설명으로 자아는 P(부모), A(성인), C(아동)이다.

128 왜곡된 사고체계나 신념체계를 가진 내담자에게 실시하면 효과적인 상담기법은?

① 내담자 중심 상담   ② 인지치료
③ 정신분석   ④ 행동요법

해설 ② 엘리스(Ellis)의 인지치료 설명이다.

129 엘리스(Ellis)가 개발한 인지적-정서적상담에서 정서적이고 행동적인 결과를 야기하는 것은?

① 선행사건
② 논박
③ 신념
④ 효과

해설 ③ 내담자의 비합리적 신념으로 정서적이고 행동적인 결과를 야기한다고 본다.

➕ 엘리스의 ABCDEF 의미
• A 선행사건: 내담자가 노출되었던 문제 장면이나 선행사건이다.
• B 신념체계: 내담자가 갖는 신념으로 합리적 신념과 비합리적 신념이다.
• C 결과: 선행사건으로 생겨난 내담자의 정서적 또는 행동적 결과이다.
• D 논박: 비합리적 신념에 대한 상담자의 적극적인 논박이다.
• E 효과: 비합리적 신념을 논박이나 비합리적 신념을 직면하여 얻게 된 효과이다.
• F 감정: 논박하기를 통해 바뀐 새로운 감정이나 행동이다.

130 REBT 상담의 ABCDE원리에 비추어 볼 때 보기에서 "B"에 해당하는 것은?

A. 현실적으로 부모와 선배에게 상의를 함
B. 직업상담사 시험에 실패하여 실망한 우울한 상태임
C. 불안, 자기혐오, 분노 등을 느끼게 되어 어떤 대처를 함
D. 일이 뜻대로 진행되지 않는다면 끔찍할 것이라는 생각을 함

① A ② B
③ C ④ D

해설 ④ REBT상담의 ABCDE 원리에서 'B'는 비합리적 신념을 말하는 것으로 보기의 'D'가 해당된다.

➕ 엘리스(Ellis)의 인지적 · 정서적 · 합리적(REBT) 상담과정의 예

• A(선행사건): 서류전형 실패
• B(신념): '난 앞으로 취직 못 할거야.'라고 생각
• C(결과): 우울, 불안, 구직활동 포기
• D(논박): '경쟁률은? 불합격자는 모두 취직을 못하는가?'라고 논박
• E(효과): '경쟁률이 높았다'고 생각
• F(감정): 구직활동을 함

131 스트레스에 관한 설명 중 Ellis와 관련이 없는 것은?

① 정서장애는 생활사건 자체를 통해 일어난다.
② 행동에 대한 과거의 영향보다는 현재에 초점을 둔다.
③ 역기능적 사고는 정서장애의 중요한 결정요인이다.
④ 부정적 감정을 유발하는 스트레스는 비합리적 신념에서 나온다.

해설 ① 엘리스(Ellis)는 인지적 · 정서적 · 합리적(REBT) 이론을 통해 '사건 자체보다 그 사건을 어떻게 인지하는가'에 따라 정서적 혼란이 생긴다고 하였다.

132 인지 · 정서 · 행동치료(REBT)의 상담기법 중 정서기법에 해당하지 않는 것은?

① 역할연기 ② 수치공격 연습
③ 자기관리 ④ 무조건적 수용

해설 ② 자기관리는 행동주의 상담기법으로 내담자가 자기관리와 자기지시적인 삶을 영위하고 상담자에게 의존하지 않도록 하기 위해 상담자가 내담자와 지식을 공유하는 것을 의미한다.

• 자기교시 또는 자기지시(self-instruction): 자신에게 지시한다.
• 자기점검(self-monitoring) 또는 자기감찰: 자기의 행동을 통제하기 위해 기록하는 것이다.
• 자기강화(self-reinforcement): 바람직한 행동을 했을 때 자신의 행동에 보상이나 특별한 권리부여한다.

133 직업상담의 인지적 접근에 대한 설명이 아닌 것은?

① 심리교육적 접근을 한다.
② 아동기 경험을 중요시한다.
③ 잘못된 생각과 신념을 수정한다.
④ 사람의 생각이 직업행동을 결정하는 데 중요한 영향을 미친다고 가정한다.

해설 ② 과거를 중요시하는 프로이드(Freud)의 정신분석적 접근이다.

134 인지상담에서 주장하는 인지적 오류를 모두 고른 것은?

ㄱ. 자동적 사고 ㄴ. 흑백 논리
ㄷ. 자극 일반화 ㄹ. 임의적 추론
ㅁ. 선택적 추상화

① ㄱ, ㄴ, ㄷ ② ㄱ, ㄴ, ㅁ
③ ㄱ, ㄷ, ㄹ ④ ㄴ, ㄹ, ㅁ

해설 ㄱ: 자동적 사고는 베크(Beck)의 인지치료 주요개념으로, 어떤 사건을 접하면 자동적으로 어떤 생각을 떠올리게 되는 것이다.
ㄷ: 자극 일반화는 행동주의 이론의 개념으로, 유사한 자극이 주어졌을 때 조건반응하는 것을 말한다.

135 인지치료에서 다루는 인지적 오류와 그 사례로 옳은 것은?

① 선택적 추론 – "90%의 성공도 나에게는 실패야"
② 양분법적 논리 – "돌다리도 두들겨 보고 건너자"
③ 과일반화 – "영어시험을 망쳤으니 이번 시험은 완전히 망칠 거야"
④ 과소평가 – "나는 이번 시험에 꼭 합격해야 해"

해설 ③ 과잉 일반화: 단일 사건에 기초한 극단적인 신념을 가지고 그것을 유사하지 않은 사건, 장면에 부적절하게 적용하는 것이다.
① 선택적 추상화(선택적 추론 또는 정신적 여과): 상황의 긍정적인 양상을 여과하는 데 초점이 맞추어져 있고 극단적으로 부정적인 세부사항에 머무르는 것을 말한다.
② 흑백논리(이분법적 사고 또는 양분적 논리): '완전한 실패가 아니면 대단한 성공'과 같이 극단적으로 흑과 백으로 구분하려는 경향이다.
④ 의미 확대 및 의미 축소(극대화 및 극소화): 불완전을 최대화하거나 좋은 점을 최소화할 때 생길 수 있다.

136 Erikson의 심리사회적 발달이론에서 청소년기에 해당하는 과업은?

① 근면성 대 열등감
② 자아정체성 대 역할혼란
③ 친밀감 대 고립감
④ 생산성 대 침체감

➕ 에릭슨(Erikson)의 발달단계
• 제1단계: 신뢰감 대 불신감, 0~1세
• 제2단계: 자율성 대 수치 및 의심, 1~3세
• 제3단계: 독창성 대 죄책감 / 주도성 대 죄의식, 3~5세
• 제4단계: 근면성 대 열등감, 6~11세(아동기)
• 제5단계: 자아정체감 대 자아혼돈 / 정체감 대 역할혼미, 12~18세(청소년기)
• 제6단계: 친밀감 대 고립감, 18~35세(성년초기)
• 제7단계: 생산성 대 침체성, 35~55세 또는 40~50대(성년중기)
• 제8단계: 통합성 대 절망감, 55세 이상 또는 60세 이후(노년기)

137 대안개발과 의사결정시 사용하는 인지적 기법으로 다음 설명에 해당하는 인지치료과정의 단계는?

> 상담자는 두 부분의 개입을 하게 된다. 첫 번째는 낡은 사고에 대한 평가이며, 두 번째는 낡은 사고나 새로운 사고의 적절성을 검증하는 실험을 해보는 것이다 의문문 형태의 개입은 상담자가 정답을 제시하기 보다는 내담자 스스로 해결방법을 다가가도록 유도한다.

① 2단계　② 3단계
③ 4단계　④ 5단계

➕ 인지치료의 대안개발과 의사결정 5단계
• 인지치료는 복잡한 치료적 기법들을 내포한다. 우울증 환자를 상대로 하여 다음의 인지적 치료 과정을 거치게 하면, 갈등해소와 문제 상황에 대한 새로운 관점 제시 등의 도움을 줄 수 있다.
• 1단계: 내담자가 느끼는 감정의 속성이 무엇인지 확인한다.
• 2단계: 감정과 연합된 사고, 신념, 태도 등을 확인한다.
• 3단계: 내담자들의 사고들을 1~2개의 문장으로 요약·정리한다.
• 4단계: 내담자를 도와 현실과 이성의 사고를 조사하도록 개입한다.
  - 첫째, 낡은 사고에 대한 인지적 평가로서, 대개 새로운 인지의 형성으로 이어진다. 둘째, 낡은 사고나 새로운 사고의 적절성을 검증하는 실험을 한다. 의문문 형태의 개입은 가끔 직업상담사가 정답을 제시하게 하기보다 오히려 내담자 스스로 해결방법에 다가가도록 유도한다.
• 5단계: 과제를 부여하여 신념과 생각의 적절성을 검증하게 한다.

138 상호제지(reciprocal inhibition)의 원리를 사용한 행동치료기법은?

① 행동계약법　② 체계적 둔감법
③ 자기교시법　④ 자기통제법

해설 ② '상호제지 또는 상호억제는 불안과 이완은 양립할 수 없다.'는 전제에서 시작하는데 체계적둔감화 또는 단계적둔화법은 불안을 야기시키며 동시에 근육이완하는 기법이다.
① 행동계약: 두 사람이나 그 이상의 사람들이 정해진 기간 내에 각자가 해야 할 행동을 분명하게 정해 놓은 후 그 내용을 서로가 지키기로 계약을 맺는 것이다.
③ 자기교시 또는 자기지시: 자기자신에게 지시하는 것이다.
④ 자기통제 또는 자기관리프로그램: 내담자가 자기관리와 자기지시적인 삶을 영위하고 상담자에게 의존하지 않도록 하기 위해 상담자가 내담자와 지식을 공유하는 것을 의미한다.

139 행동수정 프로그램의 절차를 바르게 나열한 것은?

```
ㄱ. 행동의 일반화          ㄴ. 목표행동의 정의
ㄷ. 행동의 기초선 측정      ㄹ. 행동수정 결과의 검증
ㅁ. 적응행동 강화와 부적응행동의 약화
```

① ㄴ → ㄷ → ㅁ → ㄹ → ㄱ

② ㄴ → ㄹ → ㄷ → ㅁ → ㄱ

③ ㄷ → ㄱ → ㄹ → ㅁ → ㄴ

④ ㄷ → ㅁ → ㄹ → ㄴ → ㄱ

➕ 행동주의 행동수정 프로그램의 절차

1단계	목표행동의 정의: 객관적 행동으로서 두 명 이상의 독립된 관찰자에 의해 동일한 하나의 행동으로 관찰·기록될 수 있어야 한다.
2단계	행동의 기초선 측정: 행동수정에 들어가기 직전까지 목표행동이 얼마나 빈번하게 일어나는지를 측정한다.
3단계	기법의 적용: 다양한 강화 및 처벌훈련을 통해 적응행동을 강화하는 한편, 부적응행동을 약화시킨다.
4단계	행동수정 결과의 검증: 행동수정의 효과는 기법의 철회를 통한 반전을 함으로써 검증할 수 있다.
5단계	행동의 일반화: 추수강화나 부분강화 등을 통해 습득된 행동을 고착시킨다.

140 직업상담에서 내담자의 생애진로 주제를 확인하는 가장 중요한 이유는?

① 내담자의 사고과정을 이해하고 행동을 통찰하도록 도와주기 때문이다.

② 상담을 상담자 입장에서 원만하게 이끌 수 있도록 해주기 때문이다.

③ 작업자, 지도자, 개인역할이 고려되어야 하기 때문이다.

④ 내담자의 생각을 읽을 수 있게 해주기 때문이다.

해설 ① 생애진로주제(Life Career Themes)는 사람들이 표현한 생각, 가치, 태도, 자신의 신념, 타인에 관한 신념 그리고 세상에 대한 신념 등의 단어를 말한다. 이러한 주제들은 내담자의 표현적 체계를 보여주고, 내담자의 행동을 통찰하도록 도와준다.

141 다음에서 사용된 상담기법은?

A는 저조한 성적으로 인해 학교생활에 어려움을 겪고 있다. 상담사는 A가 평소 PC 게임하는 것을 매우 좋아한다는 사실을 알고 A가 계획한 일일 학습량을 달성하는 경우, PC 게임을 1시간 동안 하도록 개입하였다.

① 프리맥의 원리, 정적강화

② 정적강화, 자기교수훈련

③ 체계적 둔감법, 자기교수훈련

④ 부적강화, 자극통제

해설
• 프리맥의 강화원리는 개인이 더 좋아하는 활동을 통해 덜 좋아하는 활동을 강화하는 기법이다.
• 정적강화: 행동이 정적 강화물에 의해 뒤따를 때 반응의 빈도가 증가하는 것이다.
• 자기교수훈련(자기교습훈련): 내담자로 하여금 자기대화를 지각하도록 하여 내담자를 돕는 것으로 자기관찰, 자기대화, 자기학습 등의 방법을 사용한다.
• 체계적 둔감화: 내담자로부터 불안을 없애기 위해 불안 반응을 체계적으로 증대시키면서 동시에 불안과 대립되는 이완반응을 야기하는 방법이다.
• 부적강화: 행동에 뒤따르는 혐오 자극을 제거함으로써 반응의 빈도가 증가하는 것이다.
• 자극통제: 내담자가 환경을 수정함으로써 자극을 통제하도록 한다. 예 다이어트 중인 내담자에게 음식을 보이지 않는 곳에 두게 한다.

142 생애진로사정에 관한 설명으로 틀린 것은?

① 상담사와 내담자가 처음 만났을 때 이용할 수 있는 비구조화된 면접기법이며 표준화된 진로사정 도구의 사용이 필수적이다.

② Adler의 심리학 이론에 기초하여 내담자와 환경과의 관계를 이해하는데 도움을 주는 면접기법이다.

③ 비판단적이고 비위협적인 대화 분위기로써 내담자와 긍정적인 관계를 형성하는데 도움이 된다.

④ 생애진로사정에서는 작업자, 학습자, 개인의 역할 등을 포함한 다양한 생애역할에 대한 정보를 탐색해간다.

해설 ① 생애진로사정은 구조화된 면접기법이며, 표준화된 검사 도구를 사용하지 않는다.

143 생애진로사정시 전형적인 하루를 탐색할 때 초점을 두어야 하는 요소는?

① 독립적 또는 의존적 성격인가?
② 여가시간에 무엇을 하는가?
③ 살아가면서 필요한 자원은 무엇인가?
④ 하루를 살면서 가장 좋았던 것은 무엇인가?

해설 ① 생애진로사정의 전형적인 하루를 탐색할 때는, '독립적 또는 의존적 성격인가?, 자발적 또는 체계적인가?'에 초점을 둔다.

144 콜브(Kolb)의 학습형태검사(LSI)에서 사람에 대한 관심은 적은 반면 추상적 개념에 많은 관심을 두는 사고형은?

① 집중적   ② 확산적
③ 동화적   ④ 적응적

해설 콜브(Kolb)는 학습이 어떻게 지각되고 어떤 과정으로 전개되는가에 기초하여 학습형태를 설명하는 모형을 개발하였다. 콜브는 개인에게 나타나는 뚜렷한 형태의 학습형은 유전의 결과, 과거생활 경험 그리고 가족, 학교, 직업 등과 같은 현재 환경의 요구 등에 의해 결정된다고 보았다.
① 집중적: 추상적 개념화와 활동적 실험에 유용하며 가장 큰 강점은 생각을 실제로 적용하는 것이다. 비정서적이며 사물 다루는 것을 선호한다.
② 확산적: 확고한 경험과 사려 깊은 관찰에 유용하며 가장 큰 강점은 상상력이다. 사람에 관심 많고 정서지향이다.
③ 동화적: 사려 깊은 관찰과 추상적 개념에 유용하며, 이들의 가장 큰 강점은 확고한 이론적 모형에 대한 능력이다. 사람에 관심이 적고 추상적 개념에 관심을 둔다.
④ 적응적: 확고한 경험과 활동적 실험에 유용하며 사물과 일하는 것, 즉 새로운 경험을 가지고 실험과 계획을 이끌어 내는 것이 가장 큰 강점이다. 동화적 사고형의 반대유형이다.

➕ 콜브의 네 가지 학습 유형

	확고한 경험(감각·느낌)		
활동적 실험 (하는 것)	적응적 사고형 확고한 경험과 활동적 실험	확산적 사고형 확고한 경험과 사려 깊은 관찰	사려 깊은 관찰 (바라보는 것)
	집중적 사고형 추상적 개념화와 활동적 실험	동화적 사고형 사려 깊은 관찰과 추상적 개념	
	추상적 개념화(사고)		

145 다음 ( ) 안에 알맞은 용어로 바르게 짝지어진 것은?

> 생애진로사정의 구조는 진로사정, (ㄱ), 강점과 장애, 그리고 (ㄴ)(으)로 이루어진다.

① ㄱ: 진로요약   ㄴ: 하루에 대한 묘사
② ㄱ: 일의 경험   ㄴ: 요약
③ ㄱ: 전형적인 하루   ㄴ: 요약
④ ㄱ: 훈련과정과 관심사 ㄴ: 내담자 자신의 용어 사용

해설 생애진로사정의 구조: 진로사정(일 경험, 교육 또는 훈련과정 관심사, 오락) → 전형적인 하루(의존적−독립적, 자발적−체계적 차원의 검토) → 강점과 장애(직업 관련 강점과 약점 파악) → 요약(앞 단계의 내용을 내담자 스스로 요약)

146 생애진로사정의 과정에 해당하지 않는 것은?

① 내담자의 과거 직업에 대한 전문지식 분석
② 내담자의 과거 직업경력에 대한 정보수집
③ 내담자의 가계도(genogram) 작성
④ 내담자가 가진 자원과 장애물에 대한 평가

해설 ① 진로사정에서 일경험을 사용해 내담자의 직업경험과 교육수준을 알 수 있을 뿐 전문지식을 분석하는 것은 아니다.

147 Dagley가 제시한 직업가계도를 그릴 때 관심을 가져야 할 요인과 가장 거리가 먼 것은?

① 가족구성원들의 진로선택 형태와 방법
② 내담자가 성장할 때의 또래집단 상황
③ 가족의 경제적 기대와 압력
④ 특정 직업에 대한 가계 유전적 장애

해설 ④ 특정 직업에 대한 가계 유전적 장애는 직업가계도를 그릴 때 관심을 가져야 할 요인으로 거리가 멀다.

➕ 직업가계도(제노그램) 활용

- 보웬(Bowen)의 가족치료에서 시작된 것으로 내담자의 부모와 형제자매 등의 직업을 도해로 표시하는 것이다.
- 내담자의 직업에 대한 고정관념, 다양한 직업기회의 결과에 대한 기대, 직업가치와 흥미에 대한 근본원인 등의 측정에 활용된다.
- 내담자의 직업의식, 직업선택, 직업태도에 대한 가족의 영향력을 분석하고, 내담자의 직업적 지각 및 선택에 영향을 미친 모델이 누구인지 탐색할 수 있다.
- 내담자에게 심리적인 압박으로 작용할 수 있는 가족의 미완성된 과제를 발견하고, 내담자의 직업선택 관련 무의식과 함께 자기지각의 근거를 밝히는 데 도움이 된다.

148 직업상담시 활용할 수 있는 측정도구에 관한 설명으로 틀린 것은?

① 자기효능감 척도는 어떤 과제를 어느 정도 수준으로 수행할 수 있는 능력을 갖추었다고 스스로 판단하는지의 정도를 측정한다.

② 소시오그램은 원래 가족치료에 활용하기 위해 개발되었는데, 기본적으로 경력상담시 먼저 내담자의 가족이나 선조들의 직업 특징에 대한 시각적 표상을 얻기 위해 도표를 만드는 것이다.

③ 역할놀이에서는 내담자의 수행행동을 나타낼 수 있는 업무상황을 제시해 준다.

④ 카드분류는 내담자의 가치관, 흥미, 직무기술, 라이프 스타일 등의 선호형태를 측정하는 데 유용하다.

해설 ② 직업가계도(제노그램)에 대한 설명이다. 소시오그램은 집단 내의 인간관계를 알아보기 위해 사용하는 기법이다.

149 다음은 질적측정도구 중 무엇에 관한 설명인가?

> 원래 가족치료에 활용하기 위해 개발되었는데, 기본적으로 경력상담 시 먼저 내담자의 가족이나 선조들의 직업 특징에 대한 시각적 표상을 얻기 위해 도표를 만드는 것

① 자기 효능감 척도　　② 역할놀이
③ 제노그램　　　　　　④ 카드분류

해설 ① 자기효능감척도: 개인의 자기효능감을 측정하기 위한 검사도구이다.
② 역할놀이: 가상의 문제 상황 속에서 상황 속 인물의 역할을 대신 수행해 보는 것이다.
④ 카드분류: 직업카드분류는 미국심리협회 심리상담분과에서 연설을 한 테일러(Taylor)에 의해 제안 되었으며 직업흥미 사정하기에 사용한다.

150 직업상담 과정의 구조화단계에서 상담자의 역할에 관한 설명으로 옳은 것은?

① 내담자에게 상담자의 자질, 역할, 책임에 대해서 미리 알려줄 필요가 없다.

② 내담자에게 검사나 과제를 잘 이행할 것을 기대하고 있다는 것을 분명히 밝힌다.

③ 상담 중에 얻은 내담자에 대한 비밀을 지키는 것은 당연하므로 사전에 이것을 밝혀두는 것은 오히려 내담자를 불안하게 만든다.

④ 상담과정은 예측할 수 없으므로 상담 장소, 시간, 상담의 지속 등에 대해서 미리 합의해서는 안 된다.

해설 ② 직업상담 과정 중 구조화단계는 상담의 틀을 잡는 과정이다.
① 상담자와 내담자의 역할과 책임에 대해 설명해야 한다.
③ 비밀유지의 원칙은 상담의 기본으로, 사전에 밝혀두어야 한다.
④ 상담 시간, 장소, 비용 등에 대한 상호 합의가 이루어져야 한다.

151 초기면담의 한 유형인 정보지향적 면담에서 주로 사용하는 기법이 아닌 것은?

① 폐쇄형 질문　　　　② 개방형 질문
③ 탐색하기　　　　　　④ 감정이입하기

➕ 정보지향적 면담

짧은 시간에 내담자에게서 직업 관련 정보를 많이 얻기 위한 면담 유형이다. 상담의 틀이 상담사에게 초점을 맞추어 진행되며, 탐색하기, 개방형 질문, 폐쇄형 질문을 사용한다.

152 상담사가 길을 전혀 잃어버리지 않고 마치 자신이 내담자의 세계에서 경험을 하는 듯한 능력을 의미하는 상담기법은?

① 직면　　　　　　② 즉시성
③ 리허설　　　　　④ 감정이입

해설 ① 직면: 내담자가 행동의 특정 측면을 검토하고 수정하게 하며 통제하도록 도전하게 한다.
② 즉시성: 상담자 자신의 바람은 물론 내담자의 느낌, 인상, 기대 등에 대해 깨닫고 대화를 나누는 것이다.
③ 리허설: 리허설을 통해 내담자에게 선정된 행동을 연습하게 함으로써 내담자의 계약 실행 기회를 최대화하도록 도울 수 있다.

➕ 공감과 감정이입의 비교
• 공감: 상담자가 자신이 직접 경험하지 않고도 다른 사람의 감정을 거의 같은 수준으로 이해하는 것이다. **예** 시청자
• 감정이입: 상담자가 길을 전혀 잃어버리지 않고 마치 자신이 내담자의 세계에서 경험을 하는 듯한 능력을 말한다. **예** 연기자

153 초기 면담의 주요 요소 중 내담자로 하여금 행동의 특정 측면을 검토해 보고 수정하게 하며 통제하도록 도전하게 하는 것은?

① 계약　　　　　　② 감정이입
③ 리허설　　　　　④ 직면

해설 ① 계약: 목표달성에 포함된 과정과 최종결과에 초점을 둔다.
② 감정이입: 상담자가 길을 전혀 잃어버리지 않고 마치 자신이 내담자의 세계에서 경험을 하는 듯한 능력을 말한다.
③ 리허설: 리허설을 통해 내담자에게 선정된 행동을 연습하게 함으로써 내담자의 계약 실행 기회를 최대화하도록 도울 수 있다.

154 내담자에게 선정된 행동을 연습하거나 실천토록 함으로써 내담자가 계약을 실행하는 기회를 최대화하도록 도와주는 것은?

① 리허설　　　　　② 계약
③ 감정이입　　　　④ 유머

해설 ② 계약: 목표달성에 포함된 과정과 최종결과에 초점을 두는 것이다.
③ 감정이입: 상담자가 길을 전혀 잃어버리지 않고 마치 자신이 내담자 세계에서의 경험을 갖는 듯한 능력을 말한다.

155 직업상담을 위해 면담을 하는 중 즉시성(immediacy)을 사용하기에 적합하지 <u>않은</u> 경우는?

① 방향감이 없는 경우
② 신뢰성에 의문이 제기되는 경우
③ 내담자가 독립성이 있는 경우
④ 상담자와 내담자 간에 사회적 거리감이 있는 경우

➕ 즉시성의 의미와 유용한 경우
• 의미: 상담자가 상담자 자신의 바람은 물론 내담자의 느낌, 인상, 기대 등에 대해서 이를 깨닫고 대화를 나누는 것이다.
• 즉시성이 유용한 경우
　– 방향감이 없는 관계의 경우
　– 긴장이 감돌고 있을 경우
　– 신뢰성에 의문이 제기될 경우
　– 상담자와 내담자 간의 상당한 정도의 사회적 거리가 있을 경우
　– 내담자가 의존성이 있을 경우
　– 역의존성이 있을 경우
　– 상담자와 내담자간에 친화력이 있을 경우

156 동기사정하기에서 내담자가 성공에 대해 낮은 동기를 가지고 있을 때 대처하는 방안과 가장 거리가 <u>먼</u> 것은?

① 진로선택에 대한 중요성 증가시키기
② 낮은 수준의 수행을 강화시켜 수행기준의 필요성을 인식시키기
③ 좋은 선택이나 전환을 할 수 있는 자기효능감 증가시키기
④ 기대한 결과를 이끌어 낼 수 있는지에 대한 확신 증가시키기

해설 ①, ③, ④ 외에도 '직업상담의 결과를 최대화하기 위해 내담자가 충분한 노력을 기울였는지를 확인하는 기준 증가시키기'가 있다.

157 다음 중 내담자의 동기와 역할을 사정함에 있어서 자기보고법이 적합한 내담자는?

① 인지적 명확성이 낮은 내담자
② 인지적 명확성이 높은 내담자
③ 흥미가치가 낮은 내담자
④ 흥미가치가 높은 내담자

해설 ② 자기보고법은 내담자가 심리검사 문항을 읽고 그 의미를 이해한 뒤, 자기를 탐색하여 보고하게 하는 것으로 인지적 명확성이 높은 내담자에게 매우 효과적이다.

158 직업상담의 과정 중 역할사정에서 상호역할 관계를 사정하는 방법이 <u>아닌</u> 것은?

① 질문을 통해 사정하기
② 동그라미로 역할관계 그리기
③ 역할의 위계적 구조 작성하기
④ 생애−계획연습으로 전환시키기

➕ 상호역할관계 사정방법

• 질문을 통해 역할관계 사정하기
  − 내담자가 개입하고 있는 생애역할들을 나열하기
  − 개개 역할에 소요되는 시간의 양 추정하기
  − 순서를 정하는 근거로 내담자의 가치들을 이용해서 순위 정하기
  − 상충·보상적·보완적 역할들을 찾아내기 등에 초점을 두기
• 동그라미 역할관계 그리기
• 생애 계획연습으로 전환시키기

159 자기보고식 가치사정법이 <u>아닌</u> 것은?

① 과거의 선택 회상하기
② 존경하는 사람 기술하기
③ 난관을 극복한 경험 기술하기
④ 백일몽 말하기

해설 자기보고식 가치사정법: 체크목록의 가치에 순위 매기기, 과거의 선택 회상하기, 절정경험 조사하기, 자유시간과 금전의 사용, 백일몽 말하기, 존경하는 사람 기술하기

160 직업카드분류(OCS)는 내담자의 어떤 특성을 사정하기 위한 도구인가?

① 흥미사정   ② 가치사정
③ 동기사정   ④ 성격사정

해설 ① 직업카드는 내담자의 직업흥미 탐색에 사용한다.

161 직업카드 분류법에 관한 설명으로 <u>틀린</u> 것은?

① 내담자의 흥미, 가치, 능력 등을 탐색하는 방법으로 활용된다.
② 내담자의 흥미나 능력 수준이 다른 사람에 비하여 얼마나 높은지 알 수 없다.
③ 다른 심리검사에 비하여 내담자가 자신을 탐색하는 과정에 보다 능동적으로 참여하게 하는 방법이다.
④ 표준화되어 있는 객관적 검사방법의 일종이다.

해설 ④ 비표준화된 검사방법이다.

162 직업상담 시 흥미사정의 목적과 가장 거리가 <u>먼</u> 것은?

① 여가선호와 직업선호 구별하기
② 직업탐색 조장하기
③ 직업·교육상 불만족 원인 규명하기
④ 기술과 능력 범위 탐색하기

해설 흥미사정하기 목적은 ①, ②, ③ 외에도 자기인식 발전시키기, 직업대안 규명하기가 있다.

163 Super가 제시한 흥미사정기법에 해당하지 <u>않는</u> 것은?

① 표현된 흥미   ② 선호된 흥미
③ 조작된 흥미   ④ 조사된 흥미

➕ 수퍼(Super)의 흥미사정기법

• 표현된 흥미: 어떤 활동이나 직업에 대해 간단하게 말하도록 요청하는 것이다. 테일러(Taylor)에 의해 제안된 직업카드를 이용해 그 직업이 좋은지 싫은지 말하도록 요청한다.
• 조작된 흥미: 활동에 대해 질문을 하거나 활동에 참여하는 사람들이 어떻게 시간을 보내는지 관찰한다. 이 기법은 사람들이 자신이 좋아하거나 즐기는 활동과 연관된다는 것을 가정한다.
• 조사된 흥미: 표준화된 검사를 이용하여 내담자가 특정 직업에 종사하는 사람들과 유사점이 있는지 비교한다.

164 다음에 해당하는 Super가 제시한 흥미사정 기법은?

> 활동에 대해 질문을 하거나 활동에 참여하는 사람들이 어떻게 시간을 보내는지 관찰한다. 이 기법은 사람들이 자신이 좋아하거나 즐기는 활동과 연관된다는 것을 가정한다.

① 표현된 흥미 ② 조작된 흥미
③ 선호된 흥미 ④ 조사된 흥미

해설 ② 수퍼(super)의 흥미사정기법에는 표현된 흥미, 조작된 흥미, 조사된 흥미 3가지 기법으로 문제에 제시된 기법은 조작된 흥미이다.

165 내담자에 대한 상담목표의 특성이 아닌 것은?

① 구체적이어야 한다.
② 내담자가 원하고 바라는 것이어야 한다.
③ 실현가능해야 한다.
④ 인격성장을 도와야 한다.

해설 ④ 상담목표는 인격성장과는 무관하며, 상담목표 설정시 내담자의 목표는 상담자의 기술과 양립가능해야만 한다.

166 상담의 목표설정 과정에 관한 설명으로 틀린 것은?

① 전반적인 목표는 내담자의 욕구들에 의해 결정된다.
② 현존하는 문제를 평가하고 나서 목표설정 과정으로 들어간다.
③ 상담자는 목표설정에 개입하지 않는다.
④ 내담자의 목표를 끌어내기 위한 기법에는 면접안내가 있다.

해설 ③ 직업상담의 목표설정 과정에서, 내담자의 목표가 구체적이지 않고 실현가능하지 않으면 상담자는 객관적인 정보를 제시하고 브레인스토밍 등의 방법으로 개입하여 내담자의 목표가 실현가능하지 않다는 것을 알려야 한다.

167 직업상담 과정에서 내담자 목표나 문제의 확인·명료·상세 단계의 내용으로 적절하지 않은 것은?

① 내담자와 상담자 간의 상호간 관계 수립
② 내담자의 현재 상태와 환경적 정보 수집
③ 진단에 근거한 개입의 선정
④ 내담자 자신의 정보수집

해설 ③ 개입은 관계형성과 목표설정 다음 단계이다.
➕ 직업상담 단계
• 관계수립 및 문제의 평가 → 상담목표의 설정 → 문제해결을 위한 개입 → 훈습 → 종결
• 관계형성 → 진단 및 측정 → 목표설정 → 개입 또는 중재 → 평가

168 진로상담에서 내담자의 목표가 현실적으로 가능한지를 묻는 '목표실현가능성'에 관한 상담자의 질문으로 적절하지 않은 것은?

① 목표를 성취하기 위해 현재 처한 상황을 당신은 얼마나 통제할 수 있나요?
② 당신이 이 목표를 성취하지 못하도록 방해하는 것은 무엇인가요?
③ 언제까지 목표를 성취해야 한다고 느끼며, 마음 속에 어떤 시간계획을 가지고 있나요?
④ 당신이 목표하는 직업에서 의사결정은 어디서 누가 내리나요?

해설 ④ 직업상담에서 의사결정은 내담자가 해야 한다.
'목표실현가능성'에 관한 상담자의 질문은 ①, ②, ③ 그리고 이 목표에 도달하기 위해 무엇을 해야 할까요?가 있다.

169 필립스(Phillips)가 제시한 상담목표에 따른 진로문제의 분류 범주를 따른다면, 내담자가 자기의 능력이 어느 정도인지, 어떤 분야의 직업을 원하는지, 왜 일하는 것이 싫은지 등의 고민을 가지고 있는 경우 상담의 초점은 어디에 두어야 하는가?

① 자기탐색과 발견 ② 선택의 준비도
③ 의사결정 과정 ④ 선택과 결정

➕ **필립스(Phillips)의 상담목표에 따른 진로문제의 분류범주**

- 자기탐색과 발견: 자기의 능력이 어느 정도인지, 어떤 분야의 직업을 원하는지, 왜 일하는 것이 싫은지 등의 고민이 있는 경우
- 선택을 위한 준비: 적성 및 성격과 직업 간의 관계, 관심 있는 직업에 관한 정보 등이 필요한 경우
- 의사결정 과정: 진로선택 및 직업결정 방법의 습득, 선택과 결정에의 장애요소 발견 등이 필요한 경우
- 선택과 결정: 진로를 선택해야만 하는 상황에 직면한 경우
- 실천: 선택과 결정에 대한 만족 여부 및 확신 정도를 확인하는 일이 중요

170 진로시간전망 검사 중 코틀(Cottle)이 제시한 원형검사에서 원의 크기가 나타내는 것은?

① 과거, 현재, 미래
② 방향성, 변별성, 통합성
③ 시간차원에 대한 상대적 친밀감
④ 시간차원의 연결 구조

해설 ③ 원의 크기는 시간차원에 대한 상대적 친밀감을 나타낸다.
① 원형검사 받을 때 원을 세 개 그리는데 각 원들은 과거, 현재, 미래를 나타낸다.
② 원형검사에 기초한 시간전망 개입은 방향성, 변별성, 통합성으로 세 가지 국면이다.
④ 원의 배치는 시간차원이 각각 어떻게 연관되어 있는지를 나타낸다.

171 Cottle의 원형검사시 세 가지 원을 그릴 때 원의 상대적 배치에 따른 시간관계성에 관한 설명으로 **틀린** 것은?

① 중복되지 않고 경계선에 접해 있는 원은 시간차원의 연결을 의미하며, 구별된 사건의 선형적 흐름을 뜻한다.
② 어떤 것도 접해 있지 않은 원은 시간차원의 완전성을 의미한다.
③ 부분적으로 중첩된 원들은 시간차원의 연합을 나타낸다.
④ 완전히 중첩된 원들은 시간차원의 통합을 의미한다.

해설 ② 어떤 것도 접해 있지 않은 원은 시간차원의 독립성 또는 고립성을 의미한다.

172 원형검사에 기초한 시간전망개입에서 세 가지 국면 중 미래를 현실처럼 느끼게 하고 미래 계획에 대한 긍정적 태도를 강화시키며 목표설정을 신속하게 하는 데 목표를 둔 것은?

① 방향성
② 변별성
③ 주관성
④ 통합성

➕ **원형검사에 기초한 시간전망개입**

반응 유형		설명
방향성	목표	미래지향성을 증진시키기 위한 것으로, 미래에 대해 낙관적 입장을 구성한다.
	원리	각각의 전망은 삶의 질에 대해 무엇인가 다른 측면에 기여를 한다. 미래를 중요하게 만든다.
변별성	목표	미래를 현실처럼 느끼게 하고 미래계획에 대한 정적 태도를 강화시키며 목표설정을 신속하게 한다.
	원리	시간변별은 시간차원 내의 사건의 강도와 확장을 의미한다. 미래를 의미 있게 만든다.
통합성	목표	현재 행동이 미래 결과를 연결시키고, 계획한 기법을 실습하여 진로에 대한 인식을 증진시키는 것이다.
	원리	미래를 통제 가능한 것으로 보이게 한다.

173 진로시간전망을 측정하는 원형검사에서 시간차원 내 사건의 강도와 확장의 원리를 기초로 수행되는 차원은?

① 방향성
② 통합성
③ 변별성
④ 포괄성

해설 ③ 시간 차원 내 사건의 강도와 확장의 원리를 기초로 수행하는 차원은 변별성이다.

174 진로시간전망 검사지를 사용하는 주요 목적과 가장 거리가 먼 것은?

① 목표설정 촉구
② 계획기술 연습
③ 진로계획 수정
④ 진로의식 고취

➕ 진로시간전망 검사지의 사용목적
• 미래의 방향을 이끌어내기 위해서
• 미래에 대한 희망을 심어 주기 위해서
• 미래가 실제인 것처럼 느끼도록 하기 위해서
• 계획에 대해 긍정적 태도를 강화하기 위해서
• 목표설정을 촉구하기 위해서
• 현재의 행동을 미래의 결과와 연계시키기 위해서
• 계획기술을 연습하기 위해서
• 진로의식을 높이기 위해서

175 내담자의 인지적 명확성을 사정할 때 고려할 사항이 아닌 것은?

① 직장을 처음 구하는 사람과 직업전환을 하는 사람의 직업상담에 관한 접근은 동일하게 해야 한다.
② 직장인으로서의 역할이 다른 생애 역할과 복잡하게 얽혀있는 경우 생애 역할을 함께 고려한다.
③ 직업 상담에서는 내담자의 동기를 고려하여 상담이 이루어져야 한다.
④ 우울증과 같은 심리적 문제로 인지적 명확성이 부족한 경우 진로문제에 대한 결정은 당분간 보류하는 것이 좋다.

해설 ① 직장을 처음 구하는 사람과 직업경험이 있는 사람은 접근 방법이 달라야 한다.

176 상담장면에서 인지적 명확성이 부족한 내담자를 위한 개입방법이 아닌 것은?

① 잘못된 정보를 바로 잡아줌
② 구체적인 정보를 제공함
③ 원인과 결과의 착오를 바로 잡아줌
④ 가정된 불가피성에 대해 지지적 상상을 제공함

해설 ④ '가정된 불가피성' 유형의 내담자에게는 '격려, 논리적 분석'으로 개입한다.

177 다음 사례에서 면담 사정시 사정단계에서 확인해야 하는 내용으로 가장 적합한 것은?

> 중2 남학생인 내담자는 소극적인 성격으로 대인관계에 어려움을 겪고 있고 진로에 대한 고민을 한 적이 없고 학업도 게을리 하고 있다.

① 내담자의 잠재력, 내담자의 자기진단
② 인지적 명확성, 정신건강 문제, 내담자의 동기
③ 내담자의 자기진단, 상담자의 정보제공
④ 동기문제 해결, 상담자의 견해 수용

해설 내담자 자신에 대한 객관적 이해(인지적 명확성), 정신건강 문제, 직업에 대한 동기, 흥미 등을 확인해야 한다.

178 인지적 명확성 문제의 원인 중 경미한 정신건강 문제의 특성으로 옳은 것은?

① 심각한 약물남용 장애
② 잘못된 결정방식이 진지한 결정 방해
③ 경험 부족에서 오는 고정관념
④ 심한 가치관 고착에 따른 고정성

➕ 인지적 명확성이 부족한 문제의 원인과 특성

	원인	특성
정보결핍	1. 왜곡된 정보에 집착하는 경우 2. 정보분석능력이 보통 이하인 경우 3. 변별력이 낮은 경우	직업상담
고정관념	1. 경험부족에서 오는 관념 2. 편협된 가치관 3. 낮은 자기 효능감 4. 의무감에 의한 집착성	
경미한 정신건강	1. 잘못된 결정방법이 진지한 결정을 방해한 경우 2. 낮은 효능감 3. 비논리적 사고 4. 공포증이나 말더듬	개인상담 후 직업상담
심각한 정신건강	1. 직업선택 능력이 심각하게 손상된 정신증 2. 심각한 약물남용 장애	심리치료 후 직업상담
외적요인	1. 일시적 위기(사별, 불화 등) 2. 일시적·장기적 스트레스(실업 충격 등) 3. 직업문제 집중 어려움	다른 치료 후 직업상담

179 내담자의 인지적 명확성을 위한 직업상담 과정을 바르게 나열한 것은?

① 내담자와의 관계 → 진로와 관련된 개인적 사정 → 직업선택 → 정보통합과 선택

② 직업선택 → 내담자와의 관계 → 정보통합과 선택 → 직업선택

③ 내담자와의 관계 → 인지적 명확성/동기에 대한 사정 → 예/아니오 → 직업상담/개인상담

④ 직업상담/개인상담 → 내담자와의 관계 → 인지적 명확성/동기에 대한 사절 → 예/아니오

해설 ① 특성·요인 지향적 직업상담 과정을 나열한 것이다. '직업탐색'을 '직업선택'으로 잘못 표기한 것으로 추정합니다.

➕ 특성·요인 지향적 직업상담 과정

내담자와의 관계형성 → 진로와 관련된 개인적 사정: 면담, 심리검사, 질문지, 개인적 검토사항, 검사결과에 대한 상담자의 환류 → 직업탐색: 서면용·비디오용 자료물, 직업자와의 면담, 직업탐색, 컴퓨터시스템 → 정보통합과 선택

180 다음 면담에서 인지적 명확성이 부족한 내담자의 유형과 상담자의 개입방법이 바르게 짝지어진 것은?

> 내담자 : 난 사업을 할까 생각 중이에요. 그런데 그 분야에서 일하는 여성들은 대부분 이혼을 한대요.
> 상담자 : 선생님은 사업을 하면 이혼을 할까봐 두려워하시는군요. 직장여성들의 이혼율과 다른 분야에 종사하는 여성들에 대한 통계를 알아보도록 하죠.

① 구체성의 결여 – 구체화시키기

② 파행적 의사소통 – 저항에 다시 초점 맞추기

③ 강박적 사고 – RET 기법

④ 원인과 결과 착오 – 논리적 분석

➕ 인지적 명확성이 부족한 내담자의 유형과 상담자의 개입

• 내담자 유형: 구체성의 결여 / 개입: 구체화시키기

예 내담자: 사람들이 요즘 좋은 교사직을 얻기가 힘들다고 해요.
　　상담자: 어떤 사람들을 말하는지 모르겠네요.

• 내담자 유형: 파행적 의사소통 / 개입: 저항에 다시 초점맞추기

예 1) 내담자: 괜찮은 생각이네요. 그리고 저는 새 차를 봐뒀어요.
　　상담자: 제가 제안할 때마다 선생님은 그걸 거부하시는 것 같아요. 선생님은 문제가 해결됐다고 생각할 때 어떤 느낌이 드는지 말씀해 보시겠어요?

예 2) 상담자: 성공한 노조투쟁 방법을 알려드릴게요.
　　내담자: 그거 좋네요. 그러나…

• 내담자 유형: 강박적 사고 / 개입: RET기법

예 내담자: 전 변호사가 될 거예요. 할아버지, 아버지도 변호사예요.
　　상담자: 학생은 변호사가 될 거라고 확신하고 있네요.

181 다음 상황에 가장 적합한 상담기법은?

> • 상담사 : 다른 회사들이 사용해 본 결과 많은 효과가 입증된 그런 투쟁 해결 방법을 써보도록 하지요.
> • 내담자 : 매우 흥미로운 일이군요. 그러나 그 방법은 K 주식회사에서는 효과가 있었는지 몰라도 우리 회사에서는 안 될 것입니다.

① 가정 사용하기

② 전이된 오류 정정하기

③ 분류 및 재구성 기법 활용하기

④ 저항감 재인식 및 다루기

해설 ① 가정 사용하기: 상담자가 내담자에게 그 행동이 존재하는가를 질문하는 것이 아니라, 내담자에게 그러한 행동이 이미 존재했다는 것을 가정하는 것이다.

② 전이된 오류 정정하기: 정보의 오류, 한계의 오류, 논리적 오류가 있다.

③ 분류 및 재구성하기: 내담자의 경험을 이끌어 내는 것을 도와주고 또한 경험의 중요성을 새로운 언어로 구사함으로써 내담자의 긍정적인 측면들에 초점을 맞춘 것이다.

④ 저항감 재인식하기 및 다루기: 전혀 동기화되지 않거나 저항감을 나타내는 내담자를 상담하는 경우가 있다.

※ 4번의 선택지는 '내담자의 정보 및 행동에 대한 이해기법'이다. 그러나 예시내용은 '인지적 명확성이 부족한 내담자 유형'의 '파행적 의사소통'의 변형으로 상담기법은 '저항에 다시 초점 맞추기'로 이해하는 것이 도움 될 것으로 보인다. 이 내용은 2013년 1회에도 같은 형식으로 출제되었습니다.

182 자기인식이 부족한 내담자를 사정할 때 인지에 대한 통찰을 재구조화하거나 발달시키는 데 적합한 방법은?

① 직면이나 논리적 분석을 해준다.
② 불안에 대처하도록 심호흡을 시킨다.
③ 은유나 비유를 사용한다.
④ 사고를 재구조화 한다.

➕ 인지적 명확성이 부족한 내담자 유형

연번	내담자 유형	상담자의 개입	내담자의 호소문제
1	단순 오정보	정보제공	그 대학은 속물들만 다녀서 갈 수 없다.
2	복잡한 오정보	논리적 분석	단순 오정보의 내용을 계속 고집한다.
3	구체성 결여	구체화 시키기	사람들이 좋은 교사직 얻기 힘들다고들 한다.
4	원인과 결과 착오	논리적 분석	사업을 생각하지만 이혼할까봐 걱정이다.
5	파행적 의사소통	저항에 다시 초점 맞추기	상담사의 의견은 좋은 생각이다. 그러나.....
6	강박적 사고	REBT 기법	가족이 모두 변호사라 나도 변호사 해야한다.
7	양면적 사고	역설적 사고	기계공학전공 말고는 아무것도 생각하지 않는다.
8	걸러내기	재구조화, 역설적 기법	부정적인 측면만 강조해서 받아들인다.
9	하늘은 스스로 돕는 자를 돕는다.	논리적 분석	내 인생은 중요하지 않다.
10	비난하기	직면, 논리적 분석	내가 술을 마시는 것은 아버지를 닮아 그렇다.
11	잘못된 의사 결정방식	심호흡, 의사결정 도움	의사결정에 대한 불안감을 호소한다.
12	자기인식의 부족	은유나 비유 사용하기	우울감 호소, 사무실에서 왕따이다.

183 내담자의 정보와 행동을 이해하고 해석할 때 기본이 되는 상담기법 중 '가정 사용하기'에 해당하는 질문이 아닌 것은?

① 당신은 자신의 일이 마음에 듭니까?
② 당신의 직업에서 마음에 드는 것은 어떤 것들입니까?
③ 당신의 직업에서 좋아하지 않는 것은 무엇입니까?
④ 어떤 사람이 상사가 되었으면 좋겠습니까?

📝 ①의 질문은 가정사용하기에 해당하지 않는다.

➕ 가정사용하기: 상담자가 내담자에게 그 행동이 존재하는가를 질문하는 것이 아니라, 내담자에게 그러한 행동이 이미 존재했다는 것을 가정하는 것이다.

184 내담자의 정보 및 행동을 이해하기 위해 사용하는 변형된 오류 수정하기와 은유 사용하기는 무엇을 위한 기법인가?

① 왜곡된 사고 확인하기
② 분류 및 재구성하기
③ 전이된 오류 정정하기
④ 저항감 다루기

📝 ④ 내담자의 정보 및 행동에 대한 이해기법에서 '저항감 재인식하기 및 다루기' 관련 문제이다.

➕ 내담자 관련 정보수집·행동의 해석에 사용되는 기법
• 가정 사용하기
• 의미 있는 질문 및 지시 사용하기
• 전이된 오류 정정하기
• 분류 및 재구성하기
  - 파괴적 행동 형태를 없애는 데 '역설적 의도'를 사용
  - '역설적 의도'의 원칙: 이해하는 것 잊기, 증상 해결해 주기, 저항하기, 목표행동 정하기, 변화전략 세우기, 시간 제한하기, 증상 기록하기, 변화 꾀하기, 내담자의 언어를 재구성하기, 지시에 따라줄 것에 동의 구하기
• 저항감 재인식하기 및 다루기
  - 저항감 다루기 기법: 변형된 오류 수정하기, 내담자와 친숙하기, 은유 사용하기(은유의 단순하고 솔직한 측면을 강조하는 것으로 사건을 재구성할 수 있다.)
• 근거 없는 믿음 확인하기
• 왜곡된 사고 확인하기
• 반성의 장 마련하기
• 변명에 초점 맞추기
  - 책임을 회피하기: 부정, 알리바이, 비난
  - 결과를 다르게 조직하기: 축소, 정당화, 훼손
  - 책임을 변형시키기

185 내담자의 정보를 수집하고 행동을 이해하여 해석할 때 내담자가 다음과 같은 반응을 보일경우 사용하는 상담기법은?

- 이야기 삭제하기
- 불확실한 인물 인용하기
- 불분명한 동사 사용하기
- 제한적 어투 사용하기

① 전이된 오류 정정하기
② 분류 및 재구성하기
③ 왜곡된 사고 확인하기
④ 저항감 재인식하기

해설 ① 제시된 내용은 상담기법 중 전이된 오류 정정하기의 정보의 오류에 해당한다.
① 전이된 오류 정정하기
  ㉠ 정보의 오류: 삭제, 불확실한 인물의 인용, 불분명한 동사의 사용, 참고자료, 제한적 어투의 사용
  ㉡ 한계의 오류: 예외를 인정하지 않는 것, 불가능을 가정하는 것, 어쩔 수 없음을 가정하는 것
  ㉢ 논리적 오류: 잘못된 인간관계 오류, 마음의 해석, 제한된 일반화
② 분류 및 재구성하기: 내담자의 경험을 이끌어 내는 것을 도와주고 또한 경험의 중요성을 새로운 언어로 구사함으로써 내담자의 긍정적인 측면들에 초점을 맞춘 것이다.
③ 왜곡된 사고 확인하기: 내담자의 결론도출, 재능, 지각, 지적 및 정보의 부적절하거나 부분적인 일반화, 관념 등 정보의 일부분만을 보는 것이다.
④ 저항감 재인식하기 및 다루기: 전혀 동기화되지 않거나 저항감을 나타내는 내담자를 상담하는 경우가 있다.

186 직업상담시 내담자의 표현을 분류하고 재구성하기 위해 사용하는 역설적 의도의 원칙이 아닌 것은?

① 재구성 계획하기
② 저항하기
③ 시간 제한하기
④ 변화 꾀하기

해설 역설적 의도 원칙: 이해하는 것 잊기, 증상 해결해 주기, 저항하기, 목표행동 정하기, 변화전략 세우기, 시간 제한하기, 증상 기록하기, 변화 꾀하기, 내담자의 언어를 재구성하기, 지시에 따라 줄 것에 동의구하기

187 직업상담 시 한계의 오류를 가진 내담자들이 자신의 견해를 제한하는 방법에 해당하지 않은 것은?

① 예외를 인정하지 않는 것
② 불가능을 가정하는 것
③ 왜곡되게 판단하는 것
④ 어쩔 수 없음을 가정하는 것

➕ '전이된 오류 정정하기'를 사용하는 경우

정보의 오류	• 삭제: 내담자의 경험을 이야기함에 있어 중요한 부분이 빠졌을 때 일어난다. • 불확실한 인물의 인용: 명사나 대명사를 잘못 사용했을 경우에 일어나기 쉽다. 예 사람들은 나를 의기소침하게 만들어요. • 불분명한 동사의 사용: 내담자가 모호한 동사를 사용했을 때 일어난다. 예 내가 믿고있는 것과 정반대지요. • 참고자료: 내담자가 어떤 사람이나 장소, 사건을 구체적으로 이야기하지 않는다. 예 그 일은 지겨워요. • 제한적 어투의 사용: 자기 자신을 제한시키는 것이다. 예 할 수 없어요. 안 돼요.
한계의 오류	• 예외를 인정하지 않는 것 • 불가능을 가정하는 것 • 어쩔 수 없음을 가정하는 것
논리적 오류	• 잘못된 인간관계 오류 • 마음의 해석 • 제한된 일반화

188 Snyder 등은 직업상담을 하면서 접할 수 있는 내담자의 변명을 종류별로 구분하였다. 다음 중 변명의 종류가 다른 것은?

① 축소
② 비난
③ 정당화
④ 훼손

➕ 내담자의 정보 행동에 관한 이해기법 중 변명에 초점 맞추기

- 책임을 회피하기: 부정, 알리바이, 비난
- 결과를 다르게 조직하기: 축소, 정당화, 훼손
- 책임을 변형시키기

189 직업선택을 위한 마지막 과정인 선택할 직업에 대한 평가과정 중 Yost가 제시한 방법이 아닌 것은?

① 원하는 성과 연습
② 확률추정 연습
③ 대차대조표 연습
④ 동기추정 연습

➕ 직업 평가연습하기 – Yost(요스트)의 예
• 원하는 성과연습하기
• 찬반 연습하기
• 대차대조표 연습하기
• 확률추정 연습하기
• 미래를 내다보는 연습하기

190 진로수첩이 내담자에게 미치는 유용성이 아닌 것은?

① 자기평가를 통해 자신감과 자기인식을 증진시킨다.
② 일 관련 태도 및 흥미에 대한 지식을 증진시킨다.
③ 다양한 경험들이 어떻게 직무 관련 태도나 기술로 전환될 수 있는지에 대해 이해를 발전시킨다.
④ 진로, 교육, 훈련 계획을 개발하기 위한 상담 도구를 제공한다.

해설 ④ 진로수첩은 개인이 구직활동에 활용하는 것으로 진로, 교육, 훈련 계획 개발을 위한 상담 도구는 아니다.

191 진로교육을 실시하기 위한 지도단계를 순서대로 바르게 나열한 것은?

ㄱ. 진로탐색단계	ㄴ. 진로인식단계
ㄷ. 진로준비단계	ㄹ. 취업

① ㄱ → ㄴ → ㄷ → ㄹ
② ㄴ → ㄱ → ㄷ → ㄹ
③ ㄷ → ㄱ → ㄴ → ㄹ
④ ㄱ → ㄷ → ㄴ → ㄹ

➕ 진로교육을 실시하기 위한 지도단계
• 1단계 – 진로인식단계: 일의 세계에 대한 일반적인 이해단계(초등)
• 2단계 – 진로탐색단계: 흥미유발, 예비적 탐색과 경험(중등)
• 3단계 – 진로준비단계: 경력 쌓기(대학)
• 4단계 – 취업: 진로유지 및 개선단계

192 6개의 생각하는 모자(six thinking hats) 기법에서 모자의 색상별 역할에 관한 설명으로 옳은 것은?

① 청색 – 낙관적이며, 모든 일이 잘 될 것이라고 생각한다.
② 적색 – 직관에 의존하고, 직감에 따라 행동한다.
③ 흑색 – 본인과 직업들에 대한 사실들만을 고려한다.
④ 황색 – 새로운 대안들을 찾으려 노력하고, 문제들을 다른 각도에서 바라본다.

➕ 6색 모자의 색상별 역할(용도: 의사결정 촉진)
• 백색 모자: 객관적, 중립적이고, 정보에 초점을 둔다.
• 적색 모자: 주관적이고, 감정과 감각에 치중한다. 설명도 없이 고집한다.
• 황색 모자: 긍정적으로 보며 칭찬에 중점을 둔다.
• 흑색 모자: 부정적으로 보며 비판에 중점을 둔다.
• 녹색 모자: 창의적으로 대안을 찾는다.
• 청색 모자: 상황·맥락을 통찰하며 모자를 바꿔쓰도록 조정·관리한다.

193 하렌(V. Harren)의 진로의사결정 유형에 해당하는 것은?

① 운명론적 – 계획적 – 지연적
② 합리적 – 의존적 – 직관적
③ 주장적 – 소극적 – 공격적
④ 계획적 – 직관적 – 순응적

➕ 하렌(Harren)의 진로의사결정 유형
하렌(Harren)은 개인이 의사결정을 할 때 합리적인 전략 또는 정의적인 전략을 사용하는 정도와 자신의 결정에 대한 책임을 지는 정도에 기초하여, 진로의사결정을 3가지 유형으로 분류했다.
• 합리적 유형: 의사결정과정에서 논리적이고 체계적으로 접근한다.
• 직관적 유형: 의사결정에서 개인의 생각이나 느낌, 감정적인 자기인식에 의존한다.
• 의존적 유형: 의사결정에 대한 개인적 책임을 부정하고 그 책임을 외부로 투사하려는 경향이 있다.

194 발달적 직업상담에서 직업정보가 갖추어야 할 조건이 아닌 것은?

① 부모와 개인의 직업적 수준과 그 차이, 그리고 그들의 적성, 흥미, 가치들 간의 관계

② 사회경제적 측면에서 수준별 직업의 유형 및 그러한 직업들의 특성

③ 근로자의 이직 시 직업의 이동 방향과 비율을 결정하는 요인에 대한 정보

④ 특정 직업분야의 접근가능성과 개인의 적성, 가치관, 성격특성 등의 요인들 간의 관계

해설 ③ 일반적인 직업의 이동 방향과 비율을 결정하는 요소에 대한 정보

195 Erikson의 심리사회성 발달이론에서 다음과 같은 현상이 나타나는 시기는?

> 이 시기는 40~50세로 인생의 여러 가지 측면에서 안정되고 성숙된 시기인데 단순히 자신과 자기세대의 이익과 번영에만 관심을 쏟는 것이 아니라 자기 자손들의 세대와 역사적 미래를 위해 보다 나은 세계를 만드는 데 헌신한다.

① 친밀감(intimacy) – 고립감(isolation)

② 근면성(industry) – 열등감(inferiority)

③ 생성감(generativity) – 침체감(stagnation)

④ 자아정체감(ego-identity) – 역할혼란(role confusion)

➕ 에릭슨(Erikson)의 발달단계

- 제1단계: 신뢰감 대 불신감, 0~1세
- 제2단계: 사율성 대 수치 및 의심, 1~3세
- 제3단계: 독창성 대 죄책감 / 주도성 대 죄의식, 3~5세
- 제4단계: 근면성 대 열등감, 6~11세(아동기)
- 제5단계: 자아정체감 대 자아혼돈 / 정체감 대 역할혼미, 12~18세(청소년기)
- 제6단계: 친밀감 대 고립감, 18~35세(성년초기)
- 제7단계: 생산성 대 침체성, 35~55세 또는 40~50대 (성년중기)
- 제8단계: 통합성 대 절망감, 55세 이상 또는 60세 이후 (노년기)

196 직업상담에 사용되는 질적 측정도구가 아닌 것은?

① 역할놀이

② 제노그램

③ 카드분류

④ 욕구 및 근로 가치 설문

➕ 심리검사의 측정도구

정량적(양적) 측정도구	수량화된 자료를 수집하여 현상을 설명하는 설문지 형태의 검사도구 ⑩ 경력진단검사, 욕구 및 근로가치척도, 직업선호도검사, MBTI
정질적(질적) 측정도구	양적 측정도구에 비해 훨씬 덜 체계적이며, 수치를 덜 중시하고 주관적 해석을 강조하는 도구 ⑩ 역할놀이, 직업가계도(제노그램), 직업카드분류

197 융(Jung)이 제안한 4단계 치료과정을 순서대로 나열한 것은

① 고백 → 교육 → 명료화 → 변형

② 고백 → 명료화 → 교육 → 변형

③ 고백 → 변형 → 명료화 → 교육

④ 명료화 → 고백 → 교육 → 변형

➕ 칼 융(Carl Jung)의 상담과정 4단계

- 고백단계: 내담자의 강렬한 정서 방출과 상담적 관계를 형성한다.
- 명료화단계: 내담자는 명료화 과정을 통해 문제의 기원을 알게 된다.
- 교육단계: 내담자가 사회적 존재로서 부적응 혹은 불균형적 삶을 초래한 발달과정의 문제에 초점을 둔다.
- 변형단계: 내담자와 상담자 간의 역동인 상호작용을 통해 단순히 사회에 대한 적응을 넘어서 자아실현의 변화가 도모된다.

198 효율적인 직업정보의 특징과 가장 거리가 먼 것은?

① 정보의 정확성

② 성별이나 종교 등에 편파적이지 않은 정보

③ 대상 연령에 구분 없는 보편적 용어의 사용

④ 분명하고 구체적이며 흥미를 높이는 정보

해설 ③ 효율적인 직업정보는 이용자 수준에 맞춰야 하고 구체적인 용어를 사용해야 한다.

199 Jung이 언급한 원형들 중 환경의 요구에 조화를 이루려고 하는 적응의 원형은?

① 페르소나 ② 아니마
③ 그림자 ④ 아니무스

해설 ① 페르소나: 사회적 요구에 대한 반응으로 내놓는 공적 얼굴이다.
②, ④ 아니마와 아니무스: 아니마는 남성의 내부에 있는 여성성을 말하고, 아니무스는 여성의 내부에 있는 남성성을 말한다.
③ 그림자: 인간이 가지고 있는 어둡거나 사악한 측면을 나타내는 것으로 인간의 원초적인 동물적 욕망에 기인하는 원형이다.

200 진로개발 프로그램을 운영하는 방법의 하나인 집단진로상담에 관한 설명으로 옳은 것은?

① 참여하고자 하는 학생들 중 사전조사를 통해서 책임의식이 있는 학생들로 선발한다.
② 참여하는 학생들은 목표와 기대가 동일하기 때문에 개인차를 고려하지 않는다.
③ 프로그램 단계별로 나타나는 집단의 역동성은 문제를 복잡하게 만들기 때문에 무시하는 것이 좋다.
④ 다양한 정보습득과 경험을 해야 하기 때문에 참여 학생들은 진로발달상 이질적일수록 좋다.

해설 ② 집단상담에 참여하는 학생들의 개인차를 고려해야 한다.
③ 집단의 역동성은 집단원의 자각과 문제해결 과정이다.
④ 집단상담에 참여하는 학생들은 동질적일수록 좋다.

※ 고생하셨습니다. 반복학습한 횟수를 기록하여 자신의 학습량을 체크하세요!

Self check

기간	일	일	일	일	일
횟수	1회	2회	3회	4회	5회

201 직업상담에서 특성-요인이론에 관한 설명으로 옳은 것은?

① 대부분의 사람들은 여섯 가지 유형으로 성격 특성을 분류할 수 있다.

② 각각의 개인은 신뢰할 만하고 타당하게 측정될 수 있는 고유한 특성의 집합이다.

③ 개인은 일을 통해 개인적 욕구를 성취하도록 동기화되어 있다.

④ 직업적 선택은 개인의 발달적 특성이다.

해설 ① 개인-환경 간 적합성 모형에 의해 개발된 직업선호도 검사에 대한 설명이다.
③ 롭퀴스트(Lofquist)와 데이비스(Dawis)의 직업적응이론 중 만족에 대한 설명이다.
④ 직업발달이론에 대한 설명이다.

202 특성-요인 상담의 특징으로 옳지 않은 것은?

① 상담자 중심 상담이다.

② 문제의 객관적 이해보다는 내담자에 대한 정서적 이해에 중점을 둔다.

③ 내담자에게 정보를 제공하고 학습기술과 사회적 적용기술을 알려주는 것을 중요시 한다.

④ 사례연구를 상담의 중요한 자료로 삼는다.

해설 ② 로저스(Rogers)의 내담자 중심상담에 대한 설명이다.
특성-요인은 객관적 이해를 중요하게 본다.

203 특성-요인 상담의 목표가 아닌 것은?

① 내담자가 잠재적인 모든 개성을 발달시키는 데 주력한다.

② 내담자가 자기 자신의 가능성을 확인하고 그 가능성을 활용할 수 있게 한다.

③ 내담자가 자신이 필요로 하는 정보를 수집, 분석, 종합할 수 있도록 한다.

④ 내담자가 자신의 문제를 해결하도록 한다.

※ 선택지 ②, ③, ④ 외에 아래와 같은 목표가 있습니다.

➕ **특성-요인 상담의 목표**

• 내담자가 이성적으로 생활하도록 한다.
• 내담자가 자신의 특성·요인과 직업 또는 외부조건을 검토하여 만족스러운 결정을 내릴 수 있도록 한다.
• 내담자의 자기통제가 가능하도록 하며, 내담자가 자신의 동기, 능력, 적성, 흥미 등의 특성과 요인을 이해하고 수용하도록 한다.

204 직업발달이론에서 Parsons가 제안한 특성-요인이론의 핵심적인 가정은?

① 각 개인들은 객관적으로 측정될 수 있는 독특한 능력을 지니고 있으며, 이를 직업에서 요구하는 요인과 합리적인 추론을 통하여 매칭시키면 가장 좋은 선택이 된다.

② 분화와 통합의 과정을 거치면서 개인은 자아정체감을 형성해 가며, 이러한 자아정체감은 직업정체감의 형성에 중요한 기초요인이 된다.

③ 진로발달과정은 유전요인과 특별한 능력, 환경조건과 사건, 학습경험, 과제접근기술 등의 네 가지 요인과 관계가 있다.

④ 초기의 경험이 개인이 선택한 직업에 대한 만족에 매우 중요한 요인이라고 상소하면서 개인의 성격유형과 직무환경의 성격을 여섯 가지 유형으로 구분하고 있다.

해설 ② 타이드만(Tiedeman)과 오하라(O'Hara)의 진로의사결정 모형이론에 대한 설명으로, 직업정체감을 형성하는 과정에서 직업발달이 이루어진다고 보았다.
③ 진로발달과정을 4요인으로 정리한 사회학습이론에 대한 설명이다.
④ 개인-환경 간 적합성 모형의 직업선호도검사에 대한 설명이다.

205 발달적 직업상담에 관한 설명으로 틀린 것은?

① 내담자의 직업 의사결정문제와 직업 성숙도 사이의 일치성에 초점을 둔다.

② 내담자의 진로발달과 함께 일반적 발달 모두를 향상 시키는 것을 목표로 하고 있다.

③ 정밀검사는 특성-요인 직업상담처럼 직업상담의 초기에 내담자에게 종합진단을 실시하는 것이다.

④ 직업상담사가 사용할 수 있는 기법에는 진로 자서전과 의사결정 일기가 있다.

해설 ③ 집중검사는 특성-요인 직업상담처럼 직업상담의 초기에 내담자에게 종합진단을 실시하는 것이며, 정밀검사는 진로상담이 진행되고 있는 과정 중에 내담자의 진로발달 과정과 유형을 평가하는 것이다.

206 특성-요인 직업상담에서 상담사가 지켜야 할 상담원칙으로 틀린 것은?

① 내담자에게 강의하려 하거나 거만한 자세로 말하지 않는다.

② 전문적인 어휘를 사용하고, 상담 초기에는 내담자에게 제공하는 정보를 비교적 큰 범위로 확대한다.

③ 어떤 정보나 해답을 제공하기 전에 내담자가 정말로 그것을 알고 싶어 하는지 확인한다.

④ 상담사는 자신이 내담자가 지니고 있는 여러 가지 태도를 제대로 파악하고 있는지 확인한다.

해설 ② 상담 초기에 내담자에게 제공하는 정보를 비교적 적은 범위로 한정시킨다.

207 특성 – 요인이론에서 파슨스(Parsons)가 구체화한 3요소 직업지도모델에 포함되지 않는 것은?

① 내담자 특성의 객관적인 분석

② 직업세계의 분석

③ 과학적 조언을 통한 매칭(matching)

④ 주변 환경의 분석

⊕ 특성-요인이론에서 파슨스(Parsons)의 직업상담

직업상담은 내담자의 흥미·적성을 이해하고, 직업에서의 성공조건과 보상에 관한 정보를 알고 두 요건을 합리적으로 연결하여 직업선택을 돕는 활동으로 보며, 3요소(개인분석, 직업분석, 과학적 조언의 조화)를 직업지도모델로 구체화하였다.

208 파슨스(Parsons)가 강조하는 현명한 직업선택을 위한 필수 요인이 아닌 것은?

① 자신의 흥미, 적성, 능력, 가치관 등 내면적인 자신에 대한 명확한 이해

② 현대사회가 필요로 하는 전망이 밝은 분야에서의 취업을 위한 구체적인 준비

③ 직업에서의 성공, 이점, 보상, 자격요건, 기회 등 직업 세계에 대한 지식

④ 개인적인 요인과 직업관련 자격요건, 보수 등의 정보를 기초로 한 현명한 선택

해설 파슨스(Parsons)의 현명한 직업선택을 위한 3요소에는 자기이해, 직업이해, 자신과 직업의 합리적 연결이 있다.

209 다음 중 윌리암슨(Williamson)이 분류한 진로선택의 문제에 해당하지 않는 것은?

① 직업선택의 확신부족

② 현명하지 못한 직업선택

③ 가치와 흥미의 불일치

④ 직업 무선택

⊕ 윌리암슨, 크라이티스, 보딘의 문제유형 비교

윌리암슨 (Williamson)	크라이티스 (Crites)		보딘 (Bordin)
불확실한 선택	적응성	적응형, 부적응형	의존성
무선택	현실성	비현실형, 불충족형, 강압형	정보의 부족
흥미와 적성의 모순	결정성	다재다능형, 우유부단형	자아갈등 (내적갈등)
어리석은 선택		–	진로선택에 따르는 불안
–		–	문제가 없음 (확신의 결여)

210 Williamson의 진로선택 유형진단 중 '어리석은 선택'과 관련된 요인을 모두 고른 것은?

ㄱ. 목표와 맞지 않는 적성
ㄴ. 흥미와 관계없는 목표
ㄷ. 무선택
ㄹ. 특권에 대한 갈망

① ㄱ, ㄴ, ㄷ
② ㄱ, ㄴ, ㄹ
③ ㄱ, ㄷ, ㄹ
④ ㄴ, ㄷ, ㄹ

※ 보기의 ㄷ. 무선택은 윌리암슨(Williamson)의 변별진단 유형 '불확실한 선택, 무선택, 흥미와 적성의 불일치, 어리석은 선택'의 하나로 제외된다.

➕ 윌리암슨(Williamson)의 진로선택 유형: 어리석은 선택
목표와 맞지 않는 적성, 흥미와 관계없는 목표, 직업적응을 어렵게 하는 성격, 입문할 기회가 아주 적은 직업의 선택, 친구·친척의 고용 약속을 믿고 한 선택이나 부모·타인의 압력에 따른 선택, 직업정보의 결핍, 특권에 대한 갈망

211 특성 – 요인 상담에서 Strong과 Schmidt가 중요하게 생각한 상담사의 특성과 거리가 가장 먼 것은?

① 신뢰
② 전문성
③ 매력
④ 공감

➕ 스트롱(Strong)의 사회적 영향이론(EAT)
• 전문성(expertness, E): 상담자가 타당한 주장을 할 수 있는 능력을 충분히 갖추고 있는 사람으로 보이는 정도이다.
• 친근감(attractiveness, A) 또는 매력도: 친근감의 관련 요인은 비슷한 출신배경, 비슷한 의견, 비슷한 언어, 상담자가 내담자를 평가하지 않는 것, 공격적이지 않고 친절한 것 등이다.
• 신뢰감(trustworthiness, T): 관련 요인은 '정직하다, 솔직하다, 비밀유지를 해 준다.' 등이다.

212 Seeman의 개념적 틀을 이용하여 Blauner가 규정한 비소외적 상태에 해당되지 않는 것은?

① 목적
② 자유와 통제
③ 사회적 통합
④ 자기실현

해설 시만(Seeman)의 개념적 틀을 이용하여 브라우너(Blauner)가 규정한 비소외적 상태에는 자유와 통제, 목적, 사회적 통합, 자기몰입이 있다.

213 직업발달에 관한 특성–요인이론의 종합적인 결과를 토대로 Klein과 Weiner 등이 내린 결론과 가장 거리가 먼 것은?

① 개개인은 신뢰할 만하고 타당하게 측정될 수 있는 고유한 특성의 집합이다.
② 직업의 선택은 직선적인 과정이며 연결이 가능하다.
③ 개인의 직업선호는 부모의 양육환경 특성에 의해 좌우된다.
④ 개인의 특성과 직업의 요구사항 간에 상관이 높을수록 직업적 성공의 가능성이 커진다.

해설 ③의 설명은 로(Roe)의 이론이다.

214 Williamson의 특성–요인 직업상담의 단계를 바르게 나열한 것은?

ㄱ. 분석
ㄴ. 종합
ㄷ. 진단
ㄹ. 예측
ㅁ. 상담
ㅂ. 추수지도

① ㄱ → ㄴ → ㄷ → ㄹ → ㅁ → ㅂ
② ㄷ → ㄱ → ㄴ → ㅁ → ㄹ → ㅂ
③ ㄴ → ㄱ → ㄹ → ㄷ → ㅁ → ㅂ
④ ㄱ → ㄷ → ㅁ → ㄴ → ㄹ → ㅂ

해설 ① 상담과정: 분석(자료수집) → 종합(자료 요약) → 진단(변별진단) → 처방(예후=예측) → 상담(내담자 참여) → 추수지도

215 Williamson의 특성 – 요인 직업상담에서 검사의 해석단계에 이용할 수 있다고 제시한 상담기법은?

① 가정
② 반영
③ 변명
④ 설명

해설 ④ 윌리암슨(Williamson)의 특성–요인 직업상담에서 검사의 해석단계에 이용되는 상담기법은 직접 충고, 설득, 설명이다.

216 특성–요인 직업상담에서 일련의 관련 있는 또는 관련 없는 사실들로부터 일관된 의미를 논리적으로 파악하여 문제를 하나씩 해결하는 과정은?

① 다중진단
② 선택진단
③ 변별진단
④ 범주진단

해설 ③ 특성–요인이론에서 진단은 자료를 분석하고 학생(내담자)의 강점과 약점에 관한 판단을 근거로 추론하는 과정이라 보았다. 윌리암슨(Williamson)은 진로선택의 문제를 불확실한 선택, 무선택, 흥미와 적성의 불일치, 어리석은 선택 등 4가지 유형으로 나누어 진단 하였는데 이를 변별진단이라 한다.

217 직업상담의 과정에 진단, 문제분류, 문제구체화, 문제해결의 단계 등이 포함되어야 하며, 이러한 목적을 달성하기 위해 면담기법, 검사해석, 직업정보 등이 직업상담 과정에 포함되어야 한다는 견해를 가진 학자는?

① 윌리암슨(Williamson)
② 보딘(Bordin)
③ 크리츠(Crites)
④ 긴즈버그(Ginzberg)

해설 ③ 크리츠(또는 크라이티스, Crites)의 포괄적 직업상담의 개념에 대한 설명이다.

218 포괄적 직업상담에서 초기, 중간, 마지막 단계 중 중간 단계에서 주로 사용하는 접근법은?

① 발달적 접근법
② 정신역동적 접근법
③ 내담자중심 접근법
④ 행동주의적 접근법

해설 ② 중기에는 정신역동적 기법을 사용한다.

➕ 포괄적 직업상담 기법
• 상담 초기(진단과 탐색이 이루어지는 단계): 발달적 접근법과 인간중심적 접근법
• 상담 중기(내담자의 문제 원인을 밝혀 제거하는 단계): 정신역동적인 접근법
• 상담 후기(상담자가 내담자의 문제해결에 개입하는 단계): 특성요인과 행동주의적 접근법

219 포괄적 직업상담 과정에 대한 설명으로 틀린 것은?

① 내담자가 직업선택에서 가졌던 문제들을 상담한다.
② 내담자가 자신의 내부와 주변에서 일어나는 일들을 충분히 자각하게 한다.
③ 직업심리검사를 통해 내담자의 문제를 명료화한다.
④ 상담과 검사를 통해 얻어진 자료를 바탕으로 직업정보를 제공한다.

해설 ② 내담자중심 상담이론의 '완전히 기능하는 사람'에 대한 설명이다.

➕ 크라이티스(Crites)의 포괄적 직업상담
• 상담과정에 진단, 문제분류, 문제구체화, 문제해결 단계가 포함된다.
• 상담의 목적에는 직업선택, 의사결정 기술의 습득, 일반적 적응의 고양 등이 포함되어야 한다.
• 목적달성을 위해 상담기법, 검사해석, 직업정보 등이 포함된다.

220 포괄적 직업상담에 관한 설명으로 틀린 것은?

① 논리적인 것과 경험적인 것을 의미 있게 절충시킨 모형이다.
② 진단은 변별적이고 역동적인 성격을 가지고 있다.
③ 상담의 진단단계에서는 주로 특성–요인이론과 행동주의 이론으로 접근한다.
④ 문제해결 단계에서는 도구적(조작적) 학습에 초점을 맞춘다.

해설 ③ 상담 초기 진단단계는 발달적 접근법과 인간중심적 접근법을 주로 활용하고, 상담 후기에는 특성–요인이론과 행동주의 이론을 활용한다.

221 포괄적 직업상담에서 내담자가 지닌 직업상의 문제를 가려내기 위해 실시하는 변별적 진단 검사와 가장 거리가 먼 것은?

① 직업성숙도 검사
② 직업적성 검사
③ 직업흥미 검사
④ 경력개발 검사

해설 ④ 경력개발 검사는 직업상의 문제를 가려내기 위해 실시하는 검사와 거리가 멀다.

222 직업상담의 문제유형에 대한 Crites의 분류 중 부적응형에 관한 설명으로 옳은 것은?

① 적성에 따라 직업을 선택했지만 그 직업에 대해 흥미를 못 느끼는 사람
② 흥미를 느끼는 분야는 있지만, 그 분야에 대한 적성을 가지고 있지 못한 사람
③ 흥미나 적성 유형에 상관없이 어떤 분야를 선택할지 결정을 못한 사람
④ 흥미를 느끼는 분야도 없고 적성에 맞는 분야도 없는 사람

➕ 크라이티스(Crites)가 제시한 직업상담의 문제유형

구분	설 명
적응성	적응형: 흥미와 적성이 일치
	부적응형: 흥미와 적성이 맞는 분야를 찾지 못함
현실성	비현실형: 흥미를 느끼는 분야는 있지만 그 분야에 적성을 가지고 있지 못함
	불충족형: 자신의 적성수준보다 낮은 직업을 선택
	강압형: 적성 때문에 선택했지만 흥미를 못 느낌
결정성	다재다능형: 가능성이 많아 흥미와 적성을 가진 직업 사이에서 결정 못함
	우유부단형: 흥미와 적성에 관계없이 성격적으로 선택과 결정 못함

223 직업적응 이론과 관련하여 개발된 검사도구가 아닌 것은?

① MIQ(Minnesota Importance Questionnaire)
② JDQ(Job Description Questionnaire)
③ MSQ(Minnesota Satisfaction Questionnaire)
④ CMI(Career Maturity Inventory)

해설 ④ CMI는 진로성숙검사로 태도와 능력을 측정한다.

➕ 직업적응이론과 관련되어 개발된 검사도구

- 미네소타 중요성질문지(Minnesota Importance Questionnaire)
- 미네소타 만족질문지(Minnesota Satisfaction Questionnaire)
- 미네소타 만족성척도(Minnesota Satisfactoriness Scales)
- 직무기술질문지(Job Description Questionnaire)
- 직업강화자목록(A List of Reinforcers)

224 개인의 욕구와 능력을 환경의 요구사항과 관련시켜 진로행동을 설명하고, 개인과 환경 간의 상호작용을 통한 욕구충족을 강조하는 이론은?

① 욕구이론
② 특성요인이론
③ 사회학습이론
④ 직업적응이론

해설 ④ 롭퀴스트(Lofquist)와 데이비스(Davis)의 직업적응이론에 대한 설명이다. 개인의 욕구는 일환경에서 개인적 적합을 결정짓는 가장 중요한 요인이고, 환경에서 요구하는 개인의 욕구와 강화인 체계는 안정성과 유지 측면에서 중요하다.

225 직업적응이론에 관한 설명으로 틀린 것은?

① 직업적응은 미네소타 만족질문지(MSQ)와 미네소타 충족척도(MSS)를 통해 측정할 수 있다.
② 직업적응은 개인이 직업환경과 조화를 이루어 만족하고 유지하도록 노력하는 역동적인 과정이다.
③ 직업적응이론에서는 평가과정에서 주관적인 평가를 먼저 실시하고 이후에 검사도구를 통한 객관적인 평가를 실시할 것을 권유한다.
④ 개인은 자신과 환경의 부조화 정도가 받아들일 수 있는 범위라도 부조화를 줄이기 위해 대처행동을 통해 환경에 적응하게 된다.

해설 ④ 선택지는 부조화를 줄이기 위한 대처행동을 통해 환경에 적응하게 된다고 했는데, 직업적응방식의 융통성은 자신과 환경의 부조화가 크더라도 잘 참아낼 수 있는 정도를 말하는 것이다.

226 미네소타 직업분류체계 Ⅲ와 관련하여 발전한 직업발달이론은?

① Krumboltz의 사회학습이론
② Super의 평생발달이론
③ Ginzberg의 발달이론
④ Lofquist와 Dawis의 직업적응이론

해설 ④ 롭퀴스트(Lofquist)와 데이비스(Dawis)의 직업적응이론은 미네소타 직업분류체계 Ⅲ와 관련하여 발전한 이론이다.

227 Krumboltz의 사회학습 진로이론에서 삶에서 일어나는 우연한 일들을 자신의 진로에 유리하게 활용하는 데 도움이 되는 기술이 아닌 것은?

① 호기심(curiosity)
② 독립심(independence)
③ 낙관성(optimism)
④ 위험감수(risk taking)

해설 한 사람의 진로발달과정에서는 예기치 않은 사건이 일어날 수밖에 없고, 이러한 사건은 그 사람의 진로에 긍정적 또는 부정적으로 작용하는데, 긍정적으로 작용하는 경우를 '계획된 우연'이라 한다.

➕ 크롬볼츠의 '계획된 우연' 중 진로에 유리한 기술
• 호기심: 새로운 학습기회를 탐색하는 것
• 인내심: 좌절에도 불구하고 노력을 지속적으로 하는 것
• 융통성: 태도와 상황을 변화시키려는 것
• 낙관성: 새로운 기회가 올 때 그것을 긍정적으로 보는 것
• 위험감수: 불확실한 결과 앞에서도 행동하는 것

228 데이비스와 롭퀘스트(Davis & Lofquist)의 직업적응이론에서 적응양식의 차원에 해당하지 않는 것은?

① 의존성(dependence)
② 적극성(activeness)
③ 반응성(reactiveness)
④ 인내(perseverance)

➕ 롭퀴스트와 데이비스의 직업적응방식 4가지
• 융통성 또는 유연성(Flexibility): 작업과 개인의 부조화가 크더라도 잘 참아낼 수 있는 정도를 말한다.
• 인내 또는 끈기(Perseverance): 환경이 자신에게 맞지 않아도 개인이 얼마나 오랫동안 견뎌낼 수 있는가?하는 것을 말한다.
• 적극성(Activeness): 개인이 작업환경을 개인적 방식과 좀 더 조화롭게 만들어려고 노력하는 정도를 말한다.
• 반응성(Reactiveness): 개인이 작업성격의 변화로 인해 작업환경에 반응하는 정도를 말한다.

229 직무특성 양식 중 개인의 환경과의 상호작용에 있어 반응을 지속하는 시간의 길이는?

① 신속성
② 속도
③ 인내심
④ 리듬

➕ 롭퀴스트(Lofquist)와 데이비스(Dawis)의 직업적응이론의 성격적 측면

민첩성	과제를 완성하는 속도로, 정확성보다 속도를 중시한다.
역량	근로자의 평균 활동수준, 즉 에너지 소비량이다.
리듬	활동의 다양성을 의미한다.
지구력	개인이 환경과 상호작용하는 시간의 양이다.

230 직업적응이론에서 개인의 만족, 조직의 만족, 적응을 매개하는 적응유형 변인은?

① 우연(happenstance)
② 타협(compromise)
③ 적응도(adaptability)
④ 인내력(perseverance)

해설 ④ 직업적응이론에서는 유연성과 인내력이라는 두 가지 적응유형 변인이 개인의 만족과 조직의 만족 그리고 적응을 매개한다고 보았다.
① 우연: 크롬볼츠(Krumboltz)의 사회학습 이론에서 개인이 적극적으로 학습해 나가는 과정에 추가한 개념이다.
② 타협: 고트프레드손(Gottfredson)은 직업포부 형성과정을 제한과 타협으로 설명했다.
③ 적응도: 자신의 진로에서 성공하고 만족하기 위해 변화에 대한 개인의 적응력을 구성주의 이론에서는 진로적응도라고 명명했다.

231 Lofquist와 Dawis의 직업적응이론에서 성격 양식 차원에 관한 설명으로 틀린 것은?

① 민첩성 – 정확성보다는 속도를 중시한다.
② 역량 – 근로자들의 평균 활동수준을 의미한다.
③ 리듬 – 활동에 대한 단일성을 의미한다.
④ 지구력 – 다양한 활동수준의 기간을 의미한다.

해설 ③ 리듬은 활동에 대한 다양성을 의미한다.

232 Lofquist와 Dawis의 직업적응이론에서 직업적응 유형의 개념에 관한 설명으로 틀린 것은?

① 일관성(consistency) : 수행해야 할 다양한 작업들 간의 부조화를 참아내는 정도
② 끈기(perseverance) : 환경이 자신에게 맞지 않아도 개인이 얼마나 오랫동안 견뎌낼 수 있는지의 정도
③ 적극성(activeness) : 개인이 작업환경을 개인적 방식과 좀 더 조화롭게 만들어가려고 노력하는 정도
④ 반응성(reactiveness) : 개인이 작업성격의 변화로 인해 작업환경에 반응하는 정도

해설 ① 융통성에 대한 설명이다. 롭퀴스트(Lofquist)와 데이비스(Dawis)는 직업적응방식을 융통성, 끈기, 적극성, 반응성 4가지로 설명한다.

233 이론적 강조점이 다른 직업심리 이론가는?

① 파슨스(Parsons)   ② 패터슨(Paterson)
③ 윌리엄슨(Williamson) ④ 수퍼(Super)

해설 ①, ②, ③은 특성-요인 이론가이고, 수퍼(Super)는 진로발달이론가이다.

234 긴즈버그(Ginzberg)의 진로발달이론에 관한 설명으로 틀린 것은?

① 직업선택과정은 바람(wishes)과 가능성(possibility) 간의 타협이다.
② 직업선택은 일련의 결정들이 계속적으로 이루어지는 과정이다.
③ 나중에 이루어지는 결정은 이전 결정의 영향을 받지 않는다.
④ 직업선택은 가치관, 정서적 요인, 교육의 양과 종류, 환경 영향 등의 상호작용으로 결정된다.

해설 ③ 긴즈버그(Ginzberg)는 진로발달단계를 환상기, 잠정기, 현실기로 구분하였으며, 나중에 이루어지는 결정은 이전 결정의 영향을 받는다.

235 Ginzberg의 진로발달 3단계가 아닌 것은?

① 잠정기(tentative phase)
② 환상기(fantasy phase)
③ 현실기(realistic phase)
④ 탐색기(exploring phase)

해설 ④ 탐색기는 수퍼(Super)의 진로발달단계에 속한다.

＋ 긴즈버그(Ginzberg) 진로발달단계

환상기	초기 놀이중심단계에서, 마지막 부분에는 놀이가 일 중심으로 변화하기 시작한다.
잠정기	일이 요구하는 조건을 점차 인식하는 단계이다. 흥미, 일의 보상, 가치, 시간적 측면에 대해 인식한다. • 흥미단계 : 좋은 것과 아닌 것을 분명히 결정한다. • 능력단계 : 자신의 능력을 깨닫게 된다. • 가치단계 : 자신의 직업 스타일에 대해 보다 명확한 이해를 하게 된다. • 전환단계 : 직업선택에 대한 결정과 그것에 수반되는 책임의식을 깨닫게 된다.
현실기	흥미와 능력의 통합단계, 가치 발달, 직업선택의 구체화, 직업적 패턴의 명료화 등이 가능해진다. • 탐색단계 : 진로선택을 2~3가지 정도로 좁힌다. • 구체화단계 : 특정 직업 분야에 몰두하게 된다. • 특수화(정교화)단계 : 직업선택하거나 특정 진로에 맞는 직업훈련을 받게 된다.

236 Super의 생애진로발달 이론에서 상담 목표로 옳은 것을 모두 고른 것은?

ㄱ. 자기개념 분석하기
ㄴ. 진로성숙 수준 확인하기
ㄷ. 수행결과에 대한 비현실적 기대 확인하기
ㄹ. 진로발달과제를 수행하는데 필요한 지식, 태도, 기술 익히기

① ㄱ, ㄷ
② ㄱ, ㄴ, ㄹ
③ ㄴ, ㄷ, ㄹ
④ ㄱ, ㄴ, ㄷ, ㄹ

해설 ㄷ. 수행결과에 대한 비현실적 기대 확인하기는 수퍼(Super)의 상담 목표에 해당하지 않는다.

237 수퍼(Super)의 진로발달이론의 설명으로 틀린 것은?

① 이론의 핵심기저는 직업적 자아개념이다.

② 직업선택은 타협과 선택이 상호작용하는 적응과정이다.

③ 진로발달은 유아기에 시작하여 성인초기에 완성된다.

④ 직업발달과정은 본질적으로 자아개념을 발달시키고 실현해 나가는 과정이다.

해설 ③ 수퍼(Super)는 진로발달 단계를 성장기 → 탐색기 → 확립기 → 유지기 → 쇠퇴기로 나타냈다.

238 수퍼(D. Super)의 진로발달이론에 관한 설명으로 틀린 것은?

① 개인은 능력이나 흥미, 성격에 있어서 각각 차이점을 갖고 있다.

② 진로발달이란 진로에 관한 자아개념의 발달이다.

③ 진로발달단계의 과정에서 재순환은 일어날 수 없다.

④ 진로성숙도는 가설적인 구인이며 단일한 특질이 아니다.

해설 ③ 수퍼(Super)는 진로발달단계를 대순환(성장기 → 탐색기 → 확립기 → 유지기 → 쇠퇴기)를 제시하고, 대순환마다 각 단계별 소순환이 있을 수 있다고 했다.

239 Super의 이론이나 그의 생애진로 무지개 개념에 관한 설명으로 틀린 것은?

① 사람은 동시에 여러 가지 역할을 함께 수행하며 발달단계마다 다른 역할에 비해 중요한 역할이 있다.

② 인생에서 진로발달과정은 전 생애에 걸쳐 계속되며 성장, 탐색, 정착, 유지, 쇠퇴 등의 대주기(maxi cycle)를 거친다.

③ 진로발달에는 대주기 외에 각 단계마다 같은 성장, 탐색, 정착, 유지, 쇠퇴로 구성된 소주기(mini cycle)가 있다.

④ Super의 이론은 생애진로발달 과정에서 1회적인 선택 과정에 대해 구체적으로 잘 설명한다.

해설 ④ 수퍼(Super)는 직업선택과정을 진로발달 5단계로 제시하며 각 단계가 다음 단계에 연속적으로 영향을 미치는 것을 설명했다.

+ 생애진로 무지개

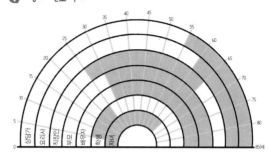

240 Super의 진로발달이론에 대한 설명으로 틀린 것은?

① 진로발달은 성장기, 탐색기, 확립기, 유지기, 쇠퇴기를 거쳐 이루어진다.

② 진로선택은 자아개념의 실현과정이다.

③ 진로발달에 있어서 환경의 영향보다는 개인의 흥미, 적성, 가치가 더 중요하다.

④ 자아개념은 직업적 선호와 환경과의 상호작용을 통해 계속 변화한다.

해설 ③ '사회(오른쪽 기둥)는 개인에게 영향을 주고 개인(왼쪽 기둥)은 사회의 단위로서 성장하고 기능하고 있다.'고 진로아치문모델을 이용해 설명했다.

+ 진로아치문

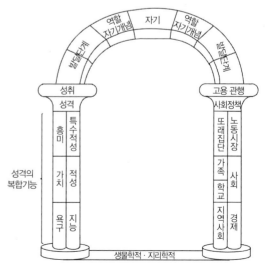

241 수퍼(Super)의 직업 발달이론에 대한 중심 개념으로 볼 수 <u>없는</u> 것은?

① 개인은 각기 적합한 직업군의 적격성이 있다.
② 직업 발달 과정은 본질적으로 자아개념의 발달 보완과정이다.
③ 개인의 직업기호와 생애는 자아실현의 과정으로 현실과 타협하지 않는 활동과정이다.
④ 직업과 인생의 만족은 자기의 능력, 흥미, 성격특성 및 가치가 충분히 실현되는 정도이다.

해설 ③ 현실과 타협하는 활동과정으로 보았다.

242 수퍼(Super)의 전생애 발달과업의 순환 및 재순환에서 '새로운 과업 찾기'가 중요한 시기는 언제인가?

① 청소년기(14~24세)
② 성인초기(25~45세)
③ 성인중기(46~65세)
④ 성인후기(65세 이상)

➕ 수퍼(Super)의 각 단계의 발달과업
- 성장기(13세까지/ 아동기): 직업세계에 대한 기본적인 이해
- 탐색기(14~24세/청소년기와 초기 성인기): 미래에 대한 계획
- 확립기(25~44세): 정착(stabilizing), 공고화(consolid-ating), 발전(advancing)
- 유지기(45~65세): 지금까지 성취한 것을 유지하면서 새로운 도전 과제를 발견
- 쇠퇴기(65세이후): 은퇴준비, 은퇴생활

243 수퍼(Super)의 진로발달이론에서, '자기에 대한 지각이 생겨나고 직업세계에 대한 기본적 이해가 이루어지는 시기'와 그 하위단계들을 순서대로 바르게 나열한 것은?

① 성장기 : 흥미기 – 환상기 – 능력기
② 성장기 : 환상기 – 흥미기 – 능력기
③ 탐색기 : 흥미기 – 환상기 – 능력기
④ 탐색기 : 환상기 – 흥미기 – 능력기

➕ 수퍼의 진로발달 과업 수행단계

단계	설명
성장기 (13세까지)	• 일과 관련된 기본적인 자기이해를 한다. ① 환상기: 환상적 역할을 수행 ② 흥미기: 흥미에 의해 활동을 결정하는 요인 ③ 능력기: 능력을 중요시하며, 직업의 조건고려
탐색기 (14~24세)	• 진로에 대한 구체적 탐색을 통해 진학 또는 구직을 위한 의사결정을 한다. ① 결정화: 진로에 대한 선호가 점차 분명하게 ② 구체화: 몇 개의 선호하는 직업 중 특정한 직업 선호로 구체화, 진로선택과 관련된 의사결정 능력 습득 ③ 실행: 선택한 직업에 대하여 노력
확립기 (25~44세)	• 직업세계에 입문하고 직장에서 능력발휘하며 중요한 일꾼으로 자리매김한다. ① 정착: 조직문화에 적응하고, 조직이 요구하는 수준으로 직무 수행하며 직업지위 안정화 ② 공고화: 직업세계에서 자기 능력 인정받기 ③ 발전: 직업 속에서 자신의 역할과 정체성 확장하며 더 높은 수준의 직업적 책임감 발전
유지기 (45~65세)	• 정해진 직업에 정착, 유지시키기 위해 노력한다. ① 보유: 지금까지 성취한 것들을 계속 유지 ② 갱신: 지식과 기술을 새로운 내용으로 갱신 ③ 혁신: 이전 방식과 다르게 시전 또는 도전
쇠퇴기 (65세 이후)	• 직업전선에서 은퇴하고 다른 활동을 찾는다.

244 Super의 진로발달단계 중 결정화, 구체화, 실행 등과 같은 과업이 수행되는 단계는?

① 성장기
② 탐색기
③ 확립기
④ 유지기

해설 ② 수퍼(Super)의 진로발달 과업 수행단계의 탐색기 하위단계이다.

245 Super의 직업발달단계 순서를 바르게 나열한 것은?

① 성장기–탐색기–확립기–유지기–쇠퇴기
② 진로인식기–진로탐색기–진로준비기–취업
③ 탐색기–성장기–확립기–유지기–쇠퇴기
④ 진로탐색기–진로인식기–진로준비기–취업

해설 ① 수퍼(Super)의 진로발달단계: 성장기 → 탐색기 → 확립기 → 유지기 → 쇠퇴기

246 수퍼(Super)가 제시한 발달적 직업상담단계를 바르게 나열한 것은?

A. 문제탐색 및 자아개념 묘사
B. 현실검증
C. 자아수용 및 자아 통찰
D. 심층적 탐색
E. 태도와 감정의 탐색과 처리
F. 의사결정

① A → B → C → D → E → F
② A → D → C → B → E → F
③ A → C → B → D → E → F
④ A → B → D → C → E → F

➕ 수퍼(Super)의 직업상담에서 의사결정단계
문제탐색 및 자아개념 묘사하기 → 심층적 탐색하기 → 자아수용 및 자아통찰하기 → 현실검증하기 → 태도와 감정의 탐색과 처리하기 → 의사결정하기

247 수퍼(Super)의 여성 진로유형 중 학교 졸업 후에도 직업을 갖지 않는 진로유형은?

① 안정적인 가사 진로유형
② 전통적인 진로유형
③ 단절 진로유형
④ 불안정 진로유형

➕ 수퍼(Super)가 제시한 여성의 진로유형

연번	진로유형	설명
1	안정적 가정주부형	학교 졸업하고, 결혼하여 가정생활 영위하는 유형
2	전통적 진로형	학교 졸업하고, 직장 다니다 결혼과 동시에 그만두는 유형
3	안정적 진로형	학교 졸업하고, 결혼과 무관하게 정년까지 직업을 갖는 유형
4	이중진로형	학교 졸업하고, 곧바로 결혼하여 직장을 갖는 유형
5	단절진로형	학교 졸업하고, M자형 진로유형
6	불안정한 진로형	가정생활과 직장생활을 번갈아가며 시행하는 유형
7	충동적 진로형	그때 그때의 기분에 따라 직장도 가졌다 그만두는 유형

248 발달적 직업상담에서 Super가 제시한 평가의 종류 중 내담자가 겪고 있는 어려움이나 직업상담에 대한 내담자의 기대를 평가하는 것은?

① 문제평가
② 현실평가
③ 일차평가
④ 내용평가

➕ 수퍼(Super)의 집단상담에서 진단을 위한 평가 3가지
• 문제평가: 내담자가 경험한 어려움과 진로상담에 대한 기대를 평가
• 개인평가: 내담자의 심리적, 사회적 및 신체적 차원에서 개인의 상태에 대한 평가
• 예언평가: 직업적·개인적 평가를 바탕으로 내담자가 만족할 수 있는 것에 대한 예언이 이루어짐

249 고트프레드손(Gottfredson)의 직업포부발달단계에 관한 설명으로 틀린 것은?

① 힘과 크기 지향 – 사고과정이 구체화되며 어른이 된다는 것의 의미를 알게 된다.
② 성역할 지향 – 자아개념이 성의 발달에 의해서 영향을 받게 된다.
③ 사회적 가치 지향 – 사회계층에 대한 개념이 생기면서 타인에 대한 개념이 완성된다.
④ 내적, 고유한 자아 지향 – 자아성찰과 사회계층의 맥락에서 직업적 포부가 더욱 발달하게 된다.

➕ 고트프레드손(Gottfredson)의 직업포부발달단계
• 힘과 크기 지향성(orientation to size and power, 3~5세, 서열 획득단계): 사고과정이 구체화되며, 어른이 된다는 것의 의미를 알게 된다.
• 성역할 지향성(orientation to sex roles, 6~8세, 성역할 획득단계): 자아개념이 성(gender)의 발달에 의해 영향을 받게 된다.
• 사회적 가치 지향성(orientation to social valuation, 9~13세, 사회적 가치 획득단계): 사회계층에 대한 개념이 생겨나고 자아를 인식하게 된다. 일의 수준에 대한 이해를 확장시킨다.
• 내적, 고유한 자아 지향성(orientation to the internal, unique self, 내적 자아확립 단계): 내적인 사고를 통하여 자아인식이 발달하며, 타인에 대한 개념이 생겨난다. 자아성찰과 사회계층의 맥락에서 직업적 포부가 더욱 발달하게 된다.

250 갓프레드슨(L. Gottfredson)의 진로발달이론에서 제시한 진로포부발달 단계가 <u>아닌</u> 것은?

① 내적 자아 확립단계
② 서열 획득단계
③ 안정성 확립단계
④ 사회적 가치 획득단계

 ③ 안정성 확립단계는 진로포부발달 단계가 아니다.

251 Maslow의 욕구 단계 이론 중 자아실현과 존중의 욕구 수준에 상응하는 내용으로 적합한 것은?

① Alderfer의 ERG 이론 중 존재욕구
② Herzberg의 2요인 이론 중 위생요인
③ McClelland의 성취동기 이론 중 성취동기
④ Adams의 공정성 이론 중 인정동기

 ③ McClelland(멕클리랜드)는 조직 내 개인의 욕구를 성취욕구, 친교욕구, 권력욕구로 파악했으며, 성취욕구는 Maslow(메슬로우)의 자아실현 욕구와 유사하다.
① Alderfer(알더퍼)의 E(존재), R(관계), G(성장)욕구이론은 한 가지 이상의 욕구가 동시에 작용할 수 있다고 한다.
② Herzberg(허즈버그)의 2 요인은 동기요인(직무 만족—일의 내용, 개인의 성취감, 책임의 수준)과 위생요인(직무 불만족—조직의 정책, 감독형태, 대인관계, 작업조건)을 말한다.
④ Adams(아담스)의 공정성이론은 작업동기 이론으로 형평성 이론이라고도 한다.

252 Maslow가 제시한 자기실현한 사람의 특징이 <u>아닌</u> 것은?

① 부정적인 감정 표현을 억제한다.
② 현실을 왜곡하지 않고 객관적으로 지각한다.
③ 자신이 하는 일에 몰두하고 만족스러워 한다.
④ 즐거움과 아름다움을 느낄 수 있는 감상능력이 있다.

 ① 자신의 감정 표현에 개방적이고 솔직하다.

253 로(Roe)의 욕구이론에 대한 설명과 가장 거리가 먼 것은?

① 가족과의 초기관계가 진로선택에 중요한 영향을 미친다.
② 로(Roe)는 성격이론과 직업분류 영역을 통합하는 데 관심을 두었다.
③ 직업과 기본욕구 만족의 관련성이 매슬로(Maslow)의 욕구위계론을 바탕으로 할 때 가장 효율적이라고 보았다.
④ 미네소타 직업평가척도에서 힌트를 얻어 직업을 7개의 영역으로 나누었다.

 ④ 로(Roe)는 직업을 8개의 영역으로 나누었다.

254 다음 중 Maslow의 욕구위계이론과 가장 유사성이 많은 직무동기이론은?

① 기대-유인가 이론
② Adams의 형평이론
③ Locke의 목표설정이론
④ Alderfer의 존재-관계-성장이론

 ④ 존재 – 관계 – 성장이론: 알더퍼(Alderfer)는 E(존재)–R(관계)–G(성장)을 통해 매슬로우의 욕구위계이론을 비판하며, 한 가지 이상의 욕구가 동시에 작용할 수 있다고 주장하였다.
① 기대-유인가 이론: 브롬(Vroom)은 직무수행하려는 동기적 힘을 설명하며, 미래성과에 대해 갖고 있는 기내와 그 성과에 각각의 가치를 곱한 값의 총계가 함수관계를 이룬다고 보았다.
② 형평이론(형평성 이론 또는 공정성 이론): 아담스(Adams)는 타인과 유사한 자격을 가지고 수행수준이 동일한 직무를 수행하면서도 자신이 타인과 차이 나는 보수를 받았다고 지각하면 불공평성으로 긴장과 불안이 생긴다고 하였다.
③ 목표설정이론: 로크와 랜덤(Locke & Latham)은 작업상황에서의 일차적 동기는 특정 목표를 성취하려는 욕망으로 설명될 수 있다고 보았다. 직무수행의 효과적인 향상은 목표가 구체적이고 어려우며 수용 가능할 때 더 효과적이라고 하였다.

255 직업발달이론 중 매슬로우(Maslow)의 욕구 위계 이론에 기초하여 유아기의 경험과 직업선택에 관한 5가지 가설을 수립한 학자는?

① 로(Roe)
② 갓프레드슨(Gottfredson)
③ 홀랜드(Holland)
④ 터크만(Tuckman)

해설 ① 로(Roe)는 직업과 기본욕구 만족의 관련성에 대한 논의가 매슬로우(Maslow)의 욕구위계론을 바탕으로 할 때 가장 효율적이라고 보았으며, 성격이론 중 매슬로우(Maslow)의 이론이 가장 유용한 접근법이라고 생각하였다.
② 갓프레드슨(Gottfredson)은 직업포부발달이론가로 개인의 발달단계를 힘과 크기의 지향성, 성역할 지향성, 사회적 가치 지향성, 내적, 고유한 자아지향성 4단계로 구분했다.
③ 홀랜드(Holland): 개인의 직업선택은 직업에 대한 흥미로 표현되는 성격과 밀접한 관계를 가진다고 주장했다.
④ 터크만(Tuckman): 진로발달을 8단계로 구분하여 제시했다.

256 로(Roe)의 욕구이론에 관한 설명으로 옳지 않은 것은?

① 아동기에 형성된 욕구에 대한 반응으로 직업선택이 이루어진다고 본다.
② 가정 분위기의 유형을 회피형, 정서집중형, 통제형으로 구분하였다.
③ 직업군을 8가지로 분류하였다.
④ 매슬로우가 제시한 욕구의 단계를 기초로 해서 초기의 인생경험과 직업선택의 관계에 관한 가정을 발전시켰다.

해설 ② 로(Roe)는 회피형, 정서집중형, 수용형으로 구분하였다.

➕ 로(Roe)의 부모 양육방법의 분류

정서집중형	인간지향적 성격을 가져 예능계통 직업 원함
회피형	타인과 접촉이 적은 직업, 과학계통의 직업 원함
수용형	인간지향적 성격을 가지나 타인과 접촉하는 서비스직종 원함

257 개인의 진로발달 과정에서 초기의 가정환경이 그 후의 직업선택에 중요한 영향을 미친다고 보는 이론은?

① 파슨스(Parsons)의 특성이론
② 갤라트(Gelatt)의 의사결정이론
③ 로(Roe)의 욕구이론
④ 수퍼(Super)의 발달이론

해설 ③ 로(Roe)는 부모의 양육방식이 직업선택에 영향을 미친다고 했다.
① 파슨스(Parsons)는 직업지도 모델을 구체화하였으며, 개인분석, 직업분석, 과학적 조언의 조화를 주장하였다.
② 겔라트(Galatt)는 의사결정의 과정을 중시해야 한다고 했다.
④ 수퍼(Super)는 직업선택 과정을 타협과 선택이 상호작용하는 적응과정이라 보았다.

258 다음은 Roe가 제안한 8가지 직업 군집 중 어디에 해당하는가?

- 상품과 재화의 생산·유지·운송과 관련된 직업을 포함하는 군집이다.
- 운송과 정보통신에 관련된 직업뿐만 아니라 공학, 기능, 기계무역에 관계된 직업들도 이 영역에 속한다.
- 대인관계는 상대적으로 덜 중요하며 사물을 다루는 데 관심을 둔다.

① 기술직(technology)
② 서비스직(service)
③ 비즈니스직(business contact)
④ 옥외활동직(outdoor)

➕ 로(Roe)가 제안한 8가지 직업군집(흥미에 기초)
- 서비스: 다른 사람의 욕구와 복지에 관심
- 사업적 접촉/비즈니스: 상대방을 설득하는 데 초점
- 조직/관리: 관리직군이 해당
- 기술과학/기술직: 상품과 재화의 생산·유지·운송과 관련된 직업을 포함하는 군집
- 옥외활동: 천연자원을 개간·보존·수확하는 것
- 과학직: 과학이론과 그 이론을 특정한 환경에 적용하는 직업
- 보편문화/일반문화: 보편적인 문화유산의 보존·전수에 관련됨
- 예술과 연예: 창조적인 예술과 연예에 관련된 특별한 기술 사용

259 규준점수에 관한 설명으로 틀린 것은?

① Z점수 0에 해당하는 웩슬러(Wechsler) 지능검사 편차 IQ는 100이다.
② 백분위 50과 59인 두 사람의 원점수 차이는 백분위 90과 99인 두 사람의 원점수 차이와 같다.
③ 평균과 표준편차가 60, 15인 규준집단에서 원점수 90의 T점수는 70이다.
④ 백분위 50에 해당하는 스테나인(stanine)의 점수는 5이다.

> 해설
> ① 표준점수(Z) 0은 편차 IQ 100이다.
> ② 백분위 점수로 원점수를 알 수 없다.
> ③ 표준점수(Z) = $\dfrac{원점수-평균}{표준편차}$, $\dfrac{90-60}{15}=2$
> 표준화점수(T) = $(10×Z)+50=(10×2)+50=70$
> ④ 스탠나인(표준등급) 5는 백분위 50에 해당한다.

260 Roe의 직업분류체계에 관한 설명으로 틀린 것은?

① 일의 세계를 8가지 장(field)과 6가지 수준(level)으로 구성된 2차원의 체계로 조직화했다.
② 원주상의 순서대로 8가지 장(Field)은 서비스, 사업상 접촉, 조직, 기술, 옥외, 과학, 예술과 연예, 일반문화이다.
③ 서비스 장(field)들은 사람 지향적이며 교육, 사회봉사, 임상심리 및 의술이 포함된다.
④ 6가지 수준(level)은 근로자의 직업과 관련된 정교화, 책임, 보수, 훈련의 정도를 묘사하며 수준 1이 가장 낮고 수준 6이 가장 높다.

> 해설
> ④ 책임에 기초해 분류한 6단계로 수준 1이 가장 높다.

➕ 로(Roe)의 책임의 정도에 기초한 6가지 직업군

1단계: 고급 전문관리   2단계: 중급 전문관리
3단계: 준 전문관리   4단계: 숙련직
5단계: 반숙련직   6단계: 비숙련직

➕ 로(Roe)의 직업분류체계 도식

261 정신역동적 진로상담에서 보딘(Bordin)이 제시한 진단범주에 포함되지 않는 것은?

① 독립성
② 자아갈등
③ 정보의 부족
④ 진로선택에 따르는 불안

> 해설
> ① 독립성은 보딘(Bordin)의 진단범주에 포함되지 않는다.

➕ 보딘(Bordin)이 제시한 진단범주

의존성, 자아갈등(내적갈등), 정보의 부족, 진로선택에 따른 불안, 문제가 없음(확신의 결여)

➕ 윌리암슨, 크라이티스, 보딘의 문제유형 비교

윌리암슨 (Williamcon)	크라이티스 (Crites)		보딘 (Bordin)
불확실한 선택	적응성	적응형, 부적응형	의존성
무선택	현실성	비현실형, 불충족형, 강압형	정보의 부족
흥미와 적성의 모순	결정성	다재다능형, 우유부단형	자아갈등 (내적갈등)
어리석은 선택		–	진로선택에 따르는 불안
–		–	문제가 없음 (확신의 결여)

262 진로 선택과 관련된 이론으로 인생초기의 발달 과정을 중시하는 이론은?

① 인지적 정보처리이론 ② 정신분석이론

③ 사회학습이론 ④ 진로발달이론

해설 ② 프로이드(Freud)의 정신분석 이론에 진로교육을 도입한 보딘(Bordin)은 개인이 선호하는 직업은 생후 6년 동안에 만들어지는 욕구에 의해 선택된다고 했다.

① 인지적 정보처리이론: 개인이 진로결정을 내리고 진로문제 해결과 의사결정을 할 때 정보를 어떻게 이용하는지를 다룬다.

③ 사회학습이론: 진로선택을 비롯한 진로 행동과 관련된 요인들의 경로를 예측하기 위한 모형을 제시하였다.

④ 진로발달이론: 개인의 성장과정에 따른 진로교육 및 진로선택을 다룬 이론으로 긴즈버그(Ginzberg), 수퍼(Super) 등의 학자가 있다.

263 Bordin의 분류에서 다음에 해당하는 직업문제의 심리적 원인은?

> 한 개인이 어떤 일을 하고 싶은데 중요한 타인이 다른 일을 해 주기를 원하거나 직업들과 관련된 긍정적 유인가와 부정적인 유인가 사이에서 내적 갈등을 경험하고 있다.

① 직업선택에 대한 불안

② 정보의 부족

③ 의존성

④ 자아 갈등

해설 ② 정보의 부족으로 현명한 선택을 하지 못하는 내담자이다.

③ 책임지는 것이 두려워 지나치게 의존하려는 내담자이다.

④ 의사결정에 내적 갈등을 경험하는 내담자이다.

264 보딘(Bordin)의 정신역동적 직업상담에서 사용하는 기법이 아닌 것은?

① 명료화

② 비교

③ 소망 – 방어 체계

④ 준지시적 반응 범주화

해설 ④ 준지시적 반응 범주화는 스나이더(Snyder)의 반응범주화 유형이다. 보딘(Bordin)은 프로이드(Freud)의 정신분석 이론을 진로교육에 도입하고 상담기법으로 명료화, 비교, 소망–방어체계의 해석을 제시했다.

① 명료화: 현재의 진로문제와 관련된 내담자의 생각과 감정을 언어로써 명료하게 재인식시켜 준다.

② 비교: 상담자는 비교를 통해 내담자가 갖고 있는 문제와 역동적인 현상 중에서 유사한 점과 차이점을 알 수 있다.

③ 소망–방어체계의 해석: 내담자의 욕구나 소망과 방어체계를 상담자가 해석해 주는 방법이다.

➕ 스나이더(Snyder)가 제시한 반응범주화

- 안내를 수반하는 범주(Lead–taking Category)
- 감정에 대한 비지시적 반응범주(Nondirective Respon–se–to–feeling Category)
- 감정에 대한 준지시적 반응범주(Semidirective Respon–se–to–feeling Category)
- 지시적 상담범주(Directive Counseling)

265 정신역동적 직업상담을 구체화한 Bordin이 제시한 직업상담의 3단계 과정이 아닌 것은?

① 관계설정

② 탐색과 계약설정

③ 핵심결정

④ 변화를 위한 노력

해설 ① 보딘(Bordin)의 직업상담 과정의 가장 큰 특징은 관계형성(관계 설정) 과정이 없는 것이다.

➕ 보딘(Bordin)의 직업상담의 3단계

- 탐색과 계약설정: 상담자는 내담자가 자신의 욕구 및 자신의 정신역동적 상태를 탐색할 수 있도록 돕고 앞으로의 상담전략을 합의한다.
- 비판적(핵심적) 결정단계: 진로에 대한 비판적 결정뿐만이 아니라 선택이 제한된 것들 또는 인성변화를 포괄하는 문제들도 포함한다.
- 변화를 위한 노력단계: 자신이 선택하고자 하는 직업과 관련지어 보아 자신의 성격 특히 욕구, 흥미 등에서 더 많은 변화를 필요로 하는 부분에 대한 변화를 시도하려고 노력해야 한다.

266 다음은 직업상담모형 중 어떤 직업상담에 관한 설명인가?

- 직업선택에 미치는 내적요인의 영향을 강조한다.
- 특성–요인 접근법과 마찬가지로 "사람과 직업을 연결시키는 것"에 기초를 두고 있다.
- 상담과 검사해석의 기법들은 내담자중심 접근을 많이 따르고 있지만 비지시적 및 반영적 태도 외에도 다양한 접근방법들을 포함하고 있다.

① 정신역동적 직업상담   ② 포괄적 직업상담
③ 발달적 직업상담   ④ 행동주의 직업상담

해설 보딘(Bordin)은 정신역동적 직업상담은 특성–요인 접근법과 내담자중심 접근법을 포괄하면서 내담자의 동기유발과 방어기제에 초점을 두는 이론이다. 사람과 직업을 연결시키고, 그와 같은 선택이 이루어지는 과정의 복잡한 개념들을 설명하도록 노력한다. 또한 로(Roe)와 마찬가지로, 초기의 부모–자녀 간의 상호작용이 중요하고 이러한 상호작용의 결과가 나중에 욕구위계에 영향을 미친다고 보았다.
- 포괄적 직업상담: 크라이티스(Crites)의 상담에 대한 견해는 직업상담의 과정에는 진단, 문제분류, 문제 구체화, 문제해결의 단계가 포함되어야 한다. 직업상담의 목적에는 직업선택, 의사결정 기술의 습득, 일반적 적응의 고양 등이 포함된다. 이러한 목적에 도달하기 위해서는 일반적으로 상담기법, 검사해석, 직업정보 등이 직업상담 과정에 포함되어야 한다.

267 진로발달이론 중 인지적 정보처리관점에 해당하는 것은?

① 개인에게 학습기회를 제공함으로써 개인의 처리능력을 발전시킨다.
② 개인의 삶은 외부환경요인, 개인과 신체적 속성 및 외현적 행동 간의 상호작용이다.
③ 인간의 기능은 개인의 가치에 의해 상당부분 영향을 받는다.
④ 인간은 특성과 환경, 성격 등의 요인에 의하여 진로를 발전시킨다.

해설 ② 반두라(Bandura)의 사회인지이론인 3축 호혜성 모델의 설명이다.
③ 브라운(Brown)의 가치중심적 진로접근모형에 대한 설명이다.

268 다음에 해당하는 진로발달이론은?

진로선택은 하나의 문제해결 활동이며, 진로발달은 지식구조의 끊임없는 성장과 변화를 포함한다. 진로상담의 최종목표는 진로문제의 해결자이고 의사 결정자인 내담자의 잠재력을 증진시키는 것이다.

① 사회인지적 진로이론
② 인지적 정보처리적 진로이론
③ 목표중심적 진로이론
④ 자기효능감 중심의 진로이론

해설 ① 사회인지적 진로이론: 개인과 환경 간에 상호작용하는 인과적 영향을 분류하고 개념화하기 위해, 3축 호혜성이라 하는 반두라(Bandura)의 인과적 모형을 기술했다.
③ 목표중심적 진로이론: 로크와 랜덤(Locke & Latham)은 작업상황에서의 일차적 동기는 특정 목표를 성취하려는 욕망으로 설명될 수 있다고 보았다. 직무수행의 효과적인 향상은 목표가 구체적이고 어려우며 수용 가능할 때 더 효과적이라고 했다.
④ 자기효능감 중심의 진로이론: 반두라(Bandura)는 자기효능감을, 어떤 성과를 얻기 위해 필요한 행동들을 조직하고 실행해 낼 수 있는 능력에 대한 개인의 평가로 정의했다.

➕ 인지적 정보처리적 진로이론의 기본 가정
진로개입의 주요 책략들이 개인의 처리능력을 발달시킬 수 있는 학습 기회를 제공할 수 있기 때문에 내담자는 미래의 문제들은 물론 현재 직면하고 있는 진로문제 해결능력을 발달시킬 수 있다.

269 진로발달이론 중 인지적 정보처리 이론의 핵심적인 가정으로 옳지 않은 것은?

① 직업 문제해결 능력은 지식과 마찬가지로 인지적인 기능에 따라 달라진다.
② 직업발달은 지식구조의 지속적인 성장과 변화를 내포한다.
③ 직업 문제해결과 의사결정은 인지적인 과정을 내포하고 있고 정서적인 과정은 포함되지 않는다.
④ 직업 문제해결과 의사결정 기술의 발전은 정보처리 능력을 강화함으로써 이루어진다.

해설 ③ 진로선택은 인지적 정의적 과정들의 상호작용의 결과이며, 진로를 선택한다는 것은 하나의 문제해결 활동이다.

270 인지적 정보처리 이론에서 제시하는 의사결정 과정의 절차를 바르게 나열한 것은?

> ㄱ. 분석단계   ㄴ. 종합단계   ㄷ. 실행단계   ㄹ. 가치평가단계   ㅁ. 의사소통단계

① ㄱ → ㄴ → ㄷ → ㄹ → ㅁ
② ㄴ → ㄹ → ㄱ → ㄷ → ㅁ
③ ㄷ → ㄱ → ㄴ → ㅁ → ㄹ
④ ㅁ → ㄱ → ㄴ → ㄹ → ㄷ

➕ 인지적 정보처리 과정(CASVE)

① 의사소통(Communication): 질문들을 받아들여 부호화하며 송출하여 내담자의 욕구를 분류하는 활동이 요구되는 단계이다.
② 분석(Analysis): 한 개념적 틀 안에서 문제를 찾고 분류하는 활동을 통하여 진로관련문제 요인을 만드는 활동이 이루어진다.
③ 통합(Synthesis) 또는 종합: 일련의 행위를 형성시키는 과정으로 진로관련문제에 적절한 해결대안을 만드는 활동이 이루어진다.
④ 가치부여(Valuing): 승패의 확률에 관해 각각의 행위를 판단하고 다른 사람에게 미칠 여파를 판단하는 과정을 통하여 자신의 가치관을 고려한 보다 중요하다고 여기는 대안을 찾는 단계이다.
⑤ 집행(Execution) 또는 실행: 책략을 통해 계획을 실행시키는 과정으로 목표에 따른 구체적인 수단을 수립하여 실천에 옮기는 단계이다.

271 자기효능감에 영향을 미치는 요인과 가장 거리가 먼 것은?

① 대리경험
② 설득
③ 성취경험
④ 사회경제적 여건

해설 자기효능감은 4가지 종류: 개인적인 수행성취(성취경험), 간접경험(대리경험), 설득, 생리적 상태와 반응의 학습경험을 거쳐서 개발된다.

272 다음 중 규준의 범주에 포함될 수 없는 점수는?

① 표준점수
② Stanine 점수
③ 백분위 점수
④ 표집점수

해설 집단 내 규준은 백분위 점수, 표준점수, 표준등급이 있다.
① 백분위 점수: 개인이 집단에서 차지하는 상대적 위치를 나타낸다.
② 표준점수: 서로 다른 체계로 측정한 점수를 동일한 조건에서 비교하기 위한 개념이다.
③ 표준등급(스탠나인): 원점수를 1에서 9까지의 범주로 나눈 것으로 원점수를 크기 순서에 따라 배열한 후 백분율에 맞추어 표준등급을 매긴다.

273 Bandura가 제시한 것으로, 어떤 과제를 수행하는 데 있어서 자신의 능력에 대한 믿음이 과제 시도의 여부와 과제를 어떻게 수행하는지를 결정한다는 것은?

① 자기통제 이론
② 자기판단 이론
③ 자기개념 이론
④ 자기효능감 이론

해설 ④ 반두라(Bandura)는 사회인지이론에서 자기효능감을 진로에 적용했다.

274 사회인지적 관점의 진로이론(SCCT)의 세 가지 중심적인 변인이 아닌 것은?

① 자기효능감
② 자기 보호
③ 결과 기대
④ 개인적 목표

해설 ② 자기 보호는 진로이론의 중심적인 변인이 아니다.
① 자기효능감: 어떤 성과를 얻기 위해 필요한 행동들을 조직하고, 실행해 낼 수 있는 능력에 대한 개인의 평가이다.
③ 결과 기대 또는 성과 기대(outcome expectation): 개인이 어떤 일의 결과 가능성을 어떻게 평가하는가를 의미한다.
④ 목표(goals): 특정한 활동에 열중하거나 미래에 어떤 결과를 이루겠다는 결심이다.

275 가치중심적 진로접근모형에 관한 설명으로 틀린 것은?

① 개인이 우선권을 부여하는 가치들은 얼마 되지 않는다.
② 가치는 환경 속에서 가치를 담은 정보를 획득함으로써 학습된다.
③ 생애만족은 중요한 모든 가치들을 만족시키는 생애역할들에 의존한다.
④ 생애역할에서의 성공은 개인적 요인보다는 외적 요인들에 의해 주로 결정된다.

해설 ④ 생애역할에서의 성공은 많은 요인들에 의해 결정되는데, 이들 중에는 학습된 기술과 인지적·정의적·신체적 적성도 있다.

276 다음은 어떤 이론에 관한 설명인가?

- 크게는 진로발달이론의 범주에 속한다.
- 자아개념을 진로선택의 중요한 요인으로 본다.
- 한계와 절충이라는 개념을 중시한다.
- 사람이 어떻게 특정 직업에 매력을 느끼게 되는가를 기술한다.

① 사회학습이론　　　② 직업포부발달이론
③ 가치중심적 진로이론　④ 사회인지적 진로이론

해설 ② 고트프레드손(Gottfredson)의 직업포부발달이론에 대한 설명이다.

277 진로발달에서 맥락주의(contextualism)에 관한 설명으로 틀린 것은?

① 행위는 맥락주의의 주요 관심대상이다.
② 개인보다는 환경의 영향을 강조한다.
③ 행위는 인지적·사회적으로 결정되며 일상의 경험을 반영하는 것이다.
④ 진로연구와 진로상담에 대한 맥락상의 행위설명을 확립하기 위하여 고안된 방법이다.

해설 ② 진로발달에서 맥락주의 또는 구성주의는 개인과 환경이 분리될 수 없다고 본다.

278 Cattell이 주장한 결정체적 지능(crystallized intelligence)에 대한 설명으로 옳은 것은?

① 선천적인 지능이다.
② 뇌손상이나 정상적인 노령화에 따라 감소한다.
③ 14세까지는 지속적으로 발달되다가 22세 이후 급격히 감소된다.
④ 개인의 문화적, 교육적 경험에 따라 영향을 받으며 환경에 따라 40세까지 혹은 그 이후에도 발전 가능한 지능이다.

해설 캐텔(Cattell)은 지능을 유동적 지능(①, ②, ③)과 결정적 지능(④)으로 구분하였다.

279 Bandura가 제시한 사회인지이론의 인과적 모형에 해당하지 않는 변인은?

① 외형적 행동　　　② 개인적 기대와 목표
③ 외부환경 요인　　④ 개인과 신체적 속성

해설 사회인지적 진로이론은 개인과 환경 간에 상호작용하는 인과적 영향을 분류하고 개념화하기 위해, 3가지 축 호혜성(triadic reciprocal)이라 하는 반두라(Bandura)의 인과적 모형을 기술한다.

⊕ 반두라(Bandura)의 3가지 축 호혜성 인과적 모형
- 개인과 신체적 속성(개인적 요인)
- 외부 환경(환경적 변수)
- 외형적 행동(행동적 변수)

280 진로선택 사회학습이론에 관한 설명으로 틀린 것은?

① 유전적 요인과 특별한 능력이 진로결정과정에 미치는 영향을 고려하지 않았다.
② 진로선택 결정에 영향을 미치는 삶의 사건들에 관심을 두고 있다.
③ 전체 인생에서 각 개인의 독특한 학습 경험이 진로선택을 이끄는 주요한 영향 요인을 발달시킨다고 보았다.
④ 개인의 신념과 일반화는 사회학습 모형에서 매우 중요하다고 보았다.

해설 ① 진로선택 사회학습이론은 유전적 요인과 특별한 능력이 진로결정과정에 미치는 영향을 고려하였다.

281 크롬볼츠(J. Krumboltz)의 사회학습 진로이론에 관한 설명으로 틀린 것은?

① 도구적 학습경험이란 행동과 결과의 관계를 학습하게 되는 것을 의미한다.

② 과제접근기술이란 개인이 어떤 과제를 성취하기 위해 동원하는 기술이다.

③ 우연히 일어난 일들을 개인의 진로에 긍정적으로 활용하는 것이 중요하다.

④ 개인의 진로선택에 영향을 미치는 요인에서 유전적 재능이나 체력 등의 요소를 간과했다.

해설 ④ 크롬볼츠는 진로선택에 영향을 미치는 요인으로 유전적 요인과 특별한 능력, 환경조건과 사건, 학습경험, 과제접근 기술을 제시했다.

282 사회학습이론에 기반한 진로발달 과정의 요인으로 다음 사례와 밀접하게 관련 있는 것은?

신입사원 A는 직무 매뉴얼을 참고하여 업무수행을 한다. 그러나 이런 방법을 통해 신입사원 때는 좋은 결과를 얻더라도, 승진하여 새로운 업무를 수행할 때는 기존의 업무수행 방법을 수정해야 할지도 모른다.

① 유전적 요인과 특별한 능력

② 직무 적성

③ 학습 경험

④ 과제접근 기술

해설 ④ 과제접근 기술의 사례이며 고등학생 A는 대학생이 되면 고등학교 때와 같은 방법으로 공부하면 좋은 성적을 얻기 어렵기 때문에 공부방식을 수정해야 한다는 예시의 기출문제도 있었다.

283 타이드맨(Tiedman)은 어떤 발달단계를 기초로 진로발달이론을 설명하였는가?

① 피아제의 인지발달이론

② 에릭슨의 심리사회발달이론

③ 콜버그의 도덕발달단계

④ 반두라의 인지사회발달단계

해설 타이드맨(Tiedman)은 에릭슨(Erikson)의 심리사회적 발달단계이론 토대로 개인 심리사회적 위기를 해결하는 과정에 일에 대한 태도와 자아가 발달한다고 보았으며, 자기정체감이 발달하면서 의사결정이 이루어진다고 하였다.

① 피아제(Piaget)는 인간의 인지 발달을 유기체와 환경의 상호작용에 의해 발달하며 그 과정을 4단계로 제시하였다.

② 에릭슨(Erikson)은 인간의 발달단계를 8단계로 나누고 과업의 성취여부를 양극단으로 제시하였다.

③ 도덕발달단계는 콜버그(Kohlberg)가 피아제(Piaget)의 인지발달이론을 도덕성 발달에 적용 시킨 것으로 인간의 도덕성 발달을 3수준 6단계로 제시하였다.

④ 반두라(Bandura)의 사회인지학습에 영향을 주는 요인들을 5단계로 제시하였다.

284 직업발달이란 직업 자아정체감을 형성해 나가는 계속적 과정이라고 간주하는 진로발달이론은?

① Ginzberg의 발달이론

② Super의 발달이론

③ Tiedeman과 O'Hara의 발달이론

④ Tuckman의 발달이론

해설 ③ 타이드만과 오하라(Tiedeman & O'Hara)의 발달이론 설명이다.

① 긴즈버그(Ginzberg)는 진로발달 단계를 환상기 → 잠정기 → 현실기로 설명했다.

② 수퍼(Super)는 진로발달 단계를 성장기 → 탐색기 → 확립기 → 유지기 → 쇠퇴기로 설명했다.

④ 터크만(Tuckman)은 진로발달을 8단계로 구분하고 각 단계에서 수행해야 하는 진로교육 방향을 제시했다.

285 인간이 복잡한 정보에 접근하게 되는 구조에 근거를 둔 이론으로 직업선택결정단계를 전제단계, 계획단계, 인지부조화단계로 구분한 직업결정모형은?

① 타이드만과 오하라(Tiedeman & O'Hara)의 모형

② 힐튼(Hilton)의 모형

③ 브룸(Vroom)의 모형

④ 수(Hsu)의 모형

해설 ② 힐튼(Hilton)의 모형은 인간이 복잡한 정보에 접근하게 되는 구조에 근거를 두고 직업선택 결정단계를 나눈다.

㉮ 선택하기 이전의 주변세계에 대한 조사시기인 전제단계이다.

㉯ 특정직업에서 요구되는 행동을 상상하는 시기인 계획단계이다.

㉰ 자신이 갖고 있는 특성과 반대되는 직업을 갖게 됨으로써 생겨나는 행동을 시험해 보는 시기인 인지부조화 단계이다.

① 타이드만과 오하라(Tiedeman & O'Hara)의 모형: 개인이 일에 직면했을 때, 분화와 통합을 통하여 직업정체감을 형성하는 계속적인 과정 속에서 직업발달이 이루어진다고 보았다.

③ 브룸(Vroom)의 모형: 직업결정 요인을 균형과 기대 그리고 힘의 원리로 설명하였다.

④ 수(Hsu)의 모형: 직업결정자는 선택과 목표 사이의 불균형을 극소화하려고 시도한다는 것으로 설명하였다.

286 직업선택 결정모형을 기술적 직업결정모형과 처방적 직업결정모형으로 분류할 때 기술적 직업결정모형에 해당하지 <u>않는</u> 것은?

① 브룸(Vroom)의 모형
② 플레처(Fletcher)의 모형
③ 겔라트(Gelatt)의 모형
④ 타이드만과 오하라(Tideman & O'Hara)의 모형

해설 ③ 겔라트(Gelatt)는 처방적 결정모형이다.

➕ 진로의사결정이론의 기술적·처방적 결정모형

기술적 결정모형	
타이드만과 오하라	직업자아정체감
힐튼	직업선택 결정단계 구분: 전제단계 → 계획단계 → 인지부조화단계
브룸	직업결정 요인을 균형과 기대 그리고 힘의 원리로 설명
수	직업결정자는 선택과 목표 사이의 불균형을 극소화시키려고 시도
플래처	개념학습에 대한 생각에 근거를 둠
처방적 결정모형	
카츠	가치결정에 근거를 둔 이론을 제안
겔라트	직업선택 의사결정결과보다 그 선택과정을 중시
칼도와 쥐도우스키	직업결정자는 대안에 대해 무제한의 정보를 갖게 됨

287 다음 중 진로 의사결정 모델(이론)에 해당하는 것은?

① Holland의 진로선택이론
② Vroom의 기대이론
③ Super의 발달이론
④ Krumboltz의 사회학습이론

해설 ② 브룸(Vroom)은 기대·유인가 이론(expectancy valence theory)을 제시했다.

• 노력(effort) 대 수행(performance)기대: 노력이 발휘되면 가능성으로 평가되어 기대로 이어지며 그 결과 성공적 수행이 된다.

• 수행(performance) 대 성과(outcome)기대: 노력이 성공적으로 발휘되어야만 가능성으로 평가되어 기대로 이어지며 재정적 보상과 같은 결과를 열망한다.

① 홀랜드(Holland)의 직업선택이론은 개인-환경간 적합성 모형으로 직업선호도 검사를 개발했다.

③ 수퍼(Super)는 발달이론에서 발달단계를 성장기 → 탐색기 → 확립기 → 유지기 → 쇠퇴기로 설명했다.

④ 크롬볼츠(Krumboltz)는 사회학습이론에서 진로발달과정에 영향을 주는 요인으로 유전적 요인과 특별한 능력, 환경조건과 사건, 학습경험, 과제접근기술을 제시했다.

288 직무만족에 관한 2요인 이론의 설명으로 틀린 것은?

① 낮은 수준의 욕구를 만족하지 못하면 직무 불만족이 생기나 그 역은 성립되지 않는다.

② 자아실현에 의해서만 욕구만족이 생기나 자아실현의 실패로 직무 불만족이 생기는 것은 아니다.

③ 동기요인은 높은 수준의 성과를 얻도록 사극하는 요인이다.

④ 위생요인은 직무 불만족을 가져오는 것이며 만족감을 산출할 힘도 갖고 있는 것이다.

➕ 허츠버그(Herzberg)의 2요인 이론

동기요인	직무만족을 산출해내는 요인으로, 일의 내용, 개인적 발전과 향상 등을 포함한다.
위생요인	직무불만족을 가져오는 요인으로, 작업환경의 특징이 포함된다.

289 자신의 직무나 직무경험에 대한 평가로부터 비롯되는 유쾌하거나 정적인 감정 상태는?

① 직무만족   ② 직업적응
③ 작업동기   ④ 직무몰입

해설 ① 직무만족은 직무에 대해 가지고 있는 좋아하는 감정에 관한 것이다.
② 직업적응: 개인이 직업생활에 적응하는 과정을 말한다.
③ 작업동기: 직무상에서 발생되는 행동에 관한 것이다.
④ 직무몰입: 종업원이 직업과 자신을 동일시하고, 직업에 참여하고 자신의 일을 가치있게 여기는 정도를 나타내는 것을 말한다.

290 금전적 보상이 직무동기를 낮출 수도 있다고 설명하는 이론은?

① 기대이론   ② 내적 동기이론
③ 사회학습이론   ④ 목표설정이론

해설 ② 내적 동기이론: 데시(Deci)는 외재적 동기화가 되면 외재적 보상을 원하고, 내재적 동기화가 되면 직무수행에 대한 고유한 즐거움을 원한다고 하였다.
① 기대이론: 브롬(Vroom)은 직무수행하려는 동기적 힘을 설명하며, 미래성과에 대해 갖고 있는 기대와 그 성과에 각각의 가치를 곱한 값의 총계가 함수관계를 이룬다고 보았다.
③ 사회학습이론: 진로선택 과정을 단순화하려는 시도로, 진로선택을 결정하는 데 영향을 미치는 삶의 사건들에 관심을 두었다.
④ 목표설정이론: 로크와 래덤(Locke & Latham)은 작업상황에서의 일차적 동기는 특정 목표를 성취하려는 욕망으로 설명될 수 있다고 보았다. 직무수행의 효과적인 향상은 목표가 구체적이고 어려우며 수용 가능할 때 더 효과적이라고 하였다.

291 직업발달을 탐색 - 구체화 - 선택 - 명료화 - 순응 - 개혁 - 통합의 직업정체감 형성과정으로 설명한 것은?

① Super의 발달이론
② Ginzberg의 발달이론
③ Tiedeman과 O'Hara의 발달이론
④ Gottfredson의 발달이론

해설 ① 수퍼(Super)의 진로발달단계: 성장기 → 탐색기 → 확립기 → 유지기 → 쇠퇴기
② 긴즈버그(Ginzberg)의 진로발달단계: 환상기 → 잠정기 → 현실기
④ 고트프레드손(Gottfredson)의 직업포부발달단계: 힘과 크기 지향성 → 성역할 지향성 → 사회적 가치 지향성 → 내적, 고유한 자아 지향성

292 동기의 강도는 어떤 결과에 부여하는 가치와 특정한 행동이 그 결과를 가져다 줄 것이라고 믿는 것을 곱한 값과 같다고 설명하는 이론은?

① 형평이론   ② 강화이론
③ 욕구이론   ④ 기대이론

해설 ① 형평이론: 아담스(Adams)는 타인과 유사한 자격을 가지고 수행수준이 동일한 직무를 수행하면서도 자신이 타인과 차이 나는 보수를 받았다고 지각하게 되면 불형평성으로 긴장과 불안이 생긴다는 이론을 제시했는데, 이를 형평성 이론 또는 공정성 이론이라 한다.
② 강화이론: 보상 또는 강화가 행동에 어떻게 영향을 주는지 설명한다.
③ 욕구이론: 인간의 동기과정을 이해하기 위하여 개인의 욕구에 기반을 두는 이론으로 대표적으로 매슬로우(Maslow)의 욕구위계이론, 알더퍼(Alderfer)의 ERG이론이 있다.

293 호손(Hawthorne) 연구에 관한 설명으로 틀린 것은?

① 인간이 조직에서 중요한 요소의 하나라는 사실을 강조하였다.
② 개인과 집단의 사회적·심리적 요소가 조직성과에 영향을 미친다는 사실을 인식하였다.
③ 비공식조직이 조직성과에 영향을 미치는 것을 확인하였다.
④ 작업의 과학화, 객관화, 분업화의 중요성을 강조하였다.

해설 ④ 호손(Hawthorne)은 직무수행에서 심리학적 조건(근로자에 대한 관심)이 물리적 조건보다 더 동기부여 한다고 했다.

294 직업지도 시 '직업적응' 단계에서 이루어지는 것이 <u>아닌</u> 것은?

① 직업생활에 적응하기 위하여 노력한다.
② 여러 가지 직업 중에서 장·단점을 비교한다.
③ 직업전환 및 실업위기에 대응하기 위한 자기만의 계획을 갖는다.
④ 은퇴 후의 생애설계를 한다.

[해설] ② 직업선택을 위한 단계에서 이루어지는 것이다.

295 심리검사를 실시하는 목적 내지는 용도와 가장 거리가 <u>먼</u> 것은

① 예측　　　　② 진단
③ 분류　　　　④ 합리화

[해설] 심리검사의 사용 목적: 예측(예언), 진단, 조사적 기능(분류)

296 지능지수(IQ)라는 개념을 처음으로 도입한 심리검사는?

① 비네검사　　　　② 스텐포드-비네검사
③ 다면적 인성검사　　④ 직업흥미검사

[해설] ② 스텐포드 대학의 터만(Terman)이 개발한 스텐포드-비네검사에서 오늘날 우리가 흔히 말하는 지능지수(Intelligence Quotient, IQ)를 본격적으로 사용했다.
③ 다면적 인성검사(MMPI)는 정신과적 진단분류로 사용한다.
④ 직업흥미검사에는 자기탐색검사(SDS), 스트롱 캠벨 흥미검사, 직업선호도검사, 미네소타 직업흥미검사(MVI), 쿠더 직업흥미검사(KOIS)가 있다.

297 구성주의 진로발달 이론의 진로양식면접에서 선호하는 직무와 근로환경을 파악하기 위한 질문으로 가장 적합한 것은?

① 중학교 때나 고등학교 때 좋아하는 교과목이 무엇이었나요?
② 좋아하는 책이나 영화에 대해 이야기해 주세요.
③ 어떤 사람의 삶을 따라서 살고 싶은가요?
④ 좋아하는 명언이나 좌우명이 있나요?

[해설] 구성주의 진로상담에서는 주로 표준화검사 사용이나 검사결과의 해석을 최소화하고, 사례를 통해 구체적인 활용지침을 제공하는데 그 내용 중 진로유형면접과 커리어-오-그램이 있다.

➕ 진로유형 면접에서 사용하는 질문

영역	질문	의미
준비도	• 진로를 만들어 나갈 때 상담사와 만나는 시간을 어떻게 할까요?	• 상담의 출발점을 제시한다.
역할모델	• 성장하면서 가장 존경했던 사람은 누구인가요? • 어떤 사람의 삶을 따라서 살고 싶은가요? • 세 사람의 역할모델을 얘기해 보세요.	• 이상적 자아를 나타낸다. • 질문의 초점은 어떤 점을 존경했는가이다.
잡지·TV	• 정기적으로 구독하는 잡지가 있나요? • 정말 좋아하는 TV프로그램은 무엇인가요? 이유는?	• 개인의 생활양식에 맞는 환경에 대한 선호를 나타낸다.
책·영화	• 좋아하는 책이나 영화에 대해 얘기해 주세요.	• 동일한 문제에 당면해 있는 주인공을 드러내고, 이 주인공이 어떻게 그 문제를 다루어 나가는지를 보여준다.
여가와 취미	• 여가시간을 어떻게 보내고 싶은가요? • 취미는 무엇인가요? • 취미생활의 어떤 점이 좋은가요?	• 자기표현을 다루고 겉으로 드러난 흥미가 무엇인지 나타낸다.
명언	• 좋아하는 명언이나 좌우명 있나요? • 기억하고 있는 명언 있으면 얘기해 주세요.	• 생애사(life story)의 제목을 제공한다.
교과목	• 중고등학교 때 좋아하는 과목이 무엇이었나요? 이유는? • 싫어했던 과목은? 이유는?	• 선호하는 직무와 근로환경을 나타낸다.
생애 초기기억	• 가장 어릴 적 기억은 어떤 것인가요? • 3~6살 때 일어났던 일 중 기억에 남는 일 세 가지를 듣고 싶습니다.	• 무엇에 몰두하여 노력을 기울이고 있는지를 드러낸다.

298 문항분석에서 다음의 P는 무엇인가?

$$P = \frac{R}{N} \times 100$$

단, R: 어떤 문항에 정답을 한 수, N: 총 사례 수

① 문항 난이도 지수　　　② 문항 변별도
③ 오답 능률도　　　　　④ 문항 오답률

 문항 난이도 지수 = $\dfrac{\text{어떤 문항에 정답을 한 수}}{\text{총 사례 수}}$

※ 난이도 지수 설명 예시
• 예 1) 100명 응시한 문제 정답자 수 20명 이면, $\dfrac{20}{100}$=0.2
• 예 2) 100명 응시한 문제 정답자 수 80명일 경우, $\dfrac{80}{100}$=0.8
예 1)의 난이도 지수 0.2, 예 2)의 난이도 지수 0.8로 예 1)이 어려운 문항이고,
예 2)가 난이도 지수가 높다고 표현한다.

➕ 문항분석(item analysis)

어떠한 문항이 좋은지, 그렇지 않은지 알기 위해서 문항 하나하나를 분석하는 과정을 문항분석이라고 한다.

• 문항 난이도(item difficulty): 검사 문항의 쉽고 어려운 정도를 뜻하는 것으로 난이도 지수가 높을수록 쉬운 문항이다.
• 문항 변별도(item discrimination): 그 검사가 측정하고자 하는 행동에 관한 문항이 수검자들을 잘 구별해 주는 정도를 말하는 것이다.
• 오답의 능률도: 피검집단이 문항의 각 답지에 어떻게 반응하고 있는가를 기술하고 그에 더해서 문항 분석을 시도하는 방법이다.

299 심리검사의 문항분석에 대한 설명으로 옳은 것은?

① 문항난이도 분석은 전체의 피검사 수를 답을 맞힌 피검사의 수로 곱한 것이다.
② 문항난이도 지수는 0.00에서 1.00의 범위 내에 있으며, 1.0은 모든 피검자가 답을 맞추기 쉬운 문항을 가리킨다.
③ 문항의 변별도 분석은 하위점수 피검자 수에서 상위점수 피검자 수를 뺀 다음 양 집단의 피검자 수로 나눈 것이다.

④ 문항변별도 분석은 하나의 검사가 단일한 구성개념이나 속성을 평가하고자 하는 목적의 달성 정도를 검토할 때 사용한다.

 ① 문항난이도 지수 = 정답자의 수 ÷ 피검사자의 수
③ 문항변별도는 흔히 문항변별도 지수라 하는 상하부 지수에 따른 변별도와 양분상관계수에 따른 변별도, 사분상관계수에 따른 방법이 있다.
④ 구성 타당도에 대한 설명이다.

300 검사실시에 영향을 미치는 외적 변수들을 최소화하는 것이 목표인 것은?

① 타당화　　　　　　　② 표준화
③ 신뢰화　　　　　　　④ 규준화

 ② 직업심리검사의 표준화는 검사의 실시 및 채점절차의 동일성을 유지하는 데 필요한 세부사항들을 잘 정리하는 것을 말한다.

301 다음 ( )에 알맞은 심리검사 용어는?

( )란 검사의 실시와 채점 절차의 동일성을 유지하는 데 필요한 세부사항들을 잘 정리한 것을 말한다. 즉, 검사재료, 시간제한, 검사순서, 검사장소 등 검사실시의 모든 과정과 응답한 내용을 어떻게 점수화하는가 하는 채점절차를 세부적으로 명시하는 것을 말한다.

① 일반화　　　　　　　② 규준화
③ 표준화　　　　　　　④ 규격화

 ③ 표준화에 대한 설명이다.

302 다음 중 일반적으로 가장 높은 신뢰도 계수를 기대할 수 있는 검사는?

① 표준화된 성취검사　　② 표준화된 지능검사
③ 자기보고식 검사　　　④ 투사식 성격검사

 ② 지능검사가 가장 높은 계수를 기대할 수 있다.

303 직업상담 장면에서 활용 가능한 성격검사에 관한 설명으로 옳은 것은?

① 특정분야에 대한 흥미를 측정한다.
② 어떤 특정분야나 영역의 숙달에 필요한 적응능력을 측정한다.
③ 대개 자기보고식 검사이며, 널리 이용되는 검사는 다면적 인성검사, 성격유형 검사 등이 있다.
④ 비구조적 과제를 제시하고 자유롭게 응답하도록 하여 분석하는 방식으로 웩슬러 검사가 있다.

해설 ① 흥미검사에 대한 설명이다.
② 직업적응검사에 대한 설명이다.
④ 투사검사에 대한 설명이며 대표적으로 주제통각 검사, 로르샤흐 검사가 있고, 웩슬러 검사는 자기보고식 검사이다.

304 다음 중 채점자 간 신뢰도가 가장 높게 나타나는 유형은?

① 에세이 검사
② 사지선다형 검사
③ 투사법
④ 직접행동 관찰법

해설 ② 채점자 간 신뢰도는 한 집단의 검사용지를 두 명의 검사자가 각자 독립적으로 채점하게 하여 찾아내는 것이다. 그러므로 설문지형(사지선다형)의 검사가 채점자 간 신뢰도가 가장 높게 나타난다.
① 에세이 검사는 개인의 생각이나 경험 등을 서술하는 검사 방법으로 검사자의 주관이 개입될 여지가 있다.
③ 투사법에는 로르샤흐검사, 주제통각검사, 문장완성검사 등이 있으며, 내담자의 반응에 대해 검사자의 주관이 개입될 여지가 있다.
④ 직접행동 관찰법은 관찰하는 검사자의 주관이 개입될 여지가 있다.

305 신뢰도 추정에 관한 설명으로 옳지 않은 것은?

① 그 속도검사의 경우 기우양분법으로 반분신뢰도를 추정하면 신뢰도 계수가 과대 추정되는 경향이 있다.
② 신뢰도 추정에 영향을 미치는 요인은 상관계수에 영향을 미치는 요인과 유사하다.
③ 신뢰도 추정에 영향을 미치는 요인 중 가장 중요한 요인은 표본의 동질성이다.
④ 정서반응과 같은 불안정한 심리적 특성의 신뢰도를 정확히 추정하기 위해서는 검사-재검사의 기간을 충분히 두어야 한다.

해설 ① 기우양분법(기우절반법)은 반분방법 중 하나이다. 반분신뢰도는 해당 검사를 문항수가 같도록 반씩 나눠서 개인별로 두 개의 점수를 구해서 두 점수 간의 상관계수를 계산한 것으로 속도검사의 신뢰도계수로는 적당하지 않다.

• 반분방법
  ㉠ 전후절반법: 전체 검사를 문항 순서에 따라 전과 후로 나누는 방법이다.
  ㉡ 기우양분법 또는 기우절반법: 전체 검사를 문항의 번호에 따라 홀수와 짝수로 나누는 방법이다.
  ㉢ 짝진 임의배치법: 전체 검사를 문항의 난이도와 문항과 총점 간의 상관계수를 토대로 나누는 방법이다.
  ㉣ 난수표법: 각 문항을 두 하위 검사에 무선적으로 할당하는 방법이다.
② 동형검사신뢰도에 영향을 미치는 요인은 상관계수에 영향을 미치는 요인과 유사하다.
③ 표본의 동질성 요인은 동형검사신뢰도 추정에 영향을 미친다.

306 투사법 성격검사가 아닌 것은?

① 로샤(Rorschach)검사
② TAT검사
③ 문장완성검사
④ MBTI

해설 ④ MBTI(마이어스-브릭스의 성격유형검사): 칼 융(Carl Jung)의 성격심리학에 기초하여 개발된 강제선택형 자기보고식 검사이다.

307 심리검사는 다양한 기준을 적용하여 분류할 수 있다. 검사의 실시방법에 따른 분류에 해당하지 않는 검사는?

① 규준참조검사와 준거참조검사
② 속도검사와 역량검사
③ 개인검사와 집단검사
④ 지필검사와 수행검사

해설 ①은 사용목적에 따른 분류이다.

➕ 직업심리검사의 분류

구분	검사 종류
실시방식에 다른 분류	속도검사와 역량검사
	개인검사와 집단검사
	지필검사와 수행검사
측정내용에 따른 분류	인지검사와 비인지검사
사용목적에 따른 분류	규준참조검사와 준거참조검사

308 심리검사를 실시할 때 지켜야 할 사항과 가장 거리가 먼 것은?

① 검사의 구두 지시사항을 미리 충분히 숙지한다.
② 지나친 소음과 방해자극이 없는 곳에서 검사를 실시한다.
③ 수검자에 대한 관심과 협조, 격려를 통해 수검자로 하여금 검사를 성실히 하도록 한다.
④ 수검자에게 검사결과를 통보할 때는 일상적인 용어보다 통계적인 숫자나 용어를 중심으로 전달해야 한다.

해설 ④ 일반 수검자들에게 검사결과를 전달할 때는 통계적인 숫자나 용어를 사용하는 것보다는 쉽고 일상적인 용어로 전달해야 한다.

309 심리검사에 관한 설명으로 틀린 것은?

① 대부분의 심리검사는 준거참조검사이다.
② 측정의 오차가 작을수록 신뢰도는 높은 경향이 있다.
③ 검사의 신뢰도가 높으면 타당도도 높게 나타나지만 항상 그런 것은 아니다.
④ 검사가 측정하고자 하는 심리적 구인(구성개념)을 정확하게 측정하는 것은 타당도의 개념이다.

해설 ① 대부분의 심리검사는 규준참조검사이다.

➕ **사용목적에 따른 심리검사의 분류**

규준참조검사	• 심리검사는 대개 규준참조검사이다. • 개인의 점수를 다른 사람들의 점수와 비교해서 상대적으로 어떤 수준인지를 알아보는 것이 주 목적이다.
준거참조검사	• 검사점수를 어떤 기준점수와 비교해서 이용하려는 것이 목적이다. • 당락점수가 정해져 있는 대부분의 국가자격시험은 준거참조검사이다.

310 심리검사에 관한 설명으로 틀린 것은?

① 행동표본을 측정할 수 있다.
② 개인 간 비교가 가능하다.
③ 심리적 속성을 직접적으로 측정한다.
④ 심리평가의 근거자료 중 하나이다.

해설 ③ 개인의 심리적 속성(흥미, 적성, 태도, 가치 등)은 직접적으로 측정하기 어렵다.

311 진로 심리검사 결과 해석에 관한 설명으로 틀린 것은?

① 검사결과는 가능성보다는 확실성의 관점에서 제시되어야 한다.
② 내담자가 검사결과를 잘 이해할 수 있도록 안내하고 격려해야 한다.
③ 검사결과로 나타난 강점과 약점 모두를 객관적으로 검토해야 한다.
④ 검사결과는 내담자가 이용 가능한 다른 정보와 관련하여 제시되어야 한다.

해설 ① 검사결과는 획일적, 절대적인 것이 아니므로 확실성보다는 가능성의 관점에서 제시되어야 한다.

312 심리검사를 선택하고 해석하는 과정에 관한 설명으로 틀린 것은?

① 검사는 진행 중인 상담과정의 한 구성요소로만 보아야 한다.
② 검사는 내담자의 의사결정을 돕기 위한 정보를 얻는 하나의 도구이다.
③ 검사는 내담자와 함께 협조해서 선택하는 것이 좋다.
④ 검사의 결과는 가능한 한 내담자에게 제공해서는 안 된다.

해설 ④ 검사결과와 내담자 정보를 통합하여 내담자가 이해할 수 있는 언어로 설명하고 검사결과는 내담자에게 제공한다.

313 다음 상담 장면에서 나타난 진로상담에 대한 내담자의 잘못된 인식은?

> 내담자: 진로선택에 대해서 도움을 받고자 합니다.
> 상담사: 당신이 현재 생각하고 있는 것부터 이야기 하시지요.
> 내담자: 저는 올바르게 선택하고 싶습니다. 아시겠지만, 저는 실수를 저지르고 싶지 않습니다. 선생님은 제가 틀림없이 올바르게 선택할 수 있도록 도와주실 것으로 생각합니다.

① 진로상담의 정확성에 대한 오해
② 일회성 결정에 대한 편견
③ 적성·심리검사에 대한 과잉신뢰
④ 흥미와 능력개념의 혼동

➕ 진로상담에 대한 오해와 편견
① 진로상담의 정확성에 대한 오해: 상담자가 제공하는 자료나 견해가 내담자의 진로문제를 정확하게 해결할 것이라는 오해이다.
② 일회성 결정에 대한 편견: 한 번의 상담으로 진로결정을 할 것이라는 편견이다.
③ 적성·심리검사에 대한 과잉신뢰: 직업심리검사 결과가 진로문제를 해결하거나 진로결정 할 수 있을 것이라는 과잉신뢰이다.
④ 흥미와 능력개념의 혼동: 직업선택에 흥미와 적성을 혼동하는 경우이다.

314 심리검사의 유형 중 객관적 검사의 장점이 아닌 것은?

① 검사실시의 간편성   ② 객관성의 증대
③ 반응의 풍부함   ④ 높은 신뢰도

해설 ③은 투사검사의 장점이다.

315 어떤 사람의 심리검사 점수기 디른 사람과 비교하여 어느 위치에 있는지 알기 위해서 일반적으로 T점수로 변환하는데, 이러한 T점수의 평균과 표준편차는?

① 평균 0, 표준편차 1
② 평균 50, 표준편차 10
③ 평균 10, 표준편차 5
④ 평균 100, 표준편차 50

해설 ② 표준화점수(T) = 10(편차) × Z(표준점수) + 50(평균)

316 심리검사에서 규준에 대한 설명으로 옳은 것은?

① 한 집단의 특성을 가장 간편하게 표현하기 위한 개념으로 그 집단의 대푯값을 말한다.
② 한 집단의 수치가 얼마나 동질적인지를 표현하기 위한 개념으로 점수들이 그 집단의 평균치로부터 벗어난 평균거리를 말한다.
③ 서로 다른 체계로 측정한 점수들을 동일한 조건에서 비교하기 위한 개념으로 원점수에서 평균을 뺀 후 표준편차로 나눈 값을 말한다.
④ 원점수를 표준화된 집단의 검사점수와 비교하기 위한 개념으로 대표집단의 검사점수 분포도를 작성하여 개인의 점수를 해석하기 위한 것이다.

해설 ④ 규준이란 개인의 점수를 타인의 점수와 비교하기 위해 모집단에서의 상대적 위치를 나타내주는 해석기준이다.
① 평균, ② 표준편차, ③ 표준점수에 대한 설명이다.

317 심리검사에서 사용되는 원점수에 관한 설명으로 틀린 것은?

① 그 자체로는 거의 아무런 정보를 주지 못한다.
② 기준점이 없기 때문에 특정점수의 크기를 표현하기 어렵다.
③ 척도의 종류로 볼 때 등간척도에 불과할 뿐 사실상 서열척도가 아니다.
④ 서로 다른 검사의 결과를 동등하게 비교할 수 없다.

해설 ③ 심리검사에서 사용되는 원점수는 척도의 종류로 볼 때 서열척도에 불과할 뿐 등간척도가 아니다.

➕ 서열척도와 등간척도
• 서열척도: 숫자의 차이가 측정한 속성의 차이에 관한 정보 뿐 아니라 그 순위관계에 대한 정보도 포함하고 있는 척도로, 얻을 수 있는 자료는 중앙값이 있다.
• 등간척도: 속성에 대한 순위를 부여하되 순위 사이의 간격이 동일한 척도로, 얻을 수 있는 자료는 평균값, 표준편차, 상관관계 등이다.

318 다음에 해당하는 규준은?

학교에서 실시하는 성취도검사나 적성검사의 점수를 정해진 범주에 집어넣어 학생들 간의 점수차가 작을 때 생길 수 있는 지나친 확대해석을 미연에 방지할 수 있다.

① 백분위 점수　　　② 표준점수
③ 표준등급　　　　④ 학년규준

해설 표준등급은 원점수를 1에서 9까지의 범주로 나눈 것으로 백분율에 맞추어 표준등급을 매긴 것으로 스탠나인이라고도 한다. 성취도검사, 적성검사에 사용한다.
• 백분위 점수: 개인이 표준화 집단에서 차지하는 상대적 위치를 가리킨다.
• 표준점수(Z): 서로 다른 체계로 측정한 점수들을 동일한 조건에서 비교하기 위한 개념이다.
• 표준화점수(T)=10(편차)×Z(표준점수)+50(평균)
• 학년규준: 성취도검사에서 이용하기 위해 학년별 평균이나 중앙치를 이용해서 규준을 제작하는 방법이다.

319 원점수가 가장 높은 사람부터 낮은 사람까지 순서대로 나열한 것은?

ㄱ. 원점수 65점
ㄴ. 백분위 점수 70점
ㄷ. 표준점수(Z점수) 1점
ㄹ. T점수 75점　　　　※ 평균 50, 표준편차 10

① ㄴ-ㄱ-ㄹ-ㄷ
② ㄴ-ㄷ-ㄱ-ㄹ
③ ㄹ-ㄱ-ㄷ-ㄴ
④ ㄹ-ㄴ-ㄱ-ㄷ

해설 ※ 원점수는 심리검사 결과로 얻은 최초의 점수이지만, 이 문제는 과정상 표준점수(Z)를 구하여 푸는 것이 좋습니다.

ㄱ: $Z = \dfrac{\text{원점수} - \text{평균}}{\text{표준편차}} = \dfrac{65-50}{10} = 1.5$

ㄴ: 백분위 70은 Z점수 1보다 작다.
ㄷ: $Z = 1$
ㄹ: $T = (10 \times Z) + 50$ / $75 = 10Z + 50$ / $75-50 = 10Z$ / Z
　　$= 2.5$
∴ ㄹ(2.5) → ㄱ(1.5) → ㄷ(1) → ㄴ(<1)

320 기초통계치 중 명명척도로 측정된 자료에서는 파악할 수 없고, 서열척도 이상의 척도로 측정된 자료에서만 파악할 수 있는 것은?

① 중앙치　　　　　② 최빈치
③ 표준편차　　　　④ 평균

➕ 척도의 종류
• 명명척도: 숫자의 차이가 측정한 속성이 대상에 따라 그저 다르다는 것만을 나타내고, 척도로 얻을 수 있는 자료는 최빈값, 빈도 등이 있다.
• 서열척도: 숫자의 차이가 측정한 속성의 차이에 관한 정보뿐 아니라 그 순위관계에 대한 정보도 포함하고, 척도로 얻을 수 있는 자료는 중앙값이 있다.
• 등간척도: 속성에 대한 순위를 부여하되 순위 사이의 간격이 동일한 척도로, 얻을 수 있는 자료는 평균값, 표준편차, 상관관계 등이 있다.
• 비율척도: 등간척도처럼 산술적인 계산이 가능하면서 실재적인 의미의 영(零)을 갖춘 척도이다.
• 중앙치 또는 중앙값: 모든 점수를 크기순으로 배열 했을 때 서열상 가장 중앙에 해당하는 점수를 말한다.
• 최빈치: 모든 점수들 중에서 가장 많이 발생한 빈도를 지닌 점수를 말한다.
• 평균치: 한 집단에 속하는 모든 점수의 합을 사례수로 나눈 값을 말한다.

321 지능검사 점수와 학교에서의 성적 간의 상관계수가 0.50일 때, 이에 대한 설명으로 옳은 것은?

① 지능검사를 받은 학생들 중 50%가 높은 학교성적을 받을 것이다.
② 지능검사를 받은 학생들 중 25%가 높은 학교성적을 받을 것이다.
③ 학교에서의 성적에 관한 변량의 25%가 지능검사에 의해 설명될 것이다.
④ 학교에서의 성적에 관한 변량의 50%가 지능검사에 의해 설명될 것이다.

해설 ③ 학교에서의 성적에 관한 변량. 지능검사 점수와 학교에서의 성적 간의 상관계수를 제곱하여 구한다. 0.50의 제곱은 0.250이므로, 학교에서의 성적에 관한 변량의 25%가 지능검사에 의해 설명된다.

➕ 상관계수
두 변인이 서로 일정한 관련성을 갖고 있는 정도를 나타낼 수 있도록 개발된 통계치를 말한다.

322 신뢰도 계수에 관한 설명으로 틀린 것은?

① 신뢰도 계수는 점수 분포의 분산에 의해 영향을 받는다.
② 측정오차가 크면 신뢰도 계수는 작아진다.
③ 수검자들 간의 개인차가 크면 신뢰도 계수는 작아진다.
④ 추측해서 우연히 맞을 수 있는 문항이 많으면 신뢰도 계수가 작아진다.

 ③ 수검자들 간의 개인차가 클수록 신뢰도 계수는 높아질 수 있다.

323 다음 중 동일한 검사를 동일한 피검자 집단에 일정 시간 간격을 두고 두 번 실시하여 얻은 두 검사 점수의 상관계수에 의하여 신뢰도를 측정하는 방법은?

① 동형검사 신뢰도
② 검사 – 재검사 신뢰도
③ 반분검사 신뢰도
④ 문항 내적 일관성 신뢰도

➕ 신뢰도의 종류 및 계수

종류	계수	신뢰도의 계산 방법
검사–재검사	안정성	같은 검사를 동일한 사람에게 서로 다른 시간에 두 번 시행하여 얻은 점수들 간의 상관계수
동형검사	동등성	동일한 수검자에게 첫 번째 시행한 검사와 동등한 유형의 검사를 실시하여 얻은 두 검사점수 간의 상관계수
반분신뢰도	내적합치도	해당 검사를 문항수가 같도록 반씩 나눠서 개인별로 얻은 두 점수 간의 상관계수
문항내적합치도	동질성	반분신뢰도를 구한 다음 그 평균값을 신뢰도로 추정

324 속도검사(speed test)에서 적용해서는 안 되는 신뢰도는?

① 검사 – 재검사 신뢰도   ② 반분신뢰도
③ 동형검사 신뢰도   ④ 채점자 간 신뢰도

해설 ② 반분신뢰도 계수는 속도검사의 신뢰도 계수로는 적당하지 않다.

325 이미 신뢰성이 입증된 유사한 검사점수와의 상관계수로 검증하는 신뢰도는?

① 검사–재검사 신뢰도   ② 동형검사 신뢰도
③ 반분신뢰도   ④ 채점자간 신뢰도

해설 신뢰도는 검사도구를 믿을 수 있는 정도를 말하는 것이다.

326 검사의 신뢰도 중의 하나인 Cronbach's α가 크다는 것이 나타내는 의미는?

① 검사 문항들이 동질적이라는 것을 의미한다.
② 검사의 예언력이 높다는 것을 의미한다.
③ 시간이 흐르더라도 검사 점수가 변하지 않는다는 것을 의미한다.
④ 검사의 채점 과정을 신뢰할 수 있다는 것을 의미한다.

해설 신뢰도란 그 검사 도구를 믿을 만한가?로 대변될 수 있는데 측정의 일관성을 의미한다. 즉, 한 검사가 동일한 피검사자에게 반복 실시 했을 때 또는 동형의 검사를 동일 대상자에게 실시하였을 때 그 점수들이 오차 없이 일관성 있게 나오는 정도를 말하는데 크론바흐 계수(∝)로 표시한다. 1.0 동일한 속성, 0.9 아주 신뢰, 0.6 신뢰

327 다음에 해당하는 계수는?

> 검사문항을 분리하기 위한 다양한 방법이 사용되며, 하나의 검사로 한 번만 검사를 실시하면 되므로 시간과 비용 면에서 적용하기 편리하다는 장점이 있는 반면에 검사의 신뢰도에 의심의 여지가 있다.

① 내적합치도 계수(internal consistency coefficient)
② 동형성 계수(equivalence–form coefficient)
③ 동질성 계수(coefficient of homogeneity)
④ 안정성 계수(coefficient of stability)

 ③ 동질성 계수에 대한 설명이다.

328 검사 – 재검사를 통해 신뢰도를 추정할 경우 충족되어야 할 조건이 아닌 것은?

① 두 검사가 근본적으로 측정하려 하는 영역에서 동일한 내용이 표집되어야 한다.
② 측정내용 자체는 일정 시간이 경과하더라도 변하지 않는다.
③ 점수에 영향을 미치지 않는다는 확신이 있어야 한다.
④ 어떤 학습활동이 두 번째 검사의 점수에 영향을 미치지 않는다.

해설 ① 동형검사 신뢰도에 대한 설명이다. 검사–재검사는 같은 검사를 시간간격을 두고 반복 실시하여 검증하는 방법이다.

329 적성검사에서 높은 점수를 받은 사람들일수록 입사 후 업무수행이 우수한 것으로 나타났다면, 이 검사는 어떠한 타당도가 높은 것인가?

① 구성 타당도(construct validity)
② 내용 타당도(content validity)
③ 예언 타당도(predictive validity)
④ 공인 타당도(concurrent validity)

➕ 타당도 종류

종류		특징
내용 타당도		내용영역 측정, 타당도 계수 산출이 어려움, 전문가에 의해 측정
안면 타당도		'무엇을 재는 것처럼 보이는가?'와 관련됨, 일반인(수험생, 피검사자)에 의해 측정
준거 타당도	예언 (예측)	피검사자의 미래의 행동이나 특성을 정확하게 예언하는 정도
	동시 (공인)	새로운 검사를 제작하였을 경우, 기존 검사와의 유사성 검증
구성(구인) 타당도	요인 분석	서로 상관이 높은 문항들을 묶는 통계적 방법
	수렴	관계있는 변인들과 얼마나 높은 상관관계가 있는지의 정도
	변별	관계없는 변인들과 얼마나 낮은 상관관계가 있는지의 정도

330 타당도에 관한 설명으로 틀린 것은?

① 안면타당도는 전문가가 문항을 읽고 얼마나 타당해 보이는지를 평가하는 방법이다.
② 검사의 신뢰도는 타당도 계수의 크기에 영향을 준다.
③ 구성타당도를 평가하는 방법으로 요인분석 방법이 있다.
④ 예언타당도는 타당도를 구하는데 시간이 많이 걸린다는 단점이 있다.

해설 ① 내용타당도에 대한 설명이다.

331 어떤 검사가 측정하고 있는 것이 이론적으로 관련이 깊은 속성과는 실제로 높은 상관관계를 보이고, 관계가 없는 것과는 낮은 상관관계를 보이는 타당도는 어떤 것인가?

① 준거 관련 타당도
② 동시 타당도
③ 수렴 및 변별 타당도
④ 예언 타당도

해설 ③ 수렴 및 변별 타당도에 대한 설명이다.

332 직업상담사 자격시험 문항 중 대학수학능력을 측정하는 문항이 섞여 있을 경우 가장 문제가 되는 것은?

① 타당도
② 신뢰도
③ 객관도
④ 오답지 매력도

해설 ① 타당도 중 내용타당도의 문제이다.
② 신뢰도: 검사 도구가 측정하고자 하는 것을 일관성 있게 측정하는 정도를 말한다.
③ 객관도: 측정 결과에 대해 검사자 또는 채점자가 얼마나 일치하는 정도를 말한다.
④ 오답지 매력도: 선다형 문항에서 피검사자가 오답지를 선택할 확률을 말한다.

333 내담자의 직무능력을 언어능력과 동작성 능력으로 구분하여 분석하는 대표적인 검사는?

① 비문자형 종합검사(NATB)
② 웩슬러 성인용 지능검사(WAIS-Ⅲ)
③ FQ(Finger-function Quotient)검사
④ 수정베타 검사법(제2판)

해설 ② 웩슬러(Wechsler)의 성인용 지능검사(WAIS-Ⅲ)는 언어성 검사 6개와 동작성 검사 5개로 구성되어 있다.

334 웩슬러(Wechsler) 지능검사의 소검사 중 피검자의 상태에 따라 변동·손상되기 가장 쉬운 검사는?

① 상식
② 산수
③ 공통성
④ 숫자외우기

해설 ④ 언어성 검사인 숫자외우기는 피로, 불안 등 피검사자의 상태에 따라 쉽게 변동될 수 있다.

335 K-WAIS의 동작성 검사에 해당되지 <u>않는</u> 것은?

① 바꿔쓰기
② 토막짜기
③ 공통성 찾기
④ 빠진 곳 찾기

➕ **웩슬러(Wechsler)의 지능검사**
- K-WAIS(Korean-Wechsler Adult Intelligence Scale)는 웩슬러의 한국판 성인용 지능검사이다.
- 언어성 검사(총 6개): 교육수준을 측정하는 검사, 기본지식, 숫자외우기, 어휘문제, 산수문제, 이해문제, 공통성 문제로 이루어진다.
- 동작성 검사(총 5개): 일상에서의 대처능력을 알아보는 검사, 빠진곳찾기, 차례맞추기, 토막짜기, 모양맞추기, 바꿔쓰기로 이루어진다.

336 성인용 웩슬러 지능검사(K-WAIS-Ⅳ)의 처리속도지수에 포함되지 <u>않는</u> 소검사는?

① 동형 찾기
② 퍼즐
③ 기호쓰기
④ 지우기

해설 ② 퍼즐은 지각추론에 포함된다.

➕ **성인용 웩슬러 지능검사(K-WAIS-Ⅳ)**
- 대상: 고등학생부터 성인
- 구성: 소검사 15개-핵심소검사 10, 보충소검사 5개
- 검사의 내용: 언어이해, 지각추론, 작업기억, 처리속도지수
  - 핵심소검사(10개): 공통성, 어휘, 지식, 토막 짜기, 행렬추리, 퍼즐, 숫자, 산수, 동형 찾기, 기호쓰기
  - 보충 소검사(5개): 이해, 무게비교, 빠진 곳 찾기, 순서화, 지우기

구 분	내용	핵심 소검사	보충 소검사
언어이해 (VCI)	어휘력, 언어적개념화 능력, 추상적인 추론 능력 등이 포함된 언어와 관련된 능력	공통성, 어휘, 상식	이해
지각추론 (PRI)	비언어적이고 시공간적인 능력	토막 짜기, 행렬추론, 퍼즐	무게 비교, 빠진 곳 찾기
작업기억 (WMI)	청각적 집중력을 요구하는 기억력	숫자, 산수	순서
처리속도 (PSI)	빠르고 정확한 손동작 능력	동형 찾기, 기호쓰기,	지우기

337 다음에서 설명하고 있는 검사는?

- 미국에서 개발한 검사를 토대로 표준화한 것으로서 여러 특수검사를 포함하고 있다.
- 11개의 지필검사와 4개의 기구검사로 구성되어 있으며, 이들 하위검사들을 조합해서 모두 9개의 적성을 검출해 내도록 되어 있다.

① GATB검사
② MBTI검사
③ 직업선호도검사
④ MMPI검사

해설 ② MBTI(마이어스-브릭스의 성격유형검사): 마이어스와 브릭스가 칼 융(Carl Jung)의 성격심리학에 기초하여 개발했다.
③ 직업선호도검사: 홀랜드(Holland)의 개인-환경 간 적합성 모형에 의한 검사로, 6개의 직업적 성격유형을 측정한다.
④ MMPI(다면적인성검사): 자기보고형 성향검사로, 일차 기능은 정신과적 진단분류이지만 성격검사로도 사용한다.

338 GATB 직업적성검사의 하위검사 중에서 둘 이상의 적성을 검출하는 데 이용되는 검사가 아닌 것은?

① 입체공간검사
② 어휘검사
③ 산수추리검사
④ 기구대조검사

해설 ④ 기구대조검사는 형태지각만을 측정하는 하위검사이다.

➕ GATB 직업적성검사 구성요소
• 15개 하위분야(지필검사 11개, 동작검사 4개)로 9개 분야 적성 측정
• '입체공간검사, 어휘검사, 산수추리검사'는 2가지 영역을 측정

	지능	입체공간검사, 어휘검사, 산수추리검사
지필검사	언어능력	어휘검사
	산수능력	산수추리검사, 계수검사
	사무지각	명칭대조검사
	공간적성	평면도 판단검사, 입체공간검사
	형태지각	기구대조검사, 형태대조검사
	운동반응	타점속도검사, 표식검사, 종선기입검사
동작검사	손가락재치	조립검사, 분해검사
	손재치	환치검사, 회전검사

339 고용노동부에서 실시하는 일반직업적성검사가 측정하는 영역이 아닌 것은?

① 형태지각력
② 공간판단력
③ 상황판단력
④ 언어능력

※ 이 문제는 GATB직업적성검사와 워크넷 성인직업적성검사를 구분 없이 출제한 것으로 보입니다. 직업심리학에 두 검사가 출제되니 모두 공부할 것을 권장합니다.

➕ GATB직업적성검사: 11개의 지필검사와 4개의 동작검사로 구성, 15개의 하위검사로 9개 분야의 적성을 측정하는 검사 ① 지능, ② 언어능력, ③ 산수능력(수리능력), ④ 사무지각, ⑤ 공간적성, ⑥ 형태지각, ⑦ 운동반응, ⑧ 손가락 재치, ⑨ 손재치

➕ 워크넷 성인직업적성검사: 직업선택 시 중요한 능력과 적성을 토대로 적합한 직업을 선택할 수 있도록 도와주기 위한 검사
① 언어력, ② 수리력, ③ 추리력, ④ 공간지각력, ⑤ 사물지각력, ⑥ 상황판단력, ⑦ 기계능력, ⑧ 집중력, ⑨ 색채지각력, ⑩ 문제해결능력, ⑪ 사고유창력

340 직업적성검사인 GATB에서 측정하는 적성요인에 해당하지 않는 것은?

① 기계적성
② 공간적성
③ 사무지각
④ 손의 기교도

➕ GATB직업적성검사
11개의 지필검사와 4개의 동작검사로 구성, 15개의 하위검사로 9개 분야의 적성을 측정하는 검사 ① 지능, ② 언어능력, ③ 산수능력(수리능력), ④ 사무지각, ⑤ 공간적성, ⑥ 형태지각, ⑦ 운동반응, ⑧ 손가락 재치, ⑨ 손재치

341 심리검사의 유형과 그 예를 짝지은 것으로 틀린 것은?

① 직업흥미검사 – VPI
② 직업적성검사 – AGCT
③ 성격검사 – CPI
④ 직업가치검사 – MIQ

해설 ② AGCT(Army General Classification Test)는 군대일반분류검사로 언어, 수리, 공간능력 요인으로 구성되어 있다. 직업적성검사(General Aptitude Test Battery, GATB)는 미국에서 개발한 적성검사로 우리나라에서는 일본의 GATB를 재표준화한 것을 사용하고 있다.
① 직업흥미검사(Vocational Preference Iventory, VPI)는 개인-환경 간 적합성 모형으로 홀랜드에 의해 개발된 직업흥미검사 도구이다.
③ 캘리포니아 심리특성검사(California Psychological Inventory, CPI)는 정상인을 준거집단으로 하여 제작된 성격유형검사 도구이다.
④ 미네소타 중요성질문지(Minnesota Importance Questionnaire, MIQ)는 욕구를 측정하는 검사도구로, 가치는 일 욕구이며 미네소타 중요성질문지에서 사용된다는 직업가치측정검사이다.

342 직업적성검사(GATB)에서 사무지각적성 (clerical perception)을 측정하기 위한 검사는?

① 표식 검사   ② 계수검사

③ 명칭 비교 검사   ④ 평면도 판단검사

해설 GATB는 11개의 지필검사와 4개의 동작성 검사로 구성되어 9개의 적성을 측정한다.
① 표식검사, 타점속도검사, 종선기입검사: 운동반응
② 계수검사, 산수추리검사: 수리능력
④ 평면도 검사, 입체공간검사: 공간적성

343 워크넷에서 제공하는 직업선호도검사 L형의 하위검사가 아닌 것은?

① 흥미검사   ② 성격검사

③ 생활사검사   ④ 구직취약성적응도검사

해설 직업선호도검사 L형의 하위검사: 흥미검사, 성격검사, 생활사검사

➕ 직업선호도 검사

유형	하위검사	내용
S형	직업흥미	현실형(R), 탐구형(I), 예술형(A), 사회형(S), 진취형(E), 관습형(S)
L형	직업흥미	현실형(R), 탐구형(I), 예술형(A), 사회형(S), 진취형(E), 관습형(S)
	직업성격	외향성, 호감성, 성실성, 정서적 불안정성, 경험에 대한 개방성
	생활사검사	대인관계지향, 독립심, 가족친화, 야망, 학업성취, 예술성, 운동선호, 종교성, 직무만족

344 홀랜드(Holland) 이론의 직업환경 유형과 대표직업 간 연결이 틀린 것은?

① 현실형(R) – 목수, 트럭운전사

② 탐구형(I) – 심리학자, 분자공학자

③ 사회형(S) – 정치가, 사업가

④ 관습형(C) – 사무원, 도서관 사서

해설 ③ 사회형(S)–상담사, 복지사, 교사 / 진취형(E)–정치가, 사업가, 영업사원

➕ 홀랜드(Holland)의 직업흥미검사 유형

현실형	기계를 조작하는 활동 및 기술을 선호 예 엔지니어, 농부, 조사연구원, 파일럿
탐구형	연구활동을 선호 예 학자, 연구원, 교수
예술형	틀에 박힌 활동을 싫어하며, 자유롭고 상징적인 활동을 선호 예 작가, 예술가
사회형	타인의 문제를 듣고 이해하며, 돕고 치료해 주는 활동을 선호 예 상담사, 성직자, 바텐더
진취형	타인을 지도, 계획, 통제, 관리하며, 명예와 인정, 권위를 선호 예 정치인, 경영인
관습형	정해진 원칙과 계획에 따라 자료를 기록, 정리, 조작하는 활동을 선호 예 사무, 회계

345 Holland의 인성이론에서 한 개인이 자기 자신의 인성유형과 동일하거나 유사한 환경에서 일하고 생활할 때를 의미하는 개념은?

① 일관성   ② 변별성

③ 정체성   ④ 일치성

해설 ① 일관성 또는 근접성: 육각모형에서 근처에 인접한 유형들끼리의 요약코드로 나타나면 일관성이 있다고 해석한다.
② 변별성 또는 차별성: 개인이나 작업환경을 명확하게 규정할 수 있는 정도를 변별정도라고 한다.
③ 정체성: 정체성은 개인의 목표, 흥미, 재능에 대한 명확하고 견고한 청사진을 말하고, 환경에 있어서 정체성은 조직의 투명성, 안정성, 목표, 일, 보상의 통합이라고 규정된다.

346 성격의 5요인(Big Five)에 해당하지 않는 것은?

① 정서적 안정성   ② 정확성

③ 성실성   ④ 호감성

➕ 직업흥미검사의 성격 5요인

- 외향성: 타인과의 상호작용을 원하고 타인의 관심을 끌고자 하는 정도
- 호감성(친화성): 타인과 편안하고 조화로운 관계를 유지하는 정도
- 성실성: 사회적 규칙, 규범, 원칙들을 기꺼이 지키려는 정도
- 정서적 불안정성(정서적 안정성): 정서적으로 얼마나 안정되어 있고 자신이 세상을 얼마나 통제할 수 있으며, 세상을 위협적이지 않다고 생각하는 정도
- 경험에 대한 개방성: 자기 자신을 둘러싼 세계에 관한 관심, 호기심, 다양한 경험에 대한 추구 및 포용력 정도

347 지능을 맥락적 지능이론, 경험적 지능이론, 성분적 지능이론으로 구성된 것으로 가정 한 지능모형은?

① Jensen의 2수준 지능모형
② Cattell-Horn의 유동성-결정성 지능모형
③ Thurstone의 기본정신능력 모형
④ Sternberg의 삼원지능모형

해설 ④ 스턴버그(Sternberg)는 삼원지능모형에서, 분석적 능력, 경험적 능력, 실용적 능력으로 지능을 구분하였다.
① 젠센(Jensen)은 2수준 지능모형에서, 연합학습 능력인 Ⅰ수준과 개념적 능력인 Ⅱ수준으로 지능을 구분하였다.
② 캐텔(Cattell)은 선천적 지능인 유동적 지능과 학습과 경험을 통해 발달하는 결정적 지능으로 지능을 구분하였다.
③ 써스톤(Thurston)은 요인분석을 통해 스피어만(Speaman)의 일반능력에 해당하는 기본정신능력은 언어력, 추리력, 수리력, 공간력, 지각속도, 언어유창성, 기억력의 7개 요인으로 구성된다고 하였다.

348 직업에 관련된 흥미를 측정하는 직업흥미 검사가 아닌 것은?

① Strong Interest Inventory
② Vocational Preference Inventory
③ Kuder Interest Inventory
④ California Psychological Inventory

해설 ④ 캘리포니아 심리 특성검사(CPI)는 성격유형검사이다.
① 스트롱흥미검사는 일반직업분류(GOT), 기본흥미척도(BIS), 개인특성척도(PSS)를 측정한다.
② 직업선호도검사(VPI)는 홀랜드(Holland)의 직업성격유형이론에 기초한 직업흥미검사이다.
③ 쿠더검사(KII)는 합리적이며 기술적인 직업흥미검사이다.

349 진로나 적성을 측정하는 검사로 적합하지 않은 것은?

① 진로사고검사　　② 자기탐색검사
③ 안전운전검사　　④ 주제통각검사

해설 ④ 주제통각검사(Thematic Apperception Test : TAT): 개인과 환경 간의 관계를 밝히는 검사로 심리적 갈등에 대한 정보를 얻을 수 있다.
① 진로사고검사(Career Thought Inventory; CTI): 개인이 진로에 대한 부정적 생각으로 진로결정을 피하거나 무력감을 느끼게 하는 역기능적 사고를 측정하는 검사이다.
② 자기탐색검사(Self Directed Search; SDS): 홀랜드 직업흥미유형(RIASEC)을 측정하여 개인의 진로유형에 적절한 전공학과나 직업들을 탐색하는 검사이다.

350 Strong 검사에 관한 설명으로 옳은 것은?

① 기본흥미척도(BIS)는 Holland의 6가지 유형을 제공한다.
② Strong 진로탐색검사는 진로성숙도 검사와 직업흥미검사로 구성되어 있다.
③ 업무, 학습, 리더십, 모험심을 알아보는 기본흥미척도(BIS)가 포함되어 있다.
④ 개인특성척도(BSS)는 일반직업분류(GOT)의 하위척도로서 특정흥미분야를 파악하는데 도움이 된다.

해설 ① 일반직업분류(GOT)는 홀랜드의 이론에 기초하여 6개의 분류로 피검사자의 흥미에 대한 정보를 제공해 준다.
③ 기본흥미척도(BIS)는 특정 흥미 분야에 집중하여 가능성 있는 직업 분야를 구체적으로 활용하는데 유용하다.
④ 개인특성척도(PSS)는 업무유형, 학습유형, 리더십유형, 모험심유형에 대해 개인이 선호하고 편안하게 느끼는 것을 측정한다.

351 스트롱-캠벨 흥미검사(SVIB-SCII)에 관한 설명으로 옳지 않은 것은?

① 직업전환에 관심이 있는 사람들에게 활용될 수 있다.
② 207개 직업별 흥미척도가 제시된다.
③ 반응관련 자료 및 특수척도 점수 등과 같은 자료가 제공된다.
④ 사회 경제구조와 직업형태에 적합한 18개 영역의 직업흥미를 분류하여 구성하였다.

해설 ④ 이상호와 변창진의 직업흥미검사에 대한 설명이다.

➕ **스트롱 검사**

- 연령에 따라 총 3종의 검사도구로 스트롱진로발달검사, 스트롱진로탐색검사, 스트롱직업흥미검사로 구성
- 총 325문항은 8개의 부분으로 나누어져 있다.
- 문항구성은 〈직업, 교과목, 활동, 여가활동, 사람유형, 선호하는 활동, 당신의 특성, 선호하는 일〉 8부로 구성되어 있다.

352 2차 세계대전 중에 미국 공군이 개발한 것으로 모든 원점수를 1~9까지의 한자리 숫자체계로 전환한 것은?

① 스테나인 척도   ② 서스톤 척도
③ 서열척도   ④ T점수

해설 ① 스테나인 또는 표준등급에 대한 설명으로 가장 대표적인 것은 적성검사가 있다.
② 서스톤 척도: 어떤 사실에 대하여 가장 우호적인 태도와 가장 비우호적인 태도를 나타내는 양극단을 등간격으로 구분하여 여기에 수치를 부여하는 등간척도이다.
③ 서열척도: 숫자의 차이가 측정한 속성의 차이에 관한 정보뿐 아니라 그 순위관계에 대한 정보도 포함하고 있는 척도이다. 서열척도를 통해 얻을 수 있는 자료는 중앙값이 있다.
④ T점수: T = 10(편차) * Z(표준점수) + 50(평균)
표준점수는 음수값을 가질 뿐 아니라 소수점으로 표현되는 경우가 많기 때문에 표준점수에 상수를 더하거나 곱해서 친숙한 수치들로 변환한다.

353 Holland의 유형학에서 기초한 진로관련 검사는?

① 마이어스-브리그스 유형지표(MBTI)
② 스트롱-켐벨 흥미검사(SCII)
③ 다면적 인성검사(MMPI)
④ 진로개발검사(CDI)

해설 ② 스트롱-켐벨 흥미검사(SCII): 일반직업분류(GOT), 기본흥미척도(BIS), 개인특성척도(PSS), 직업척도(OS)를 측정한다.

① 마이어스-브리그스 유형지표(MBTI): 칼 융(Carl Jung)의 성격심리학에 기초하는 자기보고식 강제선택형 성격검사다.
③ 다면적 인성검사(MMPI): 미네소타 대학에서 정신과 진단을 위해 개발했으나 현재 성격검사로도 사용한다.
④ 진로개발검사(CDI): 수퍼(Super) 등에 의해 진로의사결정 준비도를 측정하기 위해 개발했다.

354 정신건강에 문제가 있는 사람을 측정하고 구별하기 위해 사용하는 검사는?

① MBTI   ② MMPI
③ 16PFI   ④ CPI

해설 ② MMPI(다면적인성검사): 자기보고형 성향검사로, 일차 기능은 정신과적 진단분류이지만 성격검사로도 사용한다.
① MBTI(마이어스-브릭스의 성격유형검사): 마이어스와 브릭스가 칼 융(Carl Jung)의 성격심리학에 기초하여 개발했다.
③ 16PFI(16성격요인검사): 성격특징을 기술하는 형용사를 바탕으로 요인분석하여 개발한 검사이다.
④ CPI(캘리포니아 성격검사): MMPI에서 사용한 논리성에 기초하여, 정상인을 준거집단으로 제작된 검사 중 가장 대표적인 검사이다. 고등학생과 대학생을 대상으로 검사를 실시할 목적으로 만들었다.

355 다음 내용을 다룬 검사는?

• 외향성과 내향성	• 감각과 직관
• 사고와 감정	• 판단과 인식

① GATB   ② VPI
③ CPI   ④ MBTI

해설 ④ MBTI(성격유형검사): 칼 융(Carl Jung)의 성격이론에 기초한 자기보고식검사다.
① GATB(직업적성검사): 미국에서 개발한 적성검사로 우리나라에서는 일본의 GATB를 재표준화한 것을 사용하고 있다.
② VPI(직업선호도검사): 홀랜드(Holland)의 개인-환경 간 적합성 모형에 의한 검사로, 6개의 직업적 흥미유형을 측정한다.
③ CPI(캘리포니아 성격검사): MMPI에서 사용한 논리성을 기초로, 정상인을 준거집단으로 설정하여 제작된 검사 중 가장 대표적이다.
※ 출제 당시 'VPI'는 'VPT'로 표기되었으나 오류로 추정됩니다.

356 MBTI에 관한 설명으로 틀린 것은?

① 개인주의 심리학의 기초를 다진 Adler의 성격유
형론을 근거로 개발되었다.

② 성격의 네 가지 양극차원으로 피검자를 분류한다.

③ 직업적 대안을 창출하고 양립할 수 있는 직업장
면을 찾기 위해 사용된다.

④ 직업 불만족의 원인을 탐색하기 위한 용도로 사
용된다.

해설 ① MBTI는 칼 융(Carl Jung)의 성격심리학에 기초하
여 개발되었으며, 아래의 4가지 지표로 성격유형을 표
시한다.

에너지 방향, 주의집중	외향(E): Extroversion	내향(I): Introversion
인식기능(정보수집)	감각(S): Sensing	직관(N): iNtuition
판단기능(판단, 결정)	사고(T): Thinking	감정(F): Feeling
이행양식, 생활양식	판단(J): Judging	인식(P): Perceiving

357 심리검사에 관한 설명으로 옳은 것은?

① CMI는 태도척도와 능력척도로 구성되며 진로선
택 내용과 과정이 통합적으로 반영되었다.

② MBTI는 외향성·호감성·성실성·정서적 불안
정성·경험 개방성의 5요인으로 구성되어 있다.

③ MMPI에서 한 하위척도의 점수가 70이라는 것은
규준집단에 비추어볼 때 평균보다 한 표준편차
아래인 것을 의미한다.

④ 진로발달검사의 경우 인간이 가진 보편적인 경향
성을 측정하는 것이므로 미국에서 작성된 기존
규준을 우리나라에서 그대로 사용해도 무방하다.

해설 ② 선택지는 직업선호도검사 중 성격 5요인에 대한 설
명이다. MBTI(성격유형검사): 외향-내향, 감각-직관,
사고-감정, 판단-인식의 4가지 양극차원에 따라 성격을 분
류한다.
③ MMPI에서 하위척도의 T점수가 70일 때:
T=(10×Z)+50, 70=(10×Z)+50,
10Z=70-50, Z=2.00이다. Z=2.00이면 정규분포상 약 98%에
해당하므로 매우 높은 수준이다.
④ 우리나라에 맞게 재표준화하여 사용하는 것이 효과적이다.

358 진로성숙도 검사(CMI)의 태도척도 영역과 이를 측정하는 문항의 예가 바르게 짝지어진 것은?

① 결정성 - 나는 선호하는 진로를 자주 바꾸고 있다.

② 독립성 - 나는 졸업할 때까지는 진로선택문제에
별로 신경을 쓰지 않겠다.

③ 타협성 - 일하는 것이 무엇인지에 대해 생각한
바가 거의 없다.

④ 성향 - 나는 하고 싶기는 하나 할 수 없는 일을
생각하느라 시간을 보내곤 한다.

해설 진로성숙검사는 표준화된 진로발달 측정도구로 피검사
자의 진로 선택과 관련된 태도와 능력이 어느 정도 발달
해 있는가를 진단하는 목적으로 개발된 검사이다.

➕ 태도척도의 하위영역

척도	측정 내용	문항의 예
결정성 (decisiveness)	선호하는 진로의 방향에 대한 확신의 정도이다.	나는 선호하는 진로를 자주 바꾸고 있다.
참여도 (involvement) 또는 관여도	진로선택 과정에의 능동적 참여의 정도이다.	나는 졸업할 때까지는 진로 선택문제에 별로 신경을 쓰지 않겠다.
독립성 (independence)	진로선택을 독립적으로 할 수 있는 정도이다.	나는 부모님이 정해 주시는 직업을 선택하겠다.
성향(orientation) 또는 지향성	진로결정에 필요한 사전이해와 준비의 정도이다.	일하는 것이 무엇인지에 대해 생각한 바가 거의 없다.
타협성 (compromise)	진로 선택시에 욕구와 현실을 타협하는 정도이다.	나는 하고 싶기는 하나 할 수 없는 일을 생각하느라 시간을 보내곤 한다.

359 셀리(Selye)가 제시한 스트레스 반응단계(일반적응증후군)를 순서대로 바르게 나열한 것은?

① 소진 - 저항 - 경고

② 저항 - 경고 - 소진

③ 소진 - 경고 - 저항

④ 경고 - 저항 - 소진

해설 셀리(Selye)가 제시한 일반적응증후군(스트레스 반응)의
3단계는 경계(경고)단계 → 저항단계 → 탈진(소진)단계
이다.

360 경력진단검사에 관한 설명으로 틀린 것은?

① 경력결정검사(CDS)는 경력관련 의사결정 실패에 관한 정보를 제공하기 위해 개발되었다.

② 개인직업상황검사(MVS)는 직업적 정체성 형성여부를 파악하기 위한 것이다.

③ 경력개발검사(CDI)는 경력관련 의사결정에 대한 참여 준비도를 측정하기 위한 것이다.

④ 경력태도검사(CBI)는 직업선택에 필요한 정보 및 환경, 개인적인 장애가 무엇인지를 알려준다.

해설 ④ 개인직업상황검사(MVS)의 추가설명이다. 개인직업상황검사는 고등학생 이상 성인용으로 개발되었고, 직업정체성, 직업정보, 장애의 세 하위척도로 이루어져 있다.

➕ 진로신념검사(Career Beliefs Inventory)
크롬볼츠(Krumboltz)에 의해 개발된 검사로 고등학생 이상의 성인 대상으로 자기지각과 세계관의 문제점을 파악할 수 있다.

361 스트레스의 원인 중 역할갈등과 가장 관련이 높은 것은?

① 직무관련 스트레스
② 개인관련 스트레스
③ 조직관련 스트레스
④ 물리적 환경관련 스트레스

➕ 직업관련 스트레스 요인

- 직무관련 스트레스 요인: 과제특성, 역할과부하, 역할갈등, 역할모호성, 의사결정 참여
- 개인관련 스트레스 요인: 성격특성(A유형/B유형)
- 조직관련 스트레스 요인: 조직구조, 조직풍토, 집단응집력, 지도유형
- 물리적 환경관련 스트레스 요인: 소음, 온도, 조명, 공기오염, 사무실 설계, 사회적 밀도

362 다음에 해당하는 직무 및 조직관련 스트레스 요인은?

> 직장 내 요구들 간의 모순 혹은 직장의 요구와 직장 밖 요구 사이의 모순이 있을 때 발생한다.

① 역할 갈등
② 역할 과다
③ 과제 특성
④ 역할 모호성

해설 ② 역할과다: 제한된 시간 내에 많은 양의 업무량을 수행해야 하거나 개인의 역량에 비해 어려운 직무과제를 수행해야 하는 경우에 발생한다.
③ 과제 특성: 지루하게 반복되는 과업수행에서 오는 단조로움은 기계화 및 자동화시대에 살고 있는 오늘날 가장 위험한 스트레스 요인이 될 수 있다.
④ 역할 모호성: 역할을 수행하는데 필요하다고 느끼고 있는 정보를 보유하지 못하거나 전달 받지 못하는 경우에 발생한다.

➕ 역할갈등의 종류

송신자 내 역할갈등	동일한 사람이 한 사람에게 서로 양립할 수 없는 요구를 할 때 발생 예 모순(矛盾): 모든 것을 뚫을 수 있는 창과 모든 것을 막을 수 있는 방패 요구
송신자 간 역할갈등	두 사람 이상이 모순되는 기대행동을 요구할 때 발생 예 부하를 철저히 감독하라는 사장과 자발적으로 일할 수 있는 분위기를 만들어 달라는 부하들의 요구 사이에서 고민하는 팀장
개인 내 역할갈등	개인이 수행하는 직무의 요구와 개인의 가치관이 다를 때 발생
개인 간 역할갈등	직업에서의 요구와 직업 이외의 요구 간의 갈등에서 발생
역할 간 역할갈등	한 역할에 대한 요구사항이 두 번째 역할에 대한 요구사항과 모순될 때 발생

363 탈진(burnout)에 관한 설명으로 옳지 않은 것은?

① 종업원들이 일정 기간 동안 직무를 수행한 후 경험하는 지친 심리적 상태를 의미한다.

② 탈진검사는 정서적 고갈, 인격상실, 개인적 성취감 감소 등의 세 가지 구성요소로 측정한다.

③ 탈진에 대한 연구는 대부분 면접과 관찰을 통해 이루어졌다.

④ 탈진 경험은 다양한 직무 스트레스 요인과 직무 스트레스 반응 변인과 상관이 있다.

해설 ③ 탈진에 대한 연구는 대부분 자기보고식 조사방법을 통해 이루어졌다.

364   개인관련 스트레스 요인 가운데 A유형 행동의 특징과 가장 거리가 먼 것은?

① 경쟁적 성취욕
② 만성적인 흥분상태
③ 반대 의견에 대한 강력한 대처
④ 시간에 쫓김

해설 A유형은 관상동맥 심장질환과 관련이 높고, 짧은 시간 내에 많은 일을 성취하려 하기 때문에 만성적으로 노력한다.

365   A형 성격유형에 대한 설명과 가장 거리가 먼 것은?

① 시간의 절박감과 경쟁적 성취욕이 강하다.
② 관상동맥성 심장병(CHD)에 걸릴 확률이 높다.
③ 비경쟁적 상황에서는 의외로 타인과의 경쟁심이나 적대감이 없다.
④ 직무 스트레스의 주요 원천이다.

해설 ③ A형 성격유형은 비경쟁적 상황에서도 타인과 경쟁하는 것이 특징이다.

366   직무 스트레스에 영향을 주는 요인에 관한 설명과 가장 거리가 먼 것은?

① B 성격유형의 사람들은 A 성격유형의 사람들보다 성취욕구와 포부수준이 더 높기 때문에 일로부터 스트레스를 느낄 가능성이 적다.
② 내적 통제자보다 외적 통제자들은 자신의 삶에서 중요한 사건들이 주로 타인이나 외부에 의해 결정된다고 보기 때문에 스트레스의 영향력을 감소시키려는 노력을 하지 않는 편이다.
③ 스트레스 자체를 없애기는 어렵기 때문에 스트레스의 출처를 예측하는 것이 스트레스를 완화하는 데 중요한 역할을 한다.
④ 사회적 지원은 스트레스의 출처를 약화시키지만 스트레스의 출처로부터 야기된 권태감, 직무 불만족 자체를 감소시키는 것은 아니다.

해설 ① B 성격유형의 사람들보다 A 성격유형의 사람들이 더 많은 스트레스를 경험한다.

367   조직에서의 스트레스를 매개하거나 조절하는 요인들 중 개인 속성이 아닌 것은?

① Type A형과 같은 성격 유형
② 친구나 부모와 같은 주변인의 사회적 지지
③ 상황을 개인이 통제할 수 있느냐에 대한 신념
④ 부정적인 사건들에서 빨리 벗어나는 능력

해설 ② 주변인의 사회적 지지는 상황적 변수이다.

368   조직에 영향을 미치는 직무 스트레스의 결과와 가장 거리가 먼 것은?

① 직무수행 감소   ② 직무 불만족
③ 상사의 부당한 지시   ④ 결근 및 이직

해설 ③ 상사의 부당한 지시는 직무 스트레스의 원인이다.

369   스트레스에 대한 방어적 대처 중 직장상사에게 야단맞은 사람이 부하직원이나 식구들에게 트집을 잡아 화풀이하는 것은?

① 합리화(rationalization)
② 동일시(identification)
③ 보상(compensation)
④ 전위(displacement)

해설 ④ 전위(전치 또는 치환): 충동을 위협적인 대상에서 보다 안전한 대상으로 대체하는 것이다.
① 합리화: 자신의 행동에 그럴듯한 이유를 붙여 자기행동을 정당화하려는 것이다. **예** 여우와 신포도
② 동일시: 자기가 좋아하거나 존경하는 대상과 자기 자신을 같은 것으로 인식하는 것을 말한다. **예** 자녀가 전교 1등이면 내가 1등인 것으로 인식
③ 보상: 어떤 일에 실패했다거나 자신에게 약점이 있을 경우, 이를 극복하기 위해서 다른 특성을 강조하는 것이다. **예** 학력 열등감 있는 사람이 책을 많이 읽는 경우

370 스트레스에 대처하기 위한 포괄적인 노력과 가장 거리가 먼 것은?

① 과정중심적 사고방식에서 목표 지향적 초고속 사고로 전환해야 한다.
② 가치관을 전환해야 한다.
③ 스트레스에 정면으로 도전하는 마음가짐이 있어야 한다.
④ 균형 있는 생활을 해야 한다.

해설 ① 스트레스에 대처하기 위해서는 목표지향적 사고방식에서 과정지향적 사고방식으로 전환해야 한다.

371 개인의 변화를 목표로 하는 이차적 스트레스 관리전략에 해당하지 않는 것은?

① 이완훈련
② 바이오피드백
③ 직무 재설계
④ 스트레스관리 훈련

➕ 스트레스 관리전략

- 1차적 스트레스 관리전략(출처 지향적 관리전략): 스트레스 출처의 수와 강도를 줄이고 예방한다. 스트레스 출처를 제거하는 것이다. 예 직무재설계, 인지적 재구조화
- 2차적 스트레스 관리전략(반응 지향적 관리전략): 스트레스에 대한 개인의 반응을 수정하거나 예방한다. 예 이완 훈련, 바이오 피드백, 스트레스 관리훈련, 신체단련, 영양섭취
- 3차적 스트레스 관리전략(증후 지향적 관리전략): 스트레스로 인해 생긴 부정적 결과에 보다 효율적으로 대처할 수 있는 도움을 받음으로써 최소화한다. 예 종업원 지원프로그램, 의학적 치료

372 직무 스트레스를 조절하는 변인과 가장 거리가 먼 것은?

① 성격 유형
② 역할 모호성
③ 통제 소재
④ 사회적 지원

해설 ② 역할 모호성은 스트레스 유발요인으로 직무관련 스트레스 변인이다.

373 직무 스트레스에 관한 설명으로 옳은 것은?

① 17-OHCS라는 당류부신피질 호르몬은 스트레스의 생리적 지표로서 매우 중요하게 사용된다.
② B형 행동유형이 A형 행동유형보다 높은 스트레스 수준을 유지한다.
③ Yerkes와 Dodson의 U자형 가설은 스트레스 수준이 낮으면 작업능률이 높아진다는 가설이다.
④ 일반적응증후군(GAS)은 저항단계, 경계단계, 소진단계 순으로 진행되면서 사람에게 나쁜 결과를 가져다준다.

해설 ② A성격 유형이 B성격 유형보다 더 높은 스트레스 수준을 유지한다.
③ Yerkes와 Dodson의 역 U자형 가설은 스트레스 수준이 적당하면 작업능률도 최대가 된다고 한다.
④ 일반적응증후군(GAS)은 경계(경고) → 저항 → 탈진(소진) 순으로 진행된다.

374 직무 스트레스에 관한 설명으로 틀린 것은?

① 지루하게 반복되는 과업의 단조로움은 매우 위험한 스트레스 요인이 될 수 있다.
② 복잡한 과제는 정보 과부하를 일으켜 스트레스를 높인다.
③ 공식적이고 구조적인 조직에서 주로 인간관계 변수 때문에 역할갈등이 발생한다.
④ 역할모호성은 개인의 역할이 명확하지 않을 때 발생한다.

해설 ③ 공식적이고 구조적인 조직은 구조적인 문제로 역할갈등이 발생하고, 비공식적인 조직은 인간관계 때문에 역할갈등이 생긴다.

375 승진을 하려면 지방근무를 해야만 하고, 서울근무를 계속하려면 승진기회를 잃는 경우에 겪는 갈등의 유형은?

① 접근–접근 갈등
② 회피–회피 갈등
③ 접근–회피 갈등
④ 이중접근 갈등

➕ **스트레스 유형**

- 접근·접근 갈등: 두 개의 좋은 회사로부터 동시에 취업 제안 받음 → 매력적인 두 가지 대상 중 하나를 선택해야 할 때
- 회피·회피 갈등: 아프지만 병원에 가기 싫음 → 부정적인 두 가지 대상 중 하나를 선택해야 할 때
- 접근·회피 갈등: 승진하려면 지방 근무, 서울 근무하려면 승진 포기 → 긍정적인 목표달성이 부정적인 면도 갖고 있을 때
- 이중접근 갈등: 새 차는 좋지만 비싸고, 중고차는 마음에 안 들지만 가격이 적당함 → 목표 각각이 매력적인 것과 불쾌한 것을 모두 포함하고 있을 때

376 다음에 해당하는 스트레스 관리전략은?

> 예전에는 은행원들이 창구에 줄을 서서 기다리는 고객들에게 가능한 빨리 서비스를 제공하고자 스트레스를 많이 받았었는데, 고객 대기표(번호표) 시스템을 도입한 이후 이러한 스트레스를 많이 줄일 수 있게 되었다.

① 반응지향적 관리전략
② 증후지향적 관리전략
③ 평가지향적 관리전략
④ 출처지향적 관리전략

➕ **스트레스 관리전략**

- 1차적 스트레스 관리전략(출처지향적 관리전략): 스트레스 출처의 수와 강도를 줄이고 예방한다. 스트레스 출처를 제거하는 것이다. 예 직무재설계, 인지적 재구조화
- 2차적 스트레스 관리전략(반응지향적 관리전략): 스트레스에 대한 개인의 반응을 수정하거나 예방한다. 예 이완 훈련, 바이오 피드백, 스트레스 관리훈련, 신체단련, 영양섭취
- 3차적 스트레스 관리전략(증후지향적 관리전략): 스트레스로 인해 생긴 부정적 결과에 보다 효율적으로 대처할 수 있는 도움을 받음으로써 최소화한다. 예 종업원 지원프로그램, 의학적 치료

377 Lazarus의 스트레스 이론에 관한 설명으로 틀린 것은?

① 스트레스 사건 자체보다 지각과 인지과정을 중시하는 이론이다.
② 1차 평가는 사건이 얼마나 위협적인지를 평가하는 것이다.
③ 2차 평가는 자신의 대처능력에 대한 평가이다.
④ 3차 평가는 자신의 스트레스 반응에 대한 평가이다.

➕ **라자루스(Lazarus)의 인지평가의 구분**

- 1차 평가: 자신의 안녕과 관련하여 평가한다.
- 2차 평가: 스트레스 사건에 대한 대처 차원의 평가이다.
- 3차 평가(재평가): 발생한 문제가 해결될 때까지 개인과 환경 사이의 교섭관계에 대한 평가가 반복되는 것이다.

378 스트레스로 인해 나타날 수 있는 신체의 변화로 옳지 않은 것은?

① 호흡과 심장박동이 빨라지고 혈압도 높아진다.
② 부신선과 부신 피질을 자극해 에피네프린(아드레날린)을 생성한다.
③ 부교감 신경계가 활성화되어 각성이 일어난다.
④ 부신피질 호르몬인 코티졸이 분비된다.

[해설] ③ 스트레스는 교감신경계를 자극하여 다양한 신체반응의 변화를 일으키지만 부교감신경계는 일반적으로 스트레스 받은 사람을 이완상태로 회복시키는 역할을 한다.

379 신입사원을 대상으로 부서 배치 후 6개월 이내에 자신이 도달하고 싶은 미래의 모습을 경력목표로 정하고 목표에 도달하기 위한 계획을 작성, 제출하도록 하여 자율적으로 경력목표를 달성할 수 있도록 지원하는 것은?

① 경력워크숍
② 직무순환
③ 사내공모제
④ 조기발탁제

해설 ② 직무순환: 종업원에게 다양한 직무를 경험하게 함으로써 여러 분야의 능력을 개발시키는데 목적이 있다.

③ 사내공모제: 조직에서 자리가 공석이 생길 경우 그 자리를 충원하기 위하여 조직 내의 게시판, 뉴스레터 및 기타 발간물을 통하여 조직 내 모든 종업원에게 알려 주고, 그 자리를 원하는 사람으로부터 지원서를 받은 뒤 적합한 사람을 결정하는 제도를 말한다.

④ 조기발탁제: 잠재력이 높은 종업원을 조기에 발견하고 그들에게 특별한 경력경험을 제공하여 상위직으로의 승진 가능성을 높게 하기 위한 것이다.

380 경력개발 프로그램에서 종업원 평가에 사용하는 방법이 아닌 것은?

① 경력 워크숍
② 평가기관
③ 심리검사
④ 조기발탁제

➕ 조직의 경력개발 프로그램

자기평가 도구	정보 제공	종업원 평가	종업원 개발
경력워크숍	사내공모제	평가센터	훈련프로그램
경력연습책자	기술목록	조기발탁제	후견인프로그램
–	경력자원센터	–	직무순환

381 경력개발을 위한 교육훈련을 실시할 때 가장 먼저 고려해야 하는 사항은?

① 사용 가능한 훈련방법에는 어떤 것들이 있는지에 대한 고찰
② 현시점에서 어떤 훈련이 필요한지에 대한 요구분석
③ 훈련프로그램의 효과를 평가하고 개선할 수 있는 방안을 계획하고 수립
④ 훈련방법에 따른 구체적인 훈련프로그램 개발

해설 경력개발 교육 훈련 실시순서: ② → ① → ③ → ④

382 조직 구성원의 경력개발을 위하여 전문가로부터 개인의 능력, 성격, 기술 등에 관해 종합적인 평가를 받는 프로그램은?

① 평가 기관(assessment center)
② 경력자원 기관(career resource center)
③ 경력 워크숍(career worshop)
④ 경력연습 책자(career workbook)

해설 ② 경력자원기관: 종업원의 경력개발을 위한 다양한 자료를 비치하고 있는 소규모의 도서관 형태를 말한다. 주로 비치하고 있는 자료는 직무기술서, 조직구조 차트, 각종 교육 및 훈련프로그램에 대한 안내서, 경력계획 및 퇴직계획 등에 대한 안내책자 등이다.

③ 경력워크숍: 종업원을 집단으로 모아 놓고 하루에서 길게는 5일간에 걸쳐서 자신의 경력계획을 어떻게 준비하고 실행할 수 있는지에 관해 배워나가는 과정을 의미한다.

④ 경력 연습책자: 일반적으로 개인이 자신의 장단점을 알아내고 경력목표를 명확히 하고, 목표를 달성하기 위한 구체적인 행동계획을 세우는 과제로 구성되어 있다.

383 다음은 어떤 경력개발 프로그램 개발과정에 해당하는가?

> 특정 경력개발 프로그램을 대규모로 적용하기 전에 소규모 집단에 시범적으로 실시하는 과정을 말한다. 프로그램 참여자로부터 프로그램에 대한 평가와 피드백을 받은 후, 그에 대한 대책을 마련하여 개발된 경력개발 프로그램을 본격적으로 정착시키는 데 활용된다.

① 요구조사(need assessment)
② 자문(consulting)
③ 팀-빌딩(team-building)
④ 파일럿연구(pilot study)

해설 ① 요구조사: 경력개발 프로그램 개발과정에서 첫 번째로 행한다.

② 자문: 전문적인 방식에 따라 사람들의 전인격적인 문제를 상담하고 조언하며 해결책을 제시하는 것이다.

③ 팀-빌딩: 팀을 이루어 진행하는 업무나 활동을 성공적으로 이끌기 위해 실시하는 경력개발 프로그램이다.

384 경력개발의 초기단계에서 수행하는 중요과제가 아닌 것은?

① 조직에 적응토록 방향을 설정한다.
② 개인적인 목적과 승진기회의 관점에서 경력계획을 탐색한다.
③ 직업몰입 및 상황을 증진시키기 위해 계속 적응한다.
④ 지위와 책임을 알고 만족스런 수행을 증명해 보인다.

➕ 경력개발 단계별 과제
• 초기: 자신의 경력과 조직을 확고히 한다.
• 중기: 경험에 대한 이해증진, 이동기회의 제공, 직무의 효율적 활용, 지속적인 교육과 훈련, 보상체계를 확대한다.
• 후기: 은퇴시기를 예측하고 효과적 계획을 수립한다.

385 신규 입직자나 직업인을 대상으로 조직문화, 인간관계, 직업예절, 직업의식과 직업관 등에 관한 정보를 제공하고 필요시 직업지도 프로그램에 참여하게 하는 상담은?

① 직업전환 상담   ② 직업적응 상담
③ 구인·구직 상담   ④ 경력개발 상담

해설 ① 직업전환상담은, 내담자가 선택한 직업의 직무를 수행할 능력도 없고, 그 직무를 좋아하지도 않을 때 진행한다.
③ 직업상담사는 기업, 구직자를 상대로 각각 구인·구직상담을 한다.
④ 경력개발상담은 재직자를 대상으로 진행한다.

386 조직 구성원에게 다양한 직무를 경험하게 함으로써 여러 분야의 능력을 개발시키는 경력개발 프로그램은?

① 직무 확충(Job Enrichment)
② 직무 순환(Job Rotation)
③ 직무 확대(Job Enlargement)
④ 직무 재분류(Job Reclassification)

해설 ① 직무확충: 상위직의 직무를 하위직의 직무로 이관하는 방법이다.
③ 직무확대: 종업원이 수행하는 과업의 수를 증가시키는 것으로 개인의 직무를 늘려서 넓게 확대하는 것이다.
④ 직무재분류: 직무의 종류와 중요도에 따라 직무를 재분류하는 것이다.

387 직무분석 자료의 특성과 가장 거리가 먼 것은?

① 최신의 정보를 반영해야 한다.
② 논리적으로 체계화되어야 한다.
③ 진로상담 목적으로만 사용되어야 한다.
④ 가공하지 않은 원상태의 정보이어야 한다.

해설 ③ 직무분석 자료는 다목적성으로 사용되어야 한다.

388 직무분석에 관한 설명으로 옳은 것은?

① 직무 관련 정보를 수집하는 절차이다.
② 직무의 내용과 성질을 고려하여 직무들 간의 상대적 가치를 결정하는 절차이다.
③ 작업자의 직무수행 수준을 평가하는 절차이다.
④ 작업자의 직무기술과 지식을 개선하는 공식적 절차이다.

해설 ② 직무평가에 대한 설명이다.
③ 직무수행평가에 대한 설명이다.
④ 직무분석의 결과물인 직무기술서와 직무명세서를 활용한 교육훈련에 대한 설명이다.

389 작업자 중심 직무분석의 특징과 가장 거리가 먼 것은?

① 표준화된 분석도구의 개발이 어렵다.
② 직무들에서 요구되는 인간특성의 유사정도를 양적으로 비교할 수 있다.
③ 대표적인 예로서 직위분석질문지(PAQ)가 있다.
④ 과제 중심 직무분석에 비해 보다 폭넓게 활용될 수 있다.

해설 ① 표준화된 분석도구의 개발이 용이하다.

390 직무분석에 필요한 직무정보를 얻는 출처와 가장 거리가 먼 것은?

① 직무 현직자
② 현직자의 상사
③ 직무 분석가
④ 과거 직무 수행자

[해설] ④ 과거 직무 수행자는 거리가 멀다.

➕ 정보 출처
• 주제 관련 전문가(현직자, 현직자의 상사)
• 직무분석가
• 고객

391 직위분석질문지(PAQ)에 관한 설명으로 틀린 것은?

① 작업자중심 직무분석의 대표적인 예이다.
② 직무수행에 요구되는 인간의 특성들을 기술하는 데 사용되는 194개의 문항으로 구성되어 있다.
③ 직무수행에 관한 6가지 주요 범주는 정보입력, 정신과정, 작업결과, 타인들과의 관계, 직무맥락, 직무요건 등이다.
④ 비표준화된 분석도구이다.

[해설] ④ PAQ(직위분석설문지 또는 직책분석설문지)는 직무명세서에 기초한 조사지이며, 표준화된 분석도구이다.

392 종업원이 직무에서 매우 성공적으로 수행한 경우나 실패한 경우들에 대한 자료를 수집한 후 그 사건들의 구체적인 행동을 알아내고, 이 행동으로부터 지식, 기술, 능력을 수집하는 직무분석 방법은?

① 중요사건 기법(critical incident technique)
② 기능적 직무분석(functional job analysis)
③ 직책분석 설문지(position analysis questionnaire)
④ 주제관련전문가(subject matter expert) 직무분석

[해설] ② 기능적 직무분석(functional job analysis)은 직무중심 분석으로, 하는 일을 세세하게 분석한다.
③ 직위분석 또는 직책분석 설문지(position analysis questionnaire)는 작업자중심분석으로 작업자의 지식, 기술, 능력 등을 분석한다.

393 직무분석 정보를 수집하는 기법 중 다음과 같은 장점을 지닌 것은?

> • 효율적이고 비용이 적게 든다.
> • 동일한 직무의 재직자 간의 차이를 보여준다.
> • 공통적인 직무 차원상에서 상이한 직무들을 비교하기가 쉽다.

① 관찰법
② 면접법
③ 설문지법
④ 작업일지법

[해설] 직무분석은 직무를 구성하는 내용 및 직무수행을 위해 요구되는 조건들을 조직적으로 밝히는 과정으로 '직무분석'이라는 용어는 제1차 세계대전 중 미군의 인사분류위원회에서 가장 먼저 사용한 것으로 전해진다.

➕ 직무분석 방법
• 최초분석법: 분석할 대상 직업에 관한 참고 문헌이나 자료가 드물고, 그 분야에 많은 경험과 지식을 갖춘 사람이 거의 없을 때에 직접 작업 현장을 방문하여 분석하는 방법이다.
  ㉠ 면담법: 특정 직무에 대한 많은 지식과 숙련된 기능을 가지고 있는 사람을 직접 만나서 면담을 하면서 분석하는 방법이다.
  ㉡ 관찰법: 분석자가 직접 작업자의 곁에 서서 직무 활동의 실제를 상세하게 관찰하고 그 결과를 기술하는 방법이다.
  ㉢ 체험법: 분석자 자신이 직접 직무활동에 참여하여 체험함으로써 생생한 직무자료를 얻는 방법이다.
  ㉣ 설문법: 현장의 작업자 또는 감독자에게 설문지를 배부하여 이들에게 직무의 내용을 기술하게 하는 방법이다.
• 비교확인법: 지금까지 개발된 자료를 수집하고 분석하여 직무분석 양식에 초안을 작성한 다음 최초 분석법으로 확인하는 방법이다.
• 데이컴법(DACUM method): 교과과정을 개발하는데 활용되어 온 직무분석 기법으로 교육목표와 교육내용을 비교적 단시간 내에 추출하는데 효과적이다. 8-12명의 분석협조자(panel member)로 구성된 데이컴 위원회를 중심으로 이루어신나.
• 브레인 스토밍(Brainstorming): 창의적인 아이디어를 생산하기 위한 학습 도구이자 회의 기법이다. 3인 이상의 사람이 모여서, 하나의 주제에 대해서 자유롭게 논의를 전개한다.
• 작업일지법: 직무분석가가 작업자에게 작업일지에게 자신들이 수행하는 활동을 기록하도록 요구하는 것이다.

394 직무분석을 실시할 때 분석할 대상 직업에 대한 자료가 부족하여 실시하는 최초분석법의 분석방법이 아닌 것은?

① 면담법　　　　　② 체험법
③ 비교확인법　　　④ 설문법

➕ 직무분석의 방법
- 최초분석법: 면담법(면접법), 관찰법, 체험법, 설문지법, 녹화법
- 비교확인법: 기존 자료를 수집·분석하여 초안을 작성한 후 현장에서 최초분석법으로 확인하는 방법
- 데이컴법: 교과과정 개발에 활용, 전문가 8~12명에 의해 분석

395 과업지향적 직무분석방법 중 기능적 직무분석의 세 가지 차원이 아닌 것은?

① 기술(skill)　　　②자료(data)
③ 사람(people)　　④ 사물(thing)

해설 기능적 직무분석(Functional Job Analysis: FJA)은 관찰과 면접으로 직무담당자가 실제 작업하는 것을 모든 직무에 존재하는 3가지의 일반적 기능정보로 자료, 사람, 사물에 대한 작업기능을 코드를 부여하여 정리한 것이다.

396 다음의 특성을 가진 직무분석 기법은?

- 미국 퍼듀대학교의 메코믹 (McComick)이 개발했다.
- 행동중심적 직무분석기법(behavior-oriented job analysis method)이다.
- 6가지의 범주 및 187개 항목으로 구성되었다.
- 개별 직무에 대해 풍부한 정보를 획득할 수 있는 장점이 있으나, 성과 표준을 직접 산출하는데는 무리가 따른다는 단점을 지니고 있다.

① CD 직무과제분석 (JTA)
② 기능적 직무분석(FJA)
③ 직위 분석 질문지(PAQ)
④ 관리직 기술 질문지 (MPDQ)

해설 ③ 직위분석질문지: 직무의 수행에 요구되는 인간의 특성을 기술하는 데 사용되는 지식, 기술, 능력, 경험 등과 같은 작업자의 개인적 요건에 의해 직무를 분석한다. 직무명세서와 관련 있다.
① CD 직무과제분석(JTA): 경력개발을 위한 직무과제분석을 말한다.
② 기능적 직무분석: 관찰과 면접을 통하여 직무기술서를 작성하고, 모든 직무에 존재하는 기능정보로 자료, 사람, 사물에 대한 작업기능을 코드를 부여하여 정리한다.
④ 관리직위기술질문지: 책임, 관계, 제약, 요구, 활동 등 관리직무를 객관적으로 기술하기 위한 직무분석법이다. 다양한 직능, 직급, 회사에 걸쳐 시험된 208개 항목으로 구성되었다.

397 직무분석의 방법과 가장 거리가 먼 것은?

① 요소비교법　　　② 면접법
③ 중요사건법　　　④ 질문지법

해설 ① 요소비교법은 직무평가 방법 중 하나이다.

➕ 직무분석의 방법
- 최초분석법: 면담법(면접법), 관찰법, 체험법, 설문지법, 녹화법
- 비교확인법: 기존 자료를 수집·분석하여 초안을 작성한 후 현장에서 최초분석법으로 확인하는 방법
- 데이컴법: 교과과정 개발에 활용, 전문가 8~12명에 의해 분석

398 직무분석을 위한 자료수집 방법에 대한 설명으로 틀린 것은?

① 관찰법은 직무의 시작에서 종료까지 많은 시간이 소요되는 직무에는 적용이 곤란하다.
② 면접법은 자료의 수집에 많은 시간과 노력이 들고, 수량화된 정보를 얻는 데 적합하지 않다.
③ 설문지법은 관찰법이나 면접법과는 달리 양적인 정보를 얻는 데 적합하며 많은 사람들로부터 짧은 시간 내에 정보를 얻을 수 있다.
④ 중요사건법은 일상적인 수행에 관한 정보를 수집하므로 해당 직무에 대한 포괄적인 정보를 얻을 수 있다.

해설 ④ 중요사건법은 종업원들이 직무에서 결정적으로 잘한 사건이나 결정적으로 실수를 범한 사건들을 수집한 후, 그러한 사건들에서 있었던 구체적인 행동들을 알아내어 그 행동들로부터 직무에서 요구되는 지식, 기술, 능력 등의 인적 요건들을 추론한다.

399 직무분석 결과의 용도와 가장 거리가 먼 것은?

① 인사선발

② 교육 및 훈련

③ 동료다면평가

④ 직무평가

해설 ③ 동료다면평가는 직무수행 평가의 방법이다.

➕ 직무분석 결과의 용도

• 모집 및 선발
• 교육 및 훈련
• 직무수행평가
• 직무평가
• 임금관리
• 배치 및 정원관리
• 안전관리 및 작업조건 개선

400 다운사이징(downsizing)과 조직구조의 수평화로 대변하는 최근의 조직변화에 적합한 종업원 경력개발 프로그램에 관한 설명으로 가장 거리가 먼 것은?

① 직무를 통해서 다양한 능력을 본인 스스로 학습할 수 있도록 많은 프로젝트에 참여시킨다.

② 표준화된 작업규칙, 고정된 작업시간, 엄격한 직무기술을 강화한 학습 프로그램에 참여 시킨다.

③ 불가피하게 퇴직한 사람들을 위한 퇴직자 관리 프로그램을 운영한다.

④ 새로운 직무를 수행하는데 요구되는 능력 및 지식과 관련된 재교육을 실시한다.

해설 ② 표준화된 방식에서 다양화로 변화되고 있다.

➕ 다운사이징 시대의 특징

• 고용형태의 다양화
• 제품의 수명이 짧아져 평생교육 체계로 운영
• 수평구조 및 작업환경의 다양화
• 경력개발 기회 다양화

※ 고생하셨습니다. 반복학습한 횟수를 기록하여 자신의 학습량을 체크하세요!

Self check

기간	일	일	일	일	일
횟수	1 회	2 회	3 회	4 회	5 회

401 직업정보를 사용하는 목적과 가장 거리가 먼 것은?

① 직업정보를 통해 근로생애를 설계할 수 있다.
② 직업정보를 통해 전에 알지 못했던 직업세계와 직업비전에 대해 인식할 수 있다.
③ 직업정보를 통해 과거의 직업탐색, 은퇴 후 취미 활동 등에 필요한 정보를 얻을 수 있다.
④ 직업정보를 통해 일을 하려는 동기를 부여받을 수 있다.

해설 ③ 직업정보는 취미활동에 필요한 정보를 얻기 위한 것이 아니다.

402 직업정보의 수집방법 중 기존 자료에 의한 수집방법이 아닌 것은?

① 각종 통계조사, 업무통계
② 신문 등 보도기사
③ 구직표·구인표
④ 직업안정기관 이용자로부터의 수집

해설 ④ 기존 자료는 이미 완성된 자료를 의미하는데, 직업안 정기관 이용자로부터 얻는 자료는 기존 자료가 아니다.

403 직업상담시 제공하는 직업정보의 기능과 역할에 대한 설명으로 틀린 것은?

① 여러 가지 직업적 대안들의 정보를 제공한다.
② 내담자의 흥미, 적성, 가치 등을 파악하는 것이 직업정보의 주기능이다.
③ 경험이 부족한 내담자에게 다양한 직업들을 간접적으로 접할 기회를 제공한다.
④ 내담자가 자신의 선택이 현실에 비추어 부적당한 선택이었는지를 점검하고 재조정해 볼 수 있는 기초를 제공한다.

해설 ②는 직업심리검사 기능이다.

404 직업정보로서 갖추어야 할 요건에 대한 설명으로 틀린 것은?

① 직업정보는 객관성이 담보되어야 한다.
② 직업정보 활용의 효율성 측면에서 이용 대상자의 진로발달단계나 수준, 이용 목적에 적합한 직업정보를 개발하여 제공되는 것이 바람직하다.
③ 우연히 획득되거나 출처가 불명확한 직업정보라도 내용이 풍부하다면 직업정보로서 가치가 있다고 판단한다.
④ 직업정보는 개발년도를 명시하여 부적절한 과거의 직업세계나 노동시장 정보가 구직자나 청소년에게 제공되지 않도록 하는 것이 바람직하다.

해설 ③ 직업정보는 계획적으로 수집해야 하고, 출처와 수집일 자를 반드시 기록해야 한다. 우연히 획득된 것은 직업정 보가 아니다.

405 직업정보 수집·제공 시 고려해야 할 사항과 거리가 먼 것은?

① 명확한 목표를 가지고 계획적으로 수집한다.
② 최신의 자료를 수집한다.
③ 자료를 수집할 때 자료출처와 일자를 기록한다.
④ 직업정보는 전문성이 있으므로 전문용어를 사용하여 제공한다.

해설 ④ 직업정보는 분석은 전문가에 의해 이루어져야 하지만 직업정보 가공은 이용자 수준에 준한다.

406 Brayfield가 제시한 직업정보의 기능에 해당하지 않는 것은?

① 정보적 기능   ② 재조정 기능
③ 동기화 기능   ④ 결정화 기능

해설 ④ 결정화 기능은 직업정보의 기능에 해당하지 않는다.

➕ 브레이필드(Brayfield)가 제시한 직업정보의 기능

- 정보적 기능: 직업정보 제공으로 이미 선택한 바를 확인시켜 주거나 내담자의 직업선택에 대하여 지식을 증가시킨다.
- 재조정 기능: 내담자가 현실에 비추어 부적당한 선택을 했을 때 이를 점검하는 기초를 마련한다.
- 동기화 기능: 내담자가 진로의사결정에 적극적으로 참여하도록 동기부여 한다.

407 직업정보에 대한 설명으로 틀린 것은?

① 직업정보는 경험이 부족한 내담자들에게 다양한 직업을 접할 수 있는 기회를 제공한다.
② 직업정보는 수집 → 체계화 → 분석 → 가공 → 제공 → 축적 → 평가 등의 단계를 거쳐 처리된다.
③ 직업정보를 수집할 때는 항상 최신의 자료인지 확인한다.
④ 동일한 정보라 할지라도 다각적인 분석을 시도하여 해석을 풍부하게 한다.

해설 ② 직업정보는 수집 → 분석 → 가공 → 체계화 → 제공 → 축적 → 평가의 단계이다.

408 직업정보관리에 관한 설명으로 틀린 것은?

① 직업정보의 범위는 개인, 직업, 미래에 대한 정보 등으로 구성되어 있다.
② 직업정보원은 정부부처, 정부투자출연기관, 단체 및 협회, 연구소, 기업과 개인 등이 있다.
③ 직업정보 가공 시 전문적인 지식이 없어도 이해할 수 있도록 가급적 평이한 언어로 제공하여야 한다.
④ 개인의 정보는 보호되어야 하기 때문에 구직 시 연령, 학력 및 경력 등의 취업과 관련된 정보는 제한적으로 제공되어야 한다.

해설 ④ 구직자 개인의 정보는 보호되어야 하지만 취업과 관련된 정보는 제공한다.

409 직업정보의 처리에 대한 설명으로 틀린 것은?

① 직업정보는 전문가가 분석해야 한다.
② 직업정보 제공 시에는 이용자의 수준에 맞게 한다.
③ 직업정보 수집 시에는 명확한 목표를 세운다.
④ 직업정보 제공 시에는 직업의 장점만을 최대한 부각해서 제공한다.

해설 ④ 직업정보는 장단점 편견 없이 객관적 입장에서 제공한다.

410 직업정보를 가공할 때 유의해야 할 사항으로 틀린 것은?

① 시청각적 효과를 첨가한다.
② 직업에 대한 장·단점을 편견 없이 제공한다.
③ 가장 최신의 자료를 활용하되, 표준화된 정보를 활용한다.
④ 직업은 전문적인 것이므로 가능하면 전문적인 용어를 사용하여 가공한다.

해설 ④ 전문적인 지식이 없어도 이해할 수 있는 언어로 가공하되, 이용자의 수준에 준한다.

411 질문지를 사용한 조사를 통해 직업정보를 수집하고자 한다. 질문지 문항 작성방법에 대한 설명으로 틀린 것은?

① 객관식 문항의 응답 항목은 상호배타적이어야 한다.
② 응답하기 쉬운 문항일수록 설문지의 앞에 배치하는 것이 좋다.
③ 신뢰도 측정을 위해 짝(pair)으로 된 문항들은 함께 배치하는 것이 좋다.
④ 이중(double-barreled) 질문과 유도질문은 피하는 것이 좋다.

해설 ③ 신뢰도 측정을 위해 짝(pair)으로 된 문항들은 분리하여 배치한다.

412 직업정보 조사를 위한 설문지 작성법과 거리가 가장 먼 것은?

① 이중질문을 피한다.
② 조사주제와 직접 관련이 없는 문항은 줄인다.
③ 응답률을 높이기 위해 민감한 질문은 앞에 배치한다.
④ 응답의 고정반응을 피하도록 질문형식을 다양화한다.

해설 ③ 일반적인 질문은 앞에, 민감한 질문은 뒤에 배치한다.

413 직업정보 수집방법으로서 면접법에 관한 설명으로 가장 적합하지 않은 것은?

① 표준화 면접은 비표준화 면접보다 타당도가 높다.
② 면접법은 질문지법보다 응답범주의 표준화가 어렵다.
③ 면접법은 질문지법보다 제 3자의 영향을 배제할 수 있다.
④ 표준화 면접에는 개방형 및 폐쇄형 질문을 모두 사용할 수 있다.

해설 ① 표준화된 면접은 비표준화 면접보다 신뢰도가 높다.

414 질문지를 활용한 면접조사를 통해 직업정보를 수집할 때, 면접자가 지켜야 할 일반적 원칙으로 틀린 것은?

① 질문지를 숙지하고 있어야 한다.
② 응답자와 친숙한 분위기를 형성해야 한다.
③ 개방형 질문인 경우에는 응답 내용을 해석·요약하여 기록해야 한다.
④ 면접자는 응답자가 이질감을 느끼지 않도록 복장이나 언어사용에 유의해야 한다.

해설 ③ 피면접자의 응답 내용을 해석·요약하지 않고 모두 기록해야 한다.

415 내용분석법을 통해 직업정보를 수집할 때의 장점이 아닌 것은?

① 정보제공자의 반응성이 높다.
② 장기간의 종단연구가 가능하다.
③ 필요한 경우 재조사가 가능하다.
④ 역사연구 등 소급조사가 가능하다.

해설 ① 내용분석법은 신문, 책 등의 자료를 이용해 분석하는 방법으로 정보제공자의 반응을 확인하기가 쉽지 않다.

416 직업정보 수집을 위한 서베이 조사에 관한 설명으로 틀린 것은?

① 면접조사는 우편조사에 비해 비언어적 행위의 관찰이 가능하다.
② 일반적으로 전화조사는 면접조사에 비해 면접시간이 길다.
③ 질문의 순서는 응답률에 영향을 줄 수 있다.
④ 폐쇄형 질문의 응답범주는 상호배타적이어야 한다.

해설 서베이 조사방법은 설문지, 면접, 전화 등을 이용하여 일정한 시점에 다수의 조사대상자로부터 직접 자료를 수집하는 것이다. 우편조사와 면접조사하는 방법을 가장 많이 사용한다.
② 전화조사에 비해 직접 대면하는 조사가 소요되는 시간이 더 길다.

417 서울시 마포구 주민 중 일부를 사전에 조사대상으로 선정하고, 이들을 대상으로 6개월 혹은 1년 단위로 고용현황 등 직업정보를 반복하여 수집하는 조사방법은?

① 코호트조사   ② 횡단조사
③ 패널조사   ④ 사례조사

해설 ① 코호트 조사: 특정 사건을 경험한 사람들을 조사하는 방법이다.
② 횡단조사: 일정시점의 특성을 파악하는 조사이다.
④ 사례조사: 전체 중 일부를 표본으로 조사하는 방법이다.

418 민간직업정보와 비교한 공공직업정보의 특성에 관한 설명과 가장 거리가 먼 것은?

① 필요한 시기에 최대한 활용되도록 한시적으로 신속하게 생산 및 운영된다.

② 광범위한 이용 가능성에 따라 공공직업정보체계에 대한 직접적이며 객관적인 평가가 가능하다.

③ 특정 분야 및 대상에 국한되지 않고 전체 산업 및 업종에 걸친 직종 등을 대상으로 한다.

④ 직업별로 특정한 정보만을 강조하지 않고 보편적인 항목으로 이루어진 기초적인 직업정보체계로 구성되어 있다.

해설 ①은 민간직업정보의 특성이다.

419 공공직업정보의 일반적인 특성을 모두 고른 것은?

> ㄱ. 필요한 시기에 최대한 활용되도록 한시적으로 신속하게 생산되어 운영한다.
> ㄴ. 특정분야 및 대상에 국한하지 않고 전체 산업 및 업종에 걸친 직종을 대상으로 한다.
> ㄷ. 특정시기에 국한하지 않고 지속적으로 조사·분석하여 제공된다.
> ㄹ. 관련 직업정보 간의 비교·활용이 용이하다.

① ㄱ, ㄴ, ㄷ   ② ㄱ, ㄴ, ㄹ

③ ㄱ, ㄷ, ㄹ   ④ ㄴ, ㄷ, ㄹ

해설 ㄱ은 민간직업정보의 특성이다.

420 민간직업정보의 일반적인 특징과 가장 거리가 먼 것은?

① 한시적으로 정보가 수집 및 가공되어 제공된다.

② 객관적인 기준을 가지고 전체 직업에 관한 일반적인 정보를 제공한다.

③ 직업정보 제공자의 특정한 목적에 따라 직업을 분류한다.

④ 통상적으로 직업정보를 유료로 제공한다.

해설 ②는 공공직업정보의 특징이다. 민간직업정보는 생산자 임의기준이다.

421 직업정보를 제공하는 유형별 방식의 설명이다. (   )에 알맞은 것은?

종류	비용	학습자 참여도	접근성
인쇄물	(A)	수동	용이
면접	저	(B)	제한적
직업경험	고	적극	(C)

① A : 고, B : 적극, C : 용이

② A : 고, B : 수동, C : 제한적

③ A : 저, B : 적극, C : 제한적

④ A : 저, B : 수동, C : 용이

해설 인쇄물은 제작비용이 적게 들고, 면접은 학습자가 직접 질문하기 때문에 참여도가 적극적이고, 직업경험은 접근성이 제한적이다.

422 직업정보 제공과 관련된 인터넷사이트 연결이 틀린 것은?

① 직업훈련정보: HRD-Net(hrd.go.kr)

② 자격정보: Q-Net(Q-net.or.kr)

③ 외국인고용관리정보: EI넷(Ei.go.kr)

④ 해외취업정보: 월드잡플러스(Worldjob.or.kr)

해설 ③ 외국인고용관리 시스템(고용허가제, 외국인 근로자 취업, 고용절차 안내): eps.go.kr, 고용보험정보: ei.go.kr

423 다음은 직업정보 수집을 위한 자료수집방법을 비교한 표이다. ( )에 알맞은 것은?

기준	(ㄱ)	(ㄴ)	(ㄷ)
비용	높음	보통	보통
응답자료의 정확성	높음	보통	낮음
응답률	높음	보통	낮음
대규모 표본 관리	곤란	보통	용이

① ㄱ: 전화조사, ㄴ: 우편조사, ㄷ: 면접조사
② ㄱ: 면접조사, ㄴ: 우편조사, ㄷ: 전화조사
③ ㄱ: 면접조사, ㄴ: 전화조사, ㄷ: 우편조사
④ ㄱ: 전화조사, ㄴ: 면접조사, ㄷ: 우편조사

➕ 자료수집 방법
- 면접조사: 면접자와 피면접자가 대면하여 질문과 응답을 통해 자료를 수집하는 방법이다.
- 전화조사: 전화를 이용해 조사하는 방법이다.
- 우편조사: 우편으로 설문지를 발송하고 응답을 받는 비대면으로 자료를 수집하는 방법이다.

424 직업정보의 일반적인 평가기준과 가장 거리가 먼 것은?

① 어떤 목적으로 만든 것인가
② 얼마나 비싼 정보인가
③ 누가 만든 것인가
④ 언제 만들어진 것인가

➕ 직업정보의 일반적인 평가기준
- 언제 만들어진 것인가?
- 누가 만든 것인가?
- 어떤 목적으로 만든 것인가?
- 자료를 어떤 방식으로 수집하고 제시했는가?

425 직업정보 수집시 2차 자료의 원천에 해당하지 않는 것은?

① 대중매체
② 공문서와 공식기록
③ 직접 수행한 심층면접자료
④ 민간부문 문서

해설 ③ 면접자료는 1차 자료이다.

➕ 자료의 종류
조사자가 필요로 하는 성격에 따라 1차와 2차 자료로 구분한다.
- 1차 자료: 연구자가 현재 수행 중인 조사연구의 목적을 달성하기 위해 직접 수집하는 자료이다. 설문지나 대화를 통해 얻는 방법, 전화, 우편, 면접 등
- 2차 자료: 수행 중인 조사목적에 도움을 줄 수 있는 기존의 모든 자료로 조사자가 현재의 조사목적을 위하여 직접 자료를 수집하거나 작성한 1차 자료를 제외한 모든 자료를 말한다.

426 직업정보 수집시 2차 자료(secondary data) 유형을 모두 고른 것은?

> ㄱ. 한국 고용정보원에서 발행하는 직종별 직업사전
> ㄴ. 통계청에서 실시한 지역별 고용조사 결과
> ㄷ. 한국산업인력공단에서 제공하는 국가기술자격통계연보
> ㄹ. 워크넷에서 제공하는 직업별 탐방기(테마별 직업여행)

① ㄱ, ㄷ
② ㄱ, ㄴ, ㄹ
③ ㄴ, ㄷ, ㄹ
④ ㄱ, ㄴ, ㄷ, ㄹ

해설 ④ ㄱ, ㄴ, ㄷ, ㄹ 모두 2차 자료 유형에 해당한다.

427 직업정보 제공에 관한 설명으로 옳은 것은?

① 모든 내담자에게 직업정보를 우선적으로 제공한다.
② 직업상담사는 다양한 직업정보를 제공하기 위해 지속적으로 노력한다.
③ 진로정보 제공은 직업상담의 초기단계에서 이루어지며, 이 경우 내담자의 피드백은 고려하지 않는다.
④ 내담자가 속한 가족, 문화보다는 표준화된 정보를 우선적으로 고려하여 정보를 제공한다.

해설 ① 직업상담은 관계형성하고 내담자 정보 수집분석하고 직업정보 제공한다.
③ 내담자의 피드백을 고려한다.
④ 내담자 개인정보(전공, 경험, 가족 등)을 우선적으로 고려하고 표준화된 정보를 사용한다.

428 직업정보의 일반적인 정보관리순서로 가장 적합한 것은?

① 수집 → 분석 → 가공 → 체계화 → 제공 → 평가
② 수집 → 제공 → 분석 → 가공 → 평가 → 체계화
③ 수집 → 분석 → 평가 → 가공 → 제공 → 체계화
④ 수집 → 분석 → 체계화 → 제공 → 가공 → 평가

[해설] ① 직업정보 관리는 수집→분석→가공→체계화→제공→평가의 순이다.

429 고용정보의 가공·분석 시 유의사항으로 틀린 것은?

① 변화 동향에 유의할 것
② 정보의 가공 및 분석목적을 명확히 할 것
③ 숫자로 표현할 수 없는 정보는 배제할 것
④ 다른 통계와의 관련성 및 여러 측면을 고려할 것

[해설] ③ 숫자로 표현할 수 없는 정보도 포함한다.

430 다음은 직무분석 용어 중 무엇에 관한 설명인가?

- 작업자 한 사람, 한 사람에게 임무·일·책임이 분명하게 존재하여 작업이 수행될 경우, 그 한 사람, 한 사람의 작업을 의미한다.
- 어떤 조직이건 작업자의 수만큼 이것이 존재한다.
- 이것은 직무상의 지위를 의미하는 것으로 직무가 조직 내의 직무체계 안에서 차지하는 지위를 의미한다.

① 과업(task)
② 직위(position)
③ 동작(motion)
④ 직업(occupation)

[해설] ② 직위에 대한 설명이다. 직위는 사람의 수만큼 존재한다. **예** 주유원 3명, 영업직 2명, 경리직 1명이라면, 직위는 6개이다.

431 다음 중 면접을 통한 직업정보 수집 시 개방형 질문(open-ended questions)을 이용하기에 적합하지 못한 경우는?

① 응답자에 대한 사전지식의 부족으로 응답을 예측할 수 없는 경우
② 특정 행동에 대한 동기조성과 같은 깊이 있는 내용을 다루고자 하는 경우
③ 숙련된 전문면접자보다 자원봉사자에 의존하여 면접을 실시하는 경우
④ 응답자들의 지식수준이 높아 면접자의 도움 없이 독자적으로 응답할 수 있는 경우

[해설] ③ 개방형 질문은 응답자들이 자유롭게 응답할 수 있도록 하기에 질문분야 지식이 있어야 응답 내용을 이해할 수 있다. 그러므로 숙련된 전문면접자가 해야 한다.

432 다음 ( )에 알맞은 것은?

국제표준직업분류(ISCO-08)에서 (   )은(는) '자영업을 포함하여 특정한 고용주를 위하여 개별종사자들이 수행하거나 또는 수행해야 할 일련의 업무와 과업(tasks and duties)'으로 설정하고 있다.

① 직무
② 직업
③ 직위
④ 직군

[해설] ① 국제표준직업분류(ISCO-08)에서 직무(Job)는 '자영업을 포함하여 특정한 고용주를 위하여 개별 종사자들이 수행하거나 또는 수행해야 할 일련의 업무와 과업(tasks and duties)'으로 설정하고 있으며, 직업(occupation)은 '유사한 직무의 집합'으로 정의된다.

433 한국표준직업분류에서 직업의 성립조건에 해당하지 않는 것은?

① 경제성
② 윤리성
③ 사회성
④ 우연성

[해설] 직업의 성립조건은 계속성, 경제성, 윤리성과 사회성, 속박된 상태가 아니어야 한다.

434 직업성립의 일반요건과 가장 거리가 먼 것은?

① 윤리성 ② 경제성
③ 계속성 ④ 사회보장성

해설 직업성립의 일반요건에는 계속성, 경제성, 윤리성과 사회성, 속박된 상태가 아니어야 한다.

435 한국표준직업분류(2017)상 일의 계속성에 대한 설명으로 틀린 것은?

① 매일, 매주, 매월 등 주기적으로 행하는 것
② 계절적으로 행해지는 것
③ 명확한 주기는 없으나 계속적으로 행해지는 것
④ 취업한 후 계속적으로 행할 의지와 가능성이 있는 것

해설 ④ 현재 하고 있는 일을 계속적으로 행할 의지와 가능성이 있는 것

436 직무에 대한 하위개념 중 특정 목적을 수행하는 작업 활동으로 직무분석의 가장 작은 단위가 되는 것은?

① 임무 ② 과제
③ 직위 ④ 직군

해설 직무분석은 어떤 조직에 있는 특정 직무에 대한 정보를 수집하는 것을 말한다.
• 요소(element) < 과제(task) < 직위(position) < 직무(job) < 직업(occupation) < 직무군(job family)

➕ 직무분석과 관련된 용어설명

용어	정의
요소	업무활동의 가장 작은 구성단위로 더 이상 나누어질 수 없는 최소한의 작업단위이다.
과제	어떤 특정 목적을 달성하기 위해 업무활동으로 하나 혹은 그 이상의 요소의 구성이다.
직위	한 사람의 작업자에게 할당된 과제의 집합이다.
직무	개인이 수행하는 주요 과제가 동일하거나 유사한 직위의 집합이다.
직업	유사한 직무의 집합이다.
직군	유사한 직업의 집합이다.

437 한국표준직업분류(2017)상 직업활동에 해당하는 경우는?

① 명확한 주기는 없으나 계속적으로 동일한 형태의 일을 하여 수입이 있는 경우
② 연금법, 생활보호법, 국민연금법, 고용보험법 등의 사회보장에 의한 수입이 있는 경우
③ 이자, 주식배당, 임대료(전세금, 월세금)등과 같은 자산 수입이 있는 경우
④ 예금 인출, 보험금 수취, 차용 또는 토지나 금융자산을 매각하여 수입이 있는 경우

해설 ① 한국표준직업분류상 직업의 성립요건은 계속성, 경제성, 윤리성과 사회성, 속박된 상태가 아니어야 함이다.

438 한국표준직업분류(2017)에서 다음은 무엇에 대한 설명인가?

> 직무수행 능력의 높낮이를 말하는 것으로 정규교육, 직업훈련, 직업경험 그리고 선천적 능력과 사회 문화적 환경 등에 의해 결정된다.

① 직능수준 ② 직업수준
③ 직무수준 ④ 과업수준

해설 ① 직능수준에 대한 개념 설명이다.

439 다음은 한국표준직업분류(2017)의 어떤 직능수준에 해당하는 설명인가?

> 일반적으로 중등교육을 마치고 1~3년 정도의 추가적인 교육과정(ISCED 수준 5) 정도의 정규교육 또는 직업훈련을 필요로 한다.

① 제1직능 수준 ② 제2직능 수준
③ 제3직능 수준 ④ 제4직능 수준

해설 ③ 제3직능 수준: 전문적인 지식을 보유하고 수리계산이나 의사소통 능력이 상당히 높아야 한다. - 중등교육을 마치고 1~3년 정도의 추가적인 교육과정(ISCED 수준 5)

440 한국표준직업분류에서 다음에 해당되는 직능수준은?

복잡한 과업과 실제적인 업무를 수행할 정도의 전문적인 지식을 보유하고 수리계산이나 의사소통 능력이 상당히 높아야 한다. 이러한 수준의 직업에 종사하는 자는 일정한 보충적 직무훈련 및 실습과정이 요구될 수 있으며, 정규훈련 과정의 일부를 대체할 수도 있다.

① 제1직능 수준　　② 제2직능 수준
③ 제3직능 수준　　④ 제4직능 수준

➕ 한국표준직업분류 직능수준의 특징과 대분류

직능수준	특징	대분류
제1직능	일반적으로 단순하고 반복적이며 때로는 육체적인 힘을 요하는 과업을 수행	단순노무종사자
제2직능	일반적으로 완벽하게 읽고 쓸 수 있는 능력과 정확한 계산능력, 그리고 상당한 정도의 의사소통 능력을 필요	사무종사자, 서비스종사자
제3직능	전문적인 지식을 보유하고 수리계산이나 의사소통 능력이 상당히 높아야 함	관리자, 전문가 및 관련종사자
제4직능	매우 높은 수준의 이해력과 창의력 및 의사소통 능력이 필요함	관리자, 전문가 및 관련종사자

※ 군인은 제2직능 수준 이상을 필요로 합니다.

441 한국표준직업분류(2017)에서 다음 개념에 해당하는 대분류는?

주로 수공구의 사용과 단순하고 일상적이며, 어떤 경우에는 상당한 육체적 노력이 요구되고, 거의 제한된 창의와 판단만을 필요로 하는 업무를 수행한다. 대부분 단시간의 직업 내 훈련(on the job training)으로 업무수행이 충분히 가능하며, 일반적으로 제1수준의 직무능력을 필요로 한다.

① 단순노무 종사자

② 장치·기계조작 및 조립종사자

③ 기능원 및 관련 기능 종사자

④ 판매종사자

① 단순노무종사자에 대한 개념 설명이다.
②, ③, ④는 제2능력수준의 직무능력을 필요로 한다.

442 한국표준직업분류(2018)에서 직업으로 보지 않는 활동을 모두 고른 것은?

ㄱ. 이자, 주식배당 등과 같은 자산 수입이 있는 경우
ㄴ. 예·적금 인출, 보험금 수취, 차용 또는 토지나 금융자산을 매각하여 수입이 있는 경우
ㄷ. 사회복지시설 수용자의 시설 내 경제활동
ㄹ. 수형자의 활동과 같이 법률에 의한 강제 노동을 하는 경우

①ㄱ, ㄷ　　②ㄴ, ㄹ
③ㄱ, ㄴ, ㄷ　　④ㄱ, ㄴ, ㄷ, ㄹ

➕ 한국표준직업분류: 직업으로 인정하지 않는 것

- 이자, 주식배당, 임대료(전세금, 월세) 등과 같은 자산 수입이 있는 경우
- 연금법, 국민기초생활보장법, 국민연금법 및 고용보험법 등의 사회보장이나 민간보험에 의한 수입이 있는 경우
- 경마, 경륜, 경정, 복권 등에 의한 배당금이나 주식투자에 의한 시세차익이 있는 경우
- 예·적금 인출, 보험금 수취, 차용 또는 토지나 금융자산을 매각하여 수입이 있는 경우
- 자기 집의 가사 활동에 전념하는 경우
- 교육기관에 재학하며 학습에만 전념하는 경우
- 시민봉사활동 등에 의한 무급 봉사적인 일에 종사하는 경우
- 사회복지시설 수용자의 시설 내 경제활동
- 수형자의 활동과 같이 법률에 의한 강제노동을 하는 경우
- 도박, 강도, 절도, 사기, 매춘, 밀수와 같은 불법적인 활동

➕ 한국표준직업분류: 직업의 4요건

- 계속성: 유사성 갖는 직무 계속하여 수행
- 경제성: 경제적 거래관계 성립해야 하고 노력이 전제
- 윤리성과 사회성
- 속박된 상태에서의 제반 활동은 직업으로 인정되지 못함

443 한국표준직업분류(2017)의 대분류 9에 해당하는 것은?

① 사무 종사자
② 단순노무 종사자
③ 서비스 종사자
④ 기능원 및 관련 기능 종사자

➕ 대분류 및 직능수준

1 관리자 : 제4직능 수준 혹은 제3직능 수준 필요
2 전문가 및 관련 종사자 : 제4직능 수준 혹은 제3직능 수준 필요
3 사무 종사자 : 제2직능 수준 필요
4 서비스 종사자 : 제2직능 수준 필요
5 판매 종사자 : 제2직능 수준 필요
6 농림 어업 숙련 종사자 : 제2직능 수준 필요
7 기능원 및 관련 기능 종사자 : 제2직능 수준 필요
8 장치 기계 조작 및 조립 종사자 : 제2직능 수준 필요
9 단순노무 종사자 : 제1직능 수준 필요
A 군인 : 제2직능 수준 이상 필요

444 한국표준직업분류(2017)의 대분류 항목과 직능수준과의 관계가 바르게 짝지어진 것은?

① 전문가 및 관련 종사자 – 제4직능 수준 혹은 제3직능 수준 필요
② 사무 종사자 – 제3직능 수준 필요
③ 단순노무 종사자 – 제2직능 수준 필요
④ 군인 – 제1직능 수준 필요

해설
② 사무종사자 – 제2직능 수준 필요
③ 단순노무종사자 – 제1직능 수준 필요
④ 군인 – 제2직능 수준 이상 필요

445 한국표준직업분류(2017)의 "대분류 2. 전문가 및 관련 종사자"에 속하지 <u>않는</u> 직업은?

① 기상예보관   ② 경찰관
③ 웹마스터   ④ 운동경기 코치

해설
② 전문가 및 관련종사자는 제4직능 또는 제3직능 수준을 요구하지만 경찰관은 제2직능 수준을 요구한다.

446 한국표준직업분류(2017)에서 다음 중분류를 포괄하는 대분류에 해당하는 것은?

- 과학 전문가 및 관련직
- 정보통신 전문가 및 기술직
- 공학 전문가 및 기술직
- 보건·사회복지 및 종교 관련직
- 교육 전문가 및 관련직
- 법률 및 행정 전문직
- 경영·금융 전문가 및 관련직
- 문화 예술·스포츠 전문가 및 관련직

① 서비스 종사자
② 기술공 및 준전문가
③ 전문가 및 관련 종사자
④ 기능원 및 관련 기능 종사자

※ 대분류는 '-자', 중분류는 '-직'으로 끝납니다.

➕ 한국표준직업분류: 대분류와 중분류

대분류	중분류
관리자	공공기관 및 기업고위직, 전문서비스 관리직 등
전문가 및 관련 종사자	공학전문가 및 기술직, 법률 및 행정 전문직 등
사무 종사자	경영 및 회계관련 사무직, 금융사무직 등
서비스 종사자	경찰·소방 및 보안관련서비스직, 조리 및 음식 서비스직 등
판매 종사자	영업직, 통신 및 방문 노점판매 관련직 등
농림·어업 숙련종사자	농·축산 숙련직, 임업숙련직, 어업숙련직
기능원 및 관련기능 종사자	식품가공 관련기능직, 운송 및 전자관련 기능직
장치기계조작 및 조립 종사자	식품가공 관련 기계조작직, 화학 관련 기계조작직 등
단순노무 종사자	운송관련 단순노무직, 청소 및 경비관련 단순노무직 등
군인	군인

447 한국표준직업분류에서 포괄적인 업무에 대한 분류원칙에 해당하지 <u>않는</u> 것은?

① 주된 직무 우선 원칙
② 최상급 직능수준 우선 원칙
③ 다수 취업시간 우선 원칙
④ 생산업무 우선 원칙

③ 다수 취업시간 우선 원칙은 포괄적인 업무에 대한 분류원칙에 해당하지 않는다.

➕ 한국표준직업분류: 직업분류의 원칙

1. 직업분류의 일반원칙

포괄성의 원칙	우리나라에 존재하는 모든 직무는 어떤 수준에서든지 분류에 포괄되어야 한다.
배타성의 원칙	동일하거나 유사한 직무는 어느 경우에든 같은 단위직업으로 분류되어야 한다.

2. 포괄적인 업무에 대한 직업분류의 원칙

- 의미: 동일한 직업이라 할지라도 사업체 규모에 따라 직무 범위에 차이가 날 수 있다.
- 분류원칙

주된 직무 우선 원칙	2개 이상의 직무를 수행하는 경우, 수행되는 직무내용과 관련 분류 항목에 명시된 직무내용을 비교·평가하여 관련 직무내용상의 상관성이 가장 많은 항목에 분류한다. 예 의대 교수
최상급 직능수준 우선 원칙	수행된 직무가 상이한 수준의 훈련과 경험을 통해서 얻어지는 직무능력을 필요로 한다면, 가장 높은 수준의 직무능력을 필요로하는 일에 분류하여야 한다. 예 조리와 배달: 조리사로 분류
생산업무 우선 원칙	재화의 생산과 공급이 같이 이루어지는 경우는 생산단계에 관련된 업무를 우선적으로 분류한다. 예 빵을 생산하여 판매: 제빵원으로 분류

3. 다수 직업 종사자의 분류원칙

- 의미: 한 사람이 전혀 상관성 없는 두 가지 이상의 직업에 종사할 경우이다. 예 낮에는 사무직, 밤에는 대리운전
- 분류원칙: 취업시간 우선의 원칙, 수입 우선의 원칙, 조사시 최근의 직업 원칙

448 다음은 한국표준직업분류(세/자)에서 직업분류의 일반원칙이다. ( )에 알맞은 것은?

> 동일하거나 유사한 직무는 어느 경우에든 같은 단위직업으로 분류되어야 한다는 점이다. 하나의 직무가 동일한 직업단위 수준에서 2개 혹은 그 이상의 직업으로 분류될 수 있다면 ( )의 원칙을 위반한 것이라 할 수 있다.

① 단일성   ② 배타성

③ 포괄성   ④ 경제성

➕ 한국표준직업분류에서 직업분류의 일반원칙

- 포괄성의 원칙: 우리나라에 존재하는 모든 직무는 어떤 수준에서든지 분류에 포괄되어야 한다. 특정한 직무가 누락되어 분류가 불가능할 경우에는 포괄성의 원칙을 위배한 것으로 볼 수 있다.
- 배타성의 원칙: 동일하거나 유사한 직무는 어느 경우에든 같은 단위직업으로 분류되어야 한다는 점이다. 하나의 직무가 동일한 직업단위 수준에서 2개 혹은 그 이상의 직업으로 분류될 수 있다면 배타성의 원칙을 위반한 것이라 할 수 있다.

449 한국표준직업분류의 직업분류 원칙에 대한 설명으로 틀린 것은?

① 동일하거나 유사한 직무는 어느 경우에든 같은 단위직업으로 분류한다.

② 2개 이상의 직무를 수행하는 경우는 수행되는 직무내용과 관련 분류 항목에 명시된 직무내용을 비교·평가하여 관련 직무내용상의 상관성이 가장 높은 항목에 분류한다.

③ 수행된 직무가 상이한 수준의 훈련과 경험을 통해 얻어지는 직무능력을 필요로 한다면, 가장 높은 수준의 직무능력을 필요로 하는 일에 분류한다.

④ 재화의 생산과 공급이 같이 이루어지는 경우는 공급단계에 관련된 업무를 우선적으로 분류한다.

 ④ 재화의 생산과 공급이 같이 이루어지는 경우는 생산단계에 관련된 업무를 우선적으로 분류한다.
① 직업분류의 일반원칙 중 배타성의 원칙, ② 포괄적인 업무에 대한 직업분류 원칙 중 주된 직무 우선 원칙, ③ 포괄적인 업무에 대한 직업분류 원칙 중 최상급 직능수준 우선 원칙에 대한 설명이다.

450 한국표준직업분류(2017)에서 포괄적인 업무에 대해 적용하는 직업분류 원칙을 순서대로 나열한 것은?

① 주된 직무 → 최상급 직능수준 → 생산업무

② 최상급 직능수준 → 주된 직무 → 생산업무

③ 최상급 직능수준 → 생산업무 → 주된 직무

④ 생산업무 → 최상급 직능수준 → 주된 직무

 ① 주된 직무 → 최상급 직능수준 → 생산업무

451 한국표준직업분류에서 다음에 해당하는 직업분류 원칙은?

> 교육과 진료를 겸하는 의과대학 교수는 강의, 평가, 연구 등과 진료, 처치, 환자상담 등의 직무내용을 파악하여 관련 항목이 많은 분야로 분류한다.

① 취업 시간 우선 원칙
② 최상급 직능수준 우선 원칙
③ 조사시 최근의 직업 원칙
④ 주된 직무 우선 원칙

해설 주된 직무 우선 원칙은 2개 이상의 직무를 수행하는 경우, 수행되는 직무내용과 관련 분류 항목에 명시된 직무내용을 비교·평가하여 관련 직무내용상의 상관성이 가장 많은 항목에 분류한다. 예 의대 교수

452 한국표준직업분류에서 한 사람이 전혀 상관성이 없 는 두 가지 이상의 직업에 종사할 경우에 그 직업을 결정하는 일반적 원칙이 아닌 것은?

① 더 높은 직위에 있는 직업으로 결정한다.
② 수입(소득이나 임금)이 많은 직업으로 결정한다.
③ 조사시점을 기준으로 최근에 종사한 직업으로 결정한다.
④ 분야별로 취업시간을 고려하여 보다 긴 시간을 투자하는 직업으로 결정한다.

해설 한 사람이 전혀 상관성 없는 두 가지 이상의 직업에 종사할 경우에는, 취업시간 우선의 원칙 → 수입 우선의 원칙 → 조사시 최근의 직업 원칙으로 구성되는 '다수 직업 종사자의 분류원칙'을 적용한다.

453 한국표준직업분류(2017)에서 다수 직업 종사자의 분류원칙이 아닌 것은?

① 주된 직무 우선의 원칙
② 취업시간 우선의 원칙
③ 수입 우선의 원칙
④ 조사시 최근의 직업 원칙

해설 ① 주된 직무 우선의 원칙은 포괄적인 업무에 대한 직업분류의 원칙에 포함된다.

454 한국표준직업분류에서 대분류 5 판매종사자에 속하는 직업은?

① 간병인
② 치료사 보조원
③ 주차단속원
④ 행사 및 홍보 도우미

해설 ①, ②, ③은 대분류 4 서비스 종사자에 속하는 직업이다.

455 한국표준직업분류(제7차)에서 직업분류의 목적이 아닌 것은?

① 각종 사회·경제통계조사의 직업단위 기준으로 활용
② 취업알선을 위한 구인·구직안내 기준으로 활용
③ 직종별 급여 및 수당지급 결정기준으로 활용
④ 산업활동 유형을 분류하는 기준으로 활용

해설 ④ 한국표준산업분류의 목적이다.

➕ 한국표준직업분류의 분류목적
• 행정자료 및 인구총조사 등 고용 관련 통계조사를 통하여 얻어진 직업정보를 분류하고 집계하기 위한 것이다.
• 직업 관련 통계를 작성하는 모든 기관이 통일적으로 사용하도록 하여 통계자료의 일관성과 비교성을 확보하기 위한 것이다.
• 통계자료의 활용은 다음과 같다.
 - 각종 사회·경제통계조사의 직업단위 기준
 - 취업알선을 위한 구인·구직안내 기준
 - 직종별 급여 및 수당 지급결정 기준
 - 직종별 특정 질병의 이환율, 사망률과 생명표 작성 기준
 - 산재보험률, 생명보험률 또는 교통사고 보상액 등의 결정 기준

456 한국표준직업분류(제7차)의 특정 직종의 분류 요령에 관한 설명으로 **틀린** 것은?

① 행정 관리 및 입법기능을 수행하는 자는 '대분류 1 관리자'에 분류한다.
② 자영업주 및 고용주는 수행되는 일의 형태나 직무내용에 따라 정의된 개념이다.
③ 연구 및 개발업무 종사자는 '대분류 2 전문가 및 관련종사자'에서 그 전문 분야에 따라 분류된다.
④ 군인은 별도로 '대분류 A'에 분류한다.

해설 ② 자영업주 및 고용주는 수행되는 일의 형태나 직무내용에 따른 정의가 아니라 고용형태 또는 종사상 지위에 따라 정의된 개념이다.

457 한국표준직업분류(제7차)의 대분류별 주요개정 내용으로 **틀린** 것은?

① 대분류 1: '방송·출판 및 영상 관련 관리자'를 영상관련 관리자'로 항목명을 변경
② 대분류 2: '한의사'를 '전문 한의사'로 항목명을 변경
③ 대분류 4: '문화 관광 및 숲·자연환경 해설사' 신설
④ 대분류 5: '자동차 영업원'을 신차와 중고차 영업원으로 세분

해설 ① 영상 관련 관리자를 '방송·출판 및 영상 관련 관리자'로 항목명을 변경하여 분류명과 포괄범위가 일치하도록 하였다.

458 한국표준직업분류(제7차)의 개정 특징으로 **틀린** 것은?

① 전문 기술직의 직무영역 확장 등 지식정보화 사회 변화상 반영
② 사회 서비스 일자리 직종 세분 및 신설
③ 고용규모 대비 분류항목이 적은 사무 및 판매·서비스직 세분
④ 자동화·기계화 진전에 따른 기능직 및 기계 조작직 직종 세분 및 신설

해설 ④ 자동화·기계화 진전에 따른 기능직 및 기계 조작직 분류는 일부 통합

459 한국표준직업분류(7차)에서 직업의 성립조건에 대한 설명으로 **옳은** 것은?

① 사회복지시설 수용자의 시설 내 경제활동은 직업으로 보지 않는다.
② 이자나 주식배당으로 자산 수입이 있는 경우는 직업으로 본다.
③ 자기 집의 가사 활동도 직업으로 본다.
④ 속박된 상태에서의 제반활동은 경제성이나 계속성이 있으면 직업으로 본다.

해설 선택지 ②, ③, ④ 는 직업으로 보지 않는다.

➕ 직업의 4요건
• 계속성 : 유사성을 갖는 직무를 계속하여 수행해야 한다.
• 경제성 : 경제적 거래 관계가 성립해야 하고, 노력이 전제되어야 한다.
• 윤리성과 사회성: 비윤리적인 영리행위나 반사회적인 활동을 통한 경제적인 이윤추구는 직업활동으로 인정되지 못한다.
• 속박된 상태에서의 제반 활동은 경제성이나 계속성의 여부와 상관없이 직업으로 인정되지 못한다.

➕ 직업으로 인정하지 않는 활동
① 이자, 주식배당, 임대료(전세금, 월세) 등과 같은 자산 수입이 있는 경우
② 연금법, 국민기초생활보장법, 국민연금법 및 고용보험법 등의 사회보장이나 민간보험에 의한 수입이 있는 경우
③ 경마, 경륜, 경정, 복권 등에 의한 배당금이나 주식투자에 의한 시세차익이 있는 경우
④ 예·적금 인출, 보험금 수취, 차용 또는 토지나 금융자산을 매각하여 수입이 있는 경우
⑤ 자기 집의 가사 활동에 전념하는 경우
⑥ 교육기관에 재학하며 학습에만 전념하는 경우
⑦ 시민봉사활동 등에 의한 무급 봉사적인 일에 종사하는 경우
⑧ 사회복지시설 수용자의 시설 내 경제활동
⑨ 수형자의 활동과 같이 법률에 의한 강제노동을 하는 경우
⑩ 도박, 강도, 절도, 사기, 매춘, 밀수와 같은 불법적인 활동

460 한국표준직업분류의 주요 개정(제7차) 방향 및 특징에 대한 설명으로 틀린 것은?

① 지난 개정 이후 시간 경과를 고려하여 전면 개정 방식으로 추진하되, 중분류 이하 단위 분류체계를 중심으로 개정을 추진하였다.
② 대형재난 대응 및 예방의 사회적 중요성을 고려하여 방재 기술자 및 연구원을 신설하였다.
③ 포괄적 직무로 분류되어 온 사무직의 대학 행정 조교, 증권 사무원, 기타 금융 사무원, 행정사, 중개 사무원을 신설하였다.
④ 제조 관련 기능 종사원, 과실 및 채소 가공 관련 기계 조작원, 섬유 제조 기계 조작원 등은 복합·다기능 기계의 발전에 따라 통합되었던 직종을 세분하였다.

해설 ④ 제조 관련 기능 종사원, 과실 및 채소 가공 관련 기계 조작원, 섬유 제조 기계 조작원 등은 복합 다기능 기계의 발전에 따라 세분화된 직종을 통합하였다.

461 한국표준직업분류(제7차) 개정시 대분류 3 '사무 종사자'에 신설된 것은?

① 행정사
② 신용카드 모집인
③ 로봇공학 기술자 및 연구원
④ 문화 관광 및 숲·자연환경 해설사

해설 ① 행정사는 포괄적 직무로 분류되어 온 사무직군 직업을 세분화하며 신설되었다.
② 신용카드 모집인은 판매종사자에 해당된다.
③ 로봇공학 기술자 및 연구원은 직무 전문화 및 관련 인력 규모 확대 반영하여 분류 상향했다.
④ 문화관광 및 숲·자연환경 해설사는 여가 및 생활서비스 수요 증가를 반영하여 서비스 종사자에 신설했다.

462 다음은 무엇에 관한 정의인가?

유사한 성질을 갖는 산업활동에 주로 종사하는 생산단위의 집합

① 직업 ② 산업
③ 일(task) ④ 요소작업

해설 ① 직업: 유사성을 갖는 직무의 집합이다.
③ 일(task): 과제(task)는 어떤 특정 목적을 달성하기 위해 수행하는 업무활동으로 하나 혹은 그 이상의 요소로 구성된다.
④ 요소작업: 업무활동의 가장 작은 구성단위로, 어떤 직무와 관련된 동작, 정신적 과정 등 더 이상 나눌 수 없는 최소한의 작업단위이다.

463 낮에는 제조업체에서 금형공으로 일하고, 밤에는 대리운전을 하는 경우, 한국표준직업분류에서 직업을 결정하는 일반적 원칙이 아닌 것은?

① 주된 직무 우선 원칙
② 취업시간 우선의 원칙
③ 수입 우선의 원칙
④ 조사시 최근의 직업 원칙

해설 ① 낮에는 금형공, 밤에는 대리운전을 하는 경우는 다수 직업 종사자이다. 다수 직업 종사자의 분류원칙은 취업시간 우선의 원칙 → 수입 우선의 원칙 → 조사시 최근의 직업 원칙으로 구성된다.

464 한국표준산업분류의 분류 목적에 대한 설명으로 틀린 것은?

① 생산단위가 주로 수행하는 산업활동을 그 유사성에 따라 체계적으로 유형화한다.
② 산업활동에 의한 통계 자료의 수집, 제표 분석 등을 위해서 활동 카테고리를 제공한다.
③ 통계법에서는 산업통계 자료의 정확성, 비교성을 위하여 모든 통계작성기관이 이를 선택적으로 사용하도록 규정하고 있다.
④ 일반행정 및 산업정책 관련 법령에서 적용 대상 산업영역을 한정하는 기준으로 준용되고 있다.

해설 ③ 통계법에서는 산업통계 자료의 정확성, 비교성을 위하여 모든 통계작성기관이 이를 의무적으로 사용하도록 규정하고 있다.

465 한국표준산업분류의 분류목적에 관한 설명으로 틀린 것은?

① 산업활동에 의한 통계자료의 수집, 제표, 분석 등을 위해서 활동카테고리를 제공한다.
② 일반 행정 및 산업정책관련 법령에서 적용대상 산업영역을 한정하는 기준으로 준용된다.
③ 취업알선을 위한 구인·구직안내 기준으로 사용된다.
④ 산업통계 자료의 정확성, 비교성을 위하여 모든 통계작성기관이 의무적으로 사용해야 한다.

해설 ③ 한국표준직업분류의 목적이다.

466 다음은 한국표준산업분류(제 10차)의 분류 정의 중 무엇에 관한 설명인가?

> 각 생산단위가 노동, 자본, 원료 등 자원을 투입하여 재화 또는 서비스를 생산 또는 제공하는 일련의 활동과정

① 산업
② 산업활동
③ 생산활동
④ 산업분류

해설 ① 산업: 유사한 성질을 갖는 산업 활동에 주로 종사하는 생산단위의 집합이다.
④ 산업분류: 생산단위가 주로 수행하고 있는 산업 활동을 그 유사성에 따라 유형화한 것이다.

467 한국표준산업분류(2020)에 관한 설명으로 틀린 것은?

① 산업활동의 범위에는 영리적, 비영리적 활동 및 가정 내의 가사활동 등을 모두 포함한다.
② 한국표준산업분류는 통계목적 이외에도 일반 행정 및 산업정책관련 법령에서 적용대상 산업영역을 한정하는 기준으로 준용되고 있다.
③ 산업분류는 산출물·투입물의 특성, 생산 활동의 일반적인 결합 형태와 같은 기준에 의하여 분류한다.
④ 사업체 단위는 공장, 광산, 상점, 사무소 등으로 산업활동과 지리적 장소의 양면에서 가장 동질성이 있는 통계단위이다.

해설 ① 산업활동의 범위에는 영리적, 비영리적 활동이 모두 포함되나, 가정 내의 가사활동은 제외된다.

468 제10차 한국표준산업분류 산업분류에 관한 설명으로 틀린 것은?

① 산업은 유사한 성질을 갖는 산업활동에 주로 종사하는 생산단위의 집합이다.
② 각 생산단위가 노동, 자본, 원료 등 자원을 투입하여, 재화 또는 서비스를 생산·제공하는 일련의 활동과정이 산업활동이다.
③ 산업활동 범위에는 가정 내 가사활동도 포함된다.
④ 산업분류는 생산단위가 주로 수행하는 산업활동을 분류 기준과 원칙에 맞춰 그 유사성에 따라 체계적으로 유형화한 것이다.

해설 ③ 산업 활동의 범위에는 영리적, 비영리적 활동이 모두 포함되나, 가정 내의 가사활동은 제외된다.

469 한국표준산업분류(제10차) 분류정의가 틀린 것은?

① 산업은 유사한 성질을 갖는 산업활동에 주로 종사하는 생산단위의 집합이다
② 각 생산단위가 노동, 자본, 원료 등 자원을 투입하여, 재화 또는 서비스를 생산 또는 제공하는 일련의 활동과정은 산업 활동이다.
③ 산업 활동 범위에는 영리적, 비영리적 활동이 모두 포함되며, 가정 내 가사 활동도 포함된다.
④ 산업분류는 생산단위가 주로 수행하는 산업 활동을 분류 기준과 원칙에 맞춰 그 유사성에 따라 체계적으로 유형화한 것이다.

해설 ③ 가정 내 가사활동은 제외된다.

470 한국표준산업분류(2017)의 분류기준이 아닌 것은?

① 산출물의 특성
② 생산단위의 활동형태
③ 투입물의 특성
④ 생산활동의 일반적인 결합형태

➕ 한국표준산업분류: 산업분류기준
• 산출물(생산된 재화 또는 제공된 서비스)의 특성
• 투입물의 특성
• 생산활동의 일반적인 결합형태

471 한국표준산업분류(제10차)의 통계단위는 생산활동과 장소의 동질성의 차이에 따라 다음과 같이 구분된다. (   )에 알맞은 것은?

구분	하나 이상 장소	단일 장소
하나 이상	×××	×××
산업활동	×××	
단일 산업활동	( )	×××

① 기업집단 단위
② 지역 단위
③ 기업체 단위
④ 활동유형 단위

➕ 한국표준산업분류: 통계단위

구분	하나 이상 장소	단일 장소
하나 이상 산업활동	㉠ 기업집단 단위	㉢ 지역 단위
	㉠ 기업체 단위	
단일 산업활동	㉡ 활동유형 단위	㉣ 사업체 단위

㉠ 기업집단 단위/기업체 단위: 하나 이상의 장소에서 이루어지는 하나 이상의 산업활동
㉡ 활동유형 단위: 하나 이상의 장소에서 이루어지는 단일 산업활동
㉢ 지역 단위: 단일 장소에서 이루어지는 하나 이상 산업활동
㉣ 사업체 단위: 단일 장소에서 이루어지는 단일 산업활동

472 한국표준산업분류(2017)에서 하나 이상의 장소에서 이루어지는 단일 산업활동의 통계단위는?

① 기업집단 단위
② 기업체 단위
③ 활동유형 단위
④ 지역 단위

➕ 한국표준산업분류: 통계단위

구분	하나 이상 장소	단일 장소
하나 이상 산업활동	기업집단 단위	지역 단위
	기업체 단위	
단일 산업활동	활동유형 단위	사업체 단위

473 한국표준산업분류상 단일 장소에서 이루어지는 단일 산업활동의 통계단위는?

① 기업집단 단위
② 사업체 단위
③ 활동유형 단위
④ 지역 단위

➕ 한국표준산업분류: 통계단위

구분	하나 이상 장소	단일 장소
하나 이상 산업활동	기업집단 단위	지역 단위
	기업체 단위	
단일 산업활동	활동유형 단위	사업체 단위

474 다음에서 설명하고 있는 것은?

> 한국표준산업분류상 통계단위 중 하나로 "재화 및 서비스를 생산하는 법적 또는 제도적 단위의 최소결합체로서 자원배분에 관한 의사결정에서 자율성을 갖고 있으며, 재무 관련 통계작성에 가장 유용하다."

① 산업
② 기업체
③ 산업활동
④ 사업체

해설 ① 산업: 유사한 성질을 갖는 산업활동에 주로 종사하는 생산단위의 집합이다.
③ 산업활동: 각 생산단위가 노동, 자본, 원료 등 자원을 투입하여, 재화 또는 서비스를 생산 또는 제공하는 일련의 활동과정이다.
④ 사업체: 공장, 광산, 상점, 사무소 등과 같이 산업활동과 지리적 장소의 양면에서 가장 동질성이 있는 통계단위이다.

475 한국표준산업분류(2017)에서 생산단위의 활동형태에 관한 설명으로 틀린 것은?

① 모 생산단위의 생산품을 포장하기 위한 캔, 상자 및 유사제품의 생산은 보조단위로 본다.
② 주된 산업활동이란 산업활동이 복합형태로 이루어질 경우 생산된 재화 또는 제공된 서비스 중 부가가치(액)가 가장 큰 활동을 의미한다.
③ 부차적 산업활동은 주된 산업활동 이외의 재화 생산 및 서비스 제공 활동을 의미한다.
④ 보조활동에는 회계, 운송, 구매, 판매 촉진, 수리 서비스 등이 포함된다.

해설 ① 모 생산단위의 생산품을 포장하기 위한 캔, 상자 및 유사제품의 생산도 별개의 독립된 활동으로 본다.

476 한국표준산업분류(제10차)에서 통계단위의 산업 결정방법에 관한 설명으로 틀린 것은?

① 생산단위의 산업활동은 그 생산단위가 수행하는 주된 산업활동의 종류에 따라 결정된다.
② 단일사업체의 보조단위는 그 사업체의 일개 부서로 포함한다.
③ 계절에 따라 정기적으로 산업을 달리하는 사업체의 경우에는 조사시점에 경영하는 사업을 분류된다.
④ 설립중인 사업체는 개시하는 산업활동에 따라 결정한다.

해설 ③ 계절에 따라 정기적으로 산업을 달리하는 사업체의 경우에는 조사시점에서 경영하는 사업과는 관계없이 조사대상 기간 중 산출액이 많았던 활동에 의하여 분류한다.

477 한국표준산업분류의 적용원칙으로 틀린 것은?

① 생산단위는 산출물뿐만 아니라 투입물과 생산공정 등을 함께 고려하여 그들의 활동을 가장 정확하게 설명된 항목에 분류해야 한다.
② 복합적인 활동단위는 우선적으로 세세분류를 정확히 결정하고, 순차적으로 세·소·중·대분류 단계 항목을 결정하여야 한다.
③ 산업활동이 결합되어 있는 경우에는 그 활동단위의 주된 활동에 따라서 분류하여야 한다.
④ 수수료 또는 계약에 의하여 활동을 수행하는 단위는 동일한 산업활동을 자기계정과 자기책임하에서 생산하는 단위와 같은 항목에 분류하여야 한다.

해설 ② 복합적인 활동단위는 우선적으로 최상급 분류단계(대분류)를 정확히 결정하고, 순차적으로 중·소·세·세세분류 단계 항목을 결정하여야 한다.

478 한국표준산업분류(제10차)에서 산업분류의 적용원칙에 관한 설명으로 틀린 것은?

① 생산단위는 산출물뿐만이 아니라 투입물과 생산공정 등을 함께 고려하여 그들의 활동을 가장 정확하게 설명된 항목으로 분류해야 한다.
② 산업활동이 결합되어 있는 경우에는 그 활동단위의 주된 활동에 따라서 분류해야 한다.
③ 수수료 또는 계약에 의하여 활동을 수행하는 단위는 동일한 산업활동을 자기계정과 자기책임 하에서 생산하는 단위와 같은 항목에 분류해야 한다.
④ 공식적인 생산물과 비공식적인 생산물, 합법적인 생산물과 불법적인 생산물을 달리 분류해야 한다.

해설 ④ 공식적 생산물과 비공식적 생산물, 합법적 생산물과 불법적인 생산물을 달리 분류하지 않는다.

479 한국표준산업분류(제10차)의 산업결정방법에 관한 설명으로 틀린 것은?

① 생산단위의 산업 활동은 그 생산단위가 수행하는 주된 산업 활동의 종류에 따라 결정된다.

② 계절에 따라 정기적으로 산업을 달리하는 사업체의 경우에는 조사시점에 경영하는 사업과는 관계없이 조사대상 기간 중 산출액이 많았던 활동에 의해 분류된다.

③ 단일사업체의 보조단위는 그 사업체의 일개 부서로 포함되지 않고 별도의 사업체로 처리한다.

④ 휴업 중 자산을 청산중인 사업체의 산업은 영업 중 또는 청산을 시작하기 이전의 산업활동에 의하여 결정된다.

해설 ③ 단일사업체의 보조단위는 그 사업체의 일개 부서로 포함하며, 여러 사업체를 관리하는 중앙 보조단위는 별도의 사업체로 처리한다.

480 한국표준산업분류(제10차)의 산업분류 적용원칙으로 틀린 것은?

① 자본재로 주로 사용되는 산업용 기계 및 장비의 전문적인 수리활동은 경상적인 유지·수리를 포함하여 "95 개인 및 소비용품 수리업"으로 분류

② 생산단위는 산출물 뿐만 아니라 투입물과 생산공정 등을 함께 고려하여 그들의 활동을 가장 정확하게 설명한 항목에 분류

③ 산업활동이 결합되어 있는 경우에는 그 활동단위의 주된 활동에 따라 분류

④ 공식적인 생산물과 비공식적 생산물, 합법적 생산물과 불법적인 생산물을 달리 분류하지 않음

해설 ① 자본재로 주로 사용되는 산업용 기계 및 장비의 전문적인 수리활동은 경상적인 유지·수리를 포함하여 "34 : 산업용 기계 및 장비 수리업"으로 분류한다.

481 한국표준산업분류(제10차)에서 산업분류의 적용원칙에 관한 설명으로 틀린 것은?

① 생산단위는 산출물뿐만 아니라 투입물과 생산공정 등을 함께 고려하여 그들의 활동을 가장 정확하게 설명된 항목으로 분류해야 한다.

② 복합적인 활동단위는 우선적으로 최상급 분류단계(대분류)를 정확히 결정하고, 순차적으로 중, 소, 세, 세세분류 단계 항목을 결정해야 한다.

③ 공식적 생산물과 비공식적 생산물, 합법적 생산물과 불법적인 생산물을 달리 분류해야 한다.

④ 산업활동이 결합되어 있는 경우에는 그 활동단위의 주된 활동에 따라서 분류해야 한다.

해설 ③ 공식적 생산물과 비공식적 생산물, 합법적 생산물과 불법적인 생산물을 달리 분류하지 않는다.

482 다음은 한국표준산업분류(제10차)에서 산업분류 결정방법이다. ( )에 알맞은 것은?

> 계절에 따라 정기적으로 산업을 달리하는 사업체의 경우에는 조사시점에서 경영하는 사업과 관계없이 조사대상 기간 중 ( )이 많았던 활동에 의하여 분류

① 급여액　　　　　② 근로소득세액

③ 산출액　　　　　④ 부가가치액

➕ 산업결정방법

• 계절에 따라 정기적으로 산업을 달리하는 사업체의 경우에는 조사시점에서 경영하는 사업과는 관계없이 조사대상 기간 중 (산출액)이 많았던 활동에 의하여 분류한다.

483 워크넷에서 제공하는 채용정보 중 기업형태별 검색에 해당하지 않는 것은?

① 벤처기업　　　　② 환경친화기업

③ 외국계기업　　　④ 일학습병행기업

해설 기업형태는 10가지로 대기업, 공무원/공기업/공공기관, 강소기업, 코스피/코스닥, 중견기업, 외국계기업, 일학습병행기업, 벤처기업, 청년친화강소기업, 가족친화인증기업

484 2023년 신설하여 시행되는 국가기술자격종목이 아닌 것은?

① 공간정보융합산업기사
② 정밀화학기사
③ 한복기능장
④ 이러닝운영관리사

[해설] ② 정밀화학기사는 2022년 신설된 자격증이다.

➕ 2023년 국가기술자격 종목 신설 4개 종목

직무분류	국가기술자격명
지형공간정보	공간정보융합산업기사
지형공간정보	공간정보융합기능사
교육훈련	이러닝운영관리사
한복	한복기능장

485 한국표준산업분류의 분류구조 및 부호체계에 관한 설명으로 옳은 것은?

① 부호처리를 할 경우에는 알파벳 문자와 아라비아 숫자를 함께 사용토록 했다.
② 권고된 국제분류 ISIC Rev.4를 기본체계로 하였으나, 국내실정을 고려하여 독자적으로 분류 항목과 분류부호를 설정하였다.
③ 중분류의 번호는 001부터 999까지 부여하였으며, 대분류별 중분류 추가여지를 남겨놓기 위하여 대분류 사이에 번호 여백을 두었다.
④ 소분류 이하 모든 분류의 끝자리 숫자는 01에서 시작하여 99에서 끝나도록 하였다.

[해설] ① 부호처리를 할 경우에는 아라비아 숫자만을 사용토록 했다.
③ 중분류의 번호는 01부터 99까지 부여하였으며, 대분류별 중분류 추가여지를 남겨놓기 위하여 대분류 사이에 번호 여백을 두었다.
④ 소분류 이하 모든 분류의 끝자리 숫자는 "0"에서 시작하여 "9"에서 끝나도록 하였다.

486 한국표준산업분류(제10차)의 주요 개정내용으로 틀린 것은?

① 채소작물 재배업에 마늘, 딸기 작물 재배업을 포함
② 안경 및 안경렌즈 제조업을 의료용기기 제조업에서 사진장비 및 기타 광학기기 제조업으로 이동
③ 산업용 기계 및 장비 수리업은 국제표준산업분류(ISIC)에 맞춰 수리업에서 제조업 중 중분류를 신설하여 이동
④ 어업에서 해면은 해수면으로, 수산 종묘는 수산 종자로 명칭을 변경

[해설] ② 안경 및 안경렌즈 제조업을 사진장비 및 기타 광학기기 제조업에서 의료용기기 제조업으로 이동

487 한국표준산업분류의 대분류별 제10차 개정내용으로 틀린 것은?

① A 농업, 임업 및 어업: 채소작물 재배업에 마늘, 딸기 작물 재배법을 포함하였으며, 어업에서 해면은 해수면으로, 수산 종묘는 수산 종자로 명칭을 변경하였다.
② D 전기, 가스, 증기 및 공기조절 공급업: 전기자동차 판매 증가 등 관련 산업 전망을 감안하여 전기 판매업 세분류를 신설하였다.
③ H 운수 및 창고업: 철도운송업을 철도여객과 화물 운송업으로 세분하였고, 항공운송업을 항공여객과 화물 운송업으로 변경하였다.
④ O 공공 행정, 국방 및 사회보장 행정: 포괄범위를 고려하여 통신행정을 우편 및 통신행정으로 변경하였으며, 나머지 행정 부문은 정부 직제 및 기능 등을 고려하여 전면 재분류하였다.

[해설] ④ O 공공 행정, 국방 및 사회보장 행정: 포괄범위를 고려하여 통신행정을 우편 및 통신행정으로 변경하였으며, 나머지 행정부문은 정부 직제 및 기능 등으로 고려하여 기존 분류 유지하였다.

488 한국표준산업분류(제10차)의 분류구조 및 부호체계에 대한 설명으로 틀린 것은?

① 분류구조는 대분류(알파벳 문자 사용), 중분류(2자리 숫자 사용), 소분류(3자리 숫자 사용), 세분류(4자리 숫자 사용)의 4단계로 구성된다.

② 부호처리를 할 경우에는 아라비아 숫자만을 사용토록 했다.

③ 권고된 국제분류 ISIC REV.4를 기본체계로 하였으나, 국내실정을 고려하여 국제분류의 각 단계 항목을 분할, 통합 또는 재그룹화하여 독자적으로 분류 항목과 분류 부호를 설정하였다.

④ 중분류의 번호는 01부터 99까지 부여하였으며, 대분류별 중분류 추가 여지를 남겨놓기 위하여 대분류 사이에 번호 여백을 두었다.

해설 ① 분류구조는 대분류(알파벳 문자 사용), 중분류(2자리 숫자 사용), 소분류(3자리 숫자 사용), 세분류(4자리 숫자 사용), 세세분류(5자리 숫자 사용)의 5단계로 구성된다.

489 제10차 한국표준산업분류(2017)의 개정 내용에 관한 설명으로 틀린 것은?

① 농업, 임업 및 어업: 채소작물 재배업에 마늘, 딸기 작물 재배업을 포함하였으며, 어업에서 해면은 해수면으로 명칭을 변경하였다.

② 건설업: 전문직별 공사업에서 2종 이상의 공사 내용으로 수행하는 개량·보수·보강공사를 시설물 유지관리 공사업으로 신설하였다.

③ 도매 및 소매업: 세분류에서 종이 원지, 판지, 종이상자 도매업과 면세점을 신설하였다.

④ 숙박 및 음식점업: 교육 프로그램을 중심으로 운영하는 숙박시설을 갖춘 청소년 수련시설을 교육서비스업에서 숙박 및 음식점업으로 이동하였다.

해설 ④ 청소년 수련시설 운영업은 숙박업에서 교육서비스업으로 이동하고, 비숙박형 청소년 수련시설은 운영업과 통합하였다.

490 한국표준산업분류(제10차)의 대분류별 개정 내용으로 틀린 것은?

① 채소작물 재배업에 마늘, 딸기 작물 재배업을 포함하였다.

② 전기자동차 판매 증가 등 관련 산업 전망을 감안하여 전기 판매업 세분류를 신설하였다.

③ 항공운송업을 항공 여객과 화물 운송업으로 변경하였다.

④ 행정 부문은 정부 직제 및 기능 등을 고려하여 전면 재분류하였다.

해설 ④ 행정 부문은 정부 직제 및 기능 등을 고려하여 기존 분류를 유지하였다.

491 한국표준산업분류(제10차)의 "A 농업, 임업 및 어업"분야 분류 시 유의사항으로 틀린 것은?

① 구입한 농·임·수산물을 가공하여 특정 제품을 제조하는 경우에는 제조업으로 분류

② 농·임·수산업 관련 조합은 각각의 사업부문별로 그 주된 활동에 따라 분류

③ 농업생산성을 높이기 위한 지도·조언 등을 수행하는 정부기관은 "경영컨설팅업"에 분류

④ 수상오락 목적의 낚시장 및 관련시설 운영활동은 "낚시장 운영업"에 분류

해설 ③ 농업생산성을 높이기 위한 지도·조언·감독 등의 활동을 수행하는 정부기관은 "공공행정, 국방 및 사회보장 행정"의 적합한 항목에 분류

492 인구통계에서 "성비 105"의 의미는?

① 남녀 임금차이가 105%란 의미이다.

② 총 인구 중 남자 100명당 여자 105명이란 의미이다.

③ 총 인구 중 여자 100명당 남자 105명이란 의미이다.

④ 경제활동에 남자가 5% 더 많이 참가하고 있다는 의미이다.

해설 ③ 인구통계에서 성비기준은 여자 100당 남자의 수를 말한다.

493 한국직업사전에 대한 설명으로 **틀린** 것은?

① 수록된 직업들은 직무분석을 바탕으로 조사된 정보들로서 유사한 직무를 기준으로 분류한 것이다.

② 본 직업정보는 직업코드, 본직업명, 직무개요, 수행직무 등이 해당한다.

③ 수록된 각종 정보는 사업체 표본조사를 통해 조사된 내용으로 근로자의 직업(직무)평가 자료로서의 절대적 기준을 제시한다.

④ 급속한 과학기술 발전과 산업구조 변화 등에 따라 변동하는 직업세계를 체계적으로 조사분석하여 표준화된 직업명과 기초직업정보를 제공할 목적으로 발간된다.

해설 ③ 한국직업사전에 수록된 각종 직업정보는 절대적인 기준을 제시하는 자료가 될 수 없다.

494 한국직업사전(2020)에서 알 수 있는 직업관련 정보가 **아닌** 것은?

① 표준산업분류코드　　② 직무개요

③ 수행직무　　　　　　④ 임금수준

해설 ④ 한국직업사전은 직업별 임금수준 정보를 제공하지 않는다.

495 한국직업사전의 부가 직업정보에 해당하는 것은?

① 직업코드　　　　　　② 수행직무

③ 본 직업명칭　　　　　④ 정규교육

➕ **한국직업사전 구성항목**

- 직업코드
- 본직업명칭
- 직무개요
- 수행직무
- 부가직업정보
  (정규교육, 숙련기간, 직무기능, 작업강도, 육체활동, 작업장소, 작업환경, 유사명칭, 관련직업, 자격·면허, 한국표준산업분류 코드, 한국표준직업분류 코드, 조사연도)

496 한국직업사전(2020)에 수록된 직업정보는 크게 5가지 항목으로 구분할 수 있다. 이에 대한 설명으로 **틀린** 것은?

① 본직업명 – 산업현장에서 일반적으로 해당 직업으로 알려진 명칭 혹은 그 직무가 통상적으로 호칭되는 것으로 '한국직업사전'에 그 직무내용이 기술된 명칭이다.

② 직업코드 – 특정 직업을 구분해 주는 단위로서 '한국고용직업분류'의 세분류 5자리 숫자로 표기하였다.

③ 수행직무 – 직무담당자가 직무의 목적을 완수하기 위하여 수행하는 구체적인 작업내용을 작업순서에 따라 서술한 것이다.

④ 부가 직업정보 – 정규교육, 숙련기간, 직무기능, 작업강도, 육체활동 등을 포함한다.

해설 ② 직업코드는 특정 직업을 구분해 주는 단위로서, '한국고용직업분류(KECO)'의 세분류 4자리 숫자로 표기하였다.

497 한국직업사전의 부가 직업정보에 대한 설명으로 **옳은** 것은?

① 정규교육: 해당 직업 종사자의 평균 학력을 나타낸다.

② 조사연도: 해당 직업의 직무조사가 실시된 연도를 나타낸다.

③ 작업강도: 해당 직업의 직무를 수행하는 데 필요한 육체적·심리적·정신적 힘의 강도를 나타낸다.

④ 유사명칭: 본직업명과 기본적인 지무에 있어서 공통점이 있으나 직무의 범위, 대상 등에 따라 나뉘지는 직업이다.

해설 ① 정규교육: 직업 종사자의 평균 학력을 나타낸 것이 아니다.
③ 작업강도: 해당 직업의 직무를 수행하는 데 필요한 심리적·정신적 노동강도는 고려하지 않았다.
④ '관련직업'에 대한 설명이다. 유사명칭: 현장에서 본직업명을 명칭만 다르게 부르는 것으로 본직업명과 사실상 동일하다.

498 한국직업사전에서 제공하는 부가 직업정보에 대한 설명으로 틀린 것은?

① 정규교육은 해당 직업의 직무를 수행하는 데 필요한 일반적인 정규교육 수준을 의미하는 것으로 해당 직업 종사자의 평균 학력을 나타낸다.

② 숙련기간은 정규교육 과정을 이수한 후 해당 직업의 직무를 평균적인 수준으로 스스로 수행하기 위하여 필요한 각종 교육기간, 훈련기간 등을 의미한다.

③ 작업강도는 해당 직업의 직무를 수행하는 데 필요한 육체적 힘의 강도를 나타내며, 심리적·정신적 노동강도는 고려하지 않았다.

④ 관련 직업은 본직업명과 기본적인 직무에 있어서 공통점이 있으나 직무의 범위, 대상 등에 따라 나누어지는 직업이다.

해설 ① 직무수행에 필요한 일반적인 정규교육수준을 의미하는 것이나, 해당 직업 종사자의 평균학력을 나타내는 것은 아니다.

499 다음은 한국직업사전에서 해당 직업의 직무를 수행하는 데 필요한 일반적인 정규교육 수준에 대한 설명이다. ( )에 알맞은 것은?

(ㄱ): 9년 초과 ~ 12년 이하(고졸 정도)
(ㄴ): 14년 초과 ~ 16년 이하(대졸 정도)

① ㄱ: 수준 2, ㄴ: 수준 4
② ㄱ: 수준 3, ㄴ: 수준 5
③ ㄱ: 수준 4, ㄴ: 수준 6
④ ㄱ: 수준 5, ㄴ: 수준 7

➕ 정규교육 수준

수준	교육정도
1	6년 이하(초졸 정도)
2	6년 초과 ~ 9년(중졸 정도)
3	9년 초과 ~ 12년(고졸 정도)
4	12년 초과 ~ 14년(전문대졸 정도)
5	14년 초과 ~ 16년(대졸 정도)
6	16년 초과 (대학원 이상)

500 한국직업사전의 부가직업정보에 해당되지 않는 것은?

① 직무기능(DPT)　　　② 숙련기간
③ 자격·면허　　　　　④ 직무개요

➕ 한국직업사전 구성항목
- 직업코드
- 본직업명칭
- 직무개요
- 수행직무
- 부가직업정보
(정규교육, 숙련기간, 직무기능, 작업강도, 육체활동, 작업장소, 작업환경, 유사명칭, 관련직업, 자격·면허, 한국표준산업분류 코드, 한국표준직업분류 코드, 조사연도)

501 한국직업사전(2020)의 부가 직업정보 중 정규교육에 관한 설명으로 틀린 것은?

① 우리나라 정규교육의 연한을 고려하여 6단계로 분류하였다.

② 4수준은 12년 초과~14년 이상(전문대졸 정도)이다.

③ 독학, 검정고시 등을 통해 정규교육과정을 이수하였다고 판단되는 기간도 포함된다.

④ 해당 직업 종사자의 평균학력을 나타내는 것이다.

해설 ④ 해당 직업 종사자의 평균학력을 나타내는 것은 아니다.

502 한국직업사전의 부가 직업정보 중 숙련기간에 포함되지 않는 것은?

① 해당 직업에 필요한 자격·면허를 취득하는 취업 전 교육 및 훈련기간

② 취업 후에 이루어지는 관련 자격·면허 취득 교육 및 훈련기간

③ 해당 직무를 평균적으로 수행하기 위한 각종 교육·훈련, 수습 교육 등의 기간

④ 해당 직무를 평균적인 수준 이상으로 수행하기 위한 향상훈련기간

해설 ④ 향상훈련은 숙련기간에 포함되지 않는다.

503 한국직업사전의 부가 직업정보 중 숙련기간에 대한 설명으로 틀린 것은?

① 정규교육과정을 이수한 후 해당 직업의 직무를 평균적인 수준으로 스스로 수행하기 위하여 필요한 각종 교육기간, 훈련기간 등을 의미한다.
② 해당 직업에 필요한 자격·면허를 취득하는 취업 전 교육 및 훈련기간뿐만 아니라 취업 후에 이루어지는 관련 자격·면허 취득 교육 및 훈련기간도 포함된다.
③ 자격·면허가 요구되는 직업은 아니지만 해당 직무를 평균적으로 수행하기 위한 각종 교육·훈련, 수습교육, 기타 사내교육, 현장훈련 등의 기간이 포함된다.
④ 5수준의 숙련기간은 4년 초과~10년 이하이다.

➕ 한국직업사전: 부가 직업정보(숙련기간)

수준	숙련기간	수준	숙련기간
1	약간의 시범정도	6	1년 초과 ~ 2년 이하
2	시범후 30일 이하	7	2년 초과 ~ 4년 이하
3	1개월 초과 ~ 3개월 이하	8	4년 초과 ~ 10년 이하
4	3개월 초과 ~ 6개월 이하	9	10년 초과
5	6개월 초과 ~ 1년 이하		–

504 한국직업사전(2012)의 숙련기간에 대한 설명으로 틀린 것은?

① 정규교육과정을 이수한 후 해당 직업의 직무를 평균적인 수준으로 스스로 수행하기 위하여 필요한 각종 교육, 훈련, 숙련기간을 의미한다.
② 해당 직업에 필요한 자격·면허를 취득하는 취업 전 교육 및 훈련기간이 해당되며, 취업 후에 이루어지는 관련 자격·면허 취득 교육 및 훈련기간은 포함되지 않는다.
③ 해당 직무를 평균적으로 수행하기 위한 각종 교육·훈련기간, 수습교육, 기타 사내교육, 현장훈련 등이 포함된다.
④ 해당 직무를 평균적인 수준 이상으로 수행하기 위한 향상훈련은 숙련기간에 포함되지 않는다.

해설 ② 취업 전뿐만 아니라 취업 후에 이루어지는 관련 자격·면허 취득 교육 및 훈련기간도 숙련기간에 포함된다.

505 한국직업사전의 부가 직업정보 중 '수준 4'에 해당하는 숙련기간은?

① 시범 후 30일 이하　② 3개월 초과 ~ 6개월 이하
③ 1년 초과 ~ 2년 이하　④ 4년 초과 ~ 10년 이하

해설 ② 한국직업사전의 부가 직업정보 중 '수준 4'에 해당하는 숙련기간은 3개월 초과~ 6개월 이하이다.

506 다음은 한국직업사전(2020)에 수록된 어떤 직업에 관한 설명인가?

> • 직무개요: 기업을 구성하는 여러 요소(재무, 회계, 인사, 미래비전, 유통 등)에 대한 분석을 통하여 기업이 당면한 문제점과 해결방안을 제시한다.
> • 직무기능: 자료(분석)/사람(자문)/사물(관련 없음)

① 직무분석가　　　　② 시장조사분석가
③ 환경영향평가원　　④ 경영컨설턴트

해설 ① 직무분석가: 조직적인 인사관리, 합리적인 직무평가, 과학적인 교육훈련 등을 목적으로 사업체 및 공공기관 등에서 수행되는 업무의 내용, 수행요건, 근로조건 등과 같은 기술적인 정보를 조사·분석·평가한다.
② 시장조사분석가: 마케팅계획 수립 등을 위해 시장규모, 미래현황, 유통채널, 소비자, 경쟁업체 등에 관한 조사를 수행하고 분석·평가한다.
③ 환경영향평가원: 환경영향평가 대상 사업의 계획을 수립하는데 당해 사업의 시행으로 인하여 자연환경, 생활환경, 사회·경제 환경에 미치는 해로운 영향을 미리 예측·분석하여 환경영향을 줄이는 방안을 강구하고 제안한다.

507 한국직업사전(2020)의 직무기능에 해당하지 않는 것은?

① 환경　　　　② 자료
③ 사물　　　　④ 사람

해설 직무기능은 해당 직업 종사자가 직무를 수행하는 과정에서 자료(data), 사람(people), 사물(thing)과 맺는 특성을 나타낸다.

508 한국직업사전(2020)의 부가직업정보 중 "자료"에 관한 설명으로 틀린 것은?

① 종합: 사실을 발견하고 지식개념 또는 해석을 개발하기 위해 자료를 종합적으로 분석한다.
② 분석: 조사하고 평가한다. 평가와 관련된 대안적 행위의 제시가 빈번하게 포함된다.
③ 계산: 사칙연산을 실시하고 사칙연산과 관련하여 규정된 활동을 수행하거나 보고한다. 수를 세는 것도 포함된다.
④ 기록: 데이터를 옮겨 적거나 입력하거나 표시한다.

해설 ③ 수를 세는 것은 포함되지 않는다.

509 한국직업사전에서 사람과 관련된 직무기능 중 "정책을 수립하거나 의사결정을 하기 위해 생각이나 정보, 의견 등을 교환한다"와 관련 있는 것은?

① 자문 ② 협의
③ 설득 ④ 감독

해설 ① 자문(mentoring): 법률적으로나 과학적, 임상적, 종교적, 기타 전문적인 방식에 따라 사람들의 전인격적인 문제를 상담하고 조언하며 해결책을 제시한다.
③ 설득(persuading): 상품이나 서비스 등을 구매하도록 권유하고 설득한다.
④ 감독(supervising): 작업절차를 결정하거나 작업자들에게 개별 업무를 적절하게 부여하여 작업의 효율성을 높인다.

510 한국직업사전(2020) 부가 직업정보의 직무기능에 대한 설명에서 ( ) 안에 공통적으로 들어갈 말은?

( )와/과 관련된 기능은 위계적 관계가 없거나 희박하다. 서비스 제공이 일반적으로 덜 복잡한 ( ) 관련 기능이며, 나머지 기능들은 기능의 수준을 의미하는 것은 아니다.

① 시스템 ② 사물
③ 자료 ④ 사람

해설 직무기능은 해당 직업 종사자가 직무를 수행하는 과정에서 자료(data), 사람(people), 사물(thing)과 맺는 특성을 나타낸다.

511 한국직업사전의 직무기능 자료(data)항목 중 무엇에 관한 설명인가?

• 데이터의 분석에 기초하여 시간, 장소, 작업순서, 활동 등을 결정한다.
• 결정을 실행하거나 상황을 보고한다.

① 종합 ② 조정
③ 계산 ④ 수집

해설 ① 종합: 사실을 발견하고 지식개념 또는 해석을 개발하기 위해 자료를 종합적으로 분석한다.
③ 계산: 사칙연산을 실시하고 사칙연산과 관련하여 규정된 활동을 수행하거나 보고한다. 수를 세는 것은 포함되지 않는다.
④ 수집: 자료, 사람, 사물에 관한 정보를 수집·대조·분류한다. 정보와 관련한 규정된 활동의 수행 및 보고가 자주 포함된다.

512 다음은 한국직업사전(2020) 직무기능 "사물" 항목 중 무엇에 관한 설명인가?

다양한 목적을 수행하고자 사물 또는 사람의 움직임을 통제하는 데 있어 일정한 경로를 따라 조작되고 안내되어야 하는 기계 또는 설비를 시동, 정지하고 그 움직임을 제어한다.

① 조작운전 ② 제어조작
③ 정밀 작업 ④ 수동조작

해설 ② 제어조작: 기계 또는 설비를 시동, 정지, 제어하고 작업이 진행되고 있는 기계나 설비를 조정한다.
③ 정밀작업: 설정된 표준치를 달성하기 위하여 궁극적인 책임이 존재하는 상황 하에서 신체부위, 공구, 작업도구를 사용하여 가공물 또는 재료를 가공, 조종, 이동, 안내하거나 또는 정위치 시킨다. 그리고 도구, 가공물 또는 원료를 선정하고 작업에 알맞게 공구를 조정한다.
④ 수동조작: 기계, 설비 또는 재료를 가공, 조정, 이동 또는 위치 할 수 있도록 신체부위, 공구 또는 특수장치를 사용한다. 정확도 달성 및 적합한 공구, 기계, 설비 또는 원료를 산정하는데 있어서 어느 정도의 판단력이 요구된다.

513 한국직업사전(2020)의 부가 직업정보 중 작업강도에 관한 설명으로 옳은 것은?

① 작업강도는 해당 직업의 직무를 수행하는 데 필요한 육체적 힘의 강도를 나타낸 것으로 3단계로 분류하였다.
② 작업강도는 심리적·정신적 노동강도는 고려하지 않았다.
③ 보통 작업은 최고 40kg의 물건을 들어올리고 20kg 정도의 물건을 빈번히 들어올리거나 운반한다.
④ 운반이란 물체를 주어진 높이에서 다른 높이로 올리거나 내리는 작업을 의미한다.

해설 ① 육체적 힘의 강도(작업강도)를 5단계로 분류하였다.
③ 힘든 작업에 해당되는 내용이다. 보통 작업은 최고 20kg의 물건을 들어 올리고 10kg 정도의 물건을 빈번히 들어 올리거나 운반한다.
④ 들어올림에 해당하는 내용이다. 운반이란 손에 들거나 팔에 걸거나 어깨에 메고 물체를 한 장소에서 다른 장소로 옮기는 작업을 의미한다.

514 한국직업사전(2020)의 작업강도 중 '보통 작업'에 대한 설명으로 옳은 것은?

① 최고 4kg의 물건을 들어 올리고 때때로 장부, 대장, 소도구 등을 들어 올리거나 운반한다.
② 최고 8kg의 물건을 들어 올리고 4kg 정도의 물건을 빈번히 들어 올리거나 운반한다.
③ 최고 20kg의 물건을 들어 올리고 10kg정도의 물건을 빈번히 들어 올리거나 운반한다.
④ 최고 40kg의 물건을 들어 올리고 20kg 정도의 물건을 빈번히 들어 올리거나 운반한다.

해설 선택지 ①은 아주 가벼운 작업 ②는 가벼운 작업 ④는 힘든 작업에 대한 설명이다.

515 한국직업사전(2020)의 작업강도 중 무엇에 관한 설명인가?

> 최고 20kg의 물건을 들어올리고 10kg 정도의 물건을 빈번히 들어 올리거나 운반한다.

① 가벼운 작업
② 보통 작업
③ 힘든 작업
④ 아주 힘든 작업

해설 ② 보통 작업 설명이다.

➕ 한국직업사전의 작업강도 5단계

구분	정의
아주 가벼운 작업	최고 4kg의 물건을 들어 올리고, 때때로 장부, 소도구 등을 들어 올리거나 운반한다.
가벼운 작업	최고 8kg의 물건을 들어 올리고 4kg 정도의 물건을 빈번히 들어 올리거나 운반한다.
보통 작업	최고 20kg의 물건을 들어 올리고 10kg 정도의 물건을 빈번히 들어 올리거나 운반한다.
힘든 작업	최고 40kg의 물건을 들어 올리고 20kg 정도의 물건을 빈번히 들어 올리거나 운반한다.
아주 힘든 작업	40kg 이상의 물건을 들어 올리고 20kg 이상의 물건을 빈번히 들어 올리거나 운반한다.

516 한국직업사전(2020)의 부가직업정보 중 작업환경에 대한 설명으로 틀린 것은?

① 작업환경은 해당 직업의 직무를 수행하는 작업원에게 직접적으로 물리적, 신체적 영향을 미치는 작업장의 환경요인을 나타낸 것이다.
② 작업환경의 측정은 작업자의 반응을 배제하고 조사가 느끼는 신체적 반응으로 판단한다.
③ 작업환경은 저온·고온, 다습, 소음·진동, 위험내재, 대기환경미흡으로 구분한다.
④ 작업환경은 산업체 및 작업장에 따라 달라질 수 있으므로 절대적인 기준이 될 수 없다.

해설 ② 작업자의 작업환경을 조사하는 담당자는 일시적으로 방문하고 또한 정확한 측정기구를 가지고 있지 못한 경우가 일반적이기 때문에 조사 당시에 조사자가 느끼는 신체적 반응 및 작업자의 반응을 듣고 판단한다.

517 한국직업사전(2020) 작업환경에 대한 설명에서 위험내재에 포함되지 **않는** 것은?

① 방사선   ② 기계
③ 가스   ④ 전기

해설 한국직업사전의 작업환경에 관한 내용 중 '위험내재'에는 기계적·전기적 위험, 화상, 폭발, 방사선 등의 위험이 포함된다.

518 한국직업사전에 수록되어 있는 정보 중 유사명칭에 대한 설명으로 **틀린** 것은?

① 직업 수 집계에서 제외된다.
② 본직업명을 명칭만 다르게 해서 부르는 것이다.
③ 한국직업사전의 부가 직업정보에 해당한다.
④ 본직업명을 직무의 범위, 대상 등에 따라 나눈 것이다.

해설 ④ 기본적인 직무에 있어서 본직업명과 공통점이 있으나 직무의 범위, 대상 등에 따라 나누어지는 것은 '관련직업'이다.

➕ **보험설계사 예시**
• 유사명칭: 보험모집인, 보험대리인, 보험영업원, 라이프컨설턴트(LC: Life Consultant)
• 관련직업: 전문영역에 따라 생명보험모집인, 손해보험모집인, 보증보험모집인, 연금보험모집인

519 한국직업사전(2020)의 직업코드 기준은?

① 한국고용직업분류의 대분류
② 한국고용직업분류의 중분류
③ 한국고용직업분류의 소분류
④ 한국고용직업분류의 세분류

해설 ④ 직업코드는 특정 직업을 구분해 주는 단위로서, '한국고용직업분류(KECO)'의 세분류 4자리 숫자로 표기하였다.

520 '4차 산업혁명에 따른 새로운 직업'에 대한 국내 일간지의 사설을 내용분석하기 위해 가능한 표본추출 방법을 모두 고른 것은?

> ㄱ. 무작위표본추출
> ㄴ. 층화표본추출
> ㄷ. 체계적표본추출
> ㄹ. 군집(집락)표본추출

① ㄱ, ㄴ   ② ㄱ, ㄷ
③ ㄴ, ㄷ, ㄹ   ④ ㄱ, ㄴ, ㄷ, ㄹ

➕ **표본추출방법 또는 표집방법**
• 단순무선표집(무작위표집, simple random sampling): 구성원들에게 일련번호를 부여하고, 그 번호들 중에서 무선적으로 필요한 만큼 표집하는 것이다.
• 층화표집(stratified sampling): 모집단이 규모가 다른 몇 개의 이질적인 하위집단으로 구성되어 있는 경우에 사용한다.
• 체계적표집(systematic sampling): 모집단이 어떤 특징에 따라 체계적으로 정리되어 있는 경우, 이를 이용해서 무선 표집할 수 있다.
• 군집표집(집락표집, cluster sampling): 모집단을 서로 동질적인 하위집단으로 구분하여 집단 자체를 표집하는 방법이다.

521 한국직업전망에서 제공하는 정보에 대한 설명으로 **틀린** 것은?

① '하는 일'은 해당 직업 종사자가 일반적으로 수행하는 업무내용과 과정에 대해 서술하였다.
② '관련 학과'는 일반적 입직조건을 고려하여 대학에 개설된 대표 학과명만을 수록하였다.
③ '적성과 흥미'는 해당 직업에 취업하거나 업무를 수행하는데 유리한 적성, 성격, 흥미, 지식 및 기술 등을 수록하였다.
④ '학력'은 '고졸이하', '전문대졸', '대졸', '대학원졸 이상'으로 구분하여 제시하였다.

해설 ② 관련 학과 : 일반적 입직 조건을 고려하여 대학에 개설된 대표 학과명을 수록하거나, 특성화고등학교, 직업훈련기관, 직업전문학교의 학과명을 수록하였다.

522 한국직업전망에 관한 설명으로 옳은 것은?

① 한국직업전망은 2001년부터 발간되기 시작하였다.
② 한국직업전망의 수록직업 선정 기준은 한국표준 직업분류의 세분류에 근거한다.
③ 직업에 대한 고용전망은 감소, 다소 감소, 다소 증가, 증가 등 4개 구간으로 구분하여 제시한다.
④ 해당 직업 종사자의 일반적인 근무시간, 근무형태, 육체적·정신적 스트레스 정도 등을 근무환경으로 서술한다.

해설 ① 1999년, 『1999 한국직업전망서』를 발간하였다.
② 한국직업전망의 수록직업 선정 기준은 「한국고용직업분류(KECO)」의 세분류 직업에 기초한다.
③ 향후 10년간의 연평균 고용증감률을 감소(-2% 미만), 다소 감소(-2% 이상, 01% 이하), 현상태 유지(-1% 초과, +1% 미만), 다소 증가(1% 이상, 2% 이하), 증가(2% 초과)의 5개 구간으로 구분하였다.

523 한국직업전망(2020)의 수록 직업 선정 기준에 관한 설명으로 틀린 것은?

① 수록 직업 선정은 「한국고용직업분류(KECO)」의 세분류(4-digits) 직업에 기초하여 종사자 수가 일정 규모(3만 명) 이상인 경우를 원칙으로 하였다.
② 직업정보의 연결성을 높이기 위해서 워크넷 직업·진로(한국직업정보시스템)에서 제공되고 있는 직업 단위를 기본 정보단위로 사용하였다.
③ KECO의 세분류 직업 중 승진을 통해 진입하게 되는 관리직과 직업정보 제공의 실효성이 낮은 직업(예: 안마사)도 포함하였다.
④ 피부 및 체형관리사 등과 같이 직무가 유사하거나 식당 서비스원처럼 직업정보 제공의 실효성이 낮은 직업들은 하나로 통합하거나 소분류(3-digits) 수준에서 통합하여 제공하였다.

해설 ③ KECO의 세분류 직업 중 승진을 통해 진입하게 되는 관리직과 직업정보 제공의 실효성이 낮은 직업(예: 안마사)은 제외하였다.

524 한국직업전망(2020)의 직업별 정보 구성체계에 해당하지 않는 것은?

① 하는 일
② 근무환경
③ 산업전망
④ 일자리 전망

해설 ③ 산업전망을 직업별 정보 구성체계에 해당하지 않는다.

➕ 한국직업전망(2020)의 구성
1. 『한국직업전망』 연혁
2. 수록직업 선정
3. 일자리 전망 방법
4. 직업정보 내용
   1) 일반 직업정보: 대표 직업명, 하는 일, 업무환경, 되는 길, 적성 및 흥미, 경력개발
   2) 일자리 전망: 일자리 전망 결과, 일자리 전망 요인
   3) 부가 직업정보: 관련 직업, 직업코드, 관련 정보처

525 한국직업전망(2020)의 부가 직업정보에 해당하지 않는 것은?

① 적성 및 흥미는 해당 직업 종사자의 일반적인 근무시간, 근무형태, 근무장소, 육체적·정신적 스트레스 정도, 산업안전 등에 대해 서술하였다
② 관련 직업은 한국직업정보시스템(KNOW)에서 제공하는 직업정보를 중심으로 자격이나 전공, 경력 등을 고려하여 곧바로 혹은 추가 교육훈련을 통해 진입이 가능한 직업을 제시하였다.
③ 직업 코드는 한국고용직업분류(KECO)와 한국표준직업분류(KSCO)의 세분류(4-digits) 코드를 제공하였다. 해당 직업이 소분류(3-digits) 수준이라면 하위에 포함된 직업코드 여러 개가 제공된다.
④ 관련 정보처는 직업정보와 관련된 정부부처, 공공기관, 협회, 학회 등의 기관명칭, 전화번호, 홈페이지 주소를 제공하였고, 유용한 웹 사이트도 수록하였다.

해설 ① 적성 및 흥미는 일반 직업정보에 해당하는 내용이다.

526 다음은 한국직업전망(2020)에 수록된 직업 중 무엇에 관한 설명인가?

> 병원에서 의사를 도와 질병의 원인을 연구하고, 질병의 예방과 치료를 위해 혈액이나 소변, 조직 등 인체로부터 추출된 검사물(검체)을 다양한 의학적 검사법을 통해 분석하는 업무를 담당하는 사람이다.

① 임상심리사   ② 임상병리사
③ 방사선사   ④ 응급구조사

해설 ① 임상심리사는 개인이나 집단이 경험하는 우울, 불안, 적응문제, 각종 중독문제, 정신분열, 섭식장애, 주의력결핍, 자폐, 학습장애, 성격장애, 두통 등의 심리·생리적 문제나 정신건강과 관련된 다양한 영역의 문제를 이해·평가·치료한다.
③ 방사선사는 전문적인 방사선 지식과 방사선 장비를 이용해 환자의 질병에 대한 진단과 방사선 치료 업무를 한다.
④ 응급구조사는 교통사고, 화재발생 등 인명과 관련된 위급한 상황이 발생했을 때 사고현장에 출동하여 응급조치를 취하고, 환자를 신속히 병원으로 이송하여 생명을 구한다.

527 한국직업전망에서 정의한 고용변동 요인 중 불확실성 요인에 해당하는 것은?

① 인구구조 및 노동인구 변화
② 정부정책 및 법·제도 변화
③ 과학기술 발전
④ 가치관과 라이프스타일 변화

➕ **고용에 영향을 미치는 요인**

- 확실성 요인: 인구구조 및 노동인구 변화, 산업특성 및 산업구조 변화, 과학기술 발전, 기후변화와 에너지 부족, 가치관과 라이프스타일 변화
- 불확실성 요인: 대내외 경제 상황 변화, 기업의 경영전략 변화, 정부정책 및 법·제도 변화

528 2019 한국직업전망의 직업별 일자리 전망 결과에서 '다소 증가'로 전망되지 않은 것은?

① 항공기조종사   ② 경찰관
③ 기자   ④ 손해사정사

해설 ① 항공기 조종사는 향후 10년간 취업자 수는 증가할 것으로 전망된다.

529 한국직업전망(2020)의 향후 10년간 직업별 일자리 전망 결과 '증가'가 예상되는 직업에 해당하지 않는 것은?

① 어업 종사자   ② 사회복지사
③ 간병인   ④ 간호사

해설 ① 어업종사자는 향후 감소할 것으로 예상되는 직업이다.

530 2019 한국직업전망에서 세분류 수준의 일자리 전망 결과가 '증가' 및 '다소 증가'에 해당하는 직업명을 모두 고른 것은?

> ㄱ. 연예인 및 스포츠매니저   ㄴ. 간병인
> ㄷ. 네트워크시스템개발자   ㄹ. 보육교사
> ㅁ. 임상심리사   ㅂ. 택배원

① ㄱ, ㄴ, ㄷ, ㅁ, ㅂ   ② ㄴ, ㄹ, ㅂ
③ ㄱ, ㄷ, ㄹ, ㅁ   ④ ㄱ, ㄴ, ㄷ, ㄹ, ㅁ, ㅂ

해설 ④ 한국직업전망은 일자리전망을, 감소 → 다소 감소 → 현상태 유지 → 다소 증가 → 증가의 5단계로 구분한다.

531 고용노동통계조사의 각 항목별 조사주기의 연결이 틀린 것은?

① 사업체 노동력 조사: 연 1회
② 시도별 임금 및 근로시간 조사: 연 1회
③ 지역별 사업체 노동력 조사: 연 2회
④ 기업체 노동비용 조사: 연 1회

해설 ① 사업체노동력조사는 매월 지정된 표본사업체를 대상으로 조사된 종사자 수, 빈 일자리 수, 입·이직자 수, 임금 및 근로시간을 조사하여 매월 고용노동부에서 실시한다.
② 시도별 임금 및 근로시간 조사는 사업체 노동력 조사의 부가조사로 매년 실시한다.
③ 지역별 사업체 노동력 조사는 사업체 노동력 조사의 부가조사로 연 2회(4월, 10월) 실시하여 시군구별 종사자 및 입·이직자 현황을 제공한다.
④ 기업체 노동비용 조사는 10인이상 규모 회사법인 기업체에서 상용근로자를 고용함으로써 발생하는 제반비용을 조사하는 것으로 매년 고용노동부에서 실시한다.

532 한국고용직업분류(KECO)의 분류 원칙에 대한 설명으로 옳은 것은?

① 직업분류에서 일반적으로 사용하는 10진법을 준용하였다.
② 직무유형(Skill Type))을 분류의 우선적인 기준으로 사용하였다.
③ 직업분류의 기본 원칙인 포괄성과 배타성을 고려하여 분류하였다.
④ 최소 고용인원을 고려하여 모든 직무를 일괄적으로 직업단위로 분류하였다.

해설 ※ 한국고용직업분류(KECO, 2018)의 2020년 수정판을 반영

➕ 한국고용직업분류(2018)의 기준
• 한국고용직업분류는 직능유형을 우선 적용하고 직능수준을 함께 고려하였다.
• 한국고용직업분류는 대분류와 중분류 단위에서 직능유형을 우선적으로 적용하였으며, 소분류 단위에서 직능수준을 함께 적용하였다.
• 중분류 단위는 직능유형에 따라 35개 항목으로 구분하고 앞의 두 자리는 중분류 항목을 식별하는 코드이다.
• 중분류 이하의 단위부터는 통상적으로 '1'부터 순차적으로 코드를 부여하였다.

➕ 한국고용직업분류(2018)의 원칙
• 포괄성의 원칙: 우리나라에 존재하는 모든 직무는 어떤 수준에서도 분류에 포괄되어야 한다.
• 배타성의 원칙: 동일하거나 유사한 직무는 어느 경우에도 같은 단위직업으로 분류되어야 한다.
• 포괄적인 업무에 대한 직업분류 원칙: 동일한 직업이더라도 사업체 규모에 따라 직무범위가 차이 발생할 수 있으며, 하나의 단일직무를 수행하는 경우가 아니라 여러 직무를 결합하여 수행하는 경우에 적용하기 위한 원칙이다.
• 다수 직업 종사자의 분류원칙: 한 사람이 전혀 상관성이 없는 두 가지 이상의 직업에 종사할 경우에 그 직업을 결정하기 위한 원칙이다.

533 한국고용직업분류(2018)의 대분류에 해당하지 않는 것은?

① 군인
② 건설·채굴직
③ 설치·정비·생산직
④ 연구직 및 공학 기술직

➕ 한국고용직업분류 2018의 분류단위별 항목 구성체계

대분류	중분류	소분류	세분류
0. 경영·사무·금융·보험직	3	18	70
1. 연구직 및 공학 기술직	5	19	54
2. 교육·법률·사회복지·경찰·소방직 및 군인	5	12	41
3. 보건의료직	1	7	20
4. 예술·디자인·방송·스포츠직	2	8	34
5. 미용·여행·숙박·음식·경비·청소직	6	13	49
6. 영업·판매·운전·운송직	2	11	35
7. 건설·채굴직	1	6	24
8. 설치·정비·생산직	9	37	110
9. 농림어업직	1	5	13
10항목	35항목	136항목	450항목

534 한국고용직업분류(2018)의 개정방향 및 주요 개정내용에 대한 설명으로 틀린 것은?

① 한국고용직업분류는 직능유형을 우선 적용하고 직능수준을 함께 고려하였다.
② 한국고용직업분류는 대분류와 중분류 단위에서 직능유형을 우선적으로 적용하였으며, 소분류 단위에서 직능수준을 함께 적용하였다.
③ 중분류 단위는 직능유형에 따라 35개 항목으로 구분하고 앞의 두 자리는 중분류 항목을 식별하는 코드이다.
④ 중분류 이하의 단위부터는 통상적으로 '01'부터 순차적으로 코드를 부여하였다.

해설 ④ 중분류 이하의 단위부터는 통상적으로 '1'부터 순차적으로 코드를 부여하였다.

535 다음에 해당하는 NCS 수준 체계는?

> - 정의 : 독립적인 권한 내에서 해당분야의 이론 및 지식을 자유롭게 활용하고, 일반적인 숙련으로 다양한 과업을 수행하고, 타인에게 해당분야 지식 및 노하우를 전달할 수 있는 수준
> - 지식기술 : 해당분야의 이론 및 지식을 자유롭게 활용할 수 있는 수준 / 일반적인 숙련으로 다양한 과업을 수행할 수 있는 수준
> - 역량 : 타인의 결과에 대하여 의무와 책임이 필요한 수준 / 독립적인 권한 내에서 과업을 수행할 수 있는 수준

① 8수준
② 7수준
③ 6수준
④ 5수준

해설 국가직무능력표준(National Competency Standards, NCS)은 직무수행에 필요한 지식·기술·태도 등을 체계화한 것이다.

➕ NCS 수준 체계

■ 8수준
- 정의: 해당분야에 대한 최고도의 이론 및 지식을 활용하여 새로운 이론을 창조할 수 있고, 최고도의 숙련으로 광범위한 기술적 작업을 수행할 수 있으며 조직 및 업무 전반에 대한 권한과 책임이 부여된 수준
- 지식기술: 해당분야에 대한 최고도의 이론 및 지식을 활용하여 새로운 이론을 창조할 수 있는 수준. 최고도의 숙련으로 광범위한 기술적 작업을 수행할 수 있는 수준
- 역량: 조직 및 업무 전반에 대한 권한과 책임이 부여된 수준
- 경력: 수준7에서 2~4년 정도의 계속 업무 후 도달 가능한 수준

■ 7수준
- 정의: 해당분야의 전문화된 이론 및 지식을 활용하여, 고도의 숙련으로 광범위한 작업을 수행할 수 있으며 타인의 결과에 대하여 의무와 책임이 필요한 수준
- 지식기술: 해당분야의 전문화된 이론 및 지식을 활용할 수 있으며, 근접분야의 이론 및 지식을 사용할 수 있는 수준. 고도의 숙련으로 광범위한 작업을 수행할 수 있는 수준
- 역량: 타인의 결과에 대하여 의무와 책임이 필요한 수준
- 경력: 수준6에서 2~4년 정도의 계속 업무 후 도달 가능한 수준

■ 6수준
- 정의: 독립적인 권한 내에서 해당분야의 이론 및 지식을 자유롭게 활용하고, 일반적인 숙련으로 다양한 과업을 수행하며, 타인에게 해당분야의 지식 및 노하우를 전달할 수 있는 수준
- 지식기술: 해당분야의 이론 및 지식을 자유롭게 활용할 수 있는 수준. 일반적인 숙련으로 다양한 과업을 수행할 수 있는 수준

- 역량: 타인의 결과에 대하여 의무와 책임이 필요한 수준. 독립적인 권한 내에서 과업을 수행할 수 있는 수준
- 경력: 수준5에서 1~3년 정도의 계속 업무 후 도달 가능한 수준

■ 5수준
- 정의: 포괄적인 권한 내에서 해당분야의 이론 및 지식을 사용하여 매우 복잡하고 비일상적인 과업을 수행하고, 타인에게 해당분야의 지식을 전달할 수 있는 수준
- 지식기술: 해당분야의 이론 및 지식을 자유롭게 사용할 수 있는 수준. 매우 복잡하고 비일상적인 과업을 수행할 수 있는 수준
- 역량: 타인에게 해당분야의 지식을 전달할 수 있는 수준. 매우 복잡하고 비일상적인 과업을 수행할 수 있는 수준
- 경력: 수준4에서 1~3년 정도의 계속 업무 후 도달 가능한 수준

■ 4수준
- 정의: 일반적인 권한 내에서 해당분야의 이론 및 지식을 제한적으로 사용하여 복잡하고 다양한 과업을 수행하는 수준
- 지식기술: 해당분야의 이론 및 지식을 제한적으로 사용할 수 있는 수준. 복잡하고 다양한 과업을 수행할 수 있는 수준
- 역량: 일반적인 권한 내에서 과업을 수행할 수 있는 수준
- 경력: 수준3에서 1~3년 정도의 계속 업무 후 도달 가능한 수준

■ 3수준
- 정의: 제한된 권한 내에서 해당분야의 기초이론 및 일반 지식을 사용하여 다소 복잡한 과업을 수행하는 수준
- 지식기술: 해당분야의 이론 및 지식을 제한적으로 사용할 수 있는 수준. 복잡하고 다양한 과업을 수행할 수 있는 수준
- 역량: 일반적인 권한 내에서 과업을 수행할 수 있는 수준
- 경력: 수준2에서 1~3년 정도의 계속 업무 후 도달 가능한 수준

■ 2수준
- 정의: 일반적인 지시 및 감독하에 해당분야의 일반 지식을 사용하여 절차화되고 일상적인 과업을 수행하는 수준
- 지식기술: 해당분야의 일반지식을 사용할 수 있는 수준. 절차화되고 일상적인 과업을 수행할 수 있는 수준
- 역량: 일반적인 지시 및 감독하에 과업을 수행할 수 있는 수준
- 경력: 수준1에서 6~12개월 정도의 계속 업무 후 도달 가능한 수준

■ 1수준
- 정의: 구체적인 지시 및 철저한 감독하에 문자이해, 계산능력 등 기초적인 일반 지식을 사용하여 단순하고 반복적인 과업을 수행하는 수준
- 지식기술: 문자이해, 계산능력 등 기초적인 일반 지식을 사용할 수 있는 수준. 단순하고 반복적인 과업을 수행할 수 있는 수준
- 역량: 구체적인 지시 및 철저한 감독하에 과업을 수행하는 수준

536 국가직무능력표준(NCS)에 관한 설명으로 틀린 것은?

① 산업현장에서 직무를 수행하기 위해 요구되는 지식·기술·태도 등의 내용을 국가가 체계화한 것이다.

② 한국고용직업분류를 중심으로 분류하였으며, 대분류 → 중분류 → 소분류 → 세분류 순으로 구성되어 있다.

③ 능력단위는 NCS 분류의 하위 단위로서 능력단위요소, 수행준거 등으로 구성되어 있다.

④ 직무는 NCS 분류의 중분류를 의미하고, 원칙상 중분류 단위에서 표준이 개발된다.

해설 ④ 직무는 국가직무능력표준 분류의 세분류를 의미하고, 원칙상 세분류 단위에서 표준이 개발된다.

537 평생학습계좌제(www.all.go.kr)에 관한 설명으로 틀린 것은?

① 개인의 다양한 학습경험을 온라인 학습이력관리시스템에 누적·관리하여 체계적인 학습설계를 지원한다.

② 개인의 학습결과를 학력이나 자격인정과 연계하거나 고용정보로 활용할 수 있게 한다.

③ 전 국민을 대상으로 실시하는 제도로서, 원하는 누구나 이용이 가능하다.

④ 온라인으로 계좌개설이 가능하며 방문신청은 전국 고용센터에 방문하여 개설한다.

해설 ④ 평생교육진흥원에 방문하여 개설해야 하며, 본인 확인을 위해 온라인 신청 시에는 개인별 공인인증서를, 방문신청 시에는 신분증을 지참하여야 한다.

538 다음 설명에 해당하는 직업훈련지원제도는?

훈련인프라 부족 등으로 인해 자체적으로 직업훈련을 실시하기 어려운 중소기업들을 위해, 대기업 등이 자체 보유한 우수 훈련인프라를 활용하여 중소기업이 필요로 하는 기술인력을 양성·공급하고 중소기업 재직자의 직무능력향상을 지원하는 제도이다.

① 국가인적자원개발컨소시엄

② 사업주지원훈련

③ 국가기간전략산업직종훈련

④ 청년취업아카데미

해설 ② 사업주지원훈련: 사업주가 훈련비용을 부담하여 재직근로자 등을 대상으로 직업훈련을 실시하는 경우 수료자에 한하여 훈련비의 일부를 지원하는 제도이다.

③ 국가기간전략산업직종훈련: 국가기간산업이나 국가전략산업 분야에서 인력이 부족한 직종에 대한 직업능력개발훈련을 실시하여 기업에서 요구하는 수준의 기능인력 및 전문, 기술인력 양성을 지원하는 제도입니다.

④ 청년취업아카데미: 기업·사업주단체, 대학 또는 민간 우수 훈련기관이 직접 산업현장에서 필요한 직업능력 및 인력 등을 반영하고 청년 미취업자에게 대학 등과 협력하여 연수과정 또는 창조적 역량 인재과정을 실시한 후 취업 또는 창직, 창업활동과 연계되는 사업을 말합니다.

539 청년내일채움공제 사업에 대한 설명으로 틀린 것은?

① 중소·중견기업에 정규직으로 취업한 청년들의 장기근속을 위하여 고용노동부와 중소벤처 기업부가 공동으로 운영하는 사업이다.

② 청년·기업·정부가 공동으로 공제금을 적립하여 성과보상금 형태로 만기공제금을 지급한다.

③ 온라인 신청방법은 중소기업진흥공단(sbcplan.or.kr) 참여신청 → 운영기관 승인 완료 후 워크넷 청약신청 순으로 이루어진다.

④ 근속기간을 기준으로 2년형, 3년형으로 구분한다.

해설 ③ 워크넷-청년공제 홈페이지에서 참여신청(www.work.go.kr/youngtomorrow) → 운영기관의 워크넷 승인 완료 후 청년공제 청약 홈페이지에서 청약 신청(www.sbcplan.or.kr)

➕ **청년내일채움공제 사업**
중소·중견기업에 정규직으로 취업한 청년들의 장기근속을 위하여 고용노동부와 중소벤처기업부가 공동으로 운영하는 사업으로, 청년·기업·정부가 공동으로 공제금을 적립하여 2년 또는 3년간 근속한 청년에게 성과보상금 형태로 만기공제금을 지급한다.

540 워크넷 구인·구직 및 취업 동향에서 사용하는 용어해설로 틀린 것은?

① 제시임금: 구인자가 구직자에게 제시하는 임금
② 의중임금: 구직자가 기꺼이 일하려는 최저한의 주관적 요구임금
③ 희망임금 충족률 : (제시임금÷희망임금)×100
④ 구인배율 : 신규구직건수÷신규구인인원

> 해설 ④ 구인배율: 구인인원÷구직자수

541 국가 직업훈련에 관한 정보를 검색할 수 있는 정보망은?

① JT—Net   ② HRD—Net
③ T—Net   ④ Training—Net

> 해설 ② HRD—Net은 직업훈련포털로 국민내일배움카드 신청·내역조회, 교육 동영상 시청 등을 제공한다.

542 직업, 훈련, 자격정보를 제공하는 사이트 또는 정보서와 제공내용이 틀리게 연결된 것은?

① 한국직업사전 – 직업별 제시임금과 희망임금 정보
② 워크넷 – 직업심리검사 실시
③ 한국직업전망 – 직업별 적성 및 흥미 정보
④ 자격정보시스템(Q—NET) – 국가기술자격별 합격률 정보

> 해설 ① 한국직업사전에는 직업별 임금정보를 제공하지 않는다.

543 구직자에게 일정한 금액을 지원하여 그 범위 이내에서 직업능력개발훈련에 참여할 수 있도록 하고, 훈련이력 등을 개인별로 통합관리하는 제도는?

① 사업주훈련   ② 일학습병행제
③ 국민내일배움카드   ④ 청년취업아카데미

> 해설 ③ 국민내일배움카드: 실업, 재직, 자영업자 여부에 관계 없이 국민내일배움카드를 발급하고 일정금액의 훈련비를 지원함으로써 직업능력개발 훈련에 참여할 수 있도록 하며, 직업능력개발 훈련이력을 종합적으로 관리하는 제도이다.
> ① 사업주 지원훈련: 사업주가 근로자 또는 채용예정자 및 구직자 등을 대상으로 직업능력개발 훈련을 실시할 경우 훈련비 등의 소요비용을 지원함으로써 사업주의 훈련지원 및 근로자의 능력개발 향상을 도모하는 제도이다.
> ② 일학습병행제: 산업현장의 실무형 인재양성을 위하여 기업이 취업을 원하는 청년 등을 학습근로자로 채용하여, 맞춤형 체계적 훈련을 제공하고, 훈련종료 후 학습근로자 역량평가 및 자격 인정을 통한 노동시장의 통용성을 확보한다.
> ④ 청년취업아카데미: 취업 및 창업을 희망하는 청년들을 대상으로 업무현장에서 요구하는 실무중심의 훈련프로그램을 제공하여 전문역량을 갖춘 인재를 양성함으로써 학교 교육과 취·창업 현실간의 차이를 극복하기 위한 제도이다.

544 워크넷 구인·구직 및 취업동향에서 신규구인 인원은 500명, 신규구직자 수는 100명이고, 취업률은 25%이라면 취업건수는?

① 25   ② 50
③ 100   ④ 200

> 해설 취업률 $= \dfrac{\text{구직자 수}}{\text{취업건수}} \times 100$
>
> $25\% = \dfrac{\text{취업건수}}{100} \times 100 = 25$건

545 국민내일배움카드제의 직업능력개발계좌의 발급 대상에 해당하는 자는?

① 「사립학교교직원 연금법」을 적용받고 현재 재직 중인 사람
② 만 65세인 사람
③ 중앙행정기관으로부터 훈련비를 지원받는 훈련에 참여하는 사람
④ 수강 또는 지원·융자의 제한 기간 중에 있는 사람

> 해설 ② 만 65세 이상인 사람이 발급 대상에 해당한다.

546 국민내일배움카드의 지원대상에 해당하지 않는 것은?

① 「제대군인지원에 관한 법률」에 적용받는 사람
② 직업안정기관 또는 지방자치단체에 구직등록을 한 사람
③ 「국민기초생활 보장법」에 따른 생계급여 수급자로 근로능력이 있는 수급자
④ 만 75세 이상인 사람

➕ 국민내일배움 카드 발급 제외 대상자
1. 수강 또는 지원·융자의 제한 기간 중에 있는 사람
2. 국가 또는 지방자치단체가 실시하거나 비용을 지원하는 직업능력개발훈련을 수강하고 있는 사람
3. 직업안정기관 또는 지방자치단체에 구직등록을 하지 않은 사람
4. 공무원으로 재직 중인 사람
5. 「사립학교교직원 연금법」에 따른 교직원으로 재직 중인 사람
6. 「군인연금법」에 따른 군인으로 재직 중인 사람. 다만, 「제대군인지원에 관한 법률」에 적용받는 사람은 제외한다.
7. 「초·중등교육법」에 따른 학교의 재학생. 다만, 고등학교 3학년에 재학 중인 사람은 제외한다.
8. 「고등교육법」에 따른 학교의 재학생으로서 해당 학교 졸업까지 수업연한이 2년 넘게 남은 사람
9. 「국민기초생활 보장법」에 따른 생계급여 수급자. 다만, 근로능력이 있는 수급자는 제외한다.
10. 만 75세 이상인 사람
11. 사업기간 1년 미만, 연 매출 1억 5천만원 이상의 자영업자
12. 월 임금 300만원 이상인 특수형태근로종사자
13. 월 임금 300만원 이상이면서 45세 미만인 대규모기업 종사자

➕ 다른 법령에 따른 직업능력개발훈련 대상(관련법 신설)
국가와 지방자치단체는 고용창출 및 고용촉진을 위하여 필요한 경우 직업능력개발훈련을 실시하거나 그 비용을 지원할 수 있다.
1. 「난민법 시행령」에 따라 직업능력개발훈련이 필요하다고 인정하여 법무부장관이 추천한 사람
2. 「다문화가족지원법 시행령」에 따라 직업교육·훈련을 받을 수 있는 결혼이민자 등

547 워크넷에 대한 설명으로 틀린 것은?

① 직업심리검사, 취업가이드, 취업지원프로그램 등 각종 취업지원서비스를 제공한다.
② 기업회원은 허위 구인 방지를 위해 고용센터에 방문하여 구인신청서를 작성해야 한다.
③ 청년친화 강소기업, 공공기관, 시간선택제 일자리, 기업공채 등의 채용정보를 제공한다.
④ 직종별, 근무지역별, 기업형태별 채용정보를 제공한다.

해설 ② 기업회원은 워크넷(https://www.work.go.kr)에 온라인으로 구인등록이 가능하다.

548 한국고용정보원에서 제공하는 '워크넷 구인·구직 및 취업동향'에 관한 설명으로 틀린 것은?

① 수록된 통계는 전국 고용센터, 한국산업인력공단, 시·군·구 등에서 입력한 자료를 워크넷 DB로 집계한 것이다.
② 통계표에 수록된 단위가 반올림되어 표기되어 전체 수치와 표내의 합계가 일치하지 않을 수 있다.
③ 워크넷을 이용한 구인·구직자들만을 대상으로 하므로, 통계자료가 노동시장 전체의 수급상황과 정확히 일치한다.
④ 공공고용안정기관의 취업지원서비스를 통해 산출되는 구직자, 구인업체 등에 관한 통계를 제공하여, 취업지원사업 성과분석 등의 국가고용정책사업 수행을 위한 기초자료를 제공하는데 목적이 있다.

해설 ③ 한국고용정보원의 통계자료는 노동시장 전체의 수급상황과 정확히 일치하기 어렵다.

549 워크넷에 대한 설명으로 틀린 것은?

① 워크넷은 개인구직자와 구인기업을 위한 취업지원 또는 채용지원 서비스를 제공할 뿐만 아니라, 고용센터 직업상담원이나 지자체 취업알선담당자 등의 취업알선업무 수행을 지원하기 위한 내부 취업알선시스템이기도 하다.
② 워크넷은 여성, 장년, 청년 등 취약계층을 위한 우대채용정보를 제공한다.
③ 워크넷은 구인·구직 관련 서비스 외에 직업 및 진로 정보도 제공한다.
④ 워크넷은 정부에서 운영하는 취업정보사이트이기 때문에 고용센터 등 공공직업안정기관에서 생산한 구인·구직 정보만 제공한다.

> **해설** 워크넷 정보제공처: 워크넷, 나라일터, 알리오, 클린아이, 병역일터, 서울시, 사람인, 인크루트, 커리어, 간호잡, 공채속보, 메디잡, ITnJOB, 사회보장정보원

550 워크넷(직업·진로)에서 제공하는 정보가 아닌 것은?

① 학과정보
② 직업동영상
③ 직업심리검사
④ 국가직무능력표준(NCS)

> **해설** ④ 국가직무능력표준(NCS, National Competency Standards)은 산업현장에서 직무를 수행하기 위해 요구되는 지식·기술·태도 등의 내용을 국가가 체계화한 것으로 NCS 홈페이지에서 제공한다.

551 워크넷 채용정보 검색에서 기업형태별 분류에 해당하지 않는 것은?

① 강소기업
② 외국계기업
③ 일학습병형기업
④ 중견기업

> **해설** 기업형태별 검색: 대기업, 공무원/공기업/공공기관, 강소기업, 코스피/코스닥, 외국계기업, 일학습병행기업, 벤처기업, 청년친화강소기업, 가족친화인증기업

552 워크넷에서 채용정보 상세검색 시 선택할 수 있는 기업형태가 아닌 것은?

① 대기업
② 일학습병행기업
③ 가족친화인증기업
④ 다문화가정지원기업

> **해설** ④ 기업형태별 검색에 다문화가정지원기업은 없는 항목이다.

553 워크넷에서 제공하는 채용정보 중 기업형태별 검색에 해당하지 않는 것은?

① 벤처기업
② 환경친화기업
③ 외국계기업
④ 일학습병행기업

> **해설** ② 기업형태별 검색에 환경친화기업은 없는 항목이다.

554 워크넷에서 검색할 수 있는 우대 채용정보의 분류가 아닌 것은?

① 청년층 우대 채용정보
② 장년 우대 채용정보
③ 여성 우대 채용정보
④ 이주민 우대 채용정보

> **해설** 워크넷에서 제공하는 우대조건은 청년층, 장년, 여성이다.

555 워크넷에서 채용정보 상세검색에 관한 설명으로 틀린 것은?

① 최대 10개의 직종 선택이 가능하다.
② 연령별 채용정보를 검색할 수 있다.
③ 재택근무 가능 여부를 검색할 수 있다.
④ 희망임금은 연봉, 월급, 일급, 시급별로 입력할 수 있다.

> **해설** ② 고용상 연령차별금지 및 고령자고용촉진에 관한 법률이 시행됨에 따라 채용정보에서 연령이 삭제되었다

556 워크넷의 채용정보 검색조건에 해당하지 않는 것은?

① 희망임금　　　　② 학력
③ 경력　　　　　　④ 연령

해설 ④ 「고용상 연령차별금지 및 고령화 고용촉진에 관한 법률」이 시행됨에 따라 채용정보에 연령을 기재할 수 없기 때문에 연령별 채용정보는 검색할 수 없다.

557 워크넷(직업·진로)의 한국직업정보시스템에서 '나의 특성에 맞는 직업찾기'의 하위 메뉴가 아닌 것은?

① 지식별 찾기　　　② 업무수행능력별 찾기
③ 통합 찾기　　　　④ 지역별 찾기

해설 ④ 지역별 찾기는 직업정보 찾기 하위 메뉴에 해당하지 않는다.

➕ 직업정보 찾기 하위메뉴
• 키워드 검색
• 조건별 검색(평균연봉, 직업전망)
• 분류별 찾기
• 내게 맞는 직업 찾기(통합찾기, 지식별 찾기, 업무수행능력별 찾기)
• 다양한 직업세계(신직업·창직 찾기, 이색직업별 찾기, 대상별 찾기, 테마별 찾기)

558 한국직업정보시스템(워크넷 직업·진로)의 직업정보 찾기 중 조건별 검색의 검색항목으로 옳은 것은?

① 평균학력, 근로시간　　② 근로시간, 평균연봉
③ 평균연봉, 직업전망　　④ 직업전망, 평균학력

➕ 직업전망

키워드 검색		평균연봉	직업전망
찾고자하는 직종명을 입력해 보세요.	조건별검색	• 3,000만 원 미만 • 3,000~4,000만 원 미만 • 4,000~5,000원 미만 • 5,000이상	• 매우 밝음: 상위 10%이상 • 밝음: 상위 20% 이상 • 보통: 중간이상 • 전망안좋음: 감소예상직업

559 다음 ( ) 안에 알맞은 것은?

> 한국직업정보시스템(워크넷/직업·진로)에서 직업의 전망조건을 '매우밝음'으로 선택하여 직업정보를 검색하면 직업전망이 상위 ( ) 이상인 직업만 검색된다.

① 10%　　　　　　② 15%
③ 20%　　　　　　④ 25%

➕ 직업전망

키워드 검색		평균연봉	직업전망
찾고자하는 직종명을 입력해 보세요.	조건별검색	• 3,000만 원 미만 • 3,000~4,000만 원 미만 • 4,000~5,000원 미만 • 5,000이상	• 매우 밝음: 상위10% 이상 • 밝음: 상위 20%이상 • 보통: 중간이상 • 전망안좋음: 감소예상직업

560 워크넷(직업·진로)에서 제공하는 학과 정보가 아닌 것은?

① 학과소개　　　　② 개설대학
③ 진출가능 직업　　④ 졸업자 평균연봉

해설 ④ 졸업자 평균연봉은 제공하지 않는다.

➕ 학과검색 정보
• 요약보기, 학과소개, 개설대학, 모집현황, 진출가능직업

561 워크넷(직업·진로)에서 학과정보를 계열별로 검색하고자 할 때 선택할 수 있는 계열이 아닌 것은?

① 문화관광계열　　② 교육계열
③ 자연계열　　　　④ 예체능계열

해설 워크넷 학과계열에는 인문계열, 사회계열, 교육계열, 자연계열, 공학계열, 의약계열, 예체능계열, 이색학과정보 등이 있다.

562
워크넷에서 제공하는 학과정보 중 사회계열에 해당하지 않는 학과는?

① 경찰행정학과   ② 국제학부
③ 문헌정보학과   ④ 지리학과

 ③ 문헌정보학과는 인문계열이다.

563
다음은 워크넷에서 제공하는 성인 대상 심리검사 중 무엇에 관한 설명인가?

> • 검사대상 : 만18세 이상
> • 주요내용 : 개인의 흥미유형 및 적합직업 탐색
> • 특정요인 : 현실형, 탐구형, 예술형, 사회형, 진취형, 관습형

① 구직준비도 검사
② 직업가치관 검사
③ 직업선호도 검사 S형
④ 성인용 직업적성검사

③	직업선호도 검사 구성	• S형: 흥미검사 • L형: 흥미검사, 성격검사, 생활사 검사
①	구직준비도 검사	• 검사대상: 성인구직자(고등학교 졸업 예정자 포함) • 주요내용: 구직활동과 관련된 특성을 측정하여 실직자에게 구직활동에 유용한 정보를 제공 • 특정요인: 경제적 취약성 적응도, 사회적 취약성 적응도, 자아존중감, 자기효능감, 경력의 유동화능력, 고용정보 수집활동
②	직업가치관 검사	• 검사대상: 만 18세 이상 • 주요내용: 직업가치관 이해 및 적합직업 안내 • 특정요인: 성취, 봉사, 개별활동, 직업안정 등 13개의 직업가치관 척도
④	성인용 직업적성검사	• 검사대상: 만 18세 이상 • 주요내용: 자신의 적성에 맞는 직업분야 제시 • 특정요인: 언어력, 수리력, 추리력, 공간지각력 등 11개의 적용요인

564
워크넷(직업·진로)에서 제공하는 학과정보 중 공학계열에 해당하는 학과가 아닌 것은?

① 생명과학과   ② 건축학과
③ 안경광학과   ④ 해양공학과

 ① 생명과학과는 자연계열이다.

565
워크넷에서 제공하는 학과정보 중 자연계열의 "생명과학과"와 관련이 없는 학과는?

① 의생명과학과   ② 해양생명과학과
③ 분자생물학과   ④ 바이오산업공학과

② 해양생명과학과는 수산학과에 해당된다.

566
다음은 워크넷에서 제공하는 성인을 위한 직업적응검사 중 무엇에 관한 설명인가?

> • 개발년도: 2013년
> • 실시시간: 20분
> • 측정내용: 문제해결능력 등 12개 요인
> • 실시방법: 인터넷/지필

① 구직준비도검사   ② 직업전환검사
③ 중장년 직업역량검사   ④ 창업적성검사

④ 창업적성검사는 만18세 이상 직장 창업희망자가 검사대상이며 창업을 희망하는 개인에게 창업소질이 있는지를 진단해주고, 가장 적합한 업종이 무엇인지 추천해 준다.
① 구직준비도검사
 • 검사대상: 대학생, 성인구직자(고등학교 졸업예정자 포함)
 • 개발년도: 2011년(개정)
 • 검사시간: 약 20분 소요
 • 측정내용: 구직취약성 적응도/구직 동기/구직 기술
 • 실시방법: 인터넷, 지필
② 직업전환검사(2020.09 현재 work.go.kr에 제공되지 않음)
④ 중장년 직업역량검사
 • 검사대상: 만 45세 이상
 • 개발년도: 2015년
 • 실시시간: 약 25분 소요
 • 주요내용: 중·장년 근로자의 후기 경력개발에 있어 중요한 역할을 하는 직업역량 진단
 • 실시방법: 인터넷

567 워크넷에서 제공하는 성인용 직업적성검사의 적성요인과 하위검사의 연결로 틀린 것은?

① 언어력 – 어휘력 검사, 문장독해력 검사
② 수리력 – 계산능력 검사, 자료해석력 검사
③ 추리력 – 수열추리력 1, 2검사, 도형추리력 검사
④ 사물지각력 – 사물지각력 검사

[해설] ④ 사물지각력 – 지각속도 검사

568 워크넷에서 제공하는 청소년 직업흥미검사의 하위척도가 아닌 것은?

① 활동척도
② 자신감 척도
③ 직업척도
④ 가치관척도

[해설] ④는 가치관 검사에서 알 수 있다.

➕ **청소년 직업흥미검사 하위척도**

흥미유형, 활동/자신감 비교, 기초흥미분야, 기초흥미분야 직업 및 학과목록, 진로탐색을 위한 추가 정보

569 다음은 국가기술자격 중 어떤 등급의 검정기준에 해당하는가?

해당 국가기술자격의 종목에 관한 숙련기능을 가지고 제작·제조·조작·운전·보수·정비·채취·검사 또는 작업관리 및 이에 관련되는 업무를 수행할 수 있는 능력 보유

① 기능사
② 기사
③ 산업기사
④ 기능장

[해설]

등급	설명
기술사	고도의 전문지식과 실무경험에 입각한 지도·감리 등의 기술업무
기능장	최상급 숙련기능을 가지고 현장관리 등의 업무를 수행
기사	공학적 기술이론 지식을 가지고 기술업무를 수행할 수 있는 능력
산업기사	기술기초이론지식 또는 숙련기능을 바탕으로 복합적인 기능업무를 수행
기능사	작업관리 및 이에 관련되는 업무를 수행

570 다음은 국가기술자격 검정의 기준 중 어떤 등급에 관한 설명인가?

해당 국가기술자격의 종목에 관한 고도의 전문지식과 실무경험에 입각한 계획, 연구, 설계, 분석, 조사, 시험, 시공, 감리, 평가, 진단, 사업관리, 기술관리 등의 업무를 수행할 수 있는 능력 보유

① 기술사
② 기사
③ 산업기사
④ 기능장

[해설] 기술사에 대한 설명으로 고도의 전문지식과 실무경험에 입각한 지도, 감리 등의 기술업무를 수행할 수 있는 능력을 보유하는 등급을 말한다.

571 다음은 어떤 국가기술자격 등급의 검정기준에 해당하는가?

해당 국가기술자격의 종목에 관한 공학적 기술이론 지식을 가지고 설계·시공·분석 등의 기술업무를 수행할 수 있는 능력의 유무

① 기능장
② 기사
③ 산업기사
④ 기능사

[해설] 기사는 공학적 기술이론 지식을 가지고 기술업무를 수행할 수 있는 능력

572 국가기술자격 직업상담사 1급 응시자격으로 옳은 것은?

① 해당 실무에 2년 이상 종사한 사람
② 해당 실무에 3년 이상 종사한 사람
③ 관련학과 대학졸업자 및 졸업예정자
④ 해당 종목의 2급 자격을 취득한 후 해당실무에 1년 이상 종사한 사람

[해설] 직업상담사 2급은 자격제한 없고, 1급 응시자격은 직업상담사 2급 자격을 취득한 후 해당 실무에 2년 이상 종사한 사람, 해당 실무에 3년 이상 종사한 사람이다.

573 국가기술자격 산업기사 등급의 응시자격 기준으로 틀린 것은?

① 고용노동부령이 정하는 기능경기대회 입상자

② 동일 및 유사 직무 분야의 산업기사 수준 기술훈련과정 이수자 또는 그 이수 예정자

③ 동일 및 유사 직무 분야의 다른 종목의 산업기사 등급 이상의 자격을 취득한 사람

④ 응시하려는 종목이 속하는 동일 및 유사 직무 분야에서 1년 이상 실무에 종사한 사람

해설 ④ 동일 및 유사 직무 분야에서 2년 이상 실무에 종사한 사람

574 Q-net(www.q-net.or.kr)에서 제공하는 국가별 자격제도 정보가 아닌 것은?

① 영국의 자격제도   ② 프랑스의 자격제도
③ 호주의 자격제도   ④ 스위스의 자격제도

해설 스위스의 자격제도 정보는 제공하지 않는다.
• 국가별 자격제도: 일본, 독일, 영국, 호주, 미국, 프랑스

575 국가기술자격 중 한국산업인력공단에서 시행하지 않는 것은?

① 3D프린터개발산업기사
② 빅데이터분석기사
③ 로봇기구개발기사
④ 반도체설계산업기사

해설 ② 빅데이터분석기사: 한국데이터베이스진흥원 시행, 국가공인민간자격

576 국가기술자격법에 의한 국가기술자격 종목이 아닌 것은?

① 제강기능사   ② 주택관리사보
③ 사회조사분석사 1급   ④ 스포츠경영관리사

해설 ② 주택관리사보: 관련부처 국토교통부, 국가전문자격으로 분류
① 제강기능사: 관련부처 고용노동부, 국가기술자격 금속재료 분야
③ 사회조사분석사 1급: 관련부처 통계청, 국가기술자격 경영 분야
④ 스포츠경영관리사: 관련부처 문화체육관광부, 국가기술자격 숙박·여행·오락스포츠 분야

577 국가기술자격종목과 그 직무분야의 연결이 틀린 것은?

① 가스산업기사 – 환경·에너지
② 건설안전산업기사 – 안전관리
③ 광학기기산업기사 – 전기·전자
④ 방수산업기사 – 건설

해설 ① 가스산업기사는 안전관리 직무분야에 포함된다.

578 Q-net(www.q-net.or.kr)에서 제공하는 국가기술자격 종목별 정보를 모두 고른 것은?

> ㄱ. 자격취득자에 대한 법령상 우대 현황
> ㄴ. 수험자 동향(응시목적 별, 연령별 등)
> ㄷ. 연도별 검정 현황(응시자수, 합격률 등)
> ㄹ. 시험정보(수수료, 취득방법 등)

① ㄱ, ㄴ   ② ㄷ, ㄹ
③ ㄱ, ㄴ, ㄹ   ④ ㄱ, ㄴ, ㄷ, ㄹ

➕ 국가기술자격 종목별 정보
• 시험정보: 검정형 자격 시험일정, 검정형 자격 시험정보(수수료, 출제경향, 출제기준, 취득방법, 과정평가형 취득정보
• 기본정보: 기본정보(개요, 수행직무, 실시기관 홈페이지, 실시기관명, 진로 및 전망), 종목별 검정현황(연도별 응시자 수, 합격자 수, 합격률(%))
• 우대현황: 우대법령, 조문내역, 활용내용
• 일자리정보: 위 자격명에 대한 일자리정보(경력, 학력, 지역)
• 수험자 동향: 년도, 필기/실기, 화면(성별), 상세보기(성별, 접수자, 응시자, 응시율(%), 합격자, 합격률(%))

579 국가기술자격 서비스분야 종목 중 응시자격에 제한이 없는 것으로만 짝지어진 것은?

① 직업상담사 2급 – 임상심리사 2급 – 스포츠경영관리사
② 사회조사분석사 2급 – 소비자전문상담사 2급 – 텔레마케팅관리사
③ 직업상담사 2급 – 컨벤션기획사 2급 – 국제의료관광코디네이터
④ 컨벤션기획사 2급 – 스포츠경영관리사 – 국제의료관광코디네이터

➕ 응시자격이 제한 없는 종목
- 스포츠경영관리사, 사회조사분석사2급, 소비자전문상담사2급, 텔레마케팅관리사, 직업상담사2급, 전자상거래관리사2급, 컨벤션기획사2급, 게임그래픽전문가, 게임기획전문가, 게임프로그래밍전문가, 멀티미디어콘텐츠제작전문가

580 국가기술자격에 해당하지 않는 자격종목은?

① 기업리스크관리사
② 멀티미디어콘텐츠제작전문가
③ 텔레마케팅관리사
④ 국제의료관광코디네이터

[해설] ① 기업리스크관리사는 국가기술자격에 해당하지 않는다.

581 국가기술자격종목과 그 직무분야의 연결이 틀린 것은?

① 직업상담사 2급 – 사회복지, 종교
② 소비자전문상담사 2급 – 경영·회계·사무
③ 임상심리사 2급 – 보건·의료
④ 컨벤션기획사 2급 – 이용·숙박·여행·오락·스포츠

[해설] ④ 컨벤션기획사 —— 경영·회계·사무
- 미용사, 이용사, 스포츠경영관리사 – 이용·숙박·여행·오락·스포츠

582 국가기술자격 종목과 해당 직무분야 연결이 옳지 않은 것은?

① 임상심리사 1급 – 보건·의료
② 텔레마케팅관리사 – 경영·회계·사무
③ 직업상담사1급 – 사회복지·종교
④ 어로산업기사 – 농림어업

[해설] ② 텔레마케팅 관리사는 영업·판매분야이고, 경영분야는 사회조사분석사, 소비자전문상담사, 컨벤션기획사가 있다.

583 건설기계설비기사, 공조냉동기계기사, 승강기기사 자격이 공통으로 해당되는 직무분야는?

① 건설분야   ② 재료분야
③ 기계분야   ④ 안전관리분야

[해설] 건설기계설비기사, 공조냉동기계기사, 승강기기사는 기계장비설비·설치 직무분야이다.

584 국가기술자격 국제의료관광코디네이터의 응시자격으로 틀린 것은? (단, 공인어학성적 기준요건을 충족한 것으로 가정한다.)

① 보건의료 또는 관광분야의 관련학과로서 대학졸업자 또는 졸업예정자
② 2년제 전문대학 관련학과 졸업자 등으로서 졸업 후 보건의료 또는 관광분야에서 2년 이상 실무에 종사한 사람
③ 관련 자격증(의사, 간호사, 보건교육사, 관광통역안내사, 컨벤션기획사 1·2급)을 취득한 사람
④ 보건의료 또는 관광분야에서 3년 이상 실무에 종사한 사람

[해설] ④ 보건의료 또는 관광분야에서 4년 이상 실무에 종사한 사람

585 국가기술자격 중 응시자격의 제한이 없는 서비스분야는?

① 스포츠경영관리사

② 임상심리사2급

③ 컨벤션기획사1급

④ 국제의료관광코디네이터

해설 ② 임상심리사 2급 응시자격

• 임상심리와 관련하여 1년 이상 실습수련을 받은 사람 또는 2년 이상 실무에 종사한 사람으로서 대학졸업자 및 그 졸업예정자

• 외국에서 동일한 종목에 해당하는 자격을 취득한 사람

③ 컨벤션기획사 1급 응시자격

• 해당 종목의 2급 자격을 취득한 후 응시하려는 종목이 속하는 동일직무분야에서 3년 이상 실무에 종사한 사람

• 응시하려는 종목이 속하는 동일 및 유사 직무분야에서 4년 이상 실무에 종사한 사람

• 외국에서 동일한 종목에 해당하는 자격을 취득한 사람

④ 국제의료관광코디네이터 응시자격

• 보건의료 또는 관광분야의 학과로서 고용노동부장관이 정하는 학과의 대학졸업자 또는 졸업예정자

• 2년제 전문대학 관련학과 졸업자 등으로 졸업 후 보건의료 또는 관광분야에서 2년 이상 실무에 종사한 사람

• 3년제 전문대학 관련학과 졸업자 등으로 졸업 후 보건의료 또는 관광분야에서 1년 이상 실무에 종사한 사람

• 비관련학과의 대학 졸업자로서 보건의료 또는 관광분야에서 2년 이상 실무에 종사한 사람

• 보건의료 또는 관광분야에서 4년 이상 실무에 종사한 사람

• 관련자격증(의사, 간호사, 보건교육사, 관광통역안내사, 컨벤션기획사 1 · 2급)을 취득한 사람

586 다음 중 국가기술자격이 아닌 것은?

① 화재감식평가기사

② 국제의료관광코디네이터

③ 기상감정기사

④ 문화재수리기술자

해설 ④ 문화재수리기술자는 국가전문자격이다.

587 실기능력이 중요하여 고용노동부령이 정하는 필기시험이 면제되는 기능사 종목이 아닌 것은?

① 측량기능사

② 도화기능사

③ 도배기능사

④ 방수기능사

해설 ① 측량기능사: 필기 – 측량학, 응용측량, 실기 – 측량작업

➕ **실기시험만 실시하는 종목(필기시험 면제 종목)**

① 토목: 석공기능사, 지도제작기능사, 도화기능사, 항공사진기능사

② 건축: 조적기능사, 미장기능사, 타일기능사, 온수온돌기능사, 유리시공기능사, 비계기능사, 건축목공기능사, 거푸집기능사, 금속재창호기능사, 도배기능사, 철근기능사, 방수기능사

③ 기초실무: 한글속기 1 · 3급

• 한복기능사와 미용사(피부) 시험은 필기시험이 있으며, 미용사(이용사) 영업은 반드시 시장, 군수, 구청장 등의 면허를 받아야 한다.

588 실기능력이 중요하여 고용노동부령으로 정하는 필기시험이 면제되는 기능사 종목이 아닌 것은?

① 도화기능사

② 항공사진기능사

③ 유리시공기능사

④ 사진기능사

➕ **실기시험만 실시하는 기능사 종목(필기시험 면제 종목)**

• 토목: 석공기능사, 지도제작기능사, 도화기능사, 항공사진기능사

• 건축: 조적기능사, 미장기능사, 타일기능사, 온수온돌기능사, 유리시공기능사, 비계기능사, 건축목공기능사, 거푸집기능사, 금속재창호기능사, 도배기능사, 철근기능사, 방수기능사

• 기초실무: 한글속기 1 · 3급

589 2017년 1월 워크넷 구인 · 구직 및 취업동향에서 신규구인인원 420명, 신규구직건수 800건, 취업건수가 210건이라면 구인배수는?(단, 소수 3째 자리에서 반올림)

① 0.53

② 0.79

③ 1.50

④ 3.81

해설 $구인배수 = \dfrac{신규구인}{신규구직자수} = \dfrac{420명}{800명} ≒ 0.53$

590 다음 표의 2012년 7월 고용동향에 대한 분석으로 틀린 것은?

〈실업자 및 실업률〉

(단위 : 천명, %, %p, 전년 동월 대비)

	2011. 7	2012. 6	증감	증감률	2012. 7	증감	증감률
실업자	837	822	−17	−2.1	795	−42	−5.0
남자	530	505	−1	−0.3	501	−29	−5.5
여자	307	317	−16	−4.8	294	−13	−4.2
실업률 (계절조정)	3.3 (3.3)	3.2 (3.2)	−0.1p	−	3.1 (3.1)	−0.2p	−
남자 (계절조정)	3.6 (3.6)	3.4 (3.4)	0.1p	−	3.3 (3.3)	−0.3p	−
여자 (계절조정)	2.9 (2.9)	2.9 (2.9)	−0.2p	−	2.7 (2.8)	−0.2p	−

① 실업자는 79만 5천명으로 전월대비 4만 2천명 (−5.0%) 감소하였다.

② 실업자는 성별로 보면 전년 동월대비 남자는 50만 1천명으로 2만 9천명(−5.5%) 감소하였고, 여자는 29만 4천명으로 1만 3천명(−4.2%) 감소하였다.

③ 실업률은 성별로 보면 남자는 3.3%로 전년 동월대비 0.3%p 하락하였고, 여자는 2.7%로 전년 동월대비 0.2%p 하락하였다.

④ 계절조정 실업률은 3.1%로 전월대비 0.1%로 하락하였다.

해설 ① 2012년 7월 실업자 79만 5천명이고, 전월(2012년 6월) 실업자 82만 2천명이다. 82만 2천명−79만 5천명 = 2만 7천명 감소이다.

591 다음은 무엇에 대한 설명인가?

> 근로자를 감원하지 않고 고용을 유지하거나 실직자를 채용하여 고용을 늘리거나 사업주를 지원하여 근로자의 고용안정 및 취업취약계층의 고용촉진을 지원한다.

① 실업급여사업　　② 고용안정사업
③ 취업알선사업　　④ 직업안정사업

해설 ② 고용안정사업에 대한 설명이다.

592 고용안정장려금(워라밸일자리 장려금)에 관한 설명으로 틀린 것은?

① 근로자의 계속고용을 위해 근로시간 단축, 근로시간 유연화 제도 등을 시행하면 지급한다.

② 사업주의 배우자, 4촌 이내의 혈족·인척은 지원대상자에서 제외된다.

③ 근로시간 단축 개시일이 속하는 다음달부터 1년의 범위 내에서 1개월 단위로 지급한다.

④ 임신 근로자의 임금감소 보전금은 월 최대 24만원이다.

해설 ④ 임신을 사유로 근로시간을 단축한 경우 월 40만원 한도로 지원한다.

⊕ 고용안정장려금(워라밸일자리장려금)

• 지원대상
① (임금감소액 보전) 모든 사업주
② (간접노무비) 우선지원대상기업·중견기업
③ (대체인력지원) 모든 사업주

유형	지원대상	회차별 지원액 (1개월 단위)	연간총액
임금감소액 보전	모든 기업	최대 40만원	480만원
대체인력 인건비 지원	우선대상지원 기업	60만원	720만원
	대규모기업	30만원	360만원
간접노무비	우선지원대상 기업	20만원	240만원

• 지원수준 및 한도
※ 임신을 사유로 근로시간을 단축한 경우 월 40만원 한도로 지원한다.

593 지역맞춤형 일자리창출 지원사업의 목적과 가장 거리가 먼 것은?

① 지역특성에 맞는 고용창출 및 직업능력개발을 통해 지역 간 노동시장 불균형 해소

② 지역의 고용관련 비영리 법인과 별도로 지역의 고용관련 현안문제를 정부주도로 해결

③ 지역산업 등과 연계된 지역 특화형 고용정책 토대 마련

④ 지역차원의 고용사업 토대가 될 수 있는 인적 네트워크 구성과 지역노동시장 정보체계 기반 구축

해설 ② 지역의 고용관련 현안문제를 지역에서 자율적으로 해결한다.

594 다음에 해당하는 고용 관련 지원제도는?

- 비정규직 근로자를 정규직으로 전환
- 전일제 근로자를 시간선택제 근로자로 전환
- 시차출퇴근제, 재택근무제 등 유연근무제를 도입하여 활용

① 고용창출장려금   ② 고용안정장려금
③ 고용유지지원금   ④ 고용환경개선지원

해설 ② 고용안정장려금: 근로자의 고용안정을 위해 관련 조치를 하는 사업주에게 주는 장려금으로 출산육아기 고용안정장려금, 정규직 전환 지원, 시간선택제 전환 지원, 일·가정 양립 환경개선 지원의 고용안정지원을 말한다.
① 고용창출장려금: 고용노동부장관은 고용환경 개선, 근무형태 변경 등으로 고용의 기회를 확대한 사업주에게 임금의 일부를 지원할 수 있다.
③ 고용유지지원금: 고용노동부장관은 고용조정이 불가피하게 된 사업주가 그 사업에서 고용한 피보험자에게 고용유지조치를 취하여 그 고용유지조치 기간과 이후 1개월 동안 고용조정으로 피보험자를 이직시키지 아니한 경우에 지원금을 지급한다.
④ 고용환경개선지원: 고용노동부장관은 고령자, 여성 또는 장애인인 피보험자 등의 고용안정과 취업의 촉진을 위하여 시설 및 장비를 설치하거나 개선하려는 사업주에게 그에 필요한 비용의 일부를 예산의 범위에서 지원하거나 대부할 수 있다.

595 고용조정지원을 위한 고용안정사업에 해당하는 것은?

① 고용유지지원금   ② 정규직전환지원금
③ 고용촉진지원금   ④ 세대간상생고용지원금

해설 ①의 고용유지지원금은 고용조정지원을 위한 고용안정사업에 해당한다. 고용조정지원사업은 고용노동부장관은 경기의 변동, 산업구조의 변화 등에 따른 사업 규모의 축소, 사업의 폐업 또는 전환으로 고용조정이 불가피하게 된 사업주가 근로자에 대한 휴업, 휴직, 직업전환에 필요한 직업능력개발훈련, 인력의 재배치 등을 실시하거나 그 밖에 근로자의 고용안정을 위한 조치를 하면 대통령령으로 정하는 바에 따라 그 사업주에게 필요한 지원을 할 수 있다.
② 정규직전환지원금: 사업주가 근로자의 처우개선 및 고용안정을 도모하기 위하여 기존 기간제, 파견 근로자를 정규직으로 전환한 중소·중견기업에 인건비의 일부를 지원하는 제도로 고용안정장려금에 해당한다.

③ 고용촉진지원금: 취업지원 프로그램을 이수한 구직자를 사업주가 채용하여 6개월 이상 고용한 경우 사업주에게 6개월마다 지원금을 지원하는 제도로 고용창출장려금에 해당한다.
④ 세대간상생지원금: 임금피크제 도입, 임금체계 개편 등 세대간 상생고용 노력과 더불어 청년(만 15세~만 34세) 정규직을 신규 채용한 기업에 지원금을 지급하는 제도로 청년·장년 고용장려금에 해당한다.

596 다음 고용안정사업 중 성격이 다른 하나는?

① 고용환경개선지원금   ② 일자리함께하기지원금
③ 시간제일자리지원금   ④ 고용유지지원금

해설 ①, ②, ③은 고용창출지원사업이고, ④는 고용조정지원사업이다.

➕ **고용안정사업**
- 고용창출지원사업: 시간선택제 일자리창출지원, 일자리 함께하기, 환경개선지원, 지역성장산업 고용지원, 전문인력채용지원
- 고용조정지원: 고용유지지원금, 전직지원장려금, 재고용장려금
- 고용촉진지원: 고용촉진지원금, 고령자 고용연장지원금, 임신출산여성 고용안정지원금, 임금피크제지원금
- 건설근로자 고용안정지원
- 직장보육시설지원

597 다음 중 '고용'을 주제로 하는 통계가 아닌 것은?

① 경제활동인구조사
② 한국노동패널조사
③ ICT인력동향실태조사
④ 사업체기간제근로자현황조사

해설 ② 한국노동패널조사: 도시 지역에 거주하는 가구원의 특성과 경제활동 및 노동시장 이동, 소득활동 및 소비 등에 관하여 추적 조사하는 것으로 고용을 주제로 하는 것은 아니다.
① 경제활동인구조사: 매월 15일이 포함 된 1주간을 조사대상주간으로 하여 통계청에서 방문조사하여 취업자, 실업자 등을 통계분석하는 것으로 고용을 주제로 한다.
③ ICT인력동향실태조사: 노동수요와 노동공급을 조사하여 1년 단위로 작성하여 ICT전문인력의 공급전망과 정책수립의 기초자료로 활용하기 위한 자료로 고용을 주제로 한다.
④ 사업체기간제 근로자 현황조사: 기간제 및 단시간근로자 보호 등에 관한 법률의 시행효과 분석 및 기간제근로자 등에 관한 정책수립에 활용하기 위한 것으로 고용을 주제로 한다.

598 2022년 적용 최저임금은 얼마인가?

① 8,350원　　　　② 8,590원
③ 8,720원　　　　④ 9,160원

해설 ④ 2020년 최저임금은 8,590원, 2021년 최저임금은 8,720원, 2022년 최저임금은 9,160원으로 2021년 대비 5.1% 인상이다.

599 2023년 적용 최저임금은 얼마인가?

① 10,000원　　　　② 9,620원
③ 9,160원　　　　④ 8,720원

해설 2023년 최저시급은 9,620원으로 2022년 대비 5.0% 인상

※ 월급여 계산 : 최저시급 × 209시간 (주휴수당 포함)
　　　　　　　 = 월급 2,010,580원

600 고용노동통계조사의 각 항목별 조사대상의 연결이 틀린 것은?

① 시도별 임금 및 근로시간 조사: 상용 5인 이상 사업체
② 임금체계, 정년제, 임금피크 제조사: 상용 1인 이상
③ 직종별사업체 노동력 조사: 근로자 1인 이상 33천 개 사업체
④ 지역별사업체 노동력 조사: 종사자 1인 이상 200천 개 사업체

해설 ③ 직종별사업체 노동력 조사: 상용근로자 5인 이상 약 32천 개 표본사업체를 조사대상으로 사업체의 정상적인 경영활동에 필요한 구인인원, 채용인원, 부족인원, 채용계획인원을 조사한다.
① 시도별 임금 및 근로시간 조사는 사업체 노동력 조사의 부가조사로 매년 실시된다.
사업체노동력조사는 매월 지정된 표본사업체를 대상으로 조사된 종사자 수, 빈 일자리 수, 입·이직자 수, 임금 및 근로시간을 조사하여 매월 고용노동부에서 실시한다.
② 임금체계, 정년제, 임금피크 제조사는 연 1회 기본급 체계, 임금피크제 등 도입현황 조사한다.
④ 지역별 사업체 노동력 조사는 사업체 노동력 조사의 부가조사로 연 2회(4월, 10월) 실시하여 시군구별 종사자 및 입·이직자 현황을 제공한다.

※ 고생하셨습니다. 반복학습한 횟수를 기록하여 자신의 학습량을 체크하세요!

Self check

기간	일	일	일	일	일
횟수	1회	2회	3회	4회	5회

노동시장론

601 개별기업수준에서 노동에 대한 수요곡선을 이동시키는 요인을 모두 고른 것은?

ㄱ. 기술의 변화	ㄴ. 임금의 변화
ㄷ. 최종생산물 가격의 변화	ㄹ. 자본의 가격 변화

① ㄱ, ㄴ, ㄷ   ② ㄱ, ㄴ, ㄹ
③ ㄱ, ㄷ, ㄹ   ④ ㄴ, ㄷ, ㄹ

 ㄴ. 임금의 변화는 다른 요인들과 달리 노동수요곡선 자체를 이동시키지 못하고 점으로 움직인다.

602 노동수요곡선이 이동하는 이유가 아닌 것은?

① 임금수준의 변화
② 생산방법의 변화
③ 자본의 가격 변화
④ 생산물에 대한 수요의 변화

 ① 임금수준의 변화는 점으로 이동한다.

603 노동수요를 결정하는 요인과 가장 거리가 먼 것은?

① 개인의 여가에 대한 태도
② 시장임금의 크기
③ 자본서비스의 가격
④ 노동을 이용하여 생산된 상품에 대한 소비자의 수요

 ① 노동공급의 결정요인이다.

604 다음 노동수요곡선에 대한 설명으로 <u>틀린</u> 것은?

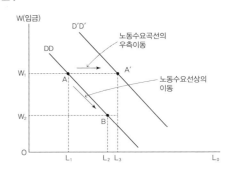

① 임금이 하락하면 고용량이 증가하고 임금이 상승하면 고용량이 감소함을 DD처럼 표시할 수 있다.
② 임금이 W_1일 때 노동수요량은 L_1이며 임금이 W_2로 하락할 때 노동수요량은 L_2로 증가한다.
③ 수요곡선인 DD는 임금과 기업의 고용량 간에 정의 관계가 성립함을 의미하는 것이다.
④ 기업 판매상품의 수요가 증대하면 노동수요곡선 전체가 우측으로 이동한다.

 ③ 임금이 상승(+)하면 수요가 감소(−)하고, 임금이 하락(−)하면 수요가 증가(+)하므로 둘의 관계는 부(不)의 관계, 즉 음(−)의 관계이다.
① 임금의 변화는 점으로 이동하므로 맞는 설명이다.
② 임금이 하락하고 수요가 증가하여 노동수요 점이 우하향한다.
④ 기업 판매상품의 수요가 증가하면 노동수요가 크게 증가하여 노동수요곡선이 우측으로 이동하므로 맞는 설명이다.

605 최종생산물이 수요자에 의하여 수요되기 때문에 그 최종생산물을 생산하는 데 투입되는 노동이 수요된다고 할 때 이러한 수요를 무엇이라고 하는가?

① 유효수요   ② 잠재수요
③ 파생수요   ④ 실질수요

③ 유발수요 또는 파생수요라 한다.

➕ 노동수요의 특징

유발수요 (파생수요)	노동에 대한 수요는 최종생산물에 대한 소비자의 수요에서 유발된다는 의미이다.
결합수요	다른 투입물에 대한 수요와 동시적으로 결합되어 발생하는 수요이다.
유량수요	노동수요는 일정기간 동안 기업들이 구입할 의도를 나타내는 양을 측정한 것이다.

606 다음 중 노동에 대한 수요가 유발수요(derived demand)인 것을 가장 잘 나타내는 것은?

① 사무자동화로 사무직에 대한 수요가 감소하고 있다.
② 자동차회사 노동자의 임금상승은 자동차 조립라인에서의 로봇에 대한 수요를 증가시킨다.
③ 휘발유 가격의 상승은 경소형차에 대한 수요를 증가시킨다.
④ 자동차 생산을 증가시킨다는 경영진의 결정은 자동차공장 노동자에 대한 수요를 증가시킨다.

해설 ①, ②, ③ 결합수요에 대한 설명이다.

607 생산요소에 대한 수요를 파생수요(derived demand)라 부르는 이유로 가장 적합한 것은?

① 생산요소의 수요곡선은 이윤극대화에서 파생되기 때문이다.
② 정부의 요소수요는 민간의 수요를 보완하기 때문이다.
③ 생산요소에 대한 수요는 그들이 생산한 생산물에 대한 수요에 의존하기 때문이다.
④ 생산자들은 저렴한 생산요소로 늘 대체하기 때문이다.

해설 ③ 파생수요는 유발수요라고도 하며 노동에 대한 수요는 최종생산물에 대한 소비자의 수요에서 유발된다는 의미이다.

608 노동 수요측면에서 비정규직 증가의 원인과 가장 거리가 먼 것은?

① 세계화에 따른 기업간 경쟁 환경의 변화
② 정규직 근로자 해고의 어려움
③ 고학력 취업자의 증가
④ 정규노동자 고용비용의 증가

해설 ③ 고학력 취업자의 증가는 비정규직 증가의 원인가 거리가 멀다.

609 인력 수요예측의 근거와 가장 거리가 먼 것은?

① 고용전망　　　　② 성장률
③ 출생률　　　　　④ 취업계수

해설 ③ 수요예측은 '기업에서 종업원을 얼마나 필요로 할 것인가?'와 연관이 있는 것이고, 출생률은 노동공급과 관계가 있다.

610 임금이 10,000원에서 12,000원으로 증가할 때 고용량이 120명에서 108명으로 감소한 경우 노동수요의 탄력성은?

① 0.06　　　　　　② 0.5
③ 1.0　　　　　　　④ 2.0

해설
- 임금변화율 $= \dfrac{변화}{기존} \times 100 = \dfrac{2,000}{10,000} \times 100 = 20\%$
- 노동수요변화율 $= \dfrac{변화}{기존} \times 100 = \dfrac{-12}{120} \times 100 = (-)10\%$
- 노동수요탄력성 $= (-)\dfrac{노동수요량의 변화(\%)}{임금 1\%의 변화율(\%)}$

  $= (-)\dfrac{(-)10\%}{20\%} = 0.5$

611
시간당 임금이 5000원에서 6000원으로 인상될 때, 노동수요량이 10000에서 9000으로 감소한다면 노동수요의 임금탄력성은? (단, 노동수요의 임금탄력성은 절댓값이다.)

① 0.2   ② 0.5
③ 1   ④ 2

해설 노동수요의 임금탄력성 = $(-)\dfrac{\text{노동수요량의 변화율(\%)}}{\text{임금 1\%의 변화율(\%)}}$

$(-)\dfrac{-10\%}{20\%} = 0.5$

• 노동수요량의 변화율(%) = $\dfrac{\text{변화량}}{\text{기존}} = \dfrac{-1,000명}{10,000명} \times 100$
$= -10\%$

• 임금 1%의 변화율(%) = $\dfrac{\text{변화량}}{\text{기존}} = \dfrac{1,000원}{5,000원} \times 100$
$= 20\%$

612
외국인 노동자들의 모든 근로가 합법화되었을 때 외국인 노동수요의 임금탄력성이 0.6이고 임금이 15% 상승하면 외국인 노동자들에 대한 수요는 몇 % 감소하는가?

① 6%   ② 9%
③ 12%   ④ 15%

해설 • 노동수요탄력 = $(-)\dfrac{\text{노동수요변화율(\%)}}{\text{임금 1\%의 변화율(\%)}}$,

$0.6 = (-)\dfrac{\text{노동수요변화율(\%)}}{15\%}$

• 노동수요변화율(%) = $(-)15\% \times 0.6 = (-)9\%$
∴ 노동수요는 9% 감소한다.

613
노조가 임금인상 투쟁을 벌일 때, 고용량 감소효과가 가장 적게 나타나는 경우는?

① 노동수요의 임금탄력성이 0.1일 때
② 노동수요의 임금탄력성이 1일 때
③ 노동수요의 임금탄력성이 2일 때
④ 노동수요의 임금탄력성이 5일 때

해설 노동수요 탄력성이란 임금 1%의 변화율(%)에 의한 노동수요량의 변화율(%)을 말하는 것으로, 노동수요 탄력성이 가장 작을 때 노조의 교섭력이 가장 크다.

614
노동수요의 탄력성에 대한 설명으로 틀린 것은?

① 생산물에 대한 수요가 탄력적일수록 노동수요는 더욱 비탄력적이 된다.
② 총생산비 중 노동비용이 차지하는 비중이 클수록 노동수요는 더 탄력적이 된다.
③ 노동을 다른 생산요소로 대체할 가능성이 낮으면 노동수요는 더 비탄력적이 된다.
④ 노동 이외 생산요소의 공급탄력성이 클수록 노동수요는 더 탄력적이 된다.

➕ 노동수요의 탄력성에 영향을 미치는 요인
• 생산물 수요의 탄력성: 생산물에 대한 수요의 탄력성이 클수록 노동수요는 탄력적이다.
• 총생산비에 대한 노동비용의 비율: 총생산비에서 차지하는 노동비용의 비중이 높을수록 노동수요는 탄력적이다.
• 노동의 다른 생산요소와의 대체 가능성: 상품생산에 사용되는 다른 요소와의 대체 가능성이 높을수록 노동수요는 탄력적이다.
• 다른 생산요소의 공급(가격) 탄력성: 노동과 함께 이용되는 다른 요소의 공급탄력성이 클수록 노동수요는 탄력적이다.

615
다음 중 노동수요의 탄력성 결정 요인이 아닌 것은?

① 노동자에 의해 생산된 상품의 수요 탄력성
② 총생산비에서 차지하는 노동비용의 비율
③ 노동의 다른 생산요소로의 대체 가능성
④ 노동이동의 가능성

해설 ④ 노동이동의 가능성은 노동공급의 탄력성과 관련 있다.
➕ 노동 공급 탄력성에 영향을 미치는 요인
• 인구수
• 노동조합의 결성과 교섭력의 정도
• 여성 고용기회의 창출 가능성 여부
• 파트타임 근무제도의 보급 정도
• 노동이동의 유연성 정도
• 고용제도의 개선 정도
• 산업구조의 변화

616 노동과 자본만이 생산요소이고 두 생산요소가 서로 보완재인 경우, 자본의 가격이 하락할 때 노동수요의 변화를 나타낸 그래프는?

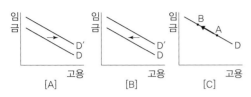

[A]   [B]   [C]

① 그래프 – A   ② 그래프 – B
③ 그래프 – C   ④ 그래프 – A, B, C

해설 ① 노동과 자본이 보완재이면 두 요소가 함께 필요한 것이다. 자본(기계)의 가격이 하락하면 기업은 기계구입하고 고용을 증대할 것이다. 노동수요 임금을 제외하고 모두 선으로 이동하므로 그래프 A가 맞다.

617 단체교섭에서 사용자 교섭력의 원천이 <u>아닌</u> 것은?

① 파업근로자 대신에 다른 근로자로 대체할 수 있는 능력
② 파업근로자들이 외부에 임시로 취업할 수 있는 능력
③ 기업의 재정능력
④ 직장폐쇄(lockout)를 할 수 있는 권리

해설 ② 근로자 교섭력의 원천이다.

618 다음 중 기업이 이윤을 극대화하기 위해 장기 노동수요를 감소시켜야 하는 경우는?

① 1원당 노동의 한계생산이 1원당 자본의 한계생산보다 작을 경우
② 1원당 노동의 한계생산이 1원당 자본의 한계생산과 일치할 경우
③ 노동의 한계생산물가치가 명목임금보다 클 경우
④ 노동의 한계생산량이 실질임금보다 클 경우

해설 ① 노동의 한계생산이 자본의 한계생산보다 작다면, 기업은 노동을 기계로 대체하기 때문에 노동수요는 감소한다.

619 노동수요가 증가하고 동시에 노동공급이 증가하면 임금수준과 고용의 변화로 옳은 것은?

① 임금은 상승하고 고용은 증가한다.
② 고용은 증가하고 임금은 하락한다.
③ 고용은 증가하고 임금의 변화방향은 불확실하다.
④ 임금은 상승하고 고용의 변화방향은 불확실하다.

해설 노동수요와 공급이 동시에 증가 했으므로 고용은 증가하지만 임금에 대한 전제가 없어 변화방향은 불확실하다.

620 사용자의 부당해고로부터 근로자 보호를 강화하는 정책을 실시할 때 발생되는 효과로 옳은 것은?

① 고용수준 감소, 근로시간 증가
② 고용수준 증가, 근로시간 감소
③ 고용수준 증가, 근로시간 증가
④ 고용수준 감소, 근로시간 감소

해설 ① 부당해고로부터 근로자 보호가 강화되면 사용자는 노동수요를 줄이기 때문에 근로자의 근로시간은 증가한다.

621 내국인들이 취업하기를 기피하는 3D직종에 대해, 외국인력의 수입 또는 불법이민이 국내내국인 노동시장에 미치는 영향을 옳은 것은?

① 임금과 고용이 높아진다.
② 임금과 고용이 낮아진다.
③ 임금은 높아지고, 고용은 낮아진다.
④ 임금과 고용의 변화가 없다.

해설 ② 외국인 근로자 유입으로 국내 비숙련공의 고용을 감소시켜 이들의 실업을 늘리거나 임금을 떨어뜨릴 여지가 있고, 숙련직과 비숙련직의 임금격차가 확대된다.

622
우리나라에 10개의 야구공 생산업체가 있다. 야구공은 개당 1000원에 거래되고 있다. 각 기업의 야구공 생산함수와 노동의 한계생산은 다음과 같다. 우리나라에 야구공을 만드는 기술을 가진 근로자가 500명 있으며, 이들의 노동공급이 완전비탄력적이고 야구공의 가격은 일정하다고 할 때, 균형임금수준은 얼마인가?

$$Q = 600L - 3L^2 \qquad MP_L = 600 - 6L$$
(단, Q 는 야구공 생산량, L 은 근로자의 수, MP_L 은 노동의 한계생산이다.)

① 100,000원   ② 200,000원
③ 300,000원   ④ 400,000원

 생산업체 10개, 야구공 개당 1,000원, 근로자 수 500명
Q = 야구공 생산량, L = 근로자 수,
MP_L = 노동의 한계생산
• MP_L = 600 – 6L = 600 – (6×50명) = 300
그런데 생산업체가 10개이므로 한 업체에 30개로 계산한다.
∴ 평균임금 = Q × 야구공 가격 = 30개 × 1,000원 = 300,000원

623
노동시장에 관한 설명으로 **틀린** 것은?

① 재화시장은 불완전경쟁이더라도 노동시장이 완전경쟁이면 개별기업의 한계요소비용은 일정하다.
② 재화시장과 노동시장이 모두 완전경쟁일 때 재화가격이 상승하면 노동수요곡선이 오른쪽으로 이동한다.
③ 재화시장과 노동시장이 모두 완전경쟁일 때 임금이 하락하면 노동수요량은 장기에 더 크게 증가한다.
④ 재화시장이 불완전경쟁이고 노동시장이 완전경쟁일 때 임금은 한계수입생산보다 낮은 수준으로 결정된다.

해설 ④ 재화시장이 불완전경쟁이고 노동시장이 완전경쟁일 때 임금은 한계요소비용보다 낮은 수준으로 결정된다.

624
생산물시장과 노동시장이 완전경쟁일 때 노동의 한계생산량이 10개이고, 생산물 가격이 500원이며 시간당 임금이 4000원이라면 이윤을 극대화하기 위한 기업의 반응으로 옳은 것은?

① 임금을 올린다.
② 노동을 자본으로 대체한다.
③ 노동의 고용량을 증대시킨다.
④ 고용량을 줄이고 생산을 감축한다.

해설 완전경쟁시장은 수입과 지출(임금)이 같아지는 지점에서 고용을 결정한다. 수입 = 지출(임금) → 고용 결정 / 수입 > 지출(임금) → 고용 증대 / 수입 < 지출(임금) → 고용 감소
수입 = 제품(한계)생산량 × 500원 = 10개 × 500원 = 5,000원
지출(임금) = 4,000원
'수입 > 지출(임금)'이므로 고용을 증대한다.

625
노동자 7명의 평균생산량이 20단위일 때, 노동자를 추가로 1명 더 고용하여 평균생산량이 18단위로 감소하였다면, 이 때 추가로 고용된 노동자의 한계생산량은?

① 4단위   ② 5단위
③ 6단위   ④ 7단위

해설 • 노동자 7명 일 때 평균생산량 20단위: 7명×20개 =140개
• 노동자 1명 추가 고용하여 평균생산량 18단위: 8명×18개 =144개
∴ 144개–140개=4개, 추가 고용된 노동자의 한계생산량은 4개이다. ∴ 4단위이다.

626
K회사는 4번째 직원을 채용할 때 모든 근로자의 시간당 임금을 8천원에서 9천원으로 인상할 것이다. 만약 4번째 직원의 시간당 한계 수입 생산이 1만원이라면 K기업이 4번째 직원을 새로 고용함에 따라 얻을 수 있는 시간당 이윤은?

① 1천원 증가   ② 2천원 증가
③ 1천원 감소   ④ 2천원 감소

해설 3명×8천원=24,000원 / 4명×9천원=36,000원
기업의 비용(임금) 추가지출은 12,000원, 4번째 직원의 한계수입은 10,000원이다. 그러므로 기업은 2천원 감소한다.

627 경쟁시장에서 아이스크림 가게를 운영하는 A씨는 5명을 고용하여 1개당 2,000원에 판매하고 있으며, 시간당 12,000원을 임금으로 지급하면서 이윤을 극대화하고 있다. 만일 아이스크림 가격이 3,000원으로 오른다면 현재의 고용수준에서 노동의 한계생산물가치는 시간당 얼마이며, 이때 A씨는 노동의 투입량을 어떻게 변화시킬까?

① 9,000원, 증가시킨다.
② 18,000원, 증가시킨다.
③ 9,000원, 감소시킨다.
④ 18,000원, 감소시킨다.

해설 ② 5명일 때 재화 2,000원, 임금 12,000원, 6명일 때 재화 3,000원으로 재화가격이 150% 상승이므로 임금은 18,000원이 된다. 기업(사용자, 운영자)는 수입과 지출이 같아지는 점에서 고용을 결정하여 극대이윤을 추구하므로 노동의 투입량을 증가시킨다.

628 A산업의 평균임금이 B산업보다 높을 경우 그 이유와 가장 거리가 먼 것은?

① A산업의 노동조합이 B산업보다 약하다.
② A산업 근로자의 생산성이 B산업 근로자보다 높다.
③ A산업 근로자의 숙련도 수준이 B산업 근로자의 숙련도 수준보다 높다.
④ A산업은 최근 급속히 성장하고 있어 노동수요에 노동공급이 충분히 대응하지 못하고 있다.

해설 ① A산업의 노동조합 B산업보다 강하다.

629 근로자의 귀책사유 없이 기업의 가동률 저하로 인하여 근로자가 기업으로부터 떠나는 것으로 미국 등에서 잘 발달되어 있는 제도는?

① 사직(quits)
② 해고(discharges)
③ 이직(separation)
④ 일시해고(layoffs)

해설 ④ 미국에서 가장 잘 발달되어 있는 일시해고에 대한 설명이다.

630 다음 중 기업들이 기업 내의 승진정체에 대응하여 도입하고 있는 제도와 가장 거리가 먼 것은?

① 정년단축
② 자회사에의 파견
③ 조기퇴직 유도
④ 연봉제의 강화

해설 ④ 연봉제는 개개인의 능력, 실적, 공헌도에 대한 평가를 통해 연단위 계약으로 임금이 결정되는 능력중시형 임금제도로 승진정체 대응과 거리가 멀다.

631 기업의 장기노동수요곡선에 대한 설명으로 옳은 것은?

① 단기노동수요곡선과 같다.
② 단기노동수요곡선보다 비탄력적이다.
③ 단기노동수요곡선보다 탄력적이다.
④ 일정한 규칙이 없다.

해설 ② 대체효과 때문에 장기노동수요가 단기노동수요보다 탄력적이다.

➕ 장기노동수요의 대체효과와 규모효과

구분	내용
대체효과	임금이 상승함에 따라 생산과정에 자본이 노동을 대체하거나, 임금의 하락에 따라 상대적으로 가격이 비싸진 자본을 노동력으로 대체하는 것이다.
규모효과	임금의 하락으로 생산비가 저하됨에 따라 기업이 생산규모를 확대하여 생산량을 증가 시키는데 따라 노동에 대한 수요가 발생하는 것이다.

632 우리나라의 여성의 연령별 경제활동참가율은 남성과 달리 자녀의 출산·육아기에 현저한 차이를 보인다. 이를 잘 설명할 수 있는 형태는?

① U자형
② 역 U자형
③ M자형
④ W자형

해설 경제활동에 참가하다 결혼, 출산, 육아로 인해 경력단절 후 다시 노동시장에 진입하게 되므로, 여성의 노동공급은 M자형이다.

633 한국 노동시장에서 인력난과 유휴인력이 공존하는 이유로 가장 적합한 것은?

① 근로자의 학력 격차의 확대
② 외국인고용허가제 도입
③ 기업규모별 임금격차의 확대
④ 미숙련 노동력의 무제한적 공급

해설 ③ 기업규모별 임금격차의 확대가 가장 적합하다.

634 1998~1999년의 경제위기 기간에 나타난 우리 노동시장의 특징과 가장 거리가 먼 것은?

① 해고 분쟁의 증가
② 외국인 노동자 대량유입
③ 근로자의 평균근속기간 감소
④ 임시직 · 일용직 고용비중의 증가

해설 ② 외국인 노동자의 대량유입은 경제위기 기간 이후에 나타난 특징이다.

635 완전경쟁하에서 노동의 수요곡선을 우하향하게 하는 주된 요인은 무엇인가?

① 노동의 한계생산력
② 노동의 가격
③ 생산물의 가격
④ 한계비용

해설 ① 극대이윤을 추구하는 기업은 한계비용과 한계수입이 같아지는 지점에서 고용을 결정한다. 임금이 상승하면 수요를 줄이는데, 이때 곡선은 우하향하게 된다. 이것은 단기 노동수요곡선의 형태로 자본이 고정인 상태에서 노동이 추가 공급되면 생산이 증가하다 일정기점을 기준으로 생산성이 감소하게 된다. 이를 '한계생산성(노동의 한계생산력) 체감의 법칙'이라 한다.

636 노동의 준고정비용(quasi-fixed cost)의 증가가 기업의 고용 수준과 소속 근로자의 초과근로시간에 미치는 효과는?

① 고용 수준은 증가하지만 초과근로시간은 감소한다.
② 고용 수준은 감소하지만 초과근로시간은 증가한다.
③ 고용 수준과 초과근로시간 모두 증가한다.
④ 고용 수준과 초과근로시간 모두 감소한다.

해설 ② 노동의 준고정비용은 기업이 노동자를 고용할 때 사용되는 채용 · 선발비용, 채용 후 훈련비용 등으로, 이 비용이 증가하면 기업은 고용수준을 감소시키고 소속근로자의 근로시간은 증가한다.

637 다음은 근로자의 노동투입량, 시간당 임금 및 노동의 한계수입생산을 나타낸 것이다. 기업이 노동투입량을 5,000시간에서 6,000시간으로 증가시킬 때 노동의 한계비용은?

노동투입량(시간)	시간당 임금(원)	한계수입생산(원)
3,000	4,000	20,000
4,000	5,000	18,000
5,000	6,000	17,000
6,000	7,000	15,000
7,000	8,000	14,000
8,000	9,000	12,000
9,000	10,000	11,000

① 42,000원   ② 12,000원
③ 6,000원   ④ 2,800원

해설 노동의 한계비용은 노동 1단위 추가 고용(1,000시간 증가)에서 발생하는 비용의 증가분이다.
노동의 비용 = 노동투입량×시간당 임금
5,000시간일 때 노동비용 : 5,000시간×6,000원
= 30,000,000원
6,000시간일 때 노동비용 : 6,000시간×7,000원
= 42,000,000원

$$\frac{42,000,000원-30,000,000원}{1,000시간} = 12,000원$$

638 개인이 노동시장에서의 노동공급을 포기하는 경우에 관한 설명으로 **틀린** 것은?

① 개인의 여가 소득 간의 무차별곡선이 수평에 가까운 경우이다.
② 개인의 여가-소득 간의 무차별곡선과 예산제약선 간의 접점이 존재하지 않거나, X축 코너(corner) 점에서만 접점이 이루어질 경우이다.
③ 일정수준의 효용을 유지하기 위해 1시간 추가적으로 더 일하는 것을 보상하는데 요구되는 소득이 시장임금률보다 더 큰 경우이다.
④ 소득에 비해 여가의 효용이 매우 큰 경우이다.

해설 ① 소득(노동공급)을 선호하면 무차별곡선은 수평이고, 여가를 선호하면 수직에 가깝다.

639 개인의 노동공급시간 결정이 소득과 여가 간의 무차별곡선과 예산선 간의 관계에서 이루어질 때, 다음 설명 중 **틀린** 것은?

① 예산선의 기울기는 시간당 임금률이다.
② 무차별곡선의 기울기는 여가를 한 단위 증가시키기 위해 노동자가 기꺼이 포기하고자 하는 소득의 양을 의미한다.
③ 무차별곡선과 예산선이 접하는 점에서 노동시간이 결정된다는 것은 이 점에서 시장임금률과 노동자의 의중임금(reservation wage)이 일치함을 의미한다.
④ 여가-소득평면상의 모든 점에서 무차별 곡선의 기울기(설대값)가 예산선의 기울기(절대값)보다 작은 경우 노동자는 노동공급을 포기한다.

해설 예산선이란 주어진 소득으로 최대한 구입 가능한 X재와 Y재의 선택제약 조건을 말하는 것이다. 무차별 곡선의 기울기가 예산선의 기울기보다 작은 경우에는 노동공급이 증가한다.

➕ 무차별곡선
개인에게 동일한 만족감을 주는 소득과 여가의 조합을 나타내는 곡선으로, 여가를 선호하면 수직이고 소득을 선호하면 수평이다.

640 어느 지역의 노동공급상태를 조사해 본 결과 시간당 임금이 3000원일 때 노동공급량은 270이었고, 임금이 5000원으로 상승했을 때 노동공급량은 540이었다. 이때 노동공급의 탄력성은?

① 1.28
② 1.50
③ 1.00
④ 0.82

해설
$$\text{노동공급탄력성} = \frac{\text{노동공급변화율(\%)}}{\text{임금변화율(\%)}} = \frac{100\%}{66.7\%}$$
$$= 1.50$$

$$\text{노동공급변화율} = \frac{\text{노동공급변화량}}{\text{기존노동량}} \times 100 = \frac{270}{270} \times 100$$
$$= 100\%$$

$$\text{임금변화율} = \frac{\text{임금변화량}}{\text{기존임금}} \times 100$$
$$= \frac{2,000}{3,000} \times 100 = 66.7\%$$

641 노동공급의 탄력성 결정요인이 **아닌** 것은?

① 산업구조의 변화
② 노동이동의 용이성 정도
③ 여성 취업기회의 창출가능성 여부
④ 다른 생산요소로의 노동의 대체 가능성

해설 ④ 다른 생산요소로의 노동의 대체 가능성은 노동수요의 탄력성에 영향을 미치는 요인이다.

642 통계청 경제활동인구조사의 주요 용어에 관한 설명으로 **틀린** 것은?

① 경제활동인구: 만 15세 이상 인구 중 취업자와 실업자를 말한다.
② 육아: 조사대상주간에 주로 미취학자녀(초등학교 입학 전)를 돌보기 위하여 집에 있는 경우가 해당된다.
③ 취업준비: 학교나 학원에 가지 않고 혼자 집이나 도서실에서 취업을 준비하는 경우가 해당된다.
④ 자영업자: 고용원이 없는 자영업자를 제외한 고용원이 있는 자영업자를 말한다.

해설 ④ 자영업자: 고용원이 있는 자영업자와 고용원이 없는 자영업자를 말한다.

643 노동공급에 관한 설명으로 틀린 것은?

① 노동공급의 임금탄력성은 $\dfrac{\text{노동공급량의 변화율}}{\text{임금의 변화율}}$ 이다.

② 노동공급을 결정하는 요인으로서 인구는 양적인 규모뿐만 아니라 연령별, 지역별, 질적 구조도 중요한 의미를 갖는다.

③ 효용극대화에 기초한 노동공급모형에서 대체효과가 소득효과 보다 클 경우 임금의 상승은 노동공급을 감소시키고 노동공급곡선은 후방으로 굴절된다.

④ 사회보장급여의 수준이 지나치게 높을 경우 노동공급에 대한 동기유발이 저해되어 총 노동공급이 감소된다.

해설 ③ 대체효과(일선택) > 소득효과(여가선택), 임금상승은 노동공급을 증가시키고 노동공급곡선은 우상향한다.

644 경제활동인구조사에서 취업자로 분류되는 사람은?

① 명예퇴직을 하여 연금을 받고 있는 전직 공무원
② 하루 3시간씩 구직활동을 하고 있는 전직 은행원
③ 하루 1시간씩 학교 부근 식당에서 아르바이트를 하고 있는 대학생
④ 하루 2시간씩 남편의 상점에서 무급으로 일하는 기혼여성

해설 선택지는 ③은 취업자로 분류된다.

➕ 취업자

• 조사대상주간에 수입을 목적으로 1시간 이상 일한 자
• 동일가구 내 가족이 운영하는 농장이나 사업체의 수입을 위하여 주당 18시간 이상 일한 무급가족종사자
• 직업 또는 사업체를 가지고 있으나 일시적인 병 또는 사고, 연가, 교육, 노사분규 등의 사유로 일하지 못한 일시휴직자

645 경제활동인구조사에서 종사상지위별 취업자 분류에 해당하지 않는 것은?

① 자영업자　　　② 무급가족종사자
③ 임시근로자　　④ 관리자

해설 ④ 관리자는 한국표준직업분류상의 대분류 중 하나이다.

➕ 경제활동인구조사 용어

• 15세 이상인구: 조사대상월 15일 현재 만 15세 이상인 자
• 경제활동인구: 취업자와 실업자의 합계
• 취업자: 15세 이상인구 중 조사대상기간(15일이 포함된 1주간)에
　– 수입을 목적으로 조사대상주간 1시간 이상 일한 자
　– 동일가구 내 가족이 운영하는 농장이나 사업체의 수입을 위하여 주당 18시간 이상 일한 무급가족종사자
　– 직업 또는 사업체를 가지고 있으나 일하지 못한 일시휴직자
• 실업자: 조사대상주간에 수입이 있는 일을 하지 않았고, 적극적으로 구직활동을 하였던 사람으로서 일자리가 주어지면 즉시 취업이 가능한 자

➕ 고용형태에 따른 근로자의 분류

• 상용근로자: 고용계약설정자는 고용계약기간이 1년 이상인 경우
• 임시근로자: 고용계약설정자는 고용계약기간이 1개월 이상 1년 미만인 경우
• 일용근로자: 고용계약기간이 1개월 미만인 자 또는 매일매일 고용되어 근로의 대가로 일급 또는 일당제 급여를 받고 일하는 자

646 잠재적 실업에 관한 설명으로 가장 거리가 먼 것은?

① 노동의 한계생산물이 거의 0에 가까운 실업을 말한다.
② 표면적으로 취업상태에 있지만 실질적으로 실업상태에 있는 농촌의 과잉인구 등이 해당된다.
③ 구직의 가능성이 높았더라면 노동시장에 참가하여 적어도 구직활동을 했을 사람이 그와 같은 전망이 없거나 낮다고 판단하여 비경제활동인구화되어 있는 경우를 말한다.
④ 불법체류 외국인 취업에 따른 실업이 해당된다.

해설 ④ 잠재적 실업은 불법체류 외국인 취업과 거리가 멀다.

647 다음 중 경제활동참가에 영향을 주는 요인을 모두 고른 것은?

> ㄱ. 여가에 대한 상대적 가치
> ㄴ. 비근로소득의 발생
> ㄷ. 단시간 노동의 기회

① ㄱ, ㄴ
② ㄱ, ㄷ
③ ㄴ, ㄷ
④ ㄱ, ㄴ, ㄷ

해설 ㄱ: 여가에 대한 상대적 가치가 높으면 경제활동참가율이 낮아지고, 상대적 가치가 낮으면 경제활동참가율이 높아진다.
ㄴ: 비근로소득이 발생하면 경제활동참가율이 낮아진다.
ㄷ: 단시간 노동의 기회가 많아지면 경제활동참가율이 높아진다.

648 육아보조금 지급이 기혼여성들의 노동공급에 미치는 효과로 옳은 것은?

① 근로시간 증가와 경제활동참가율 증가
② 근로시간 증가와 경제활동참가율 감소
③ 근로시간 감소와 경제활동참가율 증가
④ 근로시간 감소와 경제활동참가율 감소

해설 ※ 이 문제는 모든 선택지가 답이 됩니다. 해설을 참고하세요.
비노동소득은 노동공급에 영향을 미치는 요인이다. 이 문제에는 육아보조금 지급 조건이 제시되지 않아 답을 하나로 고를 수 없다.

649 기혼여성의 경제활동참가율을 높이는 요인과 가장 거리가 먼 것은?

① 가사노동 대체비용의 하락
② 남편의 소득 증가
③ 출산율 저하
④ 시간제근무 기회 확대

해설 ② 배우자의 소득 증가는 기혼여성의 경제활동참가율을 낮춘다.

650 기혼여성의 경제활동참가율을 높이는 요인과 가장 거리가 먼 것은?

① 시장임금의 상승
② 노동절약적 가계생산기술의 향상
③ 배우자의 소득증가
④ 육아 및 유아교육시설의 증설

해설 ③ 배우자의 소득증가는 기혼여성의 경제활동참가율을 낮춘다.

651 경제활동참가 또는 노동공급을 결정하는 요인에 대한 설명으로 사실과 가장 거리가 먼 것은?

① 비근로소득이 클수록 경제활동참가는 낮아진다.
② 취학 전 자녀수가 많을수록 경제활동참가는 낮아진다.
③ 교육수준이 높아질수록 경제활동참가는 증가한다.
④ 기업의 노동시간이 신축적일수록 노동공급이 감소한다.

해설 ④ 기업의 노동시간이 신축적일수록 근로자의 선택의 폭이 넓어져 노동공급이 증가한다.

652 실업급여의 효과에 대한 설명으로 가장 적합한 것은?

① 노동시간을 늘리고 경제활동참가도 증대시킨다.
② 노동시간을 단축시키고 경제활동참가도 감소시킨다.
③ 노동시간의 증·감은 불분명하지만 경제활동참가는 증대시킨나.
④ 노동시간, 경제활동참가 모두 불분명하다.

해설 ③ 경제활동참가율은 15세 이상인구 중에 경제활동인구가 차지하는 비율을 나타낸 것이다. 실업급여로 인한 실질적인 노동시간의 증감은 파악하기 어려우나 실업급여 수급을 위해서는 구직활동을 해야 하기 때문에 실업자가 늘어 경제활동참가율이 증가한다.

653 개인의 가용시간이 일정할 때 작업장까지의 통근시간 증가가 경제활동참가율과 총 근로시간에 미치는 효과로 옳은 것은?

① 경제활동참가율 증가, 총 근로시간 증가
② 경제활동참가율 감소, 총 근로시간 증가
③ 경제활동참가율 증가, 총 근로시간 감소
④ 경제활동참가율 감소, 총 근로시간 감소

해설 ④ 개인이 활용가능한 시간은 일정한데 통근시간이 길어지면 여가시간이 줄기 때문에 여가가 정상재인 근로자는 경제활동을 포기할 수 있어 경제활동참가율이 감소하고, 계속 근로한다면 통근시간만큼 근로시간을 줄일 것이다.

654 노동시장이 초과공급을 경험하고 있을 때 나타나는 현상은?

① 임금이 하락압력을 받는다.
② 임금상승으로 공급량은 증가한다.
③ 최종 산출물가격은 상승한다.
④ 노동에 대한 수요는 감소한다.

해설 ① 노동수요에 비해 노동공급이 많을 경우 일자리가 부족해져 임금이 하락하게 된다.

655 여성이 특정 직종에 집중되면서 여성노동시장의 경쟁이 격화됨으로써 여성의 임금 수준이 저하되는 현상은?

① 위협효과   ② 파급효과
③ 대체효과   ④ 혼잡효과

해설 ① 위협효과: 노조조직회사의 근로자가 임금인상을 요구하며 파업하면, 노조비조직회사에서 노조결성을 염려해 임금을 인상하므로 두 회사 간의 임금격차가 축소된다.
② 파급효과(이전효과): 노조조직회사에서 임금인상 후 구조조정하고 신규인력 채용규모가 축소되어, 노조비조직회사로의 지원자가 늘어 임금이 하락하므로 두 회사 간의 임금격차가 확대된다.
③ 대체효과: 임금상승으로 노동공급이 증가(일 선택)하는 것이다.

656 다음 중 비경제활동인구에 해당하는 것은?

① 수입목적으로 1시간 일한 자
② 일시휴직자
③ 신규실업자
④ 전업학생

해설 ①, ②는 취업자, ③은 실업자로 경제활동인구이다.

➕ **비경제활동인구**

만 15세 이상 인구 중 조사대상 기간에 취업도 실업도 아닌 상태에 있는 자
• 아르바이트 없이 학교만 다니는 학생
• 가사노동만 하는 가정주부
• 일을 할 수 없는 노약자 및 장애인
• 자발적으로 수입을 목적으로 하지 않고 자선사업 및 종교단체에 관여하는 자

657 A국의 취업자가 200만명, 실업자가 10만명, 비경제활동인구가 100만 명이라고 할 때, A국의 경제활동참가율은?

① 약 66.7%   ② 약 67.7%
③ 약 69.2%   ④ 약 70.4%

해설 ② 경제활동참가율은 67.7%이다.

• 경제활동참가율 $= \dfrac{경제활동인구(취업자 + 실업자)}{15세\ 이상\ 인구} \times 100,$

$\dfrac{210만}{310만} \times 100 = 67.7\%$

• 15세 이상인구 = 경제활동인구(취업자 + 실업자) + 비경제활동인구, (200만명 + 10만) + 100만명 = 310만명

658 기혼여성의 경제활동참가율은 60%이고, 실업률은 20%일 때, 기혼여성의 고용률은?

① 12%   ② 48%
③ 56%   ④ 86%

해설 계산식: 60% − 12% = 48%

✻ 경제활동참가율 60%의 앞숫자 6, 실업률 20%의 앞숫자 2를 곱해 고용률에서 뺀다.

659

A국가의 경제활동참가율은 50%이고, 생산가능인구와 취업자가 각각 100만 명, 40만 명이라고 할 때, 이 국가의 실업률은?

① 5% ② 10%

③ 15% ④ 20%

 • 경제활동참가율 = $\dfrac{경제활동인구}{생산가능인구} \times 100$,

$50\% = \dfrac{경제활동인구}{100만} \times 100$, 경제활동인구 = 50만

• 경제활동인구 = 취업자 + 실업자,

50만 = 40만 + 실업자, 실업자 10만

• 실업률 = $\dfrac{실업자}{경제활동인구} \times 100$, $\dfrac{10만명}{50만명} \times 100 = 20\%$

660

노동의 공급곡선에 대한 설명 중 틀린 것은?

① 일정 임금수준 이상이 될 때 노동의 공급곡선은 후방굴절부분을 가진다.

② 임금과 노동시간 사이에 음(−)의 관계가 존재할 경우 임금률의 변화시 소득효과가 대체효과보다 작다.

③ 임금과 노동시간과의 관계이다.

④ 노동공급의 증가율이 임금상승률보다 높다면 노동공급은 탄력적이다.

② 임금상승(+), 노동시간 감소(−)는 후방굴절하는 부분으로 소득효과(여가선택)가 대체효과(일선택)보다 우세하다.〈그래프 ② ~ ③ 구간〉

① 임금이 상승하면 노동공급이 증가(대체효과·일선택)〈그래프 ① ~ ② 구간〉하다 어느 순간 노동공급을 줄이고 여가를 선택하면서 후방굴절〈그래프 ② ~ ③ 구간〉하게 된다.

③ 노동공급 곡선은 임금과 노동공급과의 관계를 나타낸다.

④ 노동공급탄력성 = $\dfrac{노동공급량의\ 변화율(\%)}{임금\ 1\%의\ 변화율(\%)}$이다. 노동공급 탄력성이 1보다 크면 탄력적이다.

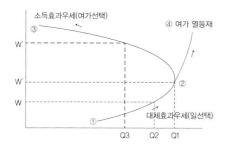

661

어느 국가의 생산가능인구의 구성비가 다음과 같을 때 이 국가의 실업률은?

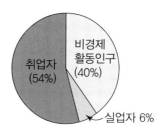

① 6.0% ② 10.0%

③ 11.1% ④ 13.2%

실업률(%) = $\dfrac{실업자수}{경제활동인구수} \times 100$

$= \dfrac{6\%}{60\%} \times 100 = 10\%$

경제활동인구 = 취업자 + 실업자 = 54% + 6% = 60%

662

A국가의 전체 인구 5,000만명 중 은퇴한 노년층과 15세 미만 유년층이 각각 1,000만명이다. 또한, 취업자가 1,500만명이고 실업자는 500만명이라고 한다. 이 국가의 실업률 (ㄱ)과 경제활동참가율(ㄴ)은?

① ㄱ − 25%, ㄴ − 40% ② ㄱ − 25%, ㄴ − 50%

③ ㄱ − 33%, ㄴ − 40% ④ ㄱ − 33%, ㄴ − 50%

실업률 = $\dfrac{실업자}{경제활동인구} \times 100 = \dfrac{500만}{2,000만} \times 100$

$= 25\%$

경제활동참가율 = $\dfrac{경제활동인구}{15세이상\ 인구} \times 100$

경제활동참가율 = $\dfrac{2,000만}{4,000만} \times 100 = 50\%$

※ 은퇴한 노인은 함정이므로 무시해야 합니다.

➕ 통계표준공식

• 국민 = 15세 이상인구(생산가능인구) + 15세 미만인구

• 15세 이상인구(생산가능인구) = 경제활동인구 + 비경제활동인구

• 경제활동인구 = 취업자 + 실업자

663 노동공급 탄력성이 무한대인 경우 노동공급 곡선 형태는?

① 수평이다.
② 수직이다.
③ 우상향이다.
④ 우하향이다.

➕ 노동공급 탄력성
• 완전비탄력적(수직): 임금변화에도 공급량의 변화가 '0'이다.
  예 전문직
• 완전탄력적(수평): 노동시장이 노동공급이 무제한인 경우 변화가 '∞'이다. 예 개발도상국

664 불경기에 발생하는 부가노동자효과(added worker effect)와 실망실업자효과(discouraged worker effect)에 따라 실업률이 변화한다. 다음 중 실업률에 미치는 효과의 방향성이 옳은 것은?(단, + : 상승효과, − : 감소효과)

① 부가노동자효과: +, 실망실업자효과: −
② 부가노동자효과: −, 실망실업자효과: −
③ 부가노동자효과: +, 실망실업자효과: +
④ 부가노동자효과: −, 실망실업자효과: +

해설 부가노동자효과는 비경제활동인구가 노동시장에 유입되면서 실업률이 높아지는 효과이고, 실망노동자효과는 실업자가 구직활동을 포기하여 비경제활동인구가 되어 실업률이 감소하는 효과이다.
※ '부가노동자는 부가적으로 늘고, 실망노동자는 실망해서 빠진다'로 이해하세요.

665 일부 사람들이 실업급여를 계속 받기 위해 채용될 가능성이 매우 낮은 곳에서만 일자리를 탐색하며 실업상태를 유지하고 있다. 다음 중 이러한 사람들이 실업자가 아니라 일할 의사가 없다는 이유로 비경제활동인구로 분류될 때 나타나는 현상으로 옳은 것은?

① 실업률과 경제활동참가율 모두 높아진다.
② 실업률과 경제활동참가율 모두 낮아진다.
③ 실업률은 낮아지는 반면, 경제활동참가율은 높아진다.
④ 실업률은 높아지는 반면, 경제활동참가율은 낮아진다.

해설 ② 실업률은 실업자 수를 경제활동인구로 나눈 것으로 비경제활동인구가 증가하면 실업률과 경제활동참가율이 낮아진다.

666 개인의 후방굴절형(상단부분에서 좌상향으로 굽어짐) 노동공급곡선에 대한 설명으로 옳은 것은?

① 임금이 상승함에 따라 노동시간을 증가시키려고 한다.
② 소득−여가 간의 선호체계분석에서 소득효과가 대체효과를 압도한 결과이다.
③ 소득−여가 간의 선호체계분석에서 대체효과가 소득효과를 압도한 결과이다.
④ 임금이 하향함에 따라 노동시간을 줄이려는 의지를 강력하게 표현하고 있다.

해설 ① 그래프 ① ~ ② 구간으로 임금이 상승함에 따라 노동공급이 증가하여 대체효과가 압도한다.
② 그래프 ② ~ ③ 구간으로 임금상승함에 따라 여가를 증가하고 노동공급을 감소시켜 노동공급곡선이 후방굴절하는 부분으로 소득효과(여가선택)가 대체효과(일선택)보다 압도한다.
③ 그래프 ① ~ ② 구간 설명이다.

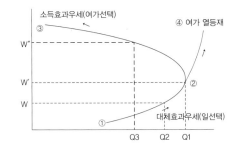

667 임금상승의 소득효과가 대체효과보다 클 경우, 노동공급곡선의 형태는?

① 우상승한다.
② 수평이다.
③ 좌상승한다.
④ 변함없다.

해설 ③ 소득효과(여가선택)가 대체효과(일선택)보다 크면 노동공급이 감소하고, 여가가 증가하는 구간으로 좌상향한다.
① 임금이 증가하고 일선택하면 우상향한다.
② 노동공급 탄력성이 ∞일 때이며, 노동공급이 완전탄력적이다.
④ 노동공급 탄력성이 0일 때이며, 노동공급이 완전비탄력적이다.

668 만일 여가(leisure)가 열등재라면, 임금이 증가할 때 노동공급은 어떻게 변화하는가?

① 임금수준에 상관없이 임금이 증가할 때 노동공급은 감소한다.
② 임금수준에 상관없이 임금이 증가할 때 노동공급은 증가한다.
③ 낮은 임금수준에서 임금이 증가할 때는 노동공급이 증가하다가 임금수준이 높아지면 임금증가는 노동공급을 감소시킨다.
④ 낮은 임금수준에서 임금이 증가할 때는 노동공급이 감소하다가 임금수준이 높아지면 임금증가는 노동공급을 증가시킨다.

해설 ① 여가가 정상재인 경우이다.
③ 후방굴절형에 대한 설명이다.

669 경제활동인구조사에서 종사상 지위로 고용계약기간이 1개월 미만인 임금근로자는?

① 임시근로자   ② 계약직근로자
③ 고용직근로자   ④ 일용근로자

➕ **고용형태에 따른 근로자의 분류**
• 상용근로자: 고용계약설정자는 고용계약기간이 1년 이상인 경우
• 임시근로자: 고용계약설정자는 고용계약기간이 1개월 이상 1년 미만인 경우
• 일용근로자: 고용계약기간이 1개월 미만인 자 또는 매일매일 고용되어 근로의 대가로 일급 또는 일당제 급여를 받고 일하는 자

670 우리나라의 노동공급 추이에 관한 설명과 가장 거리가 먼 것은?

① 출산율이 저하되고 인구의 고령화가 진전된다.
② 선진국에 비하여 청년층의 경제활동참가율은 낮고 노년층의 경제활동참가율은 높다.
③ 1980년대 중반 이후 노동시간의 감축이 나타난다.
④ 우리나라의 연간실제노동시간은 제조업 중심국가인 일본보다 짧다.

해설 ④ 우리나라의 연간실제노동시간은 제조업 중심국가인 일본보다 길다.

671 완전경쟁적인 노동시장에서 노동의 한계생산을 증가시키는 기술진보와 함께 보다 많은 노동자들이 노동시장에 참여하는 변화가 발생할 때 노동시장에서 발생하는 변화로 옳은 것은?(단, 다른 조건들은 일정하다고 가정한다.)

① 균형노동고용량은 반드시 증가하지만 균형임금의 변화는 불명확하다.
② 균형임금은 반드시 상승하지만 균형노동고용량의 변화는 불명확하다.
③ 임금과 균형노동고용량 모두 반드시 증가한다.
④ 임금과 균혈노동고용량의 변화는 모두 불명확하다.

해설 기업의 고용량은 증가하지만, 노동공급이 증가하여 임금의 변화는 불명확하다.

672 기업이 인력운영의 유연성을 확보하기 위하여 채택하는 인적자원관리정책이 아닌 것은?

① 성과급제와 연봉제의 도입
② 정규직 중심의 인력채용
③ 사내직업훈련의 강화
④ 고용형태의 다양화

➕ **노동의 유연성 확보방안**
• 외부노농시상에서의 노동의 수량직 유연성 확보
  : 단기근로나 임시근로, 일일고용
• 내부노동시장에서의 노동의 수량적 유연성 확보
  : 변형근로시간 제도, 변형근무일 제도, 다양한 교대근무 제도
• 작업의 외부화에 의한 노동의 유연성 확보
  : 작업의 외부화(하청, 파견근로자 사용)
• 기능적 유연성에 의한 노동의 유연성 확보: 근로자의 다기능공화
• 임금의 유연성 확보에 따른 노동의 유연성 확보: 성과급제

673 다음 중 노동공급의 감소로 발생되는 현상은?

① 사용자의 경쟁심화로 임금수준의 하락을 초래한다.
② 고용수준의 증가를 가져온다.
③ 임금수준의 상승을 초래한다.
④ 일시적인 초과 노동공급 현상을 유발한다.

해설 ③ 노동공급 감소는 기업의 인력부족으로 임금수준 상승을 초래한다.

674 노동시장의 유연성을 높일 수 있는 방안과 가장 거리가 먼 것은?

① 신속한 고용조정능력을 갖춘다.
② 전직실업자의 신속한 재취업능력을 높인다.
③ 국제노동기구와의 연대를 모색한다.
④ 노동수요측면의 능력위주 인사관행을 확립한다.

➕ 노동의 유연성 확보방안
• 외부노동시장에서의 노동의 수량적 유연성 확보: 단기근로나 임시근로, 일일고용
• 내부노동시장에서의 노동의 수량적 유연성 확보: 변형근로시간 제도, 변형근무일 제도, 다양한 교대근무제도
• 작업의 외부화에 의한 노동의 유연성 확보: 작업의 외부화 (하청, 파견근로자 사용)
• 기능적 유연성에 의한 노동의 유연성 확보: 근로자의 다기능공화
• 임금의 유연성 확보에 따른 노동의 유연성 확보: 성과급제

675 다음 중 노동시장 유연성(labor market flexi-bility)에 관한 설명으로 틀린 것은?

① 노동시장 유연성이란 일반적으로 외부환경변화에 인적 자원이 신속하고 효율적으로 재배분되는 노동시장의 능력을 지칭한다.
② 외부적 수량적 유연성이란 해고를 좀 더 자유롭게 하고 다양한 형태의 파트타임직을 확장시키는 것을 포함한다.
③ 외부적 수량적 유연성의 예로는 변형시간 근로제, 탄력적 근무시간제 등이 있다.
④ 기능적 유연성이란 생산과정 변화에 대한 근로자의 적응력을 높이는 것을 의미한다.

해설 ③ 변형시간 근로제, 탄력적 근무시간제 등은 내부노동시장에서의 노동의 수량적 유연성 확보의 예이다.

➕ 노동의 유연성 확보방안
• 외부노동시장에서의 노동의 수량적 유연성 확보
: 단기근로나 임시근로, 일일고용

676 자발적 노동이동(voluntary mobility)에 따른 순수익의 현재가치(present value)를 결정해주는 요인이 아닌 것은?

① 새로운 직장의 고용규모
② 새로운 직장에서의 예상 근속년수
③ 장래의 기대되는 수익과 현 직장에서의 수익의 차를 현재가치로 할인해 주는 할인율
④ 노동이동에 따른 심리적 비용

해설 자발적 노동이동에 따른 순수익의 현재가치를 결정해주는 요인은 ②, ③, ④ 세 가지이다.

677 근로자의 구직활동에 관한 설명으로 틀린 것은?

① 탐색기간이 길어질수록 탐색비용은 증가한다.
② 탐색기간이 길어질수록 좋은 일자리를 찾게 될 확률이 높아진다.
③ 직업탐색활동은 노동시장정보의 불완전성에 기인한다.
④ 직업에 관련된 정보를 얻는 데 소요된 지출은 인적자본투자로 간주하지 않는다.

해설 ④ 인적자본투자이론에서는, 직업훈련이나 건강한 신체의 유지, 노동시장정보의 수집 등과 함께 교육은 근로자의 능력과 생산성을 높이는 주요한 계기라고 본다. 정보를 얻는 데 소요된 지출은 인적자본투자로 간주한다.

678 기업특수적 인적자본형성의 원인이 <u>아닌</u> 것은?

① 기업간 차별화된 제품생산

② 생산공정의 특유성

③ 생산장비의 특유성

④ 일반적 직업훈련의 차이

해설 ④ 일반적인 직업훈련의 차이는 기업특수적 인적자본형성의 원인이 아니다.

• 일반훈련: 모든 기업에서 근로자의 생산성을 동일하게 올라가게 하는 훈련이다.

• 기업특수적훈련: 기술을 배운 기업에서만 생산성이 올라가고 그렇게 얻은 생산성은 근로자가 회사를 떠나면 소용이 없는 훈련이다.

679 이중노동시장에서 2차 노동시장의 특징으로 가장 적합한 것은?

① 기업 내부의 승진가능성이 높다.

② 종사자의 결근율이 낮다.

③ 종사자의 고용기간이 짧다.

④ 자신의 인적자본을 높이려는 열의가 강하다.

해설 ③ 2차 노동시장의 특징에 대한 설명이다.

➕ **이중노동시장 또는 분단노동시장**

• 1차 노동시장: 임금수준이 상대적으로 높고, 근로조건이 양호하며, 승진의 기회도 다양할 뿐만 아니라, 고용의 안정성이 보장된다.

• 2차 노동시장: 임금수준이 상대적으로 낮고, 근로조건이 매우 열악하며, 승진의 기회도 부족할 뿐만 아니라 고용이 불안정하다.

680 다음 중 인적자본투자 대상을 모두 고른 것은?

A. 교육	B. 직장훈련
C. 노동의 이동	D. 정보의 획득
E. 건강	

① A, B, C

② A, B, D, E

③ A, B, C, E

④ A, B, C, D, E

해설 ④ 인적자본투자이론은 직업훈련이나 건강한 신체의 유지, 노동시장정보의 수집 등과 함께 교육은 근로자의 능력과 생산성을 높이는 주요한 계기라고 보는 것이다. 인적자본투자의 대상에는 정규교육, 직업훈련, 건강, 이주, 노동시장정보 등이 있다.

681 인적자본이론에 관한 설명으로 가장 거리가 먼 것은?

① 일반적으로 능력이 높은 사람일수록 인적자본투자를 더 많이 한다.

② 부모가 부자일수록 자녀의 인적자본투자가 많아진다.

③ 교육과 훈련이 생산성 증대를 가져오고, 이것이 보다 높은 노동이익을 가져온다는 점이 실증적으로 입증되었다.

④ 인적자본투자량은 내부수익률과 시장이자율의 비교에 의해 결정된다.

해설 ③ 교육이 생산성 증대에 영향을 미치고, 이것이 높은 노동이익을 가져온다는 것은 입증되지 않았다.

682 인적자본론의 노동이동에 관한 설명으로 틀린 것은?

① 임금률이 높을수록 해고율은 높다.

② 사직률과 해고율은 경기변동에 따라 상반되는 관련성을 갖고 있다.

③ 사직률과 해고율은 기업특수적 인적자본과 음(−)의 상관관계를 갖는다.

④ 인적자본론에서는 장기근속자일수록 기업특수적 인적자본량이 많아져 해고율이 낮아진다고 주장한다.

해설 인적자본론: 기계설비 등의 물적자본이 장기간에 걸쳐 형성되고 생산성을 높이는 것과 마찬가지로 인간 체내에 내재하되, 장기간에 걸쳐 형성되고 생산성을 높이는 기술, 기능, 지식 등을 통칭하는 말로 종업원을 기계와 같이 자본으로 보는 이론이다.

① 임금률이 높다 하여 해고율이 높은 것은 아니다.

② 호경기에 사직률이 높고 해고율이 낮은 반면, 불경기에는 사직률이 낮고 해고율이 높다.

③ 기업특수적 인적자본은 특정 기업에 필요한 기술을 말한다.

④ 장기근속자는 인적자본량이 높아 해고율이 낮다.

683 임금격차의 원인을 모두 고른 것은?

> ㄱ. 인적자본 투자의 차이로 인한 생산성 격차
> ㄴ. 보상적 격차
> ㄷ. 차별

① ㄱ, ㄴ 　　　② ㄱ, ㄷ
③ ㄴ, ㄷ 　　　④ ㄱ, ㄴ, ㄷ

해설 ④ ㄱ, ㄴ, ㄷ 모두 해당한다.

➕ 임금 격차의 경쟁적 요인
- 인적자본량(생산성 격차): 노동자의 학력, 경력, 근속연수, 성별
- 기업의 합리적 선택으로서 효율임금정책
- 보상적 임금 격차
- 단기적 불균형 과정에서의 임금 격차 또는 과도기적 임금 격차
- 보이지 않는 질적 차이

➕ 임금 격차의 경쟁 외적 요인
- 시장지배력과 독점지대의 배당
- 노동조합의 효과(위협효과, 파급효과)
- 비효율적인 연공급 제도의 영향

684 임금격차의 원인으로서 통계적 차별(statistical discrimination)이 일어나는 경우는?

① 비숙련 외국인노동자에게 낮은 임금을 설정할 때
② 임금이 개별 노동자의 한계생산성에 근거하여 설정될 때
③ 사용자가 자신의 경험을 기준으로 근로자의 임금을 결정할 때
④ 사용자가 근로자의 생산성에 대해 불완전한 정보를 갖고 있어 평균적인 인식을 근거로 임금을 결정할 때

해설 ④ 통계적 차별은 정보부족이 주된 원인으로 발생한다.

➕ 통계적 차별
정보의 비대칭성에 주목하여 인적자본 이외의 개인적 특성에 따라 노동시장에서 성과가 달라진다고 주장하는 이론이다.

685 선별가설(screening hypothesis)에 대한 설명과 가장 거리가 먼 것은?

① 교육훈련이 생산성을 직접 높이는 것은 아니고 유망한 근로자를 식별해주는 역할을 한다.
② 빈곤문제 해결을 위해서는 교육훈련 기회를 확대하는 것이 중요하다.
③ 학력이 높은 사람이 소득이 높은 것은 교육 때문이 아니고 원래 능력이 우수하기 때문이다.
④ 근로자들은 자신의 능력과 재능을 보여주기 위해 교육에 투자한다.

해설 ② 선별가설의 비판점이다.

➕ 인적자본투자이론과 선별가설(신호-선별이론)
- 인적자본투자이론: 교육은 생산성을 높이는 주요한 요인이기 때문에 고학력자에게 취업의 기회가 많다.
- 선별가설: 생산성은 타고난 기질에 의해 영향을 받는다. 교육은 생산성을 높이는 요인이 아니라 기업이 채용선발 비용을 줄이기 위해 선별기준으로 삼는 것으로, 입사에 필요한 입장권의 역할을 한다.

※ 두 이론의 공통점: 고학력화, 두 이론은 과학적으로 입증되지 않았다.

686 다음은 무엇에 관한 설명인가?

> 경제학자 Spencer는 고학력자의 임금이 높은 것은 교육이 생산성을 높이는 역할을 하는 것이 아니라 처음부터 생산성이 높다는 것을 교육을 통해 보여주는 것이라는 견해를 제시했다.

① 인적자본 이론
② 혼잡가설
③ 고학력자의 맹목적 우대
④ 교육의 신호모형

해설 ④ 신호모형(신호이론, 신호·선별이론)은 생산성은 타고난다는 견해를 제시한다.
① 인적자본 이론: 기계설비 등의 물적자본이 장기간에 걸쳐 형성되고 생산성을 높이는 것과 마찬가지로 인간 체내에 내재하되 장기간에 걸쳐 형성되고 생산성을 높이는 기술, 기능, 지식을 통칭한다.
② 혼잡가설(혼잡효과): 특정 직종에 집중되면서 경쟁이 심화되어 임금수준을 하락시킨다는 가설이다.
④ 고학력자의 맹목적 우대는 해당하지 않는다.

687 노동시장에서의 차별로 인해 발생하는 임금 격차에 대한 설명으로 틀린 것은?

① 직장 경력의 차이에 따른 인적자본 축적의 차이로는 임금격차를 설명할 수 없다.
② 경쟁적인 시장경제에서는 고용주에 의한 차별이 장기간 지속될 수 없다.
③ 소비자의 차별적인 선호가 있다면 차별적인 임금 격차가 지속될 수 있다.
④ 정부가 차별적 임금을 지급하도록 강제하는 경우에는 경쟁시장에서도 임금격차가 지속될 수 있다.

 ① 직장 경력의 차이는 경쟁적 요인의 인적자본량(생산성 격차)로 임금격차를 설명할 수 있다.

688 임금의 경제적 기능에 대한 설명으로 틀린 것은?

① 임금결정에서 기업주는 동일노동 동일임금을 선호하고 노동자는 동일노동 차등임금을 선호한다.
② 기업주에게는 실질임금이 중요성을 가지나 노동자에게는 명목임금이 중요하다.
③ 기업주에서 본 임금과 노동자 입장에서 본 임금의 성격상 상호배반적인 관계를 갖는다.
④ 임금은 인적자본에 대한 투자수요결정의 변수로서 중요한 역할을 한다.

 ① 기업주는 동일노동 차등임금을 선호하고 노동자는 동일노동 동일임금을 선호한다.
② 기업주에게는 명목임금이 중요성을 가지나 노동자에게는 실질임금이 중요하다.

689 임금관리의 주요 구성요소와 가장 거리가 먼 것은?

① 기본급과 수당 등의 임금체계
② 임금지급 시기
③ 노동생산성 수준에 따른 임금수준
④ 고정급제와 성과급제 등의 임금형태

 ② 임금지급 시기는 구성요소와 거리가 멀다.

➕ 임금관리의 구성요소
• 임금수준의 적정성   • 임금체계의 공정성
• 임금형태의 합리성

690 임금의 법적 성격에 관한 학설의 하나인 노동 대가설로 설명할 수 있는 임금은?

① 직무수당   ② 휴업수당
③ 휴직수당   ④ 가족수당

① 노동의 대가에 해당하는 임금은 직무수당이다.

691 고정급제 임금형태가 아닌 것은?

① 시급제   ② 연봉제
③ 성과급제   ④ 일당제

③ 성과급은 노동자의 성과에 따라 주는 급여제도로 유동적이다.

692 우리나라 임금체계에 대한 설명과 가장 거리가 먼 것은?

① 소정근로시간과 관련된 정액급여는 기본급과 제수당으로 나누어진다.
② 통상임금의 산정에서 초과급여, 특별급여, 업적수당, 생활보조수당을 포함한다.
③ 평균임금은 퇴직금, 휴업수당, 산재보상 등의 산출기준임금이며, 고용기간 중에서 근로자가 지급받고 있던 평균적인 임금수준을 말한다.
④ 노동법에서 기준임금이 통상임금과 평균임금으로 이원화되어 있어 기업에서의 임금관리가 어려운 측면이 있다.

② 근로기준법 시행령상 "통상임금"이란 근로자에게 정기적이고 일률적으로 소정근로 또는 총 근로에 대하여 지급하기로 정한 시간급, 일급, 주급, 월급 또는 도급 금액을 말한다. 통상임금은 정기적이고 고정성이 있어야 하기 때문에, 시간외 근무수당과 같은 변동성이 있는 것은 제외된다.

693   다음 중 통상임금에 포함되지 않는 것은?

① 기본급   ② 직급수당
③ 직무수당   ④ 특별급여

해설 ④ 특별급여는 통상임금에 포함되지 않는다.

• 통상임금이란 근로자에게 정기적이고 일률적으로 소정근로 또는 총 근로에 대하여 지급하기로 정한 시간급 금액, 일급 금액, 주급 금액, 월급 금액 또는 도급 금액을 말한다.

694   임금에 대한 설명으로 틀린 것은?

① 산업사회에서 사회적 신분의 기준이 되기도 한다.
② 임금수준은 인적자원의 효율적 배분과는 무관하다.
③ 가장 중요한 소득원천 중의 하나이다.
④ 유효수요에 영향을 미쳐 경제의 안정과 성장에 밀접한 관련이 있다.

해설 ② 임금수준은 인적자원의 효율적 배분과 관계있다.

695   다음 중 임금수준의 결정원칙이 아닌 것은?

① 사회적 균형의 원칙
② 생계비 보장의 원칙
③ 소비욕구 반영의 원칙
④ 기업 지불 능력의 원칙

➕ 임금수준 결정원칙
• 임금수준의 하한선과 생계비 보장수준
• 임금수준의 상한선과 기업의 지불능력
• 임금수준의 결정선과 사회적 균형

696   다음 중 시장균형임금보다 임금수준이 높게 유지되는 경우에 해당되지 않는 것은?

① 인력의 부족   ② 노동조합의 존재
③ 최저임금제의 시행   ④ 효율성 임금 정책 도입

해설 ① 시장균형임금보다 임금수준이 높게 유지되는 경우에 인력부족은 해당하지 않는다.

697   한국의 임금 패리티(parity)지수는 100이고 일본의 임금패리티지수를 80이라 가정할 때의 설명으로 옳은 것은?

① 국민소득을 감안한 한국의 임금수준이 일본보다 높다.
② 한국의 생산성과 삶의 질이 일본보다 낮다.
③ 국민소득을 감안한 한국의 임금수준이 일본보다 낮다.
④ 한국의 생산성과 삶의 질이 일본보다 높다.

해설 ① 한국이 일본보다 패리티지수가 높다는 것은 한국의 임금수준이 일본보다 높다는 것이다.

➕ 패리티(parity)지수
국민경제에서 노동자들의 상대적 위치를 말하는 것으로, 노동자 1인당 임금을 취업자 1인당 국민소득으로 나눈 값에 100을 곱한 것이다.

$$\text{패리티 지수} = \frac{\text{노동자 1인당 임금}}{\text{취업자 1인당 국민소득}} \times 100$$

698   임금–물가 악순환설, 지불능력설, 한계생산력설 등에 영향을 미친 임금결정이론은?

① 임금생존비설   ② 임금철칙설
③ 노동가치설   ④ 임금기금설

해설 ④ 임금기금설: 리카도(Ricardo)와 밀(Mill)에 의해 주장되었으며 임금은 한 사회의 총자본에서 임금으로 지급될 기본임금을 노동자 수로 나눈 몫으로 결정한다는 이론이다. 임금–물가 악순환론, 지불능력설, 한계생산력설 등에 영향을 미쳤다.
①, ② 임금생존비설 또는 임금철칙설: 임금이 장기적으로 근로자와 그의 가족을 부양하는데 필요한 최적수준으로 수렴한다고 고전학파 애덤 스미스에 의해 주장되었다.
③ 노동가치설: 마르크스(Marx, K)에 의해 주장된 노동가치설은 노동력재생산비설이라고도 한다. 임금상승이 노동절약적 기계도입에 따른 기술적 실업의 발생으로 산업예비군을 증가시켜서 다시 임금을 생존비 수준으로 저하시킨다는 학설이다.

699 임금학설에 관한 설명으로 틀린 것은?

① 임금생존비설은 임금 상승이 노동절약적 기계도 입에 따른 기술적실업의 발생으로 산업예비군을 증가시켜 다시 임금을 생존비 수준으로 저하시킨다는 학설이다.

② 임금기금설은 어느 한 시점에 근로자의 임금으로 지불될 수 있는 부의 총액 또는 기금은 정해져 있고 이 기금은 시간이 지남에 따라 변화될 수 있다는 학설이다.

③ 임금교섭력설은 고용기회나 노동공급량에 불리한 영향을 미치지 않으면서도 일정한 범위 내에서 임금이 교섭력 강도에 따라 변화할 수 있다는 학설이다.

④ 임금철칙설은 노동자의 임금이 생활비에 귀착되며 생활비를 중심으로 약간 변동이 있더라도 궁극적으로는 임금이 생활비에 일치된다는 학설이다.

해설 ① 마르크스(Marx)에 의해 주장된 노동가치설이다. 노동력재생산비설이라고도 한다.
④ 임금철칙설은 임금생존비설이라고도 한다.

700 임금기금설(wage-fund theory)에 관한 설명으로 틀린 것은?

① 임금기금의 규모는 일정하므로 시장임금의 크기는 임금기금을 노동자의 수로 나눈 값이 된다.

② 임금기금설은 노동공급측면의 역할을 중시한 노동의 장기적인 자연가격결정론에 해당된다.

③ 임금기금설은 고임금이 고실업률을 야기한다고 하여 고용이론에 영향을 주었다.

④ 임금기금설에 따라 노동조합의 교섭력을 통한 임금의 인상이 불가능하다는 노동조합무용론이 제기되었다.

해설 ② 임금기금설은 사용자의 입장을 설명한 것이다.

701 고전학파의 임금론인 임금생존비설과 마르크스의 노동력재생산비설의 유사점은?

① 노동수요 측면의 역할을 중요시한다는 점

② 임금수준은 노동자와 그 가족의 생활필수품의 가치에 의해 결정된다는 점

③ 맬더스의 인구법칙에 따른 인구의 증감에 의해 임금이 생존비수준에 수렴한다는 점

④ 임금의 상대적 저하경향과 자본에 의한 노동의 착취를 설명한다는 점

해설 ② 임금생존비설은 장기적으로 임금이 근로자와 가족을 부양하는 데 필요한 최적수준으로 수렴한다고 보고, 노동력재생산비설은 임금이 근로자와 가족의 생활비 등에 의해 결정된다고 본다.
① 노동수요 측면을 중시한 임금이론에는 임금기금설, 한계생산력설, 임금교섭력설 등이 있다.
③ 맬더스(Malthus)는 인구법칙에 따라 임금이 생존비 이상으로 상승할 경우 노동공급이 증가해 임금이 생존비 이하로 하락한다고 했다.
④ 자본에 의한 노동의 착취를 설명한 것은 마르크스이다.

702 마르크스(K. Marx)에 의하면 기술진보로 인하여 상대적 과잉인구가 발생하게 되는데 이를 무슨 실업이라 하는가?

① 마찰적 실업

② 구조적 실업

③ 기술적 실업

④ 경기적 실업

해설 ③ 기술적 실업: 자본(기계·기술)이 노동을 대체함으로써 발생하는 실업이다.
① 마찰적 실업: 직업정보 부족으로 발생하며 직업정보 제공으로 실업을 낮출 수 있다. 사회적 비용이 가장 적다. 대책은 직업정보 제공, 직업안정기관의 확충이 있다.
② 구조적 실업: 노동력 수급구조상 불균형으로 발생하며 직업정보 제공으로 실업을 낮출 수 있다. 구조적 실업의 대책은 직업훈련, 지역이주금 보조, 직업전환이 있다.
④ 경기적 실업: 유효수요 부족으로 발생하는 실업으로 일자리 창출이 대책이다.

703 케인즈(Keynes)의 실업이론에 관한 설명으로 틀린 것은?

① 노동의 공급은 실질임금의 함수이며, 노동에 대한 수요는 명목임금의 함수이다.
② 노동자들은 화폐환상을 갖고 있어 명목임금의 하락에 저항하므로 명목임금은 하방경직성을 갖는다.
③ 비자발적 실업의 원인을 유효수요의 부족으로 설명하였다.
④ 실업의 해소방안으로 재정투융자의 확대, 통화량의 증대 등을 주장하였다.

해설 ① 노동공급은 명목임금의 함수이며, 노동에 대한 수요는 실질임금의 함수이다.

704 생산성 임금제를 따를 때 실질 생산성 증가율이 5%이고 물가상승률이 2%라고 하면 명목임금의 인상분은?

① 3%   ② 5%
③ 7%   ④ 10%

해설 명목임금 = 물가상승률+실질생산성증가율 = 2%+5% = 7%

705 실질임금 상승률을 계산하는 데 적합한 방식은?

① 명목임금 상승률 ÷ 노동생산성 상승률
② 명목임금 상승률 ÷ 단위당 노동비용 상승률
③ 명목임금 상승률 ÷ 근로소득세 증가율
④ 명목임금 상승률 ÷ 소비자물가 상승률

해설 실질임금 상승률을 계산할 때에는 소비자물가 상승률을 고려해야 한다. 명목임금은 임금을 단순히 화폐액으로 표시한 것이지만, 실질임금은 근로자 임금의 실제 구매력을 평가한 것이다.

706 다음 표에서 어떤 도시근로자의 실질임금을 구할 경우 ㄱ, ㄴ, ㄷ, ㄹ의 크기를 바르게 나타낸 것은?

구분	'09년	'12년	'15년	'18년
도매물가지수	95	100	100	120
소비자물가지수	90	100	115	125
명목임금(만원)	130	140	160	180
실질임금(만원)	ㄱ	ㄴ	ㄷ	ㄹ

① ㄱ > ㄷ > ㄴ > ㄹ
② ㄱ > ㄹ > ㄴ > ㄷ
③ ㄹ > ㄷ > ㄱ > ㄴ
④ ㄹ > ㄴ > ㄷ > ㄱ

해설 $$실질임금 = \frac{명목임금}{소비자\ 물가지수}$$

ㄱ : '09년 실질임금 $= \dfrac{130}{90} = 1.444$

ㄴ : '12년 실질임금 $= \dfrac{140}{100} = 1.400$

ㄷ : '15년 실질임금 $= \dfrac{160}{115} = 1.391$

ㄹ : '18년 실질임금 $= \dfrac{180}{125} = 1.440$

707 미국에서 1935년에 제정된 전국노사관계법 (National Labor Relation Act; NLRA, 일명 와그너법) 이후에 확립된 노사관계는?

① 뉴딜적 노사관계
② 온건주의적 노사관계
③ 바이마르적 노사관계
④ 태프트-하트리적 노사관계

해설 ③ 독일의 바이마르적 노사관계: 노동자와 사용자는 동등한 자격을 갖고 협력해야 한다. 노사 간에 공동결정이라는 광범위한 합의관행이 존재하고 있다.
④ 태프트-하트리적 노사관계: 와그너법이 친노동자적이라는 경영자의 비판에 따라 이를 수정하여 1947년 개정된 미국의 노사관계법이다.

708 준고정적 노동비용에 해당하지 않는 것은?

① 퇴직금　　　　　② 건강보험

③ 유급휴가　　　　④ 초과근무수당

해설 ④ 초과근무수당은 기준 외 임금에 해당된다.

➕ 준고정적 노동비용의 예
- 채용비용, 해고비용, 훈련비용, 부가급여(4대보험, 퇴직금, 육아휴직, 유급휴가 등)

709 노동비용을 현금급여와 부가급여로 구분할 때 일반적으로 부가급여와 가장 거리가 먼 것은?

① 초과급여

② 퇴직금

③ 교육훈련비

④ 사업주가 부담하는 사회보험료

해설 ① 부가급여는 사용자가 종업원을 위하여 개별적·단체적으로 지불하는, 화폐가 아닌 형태의 모든 보상을 의미한다. 사용자가 적립하는 퇴직금, 사용자가 부담하는 4대 보험료, 회사부담 교육훈련비 등이 있다.

710 사용자의 부가급여 선호 이유가 아닌 것은?

① 절세(節稅)효과　　② 근로자 유치

③ 장기근속 유도　　　④ 퇴직금부담 감소

해설 ④ 부가급여는 사용자가 종업원을 위하여 개별적·단체적으로 지불하는, 화폐가 아닌 형태의 모든 보상을 의미한다. 사용자가 적립하는 퇴직금, 사용자가 부담하는 4대 보험료, 회사부담 교육훈련비 등이 있다. 사용자의 퇴직금부담이 감소하는 것이 아니다.

➕ 사용자가 부가급여를 선호하는 이유
- 정부의 임금규제 강화시 회피수단으로 임금인상 대신 활용한다.
- 임금통제 시기에 사용자가 선호하는 근로자를 채용할 수 있다.
- 장기근속을 유도할 수 있어 채용 및 훈련비용을 줄일 수 있다.
- 근로자의 기업에 대한 충성심을 발휘하게 하고 근로자에 대한 내부통제를 용이하게 하는 데 이용된다.
- 부가급여로 임금증가를 대체하여 조세, 보험료 부담을 감소시킨다.

➕ 근로자가 부가급여를 선호하는 이유
- 근로소득세의 부담이 감소한다.
- 현물형태 급여는 대량할인되어 구입하므로 근로자에게 실제 이익이 돌아간다.
- 연금 또는 퇴직금의 노령기 수령은 세율이 낮다.

711 근로자의 근속연수에 따라 임금을 결정하는 임금체계는?

① 연공급　　　　　② 직무급

③ 직능급　　　　　④ 성과급

해설 ① 연공급은 개개인의 학력, 자격, 연령 등을 감안하여 근속연수에 따라 임금수준을 결정하는 임금체계이다.
② 직무급은 직무평가에 의하여 각 직무의 상대적 가치에 따라 개별임금이 결정되는 임금제도이다.
③ 직능급은 종업원의 직무수행능력에 역점을 두어 그 가치에 대응한 임금을 설정하는 것이다.
④ 성과급은 개별근로자나 작업집단이 수행한 노동성과를 측정하여 그 성과에 따라 임금을 산정·지급하는 제도이다.

712 연공급(seniority-based pay)의 장점이 아닌 것은?

① 정기 승급을 실시함에 따라 생활의 안정감과 장래에 대한 기대를 가질 수 있다.
② 위계질서의 확립이 용이하다.
③ 동기부여 효과가 강하다.
④ 근로자에 대한 교육훈련의 효과를 높일 수 있다.

해설 ③ 연공급은 학력, 경력에 따라 지급하는 임금제도로서, 동기부여 효과가 약한 것이 단점이다.

713 임금체계의 유형 중 연공급의 단점에 대한 설명으로 틀린 것은?

① 위계질서의 확립이 어렵다.
② 동기부여효과가 미약하다.
③ 비합리적인 인건비 지출을 하게 된다.
④ 능력·업무와의 연계성이 미약하다.

해설 ① 연공급은 개인의 연령, 경력, 근속연수 등을 고려해 근속연수에 따라 결정되는 임금으로 위계질서의 확립이 장점이다.

714 직무급을 도입하기 위한 전제조건과 가장 거리가 먼 것은?

① 직무의 표준화와 전문화가 이루어져야 한다.
② 노동조합의 허가가 있어야 한다.
③ 인사·노무관리가 발전되어야 한다.
④ 직종 간 고용의 유동성이 있어야 한다.

해설 ② 직무급은 동일직무에는 동일임금을 지급한다는 원칙에 입각하여, 기업 내 직무의 상대적 가치를 토대로 지급되는 임금이다. 임금은 사용자가 근로자의 노동에 대한 대가로 지급하는 것으로, 임금의 형태 결정은 노동조합의 허가사항이 아니다.

715 직무분석과 직무평가를 기초로 하여 직무의 중요성과 난이도 등 직무의 상대적 가치에 따라 개별임금을 결정하는 것은?

① 연공급   ② 직무급
③ 직능급   ④ 기본급

해설 ② 직무급은 직무평가 후 직무의 상대적 가치에 따라 임금을 결정하기 때문에 동일노동, 동일임금이 장점이다.

716 다음 중 직무급 임금체계의 장점이 <u>아닌</u> 것은?

① 개인별 임금 격차에 대한 불만 해소
② 연공급에 비해 실시가 용이
③ 인건비의 효율적 관리
④ 능력 위주의 인사풍토 조성

해설 ② 연공급에 비해 실시가 복잡하다.
• 직무급은 직무평가하여 각 직무의 상대적 가치에 따라 개별임금이 결정되는 임금제도이다. 동일노동 동일임금이라는 합리적인 임금체계로 절차와 실시가 복잡한 단점이 있다.

717 임금체계에 대한 설명으로 틀린 것은?

① 직무급은 조직의 안정화에 따른 위계질서 확립이 용이하다는 장점이 있다.
② 연공급의 단점 가운데 하나는 직무성과와 관련 없는 비합리적인 인건비 지출이 생긴다는 점이다.
③ 직능급은 직무수행능력을 기준으로 하여 각 근로자의 임금을 결정하는 임금체계이다.
④ 연공급의 기본적인 구조는 연령, 근속, 학력, 남녀별 요소에 따라 임금을 결정하는 것으로 정기 승급의 축적에 따라 연령별로 필요생계비를 보장해 주는 원리에 기초하고 있다.

해설 ① 조직의 안정화에 따른 위계질서 확립이 용이한 것은 여러 임금체계 중 연공급의 장점이다.

718 근로자의 직무수행능력을 기준으로 하여 각 근로자의 임금을 결정하는 임금체계는?

① 직무급   ② 직능급
③ 부가급   ④ 성과배분급

해설 ① 직무급은 직무분석 후 직무평가에 의해 임금을 지급한다.
③ 부가급여는 종업원을 위해 사용자가 개별적 또는 단체적으로 지불하는, 화폐가 아닌 형태의 모든 보상이다.
④ 성과배분급은 성과에 따라 지급하는 임금제도이다.

719 다음 중 연봉제의 장점과 가장 거리가 먼 것은?

① 능력주의, 성과주의를 실현할 수 있다.
② 과감한 인재기용에 용이하다.
③ 종업원 상호 간의 협조성이 높아진다.
④ 종업원들의 동기를 부여할 수 있다.

해설 ③ 연봉제는 1년 동안의 성과에 의해 임금이 결정되기 때문에 과다한 경쟁이 생겨 상호협조하기 어렵다.

720 연봉제의 장점과 가장 거리가 먼 것은?

① 전문성의 촉진
② 개인의 능력에 기초한 생산성 향상
③ 구성원 상호 간의 친밀감 증진
④ 임금 관리 용이

해설 ③ 구성원 상호 간의 친밀감 감소한다.

721 연봉제 성공을 위한 조건과 가장 거리가 먼 것은?

① 직무분석   ② 인사고과
③ 목표관리제도   ④ 품질관리제도

해설 ④ 연봉제의 성공을 위한 조건으로 품질관리제도는 거리가 멀다.

722 다음은 어떤 형태의 능률급인가?

- 1886년 미국의 토웬(Henry R. Towen)이 제창
- 경영활동에 의해 발생한 이익을 그 이익에 관여한 정도에 따라 배분하는 제도
- 기본취지는 작업비용으로 달성된 이익을 노동자에게 환원하자는 것

① 표준시간제   ② 이익배분제
③ 할시제   ④ 테일러제

해설 ② 이익분배제(이윤배분제): 균형임금보다 낮은 임금을 지급함으로써, 호경기에는 성과급을 지급하고 불경기에는 고용유지하여 노조무용론을 제기한 이론이다.
① 표준시간제: 표준시간을 정하고 근로자가 해당 작업을 완료하면 이미 정해진 임금을 지불하는 방식이다.
③ 할시제: 시간급과 성과급을 절충한 임금제도이다.
④ 테일러제: 표준생산량을 기준으로 차등적 성과급을 적용한다.

723 성과배분제의 형태 중 스캔론(scanlon) 방식의 생산성 측정수단에 해당하는 것은?

① 노동시간   ② 인건비/이윤
③ 인건비/매출액   ④ 인건비/부가가치

➕ 스캔론 플랜(scanlon plan)

1940년대 철강업 노조지도자였던 스캔론(Scanlon)이 제안한 것으로, 여러 가지 성과배분 중 가장 널리 쓰이는 것이다. 매출액기준 생산성을 설정하여 생산성 개선에 따른 이익을 회사 25%, 종업원 75%의 비율로 분배하여 개개인이 아닌 집단의 능률을 자극한다. 생산성은 '인건비/매출액'의 방식으로 측정한다.

724 스캔론 플랜(scanlon plan)에 대한 설명과 가장 거리가 먼 것은?

① 근로자 경영참가 중에서 이익참가의 대표적 유형이다.
② 노사협력에 의한 생산성 향상을 목적으로 한다.
③ 매출액을 성과배분의 기준으로 삼는다.
④ 종업원 개개인의 능률을 자극하는 제도이다.

➕ 스캔론 플랜(scanlon plan)

1940년대 철강업 노조지도자였던 스캔론(Scanlon)이 제안한 것으로, 여러 가지 성과배분 중 가장 널리 쓰이는 것이다. 매출액기준 생산성을 설정하여 생산성 개선에 따른 이익을 회사 25%, 종업원 75%의 비율로 분배하여 개개인이 아닌 집단의 능률을 자극한다. 생산성은 '인건비/매출액'의 방식으로 측정한다.

725 임금이 하방경직적인 이유와 가장 거리가 먼 것은?

① 장기노동계약
② 물가의 지속적 상승
③ 강력한 노동조합의 존재
④ 노동자의 역선택 발생 가능성

해설 임금의 하방경직성 의미: 한번 결정된 임금은 수요와 공급의 불균형, 경기변동에도 좀처럼 하락하지 않는 것이다.

➕ 하방경직성의 원인
① 강력한 노동조합의 존재
② 장기근로계약
③ 노동자의 역선택 발생가능성
④ 기업내부자 집단이기주의
⑤ 1차 노동시장에서 비노조기업들이 효율임금 추구·기업명성 유지
⑥ 사회적 관행

726 다음의 현상을 설명하는 개념은?

> 경제성장과 더불어 시간외 근무수당이 증가함에도 불구하고 근로자들이 휴일 근무나 잔업처리 등을 기피하는 현상이 늘고 있다.

① 임금의 하방경직성
② 후방굴절형 노동공급곡선
③ 노동의 이력현상(hysteresis)
④ 임금의 화폐적 현상

해설 ② 소득효과(여가선택)가 대체효과(일선택)보다 우세하여 초과근무, 휴일근무 등을 하지 않고 여가를 선택하여 노동공급곡선이 후방굴절하는 현상이다.
① 임금의 하방경직성: 한번 결정된 임금은 수요와 공급의 불균형, 경기변동에서 좀처럼 하락하지 않는 것이다.
③ 노동(시장)의 이력현상: 실제 실업률이 높아진 상태가 계속 이어지는 경우, 자연실업률이 올라가게 되는 현상을 말한다.
④ 임금의 화폐적 현상: 화폐량이 생산량보다 상당히 빠르게 증가할 때 발생하는 화폐적 현상으로 인플레이션이 발생한다.

727 최저임금제의 기대효과와 가장 거리가 먼 것은?

① 산업 간, 직업 간 임금격차 해소
② 경기활성화에 기여
③ 산업구조의 고도화
④ 청소년 취업촉진

➕ 최저임금제도의 효과

긍정적 기대효과	근로자 간 소득격차 해소, 고임금의 경제효과, 유효수요 창출, 기업경영의 합리화 촉진, 기업 간 공정경쟁 확보, 산업구조의 고도화, 노사 간의 분쟁 방지
부정적 효과	비자발적 실업발생, 기술습득에 대한 유인 감소, 지역경제 왜곡 및 생산감소, 진입장벽의 도구로 전락, 소득분배의 역진성

728 다음 중 최저임금제 도입의 직접적인 목적과 가장 거리가 먼 것은?

① 고용 확대
② 구매력 증대
③ 생계비 보장
④ 경영합리화 유도

해설 ① 고용 확대는 최저임금 제도의 목적과 거리가 멀다.

➕ 최저임금제도의 목적

• 사회정책적: 미숙련·비조직 피고용인의 노동력 착취를 방지함
• 경제정책적: 소비성향이 높은 저임금 피고용인의 구매력을 증대시켜 유효수요를 확대함
• 산업정책적: 기업 간의 공정한 경쟁이 이루어지도록 함

729 다음 중 최저임금제가 고용에 미치는 부정적 효과가 가장 큰 상황은?

① 노동수요곡선과 노동공급곡선이 모두 탄력적일 때
② 노동수요곡선과 노동공급곡선이 모두 비탄력적일 때
③ 노동수요곡선이 탄력적이고 노동공급곡선이 비탄력적일 때
④ 노동수요곡선이 비탄력이고 노동공급곡선이 탄력적일 때

해설 노동수요곡선과 노동공급곡선이 모두 탄력적일 때, 최저임금수준에 따라 수요와 공급이 탄력적이므로 부정적 효과가 가장 크다.

➕ 최저임금에 따른 수요와 공급

최저임금 결정 수준	노동수요와 노동공급	결과
예상보다 낮을 때	노동수요 > 노동공급	공급이 적어 기업이 인력난을 겪는다.
예상보다 높을 때	노동수요 < 노동공급	수요가 적어 실업이 발생한다.

730 최저임금제도의 기본취지 및 기대효과와 가장 거리가 먼 것은?

① 저임금 노동자의 생활보호
② 산업평화의 유지
③ 유효수요의 억제
④ 산업 간·직업 간 임금격차의 축소

해설 ③ 유효수요의 확대이다.

731 다음 중 소득재분배 정책과 가장 거리가 먼 것은?

① 최저임금제의 실시   ② 누진세의 적용
③ 간접세의 강화   ④ 고용보험의 실시

해설 ③ 소득의 재분배를 위해서는 직접세를 강화시키고, 간접세는 약화시켜야 한다.

732 다음 중 노동정책이나 제도에 관한 설명으로 틀린 것은?

① 소득정책은 근로자들의 소득을 증진시키기 위한 정책이다.
② 직업훈련정책은 주로 구조적 실업문제를 해결하기 위한 정책이다.
③ 최저임금제는 저임금근로자의 생활안정을 위한 것이다.
④ 알선은 노사자율적 해결을 강조하는 노동쟁의조정제도이다.

해설 ① 소득정책이란 임금상승이 물가상승을 유발한다는 이론으로, 임금상승을 억제하여 인플레이션을 막는다 하여 인플레이션 정책이라고도 한다.

733 최저임금제도와 근로장려세제(EITC: Earned Imcome Tax Credit)에 관한 설명으로 틀린 것은?

① EITC는 저소득근로계층을 수혜대상으로 한다.
② EITC는 이론적으로 저생산성 저임금근로자의 실업을 유발하지 않는다.
③ 최저임금제도하에서는 최저임금 이하를 받는 근로자에게 그 혜택이 주어진다.
④ EITC와 최저임금제 실시는 공통적으로 사중손실 (dead weight loss) 발생으로 총경제후생 (economic surplus)을 축소시킨다.

해설 ④ 최저임금제도와 근로장려세제는 저소득층을 수혜대상으로 하기 때문에 총경제후생을 축소시키지 않는다.

734 최저임금제의 도입이 근로자에게 유리하게 될 가능성이 높은 경우는?

① 노동시장이 수요독점 상태일 경우
② 최저임금과 한계요소비용이 일치할 경우
③ 최저임금이 시장균형 임금수준보다 낮을 경우
④ 노동시장이 완전경쟁상태일 경우

해설 ① 수요독점은 노동자가 고용될 수 있는 기업이 하나라는 의미이다. 임금수준이 낮고, 고용수준이 낮아 근로자가 노동착취를 당할 수도 있다. 이러한 상황에서 최저임금제도의 도입은 근로자에게 유리하게 될 가능성이 높다.

735 최저임금제가 노동시장에 미치는 효과와 가장 거리가 먼 것은?

① 잉여인력 발생   ② 노동공급량증가
③ 숙련직의 임금하락   ④ 노동수요량 감소

해설 ③ 최저임금제는 주로 비숙련직에게 적용되기 때문에 숙련직의 임금하락과 무관하다.

736 1960년대 선진국에서 실업률과 물가상승률 간의 상충관계를 개선하고자 실시했던 정책은?

① 재정정책   ② 금융정책
③ 인력정책   ④ 소득정책

해설 ④ 소득정책은 명목임금의 지나친 상승에 의한 비용인상 인플레이션을 억제하기 위해 정부가 취하는 임금-물가 통제정책으로 인플레이션 정책이라고도 한다.
① 재정정책은 경기적 실업 대책으로 감세정책, 금리인하정책, 지급준비율인하정책 등이 있고 재정금융정책이라 한다.
③ 인력정책은 구조적실업 대책으로 직업훈련이 있다.

737 소득정책의 효과에 대한 설명으로 틀린 것은?

① 성장산업의 위축을 초래할 수 있다.
② 행정적 관리비용을 절감할 수 있다.
③ 임금억제에 이용될 가능성이 크다.
④ 급격한 물가상승기에 일시적으로 사용하면 효과를 거둘 수 있다.

해설 ② 소득정책은 관리비용과 관계 없다.

738 유보임금(reservation wage)에 관한 설명이 옳은 것으로 짝지어진 것은?

> ㄱ. 유보임금의 상승은 실업기간을 연장한다.
> ㄴ. 유보임금의 상승은 기대임금을 하락시킨다.
> ㄷ. 유보임금은 기업이 근로자에게 제시한 최고의 임금이다.
> ㄹ. 유보임금은 근로자가 받고자 하는 최저의 임금이다.

① ㄱ, ㄷ   ② ㄱ, ㄹ
③ ㄴ, ㄷ   ④ ㄴ, ㄹ

해설 ㄴ : 유보임금의 상승은 기대임금을 상승시킨다.
ㄷ : 기업이 근로자에게 제시하는 임금은 제시임금이다.
※ 유보임금=기대임금=희망임금=의중임금이다.

739 임금격차의 원인 중 경쟁적 요인이 아닌 것은?

① 인적자본량
② 보상적 임금격차
③ 노동조합의 효과
④ 기업의 합리적 선택으로서 효율성 임금정책

해설 ③ 경쟁외적 요인: 시장지배력과 독점지대의 배당, 노동조합의 효과, 비효율적인 연공급제도의 영향

740 성과급 제도를 채택하기 어려운 경우는?

① 근로자의 노력과 생산량과의 관계가 명확한 경우
② 생산원가 중에서 노동비용에 대한 통제가 필요하지 않는 경우
③ 생산물의 질(quality)이 일정한 경우
④ 생산량이 객관적으로 측정 가능한 경우

해설 성과급제는 개별근로자나 작업집단이 수행한 노동성과를 측정하여 그 성과에 따라 임금을 산정하여 지급하는 제도로 ①, ③, ④는 성과급제 채택이 가능하지만 ②의 경우는 채택하기 어렵다.

741 효율임금정책이 높은 생산성을 가져오는 원인에 관한 설명으로 틀린 것은?

① 고임금은 노동자의 직장상실비용을 증대시켜서 작업 중에 태만하지 않게 한다.
② 고임금 지불기업은 그렇지 않은 기업에 비해 신규노동자의 훈련에 많은 비용을 지출한다.
③ 고임금은 노동자의 기업에 대한 충성심과 귀속감을 증대시킨다.
④ 고임금 지불기업은 신규채용시 지원노동자의 평균자질이 높아져 보다 양질의 노동자를 고용할 수 있다.

해설 ② 효율임금 지불기업은 지원자의 인적자본이 형성되어 훈련비용이 적게 든다.

742 다음 사례에서 기업의 채용 이유에 해당하는 것은?

> 국내 시장만을 상대하는 어떤 내수기업에서 영어가 능통한 A를 채용했다. 그런데 A의 업무는 영어를 전혀 필요로 하지 않는다. 그러나 이 회사는 A가 영어에 능통하다는 사실이 그만큼 A가 성실하고 유능하다는 것을 의미한다고 보고 채용한 것이다.

① 보상적 임금격차   ② 임금경쟁원리
③ 신호기능   ④ 효율임금

해설 ① 보상적 임금격차: 임금 외적인 요소에서의 불리한 측면을 상쇄하여 근로자에게 돌아가는 순이익을 다른 직업과 같게 하는 것으로 균등화 임금격차라고도 한다.
④ 효율임금: 대기업이 노동시장 임금보다 높은 임금을 지급하여 지원자가 많기 때문에 원하는 능력을 갖춘 인재를 채용할 수 있고, 노동자는 높은 임금을 받기 때문에 감독받지 않아도 열심히 근무하고 직장 상실비용이 커 장기근속하므로 기업의 극대이윤 추구에 부합된다.

➕ 인적자본투자이론과 선별가설(신호-선별이론)
• 인적자본투자이론: 교육은 생산성을 높이는 주요한 요인으로 보기 때문에 고학력자에게 취업의 기회가 많다.
• 선별가설: 교육은 생산성을 높이는 요인이 아니라 기업이 채용선발 비용을 줄이기 위해 선별기준으로 삼는 것으로, 입사에 필요한 입장권의 역할을 한다.
※ 두 이론의 공통점: 고학력화, 과학적으로 입증되지 않았다.

743 다음 ( )에 알맞은 것은?

아담 스미스(A. Smith)는 노동조건의 차이, 소득안정성의 차이, 직업훈련비용의 차이 등 각종 직업상의 비금전적 불이익을 견딜 수 있기에 필요한 정도의 임금프리미엄을 ( )(이)라고 하였다.

① 직종별 임금격차　　② 균등화 임금격차
③ 생산성임금　　　　　④ 헤도닉임금

➕ 아담 스미스(A. Smith)의 보상적 임금격차

임금 외적인 요소에서의 불리한 측면을 상쇄하여 근로자에게 돌아가는 순이익을 다른 직업과 같게 하는 것으로 균등화 임금격차라고도 한다.
• 작업의 쾌적함 정도　예) 임금 비교: 탄광노동자 > 사무직
• 고용의 안정성 여부　예) 임금 비교: 상용근로자 < 일용직
• 교육훈련에 드는 비용　예) 임금 비교: 전문직 > 단순노무직
• 책임의 정도　예) 임금 비교: 기업의 대표 > 일반 사원

744 다음 중 보상임금격차의 예로 가장 적합한 것은?

① 사회적으로 명예로운 직업의 보수가 높다.
② 대기업의 임금이 중소기업의 임금보다 높다.
③ 정규직 근로자의 임금이 일용직 근로자의 임금보다 높다.
④ 상대적으로 열악한 작업환경과 위험한 업무를 수행하는 광부의 임금은 일반 공장 근로자의 임금보다 높다.

➕ 아담 스미스(A. Smith)의 보상적 임금격차

임금 외적인 요소에서의 불리한 측면을 상쇄하여 근로자에게 돌아가는 순이익을 다른 직업과 같게 하는 것으로 균등화 임금격차라고도 한다.
• 작업의 쾌적함 정도　예) 임금 비교: 탄광노동자 > 사무직
• 고용의 안정성 여부　예) 임금 비교: 상용근로자 < 일용직
• 교육훈련에 드는 비용　예) 임금 비교: 전문직 > 단순노무직
• 책임의 정도　예) 임금 비교: 기업의 대표 > 일반 사원

745 임금의 보상격차에 관한 설명으로 틀린 것은?

① 근무조건이 열악한 곳으로 전출되면 임금이 상승한다.
② 성별격차도 일종의 보상격차이다.
③ 물가가 높은 곳에서 근무하면 임금이 상승한다.
④ 더 높은 비용이 소요되는 훈련을 요구하는 직종의 임금이 상대적으로 높다.

해설 ② 경쟁적 요인의 생산성 격차에 해당한다.

➕ 아담 스미스(A. Smith)의 보상적 임금격차

임금 외적인 요소에서의 불리한 측면을 상쇄하여 근로자에게 돌아가는 순이익을 다른 직업과 같게 하는 것으로 균등화 임금격차라고도 한다.
• 작업의 쾌적함 정도　예) 임금 비교: 탄광노동자 > 사무직
• 고용의 안정성 여부　예) 임금 비교: 상용근로자 < 일용직
• 교육훈련에 드는 비용　예) 임금 비교: 전문직 > 단순노무직
• 책임의 정도　예) 임금 비교: 기업의 대표 > 일반 사원

746 다음 중 헤도닉 임금이론의 가정으로 틀린 것은?

① 직장의 다른 특성은 동일하며 산업재해의 위험도도 동일하다.
② 노동자는 효용을 극대화하며 노동자 간에는 산업안전에 관한 선호의 차이가 존재한다.
③ 기업은 좋은 노동조건을 위해 산업안전에 투자해야 한다.
④ 노동자는 정확한 직업정보를 갖고 있으며 직업 간에 자유롭게 이동할 수 있다.

해설 ① 직장의 다른 특성은 동일한데, 산업재해의 위험도만 다르다.

➕ 헤도닉 임금

고통스럽고 불유쾌한 직무에 대해서 노동자의 고통과 불유쾌한 직무특성에 대한 보상요구를 반영한 시장임금, 또는 편하고 쾌적한 직무에 대해서는 노동자가 누리는 편함과 쾌적함이라는 직무특성에 대한 대가지불을 반영한 시장임금 수준을 뜻한다.

747 이원적 노사관계론의 구조를 바르게 나타낸 것은?

① 제1차 관계: 경영 대 노동조합관계
    제2차 관계: 경영 대 정부기관관계
② 제1차 관계: 경영 대 노동조합관계
    제2차 관계: 경영 대 종업원관계
③ 제1차 관계: 경영 대 종업원관계
    제2차 관계: 경영 대 노동조합관계
④ 제1차 관계: 경영 대 종업원관계
    제2차 관계: 정부기관 대 노동조합관계

➕ 이원적 노사관계론
• 제1차 관계: 경영자와 종업원(친화 우호, 협력)
• 제2차 관계: 경영자와 노동조합(대립적, 투쟁적)

748 다음 중 직종별 임금격차의 발생 원인과 가장 거리가 먼 것은?

① 비경쟁집단
② 보상적 임금격차
③ 과도적 임금격차
④ 직종 간 자유로운 노동이동

해설 ① 비경쟁집단: 이중노동시장을 형성 **예** 1차 노동시장 (대기업, 전문직), 2차 노동시장(소기업)
② 보상적 임금격차: 임금 외적으로 불리한 측면을 임금으로 보상
③ 과도적 임금격차: 노동수요에 비해 노동공급이 적을 때 과도기적으로 발생 **예** 미세먼지 발생으로 단기간에 마스크 수요가 증가하면 기업은 노동수요를 확대하는데, 노동공급이 그에 미치지 못해 임금이 상승

749 우리나라 기업의 노사협의회에서 다루고 있지 않은 사항은?

① 생산성 향상과 성과 배분
② 근로자의 채용·배치 및 교육훈련
③ 임금 및 근로조건의 교섭
④ 안전, 보건, 그 밖의 작업환경 개선과 근로자의 건강증진

해설 ③ 노사협의회는 임금 및 근로조건의 교섭을 하지 않는다.

➕ 노사협의회
• 사용자와 근로자 쌍방의 이해와 협조를 이끌어내기 위해 설치한 기구로 협의내용은 ①, ②, ④ 그리고 노동쟁의 예방이 있다.

750 노동조합의 기능에 대한 설명으로 틀린 것은?

① 임금을 인상시키는 기능을 수행한다.
② 근로조건을 개선하는 기능을 한다.
③ 각종 공제활동 및 복지활동을 할 수 있다.
④ 특정 정당과 연계하여 정치적 영향력을 발휘할 수 없다.

해설 ④ 정치적 기능으로 특정 정당과 연계하여 정치적 영향력을 발휘할 수 있다.
①, ②는 경제적 기능에 대한 설명이다.
③ 공제적 기능에 대한 설명이다.

➕ 노동조합의 기능
경제적, 정치적, 공제적 기능

751 기업별 노동조합에 관한 설명으로 틀린 것은?

① 노동자들의 횡단적 연대가 뚜렷하지 않고, 동종, 동일산업이라도 기업 간의 시설규모, 지불능력의 차이가 큰 곳에서 조직된다.
② 노동조합이 회사의 사정에 정통하여 무리한 요구로 인한 노사분규의 가능성이 낮다.
③ 사용자와의 밀접한 관계로 공동체 의식을 통한 노사협력 관계를 유지할 수 있어 어용화의 가능성이 낮다.
④ 각 직종 간의 구체적 요구조건을 공평하게 처리하기 곤란하여 직종 간에 반목과 대립이 발생할 수 있다.

해설 ③ 사용자와 밀접하게 노사협력 관계를 유지하는 것은 어용노조의 형태이다.

752 산업별 노동조합의 특성과 가장 거리가 먼 것은?

① 기업별 특수성을 고려하기 어려워진다.
② 임시직, 일용직 근로자를 조직하기 용이하다.
③ 해당 산업분야의 정보자료 수집·분석이 용이해진다.
④ 숙련공만의 이익옹호단체가 되기 쉽다.

해설 ④ 직업별 노조의 특성이다.

753 다음 중 산업민주화 정도가 가장 높은 형태의 기업은?

① 노동자 자주관리 기업 ② 노동자 경영참여 기업
③ 전문경영인 경영 기업 ④ 중앙집권적 기업

해설 산업민주화 정도가 높은 형태의 기업 순서: ① → ② → ③ → ④

754 노동조합의 임금효과에 관한 설명으로 틀린 것은?

① 노동조합 조직부문과 비조직부문 간의 임금격차는 불경기 시에 감소한다.
② 노동조합 조직부문에서 해고된 근로자들이 비조직부문에 몰려 비조직부문의 임금을 떨어뜨릴 수 있다.
③ 노동조합이 조직될 것을 우려하여 비조직부문 기업이 이전보다 임금을 더 많이 인상시킬 수 있다.
④ 노조조직부문에 입사하기 위해 비조직부문 근로자들이 사직하는 경우가 많아 비조직부문의 임금이 상승할 수 있다.

해설 ① 불경기에는 노조조직 여부에 따라 임금격차가 확대된다.
② 해고효과, ③ 위협효과, ④ 대기실업효과에 대한 설명이다.

755 노동조합조직부문과 비조직부문 간의 임금격차를 축소시키는 효과를 바르게 짝지은 것은?

> ㄱ. 이전효과(spillover effect)
> ㄴ. 위협효과(threat effect)
> ㄷ. 대기실업효과(wait−unemployment effect)
> ㄹ. 해고효과(displacement effect)

① ㄱ, ㄴ   ② ㄴ, ㄷ
③ ㄷ, ㄹ   ④ ㄱ, ㄹ

➕ **노동조합의 임금효과**

• 이전효과(파급효과): 노조조직회사에서 임금인상 후 구조조정하고 신규인력 채용규모가 축소되어, 노조비조직회사로의 지원자가 늘어 임금이 하락하므로 두 회사 간의 임금격차가 확대된다.
• 위협효과: 노조조직회사의 근로자가 임금인상을 요구하며 파업하면, 노조비조직회사에서 노조결성을 염려해 임금을 인상하므로 두 회사 간의 임금격차가 축소된다.
• 대기실업효과: 임금수준이 높은 노조조직회사에 고용기회를 갖기 위해 근로자가 임금이 낮은 노조비조직회사의 일자리를 거부하면, 노조비조직회사에서 임금을 올려 두 회사 간의 임금격차가 축소된다.
• 해고효과: 노조조직회사에서 임금인상 후 구조조정을 하게 되면, 해고된 노동자가 노조비조직회사로 몰려 임금을 하락시키므로 두 회사 간의 임금격차가 확대된다.

구분	노조조직 회사	노조비조직 회사	임금격차
위협효과	임금인상 요구하며 파업	노조결성 염려하여 임금인상	축소
대기실업효과	고임금 지급으로 지원자 많음	노조조직회사 입사 위해 지원자 적어 임금인상	
파급효과 (이전효과)	임금인상 후 해고, 신규인력 채용 규모 축소	노조조직회사에서 해고된 노동자와 노조조직회사 입사희망지 했던 자가 지원하게 되어 임금을 하라고	확대
해고 효과	해고노동자 노조비조직 회사로 이동		

756 다음 중 노동조합의 조직률을 하락시키는 요인과 가장 거리가 먼 것은?

① 외국인 근로자 비율의 증가
② 국내 산업 보호를 위한 수입관세 인상
③ 서비스업으로의 산업구조 변화
④ 노동자의 기호와 가치관의 변화

해설 ② 수입관세 인상은 거리가 멀다.

➕ 노동조합의 조직률을 하락시키는 요인
• 비정규직, 여성근로자, 외국인 근로자의 비율 증가
• 서비스업의 증가
• 근로자의 기호와 가치관의 변화
• 국제경쟁의 격화에 따른 기업의 경영여건 악화

757 근로조건의 차이에 의해 발생하는 임금의 차이는?

① 보상소득격차
② 보상임금격차
③ 동등임금비율
④ 조건부 임금격차

해설 아담 스미스(A. Smith)는 임금 외적인 요소에서의 불리한 측면을 상쇄하여 근로자에게 돌아가는 순이익을 다른 직업과 같게 하는 것을 보상적 임금격차 또는 균등화 임금격차라 했다.

758 다음 중 경쟁노동시장 경제모형의 기본 가정과 가장 거리가 먼 것은?

① 노동자와 고용주는 자유로이 시장에 진입하거나 시장을 떠나거나 한다.
② 노동자와 고용주는 완전정보를 갖는다.
③ 사용자의 단결조직은 없고 노동자의 단결조직은 있다.
④ 직무의 성격은 모두 동일하며 임금의 차이만 존재한다.

해설 ③ 노동자의 단결조직과 사용자의 단결조직 모두 없다.

759 실업정책을 크게 고용안정정책, 고용창출정책, 사회안전망 정책으로 구분할 때 사회안전망 정책에 해당하는 것은?

① 실업급여
② 취업알선 등 고용서비스
③ 창업을 위한 인프라 구축
④ 직업훈련의 효율성 제고

해설 ① 실업급여는 사회안전망 정책의 가장 대표적인 제도이다.

760 다음 중 내부노동시장의 특징에 관한 설명으로 옳은 것은?

① 신규채용이나 복직 그리고 능력 있는 자의 초빙 시에만 외부 노동시장과 연결된다.
② 승진이나 직무배치 그리고 임금 등은 외부노동시장과 연계하여 결정된다.
③ 임금은 근로자의 단기적 생산성과 관련된다.
④ 내부와 외부노동시장 간에 임금격차가 없다.

해설 ② 승진이나 직무배치 그리고 임금은 기업내부의 명문화된 관리규칙과 절차에 의해 결정된다.
③ 임금은 근로자의 장기적 생산성과 관련된다.
④ 내부노동시장과 외부노동시장은 임금격차가 있다.

761 분단노동시장(segmented labor market) 가설의 출현배경과 가장 거리가 먼 것은?

① 능력분포와 소득분포의 상이
② 교육개선에 의한 빈곤퇴치 실패
③ 소수인종에 대한 현실적 차별
④ 동질의 노동에 동일한 임금

➕ 분단노동시장 출현배경
• 빈곤퇴치 정책 실패
• 교육훈련은 채용 시 선별장치로 이용
• 지속적인 인종차별
• 필립스 곡선이 악화되고 실업이 인구의 특정부분에 집중
• 노동시장에 수요독점과 노동조합 존재하여 경쟁노동시장의 결과와 다른 현상도출
• 차별로 인하여 근로자들의 소외감 심화

762 내부노동시장의 형성요인과 가장 거리가 먼 것은?

① 관습
② 현장훈련
③ 임금수준
④ 숙련의 특수성

해설 ③ 임금수준은 내부노동시장의 형성요인과 거리가 멀다.

763 다음 중 1차 노동시장의 특성과 가장 거리가 먼 것은?

① 고용의 안정성
② 승진기회의 평등
③ 자유로운 직업 간 이동 보장
④ 고임금

해설 ③ 1차 노동시장이라 해도 직업 간 이동이 보장되지는 않는다.

764 직업별 노동조합(craft union)에 관한 설명으로 틀린 것은?

① 동일직업의 노동자들이 소속 기업이나 공장에 관계없이 가입한 횡적 조직이었다.
② 저임금의 미숙련노동자, 여성, 연소노동자들도 조합에 가입할 수 있었다.
③ 조합원 간의 연대를 강화하기 위해 공제활동에 의한 조합원 간의 상호부조에 주력했다.
④ 산업혁명 초기 숙련노동자가 노동시장을 독점하기 위한 조직으로 결성하였다.

해설 ② 직업별(직종별) 노동조합은 숙련직, 전문직으로 구성된다.

765 필립스곡선은 어떤 변수 간의 관계를 설명하는 것인가?

① 임금상승률과 노동참여율
② 경제성장률과 실업률
③ 환율과 실업률
④ 임금상승률과 실업률

해설 ④ 필립스 곡선은 임금상승률과 실업률의 역의 관계를 나타낸 곡선이다.

766 파업을 설명하는 힉스(J.R. Hicks)의 단체교섭모형에 관한 설명으로 틀린 것은?

① 노사 양측의 대칭적 정보 때문에 파업이 일어나지 않고 적정수준에서 임금타결이 이루어진다.
② 노동조합의 요구임금과 사용자측의 제의임금은 파업기간의 함수이다.
③ 사용자의 양보곡선(concession curve)은 우상향한다.
④ 노동조합의 저항곡선(resistance curve)은 우하향한다.

해설 ① 노동조합과 사용자는 불완전한 정보로 인해 파업이 발생한다.

767 다음 Hicks의 교섭모형과 기대파업기간에 관한 설명으로 틀린 것은?

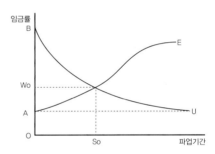

① B에서의 우하향 곡선이 노동조합의 저항곡선이다.
② So 기간의 파업을 통해 교차점에 도달했으며 이때 결정된 임금률이 Wo로 됨을 보여준다.
③ 사용자는 노동조합이 Wo보다 더 높은 임금을 요구하면 파업을 두려워하여 그 요구를 수용할 것이다.
④ 노사가 So에서 파업을 중단하는 것이 이익이 된다는 것을 안다면 Wo 임금수준에서 교섭을 타결할 것이다.

해설 ③ 노동조합이 Wo보다 더 높은 임금을 요구하면 사용자가 거부하고, 사용자가 Wo보다 낮은 임금을 제시하면 노동조합이 수용하지 않아 파업이 발생한다.

➕ 힉스(Hicks)의 교섭모형
사용자와 노동조합의 불완전한 정보로 파업이 발생한다고 하였다.

768 단체교섭에서 사용자의 교섭력에 관한 설명으로 가장 거리가 먼 것은?

① 기업의 재정능력이 좋으면 사용자의 교섭력이 높아진다.
② 사용자 교섭력의 원천 중 하나는 직장폐쇄(lockout)를 할 수 있는 권리이다.
③ 사용자는 쟁의행위기간 중 그 쟁의행위로 중단된 업무를 원칙적으로 도급 또는 하도급을 줄 수 있다.
④ 비조합원이 조합원의 일을 대신할 수 있는 여지가 크다면, 그만큼 사용자의 교섭력이 높아진다.

해설 ③ 사용자는 쟁의행위기간 중 그 쟁의행위로 중단된 업무를 원칙적으로 도급 또는 하도급을 줄 수 없다.

769 산업별 노동조합에 대응할 만한 사용자단체가 없거나, 이러한 사용자단체가 있더라도 각 기업별로 특수한 사정이 있을 경우 산업별 노동조합이 개별기업과 개별적으로 교섭하는 단체교섭의 유형은?

① 대각선교섭   ② 집단교섭
③ 통일교섭   ④ 기업별교섭

해설 ② 집단교섭: 여러 개의 단위노조와 사용자가 각각 집단으로 연합전선을 형성해 교섭하므로 연합전선이라고도 한다.
③ 통일교섭: 산업별 노조나 하부단위 노조로부터 교섭권을 위임받은 연합체노조와 산업별, 혹은 지역별 사용자단체 간의 단체교섭이다.
④ 기업별교섭: 기업 내 조합원을 협약의 적용대상인 교섭단위로 하는 유형으로, 우리나라의 주요형태이다.

770 산업혁명 이후 영국에서 가장 일찍 발달한 노동조합 형태는?

① 산업별 노동조합
② 기업별 노동조합
③ 직업(종)별 노동조합
④ 일반조합

해설 ③ 직업별 노동조합은 역사적으로 가장 오래된 노동조합으로 직종 또는 직업을 같이하는 근로자가 소속기업, 소속산업과 관계없이 단결하는 노동조합이다. 숙련노동자 또는 전문직으로 구성되며 노동공급 독점과 직무통제를 통해 상대적 고임금을 유지한다.

771 노동조합을 다음과 같이 설명한 학자는?

> 노동조합이란 임금근로자들이 그들의 근로조건을 유지하고 개선할 목적으로 조직한 영속적 단체이며, 그와 같은 목적을 실현하기 위한 수단으로는 노동시장의 조절, 표준근로조건의 설정 및 유지와 공제제도 등이 있다.

① S. Perlman
② L. Brentano
③ F. Tannenbaum
④ Sidney and Beatrice Webb

해설 ④ 시드니 · 베아트리스 부부(Sydney webb, Beatrice webb)에 의해 설명된 노동조합의 개념이다.

772 다음에서 설명하고 있는 숍(shop) 제도는?

> • 조합원 신분과는 무관하게 종업원이 될 수 있는 제도이다.
> • 노동조합은 노동력의 공급을 독점할 수 없다.
> • 이 제도에서는 노동조합은 자본가와의 교섭에서 상대적으로 불리한 위치에 서게 된다.

① 오픈 숍(open shop) 제도
② 클로즈드 숍(closed shop) 제도
③ 유니언 숍(union shop) 제도
④ 에이전시 숍(agency shop) 제도

➕ 노동조합의 숍 제도
• 오픈 숍: 노동조합 가입의무가 없어서 노조조직력이 가장 약하다.
• 유니언 숍: 입사 후 일정기간 내 노조에 의무적으로 가입해야 한다.
• 클로즈드 숍: 노동조합에 가입해야만 입사가 가능하다.
• 에이전시 숍: 모든 종업원에게 노동조합비를 징수한다.
• 프레퍼렌셜 숍: 채용에 있어서 노동조합원에게 우선순위를 준다.
• 메인터넌스 숍: 일정기간 동안 조합원자격을 유지해야 한다.
⇒ 노조 조직력: 클로즈드 숍 > 유니언 숍 > 오픈 숍

773 노동조합조직의 유지 및 확대에 유리한 순서대로 숍제도를 열거한 것은?

① 클로즈드 숍 > 유니온 숍 > 오픈 숍
② 유니온 숍 > 클로즈드 숍 > 오픈 숍
③ 오픈 숍 > 유니온 숍 > 클로즈드 숍
④ 오픈 숍 > 클로즈드 숍 > 유니온 숍

 ① 노동조합조직의 유지 및 확대에 유리한 순서는 '클로즈드 숍 > 유니온 숍 > 오픈 숍'이다.

774 조합에 가입하고 있는 노동자만을 채용하고 일단 고용된 노동자라도 조합원 자격을 상실하면 종업원이 될 수 없는 숍 제도는?

① 클로즈드 숍(closed shop)
② 유니온 숍(union shop)
③ 에이전시 숍(agency shop)
④ 오픈 숍(open shop)

 ② 클로즈드 숍에 대한 설명이다.

775 노조의 단체교섭 결과가 비조합원에게도 혜택이 돌아가는 현실에서 노동조합의 조합원이 아닌 비조합원에게도 단체교섭의 당사자인 노동조합이 회비를 징수하는 숍(shop) 제도는?

① 유니언 숍(union shop)
② 에이전시 숍(agency shop)
③ 클로즈드 숍(closed shop)
④ 오픈 숍(open shop)

 ② 에이전시 숍에 대한 설명이다.

776 기업의 종업원주식소유제 또는 종업원지주제 도입의 목적이 아닌 것은?

① 새로운 일자리 창출
② 기업재무구조의 건전화
③ 종업원에 의한 기업인수로 고용안정 도모
④ 공격적 기업 인수 및 합병에 대한 효과적 방어수단으로 활용

① 새로운 일자리 창출은 도입 목적이 아니다.

777 다음 중 임금교섭 이전 노동조합의 전략을 바르게 짝지은 것은?

> ㄱ. 재고의 비축
> ㄴ. 파업투표(strike votes)
> ㄷ. 파업기금의 비축
> ㄹ. 생산공장의 이전(협상에 영향을 주지 않는 곳으로)
> ㅁ. 임금 이외의 수입원 확보

① ㄱ, ㄴ, ㄹ ② ㄱ, ㄷ, ㅁ
③ ㄴ, ㄷ, ㄹ ④ ㄴ, ㄷ, ㅁ

ㄱ, ㄹ은 사용자의 전략이다.

778 단체교섭에 관한 설명으로 틀린 것은?

① 단체협약은 노동조합과 사용자단체가 단체교섭 후 합의된 사항을 문서로 남긴 것으로 강제의 효력이 있다.
② 경영자가 정당한 사유 없이 단체교섭을 거부하는 행위는 불법행위에 해당한다.
③ 이익분쟁은 임금 및 근로조건 등에 합의하지 못해 발생하는 분쟁이다.
④ 노동자들이 하는 쟁의행위에는 파업, 태업, 직장폐쇄 등의 방법이 있다.

④ 직장폐쇄는 사용자 측 쟁의행위이다.

➕ **노동쟁의 행위**

• 근로자: 파업, 태업, 불매운동, 피켓팅, 준법투쟁
• 사용자: 파업근로자 대신 다른 근로자로 대체, 직장폐쇄 권리

779 파업의 경제적 손실에 대한 설명으로 **틀린** 것은?

① 노동조합 측 노동소득의 순상실분은 해당기업에서의 임금소득의 상실보다 훨씬 적을 수 있다.
② 사용자 이윤의 순감소분은 직접적인 생산중단에서 오는 것보다 항상 더 크다.
③ 파업에 따르는 사회적 비용은 제조업보다 서비스업에서 더 큰 것이 보통이다.
④ 파업에 따르는 생산량감소는 타산업의 생산량증가로 보충하기도 한다.

해설 ② 사용자의 이윤 감소분은 생산중단에서 오는 것보다 적다.

780 노동조합의 임금교섭력을 증가시켜 주는 경우는?

① 노동비용이 생산비에서 차지하는 비중이 클 경우
② 무역개방화가 심화되어 상품가격이 하락하는 경우
③ 세계적 시장경쟁 심화로 상품 수요가 더 탄력적일 경우
④ 상품의 수요가 감소하였으나 새로운 생산설비가 도입되지 못할 경우

해설 ④ 생산설비가 도입되지 못하면 근로자 해고가 어려워 노동조합의 임금교섭력이 높아진다.

781 다음 중 전략적 파업의 원인과 가장 거리가 **먼** 것은?

① 미래의 단체교섭력 증진을 위해
② 조합원의 신뢰를 얻기 위해
③ 조합원의 보다 많은 휴식을 위해
④ 조합원의 응집력과 단결력을 훈련시키기 위해

해설 ③ 전략적 파업이란 파업하지 않아도 되지만 다음의 임금교섭력을 키우기 위해 하는 것으로 조합원의 휴식을 위한 것은 아니다.

782 립케의 인본적 경제(humane economy)의 의미로 옳은 것은?

① 경쟁적 시장에 사회적 형평성을 보장하는 국가정책 및 제도가 있는 경제
② 완전경쟁적 시장에 인간의 존엄성을 끝없이 추구하는 경제
③ 정부통제하의 독과점 주도의 성장지향적 시장경제
④ 현실의 시장경제 또는 지난 100년 이상 서구의 자본주의

해설 ① 인본적 경제는 경쟁시장에 인본주의를 결합한 이론이다.

783 노사관계의 3주체(tripartite)를 바르게 짝지은 것은?

① 노동자 – 사용자 – 정부
② 노동자 – 사용자 – 국회
③ 노동자 – 사용자 – 정당
④ 노동자 – 사용자 – 사회단체

해설 던롭(Dunlop)의 시스템 이론의 3주체는 노동자, 사용자, 정부이다.

784 던롭(Dunlop)이 노사관계를 규제하는 여건 혹은 환경으로 지적한 사항이 **아닌** 것은?

① 시민의식
② 기술적 특성
③ 시장 또는 예산제약
④ 각 주체의 세력관계

해설 ① 시민의식은 3요건에 해당하지 않는다.

785 프리만(Freeman)과 메도프(Medoff)가 지적한 노동조합의 두 얼굴에 해당하는 것은?

① 결사와 교섭
② 자율과 규제
③ 독점과 집단적 목소리
④ 자치와 대등

해설 ③ 프리만과 메도프는 노동조합의 부정적인 측면(독점)과 긍정적인 측면(집단적 목소리)을 동시에 고려해야 한다고 했다.

786 고임금·저인건비 전략에 대한 설명과 가장 거리가 먼 것은?

① 개별임금은 많이 주고 전체인건비는 낮추는 전략이다.
② 고생산성이 뒷받침되어야 한다.
③ 인력의 정예화가 필요하다.
④ 인건비 절약을 가장 중요시하는 전략이다.

해설 ④ 고임금·저인건비 전략은 우수한 인재에게 고임금을 지급하여 생산성을 높이고자 하는 것이기 때문에 인건비 절약보다 생산성 향상을 중요시하는 전략이다.

787 경제적 조합주의(economic unionism)에 대한 설명으로 틀린 것은?

① 노동조합운동과 정치와의 연합을 특징으로 한다.
② 경영전권을 인정하며 경영참여를 회피해온 노선이다.
③ 노동조합운동의 목적은 노동자들의 근로조건을 포함한 생활조건의 개선과 유지에 있다.
④ 노사관계를 기본적으로 이해대립의 관계로 보고 있으나 이해조정이 가능한 비적대적 관계로 이해한다.

해설 ① 경제적 조합주의는 조합의 활동을 임금과 노동조건의 개선 등 노동자의 생활 향상에 의식적으로 한정시키며, 노동조합 운동의 독자성·자주성 확보 및 조합 내 민주주의 실현이 가장 중요한 조직 원리이다.

788 신고전학파가 주장하는 노동조합이 사회적 비용이 아닌 것은?

① 비노조와의 임금격차와 고용저하에 따른 배분적 비효율
② 경직적 인사제도에 의한 기술적 비효율
③ 파업으로 인한 생산중단에 따른 생산적 비효율
④ 작업방해에 의한 구조적 비효율

해설 신고전학파가 주장하는 노동조합의 사회적 비용은 ①, ②, ③ 세 가지이다.

789 노사관계의 주체를 사용자 및 단체, 노동자 및 단체, 정부로 규정하고 이들 간의 관계는 기술, 시장 또는 예산상의 제약, 권력구조에 의해 결정된다는 노사관계이론은?

① 시스템이론   ② 수렴 이론
③ 분산이론   ④ 단체교섭이론

 해설 ① 던롭(Dunlop)의 시스템이론에 대한 설명이다.

790 노동조합측 쟁의 수단에 해당하지 않는 것은?

① 태업   ② 보이콧
③ 피케팅   ④ 직장폐쇄

해설 ④는 사용자측 쟁의 수단이다.

791 다음 중 사회적 비용이 상대적으로 가장 적게 유발되는 실업은?

① 경기적 실업   ② 계절적 실업
③ 마찰적 실업   ④ 구조적 실업

해설 ③ 마찰적 실업은 정보 부족으로 발생하고 일시적이기 때문에 사회적 비용이 가장 적게 유발된다.
① 경기적 실업은 유효수요의 부족으로 발생하며, 그 대책으로 일자리 창출, 재정정책 등의 대책이 있다.
② 계절적 실업은 계절의 변화에 의해 발생하여 예측이 가능하고 농업, 건설업, 제조업 등에서 발생한다.
④ 구조적 실업은 노동력 수급 구조상의 불균형으로 발생하며, 경기적 실업에 비해 장기화될 가능성이 높다.

792 노동자가 자신에게 가장 유리한 직장을 찾기 위해서 정보수집 활동에 종사하고 있을 동안의 실업상태로 정보의 불완전성에 기인하는 실업은?

① 계절적 실업   ② 마찰적 실업
③ 경기적 실업   ④ 구조적 실업

 해설 ② 정보부족으로 인한 실업은 마찰적 실업이다.
① 계절적 실업: 계절의 변화로 인한 실업으로 농업, 제조업 등에서 발생하는 실업이다.
③ 경기적 실업: 경기침체로 인해 유효수요 부족으로 발생하는 실업이다.
④ 구조적 실업: 기술의 변화, 산업구조의 변화로 인한 노동력 수급구조상의 불균형에 의해 발생하는 비수요실업이다.

793 실업에 관한 설명으로 옳은 것은?

① 정부는 경기적 실업을 줄이기 위하여 기업의 설비투자를 억제시켜야 한다.
② 취업자가 존재하는 상황에서 구직포기자의 증가는 실업률을 감소시킨다.
③ 전업주부가 직장을 가지면 실업률과 경제활동참가율 모두 낮아진다.
④ 실업급여의 확대는 탐색적 실업을 감소시킨다.

[해설] ① 경기적 실업은 유효수요부족이 원인이므로 일자리 확대하기 위해 설비투자를 장려해야 실업률을 감소시킬 수 있다.
② 실망노동자 설명으로 구직자가 구직포기하면 비경제활동인구가 되어 실업률을 감소시킨다.
③ 부가노동자 설명으로 실업자가 증가하여 실업률과 경제활동참가율이 높아진다.
④ 실업급여 확대는 탐색적 실업을 증가시킨다.

794 디지털 카메라의 등장으로 기존의 필름산업이 쇠퇴하여 필름산업 종사자들이 일자리를 잃을 때 발생하는 실업은?

① 구조적 실업　　② 계절적 실업
③ 경기적 실업　　④ 마찰적 실업

[해설] ① 구조적 실업은 노동력 수급구조의 불균형으로 발생하는데, 성장산업(신생산업)은 초과수요, 사양산업은 초과공급이 원인이다.
② 계절적 실업은 계절의 변화에 의해 발생한다.
③ 경기적 실업은 유효수요 부족으로 발생한다.
④ 마찰적 실업은 직업정보 부족으로 발생한다.

795 다음은 무엇에 대한 설명인가?

실업과 미충원상태에 있는 공석이 공존하는 경우의 실업, 즉 노동시장의 정보가 불완전하여 구직자와 구인처가 적절히 대응되지 못하기 때문에 발생하는 실업을 말한다.

① 경기적 실업　　② 마찰적 실업
③ 구조적 실업　　④ 계절적 실업

[해설] ① 경기적 실업: 유효수요 부족으로 발생한다.
③ 구조적 실업: 노동력 수급구조상 불균형으로 발생한다.
④ 계절적 실업: 계절의 변화에 의해 제조업, 농업 등에서 발생한다.

796 다음 현상을 설명하는 실업의 종류와 대책을 연결한 것으로 옳은 것은?

성장산업에서는 노동에 대한 초과수요로 인하여 노동력의 부족현상이 야기되고 사양산업에서는 노동에 대한 초과공급으로 인하여 노동력의 과잉현상이 야기되고 있다.

① 마찰적 실업 – 구인, 구직정보망 확충
② 경기적 실업 – 유효수요의 증대
③ 구조적 실업 – 인력정책
④ 기술적 실업 – 기술혁신

[해설] ③ 구조적 실업은 노동력 수급구조상의 불균형으로 생긴다. 신생산업, 성장산업은 노동력의 초과수요, 사양산업은 노동력의 초과공급이 발생하므로, 인력정책(직업훈련)이 그 대책이다. 지역적 차이에 의한 불균형의 대책은 지역 이주금 보조이다.

797 경기적 실업에 대한 대책으로 가장 적합한 것은?

① 지역 간 이동 촉진
② 유효수요의 확대
③ 기업의 퇴직자 취업알선
④ 구인·구직에 대한 전산망 확대

➕ 실업의 종류

종류	내용
경기적 실업	유효수요 부족으로 발생 (대책: 일자리 창출)
구조적 실업	노동력 수급구조상 불균형으로 발생 (대책: 인력정책(직업훈련), 지역이주금 보조)
마찰적 실업	정보 부족으로 인해 발생 (대책: 정보 제공)
계절적 실업	계절의 변화에 의해 발생 (제조업·농업 등)

798 해고에 대한 사전 예고와 통보가 실업을 감소시킬 수 있는 실업의 유형을 모두 고른 것은?

> ㄱ. 마찰적 실업,   ㄴ. 구조적 실업,   ㄷ. 경기적 실업

① ㄱ, ㄴ   ② ㄱ, ㄷ
③ ㄴ, ㄷ   ④ ㄱ, ㄴ, ㄷ

해설 마찰적 실업은 정보부족으로 발생하기 때문에 정보를 제공하면 실업률을 낮출 수 있다. 구조적 실업은 노동력 수급구조의 불균형으로 발생하기 때문에 노동자에게 필요한 직업정보를 제공하면, 노동자가 직업훈련을 받거나 지역 이주를 함으로써 실업률을 낮출 수 있다.

799 실업 – 결원곡선(beveridge curve)에 관한 설명으로 틀린 것은?

① 종축에는 결원수, 횡축에는 실업자수를 표시한다.
② 원점에서 멀어질수록 구조적 실업자수가 증가함을 의미한다.
③ 마찰적 실업과 구조적 실업을 구분하는 것이 가능하다.
④ 현재의 실업자수에서 현재의 결원수를 뺀 것이 수요부족실업자수이다.

➕ 실업-결원곡선/베버리지곡선(beveridge curve)

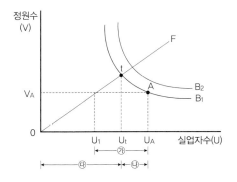

- 실업과 결원을 나타내는 베버리지 곡선은 실업의 구조적 실업과 완전고용실업률에 대해 설명한다.
- 종축은 결원수를 횡축은 실업자수를 표시한다.
- 원점에서 멀어질수록 구조적 실업자의 증가를 나타낸다.
- 마찰적 실업과 구조적 실업을 구분하는 것은 사실상 불가능하다.
- 실업자수와 결원수가 같을 때 그래프상 45°선이 되며, 이는 완전고용을 의미한다.

800 파업이론에 대한 설명이 옳은 것으로 짝지어진 것은?

> ㄱ. 힉스의 파업이론에 의하면, 사용자의 양보곡선과 노조의 저항곡선이 만나는 곳에서 파업기간이 결정된다.
> ㄴ. 카터–챔벌린 모형에 따르면, 노조의 요구를 거부할 때 발생하는 사용자의 비용이 노조의 요구를 수락했을 때 발생하는 사용자의 비용보다 클 때 노조의 교섭력이 커진다.
> ㄷ. 매브리 이론에 따르면, 노조의 최종수락 조건이 사용자의 최종수락조건보다 작을 때 파업이 발생한다.

① ㄱ, ㄴ   ② ㄴ, ㄷ
③ ㄱ, ㄷ   ④ ㄱ, ㄴ, ㄷ

➕ 파업이론

- 힉스(Hicks)는 노조와 사용자의 불완전한 정보로 인해 사용자 제시임금을 나타내는 양보곡선이 우상향하고 노조의 요구임금을 나타내는 저항곡선은 우하향하며, 두 선이 만나는 지점까지 파업이 일어난다고 했다.
- 카터 – 챔블린(Carter – Chamberlin) 이론은 구체적인 수치를 대입하면 이해하는 데 도움이 된다. **예** 노조의 파업중단으로 오는 손실이 100억이라고 할 때, 임금인상으로 추가지급되는 돈이 120억이면 사용자가 거부할 것이고, 80억이라면 받아들일 것이다.
  - 생산중단 손실액 > 임금 추가지급액 ⇒ 사용자 수락
  - 생산중단 손실액 < 임금 추가지급액 ⇒ 사용자 거부, 파업
- 매브리 이론에서, 노조 수락조건 < 사용자 수락조건이면, 파업이 발생하지 않는다. **예** 노조 수락조건(5% 인상), 사용자 수락조건(10% 인상)이면, 파업이 발생하지 않는다.

※ 고생하셨습니다. 반복학습한 횟수를 기록하여 자신의 학습량을 체크하세요!

Self check

기간	일	일	일	일	일
횟수	1회	2회	3회	4회	5회

801 남녀고용평등과 일·가정 양립 지원에 관한 법령상 적용범위에 관한 설명으로 **틀린** 것은?

① 근로자를 사용하는 모든 사업 또는 사업장에 적용하는 것이 원칙이다.
② 동거하는 친족만으로 이루어지는 사업장에 대하여는 법의 전부를 적용하지 아니한다.
③ 가사사용인에 대하여는 법의 전부를 적용하지 아니한다.
④ 선원법이 적용되는 사업 또는 사업장에서는 모든 규정이 적용되지 아니한다.

해설 ④ 선원법에서 선원의 근로관계에 관하여는 「근로기준법」의 일부만 적용한다.

802 남녀고용평등과 일·가정 양립지원에 관한 법령에 규정된 내용으로 **틀린** 것은?

① 사업주는 근로자를 모집할 때 남녀를 차별하여서는 아니 된다.
② 사업주는 동일한 사업 내의 동일 가치 노동에 대하여는 동일한 임금을 지급하여야 한다.
③ 사업주는 직장 내 성희롱 예방을 위한 교육을 연 2회 이상 하여야 한다.
④ 고용노동부장관은 남녀고용평등 실현과 일·가정의 양립에 관한 기본계획을 5년마다 수립하여야 한다.

해설 ③ 사업주는 직장 내 성희롱 예방을 위한 교육을 연 1회 이상 하여야 한다.

803 남녀고용평등과 일·가정 양립지원에 관한 법령상 남녀의 평등한 기회보장 및 대우에 관한 설명으로 **틀린** 것은?

① 사업주는 동일한 사업 내의 동일 가치 노동에 대하여는 동일한 임금을 지급하여야 한다.
② 사업주가 임금차별을 목적으로 설립한 별개의 사업은 별개의 사업으로 본다.
③ 사업주는 근로자를 모집하거나 채용할 때 남녀를 차별하여서는 아니 된다.
④ 사업주는 여성 근로자의 출산을 퇴직사유로 예정하는 근로계약을 체결하여서는 아니 된다.

해설 ② 사업주가 임금차별을 목적으로 설립한 별개의 사업은 동일한 사업으로 본다.

804 남녀고용평등과 일·가정 양립지원에 관한 법률에 대한 설명으로 **틀린** 것은?

① 근로자란 사업주에게 고용된 자와 취업할 의사를 가진 자를 말한다.
② 사업주가 임금차별을 목적으로 설립한 별개의 사업은 동일한 사업으로 본다.
③ 사업주는 육아기 근로시간 단축을 하고 있는 근로자의 명시적 청구가 있으면 단축된 근로시간 외에 주 12시간 이내에서 연장근로를 시킬 수 있다.
④ 사업주는 사업을 계속할 수 없는 경우에도 육아휴직 중인 근로자를 육아휴직 기간에 해고하지 못한다.

해설 ④ 사업주는 육아휴직을 이유로 해고나 그 밖의 불리한 처우를 하여서는 아니 되며, 육아휴직 기간에는 그 근로자를 해고하지 못한다. 다만, 사업을 계속할 수 없는 경우에는 그러하지 아니하다.

805 남녀고용평등과 일·가정 양립 지원에 관한 법률상 육아휴직에 관한 설명으로 옳은 것은?

① 사업주는 근로자가 만 6세 이하의 초등학교 취학 전 자녀(입양한 자녀는 제외한다)를 양육하기 위하여 휴직을 신청하는 경우에 이를 허용하여야 한다.

② 사업주는 육아휴직을 이유로 해고나 그 밖의 불리한 처우를 하여서는 아니되며, 육아휴직 기간에는 그 근로자를 해고하지 못하지만 사업을 계속할 수 없는 경우에는 그러하지 아니 하다.

③ 사업주는 근로자가 육아휴직을 마친 후에는 휴직 전과 같은 업무 또는 같은 수준의 임금을 지급하는 직무에 복귀할 수 있도록 노력하여야 한다.

④ 육아휴직의 기간은 1년 이상으로 하며, 육아휴직 기간은 근속기간에 포함하지 아니한다.

해설 ① 사업주는 임신 중인 여성 근로자가 모성을 보호하거나 근로자가 만 8세 이하 또는 초등학교 2학년 이하의 자녀(입양한 자녀 포함)를 양육하기 위하여 휴직을 신청하는 경우에 이를 허용하여야 한다.
③ 사업주는 육아휴직을 마친 후에는 휴직 전과 같은 업무 또는 같은 수준의 임금을 지급하는 직무에 복귀시켜야 한다. 또한 육아휴직 기간은 근속기간에 포함한다.
④ 육아휴직의 기간은 1년 이내로 한다.

806 남녀고용평등과 일·가정 양립 지원에 관한 법률상 육아휴직에 관한 설명으로 틀린 것은?

① 육아휴직의 기간은 1년 이내로 한다.

② 육아휴직 기간은 근속기간에 포함한다.

③ 기간제근로자 육아휴직 기간은 사용기간에 포함된다.

④ 육아휴직 기간에는 그 근로자를 해고하지 못한다.

해설 ③ 기간제근로자 또는 파견근로자의 육아휴직 기간은 「기간제 및 단시간근로자 보호 등에 관한 법률」에 따른 사용기간 또는 「파견근로자 보호 등에 관한 법률」에 따른 근로자파견기간에서 제외한다.

807 남녀고용평등과 일·가정 양립지원에 관한 법령상 육아휴직 기간에 대한 설명으로 틀린 것은?

① 육아휴직의 기간은 2년 이내로 한다.

② 사업주는 육아휴직 기간에는 근로자를 해고하지 못한다.

③ 육아휴직 기간은 근속기간에 포함한다.

④ 기간제근로자의 육아휴직 기간은 「기간제 및 단시간근로자 보호 등에 관한 법률」에 따른 사용기간에 산입하지 아니한다.

해설 ①육아휴직의 기간은 1년 이내로 한다.

808 남녀고용평등과 일·가정 양립 지원에 관한 법령상 육아기 근로시간 단축에 관한 설명으로 틀린 것은?

① 사업주는 육아기 근로시간 단축을 하고 있는 근로자의 명시적 청구가 있으면 단축된 근로시간 외에 주 15시간 이내에서 연장근로를 시킬 수 있다.

② 원칙적으로 사업주는 근로자가 초등학교 2학년 이하의 자녀를 양육하기 위하여 근로시간의 단축을 신청하는 경우에 이를 허용하여야 한다.

③ 사업주가 근로자에게 육아기 근로시간 단축을 허용하는 경우 단축 후 근로시간은 주당 15시간 이상이어야 하고 35시간을 넘어서는 아니 된다.

④ 육아기 근로시간 단축을 한 근로자에 대하여 평균임금을 산정하는 경우에는 그 근로자의 육아기 근로시간 단축 기간을 평균임금 산정기간에서 제외한다.

해설 ① 사업주는 육아기 근로시간 단축을 하고 있는 근로자에게 단축된 근로시간 외에 연장근로를 요구할 수 없다. 다만, 그 근로자가 명시적으로 청구하는 경우에는 사업주는 주 12시간 이내에서 연장근로를 시킬 수 있다.

809 남녀고용평등과 일·가정 양립 지원에 관한 법률상 육아휴직에 관한 설명으로 틀린 것은?

① 육아휴직기간은 1년 이내로 한다.

② 육아휴직기간은 근속기간에 포함하지 아니한다.

③ 기간제근로자의 육아휴직 기간은 「기간제 및 단시간근로자 보호 등에 관한 법률」에 따른 사용기간에 산입하지 아니한다.

④ 사업주는 육아휴직을 마친 후에는 휴직 전과 같은 업무 또는 같은 수준의 임금을 지급하는 직무에 복귀시켜야 한다.

해설 ② 사업주는 육아휴직을 마친 후에는 휴직 전과 같은 업무 또는 같은 수준의 임금을 지급하는 직무에 복귀시켜야 한다. 또한 육아휴직 기간은 근속기간에 포함한다.

810 남녀고용평등과 일·가정 양립 지원에 관한 법령상 ( ) 안에 들어갈 숫자의 연결이 옳은 것은?

제19조의4(육아휴직과 육아기 근로시간 단축의 사용형태)
① 근로자는 육아휴직을 (ㄱ)회에 한정하여 나누어 사용할 수 있다.
② 근로자는 육아기 근로시간 단축을 나누어 사용할 수 있다. 이 경우 나누어 사용하는 (ㄴ)회의 기간은 (ㄷ)개월 이상이 되어야 한다.

① ㄱ : 1, ㄴ : 2, ㄷ : 2 ② ㄱ : 2, ㄴ : 1, ㄷ : 2
③ ㄱ : 1, ㄴ : 2, ㄷ : 3 ④ ㄱ : 2, ㄴ : 1, ㄷ : 3

해설 • 근로자는 육아휴직을 2회에 한정하여 나누어 사용할 수 있다. 이 경우 임신 중인 여성 근로자가 모성보호를 위하여 육아휴직을 사용한 횟수는 육아휴직을 나누어 사용한 횟수에 포함하지 아니한다.
• 근로자는 육아기 근로시간 단축을 나누어 사용할 수 있다. 이 경우 나누어 사용하는 1회의 기간은 3개월 이상이 되어야 한다.

811 남녀고용평등 및 일·가정 양립 지원에 관한 법령상 육아기 근로시간 단축에 관한 설명이다. ( )에 들어갈 내용으로 옳은 것은?

사업주가 근로자에게 육아기 근로시간 단축을 허용하는 경우 단축 후 근로시간은 주당 (ㄱ) 시간 이상이어야 하고 (ㄴ) 시간을 넘어서는 아니 된다.

① ㄱ : 10, ㄴ : 15 ② ㄱ : 10, ㄴ : 20
③ ㄱ : 15, ㄴ : 30 ④ ㄱ : 15, ㄴ : 35

해설 ④ 사업주가 해당 근로자에게 육아기 근로시간 단축을 허용하는 경우 단축 후 근로시간은 주당 15시간 이상이어야 하고 35시간을 넘어서는 아니 된다. 육아기 근로시간 단축의 기간은 1년 이내로 한다.

812 남녀고용평등과 일·가정 양립 지원에 관한 법률상 임금에 관한 설명으로 옳은 것은?

① 사업주는 다른 사업 내의 동일 가치 노동에 대하여는 동일한 임금을 지급하여야 한다.

② 임금차별을 목적으로 사업주에 의하여 설립된 별개의 사업은 별개의 사업으로 본다.

③ 동일 가치 노동의 기준은 직무 수행에서 요구되는 성, 기술, 노력 등으로 한다.

④ 사업주가 동일 가치 노동의 기준을 정할 때에는 노사협의회의 근로자를 대표하는 위원의 의견을 들어야 한다.

해설 ① 사업주는 동일한 사업 내의 동일 가치 노동에 대해 동일한 임금을 지급해야 한다.
② 사업주가 임금차별을 목적으로 설립한 별개의 사업은 동일한 사업으로 본다.
③ 동일 가치 노동의 기준은 직무 수행에서 요구되는 기술, 노력, 책임 및 작업 조건 등으로 한다.

813 남녀고용평등과 일·가정 양립 지원에 관한 법률에 명시되어 있는 내용이 아닌 것은?

① 직장 내 성희롱의 금지

② 배우자 출산휴가

③ 육아휴직

④ 생리휴가

해설 ④ 생리휴가는 근로기준법에 명시되어 있다. 사용자는 여성 근로자가 청구하면 월 1일의 생리휴가를 주어야 한다.

814
남녀고용평등과 일·가정 양립 지원에 관한 법률상 남녀고용평등 실현과 일·가정의 양립에 관한 기본계획에 포함되어야 할 사항을 모두 고른 것은?

ㄱ. 여성취업의 촉진에 관한 사항
ㄴ. 여성의 직업능력 개발에 관한 사항
ㄷ. 여성 근로자의 모성 보호에 관한 사항
ㄹ. 직전 기본계획에 대한 평가

① ㄱ, ㄴ   ② ㄷ, ㄹ
③ ㄱ, ㄴ, ㄷ   ④ ㄱ, ㄴ, ㄷ, ㄹ

➕ 기본계획에 포함되어야 할 사항
- 여성취업의 촉진에 관한 사항
- 남녀의 평등한 기회보장 및 대우에 관한 사항
- 동일 가치 노동에 대한 동일 임금 지급의 정착에 관한 사항
- 여성의 직업능력 개발에 관한 사항
- 여성 근로자의 모성 보호에 관한 사항
- 일·가정의 양립 지원에 관한 사항
- 여성 근로자를 위한 복지시설의 설치 및 운영에 관한 사항
- 직전 기본계획에 대한 평가
- 그 밖에 남녀고용평등의 실현과 일·가정의 양립 지원을 위하여 고용노동부장관이 필요하다고 인정하는 사항

815
남녀고용평등과 일·가정 양립 지원에 관한 법령상 근로자의 가족 돌봄 등에 관한 지원에 관한 설명으로 틀린 것은?

① 사업주는 대체인력 채용이 불가능한 경우 근로자가 신청한 가족돌봄휴직을 허용하지 않을 수 있다.
② 원칙적으로 가족돌봄휴가 기간은 연간 최장 10일로 하여, 일단위로 사용할 수 있다.
③ 가족돌봄휴직 기간은 연간 최장 90일로 하여, 이를 나누어 사용할 수 있다.
④ 가족돌봄휴직 및 가족돌봄휴가 기간은 근속기간에서 제외된다.

해설 ③ 가족돌봄휴직 기간은 연간 최장 90일로 하며, 이를 나누어 사용할 수 있을 것. 이 경우 나누어 사용하는 1회의 기간은 30일 이상이 되어야 한다.
④ 가족돌봄휴직 및 가족돌봄휴가 기간은 근속기간에 포함한다. 다만, 「근로기준법」에 따른 평균임금 산정기간에서는 제외한다.

➕ 가족돌봄휴직 및 가족돌봄휴가의 허용 예외
- 돌봄휴직 개시예정일의 전날까지 해당 사업에서 계속 근로한 기간이 6개월 미만인 근로자가 신청한 경우
- 부모, 배우자, 자녀 또는 배우자의 부모를 돌보기 위하여 가족돌봄휴직을 신청한 근로자 외에도 돌봄이 필요한 가족의 부모, 자녀, 배우자 등이 돌봄이 필요한 가족을 돌볼 수 있는 경우
- 조부모 또는 손자녀를 돌보기 위하여 가족돌봄휴직을 신청한 근로자 외에도 조부모의 직계비속 또는 손자녀의 직계존속이 있는 경우
- 사업주가 직업안정기관에 구인신청을 하고 14일 이상 대체인력을 채용하기 위하여 노력하였으나 대체인력을 채용하지 못한 경우. 다만, 직업안정기관의 장의 직업소개에도 불구하고 정당한 이유없이 2회 이상 채용을 거부한 경우는 제외한다.
- 근로자의 가족돌봄휴직으로 인하여 정상적인 사업 운영에 중대한 지장이 초래되는 경우로서 사업주가 이를 증명하는 경우

816
남녀고용평등과 일·가정 양립 지원에 관한 법령상 고용에 있어서 남녀의 평등한 기회와 대우를 보장하여야 할 사항으로 명시되지 않은 것은?

① 모집과 채용   ② 임금
③ 근로시간   ④ 교육·배치 및 승진

해설 ③ 근로시간은 명시되지 않았다.

➕ 남녀의 평등한 기회보장 및 대우를 보장하여야 할 사항
- 모집과 채용   - 임금
- 임금 외의 금품 등   - 교육·배치 및 승진
- 정년·퇴직 및 해고

817
남녀고용평등과 일·가정 양립 지원에 관한 법률의 목적으로 명시되어 있지 않은 것은?

① 여성 고용 촉진
② 가사노동 가치의 존중
③ 모성 보호 촉진
④ 고용에서 남녀의 평등한 기회와 대우 보장

해설 「대한민국헌법」의 평등이념에 따라 고용에서 남녀의 평등한 기회와 대우를 보장하고 모성 보호와 여성 고용을 촉진하여 남녀고용평등을 실현함과 아울러 근로자의 일과 가정의 양립을 지원함으로써 모든 국민의 삶의 질 향상에 이바지하는 것을 목적으로 한다.

818 남녀고용평등과 일·가정 양립 지원에 관한 법령상 다음 (   ) 안에 각각 알맞은 것은?

> 제18조의2(배우자 출산휴가) ① 사업주는 근로자가 배우자의 출산을 이유로 휴가(이하 "배우자 출산휴가"라 한다)를 청구하는 경우에 (ㄱ)일의 휴가를 주어야 한다.
> (이하 생략)
> ③ 배우자 출산휴가는 근로자의 배우자가 출산한 날부터 (ㄴ)일이 지나면 청구할 수 없다.

① ㄱ : 5, ㄴ : 30   ② ㄱ : 5, ㄴ : 90
③ ㄱ : 10, ㄴ : 30   ④ ㄱ : 10, ㄴ : 90

해설 사업주는 근로자가 배우자의 출산을 이유로 휴가를 청구하는 경우에 (10일) 의 휴가를 주어야 한다. 이 경우 사용한 휴가기간은 유급으로 한다. 배우자 출산휴가는 근로자의 배우자가 출산한 날부터 (90일) 이 지나면 청구할 수 없다. 배우자 출산휴가는 1회에 한정하여 나누어 사용할 수 있다.

819 남녀고용평등과 일·가정 양립 지원에 관한 법령상 모성 보호에 관한 설명으로 틀린 것은?

① 국가는 출산전후휴가를 사용한 근로자에게 그 휴가기간에 대하여 평균임금에 상당하는 금액을 지급할 수 있다.
② 근로자가 사용한 배우자 출산휴가는 유급으로 한다.
③ 배우자 출산휴가는 근로자의 배우자가 출산한 날부터 90일이 지나면 청구할 수 없다.
④ 원칙적으로 사업주는 근로자가 난임치료를 청구하는 경우에 연간 3일 이내의 휴가를 주어야 한다.

해설 ① 국가는 배우자 출산휴가,「근로기준법」에 따른 출산전후휴가 또는 유산·사산 휴가를 사용한 근로자 중 일정한 요건에 해당하는 사람에게 그 휴가기간에 대하여 통상임금에 상당하는 금액을 지급할 수 있다.
② 사업주는 근로자가 배우자의 출산을 이유로 휴가를 청구하는 경우에 10일의 휴가를 주어야 한다. 이 경우 사용한 휴가기간은 유급으로 한다.
④ 사업주는 근로자가 인공수정 또는 체외수정 등 난임치료를 받기 위하여 휴가를 청구하는 경우에 연간 3일 이내의 휴가를 주어야 하며, 이 경우 최초 1일은 유급으로 한다.

820 남녀고용평등과 일·가정 양립 지원에 관한 법령상 1천만원 이하의 과태료 부과행위에 해당하는 것은?

① 난임치료휴가를 주지 아니한 경우
② 성희롱 예방 교육을 하지 아니한 경우
③ 직장 내 성희롱 발생 사실 조사 과정에서 알게 된 비밀을 다른 사람에게 누설한 경우
④ 사업주가 직장 내 성희롱을 한 경우

해설 ① 난임치료 휴가를 주지 아니한 경우: 500만원 이하의 과태료를 부과
② 성희롱 예방 교육을 하지 아니한 경우: 500만원 이하의 과태료를 부과
③ 직장 내 성희롱 발생 사실 조사 과정에서 알게 된 비밀을 다른 사람에게 누설한 경우: 500만원 이하의 과태료를 부과

821 남녀고용평등과 일·가정 양립 지원에 관한 법령상 과태료를 부과하는 위반행위는?

① 근로자의 교육·배치 및 승진에서 남녀를 차별한 경우
② 성희롱 예방 교육을 하지 아니한 경우
③ 동일한 사업 내의 동일 가치의 노동에 대하여 동일한 임금을 지급하지 아니한 경우
④ 육아기 근로시간 단축을 이유로 해당 근로자에 대하여 해고나 그 밖의 불리한 처우를 한 경우

해설 ② 직장 내 성희롱 예방 교육을 하지 아니한 경우에는 1천만원 이하의 과태료를 부과한다.
① 근로자의 교육·배치 및 승진에서 남녀를 차별한 경우: 500만원 이하의 벌금에 처한다.
③ 동일한 사업 내의 동일 가치의 노동에 대하여 동일한 임금을 지급하지 아니한 경우: 3년 이하의 징역 또는 3천만원 이하의 벌금에 처한다.
④ 육아기 근로시간 단축을 이유로 해당 근로자에 대하여 해고나 그 밖의 불리한 처우를 한 경우: 3년 이하의 징역 또는 3천만원 이하의 벌금에 처한다.

822 남녀고용평등과 일·가정 양립지원에 관한 법률상 사업주가 동일한 사업 내의 동일가치의 노동에 대하여 동일한 임금을 지급하지 아니한 경우 벌칙규정은?

① 5년 이하의 징역 또는 3천만원 이하의 벌금

② 3년 이하의 징역 또는 3천만원 이하의 벌금

③ 1천만원 이하의 벌금

④ 500만원 이하의 벌금

[해설] ② 3년 이하의 징역 또는 3천만원 이하의 벌금 :
1. 동일한 사업 내의 동일 가치의 노동에 대하여 동일한 임금을 지급하지 아니한 경우
2. 직장 내 성희롱 발생 사실을 신고한 근로자 및 피해근로자 등에게 불리한 처우를 한 경우
2의2. 배우자 출산휴가를 이유로 해고나 그 밖의 불리한 처우를 한 경우
3. 육아휴직을 이유로 해고나 그 밖의 불리한 처우를 하거나, 같은 항 단서의 사유가 없는데도 육아휴직 기간동안 해당 근로자를 해고한 경우
4. 육아기 근로시간 단축을 이유로 해당 근로자에 대하여 해고나 그 밖의 불리한 처우를 한 경우
5. 육아기 근로시간 단축을 하고 있는 근로자에 대하여 근로시간에 비례하여 적용하는 경우 외에 육아기 근로시간 단축을 이유로 그 근로조건을 불리하게 한 경우
6. 가족돌봄휴직 또는 가족돌봄휴가를 이유로 해당 근로자를 해고하거나 근로조건을 악화시키는 등 불리한 처우를 한 경우
7. 근로시간 단축을 이유로 해당 근로자에게 해고나 그 밖의 불리한 처우를 한 경우
8. 근로시간 단축을 하고 있는 근로자에게 근로시간에 비례하여 적용하는 경우 외에 가족돌봄 등을 위한 근로시간 단축을 이유로 그 근로조건을 불리하게 한 경우
① 5년 이하의 징역 또는 3천만원 이하의 벌금: 사업주가 근로자의 정년·퇴직 및 해고에서 남녀를 차별하거나 여성 근로자의 혼인, 임신 또는 출산을 퇴직사유로 예정하는 근로계약을 체결하는 경우
③ 1천만원 이하의 벌금: 사업수가 해당 근로자가 명시적으로 청구하지 아니하였는데도 육아기 또는 가족돌봄 등을 위한 근로시간 단축을 하고 있는 근로자에게 단축된 근로시간 외에 연장근로를 요구한 경우
④ 500만원 이하의 벌금:
1. 근로자의 모집 및 채용에서 남녀를 차별하거나, 여성 근로자를 모집·채용할 때 그 직무의 수행에 필요하지 아니한 용모·키·체중 등의 신체적 조건, 미혼 조건 등을 제시하거나 요구한 경우
2. 임금 외에 근로자의 생활을 보조하기 위한 금품의 지급 또는 자금의 융자 등 복리후생에서 남녀를 차별한 경우

3. 근로자의 교육·배치 및 승진에서 남녀를 차별한 경우
4. 근로자의 육아휴직 신청을 받고 육아휴직을 허용하지 아니하거나, 육아휴직을 마친 후 휴직 전과 같은 업무 또는 같은 수준의 임금을 지급하는 직무에 복귀시키지 아니한 경우
5. 육아기 근로시간 단축기간이 끝난 후에 육아기 근로시간 단축 전과 같은 업무 또는 같은 수준의 임금을 지급하는 직무에 복귀시키지 아니한 경우
6. 명예감독관으로서 정당한 임무 수행을 한 것을 이유로 해당 근로자에게 인사상 불이익 등의 불리한 조치를 한 경우

823 남녀고용평등과 일·가정 양립 지원에 관한 법령상 직장 내 성희롱의 금지 및 예방에 관한 설명으로 틀린 것은?

① 사업주, 상급자 또는 근로자는 직장 내 성희롱을 하여서는 아니 된다.
② 사업주는 성희롱 예방 교육을 고용노동부장관이 지정하는 기관에 위탁하여 실시할 수 있다.
③ 누구든지 직장 내 성희롱 발생 사실을 알게 된 경우 그 사실을 해당 사업주에게 신고할 수 있다.
④ 사업주는 직장 내 성희롱 예방 교육을 연 2회 이상 하여야 한다.

[해설] ④ 사업주는 직장 내 성희롱 예방을 위한 교육을 연 1회 이상하여야 한다.

824 남녀고용평등과 일·가정 양립 지원에 관한 법률상 배우자 출산휴가에 관한 설명으로 틀린 것은?

① 사업주는 근로자가 배우자 출산휴가를 청구하는 경우에 10일의 휴가를 주어야 한다.
② 사용한 배우자 출산휴가기간은 유급으로 한다.
③ 배우자 출산휴가는 근로자의 배우자가 출산한 날부터 30일이 지나면 청구할 수 없다.
④ 배우자 출산휴가는 1회에 한정하여 나누어 사용할 수 있다.

[해설] ③ 배우자 출산휴가는 근로자의 배우자가 출산한 날부터 90일이 지나면 청구할 수 없다.

825 남녀고용평등과 일·가정 양립 지원에 관한 법률상 직장 내 성희롱에 관한 설명으로 <u>틀린</u> 것은?

① 사업주, 상급자 또는 근로자는 직장 내 성희롱을 하여서는 아니 된다.
② 사업주는 직장 내 성희롱 예방 교육을 매년 실시하여야 한다.
③ 고용노동부장관은 성희롱 예방 교육기관이 1년 동안 교육 실적이 없는 경우 그 지정을 취소할 수 있다.
④ 사업주는 직장 내 성희롱 발생 사실을 알게 된 경우에는 지체 없이 그 사실 확인을 위한 조사를 하여야 한다.

해설 ③ 2년 동안 교육 실적이 없는 경우 그 지정을 취소할 수 있다.

➕ 성희롱 예방 교육기관의 그 지정을 취소할 수 있는 경우
• 거짓이나 그 밖의 부정한 방법으로 지정을 받은 경우
• 정당한 사유 없이 고용노동부령으로 정하는 강사를 1명 이상을 3개월 이상 계속하여 두지 아니한 경우
• 2년 동안 직장 내 성희롱 예방 교육 실적이 없는 경우

826 남녀고용평등과 일·가정 양립 지원에 관한 법령상 직장 내 성희롱의 금지 및 예방에 관한 설명으로 <u>틀린</u> 것은?

① 사업주는 직장 내 성희롱 예방을 위한 교육을 연 1회 이상하여야 한다.
② 사업주 및 근로자 모두가 여성으로 구성된 사업의 사업주는 직장 내 성희롱 예방 교육을 생략할 수 있다.
③ 사업주는 성희롱 예방교육을 고용노동부장관이 지정하는 기관에 위탁하여 실시할 수 있다.
④ 사업주는 근로자가 고객에 의한 성희롱의 피해를 주장하는 것을 이유로 해고나 그 밖의 불이익한 조치를 하여서는 아니 된다.

해설 ② 상시 10명 미만의 근로자를 고용하는 사업, 사업주 및 근로자 모두가 남성 또는 여성 중 어느 한 성(性)으로 구성된 사업의 경우 교육자료 또는 홍보물을 게시하거나 배포하는 방법으로 직장 내 성희롱 예방 교육을 할 수 있다.

827 남녀고용평등과 일·가정 양립 지원에 관한 법령상 직장 내 성희롱 예방 교육에 대한 설명으로 <u>틀린</u> 것은?

① 사업주는 연 1회 이상 직장 내 성희롱 예방을 위한 교육을 하여야 한다.
② 성희롱 예방교육은 관련 법령, 직장 내 성희롱 발생 시의 처리절차와 조치기준, 피해 근로자의 고충상담 및 구제절차 등이 포함되어야 한다.
③ 사업주 및 근로자 모두가 남성 또는 여성 중 어느 한 성으로 구성된 사업장은 성희롱 예방 교육을 하지 않아도 상관없다.
④ 단순히 교육자료 등을 배포·게시하거나 게시판에 공지하는 데 그치는 등 근로자에게 교육 내용이 제대로 전달되었는지 확인하기 곤란한 경우에는 예방 교육을 한 것으로 보지 아니한다.

해설 ③ 상시 10명 미만의 근로자를 고용하는 사업, 사업주 및 근로자 모두가 남성 또는 여성 중 어느 한 성(性)으로 구성된 사업의 경우 교육자료 또는 홍보물을 게시하거나 배포하는 방법으로 직장 내 성희롱 예방 교육을 할 수 있다.

828 남녀고용평등과 일·가정 양립 지원에 관한 법률상 직장 내 성희롱의 금지 및 예방에 대한 설명으로 <u>틀린</u> 것은?

① 사업주는 직장 내 성희롱 예방을 위한 교육을 분기별 1회 이상 하여야 한다.
② 사업주는 성희롱 예방 교육의 내용을 근로자가 자유롭게 열람할 수 있는 장소에 항상 게시하거나 갖추어 두어 근로자에게 널리 알려야 한다.
③ 누구든지 직장 내 성희롱 발생 사실을 알게 된 경우 그 사실을 해당 사업주에게 신고할 수 있다.
④ 사업주는 직장 내 성희롱 발생 사실이 확인된 때에는 피해근로자가 요청하면 근무장소의 변경, 배치전환, 유급휴가 명령 등 적절한 조치를 하여야 한다.

해설 ① 사업주는 직장 내 성희롱 예방을 위한 교육을 연 1회 이상 하여야 한다.

829 고용상 연령차별금지 및 고령자고용촉진에 관한 법령상 용어정의에 관한 설명으로 <u>틀린</u> 것은?

① "고령자"란 인구와 취업자의 구성 등을 고려하여 55세 이상인 자를 말한다.
② "준고령자"는 50세 이상 55세 미만인 사람으로 고령자가 아닌 자를 말한다.
③ "근로자"란 「노동조합 및 노동관계 조정법」에 따른 근로자를 말한다.
④ "사업주"란 근로자를 사용하여 사업을 하는 자를 말한다.

해설 ③ "근로자"란 「근로기준법」에 따른 근로자를 말한다.

➕ "근로자"란 직업의 종류와 관계없이 임금을 목적으로 사업이나 사업장에 근로를 제공하는 사람을 말한다.

830 고용상 연령차별금지 및 고령자고용촉진에 관한 법률상 고령자 고용촉진 기본계획에 관한 설명으로 <u>틀린</u> 것은?

① 고용노동부장관은 관계 중앙기관의 장과 협의하여 5년마다 수립하여야 한다.
② 고령자의 직업능력개발에 관한 사항이 포함되어야 한다.
③ 고용노동부장관은 기본계획을 수립할 때에는 국회 소관 상임위원회의 심의를 거쳐야 한다.
④ 고용노동부장관은 필요하다고 인정하면 관계 행정기관 또는 공공기관의 장에게 본계획의 수립에 필요한 자료의 제출을 요청할 수 있다.

해설 ③ 고용노동부장관은 기본계획을 수립할 때에는 「고용정책 기본법」에 따른 고용정책심의회(이하 "고용정책심의회"라 한다)의 심의를 거쳐야 한다.

831 고용상 연령차별금지 및 고령자고용촉진에 관한 법령상 고령자와 준고령자의 정의에 관한 설명으로 <u>옳은</u> 것은?

① 고령자는 55세 이상인 사람이며, 준고령자는 50세 이상 55세 미만인 사람으로 한다.
② 고령자는 60세 이상인 사람이며, 준고령자는 55세 이상 60세 미만인 사람으로 한다.
③ 고령자는 58세 이상인 사람이며, 준고령자는 55세 이상 58세 미만인 사람으로 한다.
④ 고령자는 65세 이상인 사람이며, 준고령자는 60세 이상 65세 미만인 사람으로 한다.

해설 ① 고령자는 인구와 취업자의 구성 등을 고려하여 55세 이상인 사람을 말한다. 준고령자는 50세 이상 55세 미만인 사람으로서 고령자가 아닌 사람을 말한다.

832 고용상연령차별금지 및 고령자고용촉진에 관한 법령상 정년에 대한 설명으로 <u>틀린</u> 것은?

① 사업주는 정년에 도달한 자가 그 사업장에 다시 취업하기를 희망할 때 그 직무수행 능력에 맞는 직종에 재고용하도록 노력하여야 한다.
② 사업주는 근로자의 정년을 60세 이상으로 정하여야 한다.
③ 사업주는 고령자인 정년퇴직자를 재고용함에 있어 임금의 결정을 종전과 달리할 수 없다.
④ 상시 300명 이상의 근로자를 사용하는 사업주는 매년 정년제도의 운영현황을 고용노동부장관에게 제출하여야 한다.

해설 ③ 사업주는 고령자인 정년퇴직자를 재고용할 때 당사자 간의 합의에 의하여 「근로기준법」에 따른 퇴직금, 연차유급 휴가일수 계산을 위한 계속근로기간을 산정할 때 종전의 근로기간을 제외할 수 있으며 임금의 결정을 종전과 달리할 수 있다.

833 고용상 연령차별금지 및 고령자고용촉진에 관한 법령상 (   ) 안에 알맞은 것은?

> 상시 (   )명 이상의 근로자를 사용하는 사업장의 사업주는 기준고용률 이상의 고령자를 고용하도록 노력하여야 한다.

① 50 　　　　　　② 100
③ 200 　　　　　　④ 300

해설 ④ 고용상 연령차별금지 및 고령자고용촉진에 관한 법령상 상시 300명 이상의 근로자를 사용하는 사업장의 사업주는 기준고용률 이상의 고령자를 고용하도록 노력하여야 한다고 명시되어 있다.

834 고용상 연령차별금지 및 고령자고용촉진에 관한 법령상 운수업에서의 고령자 기준 고용률은?

① 그 사업장의 상시 근로자 수의 100분의 2
② 그 사업장의 상시 근로자 수의 100분의 3
③ 그 사업장의 상시 근로자 수의 100분의 6
④ 그 사업장의 상시 근로자 수의 100분의 10

해설 이 법에서 "기준고용률"이란 사업장에서 상시 사용하는 근로자를 기준(300명 이상)으로 하여 사업주가 고령자의 고용촉진을 위하여 고용하여야 할 고령자의 비율로서 고령자의 현황과 고용 실태 등을 고려하여 사업의 종류별로 대통령령으로 정하는 비율을 말한다.

➕ 고령자 기준고용률
1. 제조업: 그 사업장의 상시근로자수의 100분의 2
2. 운수업, 부동산 및 임대업: 그 사업장의 상시근로자수의 100분의 6
3. 제1호 및 제2호 외의 산업: 그 사업장의 상시근로자수의 100분의 3

835 고용상 연령차별금지 및 고령자고용촉진에 관한 법령상 제조업의 고령자 기준고용률은?

① 그 사업장의 상시근로자수의 100분의 2
② 그 사업장의 상시근로자수의 100분의 3
③ 그 사업장의 상시근로자수의 100분의 4
④ 그 사업장의 상시근로자수의 100분의 6

해설 고용상 연령차별금지 및 고령자고용촉진에 관한 법령상 제조업의 고령자 기준 고용률은 그 사업자의 상시근로자수의 100분의 2이다.

836 고용상 연령차별금지 및 고령자고용촉진에 관한 법령상 고령자 고용정보센터의 업무로 명시되지 않은 것은?

① 고령자에 대한 구인·구직 등록
② 고령자 고용촉진을 위한 홍보
③ 고령자에 대한 직장 적응훈련 및 교육
④ 고령자의 실업급여 지급

해설 ④는 고령자 고용정보센터의 업무로 명시되지 않았다.

➕ 고령자 고용정보센터의 업무
• 고령자에 대한 구인·구직 등록, 직업지도 및 취업알선
• 고령자에 대한 직장 적응훈련 및 교육
• 정년연장과 고령자 고용에 관한 인사·노무관리와 작업환경 개선 등에 관한 기술적 상담·교육 및 지도
• 고령자 고용촉진을 위한 홍보
• 그 밖에 고령자 고용촉진을 위하여 필요한 업무

837 헌법상 노동기본권 등에 관한 설명으로 틀린 것은?

① 국가는 근로자의 고용의 증진과 적정임금의 보장에 노력하여야 한다.
② 여자의 근로는 특별한 보호를 받으며 고용·임금 및 근로조건에 있어서 부당한 차별을 받지 아니한다.
③ 국가는 법률이 정하는 바에 의하여 최저임금제를 시행하여야 한다.
④ 공무원인 근로자는 자주적인 단결권·단체교섭권 및 단체행동권을 가진다.

해설 ④ 공무원인 근로자는 법률이 정하는 자에 한하여 단결권·단체교섭권 및 단체행동권을 가진다.

838 헌법 제32조에 명시된 내용이 아닌 것은?

① 연소자의 근로는 특별한 보호를 받는다.

② 근로조건의 기준은 인간의 존엄성을 보장하도록 법률로 정한다.

③ 여자의 근로는 특별한 보호를 받으며, 고용·임금 및 근로조건에 있어서 부당한 차별을 받지 아니한다.

④ 국가는 사회적·경제적 방법으로 근로자의 고용 증진과 최저임금제를 시행하여야 한다.

[해설] ④ 국가는 사회적·경제적 방법으로 근로자의 고용의 증진과 적정임금의 보장에 노력하여야 하며, 법률이 정하는 바에 의하여 최저임금제를 시행하여야 한다.

➕ 헌법 32조

① 모든 국민은 근로의 권리를 가진다. 국가는 사회적·경제적 방법으로 근로자의 고용의 증진과 적정임금의 보장에 노력하여야 하며, 법률이 정하는 바에 의하여 최저임금제를 시행하여야 한다.

② 모든 국민은 근로의 의무를 진다. 국가는 근로의 의무의 내용과 조건을 민주주의원칙에 따라 법률로 정한다.

③ 근로조건의 기준은 인간의 존엄성을 보장하도록 법률로 정한다.

④ 여자의 근로는 특별한 보호를 받으며, 고용·임금 및 근로조건에 있어서 부당한 차별을 받지 아니한다.

⑤ 연소자의 근로는 특별한 보호를 받는다.

⑥ 국가유공자·상이군경 및 전몰군경의 유가족은 법률이 정하는 바에 의하여 우선적으로 근로의 기회를 부여받는다.

839 헌법 제32조에 관한 설명으로 옳지 않은 것은?

① 근로조건의 기준은 인간의 존엄성을 보장하도록 법률로 정한다.

② 국가는 법률이 정하는 바에 의하여 최저임금제를 시행하여야 한다.

③ 고령자의 근로는 특별한 보호를 받는다.

④ 여자의 근로는 특별한 보호를 받는다.

[해설] ③ 고령자의 근로에 대한 언급은 없다.

840 다음 ( )에 알맞은 것은?

> 헌법상 국가는 ( )으로 근로자의 고용의 증진과 적정임금의 보장에 노력하여야 한다.

① 법률적 방법 ② 사회적 방법

③ 경제적 방법 ④ 사회적·경제적 방법

[해설] 모든 국민은 근로의 권리를 가진다. 국가는 사회적·경제적 방법으로 근로자의 고용의 증진과 적정임금의 보장에 노력하여야 하며, 법률이 정하는 바에 의하여 최저임금제를 시행하여야 한다.

841 헌법상 근로의 권리로서 명시되어 있지 않은 것은?

① 최저임금제 시행

② 여성근로자의 특별보호

③ 연소근로자의 특별보호

④ 장애인근로자의 특별보호

[해설] ④ 장애인근로자의 특별보호는 명시되어 있지 않다. 국가유공자·상이군경 및 전몰군경의 유가족은 법률이 정하는 바에 의하여 우선적으로 근로의 기회를 부여받는다.

842 헌법이 보장하는 근로 3권의 설명으로 틀린 것은?

① 단결권은 근로조건의 향상을 도모하기 위하여 근로자와 그 단체에게 부여된 단결체 조직 및 활동, 가입, 존립보호 등을 위한 포괄적 개념이다.

② 단결권이 근로자 집단의 근로조건의 향상을 추구하는 주체라면, 단체교섭권은 그 목적활동이고, 단체협약은 그 결실이라고 본다.

③ 단체교섭의 범위는 근로자들의 경제적·사회적 지위 향상에 관한 것으로 단체교섭의 주체는 원칙적으로 근로자 개인이 된다.

④ 단체행동권의 보장은 개개 근로자와 노동조합의 민·형사상 책임을 면제시키는 것이므로 시민법에 대한 중대한 수정을 의미한다.

[해설] ③ 노동조합은 근로자가 주체가 되어 자주적으로 단결하여 근로조건의 유지·개선 기타 근로자의 경제적·사회적 지위의 향상을 도모함을 목적으로 조직하는 단체 또는 그 연합단체로 단체교섭의 주체이다.

843 헌법상 노동3권과 관련이 있는 것은?

① 법률에 의해 최저임금제 보장
② 자주적인 단체교섭권의 보장
③ 연소근로자 특별한 보호
④ 국가유공자의 우선근로 기회 부여

➕ 헌법 33조 노동 3권
• 근로자는 근로조건의 향상을 위하여 자주적인 단결권·단체교섭권 및 단체행동권을 가진다.
• 공무원인 근로자는 법률이 정하는 자에 한하여 단결권·단체교섭권 및 단체행동권을 가진다.
• 법률이 정하는 주요방위산업체에 종사하는 근로자의 단체행동권은 법률이 정하는 바에 의하여 이를 제한하거나 인정하지 아니할 수 있다.

844 헌법상 노동 3권에 해당되지 않는 것은?

① 단체교섭권
② 평등권
③ 단결권
④ 단체행동권

해설 ② 근로자는 근로조건의 향상을 위하여 자주적인 단결권·단체교섭권 및 단체행동권을 가진다.

845 노동기본권에 관하여 헌법에 명시된 내용으로 틀린 것은?

① 공무원인 근로자는 법률이 정하는 자에 한하여 단결권·단체교섭권 및 단체행동권을 가진다.
② 근로자는 근로조건의 향상을 위하여 자주적인 단결권·단체교섭권 및 단체행동권을 가진다.
③ 공익사업에 종사하는 근로자의 단체행동권은 법률이 정하는 바에 의하여 이를 제한하거나 인정하지 아니할 수 있다.
④ 법률이 정하는 주요 방위산업에 종사하는 근로자의 단체행동권은 법률이 정하는 바에 의하여 이를 제한하거나 인정하지 아니할 수 있다.

해설 ③ 공익사업에 종사하는 근로자의 단체행동권에 대한 언급은 없다.

846 헌법상 근로에 관한 설명으로 틀린 것은?

① 모든 국민은 근로의 권리를 가진다.
② 모든 국민은 근로의 의무를 진다.
③ 연소자의 근로는 특별한 보호를 받는다.
④ 근로기회의 제공을 통하여 생활무능력자에 대한 국가적 보호의무를 증가시킨다.

해설 ④ 헌법상 근로에 관한 내용 중 생활무능력자에 대한 언급은 없다.

847 근로3권에 관한 설명으로 옳은 것은?

① 근로자는 자주적인 단결권, 단체교섭권, 단체행동권을 가진다.
② 공무원도 근로자이므로 근로3권을 당연히 갖는다.
③ 주요방위산업체의 근로자는 국가안보를 위해 당연히 단체행동권이 인정되지 않는다.
④ 미취업근로자 개개인에게 주어지는 구체적 권리이다.

해설 ② 공무원인 근로자는 법률이 정하는 자에 한하여 단결권, 단체교섭권 및 단체행동권을 가진다.
③ 법률이 정하는 주요방위산업체에 종사하는 근로자의 단체행동권은 법률이 정하는 바에 의하여 이를 제한하거나 인정하지 아니할 수 있다.
④ 미취업자는 노조법의 근로자 개념에는 포함되나 헌법의 근로3권에서는 달리 정하는 바가 없다.

848 다음 중 헌법상 보장된 쟁의행위로 볼 수 없는 것은?

① 파업
② 태업
③ 직장폐쇄
④ 보이콧

해설 ③ 노동조합 및 노동관계조정법에 명시된 사용자 측 쟁의행위이다.

➕ 노동조합 및 노동관계조정법
쟁의행위라 함은 파업·태업·직장폐쇄 기타 노동관계 당사자가 그 주장을 관찰할 목적으로 행하는 행위와 이에 대항하는 행위로서 업무의 정상적인 운영을 저해하는 행위를 말한다.

849 헌법에 명시된 노동기본권으로만 짝지어진 것은?

① 근로권, 단결권, 단체교섭권, 단체행동권
② 근로권, 노사공동결정권, 단체교섭권, 단체행동권
③ 근로권, 단결권, 경영참가권, 단체행동권
④ 근로의 의무, 단결권, 단체교섭권, 이익균점권

해설 ① 근로자는 근로조건의 향상을 위하여 자주적인 단결권·단체교섭권 및 단체행동권을 가진다.

850 근로기준법상 미성년자의 근로계약에 관한 설명으로 틀린 것은?

① 원칙적으로 15세 이상 18세 미만인 사람의 근로시간은 1일에 7시간, 1주에 35시간을 초과하지 못한다.
② 미성년자는 독자적으로 임금을 청구할 수 없다.
③ 고용노동부장관은 근로계약이 미성년자에게 불리하다고 인정하는 경우에는 이를 해지할 수 있다.
④ 친권자나 후견인은 미성년자의 근로계약을 대리할 수 없다.

해설 ② 미성년자는 독자적으로 임금을 청구할 수 있다.

851 근로기준법령상 사용자가 3년간 보존하여야 하는 근로계약에 관한 중요한 서류로 명시되지 않은 것은?

① 임금대장
② 휴가에 관한 서류
③ 고용·해고·퇴직에 관한 서류
④ 퇴직금 중간정산에 관한 증명서류

➕ 근로계약에 관한 중요한 서류
• 근로계약서
• 임금대장
• 임금의 결정·지급방법과 임금계산의 기초에 관한 서류
• 고용·해고·퇴직에 관한 서류
• 승급·감급에 관한 서류
• 휴가에 관한 서류
• 서면 합의 서류
  – 탄력적 근로시간제, 선택적 근로시간제, 연장 근로의 제한, 휴일, 보상 휴가제, 근로시간 계산의 특례, 근로시간 및 휴게시간의 특례, 유급휴가의 대체
• 연소자의 증명에 관한 서류

852 근로기준법령상 이행강제금에 관한 설명으로 옳은 것은?

① 노동위원회는 구제명령을 받은 후 이행기한까지 구제명령을 이행하지 아니한 사용자에게 3천만원 이하의 이행강제금을 부과한다.
② 노동위원회는 이행강제금 납부의무자가 납부기한까지 이행강제금을 내지 아니하면 즉시 국세 체납처분의 예에 따라 징수할 수 있다.
③ 노동위원회는 최초의 구제명령을 한 날을 기준으로 매년 4회의 범위에서 구제명령이 이행될 때까지 반복하여 이행강제금을 부과·징수할 수 있다.
④ 근로자는 구제명령을 받은 사용자가 이행기한까지 구제명령을 이행하지 아니하면 이행기한이 지난 때부터 30일 이내에 그 사실을 노동위원회에 알려줄 수 있다.

해설 ② 노동위원회는 이행강제금 납부의무자가 납부기한까지 이행강제금을 내지 아니하면 기간을 정하여 독촉을 하고 지정된 기간에 이행강제금을 내지 아니하면 국세 체납처분의 예에 따라 징수할 수 있다.
③ 노동위원회는 최초의 구제명령을 한 날을 기준으로 매년 2회의 범위에서 구제명령이 이행될 때까지 반복하여 이행강제금을 부과·징수할 수 있다. 이 경우 이행강제금은 2년을 초과하여 부과·징수하지 못한다.
④ 근로자는 구제명령을 받은 사용자가 이행기한까지 구제명령을 이행하지 아니하면 이행기한이 지난 때부터 15일 이내에 그 사실을 노동위원회에 알려줄 수 있다.

853 근로기준법령상 용어의 정의로 틀린 것은?

① "근로"란 정신노동과 육체노동을 말한다.
② "근로계약"이란 근로자가 사용자에게 근로를 제공하고 사용자는 이에 대하여 임금을 지급하는 것을 목적으로 체결된 계약을 말한다.
③ "단시간근로자"란 1일의 소정근로시간이 통상 근로자의 1일의 소정근로시간에 비하여 짧은 근로자를 말한다.
④ "사용자"란 사업주 또는 사업 경영 담당자, 그 밖에 근로자에 관한 사항에 대하여 사업주를 위하여 행위하는 자를 말한다.

해설 ③ "단시간근로자"란 1주 동안의 소정근로시간이 그 사업장에서 같은 종류의 업무에 종사하는 통상 근로자의 1주 동안의 소정근로시간에 비하여 짧은 근로자를 말한다.

854 근로기준법령상 여성의 보호에 관한 설명으로 옳은 것은?

① 사용자는 임신 중의 여성이 명시적으로 청구하는 경우 고용노동부장관의 인가를 받으면 휴일에 근로를 시킬 수 있다.
② 여성은 보건·의료, 보도·취재 등의 일시적 사유가 있더라도 갱내(坑內)에서 근로를 할 수 없다.
③ 사용자는 여성 근로자가 청구하면 월 3일의 생리휴가를 주어야 한다.
④ 사용자는 여성을 휴일에 근로시키려면 근로자대표의 서면 동의를 받아야 한다.

해설 ② 사용자는 여성과 18세 미만인 사람을 갱내(坑內)에서 근로시키지 못한다. 다만, 보건·의료, 보도·취재 등 대통령령으로 정하는 업무를 수행하기 위하여 일시적으로 필요한 경우에는 그러하지 아니하다.
③ 사용자는 여성 근로자가 청구하면 월 1일의 생리휴가를 주어야 한다.
④ 사용자는 18세 이상의 여성을 오후 10시부터 오전 6시까지의 시간 및 휴일에 근로시키려면 그 근로자의 동의를 받아야 한다.

➕ **고용노동부장관의 인가를 받아 임산부와 18세 미만자를 휴일근로 시킬 수 있는 경우**
• 18세 미만자의 동의가 있는 경우
• 산후 1년이 지나지 아니한 여성의 동의가 있는 경우
• 임신 중의 여성이 명시적으로 청구하는 경우

855 근로기준법의 기본원리와 가장 거리가 먼 것은?

① 강제근로의 금지
② 근로자단결의 보장
③ 균등한 처우
④ 공민권 행사의 보장

해설 ② 헌법상 노동 3권: 근로자는 근로조건의 향상을 위하여 자주적인 단결권, 단체교섭권 및 단체행동권을 가진다.

➕ **근로기준법의 기본원리**
• 근로조건 준수
• 균등한 처우
• 강제근로의 금지
• 폭행의 금지·중간착취의 배제
• 공민권 행사의 보장

856 근로기준법령상 근로시간 및 휴게시간의 특례사업에 해당하지 않는 것은?

① 수상운송업
② 항공운송업
③ 육상운송 및 파이프라인 운송업
④ 노선(路線) 여객자동차운송사업

해설 ④ 노선 여객자동차운송사업은 제외한다.
➕ **근로시간 및 휴게시간의 특례사업**
통계청장이 고시하는 산업에 관한 표준의 중분류 또는 소분류 중 다음 사업에 대하여 사용자가 근로자대표와 서면으로 합의한 경우에는 주(週) 12시간을 초과하여 연장근로를 하게 하거나 휴게시간을 변경할 수 있다.
• 육상운송 및 파이프라인 운송업.
  다만, 「여객자동차 운수사업법」에 따른 노선(路線) 여객자동차운송사업은 제외한다.
• 수상운송업
• 항공운송업
• 기타 운송관련 서비스업
• 보건업

857 근로기준법령상 경영상의 이유에 의한 해고에 관한 설명으로 옳은 것은?

① 사용자는 근로자 대표에게 해고를 하려는 날의 60일 전까지 해고의 기준을 통보하여야 한다.
② 경영 악화를 방지하기 위한 사업의 합병은 긴박한 경영상의 필요가 있는 것으로 볼 수 없다.
③ 사용자는 근로자를 해고하려면 해고사유와 해고시기를 서면으로 통지하여야 한다.
④ 사용자는 경영상 이유에 의하여 해고된 근로자에 대하여 재취업 등 필요한 조치를 우선적으로 취하여야 한다.

해설 ① 사용자는 근로자대표에게 해고를 하려는 날의 50일 전까지 해고의 기준을 통보하여야 한다.
② 경영 악화를 방지하기 위한 사업의 양도·인수·합병은 긴박한 경영상의 필요가 있는 것으로 본다.
④ 정부는 경영상 이유에 의하여 해고된 근로자에 대하여 재취업 등 필요한 조치를 우선적으로 취하여야 한다.

858 근로기준법령상 임금에 관한 설명으로 틀린 것은?

① 고용노동부장관은 체불사업주의 명단을 공개할 경우 체불사업주에게 3개월 이상의 기간을 정하여 소명 기회를 주어야 한다.
② 단체협약에 특별한 규정이 있는 경우에는 임금의 일부를 공제하거나 통화 이외의 것으로 지급할 수 있다.
③ 사용자는 도급으로 사용하는 근로자에게 근로시간에 따라 일정액의 임금을 보장하여야 한다.
④ 사용자는 고용노동부장관의 승인을 받은 경우 통상임금의 100분의 70에 못미치는 휴업수당을 지급할 수 있다.

해설 ④ 사용자의 귀책사유로 휴업하는 경우에 사용자는 휴업 기간 동안 그 근로자에게 평균임금의 100분의 70 이상의 수당을 지급하여야 한다. 부득이한 사유로 사업을 계속하는 것이 불가능하여 노동위원회의 승인을 받은 경우에는 기준에 못 미치는 휴업수당을 지급할 수 있다.

859 근로기준법령상 용어의 정의에 관한 설명으로 틀린 것은?

① "근로"란 정신노동과 육체노동을 말한다.
② "사용자"란 사업주 또는 사업 경영 담당자, 그 밖에 근로자에 관한 사항에 대하여 사업주를 위하여 행위하는 자를 말한다.
③ "통상임금'이란 이를 산정하여야 할 사유가 발생한 날 이전 3개월 동안에 그 근로자에게 지급된 임금의 총액을 그 기간의 총 일수로 나눈 금액을 말한다.
④ "단시간근로자"란 1주 동안의 소정근로시간이 그 사업장에서 같은 종류의 업무에 종사하는 통상 근로자의 1주 동안의 소정근로 시간에 비하여 짧은 근로자를 말한다.

해설 ③은 평균임금에 대한 설명이다. 통상임금이란 근로자에게 정기적이고 일률적으로 소정(所定)근로 또는 총 근로에 대하여 지급하기로 정한 시간급 금액, 일급 금액, 주급 금액, 월급 금액 또는 도급 금액을 말한다.

860 근로기준법령상 근로계약에 관한 설명으로 틀린 것은?

① 근로기준법에서 정하는 기준에 미치지 못하는 근로조건을 정한 근로계약은 그 부분에 한하여 무효로 한다.
② 사용자는 근로계약 불이행에 대한 위약금 또는 손해배상액을 예정하는 계약을 체결할 수 있다.
③ 사용자는 근로계약을 체결할 때에 근로자에게 임금, 소정근로시간, 휴일, 연차 유급휴가 등의 사항을 명시하여야 한다.
④ 명시된 근로조건이 사실과 다를 경우에 근로자는 근로조건 위반을 이유로 손해의 배상을 청구할 수 있으며 즉시 근로계약을 해제할 수 있다.

해설 ② 사용자는 근로계약 불이행에 대한 위약금 또는 손해배상액을 예정하는 계약을 체결하지 못한다. 이를 위반한 자는 500만원 이하의 벌금에 처한다.

861 근로기준법령상 이행강제금에 관한 설명으로 틀린 것은?

① 노동위원회는 구제명령을 받은 후 이행기한까지 구제명령을 이행하지 아니한 사용자에게 2천만 원 이하의 이행강제금을 부과한다.
② 노동위원회는 이행강제금을 부과하기 30일 전까지 이행강제금을 부과 징수한다는 뜻을 사용자에게 미리 문서로써 알려 주어야 한다.
③ 근로자는 구제명령을 받은 사용자가 이행기한까지 구제명령을 이행하지 아니하면, 이행기한이 지난 때부터 30일 이내에 그 사실을 노동위원회에 알려줄 수 있다.
④ 노동위원회는 이행강제금 납부의무자가 납부기한까지 이행강제금을 내지 아니하면 기간을 정하여 독촉을 하고 지정된 기간에 이행강제금을 내지 아니하면 국세 체납처분의 예에 따라 징수할 수 있다.

해설 ③ 근로자는 구제명령을 받은 사용자가 이행기한까지 구제명령을 이행하지 아니하면 이행기한이 지난 때부터 15일 이내에 그 사실을 노동위원회에 알려줄 수 있다.

862 근로기준법상 임금채권의 소멸시효기간은?

① 1년   ② 2년
③ 3년   ④ 4년

해설 ③ 임금채권은 3년간 행사하지 아니하면 시효로 소멸한다.

863 근로기준법에 경영상 이유에 의한 해고, 탄력적 근로시간제 등의 조항이 등장하고 파견근로자 보호 등에 관한 법률이 제정된 이유로 가장 타당한 것은?

① 획일화되는 사회에 적응하기 위함이다.
② 노동조합의 전투성을 진정시키기 위함이다.
③ 외부자보다는 내부자를 보호하기 위함이다.
④ 불확실한 시장상황에 기업이 신속하게 대응할 수 있도록 하기 위함이다.

해설 ④ 불확실한 노동시장의 유연성에 대응할 수 있도록 하기 위함이다.
① 다양화되는 사회에 적응하기 위함이다.
② 고용형태의 다양화는 노동조합의 조직력을 약화시키는데 영향을 주었지만 경영상 해고 등이 제정된 이유는 아니다.
③ 내부자를 보호하기 목적이라 보기 어렵다.

864 근로기준법령상 취업규칙에 관한 설명으로 틀린 것은?

① 상시 10명 이상의 근로자를 사용하는 사용자는 취업규칙을 작성하여 고용노동부장관에게 신고하여야 한다.
② 사용자는 취업규칙의 작성시 해당 사업장에 근로자의 과반수로 조직된 노동조합이 있는 경우에는 그 노동조합의 동의를 받아야 한다.
③ 고용노동부장관은 법령이나 단체협약에 어긋나는 취업규칙의 변경을 명할 수 있다.
④ 취업규칙에서 정한 기준에 미달하는 근로조건을 정한 근로계약은 그 부분에 관하여는 무효로 한다.

해설 ② 사용자는 취업규칙의 작성 또는 변경에 관하여 해당 사업 또는 사업장에 근로자의 과반수로 조직된 노동조합이 있는 경우에는 그 노동조합, 근로자의 과반수로 조직된 노동조합이 없는 경우에는 근로자의 과반수의 의견을 들어야 한다. 다만, 취업규칙을 근로자에게 불리하게 변경하는 경우에는 그 동의를 받아야 한다.

865 근로기준법령상 고용노동부장관에게 경영상의 이유에 의한 해고계획의 신고를 할 때 포함되어야 하는 사항이 아닌 것은?

① 퇴직금
② 해고 사유
③ 해고 일정
④ 근로자대표와 협의한 내용

해설 경영상 이유에 따른 신고를 할 때에는 다음 사항을 포함하여야 한다.
1. 해고 사유
2. 해고 예정 인원
3. 근로대표와 협의한 내용
4. 해고 일정

866 근로기준법령상 정의규정에 관한 설명으로 옳게 명시되지 않은 것은?

① 근로자라 함은 직업의 종류를 불문하고 임금·급료 기타 이에 준하는 수입에 의하여 생활하는 자를 말한다.

② 근로계약이란 근로자가 사용자에게 근로를 제공하고 사용자는 이에 대하여 임금을 지급하는 것을 목적으로 체결된 계약을 말한다.

③ 임금이란 사용자가 근로의 대가로 근로자에게 임금, 봉급, 그 밖에 어떠한 명칭으로든지 지급하는 일체의 금품을 말한다.

④ 사용자란 사업주 또는 사업 경영 담당자, 그 밖에 근로자에 관한 사항에 대하여 사업주를 위하여 행위하는 자를 말한다.

해설 ① 근로자라 함은 직업의 종류와 관계없이 임금을 목적으로 사업이나 사업장에 근로를 제공하는 사람을 말한다.
※ 선택지의 설명은 노동조합 및 노동관계조정법의 근로자 정의이다.

867 다음 중 근로기준법상 1순위로 변제되어야 하는 채권은?

① 우선권이 없는 조세·공과금

② 최종 3개월분의 임금

③ 질권·저당권에 의해 담보된 채권

④ 최종 3개월분의 임금을 제외한 임금채권 잔액

해설 ② 최종 3개월 임금, 3년치 퇴직금, 재해보상금은 최우선 변제되어야 하는 채권이다.

➕ 채권의 우선변제 순위

1순위: 최종 3개월 임금, 3년치 퇴직금, 재해보상금
2순위: 담보권 우선 조세 공과금
3순위: 담보 채권
4순위: 임금채권
5순위: 조세·공과금
6순위: 일반채권

868 근로기준법령상 임금에 관한 설명으로 틀린 것은?

① 사용자의 귀책사유로 휴업하는 경우에 사용자는 휴업기간 동안 그 근로자에게 평균임금의 100분의 80 이상의 수당을 지급하여야 한다.

② 단체협약에 특별한 규정이 있는 경우에는 임금의 일부를 공제할 수 있다.

③ 임금은 매월 1회 이상 일정한 날짜를 정하여 지급하는 것이 원칙이다.

④ 임금채권은 3년간 행사하지 아니하면 시효로 소멸한다.

해설 ① 사용자의 귀책사유로 휴업하는 경우에 사용자는 휴업기간 동안 그 근로자에게 평균임금의 100분의 70 이상의 수당을 지급하여야 한다. 다만, 평균임금의 100분의 70에 해당하는 금액이 통상임금을 초과하는 경우에는 통상임금을 휴업수당으로 지급할 수 있다.

869 근로기준법령상 용어정의에 관한 설명으로 틀린 것은?

① "근로자"란 직업의 종류와 관계없이 임금을 목적으로 사업이나 사업장에 근로를 제공하는 자를 말한다.

② "근로"란 정신노동과 육체노동을 말한다.

③ "통상임금"이란 이를 산정하여야 할 사유가 발생한 날 이전 3개월 동안에 그 근로자에게 지급된 임금의 총액을 그 기간의 총일수로 나눈 금액을 말한다.

④ "사용자"란 사업주 또는 사업 경영 담당자, 그 밖에 근로자에 관한 사항에 대하여 사업주를 위하여 행위하는 자를 말한다.

해설 ③은 평균임금에 대한 설명이다. "통상임금"이란 근로자에게 정기적이고 일률적으로 소정(所定)근로 또는 총 근로에 대하여 지급하기로 정한 시간급 금액, 일급 금액, 주급 금액, 월급 금액 또는 도급 금액을 말한다.

870 근로기준법령상 근로자 명부의 기재사항에 해당하지 않는 것은?

① 성명 ② 주소
③ 이력 ④ 재산

해설 근로자 명부에는 고용노동부령으로 정하는 바에 따라 ① 성명, 성(性)별, 생년월일, ② 주소, ③ 이력(履歷), 종사하는 업무의 종류, 고용 또는 고용갱신 연월일, 계약기간을 정한 경우에는 그 기간, 그 밖의 고용에 관한 사항, 해고, 퇴직 또는 사망한 경우에는 그 연월일과 사유, 그 밖에 필요한 사항을 적어야 한다.

871 근로기준법령상 상시 10명 이상의 근로자를 사용하는 사용자가 취업규칙을 작성하여 고용노동부장관에게 신고해야 하는 사항이 아닌 것은?

① 업무의 시작시각 ② 임금의 산정기간
③ 근로자의 식비 부담 ④ 근로계약기간

해설 ④ 근로계약기간은 취업규칙 작성사항이 아니다. 근로계약을 체결할 때 작성한다.

➕ 상시 10명 이상의 근로자를 사용하는 사용자가 취업규칙을 작성하여 고용노동부장관에게 신고하여야 하는 사항
• 업무의 시작과 종료시각, 휴게시간, 휴일, 휴가 및 교대 근로에 관한 사항
• 임금의 결정·계산·지급 방법, 임금의 산정기간·지급시기 및 승급(昇給)에 관한 사항
• 가족수당의 계산·지급 방법에 관한 사항
• 퇴직에 관한 사항
• 「근로자퇴직급여 보장법」에 따라 설정된 퇴직급여, 상여 및 최저임금에 관한 사항
• 근로자의 식비, 작업 용품 등의 부담에 관한 사항
• 근로자를 위한 교육시설에 관한 사항
• 출산전후휴가·육아휴직 등 근로자의 모성 보호 및 일·가정 양립 지원에 관한 사항
• 안전과 보건에 관한 사항
• 근로자의 성별·연령 또는 신체적 조건 등의 특성에 따른 사업장 환경의 개선에 관한 사항
• 업무상과 업무 외의 재해부조(災害扶助)에 관한 사항
• 직장 내 괴롭힘의 예방 및 발생 시 조치 등에 관한 사항
• 표창과 제재에 관한 사항
• 그 밖에 해당 사업 또는 사업장의 근로자 전체에 적용될 사항

872 근로기준법령상 근로계약에 관한 설명으로 틀린 것은?

① 이 법에서 정하는 기준에 미치지 못하는 근로조건을 정한 근로계약은 그 부분에 한하여 무효로 한다.
② 근로계약은 기간을 정하지 아니한 것과 일정한 사업의 완료에 필요한 기간을 정한 것 외에는 그 기간은 1년을 초과하지 못한다.
③ 단시간근로자의 근로조건은 그 사업장의 같은 종류의 업무에 종사하는 통상 근로자의 근로시간을 기준으로 산정한 비율에 따라 결정되어야 한다.
④ 사용자는 근로계약 불이행에 대한 위약금을 예정하는 계약을 체결한 경우 300만원 이하의 과태료에 처한다.

해설 ④ 사용자는 근로계약 불이행에 대한 위약금 또는 손해배상액을 예정하는 계약을 체결하지 못한다. 이를 위반한 자는 500만원 이하의 벌금에 처한다.

873 근로기준법령상 휴게·휴일에 관한 설명으로 틀린 것은?

① 사용자는 근로시간이 8시간인 경우에는 1시간 이상의 휴게시간을 근로시간 도중에 주어야 한다.
② 사용자는 근로자에게 1주에 평균 1회 이상의 유급휴일을 보장하여야 한다.
③ 사용자는 연장근로에 대하여는 통상임금의 100분의 50 이상을 가산하여 근로자에게 지급하여야 한다.
④ 사용자는 8시간 이내의 휴일근로에 대하여는 통상임금의 100분의 100 이상을 가산하여 근로자에게 지급하여야 한다.

해설 ④ 사용자는 8시간을 초과한 휴일근로에 대하여는 통상임금의 100분의 100 이상을 가산하여 근로자에게 지급하여야 한다.

➕ **연장·야간 및 휴일 근로**
사용자는 휴일근로에 대하여 기준금액 이상을 가산하여 근로자에게 지급하여야 한다.
1. 8시간 이내의 휴일근로: 통상임금의 100분의 50
2. 8시간을 초과한 휴일근로: 통상임금의 100분의 100

874 근로기준법상 임산부의 보호에 관한 설명으로 틀린 것은?

① 사용자는 임신 중의 여성에게 출산 전과 출산 후를 통하여 90일(한 번에 둘 이상 자녀를 임신한 경우에는 120일)의 출산전후휴가를 주어야 한다.

② 휴가 기간의 배정은 출산 후에 30일(한 번에 둘 이상 자녀를 임신한 경우에는 45일) 이상이 되어야 한다.

③ 사용자는 임신 중의 여성 근로자에게 시간외근로를 하게 하여서는 아니 되며, 그 근로자의 요구가 있는 경우에는 쉬운 종류의 근로로 전환하여야 한다.

④ 사업주는 출산전후휴가 종료 후에는 휴가 전과 동일한 업무 또는 동등한 수준의 임금을 지급하는 직무에 복귀시켜야 한다.

해설 ② 임산부의 출산전후휴가의 경우, 휴가 기간의 배정은 출산 후에 45일(한 번에 둘 이상 자녀를 임신한 경우에는 60일) 이상이 되어야 한다.

875 근로기준법상 경영상 이유에 의한 해고에 관한 설명으로 틀린 것은?

① 경영 악화를 방지하기 위한 사업의 양도·인수·합병은 긴박한 경영상의 필요가 있는 것으로 본다.

② 사용자는 해고를 피하기 위한 노력을 다하여야 한다.

③ 사용자는 합리적이고 공정한 해고의 기준을 정하고 이에 따라 그 대상자를 선정하여야 한다.

④ 사용자는 해고를 피하기 위한 방법과 해고의 기준 등에 관하여 해고를 하려는 날의 60일 전까지 고용노동부장관의 승인을 받아야 한다.

해설 ④ 사용자는 해고를 피하기 위한 방법과 해고의 기준 등에 관하여 그 사업 또는 사업장에 근로자의 과반수로 조직된 노동조합이 있는 경우에는 그 노동조합(근로자의 과반수로 조직된 노동조합이 없는 경우에는 근로자의 과반수를 대표하는 자를 말한다.)에 해고를 하려는 날의 50일 전까지 통보하고 성실하게 협의하여야 한다.

876 근로기준법령상 상시 4명 이하의 근로자를 사용하는 사업 또는 사업장에 적용하는 법 규정을 모두 고른 것은?

> ㄱ. 근로기준법 제9조(중간착취의 배제)
> ㄴ. 근로기준법 제18조(단시간근로자의 근로조건)
> ㄷ. 근로기준법 제21조(전차금 상계의 금지)
> ㄹ. 근로기준법 제60조(연차 유급휴가)
> ㅁ. 근로기준법 제72조(갱내근로의 금지)

① ㄱ, ㄷ, ㄹ

② ㄴ, ㄹ

③ ㄷ, ㅁ

④ ㄱ, ㄴ, ㄷ, ㅁ

➕ 상시근로자 4명 이하의 사업장에 적용 규정

구분	적용법 규정
제1장 총칙	⊙ 제1조부터 제13조까지의 규정
제2장 근로계약	제15조, 제17조, ⓒ 제18조, 제19조제1항, ⓒ 제20조부터 제22조까지의 규정, 제23조제2항, 제26조, 제35조부터 제42조까지의 규정
제3장 임금	제43조부터 제45조까지의 규정, 제47조부터 제49조까지의 규정
제4장 근로시간과 휴식	제54조, 제55조제1항, 제63조
제5장 여성과 소년	제64조, 제65조제1항·제3항(임산부와 18세 미만인 자로 한정한다), 제66조부터 제69조까지의 규정, 제70조제2항·제3항, 제71조, ⓔ 제72조, 제74조
제6장 안전과 보건	제76조
제8장 재해보상	제78조부터 제92조까지의 규정
제11장 근로감독관 등	제101조부터 제106조까지의 규정
제12장 벌칙	제107조부터 제116조까지의 규정(제1장부터 제6장까지, 제8장, 제11장의 규정 중 상시 4명 이하 근로자를 사용하는 사업 또는 사업장에 적용되는 규정을 위반한 경우로 한정)

877 근로기준법령상 근로자의 청구에 따라 사용자가 지급기일 전이라도 이미 제공한 근로에 대한 임금을 지급하여야 하는 비상(非常)한 경우에 해당하지 <u>않는</u> 것은?

① 근로자가 혼인한 경우
② 근로자의 수입으로 생계를 유지하는 자가 사망한 경우
③ 근로자나 그의 수입으로 생계를 유지하는 자가 출산하거나 질병에 걸린 경우
④ 근로자나 그의 수입으로 생계를 유지하는 자가 부득이한 사유로 3일 이상 귀향하게 되는 경우

해설 ④ 근로자나 그의 수입으로 생계를 유지하는 자가 부득이한 사유로 1주 이상 귀향하게 되는 경우는, 지급 기일 전의 임금 지급 사유에 해당한다.

878 근로기준법상 경영상 이유에 의한 해고에 대한 설명으로 틀린 것은?

① 사용자가 경영상 이유에 의하여 근로자를 해고하려면 긴박한 경영상의 필요가 있어야 한다.
② 사용자는 해고를 피하기 위한 노력을 다하여야 하며, 합리적이고 공정한 해고의 기준을 정하고 이에 따라 그 대상자를 선정하여야 한다.
③ 사용자는 해고를 피하기 위한 방법과 해고의 기준 등에 관하여 그 사업 또는 사업장에 근로자의 과반수로 조직된 노동조합이 있는 경우에는 그 노동조합에 해고를 하려는 날의 50일 전까지 통보하고 성실하게 협의하여야 한다.
④ 사용자는 대통령령으로 정하는 일정한 규모 이상의 인원을 해고하려면 고용노동부장관의 승인을 얻어야 한다.

해설 ④ 사용자는 대통령령으로 정하는 일정한 규모 이상의 인원을 해고하려면 대통령령으로 정하는 바에 따라 고용노동부장관에게 신고하여야 한다.

879 근로기준법상 근로감독관에 관한 설명으로 틀린 것은?

① 근로조건의 기준을 확보하기 위하여 고용노동부와 그 소속 기관에 근로감독관을 둔다.
② 근로감독관의 직무에 관한 범죄의 수사는 검사와 근로감독관이 전담하여 수행한다.
③ 근로감독관은 사업장, 기숙사, 그 밖의 부속 건물을 현장조사하고 장부와 서류의 제출을 요구할 수 있다.
④ 의사인 근로감독관이나 근로감독관의 위촉을 받은 의사는 취업을 금지하여야 할 질병에 걸릴 의심이 있는 근로자에 대하여 검진할 수 있다.

해설 ② 이 법이나 그 밖의 노동 관계 법령에 따른 현장조사, 서류의 제출, 심문 등의 수사는 검사와 근로감독관이 전담하여 수행한다. 다만, 근로감독관의 직무에 관한 범죄의 수사는 그러하지 아니 하다.

880 근로기준법령상 평균임금의 계산에서 제외되는 기간이 <u>아닌</u> 것은?

① 사용자의 귀책사유로 휴업한 기간
② 출산전후휴가 기간
③ 남성근로자가 신생아의 양육을 위해 육아휴직한 기간
④ 병역의무 이행을 위하여 유급으로 휴직한 기간

해설 ④ 「병역법」, 「예비군법」 또는 「민방위기본법」에 따른 의무를 이행하기 위하여 휴직하거나 근로하지 못한 기간에는, 그 기간 중에 지급된 임금을 평균임금 산정기준이 되는 임금의 총액에서 뺀다. 그러나 그 기간 중 임금을 지급받은 경우에는 그러하지 아니하다.

➕ 평균임금의 계산에서 제외되는 기간과 임금

• 근로계약을 체결하고 수습 중에 있는 근로자가 수습을 시작한 날부터 3개월 이내의 기간
• 사용자의 귀책사유로 휴업한 기간
• 출산전후휴가 및 유산·사산 휴가 기간
• 업무상 부상 또는 질병으로 요양하기 위하여 휴업한 기간
• 「남녀고용평등과 일·가정 양립 지원에 관한 법률」에 따른 육아휴직 기간
• 「노동조합 및 노동관계조정법」에 따른 쟁의행위기간
• 「병역법」, 「예비군법」 또는 「민방위기본법」에 따른 의무를 이행하기 위하여 휴직하거나 근로하지 못한 기간. 다만, 그 기간 중 임금을 지급받은 경우에는 그러하지 아니하다.
• 업무 외 부상이나 질병, 그 밖의 사유로 사용자의 승인을 받아 휴업한 기간

881 다음 ( )에 알맞은 것은?

근로기준법상 야근근로는 (ㄱ)부터 다음 날 (ㄴ) 사이의 근로를 말한다.

① ㄱ: 오후 8시, ㄴ: 오전 4시
② ㄱ: 오후 10시, ㄴ: 오전 6시
③ ㄱ: 오후 12시, ㄴ: 오전 6시
④ ㄱ: 오후 6시, ㄴ: 오전 4시

해설 ② 사용자는 야간근로(오후 10시부터 다음 날 오전 6시 사이의 근로를 말한다)에 대하여는 통상임금의 100분의 50 이상을 가산하여 근로자에게 지급하여야 한다.

882 고용보험법령상 다음 사례에서 구직급여의 소정 급여일수는?

장애인 근로자 A씨(40세)가 4년간 근무하던 회사를 퇴사하여 직업안정기관으로부터 구직급여 수급자격을 인정받았다.

① 120일　　　　② 150일
③ 180일　　　　④ 210일

해설 ④ 장애인은 50세 이상인 것으로 적용, 피보험기간이 3년 이상 5년 미만이므로 210일의 급여일수를 인정 받는다.

➕ 고용보험법 구직급여의 소정급여일수

구분		피보험기간				
		1년 미만	1년 이상 3년 미만	3년 이상 5년 미만	5년 이상 10년 미만	10년 이상
이직일 현재 연령	50세 미만	120일	150일	180일	210일	240일
	50세 이상	120일	180일	210일	240일	270일

비고: 「장애인고용촉진 및 직업재활법」에 따른 장애인은 50세 이상인 것으로 적용한다.

883 고용보험법령상 용어의 정의로 옳은 것은?

① "피보험자"란 근로기준법상 근로자와 사업주를 말한다.
② "실업"이란 근로의 의사와 능력이 있음에도 불구하고 취업하지 못한 상태에 있는 것을 말한다.
③ "보수"란 사용자로부터 받는 일체의 금품을 말한다.
④ "일용근로자"란 3개월 미만 동안 고용된 자를 말한다.

해설 ① "피보험자"란 보험에 가입되거나 가입된 것으로 보는 근로자, 예술인 또는 노무제공자, 자영업자를 말한다.
③ "보수"란 근로소득에서 금품(비과세 근로소득)을 뺀 금액을 말한다.
④ "일용근로자"란 1개월 미만 동안 고용되는 사람을 말한다.

884 고용보험법령상 실업급여 에 관한 설명으로 틀린 것은?

① 실업급여로서 지급된 금품에 대하여는 국가나 지방자치단체의 공과금을 부과하지 아니한다.
② 실업급여를 받을 권리는 양도하거나 담보로 제공할 수 없다.
③ 실업급여수급계좌의 해당 금융기관은 이 법에 따른 실업급여만이 실업급여수급계좌에 입금되도록 관리하여야 한다.
④ 구직급여에는 조기재취업수당, 직업능력개발 수당, 광역구직활동비, 이주비가 있다.

해설 ④는 취업촉진수당의 종류이다.

➕ 실업급여
• 구직급여와 취업촉진 수당

➕ 취업촉진 수당의 종류
• 조기재취업 수당
• 직업능력개발 수당
• 광역 구직활동비
• 이주비

885 고용보험법령상 ( ) 안에 들어갈 숫자의 연결이 옳은 것은?

> 육아휴직 급여는 육아휴직 시작일을 기준으로 한 월 통상임금의 100분의 (ㄱ)에 해당하는 금액을 월별 지급액으로 한다. 다만, 해당 금액이 (ㄴ)만원을 넘는 경우에는 (ㄴ)만원으로 하고, 해당 금액이 (ㄷ)만원보다 적은 경우에는 (ㄷ)만원으로 한다.

① ㄱ : 80, ㄴ : 150, ㄷ : 70
② ㄱ : 80, ㄴ : 120, ㄷ : 50
③ ㄱ : 50, ㄴ : 150, ㄷ : 50
④ ㄱ : 50, ㄴ : 120, ㄷ : 70

➕ 육아휴직 급여

- 육아휴직 급여는 육아휴직 시작일을 기준으로 한 월 통상임금의 100분의 80에 해당하는 금액을 월별 지급액으로 한다. 다만, 해당 금액이 150만 원을 넘는 경우에는 150만 원으로 하고, 해당 금액이 70만 원보다 적은 경우에는 70만 원으로 한다.
- 「남녀고용평등과 일·가정 양립 지원에 관한 법률」에 따라 육아휴직을 분할하여 사용하는 경우에는 각각의 육아휴직 사용기간을 합산한 기간을 육아휴직 급여의 지급대상 기간으로 본다.
- 육아휴직 급여의 지급대상 기간이 1개월을 채우지 못하는 경우에는 월별 지급액을 해당 월에 휴직한 일수에 비례하여 계산한 금액을 지급액으로 한다.
- 육아휴직 급여의 100분의 75에 해당하는 금액은 매월 지급하고, 그 나머지 금액은 육아휴직 종료 후 해당 사업장에 복직하여 6개월 이상 계속 근무한 경우에 합산하여 일시불로 지급한다. 다만, 고용노동부령으로 정하는 정당한 사유로 6개월 이상 계속 근무하지 못한 경우에도 그 나머지 금액을 지급한다.

886 고용보험법상 실업급여에 해당하지 않는 것은?

① 구직급여
② 조기(早期) 재취업 수당
③ 정리해고 수당
④ 이주비

해설 ③ 정리해고 수당(해고예고 수당)은 「근로기준법」에 규정되어 있는 것으로, 사용자가 근로자를 해고할 때 최소 30일 전에 해고의 예고를 하지 않았을 경우 지급해야 하는 30일분 이상의 통상임금이다.

➕ 고용보험법: 실업급여의 종류

종류	내용
구직급여	–
취업촉진 수당	조기재취업 수당, 직업능력개발 수당, 광역 구직활동비, 이주비

887 고용보험법령상 피보험자격의 신고에 관한 설명으로 틀린 것은?

① 사업주가 피보험자격에 관한 사항을 신고하지 아니하면 근로자가 신고할 수 있다.
② 사업주는 그 사업에 고용된 근로자의 피보험자격의 취득 및 상실 등에 관한 사항을 고용노동부장관에게 신고하여야 한다.
③ 자영업자인 피보험자는 피보험자격의 취득 및 상실에 관한 신고를 하지 아니한다.
④ 피보험자격의 취득 및 상실 등에 관한 신고는 그 사유가 발생한 날로부터 14일 이내에 하여야 한다.

해설 ④ 사업주나 하수급인(下受給人)은 고용노동부장관에게 그 사업에 고용된 근로자의 피보험자격 취득 및 상실에 관한 사항을 신고하려는 경우에는 그 사유가 발생한 날이 속하는 달의 다음 달 15일까지(근로자가 그 기일 이전에 신고할 것을 요구하는 경우에는 지체 없이) 신고해야 한다.

888 고용보험법상 자영업자인 피보험자의 실업급여의 종류가 아닌 것은?

① 직업능력개발 수당
② 광역 구직활동비
③ 조기재취업 수당
④ 이주비

해설 ③ 조기재취업 수당은 적용 제외한다.

➕ 자영업자 고용보험 실업급여

- 수급자격 요건: 자영업자 고용보험에 1년 이상 가입 후 부득이한 사정으로 사업을 지속하기 어려워 비자발적 폐업과 적극적인 재취업의 노력을 한 경우
- 적용: 구직급여, 직업능력개발수당, 광역 구직활동비, 이주비
- 적용 제외: 연장급여, 조기재취업 수당

889 고용보험 법령상 구직급여의 수급자격이 인정되기 위해서는 이직일 이전 18개월의 기준기간 중에 피보험 단위기간이 통산하여 몇 일 이상 되어야 하는가?

① 60일
② 90일
③ 120일
④ 180일

해설 ④ 기준기간은 이직일 이전 18개월 동안의 피보험 단위기간이 통산하여 180일 이상일 것

890 고용보험법상 ( )에 알맞은 것은?

> 육아휴직 급여를 지급받으려는 사람은 육아휴직을 시작한 날 이후 1개월부터 육아휴직이 끝난 날 이후 ( )개월 이내에 신청하여야 한다.

① 1   ② 3
③ 6   ④ 12

➕ 육아휴직 급여

- 고용노동부장관은 「남녀고용평등과 일·가정 양립 지원에 관한 법률」에 따른 육아휴직을 30일(「근로기준법」에 따른 출산전후휴가기간과 중복되는 기간은 제외한다) 이상 부여받은 피보험자 중 육아휴직을 시작한 날 이전에 피보험 단위기간이 합산하여 180일 이상인 피보험자에게 육아휴직 급여를 지급한다.
- 육아휴직 급여를 지급받으려는 사람은 육아휴직을 시작한 날 이후 1개월부터 육아휴직이 끝난 날 이후 12개월 이내에 신청하여야 한다. 다만, 해당 기간에 대통령령으로 정하는 사유로 육아휴직 급여를 신청할 수 없었던 사람은 그 사유가 끝난 후 30일 이내에 신청하여야 한다.
- 피보험자가 육아휴직 급여 지급신청을 하는 경우 육아휴직 기간 중에 이직하거나 고용노동부령으로 정하는 기준에 해당하는 취업을 한 사실이 있는 경우에는 해당 신청서에 그 사실을 기재하여야 한다.

891 고용보험법상 이직한 피보험자의 구직급여 수급요건으로 틀린 것은?

① 이직일 이전 18개월간 피보험 단위기간이 통산하여 150일 이상일 것
② 근로의 의사와 능력이 있음에도 불구하고 취업하지 못한 상태에 있을 것
③ 재취업을 위한 노력을 적극적으로 할 것
④ 일용근로자는 수급자격 인정신청일 이전 1개월 동안의 근로일수가 10일 미만일 것

> 해설 ① 고용보험법: 기준기간은 이직일 이전 18개월 동안의 피보험 단위기간이 통산하여 180일 이상일 것

➕ 구직급여의 수급 요건

- 이직일 이전 18개월간 합산하여 180일 이상일 것
- 근로의 의사와 능력이 있음에도 불구하고 취업하지 못한 상태에 있을 것
- 이직사유가 수급자격의 제한 사유에 해당하지 아니할 것
- 재취업을 위한 노력을 적극적으로 할 것
- 일용근로자는 수급자격 인정신청일 이전 1개월 동안의 근로일수가 10일 미만일 것
- 건설일용근로자로서 수급자격 인정신청일 이전 14일간 연속하여 근로내역이 없을 것

892 고용보험법령상 고용안정, 직업능력개발사업의 내용에 해당하지 않는 것은?

① 조기재취업 수당 지원
② 고용창출의 지원
③ 지역 고용의 촉진
④ 임금피크제 지원금의 지급

> 해설 ① 조기재취업 수당은 고용보험법의 실업급여 중 취업촉진 수당에 해당한다.

➕ 고용안정·직업능력개발사업

- 고용창출에 대한 지원
- 고용조정의 지원
- 고용유지지원금의 지급
- 휴업 등에 따른 지원
- 직업능력 개발·향상 조치 등에 대한 지원
- 이직예정자 등 재취업 지원
- 고용유지를 위한 노사합의에 대한 지원
- 지역고용촉진 지원금
- 고령자 고용연장 지원금
- 60세 이상 고령자 고용지원금
- 고용촉진장려금
- 임금피크제 지원금

893 고용보험법령상 육아휴직 급여에 관한 설명이다. ( )안에 들어갈 내용이 옳게 연결된 것은?

> - 육아휴직 시작일부터 3개월까지: 육아휴직 시작일을 기준으로 한 월 통상임금의 100분의 (ㄱ)에 해당하는 금액
> - 육아휴직 4개월째부터 육아휴직 종료일까지: 육아휴직 시작일을 기준으로 한 월 통상임금의 100분의 (ㄴ)에 해당하는 금액

① ㄱ: 60, ㄴ: 30   ② ㄱ: 70, ㄴ: 50
③ ㄱ: 80, ㄴ: 30   ④ ㄱ: 80, ㄴ: 50

> 해설 1. 육아휴직 시작일부터 3개월까지: 육아휴직 시작일을 기준으로 한 월 통상임금의 100분의 80에 해당하는 금액. 다만, 해당 금액이 150만 원을 넘는 경우에는 150만 원으로 하고, 해당 금액이 70만 원보다 적은 경우에는 70만 원으로 한다.
> 2. 육아휴직 4개월째부터 육아휴직 종료일까지: 육아휴직 시작일을 기준으로 한 월 통상임금의 100분의 50에 해당하는 금액. 다만, 해당 금액이 120만 원을 넘는 경우에는 120만 원으로 하고, 해당 금액이 70만 원보다 적은 경우에는 70만 원으로 한다.

894 고용보험법령상 심사 및 재심사청구에 관한 설명으로 옳지 않은 것은?

① 실업급여에 관한 처분에 이의가 있는 자는 고용보험심사관에게 심사를 청구할 수 있다.

② 심사 및 재심사의 청구는 시효중단에 관하여 재판상의 청구로 본다.

③ 재심사청구인은 법정대리인 외에 자신의 형제자매를 대리인으로 선임할 수 없다.

④ 고용보험심사관은 원칙적으로 심사청구를 받으면 30일 이내에 그 심사청구에 대한 결정을 하여야 한다.

해설 ③ 심사청구인 또는 재심사청구인은 법정대리인 외에 다음에 해당하는 자를 대리인으로 선임할 수 있다.
1. 청구인의 배우자, 직계존속·비속 또는 형제자매
2. 청구인인 법인의 임원 또는 직원
3. 변호사나 공인노무사
4. 심사위원회의 허가를 받은 자

895 고용보험법령상 취업촉진 수당에 해당하지 않는 것은?

① 여성고용촉진장려금

② 광역 구직활동비

③ 이주비

④ 직업능력개발 수당

해설 ① 여성고용촉진장려금은 직업안정기관에 구직등록을 한 사람으로서 가족 부양의 책임이 있는 여성 실업자 중 고용노동부령으로 정하는 사람으로서 「국민기초생활 보장법 시행령」에 따른 취업대상자 또는 「한부모가족지원법」에 따른 보호대상자에 해당하고 1개월 이상 실업상태에 있는 사람을 피보험자로 고용한 사업주에게 지급하는 고용촉진장려금을 말한다.

➕ 고용촉진장려금
고용노동부장관은 장애인, 여성가장 등 노동시장의 통상적인 조건에서는 취업이 특히 곤란한 사람의 취업촉진을 위하여 직업안정기관이나 그 밖에 고용노동부령으로 정하는 기관에 구직등록을 한 사람으로서 실업자를 피보험자로 고용한 사업주에게 고용촉진장려금을 지급한다.

➕ 취업촉진 수당

구분	내용
조기재취업 수당	수급자격자가 안정된 직업에 재취직하거나 스스로 영리를 목적으로 하는 사업을 영위하는 경우 지급한다.
직업능력 개발수당	직업능력개발 수당은 수급자격자가 직업안정기관의 장이 지시한 직업능력개발 훈련 등을 받는 경우에 그 직업능력개발 훈련 등을 받는 기간에 대하여 지급한다.
광역 구직활동비	광역 구직활동비는 수급자격자가 직업안정기관의 소개에 따라 광범위한 지역에 걸쳐 구직 활동을 하는 경우 직업안정기관의 장이 필요하다고 인정하면 지급할 수 있다.
이주비	이주비는 수급자격자가 취업하거나 직업안정기관의 장이 지시한 직업능력개발 훈련 등을 받기 위하여 그 주거를 이전하는 경우로서 대통령령으로 정하는 기준에 따라 직업안정기관의 장이 필요하다고 인정하면 지급할 수 있다.

896 고용보험법의 적용제외 대상이 아닌 자는? (단, 기타 사항은 고려하지 않음)

① 3개월 이상 계속하여 근로를 제공하는 자

②「지방공무원법」에 따른 공무원

③「사립학교교직원 연금법의 적용」을 받는 자

④「별정우체국법」에 따른 별정우체국 직원

해설 ① 3개월 이상 계속하여 근로를 제공하는 자와 일용근로자는 적용대상이다.

➕ 고용보험법 적용제외대상
• 소정근로시간이 대통령령으로 정하는 시간 미만인 사람
  − 1개월간 소정근로시간이 60시간 미만인 자
  − 1주간의 소정근로시간이 15시간 미만인 자
•「국가공무원법」과 「지방공무원법」에 따른 공무원
  − 다만, 대통령령으로 정하는 바에 따라 별정직공무원, 「국가공무원법」 및 「지방공무원법」에 따른 임기제공무원의 경우는 본인의 의사에 따라 고용보험(실업급여 한정)에 가입할 수 있다.
•「사립학교교직원 연금법」의 적용을 받는 사람
• 65세 이후에 고용(65세 전부터 피보험 자격을 유지하던 사람이 65세 이후에 계속하여 고용된 경우는 제외한다)되거나 자영업을 개시한 사람에게는 실업급여 및 육아휴직 급여를 적용하지 아니한다.
•「별정우체국법」에 따른 별정우체국 직원

897 고용보험법상 고용보험심사위원회의 재심사 청구에서 재심사 청구인의 대리인이 될 수 없는 자는?

① 청구인의 법인의 직원
② 청구인의 배우자
③ 청구인이 가입한 노동조합의 위원장
④ 변호사

해설 ③ 노동조합의 위원장은 청구인의 대리인이 될 수 없다.

➕ 재심사 청구인의 대리인
- 청구인의 배우자, 직계존속·비속 또는 형제자매
- 청구인인 법인의 임원 또는 직원
- 변호사나 공인노무사
- 고용보험심사위원회에 따른 심사위원회의 허가를 받은 자

898 고용보험법령상 (   )에 들어갈 숫자로 옳은 것은?

> 배우자의 질병으로 육아휴직 급여를 신청할 수 없었던 사람은 그 사유가 끝난 후 (   )일 이내에 신청하여야 한다.

① 10   ② 30
③ 60   ④ 90

해설 ② 육아휴직 급여를 지급받으려는 사람은 육아휴직을 시작한 날 이후 1개월부터 육아휴직이 끝난 날 이후 12개월 이내에 신청하여야 한다. 다만, 해당 기간에 대통령령으로 정하는 사유로 육아휴직 급여를 신청할 수 없었던 사람은 그 사유가 끝난 후 30일 이내에 신청하여야 한다.

899 고용보험법령상 피보험자격의 상실일에 해당하지 않는 것은?

① 피보험자가 적용 제외 근로자에 해당하게 된 경우에는 그 적용 제외 대상자가 된 날
② 피보험자가 이직한 경우에는 이직한 날의 다음 날
③ 피보험자가 사망한 경우에는 사망한 날의 다음 날
④ 보험관계가 소멸한 경우에는 그 보험관계가 소멸한 날의 다음 날

해설 ④ 보험관계가 소멸한 경우에는 그 보험관계가 소멸한 날

900 고용보험법령상 용어정의에 관한 설명으로 틀린 것은?

① "실업의 인정"이란 직업안정기관의 장이 수급자격자가 실업한 상태에서 적극적으로 직업을 구하기 위하여 노력하고 있다고 인정하는 것을 말한다.
② 3개월 동안 고용된 자는 "일용근로자"에 해당한다.
③ "이직"은 피보험자와 사업주 사이의 고용관계가 끝나게 되는 것을 말한다.
④ "실업"은 근로의 의사와 능력이 있음에도 불구하고 취업하지 못한 상태에 있는 것을 말한다.

해설 ② "일용근로자"란 1개월 미만 동안 고용되는 사람을 말한다.

901 고용보험법령상 육아휴직 급여신청기간의 연장사유가 아닌 것은?

① 범죄혐의로 인한 형의 집행
② 배우자의 질병
③ 천재지변
④ 자매의 부상

해설 육아휴직 급여신청기간의 연장사유: 천재지변, 본인이나 배우자의 질병·부상, 본인이나 배우자의 직계존속 및 직계비속의 질병·부상, 「병역법」에 따른 의무복무, 범죄혐의로 인한 구속이나 형의 집행

902 고용보험법령상 용어정의에 관한 설명으로 틀린 것은?

① "이직"이란 피보험자와 사업주 사이의 고용관계가 끝나게 되는 것을 말한다.
② "실업"이란 근로의 의사와 능력이 있음에도 불구하고 취업하지 못한 상태에 있는 것을 말한다.
③ "실업의 인정"이란 직업안정기관의 장이 수급자격자가 실업한 상태에서 적극적으로 직업을 구하기 위하여 노력하고 있다고 인정하는 것을 말한다.
④ "일용근로자"란 1일 단위 근로계약을 체결하여 고용되는 자를 말한다.

해설 ④ "일용근로자"란 1개월 미만 동안 고용되는 사람을 말한다.

903 고용보험법령상 구직급여의 수급요건으로 틀린 것은? (단, 기타 사항은 고려하지 않음)

① 근로의 의사와 능력이 있음에도 불구하고 취업하지 못한 상태에 있을 것
② 이직사유가 수급자격의 제한 사유에 해당하지 못한 상태에 있을 것
③ 재취업을 위한 노력을 적극적으로 할 것
④ 건설일용근로자로서 수급자격 인정신청일 이전 7일간 연속하여 근로내역이 없을 것

해설 ④ 건설일용근로자로서 수급자격 인정신청일 이전 14일간 연속하여 근로내역이 없을 것

904 고용보험법상 취업촉진 수당을 지급받을 권리는 몇 년간 행사하지 아니하면 시효로 소멸 하는가?

① 1년 ② 2년
③ 3년 ④ 5년

해설 ③ 취업촉진 수당을 지급받을 권리는 3년간 행사하지 아니하면 시효로 소멸한다.

905 고용보험법상 구직급여의 산정 기초가 되는 임금일액의 산정방법으로 틀린 것은?

① 수급자격의 인정과 관련된 마지막 이직 당시 산정된 평균임금을 기초일액으로 한다.
② 마지막 사업에서 이직 당시 일용근로자였던 자의 경우에는 산정된 금액이 근로기준법에 따른 그 근로자의 통상임금보다 적을 경우에는 그 통상임금액을 기초일액으로 한다.
③ 기초일액을 산정하는 것이 곤란한 경우와 보험료를 보험료징수법에 따른 기준보수를 기준으로 낸 경우에는 기준보수를 기초일액으로 한다.
④ 산정된 기초일액이 그 수급자격자의 이직전 1일 소정근로시간에 이직일 당시 적용되던 최저임금법에 따른 시간 단위에 해당하는 최저임금액을 곱한 금액보다 낮은 경우에는 최저기초일액을 기초일액으로 한다.

해설 ② 산정된 금액이 「근로기준법」에 따른 그 근로자의 통상임금보다 적을 경우에는 그 통상임금액을 기초일액으로 한다. 다만, 마지막 사업에서 이직 당시 일용근로자였던 자의 경우에는 그러하지 아니 하다.

906 고용보험법상 피보험기간이 5년 이상 10년 미만이고, 이직일 현재 연령이 50세 미만인 경우의 구직급여 소정급여일수는? (단, 장애인이 아님)

① 150일 ② 180일
③ 210일 ④ 240일

➕ 고용보험법: 구직급여의 소정급여일수

구분	피보험 기간				
	1년 미만	1년 이상 3년 미만	3년 이상 5년 미만	5년 이상 10년 미만	10년 이상
50세 미만	120일	150일	180일	210일	240일
50세 이상 및 장애인	120일	180일	210일	240일	270일
자영업자		120일	150일	180일	210일

「장애인고용촉진 및 직업재활법」에 따른 장애인은 50세 이상인 것으로 보아 적용한다.

907 국민평생직업능력개발법령상 근로자의 정의로서 가장 적합한 것은?

① 1주 동안의 소정근로시간이 그 사업장에서 같은 종류의 업무에 종사하는 통상 근로자의 1주 동안의 소정근로시간에 비하여 짧은 자
② 직업의 종류와 관계없이 임금을 목적으로 사업이나 사업장에 근로를 제공하는 사람
③ 직업의 종류를 불문하고 임금·급료 기타 이에 준하는 수입에 의하여 생활하는 자
④ 사업주에게 고용된 사람과 취업할 의사가 있는 사람

해설 ①은 근로기준법의 단시간근로자 정의다.
②는 근로기준법의 근로자 정의다.
③은 노동조합 및 노동관계조정법의 근로자 정의다.

908 국민평생직업능력개발법령상 고용노동부장관이 반드시 지정 직업훈련시설의 지정을 취소해야 하는 경우에 해당하는 것은?

① 시정명령에 따르지 아니한 경우
② 변경지정을 받지 아니하고 지정 내용을 변경하는 등 부정한 방법으로 지정직업훈련시설을 운영한 경우
③ 훈련생을 모집할 때 거짓 광고를 한 경우
④ 거짓으로 지정을 받은 경우

 ④는 취소사유에 해당한다.

➕ 지정직업훈련시설의 지정취소

고용노동부장관은 지정직업훈련시설이 그 시정을 명하거나 그 지정의 취소 또는 1년 이내의 기간을 정하여 직업능력개발훈련의 정지를 명할 수 있다.
그 시정을 명하거나 그 지정의 취소 또는 1년 이내의 기간을 정하여 직업능력개발훈련의 정지를 명할 수 있는 경우이다.

• 감염병에 관한 조치를 취하지 아니한 경우
  거짓이나 그 밖의 부정한 방법으로 지정직업훈련시설 지정을 받은 경우〈취소사유 해당〉
• 지정직업훈련시설 요건을 갖추지 못한 경우
  지정직업훈련시설을 지정받으려는 자가 결격사유에 해당하게 된 경우〈취소사유 해당〉
• 정당한 사유 없이 계속하여 1년 이상 직업능력개발훈련을 실시하지 아니한 경우
• 변경지정을 받지 아니하고 지정 내용을 변경하는 등 부정한 방법으로 지정직업훈련시설을 운영한 경우
• 훈련생을 모집할 때 과대 광고 또는 거짓 광고를 한 경우
• 시정명령에 따르지 아니한 경우
• 그 밖에 이 법 또는 이 법에 따른 명령을 위반한 경우

909 국민평생직업능력개발법령상 원칙적으로 직업능력개발훈련의 대상 연령은?

① 13세 이상　　② 15세 이상
③ 18세 이상　　④ 20세 이상

해설 ② 직업능력개발훈련은 15세 이상인 사람에게 실시하되, 직업능력개발훈련시설의 장은 훈련의 직종 및 내용에 따라 15세 이상으로서 훈련대상자의 연령 범위를 따로 정하거나 필요한 학력, 경력 또는 자격을 정할 수 있다.

910 국민평생직업능력개발법령상 직업능력개발훈련이 중요시되어야 할 대상으로 명시되지 <u>않은</u> 것은?

① 고령자·장애인
② 여성근로자
③ 일용근로자
④ 제조업의 생산직에 종사하는 근로자

해설 ④ 제조업의 생산직에 종사하는 근로자는 중요시되어야 할 대상에 명시되지 않았다.

➕ 직업능력개발훈련이 중요시되어야 할 대상

• 고령자·장애인
• 「국민기초생활 보장법」에 따른 수급권자
• 「국가유공자 등 예우 및 지원에 관한 법률」에 따른 국가유공자와 그 유족 또는 가족이나 「보훈보상대상자 지원에 관한 법률」에 따른 보훈보상대상자와 그 유족 또는 가족
• 「5·18민주유공자예우에 관한 법률」에 따른 5·18민주유공자와 그 유족 또는 가족
• 「제대군인지원에 관한 법률」에 따른 제대군인 및 전역예정자
• 여성근로자
• 「중소기업기본법」에 따른 중소기업(이하 "중소기업"이라 한다)의 근로자
• 일용근로자, 단시간근로자, 기간을 정하여 근로계약을 체결한 근로자, 일시적 사업에 고용된 근로자
• 「파견근로자 보호 등에 관한 법률」에 따른 파견근로자

911 국민평생직업능력개발법령상 다음은 어떤 훈련방법에 관한 설명인가?

> 직업능력개발훈련을 실시하기 위하여 설치한 훈련전용시설이나 그 밖에 훈련을 실시하기에 적합한 시설(산업체의 생산시설 및 근무장소는 제외한다)에서 실시하는 방법

① 현장훈련　　② 집체훈련
③ 원격훈련　　④ 혼합훈련

해설 직업능력개발훈련교사의 양성을 위한 훈련과정은 양성훈련과정, 향상훈련과정 및 교직훈련과정으로 구분한다.

912 국민평생직업능력개발법령상 직업능력개발 훈련의 구분 및 실시방법에 관한 설명으로 옳은 것은?

① 직업능력개발훈련은 훈련의 목적에 따라 현장훈련과 원격훈련으로 구분한다.
② 양성훈련은 근로자에게 작업에 필요한 기초적 직무수행능력을 습득시키기 위하여 실시하는 직업능력개발훈련이다.
③ 혼합훈련은 전직훈련과 향상훈련을 병행하여 직업능력개발훈련을 실시하는 방법이다.
④ 집체훈련은 산업체의 생산시설 및 근무장소에서 직업능력개발훈련을 실시하는 방법이다.

➕ 직업능력개발훈련의 분류

구분	훈련방법	설명
훈련 목적에 따른 분류	양성훈련	직업에 필요한 기초적 직무수행 능력을 습득시키기 위함
	향상훈련	더 높은 직무수행능력을 습득, 기술 발전에 대응시키기 위함
	전직훈련	새로운 직업에 필요한 직무수행 능력을 습득시키기 위함
훈련 방법에 따른 분류	집체훈련	훈련전용시설 또는 훈련을 실시하기에 적합한 시설에서 실시
	현장훈련	산업체 생산시설을 이용하거나 근로장소에서 실시
	원격훈련	먼 곳에 있는 사람에게 정보통신매체 등을 이용하여 실시
	혼합훈련	훈련방법을 2개 이상 병행하여 실시

913 국민평생직업능력개발법령상 직업능력개발 훈련교사의 양성을 위한 훈련과정 구분에 해당하지 않는 것은?

① 양성훈련과정
② 향상훈련과정
③ 전직훈련과정
④ 교직훈련과정

해설 직업능력개발훈련교사의 양성을 위한 훈련과정은 양성훈련과정, 향상훈련과정 및 교직훈련과정으로 구분한다.

914 다음 ( )에 알맞은 것은?

국민평생직업능력개발법상 사업주는 훈련계약을 체결할 때에는 해당직업능력 개발훈련을 받는 사람이 직업능력개발훈련을 이수한 후에 사업주가 지정하는 업무에 일정기간 종사하도록 할 수 있다. 이 경우 그 기간은 (ㄱ)년 이내로 하되 직업능력개발훈련 기간의 (ㄴ) 배를 초과할 수 없다.

① ㄱ: 5, ㄴ: 5   ② ㄱ: 3, ㄴ: 3
③ ㄱ: 5, ㄴ: 3   ④ ㄱ: 3, ㄴ: 5

해설 ③ 사업주는 해당 직업능력개발훈련을 받는 사람이 직업능력개발훈련을 이수한 후에 사업주가 지정하는 업무에 일정 기간 종사하도록 할 수 있으며, 그 기간은 5년 이내로 하되, 직업능력개발훈련 기간의 3배를 초과할 수 없다.

915 국민평생직업능력개발법령상 다른 법령에 따라 국가와 지방자치단체가 고용창출 및 고용촉진을 위하여 필요한 경우 직업능력개발훈련을 실시하거나 그 비용을 지원할 수 있는 대상을 모두 고른 것은 사람은?

ㄱ. 「다문화가족지원법 시행령」에 따라 직업교육·훈련을 받을 수 있는 결혼이민자 등
ㄴ. 「기간제 및 단시간근로자 보호 등에 관한 법률」에 따른 단시간근로자
ㄷ. 「난민법 시행령」에 따라 직업능력개발훈련이 필요하다고 인정하여 법무부장관이 추천한 사람

① ㄱ, ㄴ   ② ㄴ, ㄷ
③ ㄱ, ㄷ   ④ ㄱ, ㄴ, ㄷ

➕ 다른 법령에 따른 직업능력개발훈련 대상
• 국가와 지방자치단체가 고용창출 및 고용촉진을 위하여 필요한 경우 직업능력개발훈련을 실시하거나 그 비용을 지원할 수 사람
• 「난민법 시행령」 제15조에 따라 직업능력개발훈련이 필요하다고 인정하여 법무부장관이 추천한 사람
• 「다문화가족지원법 시행령」 제11조에 따라 직업교육·훈련을 받을 수 있는 결혼이민자 등

916 국민평생직업능력개발법령에 관한 설명으로 틀린 것은?

① 「제대군인지원에 관한 법률」에 따른 제대군인 및 전역예정자의 직업능력개발훈련은 중요시 되어야 한다.
② 「산업재해보상보험법」에 따른 근로복지공단은 직업능력개발훈련시설을 설치할 수 없다.
③ 이 법에서 "근로자"란 사업주에게 고용된 사람과 취업할 의사가 있는 사람을 말한다.
④ 직업능력개발훈련은 훈련의 목적에 따라 양성훈련, 향상훈련, 전직훈련으로 구분한다.

해설 ② 「산업재해보상보험법」에 따른 근로복지공단은 직업능력개발훈련시설을 설치할 수 있다.

➕ 직업능력개발훈련시설을 설치할 수 있는 공공단체의 범위
• 「한국산업인력공단법」에 따른 한국산업인력공단(한국산업인력공단이 출연하여 설립한 학교법인을 포함한다.)
• 「장애인고용촉진 및 직업재활법」에 따른 한국장애인고용공단
• 「산업재해보상보험법」에 따른 근로복지공단

917 국민평생직업능력개발법상 직업능력개발훈련이 중요시 되어야 할 대상으로 명시되지 않은 것은?

① 「국민기초생활 보장법」에 따른 수급권자
② 「국가유공자 등 예우 및 지원에 관한 법률」에 따른 국가유공자
③ 「제대군인지원에 관한 법률」에 따른 제대군인
④ 「한부모가족지원법」에 따른 지원대상자

➕ 직업능력개발훈련이 중요시되어야 하는 사람
1. 고령자·장애인
2. 「국민기초생활 보장법」에 따른 수급권자
3. 「국가유공자 등 예우 및 지원에 관한 법률」에 따른 국가유공자와 그 유족 또는 가족이나 「보훈보상대상자 지원에 관한 법률」에 따른 보훈보상대상자와 그 유족 또는 가족
4. 「5·18민주유공자예우에 관한 법률」에 따른 5·18민주유공자와 그 유족 또는 가족

5. 「제대군인지원에 관한 법률」에 따른 제대군인 및 전역예정자
6. 여성근로자
7. 「중소기업기본법」에 따른 중소기업(이하 "중소기업"이라 한다)의 근로자
8. 일용근로자, 단시간근로자, 기간을 정하여 근로계약을 체결한 근로자, 일시적 사업에 고용된 근로자
9. 「파견근로자 보호 등에 관한 법률」에 따른 파견근로자

918 국민평생직업능력개발법령상 고용노동부장관이 직업능력개발사업을 하는 사업주에게 지원할 수 있는 비용이 아닌 것은?

① 근로자를 대상으로 하는 자격검정사업 비용
② 직업능력개발훈련을 위해 필요한 시설의 설치 사업 비용
③ 근로자의 경력개발관리를 위하여 실시하는 사업 비용
④ 고용노동부장관의 인정을 받은 직업능력개발훈련과정의 수강 비용

해설 ④ 고용노동부장관의 인정을 받은 직업능력개발훈련과정의 수강 비용은 훈련생에게 지급한다.

➕ 사업주 및 사업주단체 등에 대한 직업능력개발 지원
고용노동부장관은 직업능력개발사업을 하는 사업주나 사업주단체·근로자단체 또는 그 연합체에게 그 사업에 필요한 비용을 지원하거나 융자할 수 있다.
1. 국민평생직업능력개발훈련(위덕하어 실시히는 경우를 포함한다)
2. 근로자를 대상으로 하는 자격검정사업
3. 「고용보험법」에 따른 기업 또는 중소기업과 공동으로 우선지원대상기업 또는 중소기업에서 근무하는 근로자 등을 위하여 실시하는 직업능력개발사업
4. 직업능력개발훈련을 위하여 필요한 시설(기숙사를 포함한다) 및 장비·기자재를 설치·보수하는 등의 사업
5. 직업능력개발에 대한 조사·연구, 직업능력개발훈련 과정 및 매체의 개발·보급 등의 사업
6. 그 밖에 대통령령으로 정하는 사업

919 국민평생직업능력개발법령상 직업능력개발 훈련에 관한 설명으로 옳은 것은?

① 직업능력개발훈련은 18세 미만인 자에게는 실시할 수 없다.

② 직업능력개발훈련의 대상에는 취업할 의사가 있는 사람뿐만 아니라 사업주에게 고용된 사람도 포함된다.

③ 직업능력개발훈련 시설의 장은 직업능력개발훈련과 관련된 기술 등에 관한 표준을 정할 수 있다.

④ 산업재해보상보험법을 적용받는 사람도 재해위로금을 받을 수 있다.

해설 ① 직업능력개발훈련은 15세 이상인 사람에게 실시하되, 직업능력개발훈련시설의 장은 훈련의 직종 및 내용에 따라 15세 이상으로서 훈련대상자의 연령 범위를 따로 정하거나 필요한 학력, 경력 또는 자격을 정할 수 있다.
③ 고용노동부장관은 직업능력개발훈련의 상호호환·인정·교류가 가능하도록 직업능력개발훈련과 관련된 기술·자원·운영 등에 관한 표준을 정할 수 있다.
④ 직업능력개발훈련을 실시하는 자는 해당 훈련시설에서 직업능력개발훈련을 받는 근로자(「산업재해보상보험법」을 적용받는 사람은 제외한다)가 직업능력개발훈련 중에 그 직업능력개발훈련으로 인하여 재해를 입은 경우에는 재해 위로금을 지급하여야 한다.

920 국민평생직업능력개발법상 직업능력개발훈련의 기본원칙으로 명시되지 않은 것은?

① 직업능력개발훈련은 근로자 개인의 희망·적성·능력에 맞게 근로자의 생애에 걸쳐 체계적으로 실시되어야 한다.

② 직업능력개발훈련은 민간의 자율과 창의성이 존중되도록 하여야 하며, 노사의 참여와 협력을 바탕으로 실시되어야 한다.

③ 제조업의 생산직에 종사하는 근로자의 직업능력개발훈련은 중요시되어야 한다.

④ 직업능력개발훈련은 근로자의 직무능력과 고용가능성을 높일 수 있도록 지역·산업현장의 수요가 반영되어야 한다.

해설 ③ 제조업의 생산직에 종사하는 근로자는 직업능력개발훈련이 중요시되어야 하는 사람으로 명시되지 않았다.

921 국민평생직업능력개발법령상 훈련의 목적에 따라 구분한 직업능력개발훈련에 해당하지 않는 것은?

① 양성훈련 　　② 집체훈련

③ 향상훈련 　　④ 전직훈련

➕ 직업능력개발훈련의 분류

구 분	훈련 방법	설명
훈련 목적에 따른 분류	양성 훈련	직업에 필요한 기초적 직무수행 능력을 습득시키기 위함
	향상 훈련	더 높은 직무수행능력을 습득시키거나 기술발전에 맞추어 지식·기능을 보충하게 하기 위하여 실시
	전직 훈련	새로운 직업에 필요한 직무수행 능력을 습득시키기 위함
훈련 방법에 따른 분류	집체 훈련	훈련전용시설 또는 훈련을 실시하기에 적합한 시설에서 실시
	현장 훈련	산업체 생산시설을 이용하거나 근로장소에서 실시
	원격 훈련	먼 곳에 있는 사람에게 정보통신매체 등을 이용하여 실시
	혼합 훈련	훈련방법을 2개 이상 병행하여 실시

922 국민평생직업능력개발법령상 직업능력개발훈련이 중요시되어야 하는 대상에 해당하는 것을 모두 고른 것은?

ㄱ. 「국민기초생활 보장법」에 따른 수급권자
ㄴ. 고령자
ㄷ. 단시간근로자
ㄹ. 제조업에 종사하는 근로자

① ㄱ, ㄴ, ㄹ 　　② ㄱ, ㄴ, ㄷ

③ ㄱ, ㄷ, ㄹ 　　④ ㄴ, ㄷ, ㄹ

➕ 직업능력개발훈련이 중요시되는 사람

- 고령자·장애인
- 「국민기초생활 보장법」에 따른 수급권자
- 「국가유공자 등 예우 및 지원에 관한 법률」에 따른 국가유공자와 그 유족 또는 가족이나 「보훈보상대상자 지원에 관한 법률」에 따른 보훈보상대상자와 그 유족 또는 가족
- 「5·18민주유공자예우에 관한 법률」에 따른 5·18민주유공자와 그 유족 또는 가족
- 「제대군인지원에 관한 법률」에 따른 제대군인 및 전역예정자
- 여성근로자
- 「중소기업기본법」에 따른 중소기업의 근로자
- 일용근로자, 단시간근로자
- 기간을 정하여 근로계약을 체결한 근로자, 일시적 사업에 고용된 근로자
- 「파견근로자 보호 등에 관한 법률」에 따른 파견근로자

923 국민평생직업능력개발법상 재해 위로금에 관한 설명으로 틀린 것은?

① 직업능력개발훈련을 받는 근로자가 직업능력개발훈련 중에 그 직업능력개발훈련으로 인하여 재해를 입은 경우에는 재해 위로금을 지급하여야 한다.

② 위탁에 의한 직업능력개발훈련을 받는 근로자에 대하여는 그 위탁자가 재해 위로금을 부담한다.

③ 위탁받은 자의 훈련시설의 결함이나 그 밖에 위탁받은 자에게 책임이 있는 사유로 인하여 재해가 발생한 경우에는 위탁받은 자가 재해 위로금을 지급하여야 한다.

④ 재해 위로금의 산정기준이 되는 평균임금은 산업재해보상보험법에 따라 고용노동부장관이 매년 정하여 고시하는 최고 보상기준금액을 상한으로 하고 최저 보상기준금액은 적용하지 아니 한다.

[해설] ④ 재해 위로금의 산정기준이 되는 평균임금은 「산업재해보상보험법」에 따라 고용노동부장관이 매년 정하여 고시하는 최고 보상기준 금액 및 최저 보상기준 금액을 각각 그 상한 및 하한으로 한다.

924 국민평생직업능력개발법령상 공공직업훈련시설을 설치할 수 있는 공공단체에 해당하지 않는 것은?

① 한국산업인력공단
② 한국장애인고용공단
③ 근로복지공단
④ 한국직업능력개발원

[해설] ①, ②, ③ 국민평생직업능력개발법 시행령: 공공직업훈련시설을 설치할 수 있는 공공단체에는, 「한국산업인력공단법」에 따른 한국산업인력공단, 「장애인고용촉진 및 직업재활법」에 따른 한국장애인고용공단, 「산업재해보상보험법」에 따른 근로복지공단이 있다.

925 국민평생직업능력개발법상 훈련계약에 관한 설명으로 틀린 것은?

① 사업주와 직업능력개발훈련을 받으려는 근로자는 직업능력개발훈련에 따른 권리·의무 등에 관하여 훈련계약을 체결하여야 한다.

② 기준근로시간 외의 훈련시간에 대하여는 생산시설을 이용하거나 근무장소에서 하는 직업능력개발훈련의 경우를 제외하고는 연장근로와 야간근로에 해당하는 임금을 지급하지 아니할 수 있다.

③ 훈련계약을 체결할 때는 해당 직업능력개발훈련을 받는 사람이 직업능력개발훈련을 이수한 후에 사업주가 지정하는 업무에 일정 기간 종사하도록 할 수 있다. 이 경우 그 기간은 5년 이내로 하되, 직업능력개발훈련기간의 3배를 초과할 수 없다.

④ 훈련계약을 체결하지 아니한 경우에 고용근로자가 받은 직업능력개발훈련에 대하여는 그 근로자가 근로를 제공한 것으로 본다.

[해설] ① 사업주와 직업능력개발훈련을 받으려는 근로자는 직업능력개발훈련에 따른 권리·의무 등에 관하여 훈련계약을 체결할 수 있다.

926 다음 중 노동법의 성격에 가장 적합한 원칙은?

① 계약자유의 원칙
② 자기책임의 원칙
③ 소유권 절대의 원칙
④ 당사자의 실질적 대등의 원칙

[해설] ①, ②, ③은 소유권과 시장경제체제를 기본으로 하는 자본주의 이념이다. 그런데 근대 시민법 질서는 자본주의 모순을 심화시킬 수 밖에 없다는 반성으로 시민법의 3대 원칙을 '계약공정의 원칙, 무과실책임의 원칙, 소유권 상대의 원칙'으로 수정하게 되었다.

927 채용절차의 공정화에 관한 법령상 500만 원 이하의 과태료 부과행위에 해당하는 것은?

① 채용서류 보관의무를 이행하지 아니한 구인자
② 구직자에 대한 고지의무를 이행하지 아니한 구인자
③ 시정명령을 이행하지 아니한 구인자
④ 지식재산권을 자신에게 귀속하도록 강요한 구인자

➕ 3천만 원 이하의 과태료 부과
• 채용강요 등의 행위를 한 자

➕ 500만 원 이하의 과태료 부과
• 채용광고의 내용 또는 근로조건을 변경한 구인자
• 지식재산권을 자신에게 귀속하도록 강요한 구인자
• 그 직무의 수행에 필요하지 아니한 개인정보를 기초심사자료에 기재하도록 요구하거나 입증자료로 수집한 구인자

➕ 300만 원 이하의 과태료를 부과
• 채용서류 보관의무를 이행하지 아니한 구인자
• 구직자에 대한 고지의무를 이행하지 아니한 구인자
• 시정명령을 이행하지 아니한 구인자

928 채용절차의 공정화에 관한 법률에 관한 설명으로 틀린 것은?

① 고용노동부장관은 입증자료의 표준양식을 정하여 구인자에게 그 사용을 권장할 수 있다.
② 원칙적으로 상시 30명 이상의 근로자를 사용하는 사업장의 채용절차에 적용한다.
③ 채용서류란 기초심사자료, 입증자료, 심층심사자료를 말한다.
④ 심층심사자료란 작품집, 연구실적물 등 구직자의 실력을 알아볼 수 있는 모든 물건 및 자료를 말한다.

해설 ① 고용노동부장관은 기초심사자료의 표준양식을 정하여 구인자에게 그 사용을 권장할 수 있다.

929 채용절차의 공정화에 관한 법률에 관한 설명으로 틀린 것은?

① "기초심사자료"란 구직자의 응시원서, 이력서 및 자기소개서를 말한다.

② 고용노동부장관은 기초심사자료의 표준양식을 정하여 구인자에게 그 사용을 권장할 수 있다.
③ 구직자는 구인자에게 제출하는 채용서류를 거짓으로 작성하여서는 아니 된다.
④ 이 법은 국가 및 지방자치단체가 공무원을 채용하는 경우에는 적용한다.

해설 ④ 이 법은 상시 30명 이상의 근로자를 사용하는 사업 또는 사업장의 채용절차에 적용한다. 다만, 국가 및 지방자치단체가 공무원을 채용하는 경우에는 적용하지 아니한다.

930 채용절차의 공정화에 관한 법령상 500만원 이하의 과태료 부과사항에 해당하지 않는 것은?

① 채용광고의 내용 또는 근로조건을 변경한 구인자
② 지식재산권을 자신에게 귀속하도록 강요한 구인자
③ 채용서류 보관의무를 이행하지 아니한 구인자
④ 그 직무의 수행에 필요하지 아니한 개인정보를 기초심사자료에 기재하도록 요구하거나 입증자료로 수집한 구인자

해설 ③ 채용서류 보관의무를 이행하지 아니한 구인자에게는 300만원 이하의 과태료를 부과한다.

931 채용절차의 공정화에 관한 법령에 대한 설명으로 틀린 것은?

① 기초심사자료료란 구직자의 응시원서, 이력서 및 자기소개서를 말한다.
② 이 법은 국가 및 지방자치단체가 공무원을 채용하는 경우에도 적용한다.
③ 직종의 특수성으로 인하여 불가피한 사정이 있는 경우 고용노동부장관의 승인을 받아 구직자에게 채용심사비용의 일부를 부담하게 할 수 있다.
④ 구인자는 구직자 본인의 재산 정보를 기초심사자료에 기재하도록 요구하여서는 아니 된다.

해설 ② 이 법은 상시 30명 이상의 근로자를 사용하는 사업 또는 사업장의 채용절차에 적용한다. 다만, 국가 및 지방자치단체가 공무원을 채용하는 경우에는 적용하지 아니한다.

932 다음 ( )에 알맞은 것은?

> 고용정책 기본법령상 상시 ( )명 이상의 근로자를 사용하는 사업주는 매년 근로자의 고용형태 현황을 공시하여야 한다.

① 50   ② 100
③ 200   ④ 300

해설 ④ 상시 300명 이상의 근로자를 사용하는 사업주는 매년 근로자의 고용형태 현황을 공시하여야 한다. 사업주는 매년 근로자의 고용형태 현황을 작성하여 해당 연도 4월 30일까지 공시해야 한다.

933 고용정책 기본법상 근로자의 고용촉진 및 사업주의 인력 확보 지원시책이 <u>아닌</u> 것은?

① 구직자와 구인자에 대한 지원
② 학생 등에 대한 직업지도
③ 취업취약계층의 고용촉진 지원
④ 업종별·지역별 고용조정의 지원

해설 ④는 고용조정지원 및 고용안정대책이다.

➕ 근로자의 고용촉진 및 사업주의 인력확보 지원
- 구직자와 구인자에 대한 지원
- 학생 등에 대한 직업지도
- 청년·여성·고령자 등의 고용촉진의 지원
- 취업취약계층의 고용촉진 지원
- 일용근로자 등의 고용안정 지원
- 사회서비스일자리 창출 및 사회적기업 육성
- 기업의 고용창출 등 지원
- 중소기업 인력확보지원계획의 수립·시행
- 외국인근로자의 도입

934 고용정책기본법령상 고용정책심의회의 전문위원회에 명시되지 <u>않은</u> 것은?

① 지역고용전문위원회
② 고용보험전문위원회
③ 장애인고용촉진전문위원회
④ 건설근로자고용개선전문위원회

➕ 고용정책심의회의 전문위원회
- 지역고용전문위원회
- 고용서비스전문위원회
- 사회적기업육성전문위원회
- 적극적고용개선전문위원회
- 장애인고용촉진전문위원회
- 건설근로자고용개선전문위원회

935 고용정책기본법령상 지역고용심의회에 관한 설명으로 <u>틀린</u> 것은?

① 지역고용심의회는 위원장 1명을 포함하여 30명 이내의 위원으로 구성한다.
② 위원장은 시·도지사가 된다.
③ 시·도의 고용촉진, 직업능력개발 및 실업대책에 관한 중요사항을 심의한다.
④ 지역고용심의회의 전문위원회의 위원은 시·도지사가 임명하거나 위촉한다.

해설 ① 지역고용심의회는 위원장 1명을 포함하여 20명 이내의 위원으로 구성한다.

936 고용정책기본법령상 실업대책사업에 관한 설명으로 <u>틀린</u> 것은?

① 실업자에 대한 공공근로사업은 실업대책사업에 해당한다.
② 6개월 이상 기간을 정하여 무급으로 휴직하는 사람은 실업자로 본다.
③ 실업대책사업의 일부를 한국산업인력공단에 위탁할 수 있다.
④ 실업대책사업에는 많은 인력을 사용하는 사업이 포함되어야 한다.

해설 ③ 고용노동부장관은 대통령령으로 정하는 바에 따라 실업대책사업의 일부를 「산업재해보상보험법」에 따른 근로복지공단에 위탁할 수 있다.

937 고용정책 기본법상 명시된 목적이 아닌 것은?

① 근로자의 고용안정 지원
② 실업의 예방 및 고용의 촉진
③ 노동시장의 효율성과 인력수급의 균형 도모
④ 기업의 일자리 창출과 원활한 인력확보 지원

[해설] ② 고용보험법상 명시된 목적이다.

✚ **고용정책기본법상 명시된 목적**
국가가 고용에 관한 정책을 수립·시행하여 국민 개개인이 평생에 걸쳐 직업능력을 개발하고 더 많은 취업기회를 가질 수 있도록 하는 한편, 근로자의 고용안정, 기업의 일자리 창출과 원활한 인력 확보를 지원하고 노동시장의 효율성과 인력수급의 균형을 도모함으로써 국민의 삶의 질 향상과 지속가능한 경제성장 및 고용을 통한 사회통합에 이바지함을 목적으로 한다.

✚ **고용보험법상 목적**
고용보험의 시행을 통하여 실업의 예방, 고용의 촉진 및 근로자 등의 직업능력의 개발과 향상을 꾀하고, 국가의 직업지도와 직업소개 기능을 강화하며, 근로자 등이 실업한 경우에 생활에 필요한 급여를 실시하여 근로자 등의 생활안정과 구직활동을 촉진함으로써 경제·사회 발전에 이바지하는 것을 목적으로 한다.

938 고용정책 기본법령상 근로자의 정의로 옳은 것은?

① 직업의 종류를 불문하고 임금·급료 기타 이에 준하는 수입에 의하여 생활하는 사람
② 직업의 종류와 관계없이 임금을 목적으로 사업이나 사업장에 근로를 제공하는 사람
③ 사업주에게 고용된 사람과 취업할 의사를 가진 사람
④ 기간의 정함이 있는 근로계약을 체결한 사람

[해설] ③ 고용정책 기본법, 국민평생직업능력개발법, 남녀고용평등과 일·가정 양립 지원에 관한 법률상의 근로자 정의이다.
① 노동조합 및 노동관계조정법상의 근로자 정의이다.
② 근로기준법상의 근로자 정의이다.
④ 기간제 및 단시간근로자 보호 등에 관한 법률상의 기간제근로자 정의이다.

939 고용정책기본법령상 고용정책기본계획에 포함되는 내용으로 명시되지 않은 것은?

① 고용동향과 인력의 수급 전망에 관한 사항
② 고용에 관한 중장기 정책목표 및 방향.
③ 인력의 수급 동향 및 전망을 반영한 직업능력개발훈련의 수급에 관한 사항
④ 인력의 수요와 공급에 영향을 미치는 산업정책 등의 동향에 관한 사항

[해설] ③ 직업능력개발훈련의 수급에 관한 사항은 포함되지 않는다.

940 고용정책 기본법령상 고용정보시스템 구축·운영을 위해 수집해야 할 정보로 명시되지 않은 것은?

① 사업자등록증
② 주민등록등본·초본
③ 장애 정도
④ 부동산등기부등본

[해설] 고용노동부장관은 업무를 효율적으로 수행하기 위하여 고용·직업 정보를 대상으로 하는 전자정보시스템을 구축·운영할 수 있다.

✚ **①, ②, ③ 그리고 아래의 정보를 수집·보유·이용할 수 있다.**
1. 국민건강보험·국민연금·고용보험·산업재해보상보험·보훈급여·공무원연금·공무원재해보상급여·군인연금·사립학교교직원연금·별정우체국연금의 가입 여부, 가입종별, 소득정보, 부과액 및 수급액
2. 건물·토지·자동차·건설기계·선박의 공시가격 또는 과세표준액
3. 가족관계등록부(가족관계증명서, 혼인관계증명서, 기본증명서)
4. 북한이탈주민확인증명서
5. 범죄사실에 관한 정보
6. 출입국 정보
7. 사회보장급여 수급 이력
8. 「국가기술자격법」이나 그 밖의 법령에 따른 자격취득 정보
9. 학교교육에 관한 정보
10. 지방자치단체 등이 수집한 고용·직업 정보

941 고용정책 기본법령상 고용재난지역에 관한 설명으로 **틀린** 것은?

① 고용 재난지역으로 선포할 것을 대통령에게 건의 할 수 있는 자는 기획재정부장관이다.

② 고용 재난지역의 선포를 건의 받은 대통령은 국 무회의 심의를 거쳐 해당 지역을 고용재난지역으 로 선포할 수 있다.

③ 고용 재난지역으로 선포하는 경우 정부는 행정 상·재정상·금융상의 특별지원이 포함된 종합대 책을 수립·시행할 수 있다.

④ 고용 재난 조사단은 단장 1명을 포함하여 15명 이 하의 단원으로 구성한다.

해설 ① 고용노동부장관은 대규모로 기업이 도산하거나 구조 조정 등으로 지역의 고용안정에 중대한 문제가 발생하여 특별한 조치가 필요하다고 인정되는 지역에 대하여 고용재난 지역으로 선포할 것을 대통령에게 건의할 수 있다.

942 고용정책기본법령상 대량 고용변동의 신고기 준 중 ( )에 들어갈 숫자의 연결이 옳은 것은?

1. 상시 근로자 300명 미만을 사용하는 사업 또는 사업장: ( )명 이상
2. 상시 근로자 300명 이상을 사용하는 사업 또는 사업장: 상시 근로자 총수의 100분의 ( ) 이상

① 10, 20   ② 10, 30

③ 30, 10   ④ 30, 20

해설 사업주는 생산설비의 자동화, 신설 또는 증설이나 사업규 모의 축소, 조정 등으로 인한 고용량의 변동의 기준에 해 당하는 경우에는 그 고용량의 변동에 관한 사항을 직업안정기 관의 장에게 신고하여야 한다.
- 상시 근로자 300명 미만을 사용하는 사업 또는 사업장: 30 명 이상
- 상시 근로자 300명 이상을 사용하는 사업 또는 사업장: 상 시 근로자 총수의 100분의 10 이상

943 고용정책 기본법령상 고용노동부장관이 실시하 는 실업대책사업에 해당하지 **않는** 것은?

① 실업자 가족의 의료비 지원

② 고용촉진과 관련된 사업을 하는 자에 대한 대부 (貸付)

③ 고용재난지역의 선포

④ 실업자에 대한 공공근로사업

해설 ③ 고용재난지역의 선포를 건의 받은 대통령은 국무회의 심의를 거쳐 해당 지역을 고용재난지역으로 선포할 수 있다.

※ 고용노동부장관은 대규모로 기업이 도산하거나 구조조정 등으로 지역의 고용안정에 중대한 문제가 발생하여 특별한 조치가 필요하다고 인정되 는 지역에 대하여 고용재난지역으로 선포할 것을 대통령에게 건의할 수 있다.

944 고용정책 기본법령상 고용정책심의회에 관한 설명으로 **틀린** 것은?

① 정책심의회는 위원장 1명을 포함한 20명 이내의 위원으로 구성한다.

② 근로자와 사업주를 대표하는 자는 심의 위원으로 참여할 수 있다.

③ 특별시·광역시·특별자치시·도 및 특별자치도에 지역고용심의회를 둔다.

④ 고용정책심의회를 효율적으로 운영하기 위하여 분야별 전문위원회를 둘 수 있다.

해설 ① 정책심의회는 위원장 1명을 포함한 30명 이내의 위원 으로 구성하고, 위원장은 고용노동부장관이 된다.

➕ **위원**

위원은 "근로자와 사업주를 대표하는 사람, 고용문제에 관하 여 학식과 경험이 풍부한 사람, 「지방자치법」에 따른 전국 시· 도지사 협의체에서 추천하는 사람" 중 고용노동부장관이 위촉 하는 사람과 대통령령으로 정하는 관계 중앙행정기관의 차관 또는 차관급 공무원이 된다.

945 고용정책 기본법에 대한 설명으로 틀린 것은?

① 고용서비스를 제공하는 자는 그 업무를 수행할 때에 합리적인 이유 없이 성별 등을 이유로 구직자를 차별하여서는 아니 된다.

② 고용노동부장관은 5년마다 국가의 고용정책에 관한 기본계획을 수립하여야 한다.

③ 상시 100명 이상의 근로자를 사용하는 사업주는 매년 근로자의 고용형태 현황을 공시하여야 한다.

④ "근로자"란 사업주에게 고용된 사람과 취업할 의사를 가진 사람을 말한다.

해설 ③ 대통령령으로 정하는 수 이상의 근로자를 사용하는 사업주는 매년 근로자의 고용형태 현황을 공시하여야 한다. "대통령령으로 정하는 수 이상의 근로자를 사용하는 사업주" 란 상시 300명 이상의 근로자를 사용하는 사업주를 말한다.

946 고용정책 기본법령상 고용정책심의회의 전문위원회에 해당하는 것을 모두 고른 것은?

```
ㄱ. 지역고용전문위원회
ㄴ. 고용서비스전문위원회
ㄷ. 장애인고용촉진전문위원회
```

① ㄱ, ㄴ   ② ㄱ, ㄷ
③ ㄴ, ㄷ   ④ ㄱ, ㄴ, ㄷ

➕ 고용정책심의회의 전문위원회
• 지역고용전문위원회
• 고용서비스전문위원회
• 사회적기업육성전문위원회
• 적극적고용개선전문위원회
• 장애인고용촉진전문위원회
• 건설근로자고용개선전문위원회

947 고용정책 기본법상 고용정책심의회의 위원으로 명시되지 않은 자는?

① 문화체육관광부 제1차관
② 기획재정부 제1차관
③ 교육부차관
④ 과학기술정보통신부 제1차관

해설 고용정책심의회의 위원: 기획재정부 제1차관, 교육부차관, 과학기술정보통신부 제1차관, 행정안전부차관, 산업통상자원부차관, 보건복지부, 여성가족부, 국토교통부 제1차관 및 중소벤처기업부차관

948 고용정책 기본법상 다수의 실업자가 발생하거나 발생할 우려가 있는 경우나 실업자의 고용안정이 필요하다고 인정되는 경우 고용노동부장관이 실시할 수 있는 실업대책 사업이 아닌 것은?

① 실업자에 대한 창업점포 구입자금 지원

② 실업자의 취업촉진을 위한 훈련의 실시와 훈련에 대한 지원

③ 고용촉진과 관련된 사업을 하는 자에 대한 대부(貸付)

④ 실업자에 대한 공공근로사업

해설 ① 주택전세자금 및 창업점포임대 등의 지원, 그 밖에 실업의 해소에 필요한 사업을 실시할 수 있다.

949 고용정책 기본법상 고용노동부장관이 실시할 수 있는 실업대책사업에 해당되지 않는 것은?

① 고용촉진과 관련된 사업을 하는 자에 대한 대부(貸付)

② 실업자에 대한 생계비, 의료비(가족의 의료비 포함), 주택매입자금 등의 지원

③ 실업자의 취업촉진을 위한 훈련의 실시와 훈련에 대한 지원

④ 실업의 예방, 실업자의 재취업 촉진, 그 밖에 고용안정을 위한 사업을 하는 자에 대한 지원

해설 ② 실업자에 대한 생계비, 생업자금, 「국민건강보험법」에 따른 보험료 등 사회보험료, 의료비(가족의 의료비 포함), 학자금(자녀의 학자금 포함), 주택전세자금 및 창업점포임대 등의 지원, 그 밖에 실업의 해소에 필요한 사업을 실시 할 수 있다.

950 고용정책 기본법상 기본원칙으로 틀린 것은?

① 근로자의 권리 확보

② 근로자의 직업선택의 자유 존중

③ 사업주의 고용관리에 관한 통제

④ 구직자(求職者)의 자발적인 취업노력 촉진

해설 ③ 사업주의 자율적인 고용관리를 존중하여야 한다.

951 고용정책 기본법령상 고용재난지역에 대한 행정상·재정상·금융상의 특별지원 내용을 모두 고른 것은?

```
ㄱ. 「국가재정법」에 따른 예비비의 사용
ㄴ. 소상공인을 대상으로 한 조세 관련 법령에 따른 조세
    감면
ㄷ. 고용보험·산업재해보상보험 보험료 또는 징수금 체납
    처분의 유예
ㄹ. 중앙행정기관 및 지방자치단체가 실시하는 일자리사업
    에 대한 특별지원
```

① ㄱ, ㄴ, ㄷ

② ㄱ, ㄷ, ㄹ

③ ㄴ, ㄹ

④ ㄱ, ㄴ, ㄷ, ㄹ

➕ 고용재난지역 지원

• 「국가재정법」에 따른 예비비의 사용 및 「지방재정법」 제58조에 따른 특별지원
• 「중소기업진흥에 관한 법률」에 따른 중소벤처기업창업 및 진흥기금에서의 융자 요청 및 「신용보증기금법」에 따른 신용보증기금의 우선적 신용보증과 보증조건 부내의 요청
• 「소상공인 보호 및 지원에 관한 법률」에 따른 소상공인을 대상으로 한 조세 관련 법령에 따른 조세감면
• 「고용보험 및 산업재해보상보험의 보험료 징수 등에 관한 법률」에 따른 고용보험·산업재해보상보험 보험료 또는 징수금 체납처분의 유예 및 같은 법 제39조에 따른 납부기한의 연장
• 중앙행정기관 및 지방자치단체가 실시하는 일자리사업에 대한 특별지원
• 그 밖에 고용재난지역의 고용안정 및 일자리 창출 등을 위하여 필요한 지원

952 고용정책 기본법령상 사업주의 대량고용변동 신고시 이직하는 근로자수에 포함되는 자는?

① 수습 사용된 날부터 3개월 이내의 사람

② 자기의 사정 또는 귀책사유로 이직하는 사람

③ 상시 근무를 요하지 아니하는 사람으로 고용된 사람

④ 6개월 초과하는 기간을 정하여 고용된 사람으로서 당해 기간을 초과하여 계속 고용되고 있는 사람

해설 ④ 일용근로자 또는 기간을 정하여 고용된 사람(단, 일용근로자 또는 6개월을 초과하는 기간을 정하여 고용된 사람으로서 해당기간을 초과하여 계속 고용되고 있는 사람)은 사업주의 대량고용변동 신고시 이직하는 근로자수에 포함된다.

➕ 대량 고용변동의 신고 제외 대상

• 일용근로자 또는 기간을 정하여 고용된 사람
• 수습으로 채용된 날부터 3개월 이내의 사람
• 자기의 사정 또는 자기에게 책임이 있는 사유로 이직하는 사람
• 상시 근무가 필요하지 않은 업무에 고용된 사람
• 천재지변이나 그 밖의 부득이한 사유로 사업을 계속할 수 없게 되어 이직하는 사람

※ 고용량의 변동신고는 그 고용량의 변동이 발생한 날의 30일 전에 관할 직업안정기관의 장에게 해야 한다. 이 경우 이직하는 사람의 이직일이 같지 않은 경우에는 최초의 이직자가 이직하는 날의 30일 전에 해야 한다.

953 다음 ( )에 알맞은 것은?

```
고용정책 기본법령상 ( ㄱ ) 이상의 근로자를 사용하는
사업주는 매년 근로자의 고용형태 현황을 작성하여 해당 연
도 ( ㄴ )까지 공시하여야 한다.
```

① ㄱ: 100명, ㄴ: 3월 31일

② ㄱ: 100명, ㄴ: 4월 30일

③ ㄱ: 300명, ㄴ: 3월 31일

④ ㄱ: 300명, ㄴ: 4월 30일

➕ 고용형태 현황 공시 의무

• "대통령령으로 정하는 수 이상의 근로자를 사용하는 사업주"란 상시 300명 이상의 근로자를 사용하는 사업주를 말한다.
• 사업주는 매년 3월 31일(해당 일이 공휴일인 경우에는 그 직전 근무일을 말한다)을 기준으로 근로자의 고용형태 현황을 해당 연도 4월 30일까지 공시하여야 한다.

954 직업안정법령상 신고를 하지 아니하고 할 수 있는 무료직업소개사업이 아닌 것은?

① 한국산업인력공단이 하는 직업소개
② 한국장애인고용공단이 장애인을 대상으로 하는 직업소개
③ 국민체육진흥공단이 체육인을 대상으로 하는 직업소개
④ 근로복지공단이 업무상 재해를 입은 근로자를 대상으로 하는 직업소개

해설 ③은 해당하지 않는다.

➕ 신고를 하지 아니하고 무료직업소개사업을 할 수 있는 직업소개
• 「한국산업인력공단법」에 따른 한국산업인력공단이 하는 직업소개
• 「장애인고용촉진 및 직업재활법」에 따른 한국장애인고용공단이 장애인을 대상으로 하는 직업소개
• 교육 관계법에 따른 각급 학교의 장, 「국민 평생 직업능력 개발법」에 따른 공공직업훈련시설의 장이 재학생·졸업생 또는 훈련생·수료생을 대상으로 하는 직업소개
• 「산업재해보상보험법」에 따른 근로복지공단이 업무상 재해를 입은 근로자를 대상으로 하는 직업소개
※ 국내 무료직업소개사업을 하려는 자는 주된 사업소의 소재지를 관할하는 특별자치도지사·시장·군수 및 구청장에게 신고하여야 하고, 국외 무료직업소개사업을 하려는 자는 고용노동부장관에게 신고하여야 한다.

955 직업안정법령상 직업소개사업을 겸업할 수 있는 자는?

① 식품접객업 중 유흥주점영업자
② 숙박업자
③ 경비용역업자
④ 결혼중개업자

해설 ③ 경비용역업자는 겸업할 수 없는 자에 명시되어 있지 않다.

➕ 직업소개사업을 하거나 직업소개사업을 하는 법인의 임원이 될 수 없는 자
1. 「결혼중개업의 관리에 관한 법률」상 결혼중개업
2. 「공중위생관리법」상 숙박업
3. 「식품위생법」상 식품접객업 중 대통령령으로 정하는 영업
• 「식품위생법 시행령」의 단란주점영업
• 「식품위생법 시행령」의 유흥주점영업

956 직업안정법에 관한 설명으로 틀린 것은?

① 국외 무료직업소개사업을 하려는 자는 고용노동부장관에게 허가를 받아야 한다.
② 국외 유료직업소개사업을 하려는 자는 고용노동부장관에게 등록하여야 한다.
③ 구인자가 직업안정기관에서 구직자를 소개받은 때에는 그 사용여부를 직업안정기관의 장에게 통보하여야 한다.
④ 누구든지 국외에 취업할 근로자를 모집한 경우에는 고용노동부장관에게 신고하여야 한다.

해설 ① 국외 무료직업소개사업을 하려는 자는 고용노동부장관에게 신고하여야 한다.

957 직업안정법령상 직업정보제공사업자의 준수사항으로 틀린 것은?

① 구인자의 업체명이 표시되어 있지 아니한 구인광고를 게재하지 아니할 것
② 직업정보제공매체의 구인·구직의 광고에는 구인·구직자의 주소 또는 전화번호를 기재하지 아니할 것
③ 구직자의 이력서 발송을 대행하거나 구직자에게 취업추천서를 발부하지 아니할 것
④ 직업정보제공사업의 광고문에 "취업추천"·"취업지원" 등의 표현을 사용하지 아니할 것

해설 ② 직업정보제공매체의 구인·구직의 광고에는 구인·구직자의 주소 또는 전화번호를 기재하고, 직업정보제공사업자의 주소 또는 전화번호는 기재하지 아니할 것

958 직업안정법령상 근로자공급사업의 허가를 받을 수 있는 자는?

① 파산선고를 받고 복권되지 아니한 자
② 미성년자, 피성년후견인 및 피한정후견인
③ 이 법을 위반한 자로서 벌금형이 확정된 후 2년이 지나지 아니한 자
④ 근로자공급사업의 허가가 취소된 후 7년이 지난 자

➕ 직업소개사업의 신고등록을 하거나 허가를 받을 수 없는 자

1. 미성년자, 피성년후견인 및 피한정후견인
2. 파산선고를 받고 복권되지 아니한 자
3. 금고 이상의 실형을 선고받고 그 집행이 끝나거나 집행을 하지 아니하기로 확정된 날부터 2년이 지나지 아니한 자
4. 이 법, 「성매알선 등 행위의 처벌에 관한 법률」, 「풍속영업의 규제에 관한 법률」 또는 「청소년 보호법」을 위반하거나 직업소개사업과 관련된 행위로 「선원법」을 위반한 자로서 다음 각 목의 어느 하나에 해당하는 자
   가. 금고 이상의 실형을 선고받고 그 집행이 끝나거나 집행을 하지 아니하기로 확정된 날부터 3년이 지나지 아니한 자
   나. 금고 이상의 형의 집행유예를 선고받고 그 유예기간이 끝난 날부터 3년이 지나지 아니한 자
   다. 벌금형이 확정된 후 2년이 지나지 아니한 자
5. 금고 이상의 형의 집행유예를 선고받고 그 유예기간 중에 있는 자
6. 해당 사업의 등록이나 허가가 취소된 후 5년이 지나지 아니한 자
7. 임원 중에 제1호부터 제6호까지의 어느 하나에 해당하는 자가 있는 법인

959 직업안정법상 직업소개사업을 겸업할 수 있는 것은?

① 「결혼중개업의 관리에 관한 법률」상 결혼중개업
② 「공중위생관리법」상 숙박업
③ 「식품위생법」상 식품접객업 중 유흥주점영업
④ 「식품위생법」상 식품접객업 중 일반음식점영업

➕ 직업소개사업을 하거나 직업소개사업을 하는 법인의 임원이 될 수 없는 자

1. 「결혼중개업의 관리에 관한 법률」상 결혼중개업
2. 「공중위생관리법」상 숙박업
3. 「식품위생법」상 식품접객업 중 대통령령으로 정하는 영업
   • 「식품위생법 시행령」의 단란주점영업
   • 「식품위생법 시행령」의 유흥주점영업

960 직업안정법령상 근로자공급사업에 관한 설명으로 틀린 것은?

① 근로자공급사업 연장허가의 유효기간은 연장 전 허가의 유효기간이 끝나는 날부터 5년으로 한다.
② 누구든지 고용노동부장관의 허가를 받지 아니하고는 근로자공급사업을 하지 못한다.
③ 연예인을 대상으로 하는 국외 근로자공급 사업의 허가를 받을 수 있는 자는 민법상 비영리법인으로 한다.
④ 국내 근로자공급사업 허가를 받을 수 있는 자는 「노동조합 및 노동관계조정법」에 따른 노동조합이다.

해설 ① 근로자공급사업 허가의 유효기간은 3년으로 하되, 유효기간이 끝난 후 계속하여 근로자공급사업을 하려는 자는 고용노동부령으로 정하는 바에 따라 연장허가를 받아야 한다. 이 경우 연장허가의 유효기간은 연장 전 허가의 유효기간이 끝나는 날부터 3년으로 한다.

961 직업안정법령상 일용근로자 이외의 직업소개를 하는 유료직업소개사업자의 장부 및 서류의 비치 기간으로 옳은 것은?

① 종사자명부: 3년
② 구인신청서: 2년
③ 구직신청서: 1년
④ 금전출납부 및 금전출납 명세서: 1년

해설 ① 종사자명부: 2년
③ 구직신청서: 2년
④ 금전출납부 및 금전출납 명세서: 2년

➕ 유료직업소개사업자의 장부 및 서류의 비치 기간

• 구인접수대장: 2년
• 구직접수 및 직업소개대장: 2년
• 소개요금약정서: 2년
• 일용근로자 회원명부(일용근로자를 회원제로 소개·운영하는 경우만 해당한다): 2년

※ 일용근로자의 직업소개에 대해서는 구인신청서, 구직신청서, 소개요금약정서 서류를 작성하여 갖추어 두지 아니할 수 있다.

962 직업안정법령상 근로자의 모집에 관한 설명으로 틀린 것은?

① 누구든지 국외에 취업할 근로자를 모집한 경우에는 고용노동부장관에게 신고하여야 한다.
② 고용노동부장관은 건전한 모집질서를 확립하기 위하여 필요하다고 인정하는 경우에는 근로자 모집방법 등의 개선을 권고할 수 있다.
③ 고용노동부장관은 근로자의 모집을 원활하게 하기 위하여 필요하다고 인정할 때에는 국외취업을 희망하는 근로자를 미리 등록하게 할 수 있다.
④ 근로자를 모집하려는 자가 응모자로부터 그 모집과 관련하여 금품을 받은 경우 7년 이하의 징역 또는 7천만원 이하의 벌금에 처한다.

해설 ④ 근로자를 모집하려는 자가 응모자로부터 그 모집과 관련하여 금품을 받은 경우 5년 이하의 징역 또는 5천만원 이하의 벌금에 처한다.

➕ 7년 이하의 징역 또는 7천만원 이하의 벌금
1. 폭행·협박 또는 감금이나 그 밖에 정신·신체의 자유를 부당하게 구속하는 것을 수단으로 직업소개, 근로자 모집 또는 근로자공급을 한 자
2. 「성매매알선 등 행위의 처벌에 관한 법률」에 따른 성매매 행위나 그 밖의 음란한 행위가 이루어지는 업무에 취업하게 할 목적으로 직업소개, 근로자 모집 또는 근로자공급을 한 자

963 직업안정법령상 근로자공급사업에 관한 설명으로 틀린 것은?

① 누구든지 고용노동부장관의 허가를 받지 아니하고는 근로자공급사업을 하지 못한다.
② 국내 근로자공급사업은 「노동조합 및 노동관계조정법」에 따른 노동조합만이 허가를 받을 수 있다.
③ 국외 근로자공급사업을 하려는 자는 1천만원 이상의 자본금만 갖추면 된다.
④ 근로자공급사업 허가의 유효기간은 3년으로 한다.

해설 ③ 국외 근로자공급사업을 하려는 자는 대통령령으로 정하는 자산과 시설을 갖추어야 한다.
1. 1억 원 이상의 자본금(비영리법인의 경우에는 재무상태표의 자본총계를 말한다)
2. 국내에 소재하고, 2명 이상이 상담할 수 있는 독립된 공간을 갖춘 사무실

964 직업안정법령상 유료직업소개사업의 등록을 할 수 있는 자에 해당되지 않는 것은?

① 지방공무원으로서 2년 이상 근무한 경력이 있는 자
② 조합원이 100인 이상인 단위노동조합에서 노동조합업무전담자로 2년이상 근무한 경력이 있는 자
③ 상시사용근로자 300인 이상인 사업장에서 노무관리업무전담자로 1년 이상 근무한 경력이 있는 자
④ 「공인노무사법」에 의한 공인노무사 자격을 가진 자

해설 ③ 상시사용근로자 300인 이상인 사업 또는 사업장에서 노무관리업무전담자로 2년 이상 근무한 경력이 있는 자

➕ 유료직업소개사업을 등록할 수 있는 자
1. 「국가기술자격법」에 의한 직업상담사 1급 또는 2급의 국가기술자격이 있는 자
2. 직업소개사업의 사업소, 「국민평생직업능력개발법」에 의한 직업능력개발훈련시설, 「초·중등교육법」 및 「고등교육법」에 의한 학교, 「청소년기본법」에 의한 청소년단체에서 직업상담·직업지도·직업훈련 기타 직업소개와 관련이 있는 상담업무에 2년 이상 종사한 경력이 있는 자
3. 「초·중등교육법」에 의한 교원자격증이 있는 자로서 교사근무경력이 2년 이상인 자
4. 「사회복지사업법」에 따른 사회복지사 자격증을 가진 사람

965 직업안정법령에 관한 설명으로 틀린 것은?

① 국내 근로자공급사업의 허가를 받을 수 있는 자는 노동조합 및 노동관계조정법에 의한 노동조합입니다.
② 직업정보제공사업자는 구직자의 이력서 발송을 대행하거나 구직자에게 취업추천서를 발부하는 사업을 할 수 있다.
③ 근로자공급사업 허가의 유효기간은 3년이다.
④ 직업안정기관에 구인신청을 하는 경우에는 원칙적으로 구인자의 사업장소재지를 관할하는 직업안정기관에 하여야 한다.

해설 ② 직업정보제공사업자는 구직자의 이력서 발송을 대행하거나 구직자에게 취업추천서를 발부하는 사업을 할 수 없다.

966 직업안정법령상 용어 정의로 **틀린** 것은?

① "고용서비스"란 구인자 또는 구직자에 대한 고용정보의 제공, 직업소개, 직업지도 또는 직업능력개발 등 고용을 지원하는 서비스를 말한다.

② "직업안정기관"이란 직업소개, 직업지도 등 직업안정업무를 수행하는 지방고용노동행정기관을 말한다.

③ "모집"이란 근로자를 고용하려는 자가 취업하려는 사람에게 피고용인이 되도록 권유하거나 다른 사람으로 하여금 권유하게 하는 것을 말한다.

④ "근로자공급사업"이란 공급계약에 따라 근로자를 타인에게 사용하게 하는 사업을 말하는 것으로서, 파견근로자보호등에 관한 법률에 의한 근로자파견사업도 포함한다.

해설 ④ "근로자공급사업"이란 공급계약에 따라 근로자를 타인에게 사용하게 하는 사업을 말한다. 다만, 「파견근로자보호 등에 관한 법률」에 따른 근로자파견사업은 제외한다.

967 직업안정법에 관한 설명으로 **틀린** 것은?

① 누구든지 어떠한 명목으로든 구인자로부터 그 모집과 관련하여 금품을 받거나 그 밖의 이익을 취하여서는 아니 된다.

② 누구든지 국외에 취업할 근로자를 모집한 경우에는 고용노동부장관에게 신고하여야 한다.

③ 누구든지 고용노동부장관의 허가를 받지 아니하고는 근로자공급사업을 하지 못한다.

④ 누구든지 성별, 연령 등을 이유로 직업소개를 할 때 차별대우를 받지 아니한다.

해설 ① 근로자를 모집하려는 자와 그 모집업무에 종사하는 자는 어떠한 명목으로든 응모자로부터 그 모집과 관련하여 금품을 받거나 그 밖의 이익을 취하여서는 아니 된다. 다만, 유료직업소개사업을 하는 자가 구인자의 의뢰를 받아 구인자가 제시한 조건에 맞는 자를 모집하여 직업소개한 경우에는 그러하지 아니하다.

968 직업안정법령상 직업안정기관의 장이 수집·제공하여야 할 고용정보에 해당하지 **않는** 것은?

① 직무분석의 방법과 절차
② 경제 및 산업동향
③ 구인·구직에 관한 정보
④ 직업에 관한 정보

해설 ① 직무분석의 방법과 절차는 고용정보에 해당하지 않는다.

➕ 직업안정기관의 장이 수집·제공하여야 할 고용정보
- 경제 및 산업동향
- 노동시장, 고용·실업동향
- 임금, 근로시간등 근로조건
- 직업에 관한 정보
- 채용·승진 등 고용관리에 관한 정보
- 직업능력개발훈련에 관한 정보
- 고용 관련 각종 지원 및 보조제도
- 구인·구직에 관한 정보

969 직업안정법령상 직업소개사업에 관한 설명으로 **틀린** 것은?

① 국내 무료직업소개사업을 하려는 자는 주된 사업소의 소재지를 관할하는 특별자치도지사·시장·군수 및 구청장에게 신고하여야 한다.

② 국외 무료직업소개사업을 하려는 자는 고용노동부장관에게 신고하여야 한다.

③ 국내 유료직업소개사업을 하려는 자는 주된 사업소의 소재지를 관할하는 특별자치도지사·시장·군수 및 구청장에게 등록하여야 한다.

④ 국외 유료직업소개사업을 하려는 자는 고용노동부장관에게 신고하여야 한다.

해설 ④ 국외 유료직업소개사업을 하려는 자는 고용노동부장관에게 등록하여야 한다.

970 직업안정법령상 직업안정기관의 장의 직업소개에 대한 설명으로 틀린 것은?

① 구직자에게는 그 능력에 알맞은 직업을 소개하도록 노력하여야 한다.

② 구인자에게는 구인조건에 적합한 구직자를 소개하도록 노력하여야 한다.

③ 가능하면 구직자가 통근할 수 있는 지역에서 직업을 소개하도록 노력하여야 한다.

④ 구인자와 구직자의 이익이 충돌할 경우에는 구직자의 이익을 우선할 수 있도록 노력하여야 한다.

➕ 직업소개의 원칙

• 직업안정기관의 장은 구직자에게는 그 능력에 알맞은 직업을 소개하고, 구인자에게는 구인조건에 적합한 구직자를 소개하도록 노력하여야 한다.

• 직업안정기관의 장은 가능하면 구직자가 통근할 수 있는 지역에서 직업을 소개하도록 노력하여야 한다.

➕ 광역 직업소개

• 직업안정기관의 장은 통근할 수 있는 지역에서 구직자에게 그 희망과 능력에 알맞은 직업을 소개할 수 없을 경우 또는 구인자가 희망하는 구직자나 구인 인원을 채울 수 없을 경우에는 광범위한 지역에 걸쳐 직업소개를 할 수 있다.

➕ 직업소개시 준수사항

• 구인자 또는 구직자 어느 한쪽의 이익에 치우치지 아니할 것

• 구직자가 취업할 직업에 쉽게 적응할 수 있도록 종사하게 될 업무의 내용, 임금, 근로시간, 그 밖의 근로조건에 대하여 상세히 설명할 것

971 직업안정법령상 직업정보제공사업자의 준수사항에 해당하지 않는 것은?

① 구직자의 이력서 발송을 대행하지 아니할 것

② 직업정보제공사업의 공고문에 "취업지원" 등의 표현을 사용하지 아니할 것

③ 구인자의 신원이 확실하지 아니한 구인광고를 게재하지 아니할 것

④ 직업정보제공매체의 구인·구직의 광고에서는 구인·구직자의 주소 또는 전화번호를 기재하지 아니할 것

해설 ④ 직업정보제공매체의 구인·구직의 광고에는 구인·구직자의 주소 또는 전화번호를 기재하고, 직업정보제공사업자의 주소 또는 전화번호는 기재하지 않아야 한다.

972 직업안정법상 직업안정기관의 장이 구인신청의 수리(修理)를 거부할 수 있는 경우가 아닌 것은?

① 구인신청의 내용이 법령을 위반한 경우

② 구인자가 구인조건을 밝히기를 거부하는 경우

③ 구직자에게 제공할 선급금을 제공하지 않는 경우

④ 구인신청의 내용 중 임금·근로시간 기타 근로조건이 통상의 근로조건에 비하여 현저하게 부적당하다고 인정되는 경우

해설 ③ 유료직업소개사업을 등록한 자 및 그 종사자는 구직자에게 제공하기 위하여 구인자로부터 선급금을 받아서는 아니 된다.

➕ 구인의 신청

직업안정기관의 장은 구인신청의 수리(受理)를 거부하여서는 아니 된다. 다만, 다음의 어느 하나에 해당하는 경우에는 그러하지 아니하다.

• 구인신청의 내용이 법령을 위반한 경우

• 구인신청의 내용 중 임금, 근로시간, 그 밖의 근로조건이 통상적인 근로조건에 비하여 현저하게 부적당하다고 인정되는 경우

• 구인자가 구인조건을 밝히기를 거부하는 경우

• 구인자가 구인신청 당시 「근로기준법」에 따라 명단이 공개 중인 체불사업주인 경우

➕ 구직의 신청

• 직업안정기관의 장은 구직신청의 수리를 거부하여서는 아니 된다. 다만, 그 신청 내용이 법령을 위반한 경우에는 그러하지 아니하다.

• 직업안정기관의 장은 구직자의 요청이 있거나 필요하다고 인정하여 구직자의 동의를 받은 경우에는 직업상담 또는 직업적성검사를 할 수 있다.

973 직업안정법상 고용서비스 우수기관 인증에 대한 설명으로 틀린 것은?

① 고용노동부장관은 고용서비스 우수기관 인증업무를 대통령령으로 정하는 전문기관에 위탁할 수 있다.

② 고용서비스 우수기관으로 인증을 받은 자가 인증의 유효기간이 지나기 전에 다시 인증을 받으려면 직업안정기관의 장에게 재인증을 신청하여야 한다.

③ 고용노동부장관은 고용서비스 우수기관으로 인증을 받은 자가 정당한 사유 없이 1년 이상 계속 사업 실적이 없는 경우 인증을 취소할 수 있다.

④ 고용서비스 우수기관 인증의 유효기간은 인증일로부터 3년으로 한다.

해설 ② 고용서비스 우수기관으로 인증을 받은 자가 재인증을 받으려면 유효기간 만료 60일 전까지 고용노동부장관에게 신청하여야 한다.

974 직업안정법상 근로자의 모집 및 근로자공급 사업에 관한 설명으로 틀린 것은?

① 근로자를 고용하려는 자는 광고, 문서 또는 정보통신망 등 다양한 매체를 활용하여 자유롭게 근로자를 모집할 수 있다.
② 누구든지 국외에 취업할 근로자를 모집한 경우에는 고용노동부장관에게 신고하여야 한다.
③ 국내 근로자공급사업의 경우 그 사업의 허가를 받을 수 있는 자는 「노동조합 및 노동관계조정법」에 따른 노동조합이다.
④ 근로자공급사업에는 「파견근로자 보호 등에 관한 법률」에 따른 근로자파견사업을 포함한다.

해설 ④ "근로자공급사업"이란 공급계약에 따라 근로자를 타인에게 사용하게 하는 사업을 말한다. 다만 「파견근로자 보호 등에 관한 법률」에 따른 근로자파견사업은 제외한다.

975 파견근로자보호 등에 관한 법률상 사용사업주가 파견근로자를 직접 고용할 의무가 발생하는 경우가 아닌 것은?

① 고용노동부장관의 허가를 받지 않고 근로자파견 사업을 하는 자로부터 근로자파견의 역무를 제공받은 경우
② 제조업의 직접생산공정업무에서 일시적·간헐적으로 사용기간 내에 파견근로자를 사용한 경우
③ 건설공사현장에서 이루어지는 업무에서 부상으로 결원이 생겨 파견근로자를 사용한 경우
④ 건설공사현장에서 이루어지는 업무에서 연차 유급휴가로 결원이 생겨 파견근로자를 사용한 경우

➕ **파견근로자를 직접 고용할 의무가 발생하는 경우**
• 근로자파견 대상 업무에 해당하지 아니하는 업무에서 파견근로자를 사용하는 경우
• 근로자파견 대상 업무 등을 위반하여 파견근로자를 사용하는 경우
• 파견기간을 위반하여 2년을 초과하여 계속적으로 파견근로자를 사용하는 경우
• 근로자파견의 기간 위반하여 파견근로자를 사용하는 경우
• 근로자파견의 역무를 제공받은 경우

976 파견근로자보호 등에 관한 법령에 대한 설명으로 틀린 것은?

① 근로자파견사업의 허가의 유효기간은 3년으로 한다.
② 파견사업주는 그가 고용한 근로자 중 파견근로자로 고용하지 아니한 자를 근로자파견의 대상으로 하려는 경우에는 고용노동부장관의 승인을 받아야 한다.
③ 파견사업주는 쟁의행위 중인 사업장에 그 쟁의행위로 중단된 업무의 수행을 위하여 근로자를 파견하여서는 아니 된다.
④ 파견사업주는 근로자파견을 할 경우에는 파견근로자의 성명·성별·연령·학력·자격 기타 직업능력에 관한 사항을 사용사업주에게 통지하여야 한다.

해설 파견사업주는 그가 고용한 근로자 중 파견근로자로 고용하지 아니한 자를 근로자 파견의 대상으로 하려는 경우에는 미리 해당 근로자에게 그 취지를 서면으로 알리고 그의 동의를 받아야 한다.

977 파견근로자보호 등에 관한 법률상 근로자파견 대상업무가 아닌 것은?

① 주유원의 업무
② 행정, 경영 및 재정 전문가의 업무
③ 음식 조리 종사자의 업무
④ 선원법에 따른 선원의 업무

➕ **근로자파견사업을 하여서는 아니되는 업무**
1. 건설공사현장에서 이루어지는 업무
2. 「항만운송사업법」, 「한국철도공사법」, 「농수산물 유통 및 가격안정에 관한 법률」, 「물류정책기본법」의 하역업무로서 「직업안정법」에 따라 근로자공급사업 허가를 받은 지역의 업무
3. 「선원법」에 따른 선원의 업무
4. 「산업안전보건법」에 따른 유해하거나 위험한 업무
5. 그 밖에 근로자 보호 등의 이유로 근로자파견사업의 대상으로는 적절하지 못하다고 인정하여 대통령령으로 정하는 업무

978 파견근로자 보호 등에 관한 법률에 관한 설명으로 틀린 것은?

① 파견사업주는 근로자를 파견근로자로서 고용하고자 할 때에는 미리 당해 근로자에게 그 취지를 서면으로 알려주어야 한다.
② 파견사업주는 정당한 이유 없이 파견근로자 또는 파견근로자로서 고용되고자 하는 자와 그 고용관계의 종료 후 사용사업주에게 고용되는 것을 금지하는 내용의 근로계약을 체결하여서는 아니 된다.
③ 파견사업주는 파견사업관리대장을 작성·보존하여야 한다.
④ 파견사업주는 파견근로자의 적절한 파견근로를 위하여 사용사업관리책임자를 선임하여야 한다.

해설 ④ 사용사업주는 파견근로자의 적절한 파견근로를 위하여 사용사업관리책임자를 선임하여야 한다.

979 파견근로자 보호 등에 관한 법률에 대한 설명으로 틀린 것은?

① 근로자파견사업의 허가의 유효기간은 2년으로 한다.
② 사용사업주는 파견근로자를 사용하고 있는 업무에 근로자를 직접 고용하고자 하는 경우에는 당해 파견근로자를 우선적으로 고용하도록 노력하여야 한다.
③ 근로자파견이라 함은 파견사업주가 근로자를 고용한 후 그 고용관계를 유지하면서 근로자파견계약의 내용에 따라 사용사업주의 지휘·명령을 받아 사용사업주를 위한 근로에 종사하게 하는 것을 말한다.
④ 사용사업주는 고용노동부장관의 허가를 받지 않고 근로자파견사업을 행하는 자로부터 근로자파견의 역무를 제공받은 경우에 해당 파견근로자를 직접 고용하여야 한다.

해설 ① 근로자파견사업 허가의 유효기간은 3년으로 한다.

980 기간제 및 단시간근로자 보호 등에 관한 법률상 기간제 근로자의 차별적 처우의 금지에 관한 설명으로 틀린 것은?

① 사용자는 기간제근로자임을 이유로 당해 사업 또는 사업장에서 동종 또는 유사한 업무에 종사하는 기간의 정함이 없는 근로계약을 체결한 근로자에 비하여 차별적 처우를 하여서는 아니 된다.
② 기간제근로자는 차별적 처우를 받은 경우 차별적 처우가 있은 날부터 6개월 이내에 노동위원회에 시정을 신청할 수 있다.
③ 기간제근로자가 노동위원회에 차별시정을 신청할 경우 관련한 분쟁에 있어 입증책임은 사용자가 부담한다.
④ 차별적 처우가 인정될 경우 노동위원회는 시정명령을 내릴 수 있다. 이 경우 사용자의 차별적 처우에 명백한 고의가 인정되면 기간제 근로자의 손해액을 기준으로 2배를 넘지 아니하는 범위에서 배상명령을 내릴 수 있다.

해설 ④ 노동위원회는 사용자의 차별적 처우에 명백한 고의가 인정되거나 차별적 처우가 반복되는 경우에는 손해액을 기준으로 3배를 넘지 아니하는 범위에서 배상을 명령할 수 있다.

981 기간제 및 단시간근로자 보호 등에 관한 법령상 2년을 초과하여 기간제 근로자로 사용할 수 있는 경우가 아닌 것은?

① 휴직 등으로 결원이 발생하여 해당 근로자가 복귀할 때까지 그 업무를 대신할 필요가 있는 경우
② 근로자가 학업, 직업훈련 등을 이수함에 따라 그 이수에 필요한 기간을 정한 경우
③ 특정한 업무의 완성에 필요한 기간을 정한 경우
④ 「의료법」에 따른 간호사 자격을 소지하고 해당분야에 종사한 경우

➕ **2년 이상 초과하여 기간제 근로자를 사용할 수 있는 경우**

- 사업의 완료 또는 특정한 업무의 완성에 필요한 기간을 정한 경우
- 휴직·파견 등으로 결원이 발생하여 해당 근로자가 복귀할 때까지 그 업무를 대신할 필요가 있는 경우
- 근로자가 학업, 직업훈련 등을 이수함에 따라 그 이수에 필요한 기간을 정한 경우
- 「고령자고용촉진법」의 고령자와 근로계약을 체결하는 경우
- 전문적 지식·기술의 활용이 필요한 경우와 정부의 복지정책·실업대책 등에 따라 일자리를 제공하는 경우로서 대통령령으로 정하는 경우

982
기간제 및 단시간근로자 보호 등에 관한 법률상 사용자가 기간제근로자와 근로계약을 체결하는 때에 서면으로 명시하여야 하는 사항을 모두 고른 것은?

> ㄱ. 근로계약기간에 관한 사항
> ㄴ. 근로시간·휴게에 관한 사항
> ㄷ. 휴일·휴가에 관한 사항
> ㄹ. 취업의 장소와 종사하여야 할 업무에 관한 사항

① ㄱ, ㄴ ② ㄴ, ㄷ, ㄹ
③ ㄱ, ㄷ, ㄹ ④ ㄱ, ㄴ, ㄷ, ㄹ

해설 사용자는 기간제근로자 또는 단시간근로자와 근로계약을 체결하는 때에는 다음의 모든 사항을 서면으로 명시하여야 한다.
1. 근로계약기간에 관한 사항
2. 근로시간·휴게에 관한 사항
3. 임금의 구성항목·계산방법 및 지불방법에 관한 사항
4. 휴일·휴가에 관한 사항
5. 취업의 장소와 종사하여야 할 업무에 관한 사항
6. 근로일 및 근로일별 근로시간(단시간근로자에 한정)

➕ **근로기준법상 근로조건의 명시**
- 사용자는 근로계약을 체결할 때에 근로자에게 다음의 사항을 명시하여야 한다.
  1. 임금 2. 소정근로시간
  3. 유급휴일 4. 연차 유급휴가
  5. 그 밖에 대통령령으로 정하는 근로조건
- 사용자는 임금의 구성항목·계산방법·지급방법 및 소정근로시간, 유급휴일, 연차 유급휴가의 사항이 명시된 서면(전자문서 포함)을 근로자에게 교부하여야 한다.

983
기간제 및 단시간근로자 보호 등에 관한 법률상 차별시정제도에 대한 설명으로 틀린 것은?

① 기간제근로자는 차별적 처우를 받은 경우 노동위원회에 차별적 처우가 있은 날부터 6개월이 경과하기 전에 그 시정을 신청할 수 있다.
② 기간제근로자가 차별적 처우의 시정신청을 하는 때에는 차별적 처우의 내용을 구체적으로 명시하여야 한다.
③ 노동위원회는 차별적 처우의 시정신청에 따른 심문의 과정에서 관계당사자 쌍방 또는 일방의 신청 또는 직권에 의하여 조정(調停)절차를 개시할 수 있다.
④ 시정신청을 한 근로자는 사용자가 확정된 시정명령을 이행하지 아니하는 경우 이를 중앙노동위원회에 신고하여야 한다.

해설 ④ 시정신청을 한 근로자는 사용자가 확정된 시정명령을 이행하지 아니하는 경우 이를 고용노동부장관에게 신고할 수 있다.

984
기간제 및 단시간근로자 보호 등에 관한 법령상 적용범위에 관한 설명으로 틀린 것은?

① 상시 5인 이상의 근로자를 사용하는 모든 사업 또는 사업장에 적용한다.
② 동거의 친족만을 사용하는 사업장에는 적용하지 아니한다.
③ 상시 4인 이하의 근로자를 사용하는 사업 또는 사업장에 대하여는 이 법의 일부 규정을 적용할 수 있다.
④ 국가 및 지방자치단체의 기관에 대하여는 이 법을 적용하지 않는다.

해설 ④ 국가 및 지방자치단체의 기관에 대하여는 상시 사용하는 근로자의 수와 관계없이 이 법을 적용한다.

985 개인정보보호법령상 개인정보 보호위원회(이하 "보호위원회"라 한다)에 관한 설명으로 틀린 것은?

① 보호위원회는 위원장 1명, 상임위원 1명을 포함한 15명 이내의 위원으로 구성한다.
② 위원의 임기는 3년으로 하되, 한 차례만 연임할 수 있다.
③ 보호위원회의 회의는 위원장이 필요하다고 인정하거나 재적위원 4분의 1 이상의 요구가 있는 경우에 위원장이 소집한다.
④ 보호위원회는 재적위원 과반수의 출석과 출석위원 과반수의 찬성으로 의결한다.

해설 ① 보호위원회는 상임위원 2명(위원장 1명, 부위원장 1명)을 포함한 9명의 위원으로 구성한다.

986 개인정보보호법령상 개인정보 보호위원회(이하 "보호위원회"라 한다)에 관한 설명으로 틀린 것은?

① 대통령 소속으로 보호위원회를 둔다.
② 보호위원회는 상임위원 2명을 포함한 9명의 위원으로 구성한다.
③ 보호위원회의 회의는 재적위원 과반수의 출석으로 개의하고, 출석위원 과반수의 찬성으로 의결한다.
④ 「정당법」에 따른 당원은 보호위원회 위원이 될 수 없다.

해설 ① 개인정보 보호에 관한 사무를 독립적으로 수행하기 위하여 국무총리 소속으로 개인정보 보호위원회를 둔다. 보호위원회는 「정부조직법」에 따른 중앙행정기관으로 본다.

987 개인정보 보호법령에 관한 설명으로 틀린 것은?

① "정보주체"란 처리 되는 정보에 의하여 알아볼 수 있는 사람으로서 그 정보의 주체가 되는 사람을 말한다.
② 개인정보처리자는 개인정보의 처리 목적에 필요한 범위에서 개인정보의 정확성, 완전성 및 최신성이 보장되도록 하여야 한다.

③ 개인정보 보호에 관한 사무를 독립적으로 수행하기 위하여 국무총리 소속으로 개인정보 보호위원회를 둔다.
④ 위원의 임기는 2년으로 하되, 연임할 수 없다.

해설 ④ 위원의 임기는 3년으로 하되, 한 차례만 연임할 수 있다.

988 근로자퇴직급여 보장법상 개인형퇴직연금제도를 설정할 수 있는 사람을 모두 고른 것은?

ㄱ. 자영업자
ㄴ. 「공무원연금법」의 적용을 받는 공무원
ㄷ. 「군인연금법」의 적용을 받는 군인
ㄹ. 「사립학교교직원 연금법」의 적용을 받는 교직원
ㅁ. 「별정우체국법」의 적용을 받는 별정우체국 직원

① ㄱ
② ㄱ, ㅁ
③ ㄴ, ㄷ, ㄹ
④ ㄱ, ㄴ, ㄷ, ㄹ, ㅁ

➕ 개인형퇴직연금제도

가입자의 선택에 따라 가입자가 납입한 일시금이나 사용자 또는 가입자가 납입한 부담금을 적립·운용하기 위하여 설정한 퇴직연금제도로서, 급여의 수준이나 부담금의 수준이 확정되지 아니한 퇴직연금제도를 말한다.

➕ 개인형퇴직연금제도를 설정할 수 있는 사람

• 퇴직급여제도의 일시금을 수령한 사람
• 확정급여형퇴직연금제도 또는 확정기여형퇴직연금제도의 가입자로서 자기의 부담으로 개인형퇴직연금제도를 추가로 설정하려는 사람
• 자영업자
• 퇴직급여제도가 설정되어 있지 않은, 계속근로기간이 1년 미만인 근로자
• 퇴직급여제도가 설정되어 있지 않은, 4주간을 평균하여 1주간의 소정근로시간이 15시간 미만인 근로자
• 퇴직금제도를 적용받고 있는 근로자
• 「공무원연금법」의 적용을 받는 공무원
• 「군인연금법」의 적용을 받는 군인
• 「사립학교교직원 연금법」의 적용을 받는 교직원
• 「별정우체국법」의 적용을 받는 별정우체국 직원

989 근로자퇴직급여 보장법령상 퇴직금의 중간정산 사유에 해당하지 않는 것은?

① 무주택자인 근로자가 본인 명의로 주택을 구입하는 경우
② 중간정산 신청일부터 거꾸로 계산하여 10년 이내에 근로자가 「민법」에 따라 파산선고를 받은 경우
③ 사용자가 기존의 정년을 보장하는 조건으로 단체협약 및 취업규칙 등을 통하여 일정나이, 근속시점을 기준으로 임금을 줄이는 제도를 시행하는 경우
④ 재난으로 피해를 입은 경우로서 고용노동부장관이 정하여 고시하는 사유에 해당하는 경우

해설 ② 퇴직금 중간정산을 신청하는 날부터 거꾸로 계산하여 5년 이내에 근로자가 「채무자 회생 및 파산에 관한 법률」에 따라 파산선고를 받은 경우

990 근로자퇴직급여 보장법령상 용어의 정의에 관한 설명으로 틀린 것은?

① 퇴직급여제도란 확정급여형퇴직연금제도, 확정기여형퇴직연금제도 및 개인형퇴직연금제도를 말한다.
② 사용자란 사업주 또는 사업의 경영담당자 또는 그 밖에 근로자에 관한 사항에 대하여 사업주를 위하여 행위하는 자를 말한다.
③ 임금이란 사용자가 근로의 대가로 근로자에게 임금, 봉급, 그 밖에 어떠한 명칭으로든지 지급하는 일체의 금품을 말한다.
④ 확정급여형퇴직연금제도란 근로자가 받을 급여의 수준이 사전에 결정되어 있는 퇴직연금제도를 말한다.

해설 ① 퇴직급여제도란 확정급여형퇴직연금제도, 확정기여형퇴직연금제도 및 퇴직금제도를 말한다.
- 퇴직연금제도란 확정급여형퇴직연금제도, 확정기여형퇴직연금제도 및 개인형퇴직연금제도를 말한다.
- "확정기여형퇴직연금제도"란 급여의 지급을 위하여 사용자가 부담하여야 할 부담금의 수준이 사전에 결정되어 있는 퇴직연금제도를 말한다.
- "개인형퇴직연금제도"란 가입자의 선택에 따라 가입자가 납입한 일시금이나 사용자 또는 가입자가 납입한 부담금을 적립·운용하기 위하여 설정한 퇴직연금제도로서 급여의 수준이나 부담금의 수준이 확정되지 아니한 퇴직연금제도를 말한다.

991 근로자퇴직급여 보장법에 관한 설명으로 틀린 것은?

① 이 법은 상시 5명 미만의 근로자를 사용하는 사업장에는 적용하지 아니한다.
② 퇴직금제도를 설정하려는 사용자는 계속근로기간 1년에 대하여 30일분 이상의 평균임금을 퇴직금으로 퇴직 근로자에게 지급할 수 있는 제도를 설정하여야 한다.
③ 퇴직금을 받을 권리는 3년간 행사하지 아니하면 시효로 인하여 소멸한다.
④ 확정급여형 퇴직연금제도란 근로자가 받을 급여의 수준이 사전에 결정되어 있는 퇴직연금제도를 말한다.

해설 ① 이 법은 근로자를 사용하는 모든 사업 또는 사업장에 적용한다. 다만, 동거하는 친족만을 사용하는 사업 및 가구 내 고용활동에는 적용하지 아니한다.

992 근로자퇴직급여 보장법령상 퇴직금의 중간정산 사유에 해당하지 않는 것은?

① 무주택자인 근로자가 본인 명의로 주택을 구입하는 경우
② 사용자가 기존의 정년을 보장하는 조건으로 단체협약을 통하여 일정나이를 기준으로 임금을 줄이는 제도를 시행하는 경우
③ 3개월 이상 요양을 필요로 하는 근로자 배우자의 질병에 대한 의료비를 해당 근로자가 본인 연간 임금총액의 1천 분의 115를 초과하여 부담하는 경우
④ 퇴직금 중간정산을 신청하는 날부터 거꾸로 계산하여 5년 이내에 근로자가 「채무자 회생 및 파산에 관한 법률」에 따라 파산선고를 받은 경우

해설 ③ 근로자가 6개월 이상 요양을 필요로 하는 사람의 질병이나 부상에 대한 의료비를 해당 근로자가 본인 연간 임금총액의 1천 분의 125를 초과하여 부담하는 경우
가. 근로자 본인
나. 근로자의 배우자
다. 근로자 또는 그 배우자의 부양가족

993 근로자퇴직급여 보장법령의 내용으로 옳지 않은 것은?

① 상시 4명 이하의 근로자를 사용하는 사업 또는 사업장에는 퇴직급여제도를 설정하지 않아도 된다.
② 퇴직연금제도란 확정급여형퇴직연금제도, 확정기여형퇴직연금제도 및 개인형퇴직연금제도를 말한다.
③ 4주간을 평균하여 1주간의 소정근로시간이 15시간 미만인 근로자는 퇴직급여제도를 설정하지 않아도 된다.
④ 퇴직급여제도를 설정하는 경우에 하나의 사업에서 급여 및 부담금 산정방법의 적용 등에 관하여 차등을 두어서는 아니 된다.

해설 ① 근로자를 사용하는 모든 사업 또는 사업장(이하 "사업"이라 한다)에 적용한다. 다만, 동거하는 친족만을 사용하는 사업 및 가구 내 고용활동에는 적용하지 아니한다.

994 근로자퇴직급여 보장법에 관한 설명으로 틀린 것은?

① 퇴직급여제도의 일시금을 수령한 사람은 개인형퇴직연금제도를 설정할 수 있다.
② 사용자는 계속근로기간이 1년 미만인 근로자, 4주간을 평균하여 1주간의 소정근로시간이 15시간 미만인 근로자에 대하여는 퇴직급여제도를 설정하지 않아도 된다.
③ 확정급여퇴직연금제도 또는 확정기여형퇴직연금제도의 가입자는 개인형퇴직연금제도를 추가로 설정할 수 없다.
④ 상시 10명 미만의 근로자를 사용하는 사업의 경우 사용자가 개별근로자의 동의를 받거나 근로자의 요구에 따라 개인형퇴직연금제도를 설정하는 경우에는 해당 근로자에 대하여 퇴직급여제도를 설정한 것으로 본다.

해설 ③ 확정급여형퇴직연금제도 또는 확정기여형퇴직연금제도의 가입자는 개인형퇴직연금제도를 추가로 설정할 수 있다.

995 다음 ( )에 알맞은 것은?

근로자퇴직급여 보장법상 퇴직금제도를 설정하려는 사용자는 계속근로기간 (ㄱ)에 대하여 (ㄴ)의 (ㄷ)을 퇴직금으로 퇴직 근로자에게 지급할 수 있는 제도를 설정하여야 한다.

① ㄱ: 2년, ㄴ: 45일분 이상, ㄷ: 평균임금
② ㄱ: 1년, ㄴ: 15일분 이상, ㄷ: 통상임금
③ ㄱ: 1년, ㄴ: 30일분 이상, ㄷ: 평균임금
④ ㄱ: 2년, ㄴ: 60일분 이상, ㄷ: 통상임금

해설 ③ 퇴직금제도를 설정하려는 사용자는 계속근로기간 1년에 대하여 30일분 이상의 평균임금을 퇴직금으로 퇴직 근로자에게 지급할 수 있는 제도를 설정하여야 한다.

➕ 근로자퇴직급여 보장법
• 사용자는 근로자가 퇴직한 경우에는 그 지급사유가 발생한 날부터 14일 이내에 퇴직금을 지급하여야 한다.
• 이 법에 따른 퇴직금을 받을 권리는 3년간 행사하지 아니하면 시효로 인하여 소멸한다.

996 통상임금과 평균임금에 관한 설명으로 틀린 것은?

① 통상임금에는 기본급, 직무관련 직책, 직급, 직무수당을 포함한다.
② 초과 급여, 특별급여 등은 통상임금 산정에서 제외된다.
③ 평균임금은 고용기간 중에서 근로자가 지급 받고 있던 평균적인 임금수준을 말한다.
④ 평균임금은 연장근로, 야간근로, 휴일근로 등의 산출 기준 임금이다.

해설 ④ 연장근로, 야간근로, 휴일근로 등의 산출 기준 임금은 통상임금이다.

➕ 평균임금과 통상임금의 비교
• 평균임금: 이를 산정하여야 할 사유가 발생한 날 이전 3개월 동안에 그 근로자에게 지급된 임금의 총액을 그 기간의 총일수로 나눈 금액을 말한다. 예 퇴직금, 휴업급여
• 통상임금: 근로자에게 정기적이고 일률적으로 소정근로 또는 총 근로에 대하여 지급하기로 정한 시간급 금액, 일급 금액, 주급 금액, 월급 금액 또는 도급 금액을 말한다. 예 연장근로, 야간근로, 휴일근로, 연차수당

997 근로자퇴직급여 보장법상 퇴직연금제도에 관한 설명으로 틀린 것은?

① 확정급여형퇴직연금제도의 급여 종류는 연금 또는 일시금으로 하며, 연금은 55세 이상으로서 가입기간이 10년 이상인 가입자에게 지급한다.

② 확정기여형퇴직연금제도를 설정한 사용자는 가입자의 연간 임금총액의 24분의 1 이상에 해당하는 부담금을 현금으로 가입자의 확정기여형퇴직연금제도 계정에 납입하여야 한다.

③ 확정기여형퇴직연금제도의 가입자는 적립금의 운용방법을 스스로 선정할 수 있고, 반기마다 1회 이상 적립금의 운용방법을 변경할 수 있다.

④ 확정기여형퇴직연금제도에 가입한 근로자는 주택구입 등 대통령령으로 정하는 사유가 발생하면 적립금을 중도인출할 수 있다.

해설 ② 확정기여형퇴직연금제도를 설정한 사용자는 가입자의 연간 임금총액의 12분의 1 이상에 해당하는 부담금을 현금으로 가입자의 확정기여형퇴직연금제도 계정에 납입하여야 한다.

998 고용보험법 적용 제외 근로자에 해당하는 자는?

① 60세에 새로 고용된 근로자
② 1개월 미만 동안 고용되는 일용근로자
③ 사립학교교직원 연금법의 적용을 받는 자
④ 1일 6시간씩 주3일 근무하는 자

➕ 고용보험 적용 제외!
• 1개월간 소정근로시간이 60시간 미만인 사람(1주간의 소정근로시간이 15시간 미만인 사람)
• 「국가공무원법」과 「지방공무원법」에 따른 공무원
  다만, 대통령령으로 정하는 바에 따라 별정직공무원, 「국가공무원법」 및 「지방공무원법」에 따른 임기제공무원의 경우는 본인의 의사에 따라 고용보험(실업급여에 한정한다)에 가입할 수 있다.
• 「사립학교교직원 연금법」의 적용을 받는 사람
• 「별정우체국법」에 따른 별정우체국 직원
• 65세 이후에 고용(65세 전부터 피보험 자격을 유지하던 사람이 65세 이후에 계속하여 고용된 경우는 제외한다)되거나 자영업을 개시한 사람에게는 실업급여 및 육아휴직 급여를 적용하지 아니한다.

999 근로기준법상 임금에 대한 설명으로 틀린 것은?

① 임금이란 사용자가 근로의 대가로 근로자에게 임금, 봉급, 그 밖에 어떠한 명칭으로든지 지급하는 일체의 금품을 말한다.

② 평균임금이란 이를 산정하여야 할 사유가 발생할 날 이전 3개월 동안에 그 근로자에게 지급된 임금의 총액을 말한다.

③ 사용자는 도급이나 그 밖에 이에 준하는 제도로 사용하는 근로자에게 근로시간에 따라 일정액의 임금을 보장하여야 한다.

④ 근로기준법에 따른 임금채권을 3년간 행사하지 아니하면 시효로 소멸한다.

해설 ② "평균임금"이란 이를 산정하여야 할 사유가 발생한 날 이전 3개월 동안에 그 근로자에게 지급된 임금의 총액을 그 기간의 총일수로 나눈 금액을 말한다. 근로자가 취업한 후 3개월 미만인 경우도 이에 준한다.

1000 다음 (   )에 알맞은 것은?

근로기준법상 사용자는 근로자가 사망 또는 퇴직한 경우에는 그 지급 사유가 발생한 때부터 (   ) 이내에 임금, 보상금, 그밖에 일체의 금품을 지급하여 한다. 다만, 특별한 사정이 있을 경우에는 당사자 사이의 합의에 의하여 기일을 연장할 수 있다.

① 14일   ② 30일
③ 60일   ④ 90일

해설 ① 사용자는 근로자가 사망 또는 퇴직한 경우에는 그 지급 사유가 발생한 때부터 14일 이내에 임금, 보상금, 그 밖에 일체의 금품을 지급하여야 한다.

※ 고생하셨습니다. 반복학습한 횟수를 기록하여 자신의 학습량을 체크하세요!

Self check

기간	일	일	일	일	일
횟수	1 회	2 회	3 회	4 회	5 회

① 과목 　Vocational Counselor 　직업상담학

01 Perls의 형태주의 상담이론에서 제시한 기본 가정으로 옳은 것은?

① 인간은 전체로서 현상적 장을 경험하고 지각한다.
② 인간의 행동은 행동이 일어난 상황과 관련해서 의미 있게 이해될 수 있다.
③ 인간은 자기의 환경조건과 아동기의 조건을 개선할 수 있는 능력이 있다.
④ 인간은 결코 고정되어 있지 않으며 계속적으로 재창조한다.

해설 펄스(Perls)는 프로이드(Freud)의 정신분석이 지나치게 과거에 머무는 것을 비판하며 지금-여기(here and now)를 중요하게 다뤘다. 펄스는 프로이드와 마찬가지로 문제의 원인을 과거경험에서 찾지만 문제해결은 상담 받고 있는 그 순간에 느끼는 감정과 생각에서 찾았다.

02 다음은 어떤 상담기법에 대한 설명인가?

내담자가 직접 진술하지 않은 내용이나 개념을 그의 과거 경험이나 진술을 토대로 하여 추론하여 말하는 것

① 수용　　　　　　② 요약
③ 직면　　　　　　④ 해석

해설 ① 수용: 상담자가 내담자의 이야기에 주의를 집중하고 있고, 내담자를 인격적으로 존중하고 있음을 보여주는 기법이다.
② 요약: 상담을 끝내기 전 상담자가 상담내용을 정리하거나 내담자에게 정리하도록 하는 것이다.
④ 직면: 내담자가 모르거나 인정하기를 거부하는 생각, 느낌에 주목하게 하도록 하는 것이다.

03 Super가 제시한 발달적 직업상담 단계에서 다음 (　)에 알맞은 것은?

1단계: 문제 탐색 및 자아개념 묘사	
2단계: 심층적 탐색	
3단계: (　ㄱ　)	4단계: (　ㄴ　)
5단계: (　ㄷ　)	6단계: 의사결정

① ㄱ: 태도와 감정의 탐색과 처리
　ㄴ: 현실검증
　ㄷ: 자아수용 및 자아통찰
② ㄱ: 현실검증
　ㄴ: 태도와 감정의 탐색과 처리
　ㄷ: 자아수용 및 자아통찰
③ ㄱ: 현실검증
　ㄴ: 자아수용 및 자아통찰
　ㄷ: 태도와 감정의 탐색과 처리
④ ㄱ: 자아수용 및 자아통찰
　ㄴ: 현실검증
　ㄷ: 태도와 감정의 탐색과 처리

해설 수퍼(Super)의 직업상담 6단계: 문제탐색 및 자아개념 묘사하기 → 심층적 탐색하기 → 자아수용 및 자아통찰하기 → 현실검증하기 → 태도와 감정의 탐색과 처리하기 → 의사결정하기

04 인간중심 상담에서 중요하게 요구되는 상담자의 태도로 옳은 것은?

ㄱ. 해석	ㄴ. 진솔성
ㄷ. 공감적 이해	ㄹ. 무조건적 수용
ㅁ. 맞닥뜨림	

① ㄱ, ㄴ, ㄷ　　　　② ㄴ, ㄷ, ㄹ
③ ㄱ, ㄹ, ㅁ　　　　④ ㄴ, ㄷ, ㅁ

해설 인간중심상담에서 요구되는 상담자의 태도: 일치성(진실성 또는 진솔성), 무조건적 긍정적 관심과 수용, 정확한 공감적 이해

997 근로자퇴직급여 보장법상 퇴직연금제도에 관한 설명으로 틀린 것은?

① 확정급여형퇴직연금제도의 급여 종류는 연금 또는 일시금으로 하며, 연금은 55세 이상으로서 가입기간이 10년 이상인 가입자에게 지급한다.
② 확정기여형퇴직연금제도를 설정한 사용자는 가입자의 연간 임금총액의 24분의 1 이상에 해당하는 부담금을 현금으로 가입자의 확정기여형퇴직연금제도 계정에 납입하여야 한다.
③ 확정기여형퇴직연금제도의 가입자는 적립금의 운용방법을 스스로 선정할 수 있고, 반기마다 1회 이상 적립금의 운용방법을 변경할 수 있다.
④ 확정기여형퇴직연금제도에 가입한 근로자는 주택구입 등 대통령령으로 정하는 사유가 발생하면 적립금을 중도인출할 수 있다.

해설 ② 확정기여형퇴직연금제도를 설정한 사용자는 가입자의 연간 임금총액의 12분의 1 이상에 해당하는 부담금을 현금으로 가입자의 확정기여형퇴직연금제도 계정에 납입하여야 한다.

998 고용보험법 적용 제외 근로자에 해당하는 자는?

① 60세에 새로 고용된 근로자
② 1개월 미만 동안 고용되는 일용근로자
③ 사립학교교직원 연금법의 적용을 받는 자
④ 1일 6시간씩 주3일 근무하는 자

➕ 고용보험 적용 제외
- 1개월간 소정근로시간이 60시간 미만인 사람(1주간의 소정근로시간이 15시간 미만인 사람)
- 「국가공무원법」과 「지방공무원법」에 따른 공무원 다만, 대통령령으로 정하는 바에 따라 별정직공무원, 「국가공무원법」 및 「지방공무원법」에 따른 임기제공무원의 경우는 본인의 의사에 따라 고용보험(실업급여에 한정한다)에 가입할 수 있다.
- 「사립학교교직원 연금법」의 적용을 받는 사람
- 「별정우체국법」에 따른 별정우체국 직원
- 65세 이후에 고용(65세 전부터 피보험 자격을 유지하던 사람이 65세 이후에 계속하여 고용된 경우는 제외한다)되거나 자영업을 개시한 사람에게는 실업급여 및 육아휴직 급여를 적용하지 아니한다.

999 근로기준법상 임금에 대한 설명으로 틀린 것은?

① 임금이란 사용자가 근로의 대가로 근로자에게 임금, 봉급, 그 밖에 어떠한 명칭으로든지 지급하는 일체의 금품을 말한다.
② 평균임금이란 이를 산정하여야 할 사유가 발생할 날 이전 3개월 동안에 그 근로자에게 지급된 임금의 총액을 말한다.
③ 사용자는 도급이나 그 밖에 이에 준하는 제도로 사용하는 근로자에게 근로시간에 따라 일정액의 임금을 보장하여야 한다.
④ 근로기준법에 따른 임금채권을 3년간 행사하지 아니하면 시효로 소멸한다.

해설 ② "평균임금"이란 이를 산정하여야 할 사유가 발생한 날 이전 3개월 동안에 그 근로자에게 지급된 임금의 총액을 그 기간의 총일수로 나눈 금액을 말한다. 근로자가 취업한 후 3개월 미만인 경우도 이에 준한다.

1000 다음 ( )에 알맞은 것은?

근로기준법상 사용자는 근로자가 사망 또는 퇴직한 경우에는 그 지급 사유가 발생한 때부터 ( ) 이내에 임금, 보상금, 그밖에 일체의 금품을 지급하여야 한다. 다만, 특별한 사정이 있을 경우에는 당사자 사이의 합의에 의하여 기일을 연장할 수 있다.

① 14일　　　　② 30일
③ 60일　　　　④ 90일

해설 ① 사용자는 근로자가 사망 또는 퇴직한 경우에는 그 지급 사유가 발생한 때부터 14일 이내에 임금, 보상금, 그밖에 일체의 금품을 지급하여야 한다.

※ 고생하셨습니다. 반복학습한 횟수를 기록하여 자신의 학습량을 체크하세요!

Self check

기간	일	일	일	일	일
횟수	1 회	2 회	3 회	4 회	5 회

memo

Step II

Vocational Counselor

실전
기출
문제

실전기출문제 01회

실전기출문제 02회

실전기출문제 03회

실전기출문제 04회

실전기출문제 05회

실전기출문제 06회

실전기출문제 07회

실전기출문제 08회

실전기출문제 09회

실전기출문제 10회

01 Perls의 형태주의 상담이론에서 제시한 기본 가정으로 옳은 것은?

① 인간은 전체로서 현상적 장을 경험하고 지각한다.
② 인간의 행동은 행동이 일어난 상황과 관련해서 의미 있게 이해될 수 있다.
③ 인간은 자기의 환경조건과 아동기의 조건을 개선할 수 있는 능력이 있다.
④ 인간은 결코 고정되어 있지 않으며 계속적으로 재창조한다.

해설 펄스(Perls)는 프로이드(Freud)의 정신분석이 지나치게 과거에 머무는 것을 비판하며 지금-여기(here and now)를 중요하게 다뤘다. 펄스는 프로이드와 마찬가지로 문제의 원인을 과거경험에서 찾지만 문제해결은 상담 받고 있는 그 순간에 느끼는 감정과 생각에서 찾았다.

02 다음은 어떤 상담기법에 대한 설명인가?

> 내담자가 직접 진술하지 않은 내용이나 개념을 그의 과거 경험이나 진술을 토대로 하여 추론하여 말하는 것

① 수용   ② 요약
③ 직면   ④ 해석

해설 ① 수용: 상담자가 내담자의 이야기에 주의를 집중하고 있고, 내담자를 인격적으로 존중하고 있음을 보여주는 기법이다.
② 요약: 상담을 끝내기 전 상담자가 상담내용을 정리하거나 내담자에게 정리하도록 하는 것이다.
④ 직면: 내담자가 모르거나 인정하기를 거부하는 생각, 느낌에 주목하게 하도록 하는 것이다.

03 Super가 제시한 발달적 직업상담 단계에서 다음 (   )에 알맞은 것은?

> 1단계: 문제 탐색 및 자아개념 묘사
> 2단계: 심층적 탐색
> 3단계: (ㄱ)   4단계: (ㄴ)
> 5단계: (ㄷ)   6단계: 의사결정

① ㄱ: 태도와 감정의 탐색과 처리
　 ㄴ: 현실검증
　 ㄷ: 자아수용 및 자아통찰
② ㄱ: 현실검증
　 ㄴ: 태도와 감정의 탐색과 처리
　 ㄷ: 자아수용 및 자아통찰
③ ㄱ: 현실검증
　 ㄴ: 자아수용 및 자아통찰
　 ㄷ: 태도와 감정의 탐색과 처리
④ ㄱ: 자아수용 및 자아통찰
　 ㄴ: 현실검증
　 ㄷ: 태도와 감정의 탐색과 처리

해설 수퍼(Super)의 직업상담 6단계: 문제탐색 및 자아개념 묘사하기 → 심층적 탐색하기 → 자아수용 및 자아통찰하기 → 현실검증하기 → 태도와 감정의 탐색과 처리하기 → 의사결정하기

04 인간중심 상담에서 중요하게 요구되는 상담자의 태도로 옳은 것은?

> ㄱ. 해석   ㄴ. 진솔성
> ㄷ. 공감적 이해   ㄹ. 무조건적 수용
> ㅁ. 맞닥뜨림

① ㄱ, ㄴ, ㄷ   ② ㄴ, ㄷ, ㄹ
③ ㄱ, ㄹ, ㅁ   ④ ㄴ, ㄷ, ㅁ

해설 인간중심상담에서 요구되는 상담자의 태도: 일치성(진실성 또는 진솔성), 무조건적 긍정적 관심과 수용, 정확한 공감적 이해

05 다음 중 상담의 초기단계와 가장 거리가 먼 것은?

① 상담의 구조화

② 목표설정

③ 상담관계 형성

④ 내담자의 자기탐색과 통찰

해설 상담 초기단계: 상담자는 내담자의 긴장과 불안을 감소시키고 친밀감을 형성하는 관계 형성(라포 형성)을 하고, 내담자가 상담에서 이루고자 하는 상담목표가 무엇인지 알아 상담시간과 상담기간, 상담자와 내담자의 역할 등을 정하는 상담의 구조화를 한다.
④ 내담자의 자기탐색과 통찰은 상담 중기 단계에서 이루어진다.

06 Harren이 제시한 진로의사결정 유형 중 의사결정에 대한 개인적 책임을 부정하고 외부로 책임을 돌리는 경향이 높은 유형은?

① 합리적 유형　　② 투사적 유형

③ 직관적 유형　　④ 의존적 유형

➕ 하렌(Harren)의 진로의사결정 유형

하렌(Harren)은 개인이 의사결정을 할 때 합리적인 전략 또는 정의적인 전략을 사용하는 정도와 자신의 결정에 대한 책임을 지는 정도에 기초하여, 진로의사결정을 3가지 유형으로 분류했다.

• 합리적 유형: 의사결정과정에서 논리적이고 체계적으로 접근한다.

• 직관적 유형: 의사결정에서 개인의 생각이나 느낌, 감정적인 자기인식에 의존한다.

• 의존적 유형: 의사결정에 대한 개인적 책임을 부정하고 그 책임을 외부로 투사하려는 경향이 있다.

07 정신역동적 직업상담을 구체화한 Bordin이 제시한 직업상담의 3단계 과정이 아닌 것은?

① 관계설정

② 탐색과 계약설정

③ 핵심결정

④ 변화를 위한 노력

해설 보딘(Bordin)의 직업상담 과정의 가장 큰 특징은 관계 형성(관계 설정) 과정이 없는 것이다. 상담과정은 탐색과 계약설정 → 비판적(또는 핵심적) 결정 → 변화를 위한 노력 순이다.

08 행동주의 직업상담 프로그램의 문제점에 해당하는 것은?

① 직업결정 문제의 원인으로 불안에 대한 이해와 불안을 규명하는 방법이 결여되어 있다.

② 진학상담과 취업상담에 적합하지만 취업 후 직업 적응 문제들을 깊이 있게 다루지 못하고 있다.

③ 직업선택에 미치는 내적 요인의 영향을 지나치게 강조한 나머지 외적 요인의 영향에 대해서는 충분하게 고려하고 있지 못하다.

④ 직업상담사가 교훈적 역할이나 내담자의 자아를 명료화하고 자아실현을 시킬 수 있는 적극적 태도를 취하지 않는다면 내담자에게 직업에 대한 정보를 효과적으로 알려줄 수 없다.

해설 ② 크라이티스(Crites)의 포괄적 직업상담에 대한 비판점이다.
③ 보딘(Bordin)의 정신역동적 직업상담에 대한 비판점이다.
④ 로저스(Rogers)의 내담자중심 상담에 대한 비판점이다.

09 진로시간전망 검사지를 사용하는 주요 목적과 가장 거리가 먼 것은?

① 목표설정 촉구　　② 계획기술 연습

③ 진로계획 수정　　④ 진로의식 고취

➕ 진로시간전망 검사지의 사용목적

• 미래의 방향을 이끌어내기 위해서

• 미래에 대한 희망을 심어 주기 위해서

• 미래가 실제인 것처럼 느끼도록 하기 위해서

• 계획에 대해 긍정적 태도를 강화하기 위해서

• 목표설정을 촉구하기 위해서

• 현재의 행동을 미래의 결과와 연계시키기 위해서

• 계획기술을 연습하기 위해서

• 진로의식을 높이기 위해서

10 상담 윤리강령의 역할 및 기능과 가장 거리가 먼 것은?

① 내담자의 복리 증진

② 지역사회의 경제적 기대 부응

③ 상담자 자신의 사생활과 인격 보호

④ 직무수행 중의 갈등 해결 지침 제공

해설 ② 지역사회의 도덕적 기대 존중으로 수정되어야 한다.

11 특성-요인 직업상담 과정의 단계를 순서대로 나열한 것은?

ㄱ. 종합	ㄴ. 진단
ㄷ. 분석	ㄹ. 상담 또는 치료
ㅁ. 사후지도	ㅂ. 예측

① ㄷ → ㄱ → ㄴ → ㅂ → ㄹ → ㅁ

② ㄷ → ㄴ → ㅂ → ㄱ → ㄹ → ㅁ

③ ㄷ → ㄹ → ㄴ → ㄱ → ㅂ → ㅁ

④ ㄷ → ㅂ → ㄴ → ㄱ → ㅂ → ㅁ

해설 ① 상담과정: 분석(자료수집) → 종합(자료 요약) → 진단(변별진단) → 처방(예후=예측) → 상담(내담자 참여) → 추수지도

12 Butcher의 집단직업상담을 위한 3단계 모델 중 전환단계의 내용으로 옳은 것은?

① 흥미와 적성에 대한 측정

② 내담자의 자아상과 피드백 간의 불일치의 해결

③ 목표달성 촉진을 위한 자원의 탐색

④ 자기 지식과 직업세계의 연결

➕ 부처(Butcher)의 집단직업상담 단계

• 탐색단계: 자기개방하고 흥미와 적성에 대해 탐색하며 탐색 결과에 대한 피드백을 하고 불일치를 해결한다.

• 전환단계: 자기 지식을 직업세계와 연결하고 가치관의 변화를 꾀한다. 가치명료화를 위해 자신의 가치와 피드백 간의 불일치를 해결한다.

• 행동단계: 목표를 설정하고 목표달성을 위한 정보를 수집하고 공유하며 행동으로 옮긴다.

13 생애진로사정의 구조에 해당되지 않는 것은?

① 적성과 특기　　　　② 강점과 장애

③ 진로사정　　　　　④ 전형적인 하루

해설 생애진로사정의 구조: 진로사정(일 경험, 교육 또는 훈련과정 관심사, 오락) → 전형적인 하루(의존적–독립적, 자발적–체계적 차원의 검토) → 강점과 장애(직업 관련 강점과 약점 파악) → 요약(앞 단계의 내용을 내담자 스스로 요약)

14 행동주의 상담에서 외적인 행동변화를 촉진시키는 방법은?

① 체계적 둔감법

② 근육이완훈련

③ 인지적 모델링과 사고정지

④ 상표제도

해설 ①, ②, ③은 내적 행동변화를 촉진시키는 기법이고, 외적 행동변화를 촉진시키는 기법으로는, 상표제도(토큰법), 주장훈련, 자기관리프로그램, 행동계약, 혐오치료 등이 있다.

15 다음 내용에 대한 상담자의 반응 중 공감적 이해 수준이 가장 높은 것은?

일단 저에게 맡겨주신 업무에 대해서는 너무 간섭하지 마세요. 제 소신껏 창의적으로 일하고 싶습니다.

① "네가 알아서 할 일을 내가 부당하게 간섭한다고 생각하지 않았으면 좋겠어."

② "네가 지난번에 처리했던 일이 아마 잘못됐었지?"

③ "믿고 맡겨준다면 잘 할 수 있을 것 같은데, 간섭받는다는 기분이 들어 불쾌했구나."

④ "네 기분이 나쁘더라도 상사의 지시대로 하는 게 좋을 것 같아."

해설 공감적 이해: 상담기간 중에 상호작용을 통해 나타나는 내담자의 경험과 감정을 민감하고 정확하게 이해하는 것이다.

16 상담사의 기본 기술 중 내담자가 전달하려는 내용에서 한 걸음 더 나아가 그 내면적 감정에 대해 반영하는 것은?

① 해석　　　　　　　② 공감

③ 명료화　　　　　　④ 적극적 경청

해설 ① 해석: 내담자가 직접 진술하지 않은 내용이나 개념을 그의 과거 경험이나 진술을 토대로 하여 추론하여 말하는 것이다.

③ 명료화: 내담자가 하는 말 중에서 모호한 점이 있으면 명확하게 그 의미를 밝혀내 내담자의 의사와 감정을 구체화하는 방법이다.

④ 적극적 경청: 내담자의 말을 듣고 태도와 행동을 관찰하며 선택적 주목하는 것을 말한다.

17 역할사정에서 상호역할관계를 사정하는 방법이 아닌 것은?

① 질문을 통해 사정하기
② 동그라미로 역할관계 그리기
③ 역할의 위계적 구조 작성하기
④ 생애 계획 연습으로 전환시키기

➕ **상호역할관계 사정방법**

- 질문을 통해 역할관계 사정하기
  - 내담자가 개입하고 있는 생애역할들을 나열하기
  - 개개 역할에 소요되는 시간의 양 추정하기
  - 순서를 정하는 근거로 내담자의 가치들을 이용해서 순위 정하기
  - 상충적·보상적·보완적 역할들을 찾아내기 등에 초점을 두기
- 동그라미 역할관계 그리기
- 생애 계획연습으로 전환시키기

18 다음 상담과정에서 필요한 상담기법은?

> 내담자: 전 의사가 될 거예요. 저희 집안은 모두 의사들이거든요.
> 상담자: 학생은 의사가 될 것으로 확신하고 있네요.
> 내담자: 예, 물론이지요.
> 상담자: 의사가 되지 못한다면 어떻게 되나요?
> 내담자: 한 번도 그런 경우를 생각해 보지 못했습니다. 의사가 안 된다면 내 인생은 매우 끔찍할 것입니다.

① 재구조화
② 합리적 논박
③ 정보제공
④ 직면

해설 ② 내담자 유형이 '강박적 사고'일 경우 상담자의 개입: REBT기법(합리적 논박)
① 내담자 유형이 '걸러내기(좋다, 혹은 나쁘다로만 듣는 경우)'일 경우 상담자의 개입: 재구조화, 역설적 기법
③ 내담자 유형이 '단순오정보'일 경우 상담자의 개입: 정보 제공
④ 내담자 유형이 '비난하기'일 경우 상담자의 개입: 식별, 논리적 분석

19 자기인식이 부족한 내담자를 사정할 때 인지에 대한 통찰을 재구조화하거나 발달시키는 데 적합한 방법은?

① 직면이나 논리적 분석을 해준다.
② 불안에 대처하도록 심호흡을 시킨다.
③ 은유나 비유를 사용한다.
④ 사고를 재구조화 한다.

해설 ③ 자기인식이 부족한 내담자를 상담할 때 속담이나 동화에 비유하는 기법이다.
① 자기의 잘못을 타인에게 돌리는 내담자를 상담할 때 사용한다.
② 내담자의 잘못된 의사결정을 상담할 때 사용한다.
④ 내담자가 타인의 말 중 듣고 싶은 내용만 걸러 들을 때 사용한다.

20 진로상담의 원리에 관한 설명으로 틀린 것은?

① 진로상담은 진학과 직업선택, 직업적응에 초점을 맞추어 전개되어야 한다.
② 진로상담은 상담사와 내담자 간의 라포가 형성된 관계 속에서 이루어져야 한다.
③ 진로상담은 항상 집단적인 진단과 처치의 자세를 견지해야 한다.
④ 진로상담은 상담윤리 강령에 따라 전개되어야 한다.

해설 ③ 진로상담을 항상 집단적으로 해야 하는 것은 아니며, 심리검사를 보조적으로 사용한다.

② 과목 Vocational Counselor
직업심리학

21 직업적응과 관련된 개념 중 조화의 내적 지표로, 직업 환경이 개인의 욕구를 얼마나 채워주고 있는지에 대한 개인의 평가를 뜻하는 것은?

① 반응(response)
② 만족(satisfaction)
③ 적응(adjustment)
④ 충족(satisfactoriness)

➕ **롭퀴스트(Lofquist)와 데이비스(Dawis)의 개인-환경상담**

롭퀴스트(Lofquist)와 데이비스(Dawis)는 직업적응이론의 체계를 개인-환경상담을 통해 설명하였는데, 개인의 욕구를 일 환경에서 개인적 적합을 결정짓는 가장 중요한 것으로 보았으며, 만족과 충족 척도를 측정하는 도구를 개발했다.

- 만족(satisfaction): 수행하는 일을 통해 개인의 욕구와 요구 조건이 충족되는 정도이다.
- 충족(satisfactoriness): 개인이 자신에게 주어진 일을 완수하는 정도에 대한 다른 사람의 평가로, 보통 관리자의 평가와 관련되어 있는 개념이다.

22 직업선택 문제들 중 비현실성의 문제와 가장 거리가 먼 것은?

① 흥미나 적성의 유형이나 수준과 관계없이 어떤 직업을 선택해야 할지 결정하지 못한다.
② 자신의 적성수준보다 높은 적성을 요구하는 직업을 선택한다.
③ 자신의 흥미와는 일치하지만, 자신의 적성수준보다는 낮은 적성을 요구하는 직업을 선택한다.
④ 자신의 적성수준에서 선택을 하지만, 자신의 흥미와는 일치하지 않는 직업을 선택한다.

➕ 크라이티스(Crites)의 포괄적 직업상담의 문제유형

구분	설명
적응성	적응형: 흥미와 적성 일치
	부적응형: 흥미와 적성이 맞는 분야를 찾지 못함
현실성	비현실형: 흥미를 느끼는 분야는 있지만 그 분야에 적성을 가지고 있지 못함
	불충족형: 자신의 적성수준보다 낮은 직업 선택
	강압형: 적성 때문에 선택했지만 흥미를 못 느낌
결정성	다재다능형: 가능성이 많아 흥미와 적성을 가진 직업 사이에서 결정 못함
	우유부단형: 흥미와 적성에 관계없이 성격적으로 선택과 결정 못함

23 다음 사례에서 검사-재검사 신뢰도 계수는?

> 100명의 학생들이 특정 심리검사를 받고 한 달 후에 동일한 검사를 다시 받았는데 두 번의 검사에서 각 학생들의 점수는 동일했다.

① −1.00　　② 0.00
③ +0.50　　④ +1.00

해설 신뢰도란 그 검사 도구를 믿을 만한가?로 대변될 수 있는데 측정의 일관성을 의미한다. 즉, 한 검사가 동일한 피검사자에게 반복 실시 했을 때 또는 동형의 검사를 동일 대상자에게 실시하였을 때 그 점수들이 오차 없이 일관성 있게 나오는 정도를 말하는데 크론바흐 계수(∝)로 표시한다. 1.0 동일한 속성, 0.9 아주 신뢰, 0.6 신뢰

24 직무 스트레스를 촉진시키거나 완화하는 조절요인이 아닌 것은?

① A/B 성격유형　　② 통제 소재
③ 사회적 지원　　④ 반복적이고 단조로운 직무

해설 ④ 반복적이고 단조로운 직무는 스트레스 유발요인이다.

25 종업원의 경력개발 프로그램과 가장 거리가 먼 것은?

① 후견인 제도　　② 직무순환
③ 직무평가　　④ 훈련 프로그램

해설 ① 후견인 제도: 종업원이 조직에 쉽게 적응하도록 상사가 후견인이 되어 도와주는 과정을 말한다.
② 직무순환: 종업원에게 다양한 직무를 경험하게 함으로써 여러 분야의 능력을 개발시키는 데 목적이 있다.
④ 훈련 프로그램: 조직 내에서 실시하는 다양한 내용의 교육 프로그램을 말한다.

26 직무분석의 방법과 가장 거리가 먼 것은?

① 요소비교법　　② 면접법
③ 중요사건법　　④ 질문지법

해설 ① 요소비교법은 직무평가 방법 중 하나이다.

➕ 직무분석의 방법
• 최초분석법: 면담법(면접법), 관찰법, 체험법, 설문지법, 녹화법
• 비교확인법: 기존 자료를 수집·분석하여 초안을 작성한 후 현장에서 최초분석법으로 확인하는 방법
• 데이컴법: 교과과정 개발에 활용, 전문가 8~12명에 의해 분석

27 가치중심적 진로접근 모형의 기본명제와 가장 거리가 먼 것은?

① 개인이 우선권을 부여하는 가치들은 얼마되지 않는다.
② 가치는 환경 속에서 가치를 담은 정보를 획득함으로써 학습된다.
③ 한 역할의 특이성은 역할 안에 있는 필수적인 가치들의 만족 정도와 관련된다.
④ 생애역할에서의 성공은 학습된 기술과 인지적·정의적·신체적 적성을 제외한 요인에 의해 결정된다.

해설 ④ 생애역할에서의 성공은 많은 요인들에 의해 결정되는데, 이들 중에는 학습된 기술과 인지적·정의적·신체적 적성도 있다.

28 Parsons가 제시한 특성 – 요인 이론의 기본 가정이 아닌 것은?

① 인간은 신뢰롭고 타당하게 측정할 수 있는 독특한 특성을 지니고 있다.
② 직업은 그 직업에서의 성공을 위한 매우 구체적인 특성을 지닐 것을 요구한다.
③ 진로선택은 다소 직접적인 인지과정이므로 개인의 특성과 직업의 특성을 짝짓는 것이 가능하다.
④ 인성과 동일한 직업 환경이 있으며, 각 환경은 각 개인과 연결되어 있는 성격유형에 의해 결정된다.

해설 ④ 홀랜드(Holland)의 개인–환경 간 적합성 모형은 개인이 자신의 성격과 흥미에 맞는 작업환경에서 일해야 한다는 이론이다.

29 다음은 심리검사의 타당도 중 어떤 것을 설명한 것인가?

> • 논리적 사고에 입각한 논리적인 분석과정으로 판단하는 주관적 타당도이다.
> • 본질적으로 해당분야 전문가의 판단에 의존한다.

① 구성 타당도 ② 예언 타당도
③ 내용 타당도 ④ 동시 타당도

해설 타당도는 그 검사가 무엇을 측정하는가와 그 검사가 그 것을 얼마나 잘 측정하는가를 말한다.

➕ 타당도 종류

종류		특징
내용 타당도		내용영역 측정, 타당도 계수 산출이 어려움, 전문가에 의해 측정
안면 타당두		'무엇을 재는 것처럼 보이는가?'와 관련됨. 일반인(수험생, 피검사자)에 의해 측정
준거 타당도	예언 (예측)	피검사자의 미래의 행동이나 특성을 정확하게 예언하는 정도
	동시 (공인)	새로운 검사를 제작하였을 경우, 기존 검사와의 유사성 검증
구성(구인) 타당도	요인 분석	서로 상관이 높은 문항들을 묶는 통계적 방법
	수렴	관계있는 변인들과 얼마나 높은 상관관계가 있는지의 정도
	변별	관계없는 변인들과 얼마나 낮은 상관관계가 있는지의 정도

30 스트레스에 관한 설명 중 Ellis와 관련이 없는 것은?

① 정서장애는 생활사건 자체를 통해 일어난다.
② 행동에 대한 과거의 영향보다는 현재에 초점을 둔다.
③ 역기능적 사고는 정서장애의 중요한 결정요인이다.
④ 부정적 감정을 유발하는 스트레스는 비합리적 신념에서 나온다.

해설 ① 엘리스(Ellis)는 인지적·정서적·합리적(REBT) 이론을 통해 '사건 자체보다 그 사건을 어떻게 인지하는가'에 따라 정서적 혼란이 생긴다고 하였다.

31 점수유형 중 그 의미가 모든 사람에게 단순하고 직접적이며, 한 집단 내에서 개인의 상대적인 위치를 살펴보는 데 적합한 것은?

① 원점수 ② T점수
③ 표준점수 ④ 백분위점수

해설 ① 원점수: 심리검사 결과로 얻은 최초의 점수를 말한다.
② T점수: 표준화점수(T) = 10(편차)×Z(표준점수)+50(평균)
③ 표준점수: 서로 다른 체계로 측정한 점수들을 동일한 조건에서 비교하기 위한 개념이다.

32 미네소타 욕구 중요도 검사(MIQ)에 관한 설명으로 틀린 것은?

① 특질 및 요인론적 접근을 배경으로 개발되었다.
② 20개의 근로자 욕구를 측정한다.
③ 주 대상은 13세 이상의 남녀이며 초등학교 고학년 이상의 독해력이 필요하다.
④ 6개의 가치요인을 측정한다.

해설 ③ 롭퀴스트(Lofquist)와 데이비스(Dawis)의 미네소타 중요성질문지(MIQ)는 근로자의 직무관련 욕구를 측정한다.

33 직위분석질문지(PAQ)에 관한 설명으로 <u>틀린</u> 것은?

① 작업자중심 직무분석의 대표적인 예이다.
② 직무수행에 요구되는 인간의 특성들을 기술하는 데 사용되는 194개의 문항으로 구성되어 있다.
③ 직무수행에 관한 6가지 주요 범주는 정보입력, 정신과정, 작업결과, 타인들과의 관계, 직무맥락, 직무요건 등이다.
④ 비표준화된 분석도구이다.

해설 ④ PAQ(직위분석설문지 또는 직책분석설문지)는 직무명세서에 기초한 조사지이며, 표준화된 분석도구이다.

34 Holland의 유형학에서 기초한 진로관련 검사는?

① 마이어스–브리그스 유형지표(MBTI)
② 스트롱–켐벨 흥미검사(SCII)
③ 다면적 인성검사(MMPI)
④ 진로개발검사(CDI)

해설 ② 스트롱–켐벨 흥미검사(SCII): 일반직업분류(GOT), 기본흥미척도(BIS), 개인특성척도(PSS), 직업척도(OS)를 측정한다.
① 마이어스–브리그스 유형지표(MBTI): 칼 융(Carl Jung)의 성격심리학에 기초하는 자기보고식 강제선택형 성격검사다.
③ 다면적 인성검사(MMPI): 미네소타 대학에서 정신과 진단을 위해 개발했으나 현재 성격검사로도 사용한다.
④ 진로개발검사(CDI): 수퍼(Super) 등에 의해 진로의사결정 준비도를 측정하기 위해 개발했다.

35 인터넷을 통해 온라인으로 실시하는 심리검사에 대한 설명과 가장 거리가 <u>먼</u> 것은?

① 직업적성검사, 직업흥미검사 등 다양한 진로심리검사 서비스가 제공되고 있다 .
② 검사결과를 즉시 알 수 있어 편리하다.
③ 상담장면에서 활용하기에 부적합하다.
④ 검사를 치르는 상황이 다양하므로 검사점수의 신뢰도가 낮아질 가능성이 있다.

해설 ③ 'work.go.kr'에는 온라인으로 진단 받을 수 있는 심리검사 도구로 청소년용과 성인용, 직업흥미검사, 직업적성검사, 창업진단검사 등이 있으며, 이 심리검사들을 상담 장면에 사용할 수 있다.

36 사람들이 어떤 상황에 기여한 정도에 따라 보상을 받아야 한다는 법칙은?

① 평등분배 법칙
② 형평분배 법칙
③ 필요분배 법칙
④ 요구분배 법칙

➕ 아담스(Adams)의 형평성 이론(공정성 이론)
타인과 유사한 자격을 가지고 수행수준이 동일한 직무를 수행하면서도 자신이 타인과 차이 나는 보수를 받았다고 지각하게 되면 불형평성으로 긴장과 불안이 생긴다는 이론을 제시하였다.

37 Super의 직업발달 단계를 바르게 나열한 것은?

① 성장기 → 확립기 → 탐색기 → 유지기 → 쇠퇴기
② 탐색기 → 성장기 → 유지기 → 확립기 → 쇠퇴기
③ 성장기 → 탐색기 → 확립기 → 유지기 → 쇠퇴기
④ 탐색기 → 유지기 → 성장기 → 확립기 → 쇠퇴기

➕ 수퍼(Super)의 진로발달단계

성장기	• 아동이 가정과 학교에서 중요한 타인에 대해 동일시함으로써 자아개념을 발달 • 하위단계(소주기): 환상기 → 흥미기 → 능력기
탐색기	• 학교생활, 여가활동, 시간제 일 등과 같은 활동으로 자아를 검증하고, 역할을 수행하며 직업탐색 시도 • 하위단계(소주기): 잠정기 → 전환기 → 시행기(수정기)
확립기	• 자신에게 적합한 분야를 발견하여 종사하고, 생활의 터전을 잡으려 노력
유지기	• 안정 속에서 비교적 만족스런 삶을 영위
쇠퇴기	• 직업전선에서 은퇴하고 새로운 역할과 활동탐색

38 직업지도 프로그램 선정시 고려해야 할 사항과 거리가 <u>먼</u> 것은?

① 활용하고자 하는 목적에 부합하여야 한다.
② 실시가 어렵더라도 효과가 뚜렷한 프로그램이어야 한다.
③ 프로그램의 효과를 평가할 수 있어야 한다.
④ 활용할 프로그램은 비용이 적게 드는 경제성을 지녀야 한다.

해설 ② 직업지도 프로그램의 효과를 높이려면 대상자의 수준을 고려하여 선정해야 한다.

39 다음은 Williamson이 분류한 진로선택 문제 중 어떤 유형에 해당하는가?

> 동기나 능력이 부족한 사람이 고도의 능력이나 특수한 재능을 요구하는 직업을 선택하거나, 흥미가 없고 자신의 성격에 맞지 않는 직업을 선택하는 경우 또는 자신의 능력보다 훨씬 낮은 능력을 요구하는 직업을 선택하거나 안정된 직업만을 추구하는 경우

① 직업선택의 확신 부족   ② 현명하지 않은 직업선택
③ 직업 무선택   ④ 흥미와 적성의 모순

➕ **윌리암슨(Williamson)의 진로문제유형**

• 불확실한 선택 또는 확실하지 않은 선택: 내담자가 자기에 대한 이해부족, 직업세계에 대한 이해가 부족한 상태에서 진로선택한 경우
• 무선택 또는 아무런 선택을 하지 않음: 진로선택과 관계없는 흥밋거리에 주로 관심을 쏟는 경우로 직업을 아직 결정하지 못함
• 흥미와 적성의 불일치 또는 흥미와 적성의 모순: 본인이 말하는 흥미와 적성과의 불일치일 수도 있고, 측정된 흥미와 적성 사이의 불일치일 수도 있는 경우
• 어리석은 선택 또는 현명하지 못한 선택: 목표와 맞지 않는 적성 흥미와 관계 없는 목표, 성격에 맞지 않는 직업을 선택한 경우

40 팀 생산성을 높이기 위해서 부하들을 철저히 감독하라는 사장의 요구와 작업능력을 높이려면 자발적으로 일할 수 있는 분위기를 만들어 주어야 한다는 부하들의 요구 사이에서 고민하는 팀장의 스트레스 원인은?

① 송신자 내 갈등   ② 개인 간 역할갈등
③ 개인 내 역할갈등   ④ 송신자 간 갈등

➕ **역할갈등의 종류**

송신자 내 역할갈등	동일한 사람이 한 사람에게 서로 양립할 수 없는 요구를 할 때 발생 예 모순(矛盾)· 모든 것을 뚫을 수 있는 창과 모든 것을 막을 수 있는 방패 요구
송신자 간 역할갈등	두 사람 이상이 모순되는 기대행동을 요구할 때 발생 예 부하를 철저히 감독하라는 사장과 자발적으로 일할 수 있는 분위기를 만들어 달라는 부하들의 요구 사이에서 고민하는 팀장
개인 내 역할갈등	개인이 수행하는 직무의 요구와 개인의 가치관이 다를 때 발생
개인 간 역할갈등	직업에서의 요구와 직업 이외의 요구 간의 갈등에서 발생
역할 간 역할갈등	한 역할에 대한 요구사항이 두 번째 역할에 대한 요구사항과 모순될 때 발생

41 직업정보 수집시 2차 자료(secondary data) 유형을 모두 고른 것은?

> ㄱ. 한국 고용정보원에서 발행하는 직종별 직업사전
> ㄴ. 통계청에서 실시한 지역별 고용조사 결과
> ㄷ. 한국산업인력공단에서 제공하는 국가기술자격통계연보
> ㄹ. 워크넷에서 제공하는 직업별 탐방기(테마별 직업여행)

① ㄱ, ㄷ   ② ㄱ, ㄴ, ㄹ
③ ㄴ, ㄷ, ㄹ   ④ ㄱ, ㄴ, ㄷ, ㄹ

➕ **직업정보 수집자료의 종류**

1차 자료	연구자가 현재 수행 중인 조사연구의 목적달성을 위하여 직접 수집하는 자료
2차 자료	수행 중인 조사연구에 도움이 되는 기존의 모든 자료로서, 1차 자료를 제외한 모든 자료

42 한국표준산업분류(2017)의 산업결정방법에 대한 설명으로 틀린 것은?

① 생산단위의 산업활동은 그 생산단위가 수행하는 주된 산업활동(판매 또는 제공되는 재화 및 서비스)의 종류에 따라 결정된다.
② 생산단위가 수행하는 주된 산업활동에 따라 결정하는 것이 적합하지 않을 경우에는 그 해당 활동의 종업원 수 및 노동시간, 임금 및 급여액 또는 설비의 정도에 의하여 결정한다.
③ 계절에 따라 정기적으로 산업을 달리하는 사업체의 경우에는 조사시점에 경영하는 사업에서 산출액이 많았던 활동에 의하여 분류된다.
④ 휴업 중 또는 자산을 청산중인 사업체의 산업은 영업 중 또는 청산을 시작하기 이전의 산업활동에 의하여 결정하며, 설립 중인 사업체는 개시하는 산업활동에 따라 결정한다.

해설 ③ 계절에 따라 정기적으로 산업을 달리하는 사업체의 경우에는 조사시점에서 경영하는 사업과는 관계없이 조사대상 기간 중 산출액이 많았던 활동에 의하여 분류한다.

43 한국표준산업분류(2017)에서 하나 이상의 장소에서 이루어지는 단일 산업활동의 통계단위는?

① 기업집단 단위   ② 기업체 단위
③ 활동유형 단위   ④ 지역 단위

➕ 한국표준산업분류: 통계단위

구분	하나 이상 장소	단일 장소
하나 이상 산업활동	㉠ 기업집단 단위	㉢ 지역 단위
	㉡ 기업체 단위	
단일 산업활동	㉣ 활동유형 단위	㉤ 사업체 단위

㉠ 기업집단 단위/기업체 단위: 하나 이상의 장소에서 이루어지는 하나 이상의 산업활동
㉣ 활동유형 단위: 하나 이상의 장소에서 이루어지는 단일 산업활동
㉢ 지역 단위: 단일 장소에서 이루어지는 하나 이상 산업활동
㉤ 사업체 단위: 단일 장소에서 이루어지는 단일 산업활동

44 일반적인 직업정보 처리과정을 바르게 나열한 것은?

① 수집 → 제공 → 분석 → 가공 → 평가
② 수집 → 가공 → 제공 → 분석 → 평가
③ 수집 → 평가 → 가공 → 제공 → 분석
④ 수집 → 분석 → 가공 → 제공 → 평가

➕ 직업정보 처리과정

① 수집	계획적, 최신 정보, 자료 출처·수집일자 반드시 기록
② 분석	전문적, 단일한 정보라도 다각적 분석 시도, 직업정보 제공원 공개
③ 가공	장단점의 편견 없이 제공, 이용자가 이해할 수 있는 언어 사용, 시청각효과 부가
④ 제공	생산과정 공개
⑤ 평가	앤드루스(Andrus)가 제시한 평가관점: 형태효용, 시간효용, 장소효용, 소유효용

45 국가기술자격 종목 중 임산가공기사, 임업종묘기사, 산림기사가 공통으로 해당하는 직무분야는?

① 농업어업   ② 건설
③ 안전관리   ④ 환경·에너지

해설 ② 건설배관 직무분야: 배관기능사, 배관기능장, 건설산업기사
③ 안전관리 직무분야: 가스기사, 건설안전기사, 방재기사 등
④ 환경에너지 직무분야: 대기환경기사, 소음진동기사 등

46 국가기술자격 기능장 등급의 응시자격으로 틀린 것은?

① 응시하려는 종목이 속하는 기능사 자격을 취득한 후 국민평생직업능력개발법에 따라 설립된 기능대학의 기능장과정을 마친 이수자 또는 그 이수예정자
② 산업기사 등급 이상의 자격을 취득한 후 응시하려는 종목이 속하는 동일 및 유사 직무분야에서 7년 이상 실무에 종사한 사람
③ 응시하려는 종목이 속하는 동일 및 유사 직무분야에서 9년 이상 실무에 종사한 사람
④ 응시하려는 종목이 속하는 동일 및 유사 직무 분야의 다른 종목의 기능장 동급의 자격을 취득한 사람

해설 ② 국가기술자격 기능장 등급의 응시자격은 산업기사등급이상 취득 후+실무경력 5년이다.

47 한국직업전망에서 정의한 고용변동 요인 중 불확실성 요인에 해당하는 것은?

① 인구구조 및 노동인구 변화
② 정부정책 및 법·제도 변화
③ 과학기술 발전
④ 가치관과 라이프스타일 변화

➕ 고용에 영향을 미치는 요인
• 확실성 요인: 인구구조 및 노동인구 변화, 산업특성 및 산업구조 변화, 과학기술 발전, 기후변화와 에너지 부족, 가치관과 라이프스타일 변화
• 불확실성 요인: 대내외 경제 상황 변화, 기업의 경영전략 변화, 정부정책 및 법·제도 변화

48 워크넷(직업·진로)에서 '직업정보 찾기'의 하위 메뉴가 아닌 것은?

① 신직업·창직 찾기
② 업무수행능력별 찾기
③ 통합 찾기(지식, 능력, 흥미)
④ 지역별 찾기

해설 ④ 지역별 찾기는 직업정보 찾기 하위 메뉴에 해당하지 않는다.

49 한국직업사전에 대한 설명으로 틀린 것은?

① 수록된 직업들은 직무분석을 바탕으로 조사된 정보들로서 유사한 직무를 기준으로 분류한 것이다.
② 본 직업정보는 직업코드, 본직업명, 직무개요, 수행직무 등이 해당한다.
③ 수록된 각종 정보는 사업체 표본조사를 통해 조사된 내용으로 근로자의 직업(직무)평가 자료로서의 절대적 기준을 제시한다.
④ 급속한 과학기술 발전과 산업구조 변화 등에 따라 변동하는 직업세계를 체계적으로 조사분석하여 표준화된 직업명과 기초직업정보를 제공할 목적으로 발간된다.

해설 ③ 한국직업사전에 수록된 각종 직업정보는 절대적인 기준을 제시하는 자료가 될 수 없다.

50 민간직업정보의 일반적인 특성에 관한 설명으로 옳은 것은?

① 특정한 목적에 맞게 해당분야 및 직종을 제한적으로 제시하는 경향이 있다.
② 특정시기에 국한되지 않고 지속적으로 제공된다.
③ 무료로 제공된다.
④ 다른 정보에 미치는 영향이 크며 연관성이 높은 편이다.

해설 ②, ③, ④ 공공직업정보의 특성이다.

➕ 공공직업정보와 민간직업정보의 특징 비교

공공직업정보	민간직업정보
공익적인 목적으로 생산·제공	한시적으로 신속하게 생산되어 운영
지속적으로 조사, 분석하여 제공	단기간에 조사되어 집중적으로 제공
전체산업 및 업종에 걸친 직종을 대상	특정한 목적에 맞게 해당분야 및 직종 선택
객관적인 기준에 근거한 직업분류	정보생산자의 임의적 기준
보편적 항목으로 구성	정보자체의 효과가 큰 반면 파급효과 적음
무료제공	유료제공

51 다음 중 국가기술자격 종목을 모두 고른 것은?

> ㄱ. 전산회계운용사1급
> ㄴ. 감정평가사
> ㄷ. 국제의료관광코디네이터
> ㄹ. 문화재수리기능자

① ㄱ, ㄴ, ㄹ   ② ㄱ, ㄷ
③ ㄴ   ④ ㄷ, ㄹ

해설 감정평가사, 문화재수리기능자는 국가전문자격으로 분류한다.

52 한국직업사전의 부가 직업정보에 대한 설명으로 옳은 것은?

① 정규교육: 해당 직업 종사자의 평균 학력을 나타낸다.
② 조사연도: 해당 직업의 직무조사가 실시된 연도를 나타낸다.
③ 작업강도: 해당 직업의 직무를 수행하는 데 필요한 육체적·심리적·정신적 힘의 강도를 나타낸다.
④ 유사명칭: 본직업명과 기본적인 직무에 있어서 공통점이 있으나 직무의 범위, 대상 등에 따라 나뉘는 직업이다.

해설 ① 정규교육: 직업 종사자의 평균 학력을 나타낸 것이 아니다.
③ 작업강도: 해당 직업의 직무를 수행하는 데 필요한 심리적·정신적 노동강도는 고려하지 않았다.
④ '관련직업'에 대한 설명이다. 유사명칭: 현장에서 본직업명을 명칭만 다르게 부르는 것으로 본직업명과 사실상 동일하다.

53 직업정보 제공과 관련된 인터넷사이트 연결이 틀린 것은?

① 직업훈련정보: HRD-Net(hrd.go.kr)
② 자격정보: Q-Net(Q-net.or.kr)
③ 외국인고용관리정보: EI넷(Ei.go.kr)
④ 해외취업정보: 월드잡플러스(Worldjob.or.kr)

해설 ③ 외국인고용관리 시스템(고용허가제, 외국인 근로자 취업·고용절차 안내): eps.go.kr, 고용보험정보: ei.go.kr

54 한국표준산업분류에서 산업분류의 적용원칙에 관한 설명으로 <u>틀린</u> 것은?

① 생산단위는 산출물뿐만 아니라 투입율과 생산 공정 등을 함께 고려하여 그들의 활동을 가장 정확하게 설명된 항목에 분류해야 한다.
② 복합적인 활동단위는 우선적으로 세세분류단계를 정확히 결정하고, 순차적으로 세, 소, 중 단계 항목을 결정하여야 한다.
③ 산업활동이 결합되어 있는 경우에는 그 활동단위의 주된 활동에 따라서 분류하여야 한다.
④ 공식적 생산물과 비공식적 생산물, 합법적 생산물과 불법적인 생산물을 달리 분류하지 않는다.

해설 ② 복합적인 활동단위는 우선적으로 최상급 분류단계(대분류)를 정확히 결정하고, 순차적으로 중·소·세·세세분류 단계 항목을 결정하여야 한다.

55 직업정보 수집을 위한 서베이 조사에 관한 설명으로 <u>틀린</u> 것은?

① 면접조사는 우편조사에 비해 비언어적 행위의 관찰이 가능하다.
② 일반적으로 전화조사는 면접조사에 비해 면접시간이 길다.
③ 질문의 순서는 응답률에 영향을 줄 수 있다.
④ 폐쇄형 질문의 응답범주는 상호배타적이어야 한다.

해설 서베이 조사방법은 설문지, 면접, 전화 등을 이용하여 일정한 시점에 다수의 조사대상자로부터 직접 자료를 수집하는 것이다. 우편조사와 면접조사하는 방법을 가장 많이 사용한다.
② 전화조사에 비해 직접 대면하는 조사가 소요되는 시간이 더 길다.

56 직업정보 분석시 유의점으로 <u>틀린</u> 것은?

① 전문적인 시각에서 분석한다.
② 직업정보원과 제공원에 대해 제시한다.
③ 동일한 정보에 대해서는 한 가지 측면으로만 분석한다.
④ 원자료의 생산일, 자료표집방법, 대상 등을 검토해야 한다.

해설 ③ 동일한 정보라 할지라도 다각적인 분석을 시도하여 해석을 풍부하게 하여야 한다.

57 한국표준직업분류(2018)에서 직업으로 보지 <u>않</u>는 활동을 모두 고른 것은?

ㄱ. 이자, 주식배당 등과 같은 자산 수입이 있는 경우
ㄴ. 예·적금 인출, 보험금 수취, 차용 또는 토지나 금융자산을 매각하여 수입이 있는 경우
ㄷ. 사회복지시설 수용자의 시설 내 경제활동
ㄹ. 수형자의 활동과 같이 법률에 의한 강제 노동을 하는 경우

① ㄱ, ㄷ
② ㄴ, ㄹ
③ ㄱ, ㄴ, ㄷ
④ ㄱ, ㄴ, ㄷ, ㄹ

➕ 한국표준직업분류: 직업으로 인정하지 않는 것
• 이자, 주식배당, 임대료(전세금, 월세) 등과 같은 자산 수입이 있는 경우
• 연금법, 국민기초생활보장법, 국민연금법 및 고용보험법 등의 사회보장이나 민간보험에 의한 수입이 있는 경우
• 경마, 경륜, 경정, 복권 등에 의한 배당금이나 주식투자에 의한 시세차익이 있는 경우
• 예·적금 인출, 보험금 수취, 차용 또는 토지나 금융자산을 매각하여 수입이 있는 경우
• 자기 집의 가사 활동에 전념하는 경우
• 교육기관에 재학하며 학습에만 전념하는 경우
• 시민봉사활동 등에 의한 무급 봉사적인 일에 종사하는 경우
• 사회복지시설 수용자의 시설 내 경제활동
• 수형자의 활동과 같이 법률에 의한 강제노동을 하는 경우
• 도박, 강도, 절도, 사기, 매춘, 밀수와 같은 불법적인 활동

➕ 한국표준직업분류: 직업의 4요건
• 계속성: 유사성 갖는 직무 계속하여 수행
• 경제성: 경제적 거래관계 성립해야 하고 노력이 전제
• 윤리성과 사회성
• 속박된 상태에서의 제반 활동은 직업으로 인정되지 못함

58 워크넷의 채용정보 검색조건에 해당하지 <u>않는</u> 것은?

① 희망임금
② 학력
③ 경력
④ 연령

해설 ④ 「고용상 연령차별금지 및 고령화 고용촉진에 관한 법률」이 시행됨에 따라 채용정보에 연령을 기재할 수 없기 때문에 연령별 채용정보는 검색할 수 없다.

59 평생학습계좌제(www.all.go.kr)에 관한 설명으로 틀린 것은?

① 개인의 다양한 학습경험을 온라인 학습이력관리시스템에 누적·관리하여 체계적인 학습설계를 지원한다.
② 개인의 학습결과를 학력이나 자격인정과 연계하거나 고용정보로 활용할 수 있게 한다.
③ 전 국민을 대상으로 실시하는 제도로서, 원하는 누구나 이용이 가능하다.
④ 온라인으로 계좌개설이 가능하며, 방문신청은 전국 고용센터에 방문하여 개설한다.

해설 ④ 평생교육진흥원에 방문하여 개설해야 하며, 본인 확인을 위해 온라인 신청 시에는 개인별 공인인증서를, 방문신청 시에는 신분증을 지참하여야 한다.

60 한국고용직업분류(2018)의 대분류에 해당하지 않는 것은?

① 군인
② 건설·채굴직
③ 설치·정비·생산직
④ 연구직 및 공학 기술직

➕ 한국고용직업분류의 대분류
• 경영·사무·금융·보험직
• 연구직 및 공학 기술직교육
• 법률·사회복지·경찰·소방직 및 군인
• 보건의료직
• 예술·디자인·방송·스포츠직
• 미용·여행·숙박·음식·경비·청소직
• 영업·판매·운전·운송직
• 건설·채굴직
• 설치·정비·생산직
• 농림어업직

④ 과목 Vocational Counselor
노동시장론

61 인력 수요예측의 근거와 가장 거리가 먼 것은?

① 고용전망
② 성장률
③ 출생률
④ 취업계수

해설 ③ 수요예측은 '기업에서 종업원을 얼마나 필요로 할 것인가?'와 연관이 있는 것이고, 출생률은 노동공급과 관계가 있다.

62 효율임금(efficiency wage) 가설에 대한 설명으로 옳은 것은?

① 기업이 생산의 효율성을 달성하기 위해 적정임금을 책정한다.
② 기업이 시장임금보다 높은 임금을 유지해 노동생산성 증가를 도모한다.
③ 기업이 노동생산성에 맞춰 임금을 책정한다.
④ 기업이 생산비 최소화 원리에 따라 임금을 책정한다.

➕ 효율임금(efficiency wage) 가설
• 대기업이 노동시장 임금보다 높은 임금을 지급하면 지원자가 많기 때문에, 원하는 능력을 갖춘 인재를 채용할 수 있다.
• 노동자는 높은 임금을 받기 때문에 감독받지 않아도 열심히 근무하여 생산성이 높으며, 직장 상실비용이 커 장기근속하므로 기업의 극대이윤 추구에 부합된다.
• 효율임금 때문에 대기업과 중소기업 간 임금격차가 확대된다.

63 경제적 조합주의(economic unionism)에 대한 설명으로 틀린 것은?

① 노동조합운동과 정치와의 연합을 특징으로 한다.
② 경영전권을 인정하며 경영참여를 회피해온 노선이다.
③ 노동조합운동의 목적은 노동자들의 근로조건을 포함한 생활조건의 개선과 유지에 있다.
④ 노사관계를 기본적으로 이해대립의 관계로 보고 있으나 이해조정이 가능한 비적대적 관계로 이해한다.

해설 ① 경제적 조합주의는 조합의 활동을 임금과 노동조건의 개선 등 노동자의 생활 향상에 의식적으로 한정시키며, 조합운동의 독자성·자주성 확보 및 조합 내 민주주의 실현이 가장 중요한 조직원리이다.

64 개별기업수준에서 노동에 대한 수요곡선을 이동시키는 요인이 아닌 것은?

① 기술의 변화
② 임금의 변화
③ 자본의 가격 변화
④ 최종생산물가격의 변화

해설 ② 노동수요의 결정요인에는 임금의 변화, 다른 생산요소의 가격, 상품에 대한 소비자의 크기, 노동생산성, 생산기술방식 등이 있다. 이 중 임금의 변화는 다른 요인들과 달리 노동수요곡선 자체를 이동시키지 못하고 점으로 움직인다.

65 다음 ( )에 알맞은 것은?

아담 스미스(A, Smith)는 노동조건의 차이, 소득안정성의 차이, 직업훈련비용의 차이 등 각종 직업상의 비금전적 불이익을 견딜 수 있기에 필요한 정도의 임금프리미엄을 ( )(이)라고 하였다.

① 직종별 임금격차　　② 균등화 임금격차
③ 생산성임금　　　　④ 헤도닉임금

➕ 아담 스미스(A, Smith)의 보상적 임금격차

임금 외적인 요소에서의 불리한 측면을 상쇄하여 근로자에게 돌아가는 순이익을 다른 직업과 같게 하는 것으로 균등화 임금격차라고도 한다.
• 작업의 쾌적함 정도 **예** 임금 비교: 탄광노동자 > 사무직
• 고용의 안정성 여부 **예** 임금 비교: 상용근로자 < 일용직
• 교육훈련에 드는 비용 **예** 임금 비교: 전문직 > 단순노무직
• 책임의 정도 **예** 임금 비교: 기업의 대표 > 일반 사원

66 불경기에 발생하는 부가노동자효과(added wor-ker effect)와 실망실업자효과(discouraged worker effect)에 따라 실업률이 변화한다. 다음 중 실업률에 미치는 효과의 방향성이 옳은 것은?(단, +: 상승효과, -: 감소효과)

① 부가노동자효과: +, 실망실업자효과: -
② 부가노동자효과: -, 실망실업자효과: -
③ 부가노동자효과: +, 실망실업자효과: +
④ 부가노동자효과: -, 실망실업자효과: +

해설 부가노동자효과는 비경제활동인구가 노동시장에 유입되면서 실업률이 높아지는 효과이고, 실망노동자효과는 실업자가 구직활동을 포기하여 비경제활동인구가 되어 실업률이 감소하는 효과이다.
※ '부가노동자는 부가적으로 늘고, 실망노동자는 실망해서 빠진다'로 이해하세요.

67 다음 중 연봉제의 장점과 가장 거리가 먼 것은?

① 능력주의, 성과주의를 실현할 수 있다.
② 과감한 인재기용에 용이하다.
③ 종업원 상호 간의 협조성이 높아진다.
④ 종업원들의 동기를 부여할 수 있다.

해설 ③ 연봉제는 1년 동안의 성과에 의해 임금이 결정되기 때문에 과다한 경쟁이 생겨 상호협조하기 어렵다.

68 다음 중 최저임금제가 고용에 미치는 부정적 효과가 가장 큰 상황은?

① 노동수요곡선과 노동공급곡선이 모두 탄력적일 때
② 노동수요곡선과 노동공급곡선이 모두 비탄력적일 때
③ 노동수요곡선이 탄력적이고 노동공급곡선이 비탄력적일 때
④ 노동수요곡선이 비탄력적이고 노동공급곡선이 탄력적일 때

해설 노동수요곡선과 노동공급곡선이 모두 탄력적일 때, 최저임금수준에 따라 수요와 공급이 탄력적이므로 부정적 효과가 가장 크다.

➕ 최저임금에 따른 수요와 공급

최저임금 결정 수준	노동수요와 노동공급	결 과
예상보다 낮을 때	노동수요 > 노동공급	공급이 적어 기업이 인력난을 겪는다.
예상보다 높을 때	노동수요 < 노동공급	수요가 적어 실업이 발생한다.

69 노동조합조직부문과 비조직부문 간의 임금격차를 축소시키는 효과를 바르게 짝지은 것은?

ㄱ. 이전효과(spillover effect)
ㄴ. 위협효과(threat effect)
ㄷ. 대기실업효과(wait-unemployment effect)
ㄹ. 해고효과(displacement effect)

① ㄱ, ㄴ　　　　　② ㄴ, ㄷ
③ ㄷ, ㄹ　　　　　④ ㄱ, ㄹ

➕ 노동조합의 임금효과

• 이전효과(파급효과): 노조조직회사에서 임금인상 후 구조조정하고 신규인력 채용규모가 축소되어, 노조비조직회사로의 지원자가 늘어 임금이 하락하므로 두 회사 간의 임금격차가 확대된다.
• 위협효과: 노조조직회사의 근로자가 임금인상을 요구하며 파업하면, 노조비조직회사에서 노조결성을 염려해 임금을 인상하므로 두 회사 간의 임금격차가 축소된다.
• 대기실업효과: 임금수준이 높은 노조조직회사에 고용기회를 갖기 위해 근로자가 임금이 낮은 노조비조직회사의 일자리를 거부하면, 노조비조직회사에서 임금을 올려 두 회사 간의 임금격차가 축소된다.
• 해고효과: 노조조직회사에서 임금인상 후 구조조정을 하게 되면, 해고된 노동자가 노조비조직회사로 몰려 임금을 하락시키므로 두 회사 간의 임금격차가 확대된다.

70 어느 지역의 노동공급상태를 조사해 본 결과 시간당 임금이 3000원일 때 노동공급량은 270이었고, 임금이 5000원으로 상승했을 때 노동공급량은 540이었다. 이때 노동공급의 탄력성은?

① 1.28
② 1.50
③ 1.00
④ 0.82

해설 노동공급탄력성 $= \dfrac{\text{노동공급변화율(\%)}}{\text{임금변화율(\%)}} = \dfrac{100\%}{66.7\%} = 1.50$

노동공급변화율 $= \dfrac{\text{노동공급변화량}}{\text{기존노동량}} \times 100 = \dfrac{270}{270} \times 100$
$= 100\%$

임금변화율 $= \dfrac{\text{임금변화량}}{\text{기존임금}} \times 100 = \dfrac{2,000}{3,000} \times 100 = 66.7\%$

71 기업별 조합의 상부조합(산업별 또는 지역별)과 개별 사용자 간 또는 사용자단체와 기업별 조합과의 사이에서 행해지는 단체교섭은?

① 기업별교섭
② 대각선교섭
③ 통일교섭
④ 방사선교섭

해설 ① 기업 내 조합원을 협약의 적용대상인 교섭단위로 한다.
③ 통일교섭: 교섭권을 위임받은 연합체노조와 사용자단체 간의 단체교섭이다.

➕ **단체교섭: 집단교섭**
단위노조와 사용자가 각각 집단으로 연합전선을 형성해 교섭하는 유형으로, 연합교섭 또는 연합전선이라고도 한다.

72 임금체계에 관한 설명으로 틀린 것은?

① 직능급은 개인의 직무수행능력을 고려하여 임금을 관리하는 체계이다.
② 속인급은 연령, 근속, 학력에 따라 임금을 결정하는 체계이다.
③ 직무급은 직무분석과 직무평가를 기초로 직무의 상대적 가치에 따라 임금을 결정하는 체계이다.
④ 연공급은 근로자의 생산성에 바탕을 둔 임금체계이다.

해설 ④ 성과급에 대한 설명이다. 연공급(= 속인급)은 개인의 학력, 연령 등을 고려하여 근속연수에 따라 임금수준을 결정한다.

73 조합원 자격이 있는 노동자만을 채용하고 일단 고용된 노동자라도 조합원 자격을 상실하면 종업원이 될 수 <u>없는</u> 숍 제도는?

① 오픈 숍
② 유니온 숍
③ 에이전시 숍
④ 클로즈드 숍

➕ **노동조합의 숍 제도**
• 오픈 숍: 노동조합 가입의무가 없어서 노조조직력이 가장 약하다.
• 유니언 숍: 입사 후 일정기간 내 노조에 의무적으로 가입해야 한다.
• 클로즈드 숍: 노동조합에 가입해야만 입사가 가능하다.
• 에이전시 숍: 모든 종업원에게 노동조합비를 징수한다.
• 프레퍼렌셜 숍: 채용에 있어서 노동조합원에게 우선순위를 준다.
• 메인터넌스 숍: 일정기간 동안 조합원자격을 유지해야 한다.
⇒ 노조 조직력: 클로즈드 숍 > 유니언 숍 > 오픈 숍

74 다음 중 경제활동참가에 영향을 주는 요인을 모두 고른 것은?

> ㄱ. 여가에 대한 상대적 가치
> ㄴ. 비근로소득의 발생
> ㄷ. 단시간 노동의 기회

① ㄱ, ㄴ
② ㄱ, ㄷ
③ ㄴ, ㄷ
④ ㄱ, ㄴ, ㄷ

해설 ㄱ: 여가에 대한 상대적 가치가 높으면 경제활동참가율이 낮아지고, 상대적 가치가 낮으면 경제활동참가율이 높아진다.
ㄴ: 비근로소득이 발생하면 경제활동참가율이 낮아진다.
ㄷ: 단시간 노동의 기회가 많아지면 경제활동참가율이 높아진다.

75 A국의 취업자가 200만명, 실업자가 10만명, 비경제활동인구가 100만명이라고 할 때, A국의 경제활동참가율은?

① 약 66.7%
② 67.7%
③ 약 69.2%
④ 70.4%

해설 경제활동참가율 $= \dfrac{\text{경제활동인구}}{\text{15세 이상인구}} \times 100 = \dfrac{210}{310} \times 100$
$= 67.7\%$

경제활동인구 = 취업자+실업자 = 200만명+10만명 = 210만명
15세 이상인구 = 경제활동인구+비경제활동인구
= 210만명+100만명 = 310만명

76 실업급여의 효과에 대한 설명으로 가장 적합한 것은?

① 노동시간을 늘리고 경제활동참가도 증대시킨다.

② 노동시간을 단축시키고 경제활동참가도 감소시킨다.

③ 노동시간의 증·감은 불분명하지만 경제활동참가는 증대시킨다.

④ 노동시간, 경제활동참가 모두 불분명하다.

[해설] ③ 경제활동참가율은 15세 이상인구 중에 경제활동인구가 차지하는 비율을 나타낸 것이다. 실업급여로 인한 실질적인 노동시간의 증감은 파악하기 어려우나 실업급여 수급을 위해서는 구직활동을 해야 하기 때문에 실업자가 늘어 경제활동참가율이 증가한다.

77 기업 내부노동시장의 형성요인과 가장 거리가 먼 것은?

① 노동조합의 존재　　② 기업 특수적 숙련 기능

③ 직장 내 훈련　　　④ 노동관련 관습

[해설] 내부노동시장은 임금, 직무배치 및 승진 등 기업 내부의 명문화된 절차에 의하여 결정되는 시장으로 대기업, 공기업 등이 해당된다. 이 시장의 형성요인에는 숙련의 특수성, 채용훈련비용(현장훈련), 노동관련 관습 등이 있다.

78 노동조합의 역사에서 가장 오래된 조합의 형태는?

① 산업별 노동조합(industrial union)

② 기업별 노동조합(company union)

③ 직업별 노동조합(craft union)

④ 일반 노동조합(general union)

➕ 노동조합의 형태

직업별 노동조합	직능별 또는 직종별 노동조합. 노동조합의 역사에서 가장 오래된 형태로, 전문직이 노동공급 독점과 직무통제를 통하여 상대적 고임금을 유지한다. **예)** 택시운전자노조
산업별 노동조합	직종의 여하를 가리지 않고 동일 산업에 종사하는 근로자가 소속기업, 직종과 관계없이 횡적으로 조직하는 형태이다. **예)** 금속노조, 섬유노조
기업별 노동조합	동일기업에 종사하는 근로자에 의하여 조직된 형태로, 대기업에서 가능하고 중소기업에서는 어용노조가 될 가능성이 높다. **예)** 현대자동차노조
일반 노동조합	직종이나 산업에 구애됨이 없이 모든 근로자에 의해 조직되는 단일 노동조합을 말한다.

79 근로자의 귀책사유 없이 기업의 가동률 저하로 인하여 근로자가 기업으로부터 떠나는 것으로 미국 등에서 잘 발달되어 있는 제도는?

① 사직(quits)　　　② 해고(discharges)

③ 이직(separation)　④ 일시해고(layoffs)

[해설] ④ 미국에서 가장 잘 발달되어 있는 일시해고에 대한 설명이다.

80 실업을 수요부족실업과 비수요부족실업으로 구분할 때 비수요부족실업을 모두 고른 것은?

ㄱ. 경기적 실업	ㄴ. 마찰적 실업
ㄷ. 구조적 실업	ㄹ. 계절적 실업

① ㄱ　　　　　　　② ㄴ, ㄷ

③ ㄱ, ㄴ, ㄹ　　　　④ ㄴ, ㄷ, ㄹ

➕ 실업의 구분

수요부족 실업	일자리 부족으로 인해 발생하는 실업이며, 대표적으로 경기적 실업이 여기에 해당한다.
비수요부족 실업	일자리가 있음에도 발생하는 실업이다. 마찰적 실업(정보부족으로 발생), 구조적 실업(노동력 수급구조상 불균형으로 발생), 기술적 실업(기업이 노동을 기계로 대체해 발생)이 여기에 해당한다.

⑤ 과목 　Vocational Counselor
노동관계법규

81 다음 중 노동법의 성격에 가장 적합한 원칙은?

① 계약자유의 원칙

② 자기책임의 원칙

③ 소유권 절대의 원칙

④ 당사자의 실질적 대등의 원칙

[해설] ①, ②, ③은 소유권과 시장경제체제를 기본으로 하는 자본주의 이념이다. 그런데 근대 시민법 질서는 자본주의 모순을 심화시킬 수 밖에 없다는 반성으로 시민법의 3대 원칙을 '계약공정의 원칙, 무과실책임의 원칙, 소유권 상대의 원칙'으로 수정하게 되었다.

82 국민평생직업능력개발법에 명시된 직업능력개발훈련이 중요시되어야 하는 사람에 해당하지 **않는** 것은?

① 일용근로자
② 여성근로자
③ 제조업의 생산직에 종사하는 근로자
④ 중소기업기본법에 따른 중소기업의 근로자

해설 ③ 제조업의 생산직에 종사하는 근로자는 직업능력개발 훈련이 중요시되어야 하는 사람으로 명시되지 않았다.

➕ 직업능력개발훈련이 중요시되는 사람
• 고령자·장애인
• 「국민기초생활 보장법」에 따른 수급권자
• 「국가유공자 등 예우 및 지원에 관한 법률」에 따른 국가유공자와 그 유족 또는 가족이나 「보훈보상대상자 지원에 관한 법률」에 따른 보훈보상대상자와 그 유족 또는 가족
• 「5·18민주유공자예우에 관한 법률」에 따른 5·18민주유공자와 그 유족 또는 가족
• 「제대군인지원에 관한 법률」에 따른 제대군인 및 전역예정자
• 여성근로자
• 「중소기업기본법」에 따른 중소기업의 근로자
• 일용근로자, 단시간근로자
• 기간을 정하여 근로계약을 체결한 근로자, 일시적 사업에 고용된 근로자
• 「파견근로자 보호 등에 관한 법률」에 따른 파견근로자

83 다음 ( )에 알맞은 것은?

> 국민평생직업능력개발법상 사업주는 훈련계약을 체결할 때에는 해당직업능력 개발훈련을 받는 사람이 직업능력개발훈련을 이수한 후에 사업주가 지정하는 업무에 일정기간 종사하도록 할 수 있다. 이 경우 그 기간은 (ㄱ)년 이내로 하되 직업능력개발훈련 기간의 (ㄴ) 배를 초과할 수 없다.

① ㄱ: 5, ㄴ: 5   ② ㄱ: 3, ㄴ: 3
③ ㄱ: 5, ㄴ: 3   ④ ㄱ: 3, ㄴ: 5

해설 ③ 사업주는 해당 직업능력개발훈련을 받는 사람이 직업능력개발훈련을 이수한 후에 사업주가 지정하는 업무에 일정 기간 종사하도록 할 수 있으며, 그 기간은 5년 이내로 하되, 직업능력개발훈련 기간의 3배를 초과할 수 없다.

84 국민평생직업능력개발법상 고용노동부장관이 직업능력개발사업을 하는 사업주에게 지원할 수 있는 비용이 **아닌** 것은?

① 근로자를 대상으로 하는 자격검정사업 비용
② 직업능력개발훈련을 위해 필요한 시설의 설치 사업 비용
③ 근로자의 경력개발관리를 위하여 실시하는 사업 비용
④ 고용노동부장관의 인정을 받은 직업능력개발훈련 수강 비용

해설 ①, ②, ③은 사업주에게, ④는 근로자에게 지원하는 비용이다.

➕ 국민평생직업능력개발법: 직업능력개발 지원
• 고용노동부장관은 근로자(실업자 등은 제외)의 자율적인 직업능력개발을 지원하기 위하여 근로자에게 다음의 비용을 지원하거나 융자할 수 있다.
  - 고용노동부장관의 인정을 받은 직업능력개발훈련 과정의 수강 비용
  - 「고등교육법」에 따른 전문대학 또는 이와 같은 수준 이상의 학력이 인정되는 교육과정의 수업료 및 그 밖의 납부금
  - 위의 내용에 준하는 비용으로서 대통령령으로 정하는 비용

85 근로기준법상 임금에 대한 설명으로 **틀린** 것은?

① 임금이란 사용자가 근로의 대가로 근로자에게 임금, 봉급, 그 밖에 어떠한 명칭으로든지 지급하는 일체의 금품을 말한다.
② 평균임금이란 이를 산정하여야 할 사유가 발생할 날 이전 3개월 동안에 그 근로자에게 지급된 임금의 총액을 말한다.
③ 사용자는 도급이나 그 밖에 이에 준하는 제도로 사용하는 근로자에게 근로시간에 따라 일정액의 임금을 보장하여야 한다.
④ 근로기준법에 따른 임금채권을 3년간 행사하지 아니하면 시효로 소멸한다.

해설 ② "평균임금"이란 이를 산정하여야 할 사유가 발생한 날 이전 3개월 동안에 그 근로자에게 지급된 임금의 총액을 그 기간의 총일수로 나눈 금액을 말한다. 근로자가 취업한 후 3개월 미만인 경우도 이에 준한다.

86 남녀고용평등과 일·가정 양립 지원에 관한 법률상 육아휴직에 관한 설명으로 옳은 것은?

① 사업주는 근로자가 만 6세 이하의 초등학교 취학 전 자녀(입양한 자녀는 제외한다)를 양육하기 위하여 휴직을 신청하는 경우에 이를 허용하여야 한다.

② 사업주는 육아휴직을 이유로 해고나 그 밖의 불리한 처우를 하여서는 아니되며, 육아휴직 기간에는 그 근로자를 해고하지 못하지만 사업을 계속할 수 없는 경우에는 그러하지 아니 하다.

③ 사업주는 근로자가 육아휴직을 마친 후에는 휴직 전과 같은 업무 또는 같은 수준의 임금을 지급하는 직무에 복귀할 수 있도록 노력하여야 한다.

④ 육아휴직의 기간은 1년 이상으로 하며, 육아휴직 기간은 근속기간에 포함하지 아니한다.

해설 ① 사업주는 임신 중인 여성 근로자가 모성을 보호하거나 근로자가 만 8세 이하 또는 초등학교 2학년 이하의 자녀(입양한 자녀 포함)를 양육하기 위하여 휴직을 신청하는 경우에 이를 허용하여야 한다.
③ 사업주는 육아휴직을 마친 후에는 휴직 전과 같은 업무 또는 같은 수준의 임금을 지급하는 직무에 복귀시켜야 한다. 또한 육아휴직 기간은 근속기간에 포함한다.
④ 육아휴직의 기간은 1년 이내로 한다.

87 근로3권에 관한 설명으로 옳은 것은?

① 근로자는 자주적인 단결권, 단체교섭권, 단체행동권을 가진다.

② 공무원도 근로자이므로 근로3권을 당연히 갖는다.

③ 주요방위산업체의 근로자는 국가안보를 위해 당연히 단체행동권이 인정되지 않는다.

④ 미취업근로자 개개인에게 주어지는 구체적 권리이다.

해설 ② 공무원인 근로자는 법률이 정하는 자에 한하여 단결권, 단체교섭권 및 단체행동권을 가진다.
③ 법률이 정하는 주요방위산업체에 종사하는 근로자의 단체행동권은 법률이 정하는 바에 의하여 이를 제한하거나 인정하지 아니할 수 있다.
④ 미취업자는 노조법의 근로자 개념에는 포함되나 헌법의 근로3권에서는 달리 정하는 바가 없다.

88 고용정책 기본법상 고용노동부장관이 실시할 수 있는 실업대책사업에 해당되지 <u>않는</u> 것은?

① 고용촉진과 관련된 사업을 하는 자에 대한 대부(貸付)

② 실업자에 대한 생계비, 의료비(가족의 의료비 포함), 주택매입자금 등의 지원

③ 실업자의 취업촉진을 위한 훈련의 실시와 훈련에 대한 지원

④ 실업의 예방, 실업자의 재취업 촉진, 그 밖에 고용안정을 위한 사업을 하는 자에 대한 지원

해설 ② 실업자에 대한 생계비, 생업자금, 「국민건강보험법」에 따른 보험료 등 사회보험료, 의료비(가족의 의료비 포함), 학자금(자녀의 학자금 포함), 주택전세자금 및 창업점포임대 등의 지원, 그 밖에 실업의 해소에 필요한 사업을 실시 할 수 있다.

89 근로자퇴직급여 보장법에 관한 설명으로 <u>틀린</u> 것은?

① 퇴직급여제도의 일시금을 수령한 사람은 개인형퇴직연금제도를 설정할 수 있다.

② 사용자는 계속근로기간이 1년 미만인 근로자, 4주간을 평균하여 1주간의 소정근로시간이 15시간 미만인 근로자에 대하여는 퇴직급여제도를 설정하지 않아도 된다.

③ 확정급여퇴직연금제도 또는 확정기여형퇴직연금제도의 가입자는 개인형퇴직연금제도를 추가로 설정할 수 없다.

④ 상시 10명 미만의 근로자를 사용하는 사업의 경우 사용자가 개별근로자의 동의를 받거나 근로자의 요구에 따라 개인형퇴직연금제도를 설정하는 경우에는 해당 근로자에 대하여 퇴직급여제도를 설정한 것으로 본다.

해설 ③ 확정급여형퇴직연금제도 또는 확정기여형퇴직연금제도의 가입자는 개인형퇴직연금제도를 추가로 설정할 수 있다.

90 직업안정법상 직업안정기관의 장이 구인신청의 수리(修理)를 거부할 수 있는 경우가 아닌 것은?

① 구인신청의 내용이 법령을 위반한 경우
② 구인자가 구인조건을 밝히기를 거부하는 경우
③ 구직자에게 제공할 선급금을 제공하지 않는 경우
④ 구인신청의 내용 중 임금·근로시간 기타 근로조건이 통상의 근로조건에 비하여 현저하게 부적당하다고 인정되는 경우

해설 ③ 유료직업소개사업을 등록한 자 및 그 종사자는 구직자에게 제공하기 위하여 구인자로부터 선급금을 받아서는 아니 된다.

91 고용정책 기본법령상 사업주의 대량고용변동 신고시 이직하는 근로자수에 포함되는 자는?

① 수습 사용된 날부터 3개월 이내의 사람
② 자기의 사정 또는 귀책사유로 이직하는 사람
③ 상시 근무를 요하지 아니하는 사람으로 고용된 사람
④ 6개월 초과하는 기간을 정하여 고용된 사람으로서 당해 기간을 초과하여 계속 고용되고 있는 사람

해설 ④ 일용근로자 또는 기간을 정하여 고용된 사람(단, 일용근로자 또는 6개월을 초과하는 기간을 정하여 고용된 사람으로서 해당기간을 초과하여 계속 고용되고 있는 사람)은 사업주의 대량고용변동 신고시 이직하는 근로자수에 포함된다.

92 고용상 연령차별금지 및 고령자 고용촉진에 관한 법령상 운수업의 고령자 기준고용률은?

① 그 사업장의 상시근로자수의 100분의 2
② 그 사업자의 상시근로자수의 100분의 3
③ 그 사업장의 상시근로자수의 100분의 5
④ 그 사업장의 상시근로자수의 100분의 6

➕ 고령자 기준고용률
• 제조업: 그 사업장의 상시근로자수의 100분의 2
• 운수업, 부동산 및 임대업: 그 사업장의 상시근로자수의 100분의 6
• 위의 사업 이외의 사업: 그 사업장의 상시근로자수의 100분의 3

93 남녀고용평등 및 일·가정 양립 지원에 관한 법령상 육아기 근로시간 단축에 관한 설명이다. ( )에 들어갈 내용으로 옳은 것은?

사업주가 근로자에게 육아기 근로시간 단축을 허용하는 경우 단축 후 근로시간은 주당 (ㄱ) 시간 이상이어야 하고 (ㄴ) 시간을 넘어서는 아니 된다.

① ㄱ: 10, ㄴ: 15
② ㄱ: 10, ㄴ: 20
③ ㄱ: 15, ㄴ: 30
④ ㄱ: 15, ㄴ: 35

해설 ④ 사업주가 해당 근로자에게 육아기 근로시간 단축을 허용하는 경우 단축 후 근로시간은 주당 15시간 이상이어야 하고 35시간을 넘어서는 아니 된다. 육아기 근로시간 단축의 기간은 1년 이내로 한다.

94 파견근로자 보호 등에 관한 법률에 대한 설명으로 틀린 것은?

① 근로자파견사업의 허가의 유효기간은 2년으로 한다.
② 사용사업주는 파견근로자를 사용하고 있는 업무에 근로자를 직접 고용하고자 하는 경우에는 당해 파견근로자를 우선적으로 고용하도록 노력하여야 한다.
③ 근로자파견이라 함은 파견사업주가 근로자를 고용한 후 그 고용관계를 유지하면서 근로자파견계약의 내용에 따라 사용사업주의 지휘·명령을 받아 사용사업주를 위한 근로에 종사하게 하는 것을 말한다.
④ 사용사업주는 고용노동부장관의 허가를 받지 않고 근로자파견사업을 행하는 자로부터 근로자파견의 역무를 제공받은 경우에 해당 파견근로자를 직접 고용하여야 한다.

해설 ① 근로자파견사업 허가의 유효기간은 3년으로 한다.

95 고용보험법상 피보험기간이 5년 이상 10년 미만이고, 이직일 현재 연령이 40세 미만인 경우의 구직급여 소정급여일수는? (단, 장애인이 아님)

① 150일　　　　② 180일
③ 210일　　　　④ 240일

➕ 고용보험법: 구직급여의 소정급여일수

구분	피보험 기간				
	1년 미만	1년 이상 3년 미만	3년 이상 5년 미만	5년 이상 10년 미만	10년 이상
50세 미만	120일	150일	180일	210일	240일
50세 이상 및 장애인	120일	180일	210일	240일	270일
자영업자		120일	150일	180일	210일

「장애인고용촉진 및 직업재활법」에 따른 장애인은 50세 이상인 것으로 보아 적용한다.

96 직업안정법령상 직업정보제공사업자의 준수사항에 해당하지 않는 것은?

① 구직자의 이력서 발송을 대행하지 아니할 것
② 직업정보제공사업의 공고문에 "취업지원" 등의 표현을 사용하지 아니할 것
③ 구인자의 신원이 확실하지 아니한 구인광고를 게재하지 아니할 것
④ 직업정보제공매체의 구인·구직의 광고에서는 구인·구직자의 주소 또는 전화번호를 기재하지 아니할 것

해설 ④ 직업정보제공매체의 구인·구직의 광고에는 구인·구직자의 주소 또는 전화번호를 기재하고, 직업정보제공사업자의 주소 또는 전화번호는 기재하지 않아야 한다.

97 근로기준법상 근로감독관에 관한 설명으로 틀린 것은?

① 근로조건의 기준을 확보하기 위하여 고용노동부와 그 소속 기관에 근로감독관을 둔다.
② 근로감독관의 직무에 관한 범죄의 수사는 검사와 근로감독관이 전담하여 수행한다.
③ 근로감독관은 사업장, 기숙사, 그 밖의 부속 건물을 현장조사하고 장부와 서류의 제출을 요구할 수 있다.
④ 의사인 근로감독관이나 근로감독관의 위촉을 받은 의사는 취업을 금지하여야 할 질병에 걸릴 의심이 있는 근로자에 대하여 검진할 수 있다.

해설 ② 이 법이나 그 밖의 노동 관계 법령에 따른 현장조사, 서류의 제출, 심문 등의 수사는 검사와 근로감독관이 전담하여 수행한다. 다만, 근로감독관의 직무에 관한 범죄의 수사는 그러하지 아니 하다.

98 남녀고용평등과 일·가정 양립 지원에 관한 법률상 직장 내 성희롱의 금지 및 예방에 대한 설명으로 틀린 것은?

① 사업주는 직장 내 성희롱 예방을 위한 교육을 분기별 1회 이상 하여야 한다.
② 사업주는 성희롱 예방 교육의 내용을 근로자가 자유롭게 열람할 수 있는 장소에 항상 게시하거나 갖추어 두어 근로자에게 널리 알려야 한다.
③ 누구든지 직장 내 성희롱 발생 사실을 알게 된 경우 그 사실을 해당 사업주에게 신고할 수 있다.
④ 사업주는 직장 내 성희롱 발생 사실이 확인된 때에는 피해근로자가 요청하면 근무장소의 변경, 배치전환, 유급휴가 명령 등 적절한 조치를 하여야 한다.

해설 ① 사업주는 직장 내 성희롱 예방을 위한 교육을 연 1회 이상 하여야 한다.

99 근로기준법령상 상시 4명 이하의 근로자를 사용하는 사업 또는 사업장에 적용하는 법 규정을 모두 고른 것은?

> ㄱ. 근로기준법 제9조(중간착취의 배제)
> ㄴ. 근로기준법 제18조(단시간근로자의 근로조건)
> ㄷ. 근로기준법 제21조(전차금 상계의 금지)
> ㄹ. 근로기준법 제60조(연차 유급휴가)
> ㅁ. 근로기준법 제72조(갱내근로의 금지)

① ㄱ, ㄷ, ㄹ
② ㄴ, ㄹ
③ ㄷ, ㅁ
④ ㄱ, ㄴ, ㄷ, ㅁ

➕ 상시근로자 4명 이하의 사업장에 적용 규정

구분	적용법 규정
제1장 총칙	㉠ 제1조부터 제13조까지의 규정
제2장 근로계약	제15조, 제17조, ㉡ 제18조, 제19조제1항, ㉢ 제20조부터 제22조까지의 규정, 제23조제2항, 제26조, 제35조부터 제42조까지의 규정
제3장 임금	제43조부터 제45조까지의 규정, 제47조부터 제49조까지의 규정
제4장 근로시간과 휴식	제54조, 제55조제1항, 제63조
제5장 여성과 소년	제64조, 제65조제1항·제3항(임산부와 18세 미만인 자로 한정한다), 제66조부터 제69조까지의 규정, 제70조제2항·제3항, 제71조, ㉣ 제72조, 제74조
제6장 안전과 보건	제76조
제8장 재해보상	제78조부터 제92조까지의 규정
제11장 근로감독관 등	제101조부터 제106조까지의 규정
제12장 벌칙	제107조부터 제116조까지의 규정(제1장부터 제6장까지, 제8장, 제11장의 규정 중 상시 4명 이하 근로자를 사용하는 사업 또는 사업장에 적용되는 규정을 위반한 경우로 한정)

100 고용보험법상 실업급여에 해당하지 않는 것은?

① 구직급여
② 조기(早期) 재취업 수당
③ 정리해고 수당
④ 이주비

해설 ③ 정리해고 수당(해고예고 수당)은 「근로기준법」에 규정되어 있는 것으로, 사용자가 근로자를 해고할 때 최소 30일 전에 해고의 예고를 하지 않았을 경우 지급해야 하는 30일분 이상의 통상임금이다.

➕ 고용보험법: 실업급여의 종류

종류	내용
구직급여	–
취업촉진 수당	조기재취업 수당, 직업능력개발 수당, 광역 구직활동비, 이주비

과목 Vocational Counselor
직업상담학

01 다음에서 설명하고 있는 생애진로사정의 구조는?

> 개인이 자신의 생활을 어떻게 조직하는지를 발견하는 것이다. 내담자가 그들 자신의 생활을 체계적으로 조직하는지 아니면 매일 자발적으로 반응하는지 결정하는 데 도움을 준다.

① 진로사정   ② 전형적인 하루
③ 강점과 장애   ④ 요약

➕ **생애진로사정의 구조**

구조(순서)	내용
진로사정	일 경험, 교육 또는 훈련과정 관심사, 오락
전형적인 하루	의존적-독립적, 자발적-체계적 차원의 검토
강점과 장애	직업 관련 강점과 약점 파악
요약	위의 내용을 내담자 스스로 요약

02 상담사가 길을 전혀 잃어버리지 않고 마치 자신이 내담자의 세계에서 경험을 하는 듯한 능력을 의미하는 상담기법은?

① 직면   ② 즉시성
③ 리허설   ④ 감정이입

해설 ① 직면: 내담자가 행동의 특정 측면을 검토하고 수정하게 하며 통제하도록 도전하게 한다.
② 즉시성: 상담자 자신의 바람은 물론 내담자의 느낌, 인상, 기대 등에 대해 깨닫고 대화를 나누는 것이다.
③ 리허설: 리허설을 통해 내담자에게 선정된 행동을 연습하게 함으로써 내담자의 계약 실행 기회를 최대화하도록 도울 수 있다.

➕ **공감과 감정이입의 비교**
- 공감: 상담자가 자신이 직접 경험하지 않고도 다른 사람의 감정을 거의 같은 수준으로 이해하는 것이다. **예** 시청자
- 감정이입: 상담사가 길을 전혀 잃어버리지 않고 마치 자신이 내담자의 세계에서 경험을 하는 듯한 능력을 말한다. **예** 연기자

03 상담장면에서 인지적 명확성이 부족한 내담자를 위한 개입방법이 아닌 것은?

① 잘못된 정보를 바로 잡아줌
② 구체적인 정보를 제공함
③ 원인과 결과의 착오를 바로 잡아줌
④ 가정된 불가피성에 대해 지지적 상상을 제공함

➕ **상담자의 개입방법**

인지적 명확성이 부족한 유형	상담자의 개입
단순 오정보: **예** 거기에는 속물들만 있어요. 대부분 강남 출신이고, 나는 그 대학에 갈 수 없어요.	잘못된 정보를 바로 잡음, 구체적인 정보 제공
원인과 결과 착오: **예** 전 사업을 할까 생각 중이에요. 그런데 그 분야에서 일하는 여성들은 대부분 이혼한대요.	원인과 결과 착오를 바로 잡음(논리적 분석)
가정된 불가피성: **예** 전 의대를 졸업할 수 없을 것 같아요.	격려, 논리적 분석

04 Dagley가 제시한 직업가계도를 그릴 때 관심을 가져야 할 요인과 가장 거리가 먼 것은?

① 가족구성원들의 진로선택 형태와 방법
② 내담자가 성장할 때의 또래집단 상황
③ 가족의 경제적 기대와 압력
④ 특정 직업에 대한 가계 유전적 장애

해설 ④ 특정 직업에 대한 가계 유전적 장애는 직업가계도를 그릴 때 관심을 가져야 할 요인으로 거리가 멀다.

➕ **직업가계도(제노그램) 활용**
- 보웬(Bowen)의 가족치료에서 시작된 것으로 내담자의 부모나 형제자매 등의 직업을 도해로 표시하는 것이다.
- 내담자의 직업에 대한 고정관념, 다양한 직업기회의 결과에 대한 기대, 직업가치와 흥미에 대한 근본원인 등의 측정에 활용된다.
- 내담자의 직업의식, 직업선택, 직업태도에 대한 가족의 영향력을 분석하고, 내담자의 직업적 지각 및 선택에 영향을 미친 모델이 누구인지 탐색할 수 있다.
- 내담자에게 심리적인 압박으로 작용할 수 있는 가족의 미완성된 과제를 발견하고, 내담자의 직업선택 관련 무의식과 함께 자기지각의 근거를 밝히는 데 도움이 된다.

05 인간중심상담이론에서 상담사의 역할과 가장 거리가 먼 것은?

① 조력관계를 통해 성장을 촉진한다.
② 내담자 문제를 진단하여 분류한다.
③ 내담자가 자신의 깊은 감정을 깨닫게 돕는다.
④ 내담자로 하여금 존중받고 있음을 느끼게 한다.

> **해설** ② 특성-요인이론의 특징에 대한 설명이다.

➕ **로저스(Rogers)의 인간중심상담이론**
• 로저스(Rogers)는 내담자 스스로 자신의 문제를 알고 있고 문제를 해결할 능력이 있다고 보며, 상담관계 그 자체가 성장의 경험이라고 하였다.
• 요구되는 상담자의 태도: 일치성(진실성 또는 진솔성), 무조건적인 긍정적 관심과 수용, 정확한 공감적 이해가 필요하다.
• 진단과 처방 배제: 중요한 것은 구체적인 문제의 해결에 있는 것이 아니라, 내담자의 성장을 돕는 것이다. 그러므로 상담자의 입장에서 진단하고 처방하는 것을 배제한다.

06 직업상담사의 역할과 가장 거리가 먼 것은?

① 직업정보의 수집 및 분석
② 직업관련 이론의 개발과 강의
③ 직업관련 심리검사의 실시 및 해석
④ 구인, 구직, 직업적응, 경력개발 등 직업관련 상담

> **해설** ② 직업관련 이론을 개발하고 그 내용을 강의하는 것은 직업상담사의 역할과 거리가 멀다.

➕ **직업상담사의 역할**
• 내담자를 상담하는 상담자
• 내담자의 문제해결을 돕기 위한 조언자
• 그 과정에서 필요한 직업상담 프로그램을 개발하는 개발자
• 개발한 프로그램을 내담자에게 적용하는 지원자
• 그 결과를 설명하는 해석자
• 제대로 된 직업정보인지 분석하는 정보분석가
• 공공기관 그리고 기업체 이사담당자와 협의하는 협의자

07 Crites가 제시한 직업상담 과정에 포함되지 않는 것은?

① 진단
② 문제 분류
③ 정보 제공
④ 문제 구체화

> **해설** 크라이티스(Crites)가 제시한 직업상담 과정: 진단 → 문제분류 → 문제구체화 → 문제해결

08 포괄적 직업상담 과정에 대한 설명으로 틀린 것은?

① 내담자가 직업선택에서 가졌던 문제들을 상담한다.
② 내담자가 자신의 내부와 주변에서 일어나는 일들을 충분히 자각하게 한다.
③ 직업심리검사를 통해 내담자의 문제를 명료화한다.
④ 상담과 검사를 통해 얻어진 자료를 바탕으로 직업정보를 제공한다.

> **해설** ② 내담자중심 상담이론의 '완전히 기능하는 사람'에 대한 설명이다.

➕ **크라이티스(Crites)의 포괄적 직업상담**
• 상담과정에 진단, 문제분류, 문제구체화, 문제해결 단계가 포함된다.
• 상담의 목적에는 직업선택, 의사결정 기술의 습득, 일반적 적응의 고양 등이 포함되어야 한다.
• 목적달성을 위해 상담기법, 검사해석, 직업정보 등이 포함된다.

09 진로시간전망 검사지의 사용목적과 가장 거리가 먼 것은?

① 진로 태도를 인식하기 위해
② 미래의 방향을 이끌어내기 위해
③ 계획에 대해 긍정적 태도를 강화하기 위해
④ 현재의 행동을 미래의 결과와 연계시키기 위해

➕ **진로시간전망의 검사지의 목적**
• 미래의 방향을 이끌어내기 위해서
• 미래에 대한 희망을 심어 주기 위해서
• 미래가 실제인 것처럼 느끼도록 하기 위해서
• 계획에 대해 긍정적 태도를 강화하기 위해서
• 목표설정을 촉구하기 위해서
• 현재의 행동을 미래의 결과와 연계시키기 위해서
• 계획기술을 연습하기 위해서
• 진로의식을 높이기 위해서

10 Williamson의 특성–요인 직업상담에서 검사의 해석단계에 이용할 수 있다고 제시한 상담기법은?

① 가정
② 반영
③ 변명
④ 설명

> **해설** 윌리암슨(Williamson)의 특성–요인 직업상담에서 검사의 해석단계에 이용되는 상담기법: 직접 충고, 설득, 설명

11 다음 중 내담자의 동기와 역할을 사정함에 있어서 자기보고법이 적합한 내담자는?

① 인지적 명확성이 낮은 내담자
② 인지적 명확성이 높은 내담자
③ 흥미가치가 낮은 내담자
④ 흥미가치가 높은 내담자

해설 ② 자기보고법은 내담자가 심리검사 문항을 읽고 그 의미를 이해한 뒤, 자기를 탐색하여 보고하게 하는 것으로 인지적 명확성이 높은 내담자에게 매우 효과적이다.

12 다음 대화는 교류분석이론의 어떤 유형에 해당하는가?

> A : 철수야, 우리 눈썰매 타러 갈래?
> B : 나이에 맞는 행동 좀 해라. 난 그런 쓸데없는 짓으로 낭비할 시간이 없어!

① 암시적 교류
② 직접적 교류
③ 이차적 교류
④ 교차적 교류

➕ 에릭 번(Eric Berne)의 교류분석 상담기법

과정	내용
구조분석	P(부모 자아), A(성인 자아) C(아동 자아)
교류분석	상보적 교류: 원만한 대화가 이루어지며 바람직한 인간관계의 유형이다.
	교차적 교류: 의사소통에 단절이나 왜곡이 생기고 바람직하지 못한 인간관계가 될 수 있다.
	이면(암시)적 교류: 겉으로는 합리적 대화를 하는 것 같으나 대화 이면에 다른 진의를 감추고 있다.
게임분석	구조자, 박해자, 희생자
각본분석 (생활분석)	• 자기긍정-타인긍정(I'm OK - You're OK): 가장 좋은 자세로, 생산적 인간관계가 될 수 있다. • 자기긍정-타인부정(I'm OK - You're not OK): 자신은 좋지만 상대가 나쁘기 때문이라고 생각하여, 공격적 인간관계가 될 수 있다. • 자기부정-타인긍정(I'm not OK - You're OK): 상대는 좋으나 나는 그렇지 않다고 생각하여, 피해자적 인간관계가 될 수 있다. • 자기부정-타인부정(I'm not OK - You're not OK): 나도 상대도 틀렸다고 생각하여, 파괴적 인간관계가 될 수 있다.

13 Mitchell과 Krumboltz가 제시한 진로발달과정의 요인에 해당하지 <u>않는</u> 것은?

① 특별한 능력
② 환경조건
③ 사회성 기술
④ 과제접근 기술

➕ 사회학습이론의 진로발달과정 4가지 요인

• 유전적 요인과 특별한 능력
• 환경조건과 사건
• 학습경험
• 과제접근 기술

14 Bordin의 정신역동적 진로상담기법과 가장 거리가 먼 것은?

① 비교
② 순수성
③ 명료화
④ 소망-방어체계에 대한 해석

해설 보딘(Bordin)의 정신역동적 직업상담기법: 명료화, 비교, 소망-방어체계에 대한 해석

15 Williamson의 변별진단에서 4가지 결과에 해당하지 <u>않는</u> 것은?

① 직업선택에 대한 확신 부족
② 직업 무선택
③ 정보의 부족
④ 흥미와 적성의 모순

➕ 윌리암슨, 크라이티스, 보딘의 문제유형 비교

윌리암슨 (Williamson)	크라이티스 (Crites)		보딘 (Bordin)
불확실한 선택	적응성	적응형, 부적응형	의존성
무선택	현실성	비현실형, 불충족형, 강압형	정보의 부족
흥미와 적성의 모순	결정성	다재다능형, 우유부단형	자아갈등 (내적갈등)
어리석은 선택		–	진로선택에 따르는 불안
–			문제가 없음 (확신의 결여)

16 상담에서 비밀보장 예외의 원칙과 가장 거리가 먼 것은?

① 상담자가 슈퍼비전을 받아야 하는 경우
② 심각한 범죄 실행의 가능성이 있는 경우
③ 내담자가 자살을 실행할 가능성이 있는 경우
④ 상담을 의뢰한 교사가 내담자의 상담자료를 요청하는 경우

➕ 비밀보장 원칙의 예외
- 내담자가 불법적 행위를 했거나 당했을 때
- 내담자가 자신이나 타인의 생명 또는 사회의 안전을 위협하는 경우
- 미성년인 내담자가 학대를 당하고 있는 경우
- 내담자가 아동학대를 하고 있는 경우
- 내담자에게 감염성 질병이 있다는 확실한 정보가 있을 경우
- 법적으로 정보의 공개가 요구되는 경우

17 직업카드분류에 관한 설명으로 틀린 것은?

① 내담자를 능동적으로 참여하도록 한다.
② 즉각적인 피드백을 제공한다.
③ 내담자가 제한적으로 반응하도록 구성되어 있다.
④ 상담사가 내담자에 대한 의미 있는 여러 정보를 얻을 수 있다.

해설 ③ 직업카드분류는 내담자의 주제를 언어로 표현하도록 촉진하는 것으로, 내담자가 제한적으로 반응하도록 해서는 안 된다.

18 행동주의 상담기법 중 내담자가 긍정적 강화를 받을 기회를 박탈시키는 것은?

① 타임아웃
② 혐오치료
③ 자극통제
④ 토큰경제

해설 ① 타임아웃: 부적절한 행동 시 긍정적 강화의 기회를 일시적으로 박탈하는 것이다. 예 숙제를 하지 않으면 일정시간 동안 게임을 못하게 한다.
② 혐오치료: 바람직하지 않은 행동이 제거될 때까지 바람직하지 않은 행동과 고통스러운 자극을 연관시키는 것이다.
③ 자극통제: 내담자에게 특정 종류의 자극을 어떻게 통제하는지 보여줌으로써, 역기능적으로 행동할 가능성을 줄이는 것이다. 예 비만증 환자가 과자 자동판매기를 피하도록 한다.
④ 토큰경제: 행동을 변화시키기 위해 강화원리를 이용하는 것이다. 예 바람직한 행동을 했을 때 칭찬 스티커를 준다.

19 초기면담의 유형 중 정보지향적 면담을 위한 상담기법과 가장 거리가 먼 것은?

① 재진술
② 탐색해 보기
③ 폐쇄형 질문
④ 개방형 질문

해설 ① 재진술은 관계지향적 면담에 사용되는 기법으로, 내담자의 이야기를 같은 의미의 다른 단어로 바꾸어 이야기하는 것이다.

➕ 정보지향적 면담
짧은 시간에 내담자에게서 직업 관련 정보를 많이 얻기 위한 면담 유형이다. 상담의 틀이 상담사에게 초점을 맞추어 진행되며, 탐색하기, 개방형 질문, 폐쇄형 질문을 사용한다.

20 Jung이 언급한 원형들 중 환경의 요구에 조화를 이루려고 하는 적응의 원형은?

① 페르소나
② 아니마
③ 그림자
④ 아니무스

해설 ① 페르소나: 사회적 요구에 대한 반응으로 내놓는 공적 얼굴이다.
②, ④ 아니마와 아니무스: 아니마는 남성의 내부에 있는 여성성을 말하고, 아니무스는 여성의 내부에 있는 남성성을 말한다.
③ 그림자: 인간이 가지고 있는 어둡거나 사악한 측면을 나타내는 것으로 인간의 원초적인 동물적 욕망에 기인하는 원형이다.

---

2 과목 Vocational Counselor
직업심리학

21 Selye가 제시한 일반적응증후군의 3가지 단계가 아닌 것은?

① 경계단계
② 도피단계
③ 저항단계
④ 탈진단계

해설 셀리에(Selye)가 제시한 일반적응증후군(스트레스 반응)의 3단계: 경계(경고)단계 → 저항단계 → 탈진(소진)단계

22 Ginzberg의 진로발달 3단계가 아닌 것은?

① 잠정기(tentative phase)

② 환상기(fantasy phase)

③ 현실기(realistic phase)

④ 탐색기(exploring phase)

해설 ④ 탐색기는 수퍼(Super)의 진로발달단계에 속한다.

➕ 긴즈버그(Ginzberg) 진로발달단계

환상기	초기 놀이중심단계에서, 마지막 부분에는 놀이가 일 중심으로 변화하기 시작한다.
잠정기	일이 요구하는 조건을 점차 인식하는 단계이다. 흥미, 일의 보상, 가치, 시간적 측면에 대해 인식한다. • 흥미단계: 좋은 것과 아닌 것을 분명히 결정한다. • 능력단계: 자신의 능력을 깨닫게 된다. • 가치단계: 자신의 직업 스타일에 대해 보다 명확한 이해를 하게 된다. • 전환단계: 직업선택에 대한 결정과 그것에 수반되는 책임의식을 깨닫게 된다.
현실기	흥미와 능력의 통합단계, 가치 발달, 직업선택의 구체화, 직업적 패턴의 명료화 등이 가능해진다. • 탐색단계: 진로선택을 2~3가지 정도로 좁힌다. • 구체화단계: 특정 직업 분야에 몰두하게 된다. • 특수화(정교화)단계: 직업선택하거나 특정 진로에 맞는 직업훈련을 받게 된다.

23 반분신뢰도(split-half reliability)를 추정하는 방법과 가장 거리가 먼 것은?

① 사후양분법

② 전후절반법

③ 기우절반법

④ 짝진 임의배치법

해설 반분신뢰도는 해당 검사를 문항수가 같도록 반씩 나눈 뒤, 개인별로 얻은 두 점수 간의 상관계수이다.
② 전후절반법: 전체 검사를 문항 수에 따라 전·후로 나눈다.
③ 기우절반법: 전체 검사를 문항 번호에 따라 홀·짝으로 나눈다.
④ 짝진 임의배치법: 전체 검사를 문항의 난이도, 문항과 총점 간의 상관계수를 토대로 나눈다.

24 심리검사의 유형과 그 예를 짝지은 것으로 틀린 것은?

① 직업흥미검사 – VPI   ② 직업적성검사 – AGCT

③ 성격검사 – CPI   ④ 직업가치검사 – MIQ

해설 ② AGCT(Army General Classification Test)는 군대일 반분류검사로 언어, 수리, 공간능력 요인으로 구성되어 있다. 직업적성검사(General Aptitude Test Battery, GATB)는 미국에서 개발한 적성검사로 우리나라에서는 일본의 GATB를 재표준화한 것을 사용하고 있다.
① 직업흥미검사(Vocational Preference Iventory, VPI)는 개인-환경 간 적합성 모형으로 홀랜드에 의해 개발된 직업흥미 검사 도구이다.
③ 캘리포니아 심리특성검사(California Psychological Inventory, CPI)는 정상인을 준거집단으로 하여 제작된 성격 유형검사 도구이다.
④ 미네소타 중요성질문지(Minnesota Importance Questionnaire, MIQ)는 욕구를 측정하는 검사도구로, 가치는 일 욕구이며 미네소타 중요성질문지에서 사정된다는 직업가치측정검사이다.

25 직무분석 자료의 특성과 가장 거리가 먼 것은?

① 직무분석 자료는 사실 그대로를 반영하여야 한다.

② 직무분석 자료는 가공하지 않은 원상태의 자료이어야 한다.

③ 직무분석 자료는 과거와 현재의 정보를 모두 활용해야 한다.

④ 직무분석 자료는 논리적으로 체계화해야 한다.

해설 ③ 직무분석 자료는 항상 최신의 정보를 사용해야 한다.

26 스트레스에 대처하기 위한 포괄적인 노력과 가장 거리가 먼 것은?

① 과정중심적 사고방식에서 목표지향적 초고속 사고로 전환해야 한다.

② 가치관을 전환해야 한다.

③ 스트레스에 정면으로 도전하는 마음가짐이 있어야 한다.

④ 균형 있는 생활을 해야 한다.

해설 ① 스트레스에 대처하기 위해서는 목표지향적 사고방식에서 과정지향적 사고방식으로 전환해야 한다.

27 직무 스트레스 매개변인으로 개인 속성에 해당하는 것은?

① 통제 소재
② 역할 과부하
③ 역할 모호성
④ 조직 풍토

➕ 직무 스트레스에 영향을 미치는 요인

개인적 속성	• 행동양식: A·B유형 • 통제소재: 내적·외적통제
상황적 변수	• 사회적 지원 또는 사회적 지지

➕ 직무관련 스트레스의 요인

직무관련	과제특성, 역할과부하, 역할갈등, 역할모호성 의사결정 참여
개인관련	행동양식: A·B유형
환경관련	소음, 온도, 조명, 공기오염, 사무실 설계, 사회적 밀도
조직관련	조직구조, 조직풍토, 집단응집력, 지도유형

28 내담자의 적성과 흥미 또는 성격이 직업적 요구와 달라 생긴 직업적응문제를 해결하는 데 가장 적합한 방법은?

① 스트레스 관리 방안 모색
② 직업전환
③ 인간관계 개선 프로그램 제공
④ 갈등관리 프로그램 제공

해설 ② 내담자가 선택한 직업의 직무를 수행할 능력도 없고, 그 직무를 좋아하지도 않는다면, 직업전환을 해야 한다.

29 다음 중 직무분석 결과의 활용 용도와 가장 거리가 먼 것은?

① 신규 작업자의 모집
② 종업원의 교육훈련
③ 인력수급계획 수립
④ 종업원의 사기조사

해설 직무분석 결과의 활용 용도: 모집 및 선발, 교육 및 훈련, 직무수행평가, 직무평가, 배치 및 경력개발, 정원관리, 임금관리, 안전관리 및 작업조건의 개선

30 다음은 Holland의 6가지 성격유형 중 무엇에 해당하는가?

• 다른 사람과 함께 일하거나 다른 사람을 돕는 것을 즐기지만 도구와 기계를 포함하는 질서정연하고 조직적인 활동을 싫어한다.
• 기계적이고 과학적인 능력이 부족하며 카운슬러, 바텐더 등이 해당한다.

① 현실적 유형(R)
② 탐구적 유형(I)
③ 사회적 유형(S)
④ 관습적 유형(C)

➕ 홀랜드(Holland)의 직업흥미검사 유형

현실형	기계를 조작하는 활동 및 기술을 선호 **예** 엔지니어, 농부, 조사연구원, 파일럿
탐구형	연구활동을 선호 **예** 학자, 연구원, 교수
예술형	틀에 박힌 활동을 싫어하며, 자유롭고 상징적인 활동을 선호 **예** 작가, 예술가
사회형	타인의 문제를 듣고 이해하며, 돕고 치료해 주는 활동을 선호 **예** 상담사, 성직자, 바텐더
진취형	타인을 지도, 계획, 통제, 관리하며, 명예와 인정, 권위를 선호 **예** 정치인, 경영인
관습형	정해진 원칙과 계획에 따라 자료를 기록, 정리, 조작하는 활동을 선호 **예** 사무, 회계

31 Bandura가 제시한 사회인지이론의 인과적 모형에 해당하지 않는 변인은?

① 외형적 행동
② 개인적 기대와 목표
③ 외부환경 요인
④ 개인과 신체적 속성

해설 사회인지적 진로이론은 개인과 환경 간에 상호작용하는 인과적 영향을 분류하고 개념화하기 위해, 3가지 축 호혜성(triadic reciprocal)이라 하는 반두라(Bandura)의 인과적 모형을 기술한다.

➕ 반두라(Bandura)의 3가지 축 호혜성 인과적 모형

• 개인과 신체적 속성(개인적 요인)
• 외부 환경(환경적 변수)
• 외형적 행동(행동적 변수)

32 직무만족에 관한 2요인 이론의 설명으로 <u>틀린</u> 것은?

① 낮은 수준의 욕구를 만족하지 못하면 직무 불만족이 생기나 그 역은 성립되지 않는다.

② 자아실현에 의해서만 욕구만족이 생기나 자아실현의 실패로 직무 불만족이 생기는 것은 아니다.

③ 동기요인은 높은 수준의 성과를 얻도록 자극하는 요인이다.

④ 위생요인은 직무 불만족을 가져오는 것이며 만족감을 산출할 힘도 갖고 있는 것이다.

➕ 허츠버그(Herzberg)의 2요인 이론

동기요인	직무만족을 산출해내는 요인으로, 일의 내용, 개인적 발전과 향상 등을 포함한다.
위생요인	직무불만족을 가져오는 요인으로, 작업환경의 특징이 포함된다.

33 직업적응이론에서 개인의 가치와 직업환경의 강화 인자 간의 조화를 측정하는 데 사용되는 검사는?

① 미네소타 중요도검사(MIQ)

② 미네소타 만족질문지(MSQ)

③ 미네소타 충족척도(MSS)

④ 미네소타 직업평가척도(MORS)

해설 ① 미네소타 중요성질문지(Minnesota Importance Question–naire, MIQ): 직업욕구(직업가치)를 측정한다. 일 적응 측면에서 일 성격으로 기술되고 작업환경은 환경양식 측면에서 설명되며 직업만족과 직무만족으로 측정한다.
② 미네소타 만족질문지(Minnesota Satisfaction Questionnaire, MSQ): 특정한 직업 만족자의 측면에서 능력 이용, 책무, 사회복지, 인간관계에 대한 감독, 기술적 측면 등과 같은 욕구를 설명한다.
③ 미네소타 만족성척도(Minnesota Satisfactoriness Scails, MSS): 직업적응이론을 검증하기 위해 미네소타 만족질문지와 함께 개발된 심리검사 도구이다.
④ 미네소타 직업평가척도(Minnesota Occupational Rating Scails, MORS): 미네소타 직업평가척도에서 힌트를 얻은 로(Roe)는 흥미에 기초해 직업을 8개 집단으로 나누고 각각의 집단에 알맞은 직업목록을 작성했다.

34 이미 신뢰성이 입증된 유사한 검사점수와의 상관계수로 검증하는 신뢰도는?

① 검사–재검사 신뢰도

② 동형검사 신뢰도

③ 반분신뢰도

④ 채점자간 신뢰도

해설 신뢰도는 검사도구를 믿을 수 있는 정도를 말하는 것이다.

➕ 신뢰도의 종류 및 계수

종류	계수	신뢰도의 계산 방법
검사–재검사	안정성	같은 검사를 동일한 사람에게 서로 다른 시간에 두 번 시행하여 얻은 점수들 간의 상관계수
동형검사	동등성	동일한 수검자에게 첫 번째 시행한 검사와 동등한 유형의 검사를 실시하여 얻은 두 검사점수 간의 상관계수
반분신뢰도	내적 합치도	해당 검사를 문항수가 같도록 반씩 나눠서 개인별로 얻은 두 점수 간의 상관계수
문항내적합치도	동질성	반분신뢰도를 구한 다음 그 평균값을 신뢰도로 추정

35 다음은 어떤 경력개발 프로그램 개발과정에 해당하는가?

특정 경력개발 프로그램을 대규모로 적용하기 전에 소규모 집단에 시범적으로 실시하는 과정을 말한다. 프로그램 참여자로부터 프로그램에 대한 평가와 피드백을 받은 후, 그에 대한 대책을 마련하여 개발된 경력개발 프로그램을 본격적으로 정착시키는 데 활용된다.

① 요구조사(need assessment)

② 자문(consulting)

③ 팀–빌딩(team–building)

④ 파일럿연구(pilot study)

해설 ① 요구조사: 경력개발 프로그램 개발과정에서 첫 번째로 행한다.
② 자문: 전문적인 방식에 따라 사람들의 전인격적인 문제를 상담하고 조언하며 해결책을 제시하는 것이다.
③ 팀–빌딩: 팀을 이루어 진행하는 업무나 활동을 성공적으로 이끌기 위해 실시하는 경력개발 프로그램이다.

36 Wechsler 지능검사에서 결정적 지능과 관련이 있는 소검사는?

① 이해, 공통성
② 어휘, 토막짜기
③ 기본지식, 모양맞추기
④ 바꿔쓰기, 숫자외우기

➕ 웩슬러(Wechsler)의 지능검사
- 언어성 검사(총 6개): 교육수준을 측정하는 검사, 기본지식, 숫자외우기, 어휘문제, 산수문제, 이해문제, 공통성 문제로 이루어진다.
- 동작성 검사(총 5개): 일상에서의 대처능력을 알아보는 검사, 빠진곳찾기, 차례맞추기, 토막짜기, 모양맞추기, 바꿔쓰기로 이루어진다.

➕ 캐텔(Cattell)의 지능
- 기존의 지능검사가 선천적 지능만을 측정하는 것을 비판하며, 지능을 유동적 지능과 결정적 지능으로 구분하였다.
- 유동적 지능: 선천적 지능으로 학습경험과 상관없다고 보았다.
- 결정적 지능: 연령에 영향을 받지 않으며 학습을 통해 발달한다.
- 결정적 지능과 관련이 있는 웩슬러의 검사는 언어성 검사이다.

37 진로선택에 관한 사회학습이론에서 개인의 진로발달 과정과 관련이 없는 요인은?

① 유전 요인과 특별한 능력
② 환경조건과 사건
③ 학습경험
④ 인간관계기술

➕ 사회학습이론의 진로발달과정 4가지 요인
- 유전적 요인과 특별한 능력
- 환경조건과 사건
- 학습경험
- 과제접근 기술

38 특성 – 요인이론의 기본적인 가정이 **아닌** 것은?

① 인간은 신뢰롭고 타당하게 측정할 수 없는 독특한 특성을 지니고 있다.
② 직업에서의 성공을 위해 매우 구체적인 특성을 각 개인이 지닐 것을 요구한다.
③ 진로선택은 다소 직접적인 인지과정이기 때문에 개인 특성과 직업의 특성을 짝짓는 것이 가능하다.
④ 개인의 특성과 직업의 요구사항이 서로 밀접하게 관련을 맺을수록 직업적 성공의 가능성은 커진다.

[해설] ① 인간은 신뢰롭고 타당하게 측정할 수 있는 독특한 특성을 지니고 있다는 것이 특성–요인이론의 기본 가정이다.

39 진로성숙도검사(CMI) 중 태도척도의 하위영역과 문항의 예가 틀리게 연결된 것은?

① 결정성(decisiveness) – 나는 선호하는 진로를 자주 바꾸고 있다.
② 관여도(involvement) – 나는 졸업할 때까지는 진로선택 문제에 별로 신경을 쓰지 않을 것이다.
③ 타협성(compromise) – 나는 부모님이 정해주시는 직업을 선택하겠다.
④ 지향성(orientation) – 일하는 것이 무엇인지에 대해 생각한 바가 거의 없다.

➕ 태도척도의 하위영역

척도	측정 내용	문항의 예
결정성 (decisiveness)	선호하는 진로의 방향에 대한 확신의 정도이다.	나는 선호하는 진로를 자주 바꾸고 있다.
참여도 (involvement) 또는 관여도	진로선택 과정에의 능동적 참여의 정도이다.	나는 졸업할 때까지는 진로 선택문제에 별로 신경을 쓰지 않겠다.
독립성 (independence)	진로선택을 독립적으로 할 수 있는 정도이다.	나는 부모님이 정해 주시는 직업을 선택하겠다.
성향(orientation) 또는 지향성	진로결정에 필요한 사전이해와 준비의 정도이다.	일하는 것이 무엇인지에 대해 생각한 바가 거의 없다.
타협성 (compromise)	진로 선택시에 욕구와 현실을 타협하는 정도이다.	나는 하고 싶기는 하나 할 수 없는 일을 생각하느라 시간을 보내곤 한다.

40 심리검사에서 규준에 대한 설명으로 옳은 것은?

① 한 집단의 특성을 가장 간편하게 표현하기 위한 개념으로 그 집단의 대푯값을 말한다.
② 한 집단의 수치가 얼마나 동질적인지를 표현하기 위한 개념으로 점수들이 그 집단의 평균치로부터 벗어난 평균거리를 말한다.
③ 서로 다른 체계로 측정한 점수들을 동일한 조건에서 비교하기 위한 개념으로 원점수에서 평균을 뺀 후 표준편차로 나눈 값을 말한다.
④ 원점수를 표준화된 집단의 검사점수와 비교하기 위한 개념으로 대표집단의 검사점수 분포도를 작성하여 개인의 점수를 해석하기 위한 것이다.

[해설] ④ 규준이란 개인의 점수를 타인의 점수와 비교하기 위해 모집단에서의 상대적 위치를 나타내주는 해석기준이다.
① 평균, ② 표준편차, ③ 표준점수에 대한 설명이다.

3 과목 Vocational Counselor — **직업정보론**

41 다음에 해당하는 NCS 수준 체계는?

- 정의 : 독립적인 권한 내에서 해당분야의 이론 및 지식을 자유롭게 활용하고, 일반적인 숙련으로 다양한 과업을 수행하고, 타인에게 해당분야 지식 및 노하우를 전달할 수 있는 수준
- 지식기술 : 해당분야의 이론 및 지식을 자유롭게 활용할 수 있는 수준 / 일반적인 숙련으로 다양한 과업을 수행할 수 있는 수준
- 역량 : 타인의 결과에 대하여 의무와 책임이 필요한 수준 / 독립적인 권한 내에서 과업을 수행할 수 있는 수준

① 8수준 ② 7수준
③ 6수준 ④ 5수준

해설 국가직무능력표준(National Competency Standards, NCS)은 직무수행에 필요한 지식·기술·태도 등을 체계화한 것이다.

➕ NCS 수준 체계

■ 8수준
- 정의: 해당분야에 대한 최고도의 이론 및 지식을 활용하여 새로운 이론을 창조할 수 있고, 최고도의 숙련으로 광범위한 기술적 작업을 수행할 수 있으며 조직 및 업무 전반에 대한 권한과 책임이 부여된 수준
- 지식기술: 해당분야에 대한 최고도의 이론 및 지식을 활용하여 새로운 이론을 창조할 수 있는 수준. 최고도의 숙련으로 광범위한 기술적 작업을 수행할 수 있는 수준
- 역량: 조직 및 업무 전반에 대한 권한과 책임이 부여된 수준
- 경력: 수준7에서 2~4년 정도의 계속 업무 후 도달 가능한 수준

■ 7수준
- 정의: 해당분야의 전문화된 이론 및 지식을 활용하여, 고도의 숙련으로 광범위한 작업을 수행할 수 있으며 타인의 결과에 대하여 의무와 책임이 필요한 수준
- 지식기술: 해당분야의 전문화된 이론 및 지식을 활용할 수 있으며, 근접분야의 이론 및 지식을 사용할 수 있는 수준. 고도의 숙련으로 광범위한 작업을 수행할 수 있는 수준
- 역량: 타인의 결과에 대하여 의무와 책임이 필요한 수준
- 경력: 수준6에서 2~4년 정도의 계속 업무 후 도달 가능한 수준

■ 6수준
- 정의: 독립적인 권한 내에서 해당분야의 이론 및 지식을 자유롭게 활용하고, 일반적인 숙련으로 다양한 과업을 수행하며, 타인에게 해당분야의 지식 및 노하우를 전달할 수 있는 수준

- 지식기술: 해당분야의 이론 및 지식을 자유롭게 활용할 수 있는 수준. 일반적인 숙련으로 다양한 과업을 수행할 수 있는 수준
- 역량: 타인의 결과에 대하여 의무와 책임이 필요한 수준. 독립적인 권한 내에서 과업을 수행할 수 있는 수준
- 경력: 수준5에서 1~3년 정도의 계속 업무 후 도달 가능한 수준

■ 5수준
- 정의: 포괄적인 권한 내에서 해당분야의 이론 및 지식을 사용하여 매우 복잡하고 비일상적인 과업을 수행하고, 타인에게 해당분야의 지식을 전달할 수 있는 수준
- 지식기술: 해당분야의 이론 및 지식을 자유롭게 사용할 수 있는 수준. 매우 복잡하고 비일상적인 과업을 수행할 수 있는 수준
- 역량: 타인에게 해당분야의 지식을 전달할 수 있는 수준. 매우 복잡하고 비일상적인 과업을 수행할 수 있는 수준
- 경력: 수준4에서 1~3년 정도의 계속 업무 후 도달 가능한 수준

■ 4수준
- 정의: 일반적인 권한 내에서 해당분야의 이론 및 지식을 제한적으로 사용하여 복잡하고 다양한 과업을 수행하는 수준
- 지식기술: 해당분야의 이론 및 지식을 제한적으로 사용할 수 있는 수준. 복잡하고 다양한 과업을 수행할 수 있는 수준
- 역량: 일반적인 권한 내에서 과업을 수행할 수 있는 수준
- 경력: 수준3에서 1~3년 정도의 계속 업무 후 도달 가능한 수준

■ 3수준
- 정의: 제한된 권한 내에서 해당분야의 기초이론 및 일반지식을 사용하여 다소 복잡한 과업을 수행하는 수준
- 지식기술: 해당분야의 이론 및 지식을 제한적으로 사용할 수 있는 수준. 복잡하고 다양한 과업을 수행할 수 있는 수준
- 역량: 일반적인 권한 내에서 과업을 수행할 수 있는 수준
- 경력: 수준2에서 1~3년 정도의 계속 업무 후 도달 가능한 수준

■ 2수준
- 정의: 일반적인 지시 및 감독하에 해당분야의 일반 지식을 사용하여 절차화되고 일상적인 과업을 수행하는 수준
- 지식기술: 해당분야의 일반지식을 사용할 수 있는 수준. 절차화되고 일상적인 과업을 수행할 수 있는 수준
- 역량: 일반적인 지시 및 감독하에 과업을 수행할 수 있는 수준
- 경력: 수준1에서 6~12개월 정도의 계속 업무 후 도달 가능한 수준

■ 1수준
- 정의: 구체적인 지시 및 철저한 감독하에 문자이해, 계산능력 등 기초적인 일반 지식을 사용하여 단순하고 반복적인 과업을 수행하는 수준
- 지식기술: 문자이해, 계산능력 등 기초적인 일반 지식을 사용할 수 있는 수준. 단순하고 반복적인 과업을 수행할 수 있는 수준
- 역량: 구체적인 지시 및 철저한 감독하에 과업을 수행하는 수준

42 직업정보 수집을 위한 설문지 작성에 관한 설명으로 틀린 것은?

① 폐쇄형 질문의 응답범주는 포괄적(exhaustive)이어야 한다.

② 응답자의 이해능력을 고려하여 설문문항이 작성되어야 한다.

③ 폐쇄형 질문의 응답범주는 상호배타적(mutually exclusive)이지 않아야 된다.

④ 이중질문(double-barreled question)은 배제되어야 한다.

해설 ③ 직업정보 수집을 위한 설문지에서 폐쇄형 질문의 응답범주는 포괄적이면서도 상호배타적이어야 한다.

43 한국표준직업분류에서 다음에 해당하는 직업분류 원칙은?

교육과 진료를 겸하는 의과대학 교수는 강의, 평가, 연구 등과 진료, 처치, 환자상담 등의 직무내용을 파악하여 관련 항목이 많은 분야로 분류한다.

① 취업 시간 우선 원칙

② 최상급 직능수준 우선 원칙

③ 조사시 최근의 직업 원칙

④ 주된 직무 우선 원칙

➕ 포괄적인 업무에 대한 직업분류 원칙

주된 직무 우선 원칙	2개 이상의 직무를 수행하는 경우, 수행되는 직무내용과 관련 분류 항목에 명시된 직무내용을 비교·평가하여 관련 직무내용상의 상관성이 가장 많은 항목에 분류한다. **예** 의대 교수
최상급 직능수준 우선 원칙	수행된 직무가 상이한 수준의 훈련과 경험을 통해서 얻어지는 직무능력을 필요로한다면, 가장 높은 수준의 직무능력을 필요로하는 일에 분류하여야 한다. **예** 조리와 배달: 조리사로 분류
생산업무 우선 원칙	재화의 생산과 공급이 같이 이루어지는 경우는 생산단계에 관련된 업무를 우선적으로 분류한다. **예** 빵을 생산하여 판매: 제빵원으로 분류

➕ 다수 직업 종사자의 분류원칙

- 한 사람이 전혀 상관성 없는 두 가지 이상의 직업에 종사할 경우이다. **예** 낮에는 사무직, 밤에는 대리운전
- 취업시간 우선의 원칙, 수입 우선의 원칙, 조사시 최근의 직업 원칙

44 직업, 훈련, 자격정보를 제공하는 사이트 또는 정보서와 제공내용이 틀리게 연결된 것은?

① 한국직업사전 – 직업별 제시임금과 희망임금 정보

② 워크넷 – 직업심리검사 실시

③ 한국직업전망 – 직업별 적성 및 흥미 정보

④ 자격정보시스템(Q-NET) – 국가기술자격별 합격률 정보

해설 ① 한국직업사전에는 직업별 임금정보를 제공하지 않는다.

45 '4차 산업혁명에 따른 새로운 직업'에 대한 국내 일간지의 사설을 내용분석하기 위해 가능한 표본추출방법을 모두 고른 것은?

ㄱ. 무작위표본추출	ㄴ. 층화표본추출
ㄷ. 체계적표본추출	ㄹ. 군집(집락)표본추출

① ㄱ, ㄴ
② ㄱ, ㄷ
③ ㄴ, ㄷ, ㄹ
④ ㄱ, ㄴ, ㄷ, ㄹ

➕ 표본추출방법 또는 표집방법

- 단순무선표집(무작위표집, simple random sampling): 구성원들에게 일련번호를 부여하고, 그 번호들 중에서 무선적으로 필요한 만큼 표집하는 것이다.
- 층화표집(stratified sampling): 모집단이 규모가 다른 몇 개의 이질적인 하위집단으로 구성되어 있는 경우에 사용한다.
- 체계적표집(systematic sampling): 모집단이 어떤 특징에 따라 체계적으로 정리되어 있는 경우, 이를 이용해서 무선 표집할 수 있다.
- 군집표집(집락표집, cluster sampling): 모집단을 서로 동질적인 하위집단으로 구분하여 집단 자체를 표집하는 방법이다.

46 워크넷에서 채용정보 상세검색시 선택할 수 있는 기업형태가 아닌 것은?

① 대기업
② 일학습병행기업
③ 가족친화인증기업
④ 다문화가정지원기업

해설 기업형태별 검색: 대기업, 공무원/공기업/공공기관, 강소기업, 코스피/코스닥, 외국계기업, 일학습병행기업, 벤처기업, 청년친화강소기업, 가족친화인증기업

47 다음은 국가기술자격 검정의 기준 중 어떤 등급에 관한 것인가?

> 해당 국가기술자격의 종목에 관한 고도의 전문지식과 실무 경험에 입각한 계획, 연구, 설계, 분석, 조사, 시험, 시공, 감리, 평가, 진단, 사업관리, 기술관리 등의 업무를 수행할 수 있는 능력 보유

① 기술사　　　　　② 기사
③ 산업기사　　　　④ 기능장

해설

등급	설명
기술사	고도의 전문지식과 실무경험에 입각. 지도·감리 등의 기술업무
기능장	최상급 숙련기능을 가지고 현장관리 등의 업무를 수행
기사	공학적 기술이론 지식을 가지고 기술업무를 수행할 수 있는 능력
산업기사	기술기초 이론지식 또는 숙련기능을 바탕으로 복합적인 기능업무를 수행
기능사	제작·조작·운전·채취 및 이에 관련되는 업무를 수행

48 한국직업사전의 부가 직업정보 중 숙련기간에 대한 설명으로 틀린 것은?

① 정규교육과정을 이수한 후 해당 직업의 직무를 평균적인 수준으로 스스로 수행하기 위하여 필요한 각종 교육기간, 훈련기간 등을 의미한다.
② 해당 직업에 필요한 자격·면허를 취득하는 취업 전 교육 및 훈련기간뿐만 아니라 취업 후에 이루어지는 관련 자격·면허 취득 교육 및 훈련기간도 포함된다.
③ 자격·면허가 요구되는 직업은 아니지만 해당 직무를 평균적으로 수행하기 위한 각종 교육·훈련, 수습교육, 기타 사내교육, 현장훈련 등의 기간이 포함된다.
④ 5수준의 숙련기간은 4년 초과~10년 이하이다.

➕ 한국직업사전: 부가 직업정보(숙련기간)

수준	숙련기간	수준	숙련기간
1	약간의 시범정도	6	1년 초과 ~ 2년 이하
2	시범후 30일 이하	7	2년 초과 ~ 4년 이하
3	1개월 초과 ~ 3개월 이하	8	4년 초과 ~ 10년 이하
4	3개월 초과 ~ 6개월 이하	9	10년 초과
5	6개월 초과 ~ 1년 이하		－

49 한국표준직업분류의 주요 개정(제7차) 방향 및 특징에 대한 설명으로 틀린 것은?

① 지난 개정 이후 시간 경과를 고려하여 전면 개정 방식으로 추진하되, 중분류 이하 단위 분류체계를 중심으로 개정을 추진하였다.
② 대형재난 대응 및 예방의 사회적 중요성을 고려하여 방재 기술자 및 연구원을 신설하였다.
③ 포괄적 직무로 분류되어 온 사무직의 대학 행정 조교, 증권 사무원, 기타 금융 사무원, 행정사, 중개 사무원을 신설하였다.
④ 제조 관련 기능 종사원, 과실 및 채소 가공 관련 기계 조작원, 섬유 제조 기계 조작원 등은 복합·다기능 기계의 발전에 따라 통합되었던 직종을 세분하였다.

해설 ④ 제조 관련 기능 종사원, 과실 및 채소 가공 관련 기계 조작원, 섬유 제조 기계 조작원 등은 복합 다기능 기계의 발전에 따라 세분화된 직종을 통합하였다.

50 직업정보의 관리과정에 대한 설명으로 틀린 것은?

① 직업정보 수집시에는 명확한 목표를 세운다.
② 직업정보 분석시에는 하나의 항목에 초점을 맞춰 집중적으로 분석해야 한다.
③ 직업정보 가공시에는 전문적인 지식이 없어도 이해할 수 있도록 가공해야 한다.
④ 직업정보 가공시에는 직업이 가지고 있는 장·단점을 편견 없이 제공해야 한다.

해설 ② 동일한 정보라 할지라도 다각적인 분석을 시도하여 해석을 풍부하게 하여야 한다.

51 국가기술자격법에 의한 국가기술자격 종목이 아닌 것은?

① 제강기능사　　　　② 주택관리사보
③ 사회조사분석사 1급　④ 스포츠경영관리사

해설 ② 주택관리사보: 관련부처 국토교통부, 국가전문자격으로 분류
① 제강기능사: 관련부처 고용노동부, 국가기술자격 금속재료 분야
③ 사회조사분석사 1급: 관련부처 통계청, 국가기술자격 경영 분야
④ 스포츠경영관리사: 관련부처 문화체육관광부, 국가기술자격 숙박·여행·오락스포츠 분야

52 2019 한국직업전망에서 세분류 수준의 일자리 전망 결과가 '증가' 및 '다소 증가'에 해당하는 직업명을 모두 고른 것은?

ㄱ. 연예인 및 스포츠매니저	ㄴ. 간병인
ㄷ. 네트워크시스템개발자	ㄹ. 보육교사
ㅁ. 임상심리사	ㅂ. 택배원

① ㄱ, ㄴ, ㄷ, ㅁ, ㅂ   ② ㄴ, ㄹ, ㅂ
③ ㄱ, ㄷ, ㄹ, ㅁ   ④ ㄱ, ㄴ, ㄷ, ㄹ, ㅁ, ㅂ

> **해설** ④ 한국직업전망은 일자리전망을, 감소 → 다소 감소 → 현상태 유지 → 다소 증가 → 증가의 5단계로 구분한다.
> ※ 이 같은 형태의 문제는 현재 노동시장의 추세를 감안하여 풀면 됩니다.

53 한국고용정보원에서 제공하는 '워크넷 구인·구직 및 취업동향'에 관한 설명으로 틀린 것은?

① 수록된 통계는 전국 고용센터, 한국산업인력공단, 시·군·구 등에서 입력한 자료를 워크넷 DB로 집계한 것이다.
② 통계표에 수록된 단위가 반올림되어 표기되어 전체 수치와 표내의 합계가 일치하지 않을 수 있다.
③ 워크넷을 이용한 구인·구직자들만을 대상으로 하므로, 통계자료가 노동시장 전체의 수급상황과 정확히 일치한다.
④ 공공고용안정기관의 취업지원서비스를 통해 산출되는 구직자, 구인업체 등에 관한 통계를 제공하여, 취업지원사업 성과분석 등의 국가고용정책사업 수행을 위한 기초자료를 제공하는데 목적이 있다.

> **해설** ③ 한국고용정보원의 통계자료는 노동시장 전체의 수급상황과 정확히 일치하기 어렵다.

54 직업정보의 수집 이후 일반적인 처리과정을 바르게 나열한 것은?

| ㄱ. 분석 | ㄴ. 체계화 | ㄷ. 가공 |
| ㄹ. 제공 | ㅁ. 축적 | ㅂ. 평가 |

① ㄱ → ㄴ → ㄷ → ㄹ → ㅁ → ㅂ
② ㄱ → ㄷ → ㄴ → ㄹ → ㅁ → ㅂ
③ ㄴ → ㄷ → ㅁ → ㄱ → ㄹ → ㅂ
④ ㄴ → ㄹ → ㄷ → ㄱ → ㅁ → ㅂ

> **해설** 직업정보의 일반적인 처리과정: 수집 → 분석 → 가공 → 체계화 → 제공 → 축적 → 평가

55 최저임금에 관한 설명으로 틀린 것은?

① 2022년 최저임금은 전년대비 5.1% 인상한 시급 9,160원이다.
② 최저임금은 최저임금위원회의 심의·의결을 거쳐 기획재정부장관이 결정한다.
③ 임금의 최저수준을 정하고, 사용자에게 이 수준 이상의 임금을 지급하도록 법으로 강제함으로써 저임금 근로자를 보호한다.
④ 최저임금 적용을 받는 사용자는 최저임금액을 근로자가 쉽게 볼 수 있는 장소에 게시하거나 그 외 적당한 방법으로 근로자에게 널리 알려야 한다.

> **해설** ② 최저임금은 최저임금위원회의 심의를 거쳐 고용노동부장관이 정한다.

56 한국표준산업분류의 산업분류 적용원칙에 관한 설명으로 틀린 것은?

① 생산단위는 투입물과 생산공정을 제외한 산출물을 고려하여 그들의 활동이 가장 정확하게 설명된 항목에 분류해야 한다.
② 복합적인 활동단위는 우선적으로 최상급 분류단계를 정확히 결정하고, 순차적으로 중, 소, 세, 세세분류 단계 항목을 결정하여야 한다.
③ 산업활동이 결합되어 있는 경우에는 그 활동단위의 주된 활동에 따라서 분류하여야 한다.
④ 공식적 생산물과 비공식적 생산물, 합법적 생산물과 불법적인 생산물을 달리 분류하지 않는다.

> **해설** ① 생산단위는 산출물뿐만 아니라 투입물과 생산공정 등을 함께 고려하여 그들의 활동이 가장 정확하게 설명된 항목에 분류한다.

57 다음에서 설명하고 있는 것은?

> 한국표준산업분류상 통계단위 중 하나로 "재화 및 서비스를 생산하는 법적 또는 제도적 단위의 최소결합체로서 자원배분에 관한 의사결정에서 자율성을 갖고 있으며, 재무 관련 통계작성에 가장 유용하다."

① 산업　　　　　　② 기업체
③ 산업활동　　　　④ 사업체

해설 ① 산업: 유사한 성질을 갖는 산업활동에 주로 종사하는 생산단위의 집합이다.
③ 산업활동: 각 생산단위가 노동, 자본, 원료 등 자원을 투입하여, 재화 또는 서비스를 생산 또는 제공하는 일련의 활동과정이다.
④ 사업체: 공장, 광산, 상점, 사무소 등과 같이 산업활동과 지리적 장소의 양면에서 가장 동질성이 있는 통계단위이다.

58 고용노동부에서 실시하는 직업상담(취업지원) 프로그램 중 취업을 원하는 결혼이민여성(한국어소통 가능자)을 대상으로 하는 것은?

① Wici 취업지원 프로그램
② CAP+ 프로그램
③ allA 프로그램
④ Hi 프로그램

해설 ① Wici 취업지원 프로그램: 취업을 원하는 모든 결혼이민여성에게 자기이해 및 직업탐색의 결과를 토대로 직업의사결정 및 실천계획을 수립할 수 있도록 지원하며, 이를 바탕으로 의사결정 이후 실제적인 구직활동을 할 수 있도록 지원하는 프로그램이다.
② CAP+(청년직업지도) 프로그램: 청년 취업준비생의 직업진로 선택을 지원하고, 취업서류 작성 및 면접기술 강화 등 구직기술을 강화하기 위한 프로그램(4일, 총24시간)이다.
③ allA(청년진로역량강화) 프로그램: 청년 중 특히 오랜 실직이나 취업 실패로 인해 취업 의욕이 꺾이고 자신감이 낮아진 청년들을 위해 개발되었으며, 직장 생활에 필요한 의사소통과 대인관계, 협력적 문제 해결에 관련된 능력을 기르는 프로그램이다.
④ Hi(고졸청년취업지원) 프로그램: 고교졸업 예정의 취업희망자와 고졸학력을 가진 청년층이 첫 직장에 원활하게 진입하여 성공적으로 적응할 수 있도록 지원하는 취업지원 프로그램이다.

59 공공 직업정보의 일반적인 특성이 아닌 것은?

① 전체 산업이나 직종을 대상으로 한다.
② 조사 분석 및 정리, 제공에 상당한 시간 및 비용이 소요되므로 유료제공이 원칙이다.
③ 지속적으로 조사 분석하여 제공되며 장기적인 계획 및 목표에 따라 정보체계의 개선작업 수행이 가능하다.
④ 직업별로 특정한 정보만을 강조하지 않고 보편적인 항목으로 이루어진 기초적인 직업정보 체계로 구성된다.

해설 ② 민간직업정보의 특성이다. 공공직업정보는 무료로 제공된다.

➕ 공공직업정보와 민간직업정보의 특징 비교

공공직업정보	민간직업정보
공익적인 목적으로 생산·제공	한시적으로 신속하게 생산되어 운영
지속적으로 조사, 분석하여 제공	단기간에 조사되어 집중적으로 제공
전체산업 및 업종에 걸친 직종을 대상	특정한 목적에 맞게 해당분야 및 직종 선택
객관적인 기준에 근거한 직업분류	정보생산자의 임의적 기준
보편적 항목으로 구성	정보자체의 효과가 큰 반면 파급효과 적음
무료제공	유료제공

60 한국표준산업분류의 분류구조 및 부호체계에 대한 설명으로 틀린 것은?

① 부호처리를 할 경우에는 아라비아 숫자만을 사용하도록 했다.
② 권고된 국제분류 ISIC Rev.4를 기본체계로 하였으나, 국내 실정을 고려하여 국제분류의 각 단계 항목을 분할, 통합 또는 재그룹화하여 독자적으로 분류항목과 분류 부호를 설정하였다.
③ 분류 항목 간에 산업 내용의 이동을 가능한 억제하였으나 일부 이동 내용에 대한 연계분석 및 시계열 연계를 위하여 부록에 수록된 신구 연계표를 활용하도록 하였다.
④ 중분류의 번호는 001부터 999까지 부여하였으며, 대분류별 중분류 추가여지를 남겨놓기 위하여 대분류 사이에 번호 여백을 두었다.

해설 ④ 중분류의 번호는 01부터 99까지 부여하였으며, 소분류 이하 모든 분류의 끝자리 숫자는 "0"에서 시작하여 "9"에서 끝나도록 하였다.

61 다음 중 노동조합의 조직력을 가장 강화시킬 수 있는 shop 제도는?

① 클로즈드 숍(closed shop)
② 에이전시 숍(agency shop)
③ 오픈 숍(open shop)
④ 메인터넌스 숍(maintenance shop)

➕ 노동조합의 숍 제도
- 오픈 숍: 노동조합 가입의무가 없어서 노조조직력이 가장 약하다.
- 유니언 숍: 입사 후 일정기간 내 노조에 의무적으로 가입해야 한다.
- 클로즈드 숍: 조합에 가입해야만 입사가 가능하다.
- 에이전시 숍: 모든 종업원에게 노동조합비를 징수한다.
- 프레퍼렌셜 숍: 채용에 있어서 노동조합원에게 우선순위를 준다.
- 메인터넌스 숍: 일정기간 동안 조합원자격을 유지해야 한다.
⇒ 노조 조직력: 클로즈드 숍 > 유니언 숍 > 오픈 숍

62 고정급제 임금형태가 아닌 것은?

① 시급제
② 연봉제
③ 성과급제
④ 일당제

해설 ③ 성과급은 노동자의 성과에 따라 주는 급여제도로 유동적이다.

63 정부가 노동시장에서 구인·구직 정보의 흐름을 원활하게 하면 직접적으로 줄어드는 실업의 유형은?

① 마찰적 실업
② 경기적 실업
③ 구조적 실업
④ 계절적 실업

➕ 실업의 종류

종류	원인	대책	특징
경기적 실업	유효수요 부족	일자리 창출	비자발적
마찰적 실업	정보부족	정보제공	자발적, 사회적 비용 적음
구조적 실업	노동력 수급구조상 불균형	직업훈련	비자발적
계절적 실업	계절의 변화	–	제조업, 농업에서 나타남

64 이윤극대화를 추구하는 기업이 이직률을 낮추기 위해 효율성임금(efficiency wage)을 지불할 경우 발생할 수 있는 실업은?

① 마찰적 실업
② 구조적 실업
③ 경기적 실업
④ 지역적 실업

해설 ② 구조적 실업은 노동력 수급구조상의 불균형으로 발생한다.

➕ 효율임금(efficiency wage) 이론
- 대기업이 노동시장 임금보다 높은 임금을 지급하면 지원자가 많기 때문에, 원하는 능력을 갖춘 인재를 채용할 수 있다.
- 대기업에 취업하지 못한 지원자는 실직상태로 남고, 중소기업은 원하는 인재를 채용하지 못해 인력난을 겪는다.
- 효율성 임금은 노동력 수요와 공급의 차이로 인해 발생하는 구조적 실업을 강화시키는 요인이 된다.

65 노동조합의 임금효과에 관한 설명으로 틀린 것은?

① 노동조합 조직부문과 비조직부문 간의 임금격차는 불경기 시에 감소한다.
② 노동조합 조직부문에서 해고된 근로자들이 비조직부문에 몰려 비조직부문의 임금을 떨어뜨릴 수 있다.
③ 노동조합이 조직될 것을 우려하여 비조직부문 기업이 이전보다 임금을 더 많이 인상시킬 수 있다.
④ 노조조직부문에 입사하기 위해 비조직부문 근로자들이 사직하는 경우가 많아 비조직부문의 임금이 상승할 수 있다.

해설 ① 불경기에는 노조조직 여부에 따라 임금격차가 확대된다.
② 해고효과, ③ 위협효과, ④ 대기실업효과에 대한 설명이다.

66 노동공급의 탄력성 결정요인이 아닌 것은?

① 산업구조의 변화
② 노동이동의 용이성 정도
③ 여성 취업기회의 창출가능성 여부
④ 다른 생산요소로의 노동의 대체 가능성

해설 ④ 다른 생산요소로의 노동의 대체 가능성은 노동수요의 탄력성에 영향을 미치는 요인이다.

67 프리만(Freeman)과 메도프(Medoff)가 지적한 노동조합의 두 얼굴에 해당하는 것은?

① 결사와 교섭　　　② 자율과 규제
③ 독점과 집단적 목소리　④ 자치와 대등

해설 ③ 프리만과 메도프는 노동조합의 부정적인 측면(독점)과 긍정적인 측면(집단적 목소리)을 동시에 고려해야 한다고 했다.

68 다음 중 적극적 노동시장정책(ALMP)에 해당하는 것은?

① 실업급여 지급　　② 취업알선
③ 실업자 대부　　　④ 실직자녀 학자금 지원

➕ 노동시장정책(ALMP)
- 적극적 정책: 정부가 실업문제와 고용정책에 적극적으로 개입하는 것으로, 실업자의 직업훈련이나 취업알선 등을 지원한다.
- 소극적 정책: 생활안정자금 지원, 실업급여 지원 등이 있다.

69 성별 임금격차의 발생 원인과 가장 거리가 먼 것은?

① 여성이 저임금 직종에 몰려있어서
② 여성의 학력이 남성보다 낮기 때문에
③ 여성의 직장 내 승진 기회가 남성보다 적어서
④ 여성의 노조가입률이 높아서

해설 ④ 여성은 주로 서비스직에 종사하고 비정규직의 비중이 높아 노조가입률이 낮다.

70 사회적 합의주의의 구체적인 제도적 장치인 노사정위원회의 구성집단에 속하지 않는 것은?

① 사용자단체　　　② 국가
③ 대학　　　　　　④ 노동조합

해설 ③ 대학은 노사정위원회의 구성집단에 속하지 않는다.

➕ 던롭(Dunlop)의 노사관계 이론(시스템 이론)
- 3주체: 노동자, 사용자, 정부
- 3여건: 기술적 특성, 시장 또는 예산의 제약, 각 주체 세력 관계

71 연장근로 등 일정량 이상의 노동을 기피하는 풍조가 확산된다면, 이 현상에 대한 분석도구로 가장 적합한 것은?

① 최저임금제
② 후방굴절형 노동공급곡선
③ 화폐적 환상
④ 노동의 수요독점

해설 ② 후방굴절형 노동공급곡선: 노동공급곡선은 임금과 노동공급, 여가선택의 관계를 그래프로 나타낸 것으로, 임금이 상승하면 대체효과(일 선택)가 우세하여 우상향하다 일정 시점에 소득효과(여가 선택)가 우세해지면서 후방굴절하게 된다. 예 초과근무하지 않음
① 최저임금제: 근로자에 대하여 임금의 최저수준을 보장하여 근로자의 생활안정과 노동력의 질적 향상을 꾀함으로써 국민경제의 건전한 발전에 이바지하는 것을 목적으로 한다.
③ 화폐적 환상: 노동자의 임금과 물가상승이 동일한 비율일 때, 화폐적 환상에 빠져 실질임금이 올랐다고 생각하는 것이다.
④ 노동의 수요독점: 노동자가 취업할 수 있는 기업이 하나이다.

72 전체 근로자의 20%가 매년 새로운 일자리를 찾고 있으며 직업탐색기간이 평균 3개월이라면 마찰적 실업률은?

① 1%　　　　　　② 5%
③ 6%　　　　　　④ 10%

해설 $\dfrac{\text{전체 근로자 평균 실업률}}{12개월} \times 탐색기간 = \dfrac{20\%}{12} \times 3 = 5\%$

73 다음 중 실망노동력인구(discouraged labor force)는 어디에 해당하는가?

① 취업자
② 실업자
③ 경제활동인구
④ 비경제활동인구

해설 ④ 실망노동자는 경기침체로 취업이 어려워지면, 구직활동을 포기하게 되어 비경제활동인구가 된다. (경제활동인구는 취업자와 실업자를 합한 개념이다.)

74 다음 표에서 어떤 도시근로자의 실질임금을 구할 경우 ㄱ, ㄴ, ㄷ, ㄹ의 크기를 바르게 나타낸 것은?

구분	'09년	'12년	'15년	'18년
도매물가지수	95	100	100	120
소비자물가지수	90	100	115	125
명목임금(만원)	130	140	160	180
실질임금(만원)	ㄱ	ㄴ	ㄷ	ㄹ

① ㄱ > ㄷ > ㄴ > ㄹ   ② ㄱ > ㄹ > ㄴ > ㄷ

③ ㄹ > ㄷ > ㄱ > ㄴ   ④ ㄹ > ㄴ > ㄷ > ㄱ

해설 실질임금 $= \dfrac{\text{명목임금}}{\text{소비자 물가지수}}$

ㄱ : '09년 실질임금 $= \dfrac{130}{90} = 1.444$ ㄴ : '12년 실질임금 $= \dfrac{140}{100} = 1.400$

ㄷ : '15년 실질임금 $= \dfrac{160}{115} = 1.391$ ㄹ : '18년 실질임금 $= \dfrac{180}{125} = 1.440$

75 다음 힉스(Hicks, J.R.)의 교섭모형에 대한 설명으로 틀린 것은?

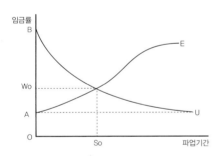

① AE 곡선은 사용자의 양보곡선이다.
② BU 곡선은 노동조합의 저항곡선이다.
③ A는 노동조합이 없거나 노동조합이 파업을 하기 이전 사용자들이 지불하려고 하는 임금수준이다.
④ 노동조합이 Wo보다 더 높은 임금을 요구하면 사용자는 쉽게 수락하겠지만, 그때는 노동 조합 내부에서 교섭대표자들과 일반조합원 간의 마찰이 불가피하다.

해설 ④ Wo는 노조와 사용자가 임금협상하는 점으로 만일 노조가 Wo보다 높은 임금을 요구하면 사용자가 받아들이지 않아 파업이 발생할 것이고, 사용자가 Wo보다 낮은 임금을 제시하면 노조가 거부하면서 파업이 일어날 것이다.

76 노동수요곡선을 이동(shift)시키는 요인이 아닌 것은?

① 임금의 변화
② 생산성의 변화
③ 제품 생산 기술의 발전
④ 최종상품에 대한 수요의 변화

해설 ① 노동수요의 결정요인에는 임금의 변화, 다른 생산요소의 가격, 상품에 대한 소비자의 크기, 노동생산성, 생산기술방식 등이 있다. 이 중 임금의 변화는 다른 요인들과 달리 노동수요곡선 자체를 이동시키지 못하고 점으로 움직인다.

77 직능급 임금체계의 특징에 관한 설명으로 옳은 것은?

① 조직의 안정화에 따른 위계질서 확립이 용이하다.
② 직무에 상응하는 임금을 지급한다.
③ 학력과 직종에 관계없이 능력에 따라 임금을 지급한다.
④ 무사안일주의 및 적당주의를 초래할 수 있다.

해설 ③ 직능급은 직무수행능력에 따라 지급하는 임금형태이다. ①, ④ 연공급, ② 직무급에 대한 설명이다.

78 고전학파의 임금론인 임금생존비설과 마르크스의 노동력재생산비설의 유사점은?

① 노동수요 측면의 역할을 중요시한다는 점
② 임금수준은 노동자와 그 가족의 생활필수품의 가치에 의해 결정된다는 점
③ 맬더스의 인구법칙에 따른 인구의 증감에 의해 임금이 생존비수준에 수렴한다는 점
④ 임금의 상대적 저하경향과 자본에 의한 노동의 착취를 설명한다는 점

해설 ② 임금생존비설은 장기적으로 임금이 근로자와 가족을 부양하는 데 필요한 최적수준으로 수렴한다고 보고, 노동력재생산비설은 임금이 근로자와 가족의 생활비 등에 의해 결정된다고 본다.
① 노동수요 측면을 중시한 임금이론에는 임금기금설, 한계생산력설, 임금교섭력설 등이 있다.
③ 맬더스(Malthus)는 인구법칙에 따라 임금이 생존비 이상으로 상승할 경우 노동공급이 증가해 임금이 생존비 이하로 하락한다고 했다.
④ 자본에 의한 노동의 착취를 설명한 것은 마르크스이다.

79 육아보조금 지급이 기혼여성들의 노동공급에 미치는 효과로 옳은 것은?

① 근로시간 증가와 경제활동참가율 증가
② 근로시간 증가와 경제활동참가율 감소
③ 근로시간 감소와 경제활동참가율 증가
④ 근로시간 감소와 경제활동참가율 감소

해설 ※ 이 문제는 모든 선택지가 답이 됩니다. 해설을 참고하세요.
비노동소득은 노동공급에 영향을 미치는 요인이다. 이 문제에는 육아보조금 지급 조건이 제시되지 않아 답을 하나로 고를 수 없다.

80 노동시장에 관한 신고전학파의 주장이 <u>아닌</u> 것은?

① 경쟁적 노동시장
② 노동시장의 분단
③ 동일노동–동일임금
④ 노동의 자유로운 이동

해설 ② 노동시장의 분단은 신고전학파의 주장과 관련이 없다.

---

5 과목
Vocational Counselor
노동관계법규

81 고용정책 기본법상 다수의 실업자가 발생하거나 발생할 우려가 있는 경우나 실업자의 고용안정이 필요하다고 인정되는 경우 고용노동부장관이 실시할 수 있는 실업대책 사업이 <u>아닌</u> 것은?

① 실업자에 대한 창업점포 구입자금 지원
② 실업자의 취업촉진을 위한 훈련의 실시와 훈련에 대한 지원
③ 고용촉진과 관련된 사업을 하는 자에 대한 대부(貸付)
④ 실업자에 대한 공공근로사업

해설 ① 주택전세자금 및 창업점포임대 등의 지원, 그 밖에 실업의 해소에 필요한 사업을 실시할 수 있다.

82 근로기준법상 임산부의 보호에 관한 설명으로 <u>틀린</u> 것은?

① 사용자는 임신 중의 여성에게 출산 전과 출산 후를 통하여 90일(한 번에 둘 이상 자녀를 임신한 경우에는 120일)의 출산전후휴가를 주어야 한다.
② 휴가 기간의 배정은 출산 후에 30일(한 번에 둘 이상 자녀를 임신한 경우에는 45일) 이상이 되어야 한다.
③ 사용자는 임신 중의 여성 근로자에게 시간외근로를 하게 하여서는 아니 되며, 그 근로자의 요구가 있는 경우에는 쉬운 종류의 근로로 전환하여야 한다.
④ 사업주는 출산전후휴가 종료 후에는 휴가 전과 동일한 업무 또는 동등한 수준의 임금을 지급하는 직무에 복귀시켜야 한다.

해설 ② 임산부의 출산전후휴가의 경우, 휴가 기간의 배정은 출산 후에 45일(한 번에 둘 이상 자녀를 임신한 경우에는 60일) 이상이 되어야 한다.

83 국민평생직업능력개발법상 직업능력개발훈련의 기본원칙에 대한 설명으로 <u>틀린</u> 것은?

① 직업능력개발훈련은 근로자 개인의 희망·적성·능력에 맞게 실시되어야 한다.
② 직업능력개발훈련은 근로자의 생애에 걸쳐 체계적으로 실시되어야 한다.
③ 직업능력개발훈련은 모든 근로자에게 균등한 기회가 보장되도록 하여야 한다.
④ 직업능력개발훈련은 학교교육과 관계없이 산업현장과 긴밀하게 연계될 수 있도록 하여야 한다.

해설 ④ 직업능력개발훈련은 교육 관계법에 따른 학교교육 및 산업현장과 긴밀하게 연계될 수 있도록 하여야 한다.

84 고용보험법상 취업촉진 수당을 지급받을 권리는 몇 년간 행사하지 아니하면 시효로 소멸 하는가?

① 1년
② 2년
③ 3년
④ 5년

해설 ③ 취업촉진 수당을 지급받을 권리는 3년간 행사하지 아니하면 시효로 소멸한다.

85 고용상 연령차별금지 및 고령자고용촉진에 관한 법령상 고령자(ㄱ)와 준고령자(ㄴ)의 기준연령으로 옳은 것은?

① ㄱ: 50세 이상, ㄴ: 45세 이상 50세 미만
② ㄱ: 55세 이상, ㄴ: 50세 이상 55세 미만
③ ㄱ: 60세 이상, ㄴ: 55세 이상 60세 미만
④ ㄱ: 65세 이상, ㄴ: 60세 이상 65세 미만

해설 ② 고령자는 55세 이상, 준고령자는 50세 이상 55세 미만인 사람으로 한다.

86 국민평생직업능력개발법상 직업능력개발훈련의 구분 및 실시방법에 관한 설명으로 옳은 것은?

① 직업능력개발훈련은 훈련의 목적에 따라 현장훈련과 원격훈련으로 구분한다.
② 양성훈련은 근로자에게 작업에 필요한 기초적 직무수행능력을 습득시키기 위하여 실시하는 직업능력개발훈련이다.
③ 혼합훈련은 전직훈련과 향상훈련을 병행하여 직업능력개발훈련을 실시하는 방법이다.
④ 집체훈련은 산업체의 생산시설 및 근무장소에서 직업능력개발훈련을 실시하는 방법이다.

➕ 직업능력개발훈련의 분류

구분	훈련방법	설명
훈련 목적에 따른 분류	양성훈련	직업에 필요한 기초적 직무수행 능력을 습득시키기 위함
	향상훈련	더 높은 직무수행능력을 습득, 기술 발전에 대응시키기 위함
	전직훈련	새로운 직업에 필요한 직무수행 능력을 습득시키기 위함
훈련 방법에 따른 분류	집체훈련	훈련전용시설 또는 훈련을 실시하기에 적합한 시설에서 실시
	현장훈련	산업체 생산시설을 이용하거나 근로장소에서 실시
	원격훈련	먼 곳에 있는 사람에게 정보통신매체 등을 이용하여 실시
	혼합훈련	훈련방법을 2개 이상 병행하여 실시

87 남녀고용평등과 일·가정 양립 지원에 관한 법률상 고용에 있어서 남녀의 평등한 기회와 대우를 보장하여야 할 사항으로 명시되어 있지 않은 것은?

① 모집과 채용
② 임금
③ 근로시간
④ 교육·배치 및 승진

해설 ③ 근로시간은 명시되지 않았다.

➕ 남녀의 평등한 기회보장 및 대우를 보장하여야 할 사항
• 모집과 채용
• 임금
• 임금 외의 금품 등
• 교육·배치 및 승진
• 정년·퇴직 및 해고

88 남녀고용평등과 일·가정 양립 지원에 관한 법령상 직장 내 성희롱의 금지 및 예방에 관한 설명으로 틀린 것은?

① 사업주는 직장 내 성희롱 예방을 위한 교육을 연 1회 이상하여야 한다.
② 사업주 및 근로자 모두가 여성으로 구성된 사업의 사업주는 직장 내 성희롱 예방 교육을 생략할 수 있다.
③ 사업주는 성희롱 예방교육을 고용노동부장관이 지정하는 기관에 위탁하여 실시할 수 있다.
④ 사업주는 근로자가 고객에 의한 성희롱의 피해를 주장하는 것을 이유로 해고나 그 밖의 불이익한 조치를 하여서는 아니 된다.

해설 ② 상시 10명 미만의 근로자를 고용하는 사업, 사업주 및 근로자 모두가 남성 또는 여성 중 어느 한 성(性)으로 구성된 사업의 경우 교육자료 또는 홍보물을 게시하거나 배포하는 방법으로 직장 내 성희롱 예방 교육을 할 수 있다.

89 고용정책 기본법상 기본원칙으로 틀린 것은?

① 근로자의 권리 확보
② 근로자의 직업선택의 자유 존중
③ 사업주의 고용관리에 관한 통제
④ 구직자(求職者)의 자발적인 취업노력 촉진

해설 ③ 사업주의 자율적인 고용관리를 존중하여야 한다.

90 근로기준법령상 근로자의 청구에 따라 사용자가 지급기일 전이라도 이미 제공한 근로에 대한 임금을 지급하여야 하는 비상(非常)한 경우에 해당하지 않는 것은?

① 근로자가 혼인한 경우
② 근로자의 수입으로 생계를 유지하는 자가 사망한 경우
③ 근로자나 그의 수입으로 생계를 유지하는 자가 출산하거나 질병에 걸린 경우
④ 근로자나 그의 수입으로 생계를 유지하는 자가 부득이한 사유로 3일 이상 귀향하게 되는 경우

해설 ④ 근로자나 그의 수입으로 생계를 유지하는 자가 부득이한 사유로 1주 이상 귀향하게 되는 경우는, 지급 기일 전의 임금 지급 사유에 해당한다.

91 헌법상 근로에 관한 설명으로 틀린 것은?

① 모든 국민은 근로의 권리를 가진다.
② 모든 국민은 근로의 의무를 진다.
③ 연소자의 근로는 특별한 보호를 받는다.
④ 근로기회의 제공을 통하여 생활무능력자에 대한 국가적 보호의무를 증가시킨다.

해설 ④ 헌법상 근로에 관한 내용 중 생활무능력자에 대한 언급은 없다.

92 고용보험법상 구직급여의 산정 기초가 되는 임금일액의 산정방법으로 틀린 것은?

① 수급자격의 인정과 관련된 마지막 이직 당시 산정된 평균임금을 기초일액으로 한다.
② 마지막 사업에서 이직 당시 일용근로자였던 자의 경우에는 산정된 금액이 근로기준법에 따른 그 근로자의 통상임금보다 적을 경우에는 그 통상임금액을 기초일액으로 한다.
③ 기초일액을 산정하는 것이 곤란한 경우와 보험료를 보험료징수법에 따른 기준보수를 기준으로 낸 경우에는 기준보수를 기초일액으로 한다.
④ 산정된 기초일액이 그 수급자격자의 이직전 1일 소정근로시간에 이직일 당시 적용되던 최저임금법에 따른 시간 단위에 해당하는 최저임금액을 곱한 금액보다 낮은 경우에는 최저기초일액을 기초일액으로 한다.

해설 ② 산정된 금액이 「근로기준법」에 따른 그 근로자의 통상임금보다 적을 경우에는 그 통상임금액을 기초일액으로 한다. 다만, 마지막 사업에서 이직 당시 일용근로자였던 자의 경우에는 그러하지 아니 하다.

93 직업안정법상 직업소개사업을 겸업할 수 있는 자는?

① 「공중위생관리법」에 따른 이용업 사업을 경영하는 자
② 「결혼중개업의 관리에 관한 법률」에 따른 결혼중개업 사업을 경영하는 자
③ 「식품위생법 시행령」에 따른 단란주점영업 사업을 경영하는 자
④ 「식품위생법 시행령」에 따른 유흥주점영업 사업을 경영하는 자

➕ 직업소개사업을 겸업할 수 없는 자
• 「결혼중개업의 관리에 관한 법률」에 따른 결혼중개업자
• 「공중위생관리법」에 따른 숙박업자
• 「식품위생법」에 따른 식품접객업 중 대통령령으로 정하는 영업

94 기간제 및 단시간근로자 보호 등에 관한 법률상 기간제 근로자의 차별적 처우의 금지에 관한 설명으로 틀린 것은?

① 사용자는 기간제근로자임을 이유로 당해 사업 또는 사업장에서 동종 또는 유사한 업무에 종사하는 기간의 정함이 없는 근로계약을 체결한 근로자에 비하여 차별적 처우를 하여서는 아니 된다.
② 기간제근로자는 차별적 처우를 받은 경우 차별적 처우가 있은 날부터 6개월 이내에 노동위원회에 시정을 신청할 수 있다.
③ 기간제근로자가 노동위원회에 차별시정을 신청할 경우 관련한 분쟁에 있어 입증책임은 사용자가 부담한다.
④ 차별적 처우가 인정될 경우 노동위원회는 시정명령을 내릴 수 있다. 이 경우 사용자의 차별적 처우에 명백한 고의가 인정되면 기간제 근로자의 손해액을 기준으로 2배를 넘지 아니하는 범위에서 배상명령을 내릴 수 있다.

해설 ④ 노동위원회는 사용자의 차별적 처우에 명백한 고의가 인정되거나 차별적 처우가 반복되는 경우에는 손해액을 기준으로 3배를 넘지 아니하는 범위에서 배상을 명령할 수 있다.

95 남녀고용평등과 일·가정 양립 지원에 관한 법령상 다음 (   ) 안에 각각 알맞은 것은?

> 제18조의2(배우자 출산휴가) ① 사업주는 근로자가 배우자의 출산을 이유로 휴가(이하 "배우자 출산휴가"라 한다)를 청구하는 경우에 (ㄱ)일의 휴가를 주어야 한다.
> (이하 생략)
> ③ 배우자 출산휴가는 근로자의 배우자가 출산한 날부터 (ㄴ)일이 지나면 청구할 수 없다.

① ㄱ : 5, ㄴ : 30
② ㄱ : 5, ㄴ : 90
③ ㄱ : 10, ㄴ : 30
④ ㄱ : 10, ㄴ : 90

해설 사업주는 근로자가 배우자의 출산을 이유로 휴가를 청구하는 경우에 (10일) 의 휴가를 주어야 한다. 이 경우 사용한 휴가기간은 유급으로 한다. 배우자 출산휴가는 근로자의 배우자가 출산한 날부터 (90일) 이 지나면 청구할 수 없다. 배우자 출산휴가는 1회에 한정하여 나누어 사용할 수 있다.

96 노동기본권에 관하여 헌법에 명시된 내용으로 틀린 것은?

① 공무원인 근로자는 법률이 정하는 자에 한하여 단결권·단체교섭권 및 단체행동권을 가진다.
② 근로자는 근로조건의 향상을 위하여 자주적인 단결권·단체교섭권 및 단체행동권을 가진다.
③ 공익사업에 종사하는 근로자의 단체행동권은 법률이 정하는 바에 의하여 이를 제한하거나 인정하지 아니할 수 있다.
④ 법률이 정하는 주요 방위산업에 종사하는 근로자의 단체행동권은 법률이 정하는 바에 의하여 이를 제한하거나 인정하지 아니할 수 있다.

해설 ③ 공익사업에 종사하는 근로자의 단체행동권에 대한 언급은 없다.

97 근로기준법상 경영상 이유에 의한 해고에 관한 설명으로 틀린 것은?

① 경영 악화를 방지하기 위한 사업의 양도·인수·합병은 긴박한 경영상의 필요가 있는 것으로 본다.
② 사용자는 해고를 피하기 위한 노력을 다하여야 한다.
③ 사용자는 합리적이고 공정한 해고의 기준을 정하고 이에 따라 그 대상자를 선정하여야 한다.
④ 사용자는 해고를 피하기 위한 방법과 해고의 기준 등에 관하여 해고를 하려는 날의 60일 전까지 고용노동부장관의 승인을 받아야 한다.

해설 ④ 사용자는 해고를 피하기 위한 방법과 해고의 기준 등에 관하여 그 사업 또는 사업장에 근로자의 과반수로 조직된 노동조합이 있는 경우에는 그 노동조합(근로자의 과반수로 조직된 노동조합이 없는 경우에는 근로자의 과반수를 대표하는 자를 말한다.)에 해고를 하려는 날의 50일 전까지 통보하고 성실하게 협의하여야 한다.

98 직업안정법령상 직업정보제공사업자의 준수사항에 해당되지 <u>않는</u> 것은?

① 구인자의 업체명(또는 성명)이 표시되어 있지 아니하거나 구인자의 연락처가 사서함 등으로 표시되어 구인자의 신원이 확실하지 아니한 구인광고를 게재하지 아니할 것

② 직업정보제공매체의 구인·구직광고에는 구인·구직자 및 직업정보제공사업자의 주소 또는 전화번호를 기재할 것

③ 직업정보제공사업의 광고문에 "(무료)취업상담", "취업추천", "취업지원" 등의 표현을 사용하지 아니할 것

④ 구직자의 이력서 발송을 대행하거나 구직자에게 취업추천서를 발부하지 아니할 것

[해설] ② 직업정보제공매체의 구인·구직의 광고에는 구인·구직자의 주소 또는 전화번호를 기재하고, 직업정보제공사업자의 주소 또는 전화번호는 기재하지 아니할 것

99 국민평생직업능력개발법상 재해 위로금에 관한 설명으로 <u>틀린</u> 것은?

① 직업능력개발훈련을 받는 근로자가 직업능력개발훈련 중에 그 직업능력개발훈련으로 인하여 재해를 입은 경우에는 재해 위로금을 지급하여야 한다.

② 위탁에 의한 직업능력개발훈련을 받는 근로자에 대하여는 그 위탁자가 재해 위로금을 부담한다.

③ 위탁받은 자의 훈련시설의 결함이나 그 밖에 위탁받은 자에게 책임이 있는 사유로 인하여 재해가 발생한 경우에는 위탁받은 자가 재해 위로금을 지급하여야 한다.

④ 재해 위로금의 산정기준이 되는 평균임금은 산업재해보상보험법에 따라 고용노동부장관이 매년 정하여 고시하는 최고 보상기준금액을 상한으로 하고 최저 보상기준금액은 적용하지 아니 한다.

[해설] ④ 재해 위로금의 산정기준이 되는 평균임금은 「산업재해보상보험법」에 따라 고용노동부장관이 매년 정하여 고시하는 최고 보상기준 금액 및 최저 보상기준 금액을 각각 그 상한 및 하한으로 한다.

100 근로자퇴직급여 보장법상 개인형퇴직연금제도를 설정할 수 있는 사람을 모두 고른 것은?

> ㄱ. 자영업자
> ㄴ. 「공무원연금법」의 적용을 받는 공무원
> ㄷ. 「군인연금법」의 적용을 받는 군인
> ㄹ. 「사립학교교직원 연금법」의 적용을 받는 교직원
> ㅁ. 「별정우체국법」의 적용을 받는 별정우체국 직원

① ㄱ
② ㄱ, ㅁ
③ ㄴ, ㄷ, ㄹ
④ ㄱ, ㄴ, ㄷ, ㄹ, ㅁ

➕ 개인형퇴직연금제도

가입자의 선택에 따라 가입자가 납입한 일시금이나 사용자 또는 가입자가 납입한 부담금을 적립·운용하기 위하여 설정한 퇴직연금제도로서, 급여의 수준이나 부담금의 수준이 확정되지 아니한 퇴직연금제도를 말한다.

➕ 개인형퇴직연금제도를 설정할 수 있는 사람

- 퇴직급여제도의 일시금을 수령한 사람
- 확정급여형퇴직연금제도 또는 확정기여형퇴직연금제도의 가입자로서 자기의 부담으로 개인형퇴직연금제도를 추가로 설정하려는 사람
- 자영업자
- 퇴직급여제도가 설정되어 있지 않은, 계속근로기간이 1년 미만인 근로자
- 퇴직급여제도가 설정되어 있지 않은, 4주간을 평균하여 1주간의 소정근로시간이 15시간 미만인 근로자
- 퇴직금제도를 적용받고 있는 근로자
- 「공무원연금법」의 적용을 받는 공무원
- 「군인연금법」의 적용을 받는 군인
- 「사립학교교직원 연금법」의 적용을 받는 교직원
- 「별정우체국법」의 적용을 받는 별정우체국 직원

1 과목 — Vocational Counselor — 직업상담학

01 직업상담 과정에서의 사정단계를 바르게 나열한 것은?

> ㄱ. 내담자의 동기 파악
> ㄴ. 내담자의 자기진단 탐색
> ㄷ. 내담자의 자기진단
> ㄹ. 인지적 명확성 판단

① ㄷ → ㄱ → ㄴ → ㄹ　② ㄷ → ㄴ → ㄹ → ㄱ
③ ㄹ → ㄷ → ㄴ → ㄷ　④ ㄹ → ㄱ → ㄷ → ㄴ

해설 인지적 명확성을 위한 직업상담 과정: 내담자와의 관계 형성 → 인지적 명확성 판단 → 동기에 대한 파악(사정) → 내담자의 자기진단 → 내담자의 자기진단 탐색

02 내담자와 관련된 정보를 수집하여 내담자의 행동을 이해하고 해석하는데 기본이 되는 상담기법으로 가장 거리가 먼 것은?

① 한정된 오류 정정하기
② 왜곡된 사고 확인하기
③ 반성의 장 마련하기
④ 변명에 초점 맞추기

➕ 내담자와 관련된 정보를 수집하고 내담자의 행동을 이해하고 해석하는데 사용되는 기법

- 가정 사용하기
- 의미 있는 질문 및 지시 사용하기
- 전이된 오류 정정하기(정보의 오류, 한계의 오류, 논리적 오류)
- 분류 및 재구성하기
- 저항감 재인식하기 및 다루기
- 근거 없는 믿음 확인하기
- 왜곡된 사고 확인하기
- 반성의 장 마련하기
- 변명에 초점 맞추기

03 Super의 진로발달이론에 대한 설명으로 틀린 것은?

① 진로발달은 성장기, 탐색기, 확립기, 유지기, 쇠퇴기를 거쳐 이루어진다.
② 진로선택은 자아개념의 실현과정이다.
③ 진로발달에 있어서 환경의 영향보다는 개인의 흥미, 적성, 가치가 더 중요하다.
④ 자아개념은 직업적 선호와 환경과의 상호작용을 통해 계속 변화한다.

해설 ③ '사회는 개인에게 영향을 주고 개인은 사회의 단위로서 성장하고 기능하고 있다.'고 진로아치문모델을 이용해 설명했다.

04 Yalom이 제시한 실존주의 상담에서의 4가지 궁극적 관심사에 해당하지 않는 것은?

① 죽음　　　　　　② 자유
③ 고립　　　　　　④ 공허

➕ Yalom(얄롬)이 제시한 궁극적 관심사 4가지

- 죽음: 불안의 가장 기본적 원천이다.
- 자유: 자유는 책임을 가정한다.
- 고립: 얄롬은 세 가지 고립을 가정한다. 대인관계적 고립, 개인내적 고립, 실존적 고립
- 무의미성: 삶의 의미가 무엇인가 하는 질문에 대한 내적 갈등이다.

05 상담관계의 틀을 구조화하기 위해서 다루어야 할 요소와 가장 거리가 먼 것은?

① 상담자의 역할과 책임　② 내담자의 성격
③ 상담의 목표　　　　　④ 상담시간과 장소

해설 구조화에서 ①, ③, ④ 그리고 직업상담 진행의 전반적인 구조설정과 진행의 방향, 상담의 시간과 상담 횟수, 평가 사항과 평가방법, 비밀유지에 대해 다룬다.

06 생애진로사정에 관한 설명으로 옳은 것은?

① 직업상담에서 생애진로사정은 초기단계보다 중·말기단계 면접법으로 사용된다.

② 생애진로사정은 Adler의 개인심리학에 부분적으로 기초를 둔다.

③ 생애진로사정은 객관적인 사실 확인에만 중점을 둔다.

④ 생애진로사정에서는 여가생활, 친구관계 등과 같이 일과 직접적으로 관련이 없는 주제는 제외된다.

해설 ① 직업상담에서 초기단계에 사용된다.
③ 교육수준과 같은 내담자의 객관적 정보뿐 아니라 가치관 등 내담자의 주관적 정보 또한 얻을 수 있다.
④ 진로사정의 소단위인 '오락'으로 내담자의 여가생활을 알아본다.

➕ 생애진로사정에서 얻을 수 있는 정보

- 내담자의 직업경험과 교육수준을 나타내는 객관적인 사실
- 내담자 자신의 기술과 유능성에 대한 자기평가 및 상담자의 평가
- 내담자 자신의 가치관과 자기의식과 같은 주관적인 정보

07 상담기법 중 내담자가 전달하는 이야기의 표면적 의미를 상담자가 다른 말로 바꾸어서 말하는 것은?

① 탐색적 질문
② 요약과 재진술
③ 명료화
④ 적극적 경청

해설 ① 탐색적 질문: 내담자가 자신과 자신의 문제를 자유롭게 탐색하도록 한다.
③ 명료화: 내담자가 하는 말 중에서 모호한 점이 있으면 명확하게 그 의미를 밝혀내 내담자의 의사와 감정을 구체화하는 방법이다.
④ 적극적 경청: 내담자의 말을 듣고 태도와 행동을 관찰하며 선택적 주목하는 것을 말한다.

08 Butcher가 제시한 집단직업상담을 위한 3단계 모델에 해당하지 않는 것은?

① 탐색단계
② 전환단계
③ 평가단계
④ 행동단계

해설 부처(Butcher)의 집단직업상담 3단계: 탐색단계 → 전환단계 → 행동단계

09 상담 중기 과정의 활동으로 가장 거리가 먼 것은?

① 내담자에게 문제를 직면시키고 도전하게 한다.

② 내담자가 가진 문제의 심각도를 평가한다.

③ 내담자가 실천할 수 있도록 동기를 조성한다.

④ 문제에 대한 대안을 현실 생활에 적용하고 실천하도록 돕는다.

해설 ② 내담자가 가진 문제파악은 상담초기 단계에 한다.

상담의 초기 단계	접수 면접 및 상담 신청서 작성 → 내담자 문제 파악 → 상담 관계의 형성 → 상담의 구조화 및 목표 설정
상담의 중기 단계	문제해결 방안 탐색 → 실행 계획의 수립 → 실행
상담의 종결 단계	이별 감정 다루기 및 홀로 서기의 준비 → 전체 상담의 평가 및 성과 다지기 → 추수 상담에 대한 안내

10 내담자의 낮은 자기효능감을 증진시키기 위한 방법으로 적합하지 않은 것은?

① 내담자의 장점을 강조하며 격려하기

② 긍정적인 단계를 강화하기

③ 내담자와 비슷한 인물이나 관련자료 보여주기

④ 직업대안 규명하기

해설 ④ 직업대안 규명하기는 흥미사정 사용 목적이다.

11 어떤 문제의 밑바닥에 깔려 있는 혼란스러운 감정과 갈등을 가려내어 분명히 해주는 것은?

① 명료화
② 경청
③ 반영
④ 직면

해설 ② 경청: 내담자의 말을 듣고 태도와 행동을 관찰하며 선택적 주목하는 것을 말한다.
③ 반영: 내담자가 표현한 태도를 거울에 비추어보듯이 상담자가 다른 구체적인 말로 부연 설명해 자기이해를 도와주는 것이다.
④ 직면: 내담자가 모르거나 인정하기를 거부하는 생각, 느낌에 주목하게 하도록 하는 것이다.

12 Williamson의 특성–요인 진로상담 과정을 바르게 나열한 것은?

> ㄱ. 진단단계 ㄴ. 분석단계
> ㄷ. 예측단계 ㄹ. 종합단계
> ㅁ. 상담단계 ㅂ. 추수지도단계

① ㄱ → ㄴ → ㄷ → ㄹ → ㅂ → ㅁ

② ㄱ → ㄷ → ㄴ → ㄹ → ㅁ → ㅂ

③ ㄴ → ㄱ → ㄹ → ㄷ → ㅂ → ㅁ

④ ㄴ → ㄹ → ㄱ → ㄷ → ㅁ → ㅂ

해설 상담과정: 분석(자료수집) → 종합(자료 요약) → 진단(변별진단) → 처방(예후=예측) → 상담(내담자 참여) → 추수지도

13 행동주의 상담에서 부적응행동을 감소시키는데 주로 사용되는 기법은?

① 행동조성법 ② 모델링
③ 노출법 ④ 토큰법

해설 ③ 노출법: 내담자가 무서워하거나 위험을 느끼는 장면에 실제로 노출시키는 방법으로 내담자가 생각했던 만큼 실제로 두렵지 않음을 직접 경험하게 하여 내담자의 잘못된 인지를 교정하도록 하는 치료기법이다. ⇒ 실제적 노출법(혐오치료), 심상적 노출법(체계적 둔감화), 집중적 노출법(홍수법), 점진적 노출법(스트레스접종)
① 행동조성: 새로운 행동을 처음 가르칠 때 사용하는 기법으로 학습촉진기법에 주로 사용된다.
② 모델링: 내담자가 다른 사람의 바람직한 행동을 관찰해서 학습한 것을 수행하는 기법이다.
③ 토큰법(상표제도): 적절한 행동을 할 때마다 직접 확인될 수 있는 강화물로 토큰이 주어지는 체계적인 기법이다.

14 내담자의 부적절한 행동을 변화하는데 자주 사용하는 체계적 둔감화의 주요 원리는?

① 상호억제 ② 변별과 일반화
③ 소거 ④ 조성

해설 체계적 둔감화는 내담자로부터 불안을 없애기 위해 불안반응을 체계적으로 증대시키면서 동시에 불안과 대립되는 이완반응을 야기하는 방법으로 상호억제 또는 상호제지를 이용한다.
② 변별과 일반화: 사람들은 자신이 이전에 학습한 것을 바탕으로 변별(자극)을 학습한다. 예를 들면, 신호위반으로 어려움을 겪었던 사람은 신호를 잘 지킨다. 일반화는 변별과 대립되는 개념이다.
③ 소거: 조작행동이 줄어들거나 나타나지 않는 것을 소거라고 한다.
④ 조성: 새로운 행동을 가르치는 것을 말한다.

15 Bordin이 제시한 직업문제의 심리적 원인에 해당하지 <u>않는</u> 것은?

① 인지적 갈등 ② 확신의 결여
③ 정보의 부족 ④ 내적 갈등

➕ 윌리암슨, 크라이티스, 보딘의 문제유형 비교

윌리암슨 (Williamson)	크라이티스 (Crites)		보딘 (Bordin)
불확실한 선택	적응성	적응형, 부적응형	의존성
무선택	현실성	비현실형, 불충족형, 강압형	정보의 부족
흥미와 적성의 모순	결정성	다재다능형, 우유부단형	자아갈등 (내적갈등)
어리석은 선택		–	진로선택에 따르는 불안
–		–	문제가 없음 (확신의 결여)

16 직업상담의 목적에 대한 설명으로 <u>틀린</u> 것은?

① 직업상담은 내담자가 이미 결정한 직업계획과 직업선택을 확신·확인하는 과정이다.
② 직업상담은 개인의 직업적 목표를 명확히 해 주는 과정이다.
③ 직업상담은 내담자에게 진로관련 의사결정 능력을 길러주는 과정은 아니다.
④ 직업상담은 직업선택과 직업생활에서의 능동적인 태도를 함양하는 과정이다.

해설 ③ 직업상담은 내담자에게 진로관련 의사결정 능력을 길러주는 과정이다.

17 다음은 무엇에 관한 설명인가?

> 원형검사에 기초한 시간전망 개입의 세 가지 국면 중 미래를 현실처럼 느끼게 하고 미래 계획에 대한 긍정적 태도를 강화시키며 목표설정을 신속하게 하는데 목표를 두는 것

① 방향성   ② 변별성
③ 주관성   ④ 통합성

➕ 원형검사에 기초한 시간전망개입

방향성	미래지향성을 증진시키기 위한 것으로, 미래에 대해 낙관적 입장을 구성한다.
변별성	미래를 현실처럼 느끼게 하고, 미래계획에 대한 정적 태도를 강화시키며 목표설정을 신속하게 한다.
통합성	현재 행동과 미래 결과를 연결시키고, 계획한 기법을 실습하여 진로에 대한 인식을 증진시킨다.

18 다음은 직업상담모형 중 어떤 직업상담에 관한 설명인가?

> • 직업선택에 미치는 내적요인의 영향을 강조한다.
> • 특성–요인 접근법과 마찬가지로 "사람과 직업을 연결시키는 것"에 기초를 두고 있다.
> • 상담과 검사해석의 기법들은 내담자중심 접근을 많이 따르고 있지만 비지시적 및 반영적 태도 외에도 다양한 접근방법들을 포함하고 있다.

① 정신역동적 직업상담   ② 포괄적 직업상담
③ 발달적 직업상담   ④ 행동주의 직업상담

해설 보딘(Bordin)은 정신역동적 직업상담은 특성–요인 접근법과 내담자중심 접근법을 포괄하면서 내담자의 동기유발과 방어기제에 초점을 두는 이론이다. 사람과 직업을 연결시키고, 그와 같은 선택이 이루어지는 과정의 복잡한 개념들을 설명하도록 노력한다. 또한 로(Roe)와 마찬가지로, 초기의 부모–자녀 간의 상호작용이 중요하고 이러한 상호작용의 결과가 나중에 욕구위계에 영향을 미친다고 보았다.
② 포괄적 직업상담: 크라이티스(Crites)의 상담에 대한 견해는 직업상담의 과정에는 진단, 문제분류, 문제 구체화, 문제해결의 단계가 포함되어야 한다. 직업상담의 목적에는 직업선택, 의사결정 기술의 습득, 일반적 적응의 고양 등이 포함된다. 이러한 목적에 도달하기 위해서는 일반적으로 상담기법, 검사해석, 직업정보 등이 직업상담 과정에 포함되어야 한다.

③ 발달적 직업상담: 개인의 발달과정에 따라 직업선택을 제시한 이론이다.
④ 행동주의 직업상담: 행동주의 이론을 직업상담에 적용한 이론이다.

19 직업상담 시 활용할 수 있는 측정도구에 관한 설명으로 틀린 것은?

① 자기 효능감 척도는 어떤 과제를 어느 정도 수준으로 수행할 수 있는 능력을 갖추었다고 스스로 판단하는지의 정도를 측정한다.
② 소시오그램은 원래 가족치료에 활용하기 위해 개발되었는데, 기본적으로 경력상담 시 먼저 내담자의 가족이나 선조들의 직업 특징에 대한 시각적 표상을 얻기 위해 도표를 만드는 것이다.
③ 역할놀이에서는 내담자의 수행행동을 나타낼 수 있는 업무상황을 제시해준다.
④ 카드분류는 내담자의 가치관, 흥미, 직무기술, 라이프스타일 등의 선호형태를 측정하는데 유용하다.

해설 ② 직업가계도(제노그램)에 대한 설명이다. 소시오그램은 집단 내의 인간관계를 알아보기 위해 사용하는 기법이다.

20 직업상담사의 윤리강령에 관한 설명으로 가장 거리가 먼 것은?

① 상담자는 상담에 대한 이론적, 경험적 훈련과 지식을 갖춘 것을 전제로 한다.
② 상담자는 내담자의 성장, 촉진과 문제 해결 및 방안을 위해 시간과 노력상의 최선을 다한다.
③ 상담자는 자신의 능력 및 기법의 한계 때문에 내담자의 문제를 다른 전문직 동료나 기관에 의뢰해서는 안된다.
④ 상담자는 내담자가 이해, 수용할 수 있는 한도 내에서 기법을 활용한다.

해설 ③ 상담자는 내담자를 도울 수 없을 때는 다른 적절한 전문가에게 내담자를 의뢰해야 한다. 상담자 자신의 능력을 객관적으로 평가하여 내담자를 도울 수 없는 경우, 상담을 시작하지 않는다.

21 다음은 Holland의 어떤 직업환경에 관한 설명인가?

> • 노동자, 농부, 트럭 운전수, 목수, 중장비, 운전공 등 근육을 이용하는 직업
> • 체력을 필요로 하는 활동을 즐기며 공격적이고 운동신경이 잘 발달되어 있음

① 지적 환경 ② 사회적 환경
③ 현실적 환경 ④ 심미적 환경

해설 홀랜드 직업흥미검사의 흥미유형과 환경을 연결하는 문제로 현실형에 대한 설명이다.

➕ 홀랜드(Holland)의 직업흥미검사 유형

현실형	기계를 조작하는 활동 및 기술을 선호 **예** 엔지니어, 농부, 조사연구원, 파일럿
탐구형	연구활동을 선호 **예** 학자, 연구원, 교수
예술형	틀에 박힌 활동을 싫어하며, 자유롭고 상징적인 활동을 선호 **예** 작가, 예술가
사회형	타인의 문제를 듣고 이해하며, 돕고 치료해 주는 활동을 선호 **예** 상담사, 성직자, 바텐더
진취형	타인을 지도, 계획, 통제, 관리하며, 명예와 인정, 권위를 선호 **예** 정치인, 경영인
관습형	정해진 원칙과 계획에 따라 자료를 기록, 정리, 조작하는 활동을 선호 **예** 사무, 회계

22 진로발달에서 맥락주의(contextualism)에 관한 설명으로 틀린 것은?

① 행위는 맥락주의의 주요 관심대상이다.
② 개인보다는 환경의 영향을 강조한다.
③ 행위는 인지적·사회적으로 결정되며 일상의 경험을 반영하는 것이다.
④ 진로연구와 진로상담에 대한 맥락상의 행위설명을 확립하기 위하여 고안된 방법이다.

해설 ② 진로발달에서 맥락주의 또는 구성주의는 개인과 환경이 분리될 수 없다고 본다.

23 고용노동부에서 실시하는 일반직업적성검사가 측정하는 영역이 아닌 것은?

① 형태지각력 ② 공간판단력
③ 상황판단력 ④ 언어능력

※ 이 문제는 GATB직업적성검사와 워크넷 성인직업적성검사를 구분 없이 출제한 것으로 보입니다. 직업심리학에 두 검사가 출제되니 모두 공부할 것을 권장합니다.

➕ GATB직업적성검사: 11개의 지필검사와 4개의 동작검사로 구성, 15개의 하위검사로 9개 분야의 적성을 측정하는 검사
① 지능, ② 언어능력, ③ 산수능력(수리능력), ④ 사무지각, ⑤ 공간적성, ⑥ 형태지각, ⑦ 운동반응, ⑧ 손가락 재치, ⑨ 손재치

➕ 워크넷 성인직업적성검사: 직업선택 시 중요한 능력과 적성을 토대로 적합한 직업을 선택할 수 있도록 도와주기 위한 검사
① 언어력, ② 수리력, ③ 추리력, ④ 공간지각력, ⑤ 사물지각력, ⑥ 상황판단력, ⑦ 기계능력, ⑧ 집중력, ⑨ 색채지각력, ⑩ 문제해결능력, ⑪ 사고유창력

24 다음에 해당하는 스트레스 관리전략은?

> 예전에는 은행원들이 창구에 줄을 서서 기다리는 고객들에게 가능한 빨리 서비스를 제공하고자 스트레스를 많이 받았었는데, 고객 대기표(번호표) 시스템을 도입한 이후 이러한 스트레스를 많이 줄일 수 있게 되었다.

① 반응지향적 관리전략
② 증후지향적 관리전략
③ 평가지향적 관리전략
④ 출처지향적 관리전략

➕ 스트레스 관리전략
• 1차적 스트레스 관리전략(출처지향적 관리전략): 스트레스 출처의 수와 강도를 줄이고 예방한다. 스트레스 출처를 제거하는 것이다. **예** 직무재설계, 인지적 재구조화
• 2차적 스트레스 관리전략(반응지향적 관리전략): 스트레스에 대한 개인의 반응을 수정하거나 예방한다. **예** 이완 훈련, 바이오 피드백, 스트레스 관리훈련, 신체단련, 영양섭취
• 3차적 스트레스 관리전략(증후지향적 관리전략): 스트레스로 인해 생긴 부정적 결과에 보다 효율적으로 대처할 수 있는 도움을 받음으로써 최소화한다. **예** 종업원 지원프로그램, 의학적 치료

25 인간의 진로발달단계를 성장기, 탐색기, 확립기, 유지기, 쇠퇴기로 나누고 각 단계의 특징을 설명한 학자는?

① 긴즈버그(Ginzberg)

② 에릭슨(Ericson)

③ 수퍼(Super)

④ 고드프레드슨(Gottfredson)

해설		
①	긴즈버그의 진로발달단계	• 환상기 → 잠정기 → 현실기
②	에릭슨의 진로발달 8단계	• 제 1단계: 신뢰감 대 불신감, 0~1세 • 제 2단계: 자율성 대 수치 및 의심, 1~3세 • 제 3단계: 독창성 대 죄책감 / 주도성 대 죄의식, 3~5세 • 제 4단계: 근면성 대 열등감, 6~11세 (아동기) • 제 5단계: 자아정체감 대 자아혼돈 / 정체감 대 역할혼미, 12~18세(청소년기) • 제 6단계: 친밀감 대 고립감, 18~35세 (성년초기) • 제 7단계: 생산성 대 침체성, 35~55세 (성년중기) • 제 8단계: 통합성 대 절망감, 55세 이상 (노년기)
④	고트프레드손의 진로발달단계	• 힘과 크기 지향성 → 성역할 지향성 → 사회적 가치 지향성 → 내적, 고유한 자아 지향성

26 직무분석 방법에 관한 설명으로 옳은 것은?

① 관찰법은 실제 업무를 직접적으로 관찰함으로써 정신적인 활동까지 알아볼 수 있다.

② 면접법을 사용하려면 면접의 목적을 미리 알려주고 편안한 분위기를 조성해야 한다.

③ 설문조사법은 많은 사람에 대한 정보를 얻을 수 있지만 시간이 오래 걸린다.

④ 작업일지법은 정해진 양식에 따라 업무 담당자가 직접 작성하므로 정확한 정보를 준다.

해설 ① 관찰법은 정신적인 활동까지 알 수 없으나 분석자의 주관이 개입될 위험이 있다는 단점이 있다.
③ 설문조사법은 짧은 시간에 많은 정보를 얻을 수 있다는 장점이 있다.
④ 작업일지법은 작업자가 의도적으로 일지를 왜곡하여 작성할 수 있는 단점이 있으므로 작업일지에 의해 얻어진 정보가 어느 정도나 정확할지에 대한 의문이 제기될 수 있다.

27 조직 구성원에게 다양한 직무를 경험하게 함으로써 여러 분야의 능력을 개발시키는 경력개발 프로그램은?

① 직무 확충(Job Enrichment)

② 직무 순환(Job Rotation)

③ 직무 확대(Job Enlargement)

④ 직무 재분류(Job Reclassification)

해설 ① 직무확충: 상위직의 직무를 하위직의 직무로 이관하는 방법이다.
③ 직무확대: 종업원이 수행하는 과업의 수를 증가시키는 것으로 개인의 직무를 늘려서 넓게 확대하는 것이다.
④ 직무재분류: 직무의 종류와 중요도에 따라 직무를 재분류하는 것이다.

28 직업적응 이론과 관련하여 개발된 검사도구가 아닌 것은?

① MIQ(Minnesota Importance Questionnaire)

② JDQ(Job Description Questionnaire)

③ MSQ(Minnesota Satisfaction Questionnaire)

④ CMI(Career Maturity Inventory)

해설 ④ CMI는 진로성숙검사로 태도와 능력을 측정한다.

➕ 직업적응이론과 관련되어 개발된 검사도구

• 미네소타 중요성질문지(Minnesota Importance Questionnaire)
• 미네소타 만족질문지(Minnesota Satisfaction Questionnaire)
• 미네소타 만족성척도(Minnesota Satisfactoriness Scales)
• 직무기술질문지(Job Description Questionnaire)
• 직업강화자목록(A List of Reinforcers)

29 스트레스로 인해 나타날 수 있는 신체의 변화로 옳지 않은 것은?

① 호흡과 심장박동이 빨라지고 혈압도 높아진다.

② 부신선과 부신 피질을 자극해 에피네프린(아드레날린)을 생성한다.

③ 부교감 신경계가 활성화되어 각성이 일어난다.

④ 부신피질 호르몬인 코티졸이 분비된다.

해설 ③ 스트레스는 교감신경계를 자극하여 다양한 신체반응의 변화를 일으키지만 부교감신경계는 일반적으로 스트레스 받은 사람을 이완상태로 회복시키는 역할을 한다.

30 셀리(Selye)가 제시한 스트레스 반응단계(일반 적응증후군)를 순서대로 바르게 나열한 것은?

① 소진 – 저항 – 경고   ② 저항 – 경고 – 소진
③ 소진 – 경고 – 저항   ④ 경고 – 저항 – 소진

해설 셀리(Selye)가 제시한 일반적응증후군(스트레스 반응)의 3단계는 경계(경고)단계 → 저항단계 → 탈진(소진)단계 이다.

31 Roe의 직업분류체계에 관한 설명으로 틀린 것은?

① 일의 세계를 8가지 장(field)과 6가지 수준(level) 으로 구성된 2차원의 체계로 조직화했다.
② 원주상의 순서대로 8가지 장(field)은 서비스, 사업상 접촉, 조직, 기술, 옥외, 과학, 예술과 연예, 일반문화이다.
③ 서비스 장(field)들은 사람지향적이며 교육, 사회봉사, 임상심리 및 의술이 포함된다.
④ 6가지 수준(levlel)은 근로자의 직업과 관련된 정교화, 책임, 보수, 훈련의 정도를 묘사하며, 수준 1이 가장 낮고, 수준 6이 가장 높다.

해설 ④ 책임에 기초해 분류한 6단계로 수준 1이 가장 높다.

➕ 로(Roe)의 책임의 정도에 기초한 6가지 직업군

1단계: 고급 전문관리   2단계: 중급 전문관리
3단계: 준 전문관리   4단계: 숙련직
5단계: 반숙련직   6단계: 비숙련직

32 크롬볼츠(Krumboltz)의 사회학습 이론에서 진로선택에 영향을 미치는 요인을 모두 고른 것은?

| ㄱ. 유전적 요인 | ㄴ. 학습경험 |
| ㄷ. 과제접근기술 | ㄹ. 환경조건과 사건 |

① ㄱ, ㄴ   ② ㄱ, ㄷ, ㄹ
③ ㄴ, ㄷ, ㄹ   ④ ㄱ, ㄴ, ㄷ, ㄹ

해설 미첼(Mitchell)과 크롬볼츠(Knumblotz)는 크롬볼츠의 학습이론이 포함된 초기 사회학습이론을 확장시켜 사회학습이론을 제안했다. 이 이론은 진로선택 과정을 단순화하려는 시도로 무엇보다도 진로선택을 결정하는데 영향을 미치는 삶의 사건들에 관심을 두고 있다.

33 타당도에 관한 설명으로 틀린 것은?

① 안면타당도는 전문가가 문항을 읽고 얼마나 타당해 보이는지를 평가하는 방법이다.
② 검사의 신뢰도는 타당도 계수의 크기에 영향을 준다.
③ 구성타당도를 평가하는 방법으로 요인분석 방법이 있다.
④ 예언타당도는 타당도를 구하는데 시간이 많이 걸린다는 단점이 있다.

해설 ① 내용타당도에 대한 설명이다.

➕ 타당도 종류

종류		특징
내용 타당도		내용영역 측정. 타당도 계수 산출이 어려움. 전문가에 의해 측정
안면 타당도		'무엇을 재는 것처럼 보이는가?'와 관련됨. 일반인(수험생, 피검사자)에 의해 측정
준거 타당도	예언 (예측)	피검사자의 미래의 행동이나 특성을 정확하게 예언하는 정도
	동시 (공인)	새로운 검사를 제작하였을 경우, 기존 검사와의 유사성 검증
구성(구인) 타당도	요인 분석	서로 상관이 높은 문항들을 묶는 통계적 방법
	수렴	관계있는 변인들과 얼마나 높은 상관관계가 있는지의 정도
	변별	관계없는 변인들과 얼마나 낮은 상관관계가 있는지의 정도

34 특성-요인이론에 관한 설명으로 가장 적합한 것은?

① 자신이 선택한 투자에 최대한의 보상을 받을 수 있는 직업을 선택한다.
② 개인적 흥미나 능력 등을 심리검사나 객관적 수단을 통해 밝혀낸다.
③ 사회·문화적 환경 또는 사회구조와 같은 요인이 직업선택에 영향을 준다.
④ 동기, 인정, 욕구와 같은 개인의 심리적 수단에 의해 직업을 선택한다.

해설 ② 특성-요인이론은 개인의 특성(적성, 흥미, 동기 등)을 파악하여 내담자와 직업을 연결하는 이론으로, 파슨스(Parsons)는 개인분석, 직업분석, 과학적 조언의 조화를 직업지도모델로 구체화하였다.

35 직무에 대한 하위개념 중 특정 목적을 수행하는 작업 활동으로 직무분석의 가장 작은 단위가 되는 것은?

① 임무　　　　　　② 과제
③ 직위　　　　　　④ 직군

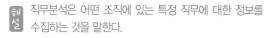 직무분석은 어떤 조직에 있는 특정 직무에 대한 정보를 수집하는 것을 말한다.

- 요소(element) < 과제(task) < 직위(position) < 직무(job) < 직업(occupation) < 직군(job family)

➕ 직무분석과 관련된 용어설명

용어	정의
요소	업무활동의 가장 작은 구성단위로 더 이상 나누어질 수 없는 최소한의 작업단위이다.
과제	어떤 특정 목적을 달성하기 위해 업무활동으로 하나 혹은 그 이상의 요소의 구성이다.
직위	한 사람의 작업자에게 할당된 과제의 집합이다.
직무	개인이 수행하는 주요 과제가 동일하거나 유사한 직위의 집합이다.
직업	유사한 직무의 집합이다.
직군	유사한 직업의 집합이다.

36 직업선택과정에 관한 설명으로 옳은 것은?

① 직업에 대해 정확한 정보만 가지고 있으면 직업을 효과적으로 선택할 수 있다.
② 주로 성년기에 이루어지기 때문에 어릴 때 경험은 영향력이 없다.
③ 개인적인 문제이기 때문에 가족이나 환경의 영향은 관련이 없다.
④ 일생동안 계속 이루어지는 과정이기 때문에 다양한 시기에서 도움이 필요하다.

해설 ① 직업정보는 직업선택에 보조적 역할을 한다.
② 어릴 적 경험은 직업선택에 영향을 준다.
③ 가족이나 환경은 직업선택과 관련이 있다. 예 직업가계도

37 기초통계치 중 명명척도로 측정된 자료에서는 파악할 수 없고, 서열척도 이상의 척도로 측정된 자료에서만 파악할 수 있는 것은?

① 중앙치　　　　　　② 최빈치
③ 표준편차　　　　　④ 평균

➕ 척도의 종류

- 명명척도: 숫자의 차이가 측정한 속성이 대상에 따라 그저 다르다는 것만을 나타내고, 척도로 얻을 수 있는 자료는 최빈값, 빈도 등이 있다.
- 서열척도: 숫자의 차이가 측정한 속성의 차이에 관한 정보뿐 아니라 그 순위관계에 대한 정보도 포함하고, 척도로 얻을 수 있는 자료는 중앙값이 있다.
- 등간척도: 속성에 대한 순위를 부여하되 순위 사이의 간격이 동일한 척도로, 얻을 수 있는 자료는 평균값, 표준편차, 상관관계 등이 있다.
- 비율척도: 등간척도처럼 산술적인 계산이 가능하면서 실재적인 의미의 영(零)을 갖춘 척도이다.
- 중앙치 또는 중앙값: 모든 점수를 크기순으로 배열 했을 때 서열상 가장 중앙에 해당하는 점수를 말한다.
- 최빈치: 모든 점수들 중에서 가장 많이 발생한 빈도를 지닌 점수를 말한다.
- 평균치: 한 집단에 속하는 모든 점수의 합을 사례수로 나눈 값을 말한다.

38 경력진단검사에 관한 설명으로 틀린 것은?

① 경력결정검사(CDS)는 경력관련 의사결정 실패에 관한 정보를 제공하기 위해 개발되었다.
② 개인직업상황검사(MVS)는 직업적 정체성 형성여부를 파악하기 위한 것이다.
③ 경력개발검사(CDI)는 경력관련 의사결정에 대한 참여 준비도를 측정하기 위한 것이다.
④ 경력태도검사(CBI)는 직업선택에 필요한 정보 및 환경, 개인적인 장애가 무엇인지를 알려준다.

해설 ④ 개인직업상황검사(MVS)의 추가설명이다. 개인직업상황검사는 고등학생 이상 성인용으로 개발되었고, 직업정체성, 직업정보, 장애의 세 하위척도로 이루어져 있다.

➕ 진로신념검사(Career Beliefs Inventory)
크롬볼츠(Krumboltz)에 의해 개발된 검사로 고등학생 이상의 성인 대상으로 자기지각과 세계관의 문제점을 파악할 수 있다.

39 다음 중 동일한 검사를 동일한 피검자 집단에 일정 시간 간격을 두고 두 번 실시하여 얻은 두 검사 점수의 상관계수에 의하여 신뢰도를 측정하는 방법은?

① 동형검사 신뢰도
② 검사 – 재검사 신뢰도
③ 반분검사 신뢰도
④ 문항 내적 일관성 신뢰도

➕ 신뢰도의 종류 및 계수

종류	계수	신뢰도의 계산 방법
검사 – 재검사	안정성	같은 검사를 동일한 사람에게 서로 다른 시간에 두 번 시행하여 얻은 점수들 간의 상관계수
동형검사	동등성	동일한 수검자에게 첫 번째 시행한 검사와 동등한 유형의 검사를 실시하여 얻은 두 검사점수 간의 상관계수
반분 신뢰도	내적 합치도	해당 검사를 문항수가 같도록 반씩 나눠서 개인별로 얻은 두 점수 간의 상관계수
문항내적 합치도	동질성	반분신뢰도를 구한 다음 그 평균값을 신뢰도로 추정

40 다음은 질적측정도구 중 무엇에 관한 설명인가?

원래 가족치료에 활용하기 위해 개발되었는데, 기본적으로 경력상담 시 먼저 내담자의 가족이나 선조들의 직업 특징에 대한 시각적 표상을 얻기 위해 도표를 만드는 것

① 자기 효능감 척도
② 역할놀이
③ 제노그램
④ 카드분류

해설 직업가계도(Genograms)는 정신역동적 가족치료의 창시자인 보웬(Bowen)의 가족치료에서 시작된 것으로 직업가계도는 내담자의 생물학적 친부모, 양친, 숙모와 삼촌, 형제자매 등의 직업들을 도해로 표시하는 것으로 직업, 진로경로 포부, 직업선택 등에 관해 내담자에게 영향을 주었던 다른 사람들도 포함시킨다.
① 자기효능감척도: 개인의 자기효능감을 측정하기 위한 검사도구이다.
② 역할놀이: 가상의 문제 상황 속에서 상황 속 인물의 역할을 대신 수행해 보는 것이다.
④ 카드분류: 직업카드분류는 미국심리협회 심리상담분과에서 연설을 한 테일러(Taylor)에 의해 제안 되었으며 직업흥미 사정하기에 사용한다.

41 직업정보 분석에 관한 설명으로 틀린 것은?

① 직업정보는 직업전문가에 의해 분석되어야 한다.
② 수집된 정보에 대하여는 목적에 맞도록 몇 번이고 분석하여 가장 최신의 객관적이며 정확한 자료를 선정한다.
③ 동일한 정보라 할지라도 다각적인 분석을 시도하여 해석을 풍부히 한다.
④ 직업정보원과 제공원에 관한 정보는 알 필요가 없다.

해설 ④ 직업정보원과 제공원에 대하여 제시한다.

42 내용분석법을 통해 직업정보를 수집할 때의 장점이 아닌 것은?

① 정보제공자의 반응성이 높다.
② 장기간의 종단연구가 가능하다.
③ 필요한 경우 재조사가 가능하다.
④ 역사연구 등 소급조사가 가능하다.

해설 ① 내용분석법은 신문, 책 등의 자료를 이용해 분석하는 방법으로 정보제공자의 반응을 확인하기가 쉽지 않다.

43 국가기술자격 산업기사의 응시요건으로 틀린 것은?

① 응시하려는 종목이 속하는 동일 및 유사 직무 분야에서 1년 이상 실무에 종사한 사람
② 관련학과의 2년제 또는 3년제 전문대학 졸업자 등 또는 그 졸업예정자
③ 고용노동부령이 정하는 기능경기대회 입상자
④ 응시하려는 종목이 속하는 동일 및 유사 직무분야의 다른 종목의 산업기사 등급 이상의 자격을 취득한 사람

해설 ① 응시하려는 종목이 속하는 동일 및 유사 직무 분야에서 2년 이상 실무에 종사한 사람

44 한국직업전망에서 제공하는 정보에 대한 설명으로 틀린 것은?

① '하는 일'은 해당 직업 종사자가 일반적으로 수행하는 업무내용과 과정에 대해 서술하였다.

② '관련 학과'는 일반적 입직조건을 고려하여 대학에 개설된 대표 학과명만을 수록하였다.

③ '적성과 흥미'는 해당 직업에 취업하거나 업무를 수행하는데 유리한 적성, 성격, 흥미, 지식 및 기술 등을 수록하였다.

④ '학력'은 '고졸이하', '전문대졸', '대졸', '대학원졸 이상'으로 구분하여 제시하였다.

해설 ② 관련 학과 : 일반적 입직 조건을 고려하여 대학에 개설된 대표 학과명을 수록하거나, 특성화고등학교, 직업훈련기관, 직업전문학교의 학과명을 수록하였다.

45 제10차 한국표준산업분류 산업분류에 관한 설명으로 틀린 것은?

① 산업은 유사한 성질을 갖는 산업활동에 주로 종사하는 생산단위의 집합이다.

② 각 생산단위가 노동, 자본, 원료 등 자원을 투입하여, 재화 또는 서비스를 생산·제공하는 일련의 활동과정이 산업활동이다.

③ 산업활동 범위에는 가정 내 가사활동도 포함된다.

④ 산업분류는 생산단위가 주로 수행하는 산업활동을 분류 기준과 원칙에 맞춰 그 유사성에 따라 체계적으로 유형화한 것이다.

해설 ③ 산업 활동의 범위에는 영리적, 비영리적 활동이 모두 포함되나, 가정 내의 가사활동은 제외된다.

46 워크넷에서 제공하는 학과정보 중 자연계열에 해당하지 않는 것은?

① 안경광학과   ② 생명과학과
③ 수학과   ④ 지구과학과

해설 ① 안경광학과는 공학계열이다.

47 다음은 워크넷에서 제공하는 성인 대상 심리검사 중 무엇에 관한 설명인가?

- 검사대상 : 만18세 이상
- 주요내용 : 개인의 흥미유형 및 적합직업 탐색
- 특정요인 : 현실형, 탐구형, 예술형, 사회형, 진취형, 관습형

① 구직준비도 검사
② 직업가치관 검사
③ 직업선호도 검사 S형
④ 성인용 직업적성검사

해설		
③	직업선호도 검사 구성	• S형: 흥미검사 • L형: 흥미검사, 성격검사, 생활사 검사
①	구직준비도 검사	• 검사대상: 성인구직자(고등학교 졸업 예정자 포함) • 주요내용: 구직활동과 관련된 특성을 측정하여 실직자에게 구직활동에 유용한 정보를 제공 • 특정요인: 경제적 취약성 적응도, 사회적 취약성 적응도, 자아존중감, 자기효능감, 경력의 유동화능력, 고용정보 수집활동
②	직업가치관 검사	• 검사대상: 만 18세 이상 • 주요내용: 직업가치관 이해 및 적합직업 안내 • 특정요인: 성취, 봉사, 개별활동, 직업안정 등 13개의 직업가치관 척도
④	성인용 직업적성검사	• 검사대상: 만 18세 이상 • 주요내용: 자신의 적성에 맞는 직업분야 제시 • 특정요인: 언어력, 수리력, 추리력, 공간지각력 등 11개의 적용요인

48 제7차 한국표준직업분류의 포괄적인 업무에 대한 직업분류 원칙에 해당되지 않는 것은?

① 주된 직무 우선 원칙
② 최상급 직능수준 우선 원칙
③ 생산업무 우선 원칙
④ 수입 우선의 원칙

해설 ③ 수입 우선의 원칙은 다수 직업 종사자의 분류원칙에 속한다.

49 실업급여 중 취업촉진 수당이 아닌 것은?

① 직업능력개발 수당   ② 광역 구직활동비

③ 훈련연장급여   ④ 이주비

해설 ③ 훈련연장급여: 직업안정기관의 장은 직업능력개발훈련 등을 받는 기간 중 실업의 인정을 받은 날에 대하여는 소정급여일수를 초과하여 구직급여를 연장하여 지급할 수 있다.

➕ 고용보험법: 실업급여의 종류

종류	내용
구직급여	–
취업촉진 수당	조기재취업 수당, 직업능력개발 수당, 광역 구직활동비, 이주비

50 제10차 한국표준산업분류의 산업분류 적용원칙에 관한 설명으로 틀린 것은?

① 생산단위는 산출물뿐만 아니라 투입물과 생산공정 등을 함께 고려하여 그들의 활동을 가장 정확하게 설명한 항목에 분류

② 생산단위 소유 형태, 법적 조직 유형 또는 운영방식도 산업분류에 영향을 미침

③ 산업활동이 결합되어 있는 경우에는 그 활동단위의 주된 활동에 따라 분류

④ 공식적·비공식적 생산물, 합법적·불법적인 생산은 달리 분류하지 않음

해설 ② 생산단위의 소유 형태, 법적 조직 유형 또는 운영 방식은 산업분류에 영향을 미치지 않는다. 이런 기준은 경제활동 자체의 특징과 관련이 없기 때문이다.

51 국민내일배움카드에 관한 설명으로 틀린 것은?

① 특수형태근로종사자도 신청이 가능하다.

② 실업, 재직, 자영업 여부에 관계없이 카드발급이 가능하다.

③ 국가기간·전략산업직종 등 특화과정은 훈련비 전액을 지원한다.

④ 직업능력개발 훈련이력을 종합적으로 관리하는 제도이다.

해설 ①의 특수형태근로종사자에 조건이 제시되지 않아 모든 선택지가 답으로 인정되었다.

월 임금 300만원 이상인 특수형태근로 종사자는 신청대상에서 제외된다.

52 직업정보의 가공에 대한 설명으로 가장 적합하지 않은 것은?

① 효율적인정보제공을 위해 시각적 효과를 부가한다.

② 정보를 공유하는 방법과도 연관되어 있다.

③ 긍정적인 정보를 제공하는 입장에서 출발해야 한다.

④ 정보의 생명력을 측정하여 활용방법을 선정하고 이용자에게 동기를 부여할 수 있도록 구상한다.

해설 ③ 직업정보 가공시에는 직업에 대한 장단점을 편견 없이 제공해야 한다.

53 국가기술자격 중 실기시험만 시행할 수 있는 종목이 아닌 것은?

① 금속재창호기능사   ② 항공사진기능사

③ 로더운전기능사   ④ 미장기능사

➕ 실기시험만 실시하는 기능사 종목(필기시험 면제 종목)
- 토목: 석공기능사, 지도제작기능사, 도화기능사, 항공사진기능사
- 건축: 조적기능사, 미장기능사, 타일기능사, 온수온돌기능사, 유리시공기능사, 비계기능사, 건축목공기능사, 거푸집기능사, 금속재창호기능사, 도배기능사, 철근기능사, 방수기능사
- 기초실무: 한글속기 1·3급

54 제7차 한국표준직업분류의 직무능력수준 중 제2직능 수준이 요구되는 대분류는?

① 관리자

② 전문가 및 관련 종사자

③ 단순노무 종사자

④ 농림어업 숙련 종사자

해설 ① 관리자: 제 4직능 수준 혹은 제 3직능 수준
② 관리자 및 관련 종사자: 제4직능 수준 혹은 제3직능 수준
③ 단순노무 종사자: 제 1직능 수준

55 한국직업정보시스템(워크넷 직업·진로)의 직업정보 찾기 중 조건별 검색의 검색항목으로 옳은 것은?

① 평균학력, 근로시간
② 근로시간, 평균연봉
③ 평균연봉, 직업전망
④ 직업전망, 평균학력

➕ 직업전망

키워드 검색		평균연봉	직업전망
찾고자하는 직종명을 입력해 보세요.	조건별검색	• 3,000만 원 미만 • 3,000~4,000만 원 미만 • 4,000~5,000원 미만 • 5,000이상	• 매우 밝음: 상위 10%이상 • 밝음: 상위 20% 이상 • 보통: 중간이상 • 전망안좋음: 감소예상직업

56 다음은 제10차 한국표준산업분류 중 어떤 산업분류에 관한 설명인가?

작물재배활동과 축산활동을 복합적으로 수행하면서 그 중 한편의 전문화율이 66% 미만인 경우

① 작물재배업
② 축산업
③ 작물재배 및 축산 복합농업
④ 작물재배 및 축산 관련 서비스업

[해설] ③ 직물재배 및 축산 복합농업에 관한 설명이다.

57 제7차 한국표준직업분류상 다음 개념에 해당하는 대분류는?

• 일반적으로 단순하고 반복적이며 때로는 육체적인 힘을 요하는 과업을 수행한다.
• 간단한 수작업 공구나 진공청소기, 전기장비들을 이용한다.
• 제1직능 수준의 일부 직업에서는 초등교육이나 기초적인 교육(ISCED 수준1)을 필요로 한다.

① 단순노무 종사자
② 장치·기계 조작 및 조립 종사자
③ 기능원 및 관련 기능 종사자
④ 판매 종사자

[해설] ① 단순노무 종사자 : 제1직능 수준 필요
② 장치 기계 조작 및 조립 종사자 : 제2직능 수준 필요
③ 기능원 및 관련 기능 종사자 : 제2직능 수준 필요
④ 판매 종사자 : 제2직능 수준 필요

58 한국직업사전의 직무기능 자료(data)항목 중 무엇에 관한 설명인가?

• 데이터의 분석에 기초하여 시간, 장소, 작업순서, 활동 등을 결정한다.
• 결정을 실행하거나 상황을 보고한다.

① 종합
② 조정
③ 계산
④ 수집

[해설] ① 종합: 사실을 발견하고 지식개념 또는 해석을 개발하기 위해 자료를 종합적으로 분석한다.
③ 계산: 사칙연산을 실시하고 사칙연산과 관련하여 규정된 활동을 수행하거나 보고한다. 수를 세는 것은 포함되지 않는다.
④ 수집: 자료, 사람, 사물에 관한 정보를 수집·대조·분류한다. 정보와 관련한 규정된 활동의 수행 및 보고가 자주 포함된다.

59 직업안정법령상 직업안정기관의 장이 수집·제공하여야 할 고용정보에 해당하지 않는 것은?

① 직무분석의 방법과 절차
② 경제 및 산업동향
③ 구인·구직에 관한 정보
④ 직업에 관한 정보

[해설] ① 직무분석의 방법과 절차는 직업안정기관의 장이 수집·제공하여야 할 고용정보에 해당하지 않는다.

60 국민평생직업능력개발법상 직업능력개발훈련시설을 설치할 수 있는 공공단체가 아닌 것은?

① 한국산업인력공단(한국산업인력공단이 출연하여 설립한 학교법인을 포함)
② 안전보건공단
③ 한국장애인고용공단
④ 근로복지공단

[해설] ①, ③, ④ 항목의 3개 단체만 해당한다.

61 다음 중 분단노동시장가설이 암시하는 정책적 시사점과 가장 거리가 먼 것은?

① 노동시장의 공급측면에 대한 정부개입 또는 지원을 지나치게 강조하는 것에 대해 부정적이다.
② 공공적인 고용기회의 확대나 임금보조, 차별대우 철폐를 주장한다.
③ 외부노동시장의 중요성을 강조한다.
④ 노동의 인간화를 도모하기 위한 의식적인 정책노력이 필요하다.

해설 ③ 내부노동시장의 중요성을 강조한다.

62 노동력의 10%가 매년 구직활동을 하고 구직에 평균 3개월이 소요되는 경우 연간 몇 %의 실업률이 나타나게 되는가?

① 2.5% ② 2.7%
③ 3.0% ④ 3.3%

해설 평균실업률 $= \dfrac{\text{실업률}}{12\text{개월}} \times \text{평균개월} = \dfrac{10\%}{12} \times 3 = 2.5\%$

63 미국에서 1935년에 제정된 전국노사관계법(National Labor Relation Act; NLRA, 일명 와그너법) 이후에 확립된 노사관계는?

① 뉴딜적 노사관계
② 온건주의적 노사관계
③ 바이마르적 노사관계
④ 태프트-하트리적 노사관계

해설 ③ 독일의 바이마르적 노사관계: 노동자와 사용자는 동등한 자격을 갖고 협력해야 한다. 노사 간에 공동결정이라는 광범위한 합의관행이 존재하고 있다.
④ 태프트-하트리적 노사관계: 와그너법이 친노동자적이라는 경영자의 비판에 따라 이를 수정하여 1947년 개정된 미국의 노사관계법이다.

64 노동시장에서의 차별로 인해 발생하는 임금격차에 대한 설명으로 틀린 것은?

① 직장 경력의 차이에 따른 인적자본 축적의 차이로는 임금격차를 설명할 수 없다.
② 경쟁적인 시장경제에서는 고용주에 의한 차별이 장기간 지속될 수 없다.
③ 소비자의 차별적인 선호가 있다면 차별적인 임금격차가 지속될 수 있다.
④ 정부가 차별적 임금을 지급하도록 강제하는 경우에는 경쟁시장에서도 임금격차가 지속될 수 있다.

해설 직장 경력의 차이는 인적자본 축적의 차이로 임금격차를 설명할 수 있다.

65 성과급 제도를 채택하기 어려운 경우는?

① 근로자의 노력과 생산량과의 관계가 명확한 경우
② 생산원가 중에서 노동비용에 대한 통제가 필요하지 않는 경우
③ 생산물의 질(quality)이 일정한 경우
④ 생산량이 객관적으로 측정 가능한 경우

해설 성과급제는 개별근로자나 작업집단이 수행한 노동성과를 측정하여 그 성과에 따라 임금을 산정하여 지급하는 제도로 ①, ③, ④는 성과급제 채택이 가능하지만 ②의 경우는 채택하기 어렵다.

66 구조적 실업에 대한 설명으로 틀린 것은?

① 노동시장에 대한 정보 부족에 기인한다.
② 구인처에서 요구하는 자격을 갖춘 근로자가 없는 경우에 발생한다.
③ 산업구조 변화에 노동력 공급이 적절히 대응하지 못해서 발생한다.
④ 적절한 직업훈련 기회를 제공하는 것이 구조적 실업을 완화하는데 중요하다.

해설 ① 마찰적 실업에 대한 설명이다.

67 신고전학파가 주장하는 노동조합의 사회적 비용의 증가 요인이 아닌 것은?

① 비노조와의 임금격차와 고용저하에 따른 비효율 배분
② 경직적 인사제도에 의한 기술적 비효율
③ 파업으로 인한 생산중단에 따른 생산적 비효율
④ 작업방해에 의한 구조적 비효율

해설 신고전학파가 주장하는 노동조합의 사회적 비용은 ①, ②, ③ 세 가지이다.

68 다음은 무엇에 관한 설명인가?

> 경제학자 Spencer는 고학력자의 임금이 높은 것은 교육이 생산성을 높이는 역할을 하는 것이 아니라 처음부터 생산성이 높다는 것을 교육을 통해 보여주는 것이라는 견해를 제시했다.

① 인적자본 이론
② 혼잡가설
③ 고학력자의 맹목적 우대
④ 교육의 신호모형

해설 ④ 신호모형(신호이론, 신호·선별이론)은 생산성은 타고 난다는 견해를 제시한다.
① 인적자본 이론: 기계설비 등의 물적자본이 장기간에 걸쳐 형성되고 생산성을 높이는 것과 마찬가지로 인간 체내에 내재하되 장기간에 걸쳐 형성되고 생산성을 높이는 기술, 기능, 지식을 통칭한다.
② 혼잡가설(혼잡효과): 특정 직종에 집중되면서 경쟁이 심화되어 임금수준을 하락시킨다는 가설이다.
④ 고학력자의 맹목적 우대는 해당하지 않는다.

69 마찰적 실업을 해소하기 위한 가장 효과적인 정책은?

① 성과급제를 도입한다.
② 근로자 파견업을 활성화한다.
③ 협력적 노사관계를 구축한다.
④ 구인·구직 정보제공시스템의 효율성을 제고한다.

해설 ④ 마찰적 실업은 정보부족으로 발생하며, 직업정보를 제공하는 것이 대책이다.

70 노동조합이 노동공급을 제한함으로서 발생할 수 있는 효과로 옳은 것은?

① 노동조합이 조직화된 노동시장의 임금이 하락할 것이다.
② 노동조합이 조직화되지 않은 노동시장의 공급곡선이 좌상향으로 이동할 것이다.
③ 노동조합이 조직화된 노동시장의 노동수요곡선이 우상향으로 이동할 것이다.
④ 노동조합이 조직화되지 않은 노동시장의 임금이 하락할 것이다.

해설 ① 노동조합이 조직화된 노동시장의 임금을 상승시킨다.
② 노동조합이 조직화되지 않은 노동시장은 대체효과(일선택)가 우세하여 우상향한다.
③ 노동조합이 조직화된 노동시장은 소득효과(여가선택)가 우세하여 좌상향한다.

71 시간당 임금이 5000원에서 6000원으로 인상될 때, 노동수요량이 10000에서 9000으로 감소한다면 노동수요의 임금탄력성은? (단, 노동수요의 임금탄력성은 절댓값이다.)

① 0.2   ② 0.5
③ 1   ④ 2

해설 노동수요의 임금탄력성 $= (-)\dfrac{\text{노동수요량의 변화율(\%)}}{\text{임금 1\%의 변화율(\%)}}$

$$(-)\dfrac{-10\%}{20\%} = 0.5$$

- 노동수요량의 변화율(%) $= \dfrac{\text{변화량}}{\text{기존}} = \dfrac{-1,000명}{10,000명} \times 100$
  $= -10\%$

- 임금 1%의 변화율(%) $= \dfrac{\text{변화량}}{\text{기존}} = \dfrac{1,000원}{5,000원} \times 100 = 20\%$

72 임금의 법적 성격에 관한 학설의 하나인 노동대가설로 설명할 수 있는 임금은?

① 직무수당   ② 휴업수당
③ 휴직수당   ④ 가족수당

해설 ① 노동의 대가에 해당하는 임금은 직무수당이다.

73 생산물시장과 노동시장이 완전경쟁일 때 노동의 한계생산량이 10개이고, 생산물 가격이 500원이며 시간당 임금이 4000원이라면 이윤을 극대화하기 위한 기업의 반응으로 옳은 것은?

① 임금을 올린다.
② 노동을 자본으로 대체한다.
③ 노동의 고용량을 증대시킨다.
④ 고용량을 줄이고 생산을 감축한다.

해설 완전경쟁시장은 수입과 지출(임금)이 같아지는 지점에서 고용을 결정한다. 수입 = 지출(임금) → 고용 결정 / 수입 > 지출(임금) → 고용 증대 / 수입 < 지출(임금) → 고용 감소
수입 = 제품(한계)생산량 × 500원 = 10개 × 500원 = 5,000원
지출(임금) = 4,000원
'수입 > 지출(임금)'이므로 고용을 증대한다.

74 노동조합을 다음과 같이 설명한 학자는?

> 노동조합이란 임금근로자들이 그들의 근로조건을 유지하고 개선할 목적으로 조직한 영속적 단체이며, 그와 같은 목적을 실현하기 위한 수단으로는 노동시장의 조절, 표준근로조건의 설정 및 유지와 공제제도 등이 있다.

① S. Perlman
② L. Brentano
③ F. Tannenbaum
④ Sidney and Beatrice Webb

해설 ④ 시드니·베아트리스 부부(Sydney webb, Beatrice webb)에 의해 설명된 노동조합의 개념이다.

75 만일 여가가 열등재라면 개인의 노동 공급곡선의 형태는?

① 후방굴절한다.
② 완전비탄력적이다.
③ 완전탄력적이다.
④ 우상향한다.

해설 ④ 여가가 열등재라면 대체효과(일선택)가 우세하여 우상향한다.
① 임금이 상승하면서 노동공급을 줄이고 여가를 선택하여 후방굴절한다.
② 임금의 변화에도 불구하고 노동공급에 변화가 없는 것으로 탄력성이 0인 경우이다.
③ 임금의 변화와 관계 없이 노동공급이 이루어지는 경우로 탄력성이 ∞으로 개발도상국의 노동공급 형태이다.

76 노동조합의 형태 중 노동시장의 지배력과 조직으로서의 역량이 극히 약하다고 볼 수 있는 것은?

① 기업별 노동조합 　② 산업별 노동조합
③ 일반 노동조합 　④ 직업별 노동조합

➕ 노동조합의 형태

기업별 노동조합	동일기업에 종사하는 근로자에 의하여 조직된 형태로, 대기업에서 가능하고 중소기업에서는 어용노조가 될 가능성이 높다. **예** 현대자동차노조
직업별 노동조합	직능별 또는 직종별 노동조합. 노동조합의 역사에서 가장 오래된 형태로, 전문직이 노동공급 독점과 직무통제를 통하여 상대적 고임금을 유지한다. **예** 택시운전자노조
산업별 노동조합	직종의 여하를 가리지 않고 동일 산업에 종사하는 근로자가 소속기업, 직종과 관계없이 횡적으로 조직하는 형태이다. **예** 금속노조, 섬유노조
일반 노동조합	직종이나 산업에 구애됨이 없이 모든 근로자에 의해 조직되는 단일 노동조합을 말한다.

77 실업대책에 관한 설명으로 틀린 것은?

① 일반적으로 실업대책은 고용안정정책, 고용창출정책, 사회안전망 형성정책으로 구분된다.
② 직업훈련의 효율성 제고는 고용안정정책에 해당한다.
③ 고용창출정책은 실업률로부터 탈출을 촉진하는 정책이다.
④ 공공부분 유연성 확립은 사회안전망 형성정책에 해당한다.

해설 ④ 사회안전망은 실업급여와 같은 사회보험제도와 공공부조제도가 있다. 그런데 공공부분의 다양한 고용형태(정규직, 계약직, 파견근로 등)는 사회안전망 형성정책에 해당하지 않는다.

78 노동력의 동질성을 가정하고 있는 이론은?

① 신고전학파이론
② 직무경쟁론
③ 내부노동시장론
④ 이중노동시장론

해설 ① 노동력의 동질성을 가정하는 이론은 신고전학파이다.
② 직무경쟁이론: 종업원들이 더 높은 수준의 서열직무를 차지하기 위해 경쟁한다는 이론이다.
③ 내부노동시장론: 임금, 상여금, 퇴직금 등 부가급여로 구성되는 노동의 가격결정과 직무배치 및 승진 등 노동거래의 주요 항목들이 기업 내부의 명문화된 관리규칙과 절차에 의거하여 결정되는 시장이다.
④ 이중노동시장론: 1차와 2차 노동시장으로 분단노동시장이라고도 한다.

79 다음은 후방굴절형의 노동공급곡선을 나타낸 것이다. 이 때 노동공급곡선상의 a, b구간에 대한 설명으로 옳은 것은?

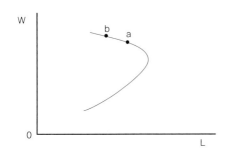

① 소득효과 = 0
② 대체효과 = 0
③ 소득효과 < 대체효과
④ 소득효과 > 대체효과

해설 ④ 소득효과(여가선택)가 대체효과(일선택)보다 우세하여 초과근무, 휴일근무 등을 하지 않고 여가를 선택하는 경우이다.

80 연봉제 성공을 위한 조건과 가장 거리가 먼 것은?

① 직무분석
② 인사고과
③ 목표관리제도
④ 품질관리제도

해설 ④ 연봉제의 성공을 위한 조건으로 품질관리제도는 거리가 멀다.

5 과목 Vocational Counselor
노동관계법규

81 근로기준법령상 근로계약에 관한 설명으로 틀린 것은?

① 이 법에서 정하는 기준에 미치지 못하는 근로조건을 정한 근로계약은 그 부분에 한하여 무효로 한다.
② 근로계약은 기간을 정하지 아니한 것과 일정한 사업의 완료에 필요한 기간을 정한 것 외에는 그 기간은 1년을 초과하지 못한다.
③ 단시간근로자의 근로조건은 그 사업장의 같은 종류의 업무에 종사하는 통상 근로자의 근로시간을 기준으로 산정한 비율에 따라 결정되어야 한다.
④ 사용자는 근로계약 불이행에 대한 위약금을 예정하는 계약을 체결한 경우 300만원 이하의 과태료에 처한다.

해설 ④ 사용자는 근로계약 불이행에 대한 위약금 또는 손해배상액을 예정하는 계약을 체결하지 못한다. 이를 위반한 자는 500만원 이하의 벌금에 처한다.

82 고용보험법령상 육아휴직 급여신청기간의 연장 사유가 아닌 것은?

① 범죄혐의로 인한 형의 집행
② 배우자의 질병
③ 천재지변
④ 자매의 부상

해설 육아휴직 급여신청기간의 연장사유: 천재지변, 본인이나 배우자의 질병·부상, 본인이나 배우자의 직계존속 및 직계비속의 질병·부상, 「병역법」에 따른 의무복무, 범죄혐의로 인한 구속이나 형의 집행

83 헌법상 노동 3권에 해당되지 않는 것은?

① 단체교섭권
② 평등권
③ 단결권
④ 단체행동권

해설 ② 근로자는 근로조건의 향상을 위하여 자주적인 단결권·단체교섭권 및 단체행동권을 가진다.

84 남녀고용평등과 일·가정 양립지원에 관한 법률상 사업주가 동일한 사업 내의 동일가치의 노동에 대하여 동일한 임금을 지급하지 아니한 경우 벌칙규정은?

① 5년 이하의 징역 또는 3천만원 이하의 벌금
② 3년 이하의 징역 또는 3천만원 이하의 벌금
③ 1천만원 이하의 벌금
④ 500만원 이하의 벌금

해설 ② 3년 이하의 징역 또는 3천만원 이하의 벌금 :
1. 동일한 사업 내의 동일 가치의 노동에 대하여 동일한 임금을 지급하지 아니한 경우
2. 직장 내 성희롱 발생 사실을 신고한 근로자 및 피해근로자 등에게 불리한 처우를 한 경우
2의2. 배우자 출산휴가를 이유로 해고하거나 그 밖의 불리한 처우를 한 경우
3. 육아휴직을 이유로 해고하거나 그 밖의 불리한 처우를 하거나, 같은 항 단서의 사유가 없는데도 육아휴직 기간동안 해당 근로자를 해고한 경우
4. 육아기 근로시간 단축을 이유로 해당 근로자에 대하여 해고나 그 밖의 불리한 처우를 한 경우
5. 육아기 근로시간 단축을 하고 있는 근로자에 대하여 근로시간에 비례하여 적용하는 경우 외에 육아기 근로시간 단축을 이유로 그 근로조건을 불리하게 한 경우
6. 가족돌봄휴직 또는 가족돌봄휴가를 이유로 해당 근로자를 해고하거나 근로조건을 악화시키는 등 불리한 처우를 한 경우
7. 근로시간 단축을 이유로 해당 근로자에게 해고나 그 밖의 불리한 처우를 한 경우
8. 근로시간 단축을 하고 있는 근로자에게 근로시간에 비례하여 적용하는 경우 외에 가족돌봄 등을 위한 근로시간 단축을 이유로 그 근로조건을 불리하게 한 경우
① 5년 이하의 징역 또는 3천만원 이하의 벌금: 사업주가 근로자의 정년·퇴직 및 해고에서 남녀를 차별하거나 여성 근로자의 혼인, 임신 또는 출산을 퇴직사유로 예정하는 근로계약을 체결하는 경우
③ 1천만원 이하의 벌금: 사업주가 해당 근로자가 명시적으로 청구하지 아니하였는데도 육아기 또는 가족돌봄 등을 위한 근로시간 단축을 하고 있는 근로자에게 단축된 근로시간 외에 연장근로를 요구한 경우
④ 500만원 이하의 벌금 :
1. 근로자의 모집 및 채용에서 남녀를 차별하거나, 여성 근로자를 모집·채용할 때 그 직무의 수행에 필요하지 아니한 용모·키·체중 등의 신체적 조건, 미혼 조건 등을 제시하거나 요구한 경우
2. 임금 외에 근로자의 생활을 보조하기 위한 금품의 지급 또는 자금의 융자 등 복리후생에서 남녀를 차별한 경우

3. 근로자의 교육·배치 및 승진에서 남녀를 차별한 경우
4. 근로자의 육아휴직 신청을 받고 육아휴직을 허용하지 아니하거나, 육아휴직을 마친 후 휴직 전과 같은 업무 또는 같은 수준의 임금을 지급하는 직무에 복귀시키지 아니한 경우
5. 육아기 근로시간 단축기간이 끝난 후에 육아기 근로시간 단축 전과 같은 업무 또는 같은 수준의 임금을 지급하는 직무에 복귀시키지 아니한 경우
6. 명예감독관으로서 정당한 임무 수행을 한 것을 이유로 해당 근로자에게 인사상 불이익 등의 불리한 조치를 한 경우

85 고용정책 기본법령상 고용정책심의회의 전문위원회에 해당하는 것을 모두 고른 것은?

> ㄱ. 지역고용전문위원회
> ㄴ. 고용서비스전문위원회
> ㄷ. 장애인고용촉진전문위원회

① ㄱ, ㄴ
② ㄱ, ㄷ
③ ㄴ, ㄷ
④ ㄱ, ㄴ, ㄷ

해설 고용정책심의회의 전문위원회: 지역고용전문위원회, 고용서비스전문위원회, 사회적기업육성전문위원회, 적극적고용개선전문위원회, 장애인고용촉진전문위원회, 건설근로자고용개선전문위원회

86 고용보험법령상 용어정의에 관한 설명으로 틀린 것은?

① "이직"이란 피보험자와 사업주 사이의 고용관계가 끝나게 되는 것을 말한다.
② "실업"이란 근로의 의사와 능력이 있음에도 불구하고 취업하지 못한 상태에 있는 것을 말한다.
③ "실업의 인정"이란 직업안정기관의 장이 수급자격자가 실업한 상태에서 적극적으로 직업을 구하기 위하여 노력하고 있다고 인정하는 것을 말한다.
④ "일용근로자"란 1일 단위 근로계약을 체결하여 고용되는 자를 말한다.

해설 ④ "일용근로자"란 1개월 미만 동안 고용되는 사람을 말한다.

87 고용정책 기본법상 고용정책심의회의 위원으로 명시되지 않은 자는?

① 문화체육관광부 제1차관
② 기획재정부 제1차관
③ 교육부차관
④ 과학기술정보통신부 제1차관

해설 고용정책심의회의 위원: 기획재정부 제1차관, 교육부차관, 과학기술정보통신부 제1차관, 행정안전부차관, 산업통상자원부차관, 보건복지부, 여성가족부, 국토교통부 제1차관 및 중소벤처기업부차관

88 직업안정법령상 ( )에 들어갈 공통적인 숫자는?

> 근로자공급사업 허가의 유효기간은 (   )년으로 하되, 유효기간이 끝난 후 계속하여 근로자공급사업을 하려는 자는 연장허가를 받아야 하며, 이 경우 연장허가의 유효기간은 연장 전 허가의 유효기간이 끝나는 날부터 (   )년으로 한다.

① 1   ② 2
③ 3   ④ 5

해설 ③ 근로자공급사업 허가의 유효기간은 3년으로 하되, 유효기간이 끝난 후 계속하여 근로자공급사업을 하려는 자는 고용노동부령으로 정하는 바에 따라 연장허가를 받아야 한다. 이 경우 연장허가의 유효기간은 연장 전 허가의 유효기간이 끝나는 날부터 3년으로 한다.

89 근로기준법령상 근로자 명부의 기재사항에 해당하지 않는 것은?

① 성명   ② 주소
③ 이력   ④ 재산

해설 근로자 명부에는 고용노동부령으로 정하는 바에 따라 ① 성명, 성(性)별, 생년월일, ② 주소, ③ 이력(履歷), 종사하는 업무의 종류, 고용 또는 고용갱신 연월일, 계약기간을 정한 경우에는 그 기간, 그 밖의 고용에 관한 사항, 해고, 퇴직 또는 사망한 경우에는 그 연월일과 사유, 그 밖에 필요한 사항을 적어야 한다.

90 근로기준법령상 휴게·휴일에 관한 설명으로 틀린 것은?

① 사용자는 근로시간이 8시간인 경우에는 1시간 이상의 휴게시간을 근로시간 도중에 주어야 한다.
② 사용자는 근로자에게 1주에 평균 1회 이상의 유급 휴일을 보장하여야 한다.
③ 사용자는 연장근로에 대하여는 통상임금의 100분의 50 이상을 가산하여 근로자에게 지급하여야 한다.
④ 사용자는 8시간 이내의 휴일근로에 대하여는 통상임금의 100분의 100 이상을 가산하여 근로자에게 지급하여야 한다.

해설 ④ 사용자는 8시간을 초과한 휴일근로에 대하여는 통상임금의 100분의 100 이상을 가산하여 근로자에게 지급하여야 한다.

➕ 연장·야간 및 휴일 근로

사용자는 휴일근로에 대하여 기준금액 이상을 가산하여 근로자에게 지급하여야 한다.
1. 8시간 이내의 휴일근로: 통상임금의 100분의 50
2. 8시간을 초과한 휴일근로: 통상임금의 100분의 100

91 남녀고용평등과 일·가정 양립 지원에 관한 법률에 관한 설명으로 틀린 것은?

① 고용노동부장관은 남녀고용평등 실현과 일·가정의 양립에 관한 기본계획을 5년마다 수립하여야 한다.
② 사업주는 동일한 사업 내의 동일 가치 노동에 대하여는 동일한 임금을 지급하여야 한다.
③ 사업주가 임금차별을 목적으로 설립한 별개의 사업은 동일한 사업으로 본다.
④ 사업주는 직장 내 성희롱 예방을 위한 교육을 분기별 1회 이상 하여야 한다.

해설 ④ 사업주는 직장 내 성희롱을 예방하고 근로자가 안전한 근로환경에서 일할 수 있는 여건을 조성하기 위하여 직장 내 성희롱의 예방을 위한 교육(이하 "성희롱 예방 교육"이라 한다)을 매년 실시하여야 한다.

92 국민평생직업능력개발법상 직업능력개발훈련이 중요시되어야 하는 대상에 해당하는 것을 모두 고른 것은?

> ㄱ. 「국민기초생활 보장법」에 따른 수급권자
> ㄴ. 고령자
> ㄷ. 단시간근로자
> ㄹ. 제조업에 종사하는 근로자

① ㄱ, ㄴ, ㄹ
② ㄱ, ㄴ, ㄷ
③ ㄱ, ㄷ, ㄹ
④ ㄴ, ㄷ, ㄹ

➕ **직업능력개발훈련이 중요시되는 사람**

- 고령자 · 장애인
- 「국민기초생활 보장법」에 따른 수급권자
- 「국가유공자 등 예우 및 지원에 관한 법률」에 따른 국가유공자와 그 유족 또는 가족이나 「보훈보상대상자 지원에 관한 법률」에 따른 보훈보상대상자와 그 유족 또는 가족
- 「5 · 18민주유공자예우에 관한 법률」에 따른 5 · 18민주유공자와 그 유족 또는 가족
- 「제대군인지원에 관한 법률」에 따른 제대군인 및 전역예정자
- 여성근로자
- 「중소기업기본법」에 따른 중소기업의 근로자
- 일용근로자, 단시간근로자
- 기간을 정하여 근로계약을 체결한 근로자, 일시적 사업에 고용된 근로자
- 「파견근로자 보호 등에 관한 법률」에 따른 파견근로자

93 파견근로자보호등에관한법령상 근로자파견사업에 관한 설명으로 틀린 것은?

① 건설공사현장에서 이루어지는 업무에 대하여는 근로자파견사업을 하여서는 아니된다.
② 파견사업주, 사용사업주, 파견근로자 간의 합의가 있는 경우에는 파견기간을 연장할 수 있다.
③ 「고용상 연령차별금지 및 고령자고용촉진에 관한 법률」의 고령자인 파견근로자에 대하여는 2년을 초과하여 근로자파견기간을 연장할 수 있다.
④ 근로자파견사업 허가의 유효기간은 2년으로 한다.

해설 ④ 근로자파견사업 허가의 유효기간은 3년으로 한다.

94 국민평생직업능력개발법상 훈련의 목적에 따라 구분한 직업능력개발훈련에 해당하지 않는 것은?

① 양성훈련
② 집체훈련
③ 향상훈련
④ 전직훈련

➕ **직업능력개발훈련의 분류**

구 분	훈련 방법	설명
훈련 목적에 따른 분류	양성 훈련	직업에 필요한 기초적 직무수행 능력을 습득시키기 위함
	향상 훈련	더 높은 직무수행능력을 습득시키거나 기술발전에 맞추어 지식 · 기능을 보충하게 하기 위하여 실시
	전직 훈련	새로운 직업에 필요한 직무수행 능력을 습득시키기 위함
훈련 방법에 따른 분류	집체 훈련	훈련전용시설 또는 훈련을 실시하기에 적합한 시설에서 실시
	현장 훈련	산업체 생산시설을 이용하거나 근로장소에서 실시
	원격 훈련	먼 곳에 있는 사람에게 정보통신매체 등을 이용하여 실시
	혼합 훈련	훈련방법을 2개 이상 병행하여 실시

95 채용절차의 공정화에 관한 법령에 대한 설명으로 틀린 것은?

① 기초심사자료란 구직자의 응시원서, 이력서 및 자기소개서를 말한다.
② 이 법은 국가 및 지방자치단체가 공무원을 채용하는 경우에도 적용한다.
③ 직종의 특수성으로 인하여 불가피한 사정이 있는 경우 고용노동부장관의 승인을 받아 구직자에게 채용심사비용의 일부를 부담하게 할 수 있다.
④ 구인자는 구직자 본인의 재산 정보를 기초심사자료에 기재하도록 요구하여서는 아니 된다.

해설 ② 이 법은 상시 30명 이상의 근로자를 사용하는 사업 또는 사업장의 채용절차에 적용한다. 다만, 국가 및 지방자치단체가 공무원을 채용하는 경우에는 적용하지 아니한다.

96 고용보험법령상 구직급여의 수급요건으로 <u>틀린</u> 것은? (단, 기타 사항은 고려하지 않음)

① 근로의 의사와 능력이 있음에도 불구하고 취업하지 못한 상태에 있을 것
② 이직사유가 수급자격의 제한 사유에 해당하지 못한 상태에 있을 것
③ 재취업을 위한 노력을 적극적으로 할 것
④ 건설일용근로자로서 수급자격 인정신청일 이전 7일간 연속하여 근로내역이 없을 것

해설 ④ 건설일용근로자로서 수급자격 인정신청일 이전 14일간 연속하여 근로내역이 없을 것

97 근로자퇴직급여 보장법령상 ( )에 들어갈 숫자로 옳은 것은?

이 법에 따른 퇴직금을 받을 권리는 ( )년간 행사하지 아니하면 시효로 인하여 소멸한다.

① 1 　　　　　　　② 3
③ 5 　　　　　　　④ 10

해설 ② 이 법에 따른 퇴직금을 받을 권리는 3년간 행사하지 아니하면 시효로 인하여 소멸한다.

98 고용상 연령차별금지 및 고령자고용촉진에 관한 법령상 제조업의 기준고용률은?

① 그 사업장의 상시근로자수의 100의 2
② 그 사업장의 상시근로자수의 100의 3
③ 그 사업장의 상시근로자수의 100의 6
④ 그 사업장의 상시근로자수의 100의 7

➕ 고령자 기준고용률
• 제조업: 그 사업장의 상시근로자수의 100분의 2
• 운수업, 부동산 및 임대업: 그 사업장의 상시근로자수의 100분의 6
• 위의 사업 이외의 사업: 그 사업장의 상시근로자수의 100분의 3

99 남녀고용평등과 일·가정 양립지원에 관한 법령상 ( )에 들어갈 숫자가 순서대로 나열된 것은?

• 사업주는 근로자가 배우자 출산휴가를 청구하는 경우에 ( )일의 휴가를 주어야 한다.
• 배우자 출산휴가는 근로자의 배우자가 출산한 날부터 ( )일이 지나면 청구할 수 없다.

① 10, 60 　　　　② 10, 90
③ 15, 60 　　　　④ 15, 90

해설 ② 사업주는 근로자가 배우자의 출산을 이유로 휴가를 청구하는 경우에 10일의 휴가를 주어야 한다. 배우자 출산휴가는 근로자의 배우자가 출산한 날부터 90일이 지나면 청구할 수 없다.

100 직업안정법령상 직업소개사업에 관한 설명으로 <u>틀린</u> 것은?

① 국내 무료직업소개사업을 하려는 자는 주된 사업소의 소재지를 관할하는 특별자치도지사·시장·군수 및 구청장에게 신고하여야 한다.
② 국외 무료직업소개사업을 하려는 자는 고용노동부장관에게 신고하여야 한다.
③ 국내 유료직업소개사업을 하려는 자는 주된 사업소의 소재지를 관할하는 특별자치도지사·시장·군수 및 구청장에게 등록하여야 한다.
④ 국외 유료직업소개사업을 하려는 자는 고용노동부장관에게 신고하여야 한다.

해설 ④ 국외 유료직업소개사업을 하려는 자는 고용노동부장관에게 등록하여야 한다.

① 과목 Vocational Counselor — **직업상담학**

01 6개의 생각하는 모자(six thinking hats) 기법에서 사용하는 모자 색깔이 <u>아닌</u> 것은?

① 갈색

② 녹색

③ 청색

④ 흑색

➕ **6개의 생각하는 모자(six thinking hats)**

- 백색 모자: 객관적이고 중립적이며, 정보에 초점을 둔다.
- 적색 모자: 주관적이고 감정·감각에 치중하며, 설명 없이 고집한다.
- 황색 모자: 긍정적으로 보며 칭찬에 중점을 둔다.
- 흑색 모자: 부정적으로 보며 비판에 중점을 둔다.
- 녹색 모자: 창의적으로 대안을 찾는다.
- 청색 모자: 상황·맥락을 통찰하며 모자를 바꿔쓰도록 조정·관리한다.

02 융(Jung)이 제안한 4단계 치료과정을 순서대로 나열한 것은

① 고백 → 교육 → 명료화 → 변형

② 고백 → 명료화 → 교육 → 변형

③ 고백 → 변형 → 명료화 → 교육

④ 명료화 → 고백 → 교육 → 변형

➕ **칼 융(Carl Jung)의 상담과정 4단계**

- 고백단계: 내담자의 강렬한 정서 방출과 상담적 관계를 형성한다.
- 명료화단계: 내담자는 명료화 과정을 통해 문제의 기원을 알게 된다.
- 교육단계: 내담자가 사회적 존재로서 부적응 혹은 불균형적 삶을 초래한 발달과정의 문제에 초점을 둔다.
- 변형단계: 내담자와 상담자 간의 역동적인 상호작용을 통해 단순히 사회에 대한 적응을 넘어서 자아실현의 변화가 도모된다.

03 상담사의 윤리적 태도와 행동으로 옳은 것은?

① 내담자와 상담관계 외에도 사적으로 친밀한 관계를 형성한다.

② 과거 상담사와 성적 관계가 있었던 내담자라도 상담관계를 맺을 수 있다.

③ 내담자의 사생활과 비밀보호를 위해 상담 종결 즉시 상담기록을 폐기한다.

④ 비밀보호의 예외 및 한계에 관한 갈등상황에서는 동료 전문가의 자문을 구한다.

📝 **해설** ① 내담자와 상담자의 이중관계는 윤리강령에 어긋난다.

② 상담자와 내담자는 객관적 관계가 유지되어야하기 때문에 상담할 수 없다.

③ 상담종료 후 추수상담에 필요하기 때문에 상담기록은 보관해야한다.

04 수퍼(Super)의 발달적 직업상담에서 의사 결정에 이르는 단계를 바르게 나열한 것은?

> ㄱ. 문제 탐색
> ㄴ. 태도와 감정의 탐색과 처리
> ㄷ. 심층적 탐색
> ㄹ. 현실 검증
> ㅁ. 자아 수용
> ㅂ. 의사결정

① ㄱ → ㄴ → ㄷ → ㄹ → ㅂ → ㅁ

② ㄱ → ㄷ → ㄴ → ㄹ → ㅂ → ㅁ

③ ㄱ → ㄷ → ㅁ → ㄹ → ㄴ → ㅂ

④ ㄱ → ㄷ → ㄹ → ㅁ → ㄴ → ㅂ

📝 **해설** 수퍼(Super)의 직업상담 6단계: 문제탐색 및 자아개념 묘사하기 → 심층적 탐색하기 → 자아수용 및 자아통찰하기 → 현실검증하기 → 태도와 감정의 탐색과 처리하기 → 의사결정하기

05 현실치료적 집단상담의 절차와 가장 거리가 먼 것은?

① 숙련된 질문의 사용
② 유머의 사용
③ 개인적인 성장계획을 위한 자기조력
④ 조작기법의 사용

해설 ④ 조작기법은 행동치료에 사용된다.

➕ 현실치료

우불딩(Wubbolding) 현실치료 과정 4단계	현실치료 상담기법
W(Want) 바람파악 D(Doing) 현재행동파악 E(Evaluating): 평가하기 P(Planning): 계획하기	질문하기 직면하기 역설적기법 유머사용하기 은유사용하기

06 게슈탈트 이론에 관한 설명으로 옳은 것을 모두 고른 것은?

ㄱ. 지금 여기서 무엇을 어떻게 경험하느냐와 각성을 중요시 한다.
ㄴ. 성격은 생물학적 요구 및 충동에 의해 결정된다.
ㄷ. 인간은 신체, 정서, 사고, 감각, 지각 등 모든 부분이 서로 관련을 갖고 있는 전체로서 완성되려는 경향이 있다.
ㄹ. 인간의 행동은 외부의 환경조건에 의해 좌우된다.

① ㄱ, ㄴ
② ㄱ, ㄷ
③ ㄱ, ㄴ, ㄷ
④ ㄴ, ㄷ, ㄹ

해설 게슈탈트 상담은 내담자가 지각하는 현실에 초점을 둔다.
ㄴ. 인간은 자신의 현재 욕구에 따라 게슈탈트를 형성한다.
ㄹ. 인간의 행동은 행동이 일어난 상황과 관련해서 의미 있게 이해될 수 있다.

07 직업상담사의 역할이 아닌 것은?

① 내담자에게 적합한 직업 결정
② 내담자의 능력, 흥미 및 적성의 평가
③ 직무스트레스, 직무 상실 등으로 인한 내담자 지지
④ 내담자의 삶과 직업목표 명료화

해설 ① 내담자에게 적합한 직업 결정은 내담자 스스로 해야 한다.

08 특성–요인 직업상담에서 일련의 관련 있는 또는 관련 없는 사실들로부터 일관된 의미를 논리적으로 파악하여 문제를 하나씩 해결하는 과정은?

① 다중진단
② 선택진단
③ 변별진단
④ 범주진단

해설 ③ 특성–요인이론에서 진단은 자료를 분석하고 학생(내담자)의 강점과 약점에 관한 판단을 근거로 추론하는 과정이라 보았다. 윌리암슨(Williamson)은 진로선택의 문제를 불확실한 선택, 무선택, 흥미와 적성의 불일치, 어리석은 선택 등 4가지 유형으로 나누어 진단 하였는데 이를 변별진단이라 한다.

09 일반적으로 상담자가 갖추어야 할 기법 중 내담자가 전달하려는 내용에서 한 걸음 더 나아가 그 내면적 감정에 대해 반영하는 것은?

① 해석
② 공감
③ 명료화
④ 직면

해설 ① 해석: 내담자가 직접 진술하지 않은 내용이나 개념을 그의 과거 경험이나 진술을 토대로 하여 추론하여 말하는 것이다.
③ 명료화: 내담자가 하는 말 중에서 모호한 점이 있으면 이를 명확하게 그 의미를 밝혀내 내담자의 의사와 감정을 구체화하는 기법이다.
④ 직면: 내담자가 모르거나 인정하기를 거부하는 생각, 느낌에 주목하게 하도록 하는 것이다.

10 직업상담의 목적에 해당하지 않는 것은?

① 개인의 직업적 목표를 명확히 해주는 과정이다.
② 진로관련 의사결정 능력을 길러주는 과정이다.
③ 직업선택과 직업생활에서 수동적인 태도를 함양하는 과정이다.
④ 이미 결정한 직업계획과 직업선택을 확신, 확인하는 과정이다.

해설 ③ 직업선택과 직업생활에서 능동적인 태도를 함양하는 과정이다.

11 콜브(Kolb)의 학습형태검사(LSI)에서 사람에 대한 관심은 적은 반면 추상적 개념에 많은 관심을 두는 사고형은?

① 집중적
② 확산적
③ 동화적
④ 적응적

해설 콜브(Kolb)는 학습이 어떻게 지각되고 어떤 과정으로 전개되는가에 기초하여 학습형태를 설명하는 모형을 개발하였다. 콜브는 개인에게 나타나는 뚜렷한 형태의 학습형은 유전의 결과, 과거생활 경험 그리고 가족, 학교, 직업 등과 같은 현재 환경의 요구 등에 의해 결정된다고 보았다.
① 집중적: 추상적 개념화와 활동적 실험에 유용하며 가장 큰 강점은 생각을 실제로 적용하는 것이다.
② 확산적: 확고한 경험과 사려 깊은 관찰에 유용하며 가장 큰 강점은 상상력이다.
③ 동화적: 사려 깊은 관찰과 추상적 개념에 유용하며, 이들의 가장 큰 강점은 확고한 이론적 모형에 대한 능력이다.
④ 적응적: 확고한 경험과 활동적 실험에 유용하며 사물과 일하는 것, 즉 새로운 경험을 가지고 실험과 계획을 이끌어 내는 것이 가장 큰 강점이다.

➕ 콜브의 네 가지 학습 유형

활동적 실험 (하는 것)	**확고한 경험(감각·느낌)**		**사려 깊은 관찰 (바라보는 것)**
	④ 적응적 사고형 확고한 경험과 활동적 실험	② 확산적 사고형 확고한 경험과 사려 깊은 관찰	
	① 집중적 사고형 추상적 개념화와 활동적 실험	③ 동화적 사고형 사려 깊은 관찰과 추상적 개념	
	추상적 개념화(사고)		

12 상담이론과 상담목표가 잘못 짝지어진 것은?

① 행동주의 상담이론 – 내담자의 문제행동을 증가시켜 왔던 강화요인을 탐색하고 제거한다.
② 인지행동주의 상담이론 – 내담자가 가지고 있는 비합리적 신념을 확인하고 이를 수정한다.
③ 현실치료이론 – 내담자가 원하는 것이 무엇인지 확인하고 이를 달성할 수 있는 적절한 방법을 탐색한다.
④ 게슈탈트 상담이론 – 내담자의 생활양식을 확인하고 바람직한 방향으로 생활양식을 바꾸도록 한다.

해설 ④ 게슈탈트 상담이론의 목표는 내담자가 성숙하여 자신의 삶을 책임지고 접촉을 통해 게슈탈트를 완성하도록 조력하는 것이다. 그리고 내담자가 느끼는 불안을 삶의 부분으로서 수용하고 처리하도록 조력하는 것이다. 선택지의 설명은 아들러의 개인심리학 설명이다.

13 개방적 질문의 형태와 가장 거리가 먼 것은?

① 시험이 끝나고서 기분이 어떠했습니까?
② 지난주에 무슨 일이 있었습니까?
③ 당신은 학교를 좋아하지요?
④ 당신은 누이동생을 어떻게 생각하는지요?

➕ 개방형 질문과 폐쇄형 질문의 비교

개방형 질문	폐쇄형 질문
질문의 범위가 포괄적이다.	질문의 범위가 한정되어 있다.
내담자에게 모든 반응의 길을 터놓는다.	내담자에게 특정한 답변을 요구한다.
내담자로 하여금 시야를 넓히도록 유도한다.	내담자로 하여금 시야를 좁게 만든다.
바람직한 촉진관계를 열어 놓는다.	바람직한 촉진관계를 닫는다.
예 지난주에 무슨 일이 있었습니까?	**예** 당신은 학교를 좋아하지요?

14 직업상담의 과정 중 역할사정에서 상호역할 관계를 사정하는 방법이 아닌 것은?

① 질문을 통해 사정하기
② 동그라미로 역할관계 그리기
③ 역할의 위계적 구조 작성하기
④ 생애-계획연습으로 전환시키기

➕ 상호역할관계 사정방법
- 질문을 통해 역할관계 사정하기
  - 내담자가 개입하고 있는 생애역할들을 나열하기
  - 개개 역할에 소요되는 시간의 양 추정하기
  - 순서를 정하는 근거로 내담자의 가치들을 이용해서 순위 정하기
  - 상충적·보상적·보완적 역할들을 찾아내기 등에 초점을 두기
- 동그라미 역할관계 그리기
- 생애 계획연습으로 전환시키기

15 체계적 둔감화를 주로 사용하는 상담기법은?

① 정신역동적 직업상담
② 특성-요인 직업상담
③ 발달적 직업상담
④ 행동주의 직업상담

해설 ④ 체계적 둔감화 또는 단계적 둔화법은 행동주의 외적 행동변화 촉진기법으로 불안제거에 사용된다.

16 직업상담을 위해 면담을 하는 중 즉시성(im-mediacy)을 사용하기에 적합하지 **않은** 경우는?

① 방향감이 없는 경우
② 신뢰성에 의문이 제기되는 경우
③ 내담자가 독립성이 있는 경우
④ 상담자와 내담자 간에 사회적 거리감이 있는 경우

➕ 즉시성은 상담자가 상담자 자신의 바람은 물론 내담자의 느낌, 인상, 기대 등에 대해서 이를 깨닫고 대화를 나누는 것을 의미한다. 즉시성이 유용한 경우는 ①, ②, ④ 그리고 '긴장이 감돌고 있을 경우, 역의존성이 있을 경우, 상담자와 내담자간에 친화력이 있을 경우' 이다.

17 실존주의 상담에 관한 설명으로 **틀린** 것은

① 실존주의 상담의 궁극적 목적은 치료이다.
② 실존주의 상담은 대면적 관계를 중시한다.
③ 인간에게 자기지각의 능력이 있다고 가정한다.
④ 자유와 책임의 양면성에 대한 지각을 중시한다.

해설 ① 실존주의 상담의 원리 중 하나는 치료할 수 없는 위기의 원리이다. 치료 자체보다는 인간 존재의 순정성 회복을 궁극적인 목적으로 한다.

18 직업카드 분류로 살펴보기에 가장 적합한 개인의 특성은?

① 가치   ② 성격
③ 흥미   ④ 적성

해설 홀랜드(Holland) 개인-환경 적합성 모형의 직업흥미검사 흥미유형(R(현실형), I(탐구형), A(예술형), S(사회형), E(진취형), C(관습형))과 관련한 직업카드를 이용하여 내담자의 직업흥미 사정하기에 사용한다.

19 직업상담자와 내담자 사이에 직업상담관계를 협의하는 내용에 대한 설명으로 **틀린** 것은?

① 내담자와의 라포형성을 위해서 내담자가 존중받는 분위기를 만들어 주어야 한다.
② 내담자가 직업상담을 받는 것에 대해서 저항을 보일 때는 다른 상담자에게 의뢰해야 한다.
③ 상담자와 내담자가 직업상담에 대한 기대가 서로 다를 수 있기 때문에 서로의 역할을 명확히 해야 한다.
④ 상담자는 내담자가 직업상담을 통해서 얻고자 하는 것이 무엇인지 분명하게 확인해야 한다.

해설 ② 비자발적 내담자는 상담장면에서 저항을 보일 수 있으므로 관계형성하고 상담을 전개하도록 한다.

20 사이버 직업상담에서 답변을 작성할 때 고려해야 할 사항으로 가장 거리가 **먼** 것은?

① 추수상담의 가능성과 전문기관에 대한 안내를 한다.
② 친숙한 표현으로 답변을 작성하여 내담자가 친근감을 느끼게 한다.
③ 답변은 장시간이 소요되더라도 정확하게 하도록 노력한다.
④ 청소년이라 할지라도 반드시 존칭을 사용하여 호칭한다.

해설 ③ 답변은 가급적 신속하게 하도록 노력한다. 내담자가 제시한 날로부터 24시간 내에 답변을 올리는 것이 원칙이나 직업정보 가공이 장시간 소요되거나 사정상 어려울 경우, 2~3일은 넘기지 않도록 하는 것이 좋다.

➕ 사이버상담기법
• 자기노출 및 주요 진로논점 파악하기
• 핵심 진로논점 분석하기
• 진로논점 유형 정하기
• 답변내용 구상하기
• 직업정보 가공하기
• 답변 작성하기

직업심리학

21 로(Roe)의 욕구이론에 관한 설명으로 옳지 않은 것은?

① 아동기에 형성된 욕구에 대한 반응으로 직업선택이 이루어진다고 본다.

② 가정 분위기의 유형을 회피형, 정서집중형, 통제형으로 구분하였다.

③ 직업군을 8가지로 분류하였다.

④ 매슬로우가 제시한 욕구의 단계를 기초로 해서 초기의 인생경험과 직업선택의 관계에 관한 가정을 발전시켰다.

해설 ② 로(Roe)는 회피형, 정서집중형, 수용형으로 구분하였다.

22 자신의 직무나 직무경험에 대한 평가로부터 비롯되는 유쾌하거나 정적인 감정 상태는?

① 직무만족   ② 직업적응

③ 작업동기   ④ 직무몰입

해설 ① 직무만족은 직무에 대해 가지고 있는 좋아하는 감정에 관한 것이다.

② 직업적응: 개인이 직업생활에 적응하는 과정을 말한다.

③ 작업동기: 직무상에서 발생되는 행동에 관한 것이다.

④ 직무몰입: 종업원이 직업과 자신을 동일시하고, 직업에 참여하고 자신의 일을 가치있게 여기는 정도를 나타내는 것을 말한다.

23 어떤 직업적성검사의 신뢰도 계수가 1.00이면 그 검사의 타당도 계수는?

① 1.0   ② 0

③ 0.5   ④ 알 수 없다.

해설 ④ 신뢰도와 타당도는 밀접한 관계가 있지만 신뢰도 계수만으로 타당도를 알 수 없다.

24 직업상담에 사용되는 질적 측정도구가 아닌 것은?

① 역할놀이

② 제노그램

③ 카드분류

④ 욕구 및 근로 가치 설문

➕ 심리검사의 측정도구

정량적(양적) 측정도구	수량화된 자료를 수집하여 현상을 설명하는 설문지 형태의 검사도구 ⑩ 경력진단검사, 욕구 및 근로가치척도, 직업선호도검사, MBTI
정질적(질적) 측정도구	양적 측정도구에 비해 훨씬 덜 체계적이며, 수치를 덜 중시하고 주관적 해석을 강조하는 도구 ⑩ 역할놀이, 직업가계도(제노그램), 직업카드분류

25 사회학습이론에 기반한 진로발달 과정의 요인으로 다음 사례와 밀접하게 관련 있는 것은?

> 신입사원 A는 직무 매뉴얼을 참고하여 업무수행을 한다. 그러나 이런 방법을 통해 신입사원 때는 좋은 결과를 얻더라도, 승진하여 새로운 업무를 수행할 때는 기존의 업무수행 방법을 수정해야 할지도 모른다.

① 유전적 요인과 특별한 능력

② 직무 적성

③ 학습 경험

④ 과제접근 기술

해설 ④ 과제접근 기술의 사례이며 고등학생 A는 대학생이 되면 고등학교 때와 같은 방법으로 공부하면 좋은 성적을 얻기 어렵기 때문에 공부방식을 수정해야 한다는 예시의 기출문제도 있었다.

26 직무 스트레스를 조절하는 변인과 가장 거리가 먼 것은?

① 성격 유형   ② 역할 모호성

③ 통제 소재   ④ 사회적 지원

해설 ② 역할 모호성은 스트레스 유발요인으로 직무관련 스트레스 변인이다.

27 데이비스와 롭퀘스트(Davis & Lofquist)의 직업적응이론에서 적응양식의 차원에 해당하지 <u>않는</u> 것은?

① 의존성(dependence)
② 적극성(activeness)
③ 반응성(reactiveness)
④ 인내(perseverance)

➕ **롭퀘스트와 데이비스의 직업적응방식 4가지**

• 융통성 또는 유연성(Flexibility): 작업과 개인의 부조화가 크더라도 잘 참아낼 수 있는 정도를 말한다.
• 인내 또는 끈기(Perseverance): 환경이 자신에게 맞지 않아도 개인이 얼마나 오랫동안 견뎌낼 수 있는가?하는 것을 말한다.
• 적극성(Activeness): 개인이 작업환경을 개인적 방식과 좀 더 조화롭게 만들어가려고 노력하는 정도를 말한다.
• 반응성(Reactiveness): 개인이 작업성격의 변화로 인해 작업환경에 반응하는 정도를 말한다.

28 성격의 5요인(Big Five)에 해당하지 <u>않는</u> 것은?

① 정서적 안정성
② 정확성
③ 성실성
④ 호감성

➕ **직업흥미검사의 성격 5요인**

• 외향성: 타인과의 상호작용을 원하고 타인의 관심을 끌고자 하는 정도
• 호감성(친화성): 타인과 편안하고 조화로운 관계를 유지하는 정도
• 성실성: 사회적 규칙, 규범, 원칙들을 기꺼이 지키려는 정도
• 정서적 불안정성(정서적 안정성): 정서적으로 얼마나 안정되어 있고 자신이 세상을 얼마나 통제할 수 있으며, 세상을 위협적이지 않다고 생각하는 정도
• 경험에 대한 개방성: 자기 자신을 둘러싼 세계에 관한 관심, 호기심, 다양한 경험에 대한 추구 및 포용력 정도

29 직업발달에 관한 특성-요인이론의 종합적인 결과를 토대로 Klein과 Weiner 등이 내린 결론과 가장 거리가 <u>먼</u> 것은?

① 개개인은 신뢰할 만하고 타당하게 특정될 수 있는 고유한 특성의 집합이다.
② 직업의 선택은 직선적인 과정이며 연결이 가능하다.
③ 개인의 직업선호는 부모의 양육환경 특성에 의해 좌우된다.
④ 개인의 특성과 직업의 요구사항 간에 상관이 높을수록 직업적 성공의 가능성이 커진다.

🔲 ③의 설명은 로(Roe)의 이론이다.

30 다음 사례에서 A에게 해당하는 홀랜드(Holland)의 직업성격 유형은?

> A는 분명하고 질서정연한 것을 좋아하며, 체계적으로 기계를 조작하는 활동을 좋아한다. 성격은 솔직하고, 말이 적으며, 고집이 있는 편이고, 단순하다는 얘기를 많이 듣는다.

① 탐구적(I)   ② 사회적(S)
③ 실제적(R)   ④ 관습적(C)

🔲 홀랜드(Holland)의 직업흥미검사는 개인·환경 간 적합성 모형을 토대로 하여 개발된 것으로 사람들의 흥미를 6가지로 구분했다.

➕ **홀랜드(Holland)의 직업흥미검사 유형**

현실형	기계를 조작하는 활동 및 기술을 선호 예 엔지니어, 농부, 조사연구원, 파일럿
탐구형	연구활동을 선호 예 학자, 연구원, 교수
예술형	틀에 박힌 활동을 싫어하며, 자유롭고 상징적인 활동을 선호 예 작가, 예술가
사회형	타인의 문제를 듣고 이해하며, 돕고 치료해 주는 활동을 선호 예 상담사, 성직자, 바텐더
진취형	타인을 지도, 계획, 통제, 관리하며, 명예와 인정, 권위를 선호 예 정치인, 경영인
관습형	정해진 원칙과 계획에 따라 자료를 기록, 정리, 조작하는 활동을 선호 예 사무, 회계

※현실형을 실제적으로 표현했다.

31 Super의 진로발달단계 중 결정화, 구체화, 실행 등과 같은 과업이 수행되는 단계는?

① 성장기　　　② 탐색기
③ 확립기　　　④ 유지기

[해설] 수퍼(Super)의 진로발달 과업 수행단계의 탐색기 하위단계이다.

➕ 수퍼의 진로발달 과업 수행단계

단계	설 명
성장기	• 일과 관련된 기본적인 자기이해를 한다. ① 환상기 : 환상적 역할을 수행 ② 흥미기 : 흥미에 의해 활동을 결정하는 요인 ③ 능력기 : 능력을 중요시하며, 직업의 조건고려
탐색기	• 진로에 대한 구체적 탐색을 통해 진학 또는 구직을 위한 의사결정을 한다. ① 결정화 : 진로에 대한 선호가 점차 분명하게 ② 구체화 : 몇 개의 선호하는 직업 중 특정한 직업선호로 구체화, 진로선택과 관련된 의사결정 능력습득 ③ 실행 : 선택한 직업에 대하여 노력
확립기	• 직업세계에 입문하고 직장에서 능력발휘하며 중요한 일꾼으로 자리매김한다. ① 정착 : 조직문화에 적응하고, 조직이 요구하는 수준으로 직무 수행하며 직업지위 안정화 ② 공고화 : 직업세계에서 자기 능력 인정받기 ③ 발전 : 직업 속에서 자신의 역할과 정체성 확장하며 더 높은 수준의 직업적 책임감 발전
유지기	• 정해진 직업에 정착, 유지시키기 위해 노력한다. ① 보유 : 지금까지 성취한 것들을 계속 유지 ② 갱신 : 지식과 기술을 새로운 내용으로 갱신 ③ 혁신 : 이전 방식과 다르게 시전 또는 도전
쇠퇴기	• 직업전선에서 은퇴하고 다른 활동을 찾는다.

32 심리검사 해석 시 주의사항으로 틀린 것은?

① 검사결과를 내담자에게 이야기해 줄 때 가능한 한 이해하기 쉽게 해주어야 한다.
② 내담자에게 검사의 점수보다는 진점수의 범위를 말해주는 것이 좋다.
③ 검사결과를 내담자와 함께 해석하는 것은 검사전문가로서 해서는 안되는 일이다.
④ 내담자의 방어를 최소화하기 위해 상담자는 중립적이고 무비판적이어야 한다.

[해설] ③ 검사해석은 검사결과와 내담자 정보를 통합하여 내담자에게 그 결과를 내담자가 이해할 수 있는 언어로 설명하는 과정으로 내담자가 참여해야 한다.

33 작업자 중심의 직무분석에 관한 설명으로 옳지 않은 것은?

① 직무를 수행하기 위한 구체적인 인적 요건들을 밝히는 직무기술서로 나타난다.
② 직무에서 수행하는 과제나 활동이 어떤 것들인지를 파악하는데 초점을 둔다.
③ 어떠한 직무에서나 사용할 수 있는 표준화된 직무분석 질문지를 제작해서 사용할 수 있다.
④ 지식, 기술, 능력, 경험 등 작업자 개인 요건들로 직무를 표현한다.

[해설] ① 직무를 수행하기 위한 구체적인 인적 요건들을 밝히는 직무명세서로 나타난다.
② 작업자중심의 직무분석은 직위분석설문지가 대표적이고, 과제나 활동이 어떤 것인지 파악하는데 초점을 두는 것은 과제중심으로 기능적 직무분석이 있다.

➕ 직무분석
• 직무기술서 : 과제중심, 기능적직무분석
• 직무명세서 : 작업자중심, 인적요건(지식·기술·능력), 직위분석설문지

34 직업흥미검사에 대한 설명으로 틀린 것은?

① 직업흥미검사 결과는 변화하므로 일정 기간이 지나면 다시 실시하는 것이 좋다.
② 정서적 문제를 가지고 있는 내담자에게 직업흥미검사를 사용하는 것은 부적질하다.
③ 직업흥미검사는 진로분야에서 내담자가 만족할 수 있는 분야 뿐만 아니라 성공가능성에 대한 정보도 제공해준다.
④ 직업흥미검사 결과는 내담자의 능력, 가치, 고용가능성 등 내담자의 상황에 대한 다른 정보들을 고려하여 의사결정에 활용되어야 한다.

[해설] ③ 직업흥미검사는 진로분야의 성공가능성에 대한 정보를 제공하지 않는다.

35 다음 설명에 해당하는 행동특성을 바르게 나타낸 것은?

ㄱ	• 점심을 먹으면서도 서류를 본다. • 아무 것도 하지 않고 쉬면 견딜 수 없다. • 주말이나 휴일에도 쉴 수가 없다.
ㄴ	• 열심히 일을 했지만 성취감보다는 허탈감을 느낀다. • 인생에 환멸을 느낀다. • 불면증이 생긴다.

① ㄱ : 일 중독증,   ㄴ : 소진
② ㄱ : A형 성격,   ㄴ : B형 성격
③ ㄱ : 내적 통제소재,   ㄴ : 외적 통제소재
④ ㄱ : 과다 과업지향성,   ㄴ : 과다 인간관계지향성

해설 ㄱ : 쉬지 못하고 일을 하고 있어야 마음 놓이는 일 중독 증이다.
ㄴ : 성취감보다 허탈감을 느끼는 탈진상태이다.

36 검사 점수의 오차를 발생시키는 수검자 요인과 가장 거리가 먼 것은?

① 수행 능력
② 수행 경험
③ 평가 불안
④ 수검 당일의 생리적 조건

해설 ①은 검사 점수의 오차를 발생시키는 요인이 아니다.

37 다음 중 조직에서 직원의 경력개발을 위해 사용 하는 프로그램과 가장 거리가 먼 것은?

① 사내 공모제
② 후견인(mentoring) 프로그램
③ 직무평가
④ 직무순환

해설 ③ 직무평가는 직무의 임금수준 결정에 사용하는 기법 이다.

➕ 조직의 경력개발 프로그램

자기평가 도구	정보 제공	종업원 평가	종업원 개발
경력워크숍	사내공모제	평가센터	훈련프로그램
경력연습책자	기술목록	조기발탁제	후견인프로그램
−	경력자원센터	−	직무순환

※ 후견인 프로그램 = 멘토십 시스템(멘토십 제도)

38 직업적응이론의 적응유형 변인 중 적응행동 과정 에서 나타나는 적응의 시작과 종료의 지속기간을 나타내 는 것은?

① 유연성   ② 능동성
③ 수동성   ④ 인내

➕ 롭퀴스트와 데이비스의 직업적응방식 네가지

• 융통성 또는 유연성(Flexibility) : 작업과 개인의 부조화가 크 더라도 잘 참아낼 수 있는 정도를 말한다.
• 인내 또는 끈기(Perseverance) : 환경이 자신에게 맞지 않 아도 개인이 얼마나 오랫동안 견뎌낼 수 있는가?하는 것을 말한다.
• 적극성(Activeness) : 개인이 작업환경을 개인적 방식과 좀 더 조화롭게 만들어가려고 노력하는 정도를 말한다.
• 반응성(Reactiveness) : 개인이 작업성격의 변화로 인해 작 업환경에 반응하는 정도를 말한다.

39 가치중심적 진로접근모형의 명제에 관한 설명으 로 틀린 것은?

① 개인이 우선권을 부여하는 가치들은 얼마 되지 않는다.
② 가치는 환경 속에서 가치를 담은 정보를 획득함 으로써 학습된다.
③ 생애만족은 중요한 모든 가치들을 만족시키는 생 애역할들에 의존한다.
④ 생애역할에서의 성공은 개인적 요인보다는 외적 요인들에 의해 주로 결정된다.

해설 ④ 생애역할에서의 성공은 많은 요인들에 의해 결정되 는데, 이들 중에는 학습된 기술과 인지적·정의적·신 체적 적성도 있다고 설명한다. 즉, 개인적 요인의 중요성을 명제한다.

40 직무 스트레스에 관한 설명으로 틀린 것은?

① 지루하게 반복되는 과업의 단조로움은 매우 위험한 스트레스 요인이 될 수 있다.

② 복잡한 과제는 정보 과부하를 일으켜 스트레스를 높인다.

③ 공식적이고 구조적인 조직에서 주로 인간관계 변수 때문에 역할갈등이 발생한다.

④ 역할모호성은 개인의 역할이 명확하지 않을 때 발생한다.

해설 ③ 공식적이고 구조적인 조직은 구조적인 문제로 역할갈등이 발생하고, 비공식적인 조직은 인간관계 때문에 역할갈등이 생긴다.

---

3 과목 Vocational Counselor
직업정보론

---

41 워크넷에서 제공하는 학과정보 중 공학계열에 해당하는 것은?

① 생명과학과　　② 조경학과

③ 통계학과　　④ 응용물리학과

해설 ① 생명과학과–자연계열, ③ 통계학과–자연계열 ④ 응용물리학과–자연계열

---

42 건설기계설비기사, 공조냉동기계기사, 승강기기사 자격이 공통으로 해당되는 직무분야는?

① 건설분야　　② 재료분야

③ 기계분야　　④ 안전관리분야

해설 건설기계설비기사, 공조냉동기계기사, 승강기기사는 기계장비설비·설치 직무분야이다.

---

43 직업정보를 가공할 때 유의해야 할 사항으로 틀린 것은?

① 시청각적 효과를 첨가한다.

② 직업에 대한 장·단점을 편견 없이 제공한다.

③ 가장 최신의 자료를 활용하되, 표준화된 정보를 활용한다.

④ 직업은 전문적인 것이므로 가능하면 전문적인 용어를 사용하여 가공한다.

해설 ④ 전문적인 지식이 없어도 이해할 수 있는 언어로 가공하되, 이용자의 수준에 준한다.

---

44 다음은 한국직업사전의 부가직업정보(작업강도) 중 무엇에 관한 설명인가?

> 최고 20Kg의 물건을 들어올리고 10Kg 정도의 물건을 빈번히 들어 올리거나 운반한다.

① 아주 가벼운 작업

② 가벼운 작업

③ 보통 작업

④ 힘든 작업

➕ 한국직업사전: 작업강도 5단계

구분	정의
아주 가벼운 작업	최고 4kg의 물건을 들이 올리고, 때때로 장부, 소도구 등을 들어 올리거나 운반한다.
가벼운 작업	최고 8kg의 물건을 들어올리고 4kg 정도의 물건을 빈번히 들어 올리거나 운반한다.
보통 작업	최고 20kg의 물건을 들어올리고 10kg 정도의 물건을 빈번히 들어 올리거나 운반한다.
힘든 작업	최고 40kg의 물건을 들어올리고 20kg 정도의 물건을 빈번히 들어 올리거나 운반한다.
아주 힘든 작업	40kg 이상의 물건을 들어올리고 20kg 이상의 물건을 빈번히 들어 올리거나 운반한다.

45 공공직업정보의 일반적인 특성에 대한 설명으로 틀린 것은?

① 전 산업 및 직종을 대상으로 지속적으로 조사·분석한다.
② 보편적 항목으로 이루어진 기초정보가 많다.
③ 관련 직업 간 비교가 용이하다.
④ 단시간에 조사하고 특정 목적에 맞게 직종을 제한적으로 선택한다.

해설 ④는 민간직업정보 특징이다.

➕ 공공직업정보와 민간직업정보의 특징 비교

공공직업정보	민간직업정보
공익적인 목적으로 생산·제공	한시적으로 신속하게 생산되어 운영
지속적으로 조사. 분석하여 제공	단기간에 조사되어 집중적으로 제공
전체산업 및 업종에 걸친 직종을 대상	특정한 목적에 맞게 해당분야 및 직종 선택
객관적인 기준에 근거한 직업분류	정보생산자의 임의적 기준
보편적 항목으로 구성	정보자체의 효과가 큰 반면 파급효과 적음
무료제공	유료제공

46 제10차 한국표준산업분류의 적용원칙에 관한 설명으로 틀린 것은?

① 생산단위는 산출물뿐만 아니라 투입물과 생산 공정 등을 함께 고려하여 그들의 활동을 가장 정확하게 설명된 항목에 분류한다.
② 복합적인 활동 단위는 우선적으로 최상급 분류단계(대분류)를 정확히 결정하고, 순차적으로 중, 소, 세, 세세분류 단계 항목을 결정한다.
③ 산업 활동이 결합되어 있는 경우에는 그 활동단위의 주된 활동에 따라 분류한다.
④ 계약에 의하여 활동을 수행하는 단위는 자기계정과 자기책임 하에서 생산하는 단위와 별도항목으로 분류되어야 한다.

해설 ④ 수수료 또는 계약에 의하여 활동을 수행하는 단위는 동일한 산업활동을 자기계정과 자기책임 하에서 생산하는 단위와 같은 항목에 분류하여야 한다.

47 제10차 한국표준산업분류의 대분류 중 제조업 정의에 관한 설명으로 틀린 것은?

① 원재료(물질 또는 구성요소)에 물리적, 화학적 작용을 가하여 투입된 원재료를 성질이 다른 새로운 제품으로 전환시키는 산업활동이다.
② 단순히 상품을 선별·정리·분할·포장·재포장하는 경우 등과 같이 그 상품의 본질적 성질을 변화시키지 않는 처리활동은 제조 활동으로 보지 않는다.
③ 제조활동은 공장이나 가내에서 동력기계 및 수공으로 이루어질 수 있으며, 생산된 제품은 도매나 소매형태로 판매될 수도 있다.
④ 자본재(고정자본 형성)로 사용되는 산업용 기계와 장비를 전문적으로 수리하는 경우는 수리업으로 분류한다.

해설 ④ 자본재로 주로 사용되는 산업용 기계 및 장비의 전문적인 수리활동은 경상적인 유지·수리를 포함하여 "34 : 산업용 기계 및 장비 수리업"으로 분류한다.

48 한국직업전망(2019)의 향후 10년간 직업별 일자리 전망 결과 '증가'가 예상되는 직업에 해당하지 않는 것은?

① 어업 종사자 ② 사회복지사
③ 간병인 ④ 간호사

해설 ① 어업종사자는 향후 감소할 것으로 예상되는 직업이다.

49 사업주 직업능력개발훈련 수행기관 중 '전국고용센터'의 업무에 해당하지 않는 것은?

① HRD-Net 사용인증
② 지정 훈련 시설 인·지정
③ 훈련과정 지도·점검
④ 위탁훈련(상시심사 제외) 과정 심사

해설 ④는 고용센터의 업무에 해당하지 않는다.

50 한국표준직업분류(2017)에서 포괄적인 업무에 대해 적용하는 직업분류 원칙을 순서대로 나열한 것은?

① 주된 직무 → 최상급 직능수준 → 생산업무
② 최상급 직능수준 → 주된 직무 → 생산업무
③ 최상급 직능수준 → 생산업무 → 주된 직무
④ 생산업무 → 최상급 직능수준 → 주된 직무

➕ 한국표준직업분류: 직업분류의 원칙

1. 직업분류의 일반원칙

포괄성의 원칙	우리나라에 존재하는 모든 직무는 어떤 수준에서든지 분류에 포괄되어야 한다.
배타성의 원칙	동일하거나 유사한 직무는 어느 경우에든 같은 단위직업으로 분류되어야 한다.

2. 포괄적인 업무에 대한 직업분류의 원칙

주된 직무 우선 원칙	2개 이상의 직무를 수행하는 경우, 수행되는 직무내용과 관련 분류 항목에 명시된 직무내용을 비교·평가하여 관련 직무내용상의 상관성이 가장 많은 항목에 분류한다. 예 의대 교수
최상급 직능수준 우선 원칙	수행된 직무가 상이한 수준의 훈련과 경험을 통해서 얻어지는 직무능력을 필요로 한다면, 가장 높은 수준의 직무능력을 필요로하는 일에 분류하여야 한다. 예 조리와 배달: 조리사로 분류
생산업무 우선 원칙	재화의 생산과 공급이 같이 이루어지는 경우는 생산단계에 관련된 업무를 우선적으로 분류한다. 예 빵을 생산하여 판매: 제빵원으로 분류

3. 다수 직업 종사자의 분류원칙
- 한 사람이 전혀 상관성 없는 두 가지 이상의 직업에 종사할 경우이다. 예 낮에는 사무직, 밤에는 대리운전
- 취업시간 우선의 원칙, 수입 우선의 원칙, 조사시 최근의 직업 원칙

51 워크넷에서 제공하는 채용정보 중 기업형태별 검색에 해당하지 않는 것은?

① 대기업   ② 가족친화인증기업
③ 외국계기업   ④ 금융권기업

해설 대기업, 공무원/공기업/공공기관, 강소기업
코스피, 코스닥, 일학습병행기업, 청년친화강소기업, 가족친화인증기업, 중견기업, 외국계기업, 벤처기업

52 제10차 한국표준산업분류의 산업결정방법에 관한 설명으로 틀린 것은?

① 생산단위의 산업활동은 그 생산단위가 수행하는 주된 산업활동의 종류에 따라 결정된다.
② 계절에 따라 정기적으로 산업을 달리하는 사업체의 경우에는 조사시점에서 경영하는 산업에 의해 결정된다.
③ 휴업 중 또는 청산중인 사업체의 산업은 영업 중 또는 청산을 시작하기 이전의 산업활동에 의해 결정된다.
④ 단일사업체 보조단위는 그 사업체의 일개 부서로 포함한다.

해설 ② 계절에 따라 정기적으로 산업을 달리하는 사업체의 경우에는 조사시점에서 경영하는 사업과는 관계없이 조사대상 기간 중 산출액이 많았던 활동에 의하여 분류한다.

53 한국표준직업분류(2017)의 대분류 9에 해당하는 것은?

① 사무 종사자
② 단순노무 종사자
③ 서비스 종사자
④ 기능원 및 관련 기능 종사자

➕ 대분류 및 직능수준

1 관리자 : 제4직능 수준 혹은 제3직능 수준 필요
2 전문가 및 관련 종사자 : 제4직능 수준 혹은 제3직능 수준 필요
3 사무 종사자 : 제2직능 수준 필요
4 서비스 종사자 : 제2직능 수준 필요
5 판매 종사자 : 제2직능 수준 필요
6 농림 어업 숙련 종사자 : 제2직능 수준 필요
7 기능원 및 관련 기능 종사자 : 제2직능 수준 필요
8 장치 기계 조작 및 조립 종사자 : 제2직능 수준 필요
9 단순노무 종사자 : 제1직능 수준 필요
A 군인 : 제2직능 수준 이상 필요

54 국민내일배움카드제의 직업능력개발계좌의 발급 대상에 해당하는 자는?

① 「사립학교교직원 연금법」을 적용받고 현재 재직 중인 사람
② 만 65세인 사람
③ 중앙행정기관으로부터 훈련비를 지원받는 훈련에 참여하는 사람
④ HRD-Net을 통하여 직업능력개발훈련 동영상 교육을 이수하지 아니하는 사람

➕ 국민내일배움 카드 발급 제외 대상자

1. 수강 또는 지원·융자의 제한 기간 중에 있는 사람
2. 국가 또는 지방자치단체가 실시하거나 비용을 지원하는 직업능력개발훈련을 수강하고 있는 사람
3. 직업안정기관 또는 지방자치단체에 구직등록을 하지 않은 사람
4. 공무원으로 재직 중인 사람
5. 「사립학교교직원 연금법」에 따른 교직원으로 재직 중인 사람
6. 「군인연금법」에 따른 군인으로 재직 중인 사람. 다만, 「제대군인지원에 관한 법률」에 적용받는 사람은 제외한다.
7. 「초·중등교육법」에 따른 학교의 재학생. 다만, 고등학교 3학년에 재학 중인 사람은 제외한다.
8. 「고등교육법」에 따른 학교의 재학생으로서 해당 학교 졸업까지 수업연한이 2년 넘게 남은 사람
9. 「국민기초생활 보장법」에 따른 생계급여 수급자. 다만, 근로능력이 있는 수급자는 제외한다.
10. 만 75세 이상인 사람
11. 사업기간 1년 미만, 연 매출 1억 5천만원 이상의 자영업자
12. 월 임금 300만원 이상인 특수형태근로종사자
13. 월 임금 300만원 이상이면서 45세 미만인 대규모기업 종사자

55 직업정보의 일반적인 정보관리순서로 가장 적합한 것은?

① 수집 → 분석 → 가공 → 체계화 → 제공 → 평가
② 수집 → 제공 → 분석 → 가공 → 평가 → 체계화
③ 수집 → 분석 → 평가 → 가공 → 제공 → 체계화
④ 수집 → 분석 → 체계화 → 제공 → 가공 → 평가

해설 직업정보 관리는 수집→분석→가공→체계화→제공→평가의 순이다.

56 고용안정장려금(워라벨일자리 장려금)에 관한 설명으로 틀린 것은?

① 근로자의 계속고용을 위해 근로시간 단축, 근로시간 유연화 제도 등을 시행하면 지급한다.
② 사업주의 배우자, 4촌 이내의 혈족·인척은 지원대상자에서 제외된다.
③ 근로시간 단축 개시일이 속하는 다음달부터 1년의 범위 내에서 1개월 단위로 지급한다.
④ 임신 근로자의 임금감소 보전금은 월 최대 24만원이다.

해설 ④ 임신을 사유로 근로시간을 단축한 경우 월 40만원 한도로 지원한다.

➕ 고용안정장려금(워라벨일자리장려금)

• 지원대상
① (임금감소액 보전) 모든 사업주
② (간접노무비) 우선지원대상기업·중견기업
③ (대체인력지원) 모든 사업주

유형	지원대상	회차별 지원액 (1개월 단위)	연간총액
임금감소액 보전	모든 기업	최대 40만원	480만원
대체인력 인건비 지원	우선대상지원기업	60만원	720만원
	대규모기업	30만원	360만원
간접노무비	우선지원대상기업	20만원	240만원

• 지원수준 및 한도
※ 임신을 사유로 근로시간을 단축한 경우 월 40만원 한도로 지원한다.

57 직업상담시 제공하는 직업정보의 기능과 역할에 대한 설명으로 틀린 것은?

① 여러 가지 직업적 대안들의 정보를 제공한다.
② 내담자의 흥미, 적성, 가치 등을 파악하는 것이 직업정보의 주기능이다.
③ 경험이 부족한 내담자에게 다양한 직업들을 간접적으로 접할 기회를 제공한다.
④ 내담자가 자신의 선택이 현실에 비추어 부적당한 선택이었는지를 점검하고 재조정해 볼 수 있는 기초를 제공한다.

해설 ②는 직업심리검사 기능이다.

58 국가기술자격 중 응시자격의 제한이 없는 서비스 분야는?

① 스포츠경영관리사
② 임상심리사2급
③ 컨벤션기획사1급
④ 국제의료관광코디네이터

해설 ② 임상심리사 2급 응시자격
• 임상심리와 관련하여 1년 이상 실습수련을 받은 사람 또는 2년 이상 실무에 종사한 사람으로서 대학졸업자 및 그 졸업예정자
• 외국에서 동일한 종목에 해당하는 자격을 취득한 사람
③ 컨벤션기획사 1급 응시자격
• 해당 종목의 2급 자격을 취득한 후 응시하려는 종목이 속하는 동일직무분야에서 3년 이상 실무에 종사한 사람
• 응시하려는 종목이 속하는 동일 및 유사 직무분야에서 4년 이상 실무에 종사한 사람
• 외국에서 동일한 종목에 해당하는 자격을 취득한 사람
④ 국제의료관광코디네이터 응시자격
• 보건의료 또는 관광분야의 학과로서 고용노동부장관이 정하는 학과의 대학졸업자 또는 졸업예정자
• 2년제 전문대학 관련학과 졸업자 등으로 졸업 후 보건의료 또는 관광분야에서 2년 이상 실무에 종사한 사람
• 3년제 전문대학 관련학과 졸업자 등으로 졸업 후 보건의료 또는 관광분야에서 1년 이상 실무에 종사한 사람
• 비관련학과의 대학 졸업자로서 보건의료 또는 관광분야에서 2년 이상 실무에 종사한 사람
• 보건의료 또는 관광분야에서 4년 이상 실무에 종사한 사람
• 관련자격증(의사, 간호사, 보건교육사, 관광통역안내사, 컨벤션기획사 1·2급)을 취득한 사람

59 다음은 워크넷에서 제공하는 성인을 위한 직업적응검사 중 무엇에 관한 설명인가?

• 개발년도: 2013년
• 실시시간: 20분
• 측정내용: 문제해결능력 등 12개 요인
• 실시방법: 인터넷/지필

① 구직준비도검사
② 직업전환검사
③ 중장년 직업역량검사
④ 창업적성검사

해설 ④ 창업적성검사는 만18세 이상 직장 창업희망자가 검사 대상이며 창업을 희망하는 개인에게 창업소질이 있는지를 진단해주고, 가장 적합한 업종이 무엇인지 추천해 준다.
① 구직준비도검사
• 검사대상: 대학생, 성인구직자(고등학교 졸업예정자 포함)
• 개발년도: 2011년(개정)
• 검사시간: 약 20분 소요
• 측정내용: 구직취약성 적응도/구직 동기/구직 기술
• 실시방법: 인터넷, 지필
② 직업전환검사(2020.09 현재 work.go.kr에 제공되지 않음)
④ 중장년 직업역량검사
• 검사대상: 만 45세 이상
• 개발년도: 2015년
• 실시시간: 약 25분 소요
• 주요내용: 중·장년 근로자의 후기 경력개발에 있어 중요한 역할을 하는 직업역량 진단
• 실시방법: 인터넷

60 직업정보 제공에 관한 설명으로 옳은 것은?

① 모든 내담자에게 직업정보를 우선적으로 제공한다.
② 직업상담사는 다양한 직업정보를 제공하기 위해 지속적으로 노력한다.
③ 진로정보 제공은 직업상담의 초기단계에서 이루어지며, 이 경우 내담자의 피드백은 고려하지 않는다.
④ 내담자가 속한 가족, 문화보다는 표준화된 정보를 우선적으로 고려하여 정보를 제공한다.

해설 ① 직업상담은 관계형성하고 내담자 정보 수집분석하고 직업정보 제공한다.
③ 내담자의 피드백을 고려한다.
④ 내담자 개인정보(전공, 경험, 가족 등)을 우선적으로 고려하고 표준화된 정보를 사용한다.

4 과목   Vocational Counselor   노동시장론

61 다음 중 기업들이 기업내의 승진정체에 대응하여 도입하고 있는 제도와 가장 거리가 먼 것은?

① 정년단축
② 자회사에의 파견
③ 조기퇴직 유도
④ 연봉제의 강화

해설 ④ 연봉제는 기업내의 승진정체 대응과 거리가 멀다.

62 다음의 현상을 설명하는 개념은?

> 경제성장과 더불어 시간외 근무수당이 증가함에도 불구하고 근로자들이 휴일 근무나 잔업처리 등을 기피하는 현상이 늘고 있다.

① 임금의 하방경직성
② 후방굴절형 노동공급곡선
③ 노동의 이력현상(hysteresis)
④ 임금의 화폐적 현상

해설 ② 소득효과(여가선택)가 대체효과(일선택)보다 우세하여 초과근무, 휴일근무 등을 하지 않고 여가를 선택하여 노동공급곡선이 후방굴절하는 현상이다.
① 임금의 하방경직성: 한번 결정된 임금은 수요와 공급의 불균형, 경기변동에서 좀처럼 하락하지 않는 것이다.
③ 노동(시장)의 이력현상: 실제 실업률이 높아진 상태가 계속 이어지는 경우, 자연실업률이 올라가게 되는 현상을 말한다.
④ 임금의 화폐적 현상: 화폐량이 생산량보다 상당히 빠르게 증가할 때 발생하는 화폐적 현상으로 인플레이션이 발생한다.

63 던롭(Dunlop)이 노사관계를 규제하는 여건 혹은 환경으로 지적한 사항이 **아닌** 것은?

① 시민의식
② 기술적 특성
③ 시장 또는 예산제약
④ 각 주체의 세력관계

해설 ① 시민의식은 3요건에 해당하지 않는다.

64 다음 표에서 실업률은?

총인구	생산가능인구	취업자	실업자
100만 명	60만 명	36만 명	4만 명

① 4.0%
② 6.7%
③ 10.0%
④ 12.5%

해설
- 실업률 = $\dfrac{실업자수}{경제활동인구} \times 100$, $\dfrac{4만}{40만} \times 100 = 10\%$
- 경제활동인구=취업자+실업자, 36만 + 4만 = 40만

65 합리적인 임금체계가 갖추어야 할 기능과 가장 거리가 먼 것은?

① 종업원에 대한 동기유발 기능
② 유능한 인재확보 기능
③ 보상의 공정성 기능
④ 생존권보장 기능

해설 ④ 생존권 보장은 거리가 멀다.

66 노동공급에 관한 설명으로 **틀린** 것은?

① 노동공급의 임금탄력성은 $\dfrac{노동공급량의\ 변화율}{임금의\ 변화율}$ 이다.
② 노동공급을 결정하는 요인으로서 인구는 양적인 규모뿐만 아니라 연령별, 지역별, 질적 구조도 중요한 의미를 갖는다.
③ 효용극대화에 기초한 노동공급모형에서 대체효과가 소득효과 보다 클 경우 임금의 상승은 노동공급을 감소시키고 노동공급곡선은 후방으로 굴절된다.
④ 사회보장급여의 수준이 지나치게 높을 경우 노동공급에 대한 동기유발이 저해되어 총 노동공급이 감소된다.

해설 ③ 대체효과(일선택) > 소득효과(여가선택), 임금상승은 노동공급을 증가시키고 노동공급곡선은 우상향한다.

67 다음 중 노동조합이 조합원의 확대와 사용자와의 교섭에서 가장 불리하다고 볼 수 있는 숍(shop)제도는?

① closed shop ② open shop
③ union shop ④ agency shop

해설 ② 오픈숍은 종업원이 조합에 가입할 의무가 없기 때문에 조직력이 약해 교섭에 가장 불리하다.
• 교섭력 순위: 클로즈드숍 > 유니온숍 > 오픈숍
① 클로즈드 숍: 조합 가입 후 입사가능하다.
③ 유니언 숍: 입사 후 일정기간 내 노조에 의무적으로 가입해야 한다.
④ 에이전시숍: 모든 종업원에게 노동조합비 징수한다.

68 다음 중 마찰적 실업에 관한 설명으로 옳은 것은?

① 경기침체로부터 오는 실업이다.
② 구인자와 구직자간의 정보의 불일치로 인해 발생한다.
③ 기업이 요구하는 기술수준과 노동자가 공급하는 기술수준의 불합치에 의해 발생한다.
④ 노동절약적 기술 도입으로 해고가 이루어짐으로써 발생한다.

해설 ①은 경기적 실업 ③은 구조적 실업 ④는 기술적 실업에 대한 설명이다.

69 다음 중 내부노동시장의 특징과 가장 거리가 먼 것은?

① 제1차 노동자로 구성되어 진다.
② 장기근로자로 구성되어 진다.
③ 승진제도가 중요한 역할을 한다.
④ 고용계약 형태가 다양하다.

해설 ④ 고용계약 형태가 다양한 것은 내부노동시장의 특징과 거리가 멀다.

➕ **내부노동시장의 의미**
• 임금, 상여금, 퇴직금 등 부가급여로 구성되는 노동의 가격결정과 직무배치 및 승진 등 노동거래의 주요 항목들이 기업 내부의 명문화된 관리규칙과 절차에 의거하여 결정되는 시장이다.

70 A산업의 평균임금이 B산업보다 높을 경우 그 이유와 가장 거리가 먼 것은?

① A산업의 노동조합이 B산업보다 약하다.
② A산업 근로자의 생산성이 B산업 근로자보다 높다.
③ A산업 근로자의 숙련도 수준이 B산업 근로자의 숙련도 수준보다 높다.
④ A산업은 최근 급속히 성장하고 있어 노동수요에 노동공급이 충분히 대응하지 못하고 있다.

해설 ① A산업의 노동조합 B산업보다 강하다.

71 다음 중 최저임금제 도입의 직접적인 목적과 가장 거리가 먼 것은?

① 고용 확대 ② 구매력 증대
③ 생계비 보장 ④ 경영합리화 유도

해설 ① 고용 확대는 최저임금 제도의 목적과 거리가 멀다.

➕ **최저임금제도의 목적**
• 사회정책적: 미숙련·비조직 피고용인의 노동력 착취를 방지함
• 경제정책적: 소비성향이 높은 저임금 피고용인의 구매력을 증대시켜 유효수요를 확대함
• 산업정책적: 기업 간의 공정한 경쟁이 이루어지도록 함

72 파업을 설명하는 힉스(J.R. Hicks)의 단체교섭모형에 관한 설명으로 틀린 것은?

① 노사 양측의 대칭적 정보 때문에 파업이 일어나지 않고 적정수준에서 임금타결이 이루어진다.
② 노동조합의 요구임금과 사용자측의 제의임금은 파업기간의 함수이다.
③ 사용자의 양보곡선(concession curve)은 우상향한다.
④ 노동조합의 저항곡선(resistance curve)은 우하향한다.

해설 ① 노동조합과 사용자는 불완전한 정보로 인해 파업이 발생한다.

73 필립스곡선은 어떤 변수 간의 관계를 설명하는 것인가?

① 임금상승률과 노동참여율
② 경제성장률과 실업률
③ 환율과 실업률
④ 임금상승률과 실업률

[해설] ④ 필립스 곡선은 임금상승률과 실업률의 역의 관계를 나타낸 곡선이다.

74 다음 중 노동조합의 조직률을 하락시키는 요인과 가장 거리가 먼 것은?

① 외국인 근로자 비율의 증가
② 국내 산업 보호를 위한 수입관세 인상
③ 서비스업으로의 산업구조 변화
④ 노동자의 기호와 가치관의 변화

[해설] ② 수입관세 인상은 거리가 멀다.

➕ **노동조합의 조직률을 하락시키는 요인**
• 비정규직, 여성근로자, 외국인 근로자의 비율 증가
• 서비스업의 증가
• 근로자의 기호와 가치관의 변화
• 국제경쟁의 격화에 따른 기업의 경영여건 악화

75 우리나라 기업의 노사협의회에서 다루고 있지 않은 사항은?

① 생산성 향상과 성과 배분
② 근로자의 채용·배치 및 교육훈련
③ 임금 및 근로조건의 교섭
④ 안전, 보건, 그 밖의 작업환경 개선과 근로자의 건강증진

[해설] ③ 노사협의회는 임금 및 근로조건의 교섭을 하지 않는다.

➕ **노사협의회**
• 사용자와 근로자 쌍방의 이해와 협조를 이끌어내기 위해 설치한 기구로 협의내용은 ①, ②, ④ 그리고 노동쟁의 예방이 있다.

76 노동수요의 탄력성 결정요인이 아닌 것은?

① 다른 요소와의 대체가능성
② 총생산비에 대한 노동비용의 비중
③ 다른 생산요소의 수요의 가격탄력성
④ 상품에 대한 수요의 탄력성

[해설] ③ 다른 생산요소의 공급 탄력성

77 우리나라에 10개의 야구공 생산업체가 있다. 야구공은 개당 1000원에 거래되고 있다. 각 기업의 야구공 생산함수와 노동의 한계생산은 다음과 같다. 우리나라에 야구공을 만드는 기술을 가진 근로자가 500명 있으며, 이들의 노동공급이 완전비탄력적이고 야구공의 가격은 일정하다고 할 때, 균형임금수준은 얼마인가?

$$Q = 600L - 3L^2 \qquad MP_L = 600 - 6L$$
(단, Q는 야구공 생산량, L은 근로자의 수, MP_L은 노동의 한계생산이다.)

① 100,000원 ② 200,000원
③ 300,000원 ④ 400,000원

[해설] 생산업체 10개, 야구공 개당 1,000원, 근로자 수 500명
Q = 야구공 생산량, L = 근로자 수,
MP_L = 노동의 한계생산
• MP_L = 600 − 6L = 600 − (6×50명) = 300
그런데 생산업체가 10개이므로 한 업체에 30개로 계산한다.
∴ 평균임금 = Q×야구공 가격 = 30개×1,000원 = 300,000원

78 실업률을 낮추기 위한 대책과 가장 거리가 먼 것은?

① 직업훈련 기회의 제공 ② 재정지출의 축소
③ 금리 인하 ④ 법인세 인하

[해설] ② 경기적 실업의 대책으로 재정지출 확대해야 한다.
① 구조적 실업의 대책으로 직업훈련 또는 인력정책이 있다.
③, ④ 경기적 실업 대책이다.

79 최종생산물이 수요자에 의하여 수요되기 때문에 그 최종생산물을 생산하는 데 투입되는 노동이 수요된다고 할 때 이러한 수요를 무엇이라고 하는가?

① 유효수요　　　　② 잠재수요
③ 파생수요　　　　④ 실질수요

해설 ③ 유발수요 또는 파생수요라 한다.

➕ 노동수요는 유발수요, 결합수요, 유량수요이다.
• 결합수요: 다른 투입물에 대한 수요와 동시적으로 결합되어 발생하는 수요이다.
• 유량수요: 노동수요는 일정기간 동안 기업들이 구입할 의도를 나타내는 양을 측정하기 때문에 유량이다.

80 임금체계의 공평성(equity)에 관한 설명으로 옳은 것은?

① 승자일체 취득의 원칙을 말한다.
② 최저생활을 보장해 주는 임금원칙을 말한다.
③ 근로자의 공헌도에 비례하여 임금을 지급한다.
④ 연령, 근속년수가 같으면 동일한 임금을 지급한다.

해설 ③ 임금체계의 공평성 또는 공평성으로 동일가치노동 동일임금을 말한다.

5 과목 Vocational Counselor
노동관계법규

81 고용상 연령차별금지 및 고령자고용촉진에 관한 법령상 용어정의에 관한 설명으로 틀린 것은?

① "고령자"란 인구와 취업자의 구성 등을 고려하여 55세 이상인 자를 말한다.
② "준고령자"는 50세 이상 55세 미만인 사람으로 고령자가 아닌 자를 말한다.
③ "근로자"란 「노동조합 및 노동관계 조정법」에 따른 근로자를 말한다.
④ "사업주"란 근로자를 사용하여 사업을 하는 자를 말한다.

해설 ③ "근로자"란 「근로기준법」에 따른 근로자를 말한다.

➕ 근로기준법: "근로자"란 직업의 종류와 관계없이 임금을 목적으로 사업이나 사업장에 근로를 제공하는 사람을 말한다.

82 근로기준법령상 용어정의에 관한 설명으로 틀린 것은?

① "근로자"란 직업의 종류와 관계없이 임금을 목적으로 사업이나 사업장에 근로를 제공하는 자를 말한다.
② "근로"란 정신노동과 육체노동을 말한다.
③ "통상임금"이란 이를 산정하여야 할 사유가 발생한 날 이전 3개월 동안에 그 근로자에게 지급된 임금의 총액을 그 기간의 총일수로 나눈 금액을 말한다.
④ "사용자"란 사업주 또는 사업 경영 담당자, 그 밖에 근로자에 관한 사항에 대하여 사업주를 위하여 행위하는 자를 말한다.

해설 ③은 평균임금에 대한 설명이다. "통상임금"이란 근로자에게 정기적이고 일률적으로 소정(所定)근로 또는 총 근로에 대하여 지급하기로 정한 시간급 금액, 일급 금액, 주급 금액, 월급 금액 또는 도급 금액을 말한다.

83 남녀고용평등과 일·가정 양립지원에 관한 법령상 육아휴직 기간에 대한 설명으로 틀린 것은?

① 육아휴직의 기간은 2년 이내로 한다.
② 사업주는 육아휴직 기간에는 근로자를 해고하지 못한다.
③ 육아휴직 기간은 근속기간에 포함한다.
④ 기간제근로자의 육아휴직 기간은 「기간제 및 단시간근로자 보호 등에 관한 법률」에 따른 사용기간에 산입하지 아니한다.

해설 ① 육아휴직의 기간은 1년 이내로 한다.

84 고용보험법령상 (   )에 들어갈 숫자로 옳은 것은?

> 배우자의 질병으로 육아휴직 급여를 신청할 수 없었던 사람은 그 사유가 끝난 후 (   )일 이내에 신청하여야 한다.

① 10 　　　　　　　② 30
③ 60 　　　　　　　④ 90

해설 ② 육아직 급여를 지급받으려는 사람은 육아휴직을 시작한 날 이후 1개월부터 육아휴직이 끝난 날 이후 12개월 이내에 신청하여야 한다. 다만, 해당 기간에 대통령령으로 정하는 사유로 육아직 급여를 신청할 수 없었던 사람은 그 사유가 끝난 후 30일 이내에 신청하여야 한다.

85 고용보험법령상 피보험자격의 상실일에 해당하지 않는 것은?

① 피보험자가 적용 제외 근로자에 해당하게 된 경우에는 그 적용 제외 대상자가 된 날
② 피보험자가 이직한 경우에는 이직한 날의 다음 날
③ 피보험자가 사망한 경우에는 사망한 날의 다음 날
④ 보험관계가 소멸한 경우에는 그 보험관계가 소멸한 날의 다음 날

해설 ④ 보험관계가 소멸한 경우에는 그 보험관계가 소멸한 날

86 직업안정법령상 직업소개업과 겸업이 금지되는 사업이 아닌 것은?

① 「결혼중개업의 관리에 관한 법률」상 결혼 중개업
② 「파견근로자보호 등에 관한 법률」상 근로자 파견 사업
③ 「식품위생법」상 식품접객업 중 단란주점영업
④ 「공중위생관리법」상 숙박업

해설 ②의 근로자 파견사업은 겸업 금지되는 사업이 아니다.

 직업소개사업을 겸업할 수 없는 자
• 「결혼중개업의 관리에 관한 법률」의 결혼중개업
• 「공중위생관리법」의 숙박업
• 「식품위생법」의 식품접객업

87 국민평생직업능력개발법상 직업능력개발훈련이 중요시되어야 할 대상으로 명시되지 않은 것은?

① 고령자·장애인
② 여성근로자
③ 일용근로자
④ 제조업의 생산직에 종사하는 근로자

해설 ④ 제조업의 생산직에 종사하는 근로자는 중요시되어야 할 대상에 명시되지 않았다.

 직업능력개발훈련이 중요시되어야 할 대상
• 고령자·장애인
• 「국민기초생활 보장법」에 따른 수급권자
• 「국가유공자 등 예우 및 지원에 관한 법률」에 따른 국가유공자와 그 유족 또는 가족이나 「보훈보상대상자 지원에 관한 법률」에 따른 보훈보상대상자와 그 유족 또는 가족
• 「5·18민주유공자예우에 관한 법률」에 따른 5·18민주유공자와 그 유족 또는 가족
• 「제대군인지원에 관한 법률」에 따른 제대군인 및 전역예정자
• 여성근로자
• 「중소기업기본법」에 따른 중소기업(이하 "중소기업"이라 한다)의 근로자
• 일용근로자, 단시간근로자, 기간을 정하여 근로계약을 체결한 근로자, 일시적 사업에 고용된 근로자
• 「파견근로자 보호 등에 관한 법률」에 따른 파견근로자

88 남녀고용평등과 일·가정 양립지원에 관한 법령에 규정된 내용으로 틀린 것은?

① 사업주는 근로자를 모집할 때 남녀를 차별하여서는 아니 된다.
② 사업주는 동일한 사업 내의 동일 가치 노동에 대하여는 동일한 임금을 지급하여야 한다.
③ 사업주는 직장 내 성희롱 예방을 위한 교육을 연 2회 이상 하여야 한다.
④ 고용노동부장관은 남녀고용평등 실현과 일·가정의 양립에 관한 기본계획을 5년마다 수립하여야 한다.

해설 ③ 사업주는 직장 내 성희롱을 예방하고 근로자가 안전한 근로환경에서 일할 수 있는 여건을 조성하기 위하여 직장 내 성희롱의 예방을 위한 교육을 매년 실시하여야 한다.

89 국민평생직업능력개발법상 다음은 어떤 훈련방법에 관한 설명인가?

> 직업능력개발훈련을 실시하기 위하여 설치한 훈련전용시설이나 그 밖에 훈련을 실시하기에 적합한 시설(산업체의 생산시설 및 근무장소는 제외한다)에서 실시하는 방법

① 현장훈련   ② 집체훈련
③ 원격훈련   ④ 혼합훈련

해설 직업능력개발훈련교사의 양성을 위한 훈련과정은 양성훈련과정, 향상훈련과정 및 교직훈련과정으로 구분한다.

➕ 직업능력개발훈련의 분류

구 분	훈련방법	설명
훈련 목적에 따른 분류	양성훈련	직업에 필요한 기초적 직무수행 능력을 습득시키기 위함
	향상훈련	더 높은 직무수행능력을 습득시키거나 기술발전에 맞추어 지식·기능을 보충하게 하기 위하여 실시
	전직훈련	새로운 직업에 필요한 직무수행 능력을 습득시키기 위함
훈련 방법에 따른 분류	집체훈련	훈련전용시설 또는 훈련을 실시하기에 적합한 시설에서 실시
	현장훈련	산업체 생산시설을 이용하거나 근로장소에서 실시
	원격훈련	먼 곳에 있는 사람에게 정보통신매체 등을 이용하여 실시
	혼합훈련	훈련방법을 2개 이상 병행하여 실시

90 직업안정법에 관한 설명으로 틀린 것은?

① 누구든지 어떠한 명목으로든 구인자로부터 그 모집과 관련하여 금품을 받거나 그 밖의 이익을 취하여서는 아니 된다.
② 누구든지 국외에 취업할 근로자를 모집한 경우에는 고용노동부장관에게 신고하여야 한다.
③ 누구든지 고용노동부장관의 허가를 받지 아니하고는 근로자공급사업을 하지 못한다.
④ 누구든지 성별, 연령 등을 이유로 직업소개를 할 때 차별대우를 받지 아니한다.

해설 ① 근로자를 모집하려는 자와 그 모집업무에 종사하는 자는 어떠한 명목으로든 응모자로부터 그 모집과 관련하여 금품을 받거나 그 밖의 이익을 취하여서는 아니 된다. 다만, 유료직업소개사업을 하는 자가 구인자의 의뢰를 받아 구인자가 제시한 조건에 맞는 자를 모집하여 직업소개한 경우에는 그러하지 아니하다.

91 고용정책 기본법령상 고용정책심의회에 관한 설명으로 틀린 것은?

① 정책심의회는 위원장 1명을 포함한 20명 이내의 위원으로 구성한다.
② 근로자와 사업주를 대표하는 자는 심의 위원으로 참여할 수 있다.
③ 특별시·광역시·특별자치시·도 및 특별자치도에 지역고용심의회를 둔다.
④ 고용정책심의회를 효율적으로 운영하기 위하여 분야별 전문위원회를 둘 수 있다.

해설 ① 정책심의회는 위원장 1명을 포함한 30명 이내의 위원으로 구성하고, 위원장은 고용노동부장관이 된다.

➕ 위원

위원은 "근로자와 사업주를 대표하는 사람, 고용문제에 관하여 학식과 경험이 풍부한 사람, 「지방자치법」에 따른 전국 시·도지사 협의체에서 추천하는 사람" 중 고용노동부장관이 위촉하는 사람과 대통령령으로 정하는 관계 중앙행정기관의 차관 또는 차관급 공무원이 된다.

92 고용정책 기본법에 대한 설명으로 틀린 것은?

① 고용서비스를 제공하는 자는 그 업무를 수행할 때에 합리적인 이유 없이 성별 등을 이유로 구직자를 차별하여서는 아니 된다.
② 고용노동부장관은 5년마다 국가의 고용 정책에 관한 기본계획을 수립하여야 한다.
③ 상시 100명 이상의 근로자를 사용하는 사업주는 매년 근로자의 고용형태 현황을 공시하여야 한다.
④ "근로자"란 사업주에게 고용된 사람과 취업할 의사를 가진 사람을 말한다.

해설 ③ 대통령령으로 정하는 수 이상의 근로자를 사용하는 사업주는 매년 근로자의 고용형태 현황을 공시하여야 한다. "대통령령으로 정하는 수 이상의 근로자를 사용하는 사업주"란 상시 300명 이상의 근로자를 사용하는 사업주를 말한다.

93 남녀고용평등과 일·가정 양립 지원에 관한 법률상 남녀고용평등 실현과 일·가정의 양립에 관한 기본계획에 포함되어야 할 사항을 모두 고른 것은?

> ㄱ. 여성취업의 촉진에 관한 사항
> ㄴ. 여성의 직업능력 개발에 관한 사항
> ㄷ. 여성 근로자의 모성 보호에 관한 사항
> ㄹ. 직전 기본계획에 대한 평가

① ㄱ, ㄴ
② ㄷ, ㄹ
③ ㄱ, ㄴ, ㄷ
④ ㄱ, ㄴ, ㄷ, ㄹ

➕ 기본계획에 포함되어야 할 사항
- 여성취업의 촉진에 관한 사항
- 남녀의 평등한 기회보장 및 대우에 관한 사항
- 동일 가치 노동에 대한 동일 임금 지급의 정착에 관한 사항
- 여성의 직업능력 개발에 관한 사항
- 여성 근로자의 모성 보호에 관한 사항
- 일·가정의 양립 지원에 관한 사항
- 여성 근로자를 위한 복지시설의 설치 및 운영에 관한 사항
- 직전 기본계획에 대한 평가
- 그 밖에 남녀고용평등의 실현과 일·가정의 양립 지원을 위하여 고용노동부장관이 필요하다고 인정하는 사항

94 개인정보보호법령상 개인정보 보호위원회(이하 "보호위원회"라 한다)에 관한 설명으로 틀린 것은?

① 보호위원회는 위원장 1명, 상임위원 1명을 포함한 15명 이내의 위원으로 구성한다.
② 위원의 임기는 3년으로 하되, 한 차례만 연임할 수 있다.
③ 보호위원회의 회의는 위원장이 필요하다고 인정하거나 재적위원 4분의 1 이상의 요구가 있는 경우에 위원장이 소집한다.
④ 보호위원회는 재적위원 과반수의 출석과 출석위원 과반수의 찬성으로 의결한다.

해설 ① 보호위원회는 상임위원 2명(위원장 1명, 부위원장 1명)을 포함한 9명의 위원으로 구성한다.

95 근로기준법상 임금에 관한 설명으로 틀린 것은?

① 임금은 원칙적으로 통화로 직접 근로자에게 그 전액을 지급하여야 한다.
② 사용자의 귀책사유로 휴업하는 경우 휴업기간 동안 근로자에게 통상임금의 100분의 60 이상의 수당을 지급하여야 한다.
③ 임금채권은 3년간 행사하지 아니하면 시효로 소멸한다.
④ 임금은 원칙적으로 매월 1회 이상 일정한 날짜를 정하여 지급하는 것이 원칙이다.

해설 ② 사용자의 귀책사유로 휴업하는 경우에 사용자는 휴업기간 동안 그 근로자에게 평균임금의 100분의 70 이상의 수당을 지급하여야 한다.

96 헌법 제32조에 관한 설명으로 옳지 않은 것은?

① 근로조건의 기준은 인간의 존엄성을 보장하도록 법률로 정한다.
② 국가는 법률이 정하는 바에 의하여 최저임금제를 시행하여야 한다.
③ 고령자의 근로는 특별한 보호를 받는다.
④ 여자의 근로는 특별한 보호를 받는다.

해설 ③ 고령자의 근로에 대한 언급은 없다.

97 고용보험법령상 용어정의에 관한 설명으로 틀린 것은?

① "실업의 인정"이란 직업안정기관의 장이 수급자격자가 실업한 상태에서 적극적으로 직업을 구하기 위하여 노력하고 있다고 인정하는 것을 말한다.
② 3개월 동안 고용된 자는 "일용근로자"에 해당한다.
③ "이직"은 피보험자와 사업주 사이의 고용관계가 끝나게 되는 것을 말한다.
④ "실업"은 근로의 의사와 능력이 있음에도 불구하고 취업하지 못한 상태에 있는 것을 말한다.

해설 ② "일용근로자"란 1개월 미만 동안 고용되는 사람을 말한다.

98 기간제 및 단시간근로자 보호 등에 관한 법령상 적용범위에 관한 설명으로 틀린 것은?

① 상시 5인 이상의 근로자를 사용하는 모든 사업 또는 사업장에 적용한다.

② 동거의 친족만을 사용하는 사업장에는 적용하지 아니한다.

③ 상시 4인 이하의 근로자를 사용하는 사업 또는 사업장에 대하여는 이 법의 일부 규정을 적용할 수 있다.

④ 국가 및 지방자치단체의 기관에 대하여는 이 법을 적용하지 않는다.

해설 ④ 국가 및 지방자치단체의 기관에 대하여는 상시 사용하는 근로자의 수와 관계없이 이 법을 적용한다.

99 고용상연령차별금지 및 고령자고용촉진에 관한 법령상 정년에 대한 설명으로 틀린 것은?

① 사업주는 정년에 도달한 자가 그 사업장에 다시 취업하기를 희망할 때 그 직무수행 능력에 맞는 직종에 재고용하도록 노력하여야 한다.

② 사업주는 근로자의 정년을 60세 이상으로 정하여야 한다.

③ 사업주는 고령자인 정년퇴직자를 재고용함에 있어 임금의 결정을 종전과 달리할 수 없다.

④ 상시 300명 이상의 근로자를 사용하는 사업주는 매년 정년제도의 운영현황을 고용노동부장관에게 제출하여야 한다.

해설 ③ 사업주는 고령자인 정년퇴직자를 재고용할 때 당사자 간의 합의에 의하여 「근로기준법」에 따른 퇴직금, 연차유급 휴가일수 계산을 위한 계속근로기간을 산정할 때 종전의 근로기간을 제외할 수 있으며 임금의 결정을 종전과 달리할 수 있다.

100 근로기준법령상 상시 10명 이상의 근로자를 사용하는 사용자가 취업규칙을 작성하여 고용노동부장관에게 신고해야 하는 사항이 아닌 것은?

① 업무의 시작시각

② 임금의 산정기간

③ 근로자의 식비 부담

④ 근로계약기간

해설 ④ 근로계약기간은 취업규칙 작성사항이 아니다. 근로계약을 체결할 때 작성한다.

➕ 상시 10명 이상의 근로자를 사용하는 사용자가 취업규칙을 작성하여 고용노동부장관에게 신고하여야 하는 사항

• 업무의 시작과 종료시각, 휴게시간, 휴일, 휴가 및 교대 근로에 관한 사항

• 임금의 결정·계산·지급 방법, 임금의 산정기간·지급시기 및 승급(昇給)에 관한 사항

• 가족수당의 계산·지급 방법에 관한 사항

• 퇴직에 관한 사항

• 「근로자퇴직급여 보장법」에 따라 설정된 퇴직급여, 상여 및 최저임금에 관한 사항

• 근로자의 식비, 작업 용품 등의 부담에 관한 사항

• 근로자를 위한 교육시설에 관한 사항

• 출산전후휴가·육아휴직 등 근로자의 모성 보호 및 일·가정 양립 지원에 관한 사항

• 안전과 보건에 관한 사항

• 근로자의 성별·연령 또는 신체적 조건 등의 특성에 따른 사업장 환경의 개선에 관한 사항

• 업무상과 업무 외의 재해부조(災害扶助)에 관한 사항

• 직장 내 괴롭힘의 예방 및 발생 시 조치 등에 관한 사항

• 표창과 제재에 관한 사항

• 그 밖에 해당 사업 또는 사업장의 근로자 전체에 적용될 사항

해설 ② 에드워드 드 보노(Edward de Bono)의 6개의 생각하
는 모자는 의사결정 촉진에 사용한다.

1 과목 Vocational Counselor 직업상담학

01 행동적 상담기법 중 불안을 감소시키는 방법으로 이완법과 함께 쓰이는 것은?

① 강화
② 변별학습
③ 사회적 모델링
④ 체계적 둔감화

해설 ④ 내담자로부터 불안을 없애기 위해 불안반응을 체계적 으로 증대시키면서 동시에 불안과 대립되는 이완반응을 야기하는 방법이다.(순서: 근육이완훈련 → 불안위계목록 작성 → 둔감화)
① 외적행동변화촉진 기법으로 학습촉진에 주로 사용하며 정 적강화와 부적강화가 있다.
② 변별학습은 외적행동변화촉진 기법으로 학습촉진에 주로 사용한다.
③ 사회적 모델링 또는 모방학습은 사회학습이라하며 내담자 에게 적절한 행동대안들을 명백하게 공개적으로 시범을 보여 줌으로 인해 내담자의 외적행동변화를 촉진시키는 기법이다.

02 내담자의 인지적 명확성을 사정할 때 고려할 사항이 아닌 것은?

① 직장을 처음 구하는 사람과 직업전환을 하는 사람 의 직업상담에 관한 접근은 동일하게 해야 한다.
② 직장인으로서의 역할이 다른 생애 역할과 복잡하 게 얽혀있는 경우 생애 역할을 함께 고려한다.
③ 직업 상담에서는 내담자의 동기를 고려하여 상담 이 이루어져야 한다.
④ 우울증과 같은 심리적 문제로 인지적 명확성이 부족한 경우 진로문제에 대한 결정은 당분간 보 류하는 것이 좋다.

해설 ① 직장을 처음 구하는 사람과 직업경험이 있는 사람은 접근 방법이 달라야 한다.

03 6개의 생각하는 모자(six thinking hats)는 직업상 담의 중재와 관련된 단계들 중 무엇을 위한 것인가?

① 직업정보의 수집
② 의사결정의 촉진
③ 보유기술의 파악
④ 시간관의 개선

04 정신역동적 진로상담에서 보딘(Bordin)이 제시 한 진단범주에 포함되지 않는 것은?

① 독립성
② 자아갈등
③ 정보의 부족
④ 진로선택에 따르는 불안

✚ 윌리암슨, 크라이티스, 보딘의 문제유형 비교

윌리암슨 (Williamson)	크라이티스 (Crites)		보딘 (Bordin)
불확실한 선택	적응성	적응형, 부적응형	의존성
무선택	현실성	비현실형, 불충족형, 강압형	정보의 부족
흥미와 적성의 모순	결정성	다재다능형, 우유부단형	자아갈등 (내적갈등)
어리석은 선택	—		진로선택에 따르는 불안
—	—		문제가 없음 (확신의 결여)

05 레벤슨(Levenson)이 제시한 직업상담사의 반윤 리적 행동에 해당하는 것은?

① 상담사의 능력 내에서 내담자의 문제를 다룬다.
② 내담자에게 부당한 광고를 하지 않는다.
③ 적절한 상담비용을 청구한다.
④ 직업상담사에 대한 내담자의 의존성을 최대화한다.

해설 ④는 레벤슨(Levenson)이 말하는 반윤리적 행동에 해당 된다.

✚ 레벤슨과 스완슨이 제시한 반윤리적 행동
① 비밀누설
② 자신의 전문적 능력 초월
③ 태만함
④ 자신이 갖지 않은 전문성의 주장
⑤ 내담자에게 자신의 가치를 속이기
⑥ 내담자에게 의존성을 심기
⑦ 내담자와의 성적 행위
⑧ 이해갈등
⑨ 과중한 요금
⑩ 의심스러운 계약
⑪ 부당한 광고

06 내담자의 정보를 수집하고 행동을 이해하여 해석할 때 내담자가 다음과 같은 반응을 보일경우 사용하는 상담기법은?

> • 이야기 삭제하기
> • 불확실한 인물 인용하기
> • 불분명한 동사 사용하기
> • 제한적 어투 사용하기

① 전이된 오류 정정하기
② 분류 및 재구성하기
③ 왜곡된 사고 확인하기
④ 저항감 재인식하기

해설 제시된 내용은 상담기법 중 전이된 오류 정정하기의 정보의 오류에 해당한다.
① 전이된 오류 정정하기
  ㉠ 정보의 오류: 삭제, 불확실한 인물의 인용, 불분명한 동사의 사용, 참고자료, 제한적 어투의 사용
  ㉡ 한계의 오류: 예외를 인정하지 않는 것, 불가능을 가정하는 것, 어쩔 수 없음을 가정하는 것
  ㉢ 논리적 오류: 잘못된 인간관계 오류, 마음의 해석, 제한된 일반화
② 분류 및 재구성하기: 내담자의 경험을 이끌어 내는 것을 도와주고 또한 경험의 중요성을 새로운 언어로 구사함으로써 내담자의 긍정적인 측면들에 초점을 맞춘 것이다.
③ 왜곡된 사고 확인하기: 내담자의 결론도출, 재능, 지각, 지적 및 정보의 부적절하거나 부분적인 일반화, 관념 등 정보의 일부분만을 보는 것이다.
④ 저항감 재인식하기 및 다루기: 전혀 동기화되지 않거나 저항감을 나타내는 내담자를 상담하는 경우가 있다.

07 다음 중 부처(Butcher)가 제안한 집단직업상담을 위한 3단계 모형에 해당하지 않는 것은?

① 탐색단계
② 계획단계
③ 전환단계
④ 행동단계

해설 부처(Butcher)의 집단직업상담 3단계는 탐색단계 → 전환단계 → 행동단계 순서이다.

08 수퍼(Super)의 여성 진로유형 중 학교 졸업 후에도 직업을 갖지 않는 진로유형은?

① 안정적인 가사 진로유형
② 전통적인 진로유형
③ 단절 진로유형
④ 불안정 진로유형

➕ 수퍼(Super)가 제시한 여성의 진로유형

연번	진로유형	설 명
1	안정적 가정주부형	학교 졸업하고, 결혼하여 가정생활 영위하는 유형
2	전통적 진로형	학교 졸업하고, 직장 다니다 결혼과 동시에 그만두는 유형
3	안정적 진로형	학교 졸업하고, 결혼과 무관하게 정년까지 직업을 갖는 유형
4	이중진로형	학교 졸업하고, 곧바로 결혼하여 직장을 갖는 유형
5	단절진로형	학교 졸업하고, M자형 진로유형
6	불안정한 진로형	가정생활과 직장생활을 번갈아가며 시행하는 유형
7	충동적 진로형	그때 그때의 기분에 따라 직장도 가졌다 그만두는 유형

09 포괄적 직업상담에서 내담자가 지닌 직업상의 문제를 가려내기 위해 실시하는 변별적 진단 검사와 가장 거리가 먼 것은?

① 직업성숙도 검사
② 직업적성 검사
③ 직업흥미 검사
④ 경력개발 검사

해설 ④ 경력개발 검사는 직업상의 문제를 가려내기 위해 실시하는 검사와 거리가 멀다. 포괄적 직업상담 이론은 내담자의 진로문제를 진단하기 위해 내담자의 태도, 능력(적성), 의사결정유형, 성격, 흥미 등 폭넓은 검사자료를 사용하며 내담자의 문제를 폭넓게 탐색한다.
① 내담자의 의사결정 내력은 어떠한가?
② 내담자의 직업에 대한 태도 및 능력은 얼마만큼 성숙되어 있는가?
③ 내담자의 직업 및 다른 의사결정 경험이 긍정적이었나? 부정적이었나?

10 패터슨(Patterson) 등의 진로정보처리 이론에서 제시된 진로상담 과정에 포함되지 않는 것은?

① 준비　　　　　② 분석
③ 종합　　　　　④ 실행

➕ 진로정보처리 이론에서 제시한 진로상담과정(CASVE)
① 의사소통(Communication): 질문들을 받아들여 부호화하며 송출하여 내담자의 욕구를 분류하는 활동이 요구되는 단계이다.
② 분석(Analysis): 한 개념적 틀 안에서 문제를 찾고 분류하는 활동을 통하여 진로관련문제 요인을 만드는 활동이 이루어진다.
③ 통합(Synthesis) 또는 종합: 일련의 행위를 형성시키는 과정으로 진로관련문제에 적절한 해결대안을 만드는 활동이 이루어진다.
④ 가치부여(Valuing): 승패의 확률에 관해 각각의 행위를 판단하고 다른 사람에게 미칠 여파를 판단하는 과정을 통하여 자신의 가치관을 고려한 보다 중요하다고 여기는 대안을 찾는 단계이다.
⑤ 집행(Execution) 또는 실행: 책략을 통해 계획을 실행시키는 과정으로 목표에 따른 구체적인 수단을 수립하여 실천에 옮기는 단계이다.

11 다음 중 윌리암슨(Williamson)이 분류한 진로선택의 문제에 해당하지 않는 것은?

① 직업선택의 확신부족
② 현명하지 못한 직업선택
③ 가치와 흥미의 불일치
④ 직업 무선택

➕ 윌리암슨, 크라이티스, 보딘의 문제유형 비교

윌리암슨 (Williamson)	크라이티스 (Crites)		보딘 (Bordin)
불확실한 선택	적응성	적응형, 부적응형	의존성
무선택	현실성	비현실형, 불충족형, 강압형	정보의 부족
흥미와 적성의 모순	결정성	다재다능형, 우유부단형	자아갈등 (내적갈등)
어리석은 선택	–		진로선택에 따르는 불안
–	–		문제가 없음 (확신의 결여)

12 직업카드분류(OCS)는 내담자의 어떤 특성을 사정하기 위한 도구인가?

① 흥미사정　　　　② 가치사정
③ 동기사정　　　　④ 성격사정

【해설】 ① 직업카드는 내담자의 직업흥미 탐색에 사용한다.

13 게슈탈트 상담이론에서 주장하는 접촉–경계의 혼란을 일으키는 현상에 대한 설명으로 옳지 않은 것은?

① 투사(projection)는 자신의 생각이나 요구, 감정 등을 타인의 것으로 지각하는 것을 말한다.
② 반전(retroflection)은 다른 사람이나 환경에 대하여 하고 싶은 행동을 자기 자신에게 하는 것을 말한다.
③ 융합(confluence)은 밀접한 관계에 있는 사람들이 어떤 갈등이나 불일치도 용납하지 않는 의존적 관계를 말한다.
④ 편향(deflection)은 외고집으로 다른 사람의 의견을 전혀 받아들이지 않고 자기 틀에서만 사고하고 행동하는 것을 말한다.

【해설】 ④ 편향은 자신의 감각을 둔화시켜서 자신과 환경과의 접촉을 약화키는 것을 말한다.

14 내담자 중심상담 이론에 관한 설명으로 틀린 것은?

① Rogers의 상담경험에서 비롯된 이론이다.
② 상담의 기본목표는 개인이 일관된 자아개념을 가지고 자신의 기능을 최대로 발휘하는 사람이 되도록 도울 수 있는 환경을 제공하는 것이다.
③ 특정 기법을 사용하기보다는 내담자와 상담자 간의 안전하고 허용적인 '나와 너'의 관계를 중시한다.
④ 상담기법으로 적극적 경청, 감정의 반영, 명료화, 공감적 이해, 내담자 정보탐색, 조언, 설득, 가르치기 등이 이용된다.

【해설】 ④ 상담기법으로 적극적 경청, 감정의 반영, 공감적 이해 등이 이용되고, 로저스는 상담자의 태도를 강조 했다.

15 내담자의 정보와 행동을 이해하고 해석할 때 기본이 되는 상담기법 중 '가정 사용하기'에 해당하는 질문이 아닌 것은?

① 당신은 자신의 일이 마음에 듭니까?

② 당신의 직업에서 마음에 드는 것은 어떤 것들입니까?

③ 당신의 직업에서 좋아하지 않는 것은 무엇입니까?

④ 어떤 사람이 상사가 되었으면 좋겠습니까?

해설 ①의 질문은 가정사용하기에 해당하지 않는다.

➕ 가정사용하기: 상담자가 내담자에게 그 행동이 존재하는가를 질문하는 것이 아니라, 내담자에게 그러한 행동이 이미 존재했다는 것을 가정하는 것이다.

16 상담 및 심리치료적 관계 형성에 방해되는 상담자의 행동은?

① 수용   ② 감정의 반영

③ 도덕적 판단   ④ 일관성

해설 ③ 상담 관계 형성은 상담자와 내담자가 친밀감 형성하고, 내담자의 불안을 감소시키는 노력이 필요하다. 그런데 상담자가 내담자를 도덕적 판단하게 되면 관계형성에 방해가 된다.

① 수용: 상담자가 편견이나 판단 없이 내담자의 생각, 감정, 행동뿐만 아니라 존재 자체에 대해 인정하고 받아들이는 것을 말한다.

② 감정의 반영: 내담자의 진술에 관련된 감정에 대한 명확한 주의와 함께 내담자의 표현을 부연하는 것이다.

④ 일관성: 상담자의 태도나 상담방법 등이 처음부터 끝까지 일관적인 것을 말한다.

17 정신분석에서 제시하는 불안의 유형을 모두 고른 것은?

ㄱ. 사회적 불안	ㄴ. 현실적 불안
ㄷ. 신경증적 불안	ㄹ. 도덕적 불안
ㅁ. 행동적 불안	

① ㄱ, ㄴ, ㄷ   ② ㄱ, ㄴ, ㅁ

③ ㄱ, ㄹ, ㅁ   ④ ㄴ, ㄷ, ㄹ

해설 프로이드(Freud)가 제시했던 세 가지 유형의 불안은 '현실적 불안' '신경증적 불안' '도덕적 불안'이다. 이러한 불안은 현실 및 세 가지 자아(원초아, 자아, 초자아) 간의 갈등에 의해 야기된다고 보았다.

18 진로시간전망 검사 중 코틀(Cottle)이 제시한 원형검사에서 원의 크기가 나타내는 것은?

① 과거, 현재, 미래

② 방향성, 변별성, 통합성

③ 시간차원에 대한 상대적 친밀감

④ 시간차원의 연결 구조

해설 ③ 원의 크기는 시간차원에 대한 상대적 친밀감을 나타낸다.

① 원형검사 받을 때 원을 세 개 그리는데 각 원들은 과거, 현재, 미래를 나타낸다.

② 원형검사에 기초한 시간전망 개입은 방향성, 변별성, 통합성으로 세 가지 국면이다.

④ 원의 배치는 시간차원이 각각 어떻게 연관되어 있는지를 나타낸다.

19 다음 설명에 해당하는 집단상담 기법은?

> • 말하고 있는 집단원이 자신이 무엇을 말하는가를 잘 알 수 있게 돕는 것
> • 말하고 있는 집단원의 말의 내용과 감정을 이해하고 있음을 알리며 의사소통하는 것

① 해석하기

② 연결짓기

③ 반영하기

④ 명료화하기

해설 ① 해석하기: 집단원이 자신의 행동에 대한 통찰하도록 돕기 위해 집단상담자가 행동의 원인에 대한 설명이나 연관성 여부를 잠정적인 가설의 형태로 기술하는 것을 말한다.

② 연결짓기: 특정 집단원의 행동이나 말을 다른 집단원의 관심사와 연결시키는데 사용되는 집단상담자의 통찰력 표현의 한 기법이다.

④ 명료화하기: 집단원의 모호한 진술 다음에 사용되는 질문 형태의 반응기법이다.

20 아들러(Adler)의 개인주의 상담에 관한 설명으로 옳은 것은?

① 내담자의 잘못된 가치보다는 잘못된 행동을 수정하는데 초점을 둔다.

② 상담자는 조력자의 역할을 하며 내담자가 상담을 주도적으로 이끈다.

③ 상담과정은 사건의 객관성보다는 주관적 지각과 해석을 중시한다.

④ 내담자의 사회적 관심보다는 개인적 열등감의 극복을 궁극적 목표로 삼는다.

해설 ③ 아들러(Adler)는 개인의 생활양식의 원초를 드러내는 주관적 출발점이자 단서를 제공하는 초기 기억을 강조한다.

---

2 과목 Vocational Counselor —
직업심리학

21 긴즈버그(Ginzberg)가 제시한 진로발달 단계가 아닌 것은?

① 환상기   ② 잠정기
③ 현실기   ④ 적응기

해설 긴즈버그(Ginzberg)가 제시한 진로발달 3단계는 환상기 → 잠정기 → 현실기 순서이다.

22 적성검사의 결과에서 중앙값이 의미하는 것은?

① 100점 만점에서 50점을 획득하였다.

② 자신이 얻을 수 있는 최고 점수를 얻었다.

③ 적성검사에서 도달해야 할 준거점수를 얻었다.

④ 같은 또래 집단의 점수분포에서 평균 점수를 얻었다.

해설 ④ 중앙값 또는 중앙치: 모든 점수를 크기순으로 배열했을 때 서열상 가장 중앙에 해당하는 점수를 말하는 것이다. 평균 점수를 얻었다는 표현보다 중간점수를 얻었다고 하는 것이 보다 정확한 표현이다.

---

23 다음의 내용이 포함된 직무분석의 방법은?

- 직무를 잘 수행하기 위하여 과업이 필수적인 정도
- 과업 학습의 난이도
- 과업의 중요도

① 직무요소 질문지   ② 기능적 직무분석
③ 직책분석 설문지   ④ 과업 질문지

해설 ① 직무요소 질문지: 직무와 관련된 동작, 움직임, 정신적인 과정을 따로 분리시켜서 분석하지 않고서 작업이 나누어 질 수 있는 최소단위의 질문지이다.
② 기능적 직무분석: 과제 중심적 직무분석으로 관찰과 면접으로 직무담당자가 실제 작업하는 것을 모든 직무에 존재하는 3가지의 일반적 기능정보로 자료, 사람, 사물에 대한 작업기능을 코드를 부여하여 정리한 것이다.
③ 직책분석 설문지 또는 직위분석 설문지: 작업자 중심적 직무분석으로 직무를 수행하는 데 요구되는 인간의 재능에 초점을 두어 지식, 기술, 능력, 경험 등과 같은 작업자의 개인적 요건에 의해 직무를 분석한다.

➕ 직무분석과 관련된 용어설명

용어	정의
요소	업무활동의 가장 작은 구성단위로 더 이상 나누어 질 수 없는 최소한의 작업단위이다.
과제	어떤 특정 목적을 달성하기 위해 업무활동으로 하나 혹은 그 이상의 요소의 구성이다.
직위	한 사람의 작업자에게 할당된 과제의 집합이다.
직무	개인이 수행하는 주요 과제가 동일하거나 유사한 직위의 집합이다.
직업	유사한 직무의 집합이다.
직군	유사한 직업의 집합이다.

- 요소(element) < 과제(task) < 직위(position) < 직무(job) < 직업(occupation) < 직군(job family)

24 셀리에(Selye)가 제시한 스트레스 반응 단계를 순서대로 바르게 나열한 것은?

① 소진 → 저항 → 경고   ② 저항 → 경고 → 소진
③ 소진 → 경고 → 저항   ④ 경고 → 저항 → 소진

해설 ④ 한스 셀리에(Selye)는 스트레스 반응 단계를 경고(경계) → 저항 → 탈진(소진) 순서로 제시했다.

25 홀랜드(Holland)의 진로발달이론이 기초하고 있는 가정에 관한 설명 중 틀린 것은?

① 사람들의 성격은 6가지 유형 중의 하나로 분류될 수 있다.
② 직업 환경은 6가지 유형의 하나로 분류될 수 있다.
③ 개인의 행동은 성격에 의해 결정된다.
④ 사람들은 자신의 능력을 발휘하고 태도와 가치를 표현할 수 있는 환경을 찾는다.

해설 ③의 내용은 홀랜드(Holland) 이론과 가장 거리가 멀다.

26 사회인지적 관점의 진로이론(SCCT)의 세 가지 중심적인 변인이 아닌 것은?

① 자기효능감   ② 자기 보호
③ 결과 기대   ④ 개인적 목표

해설 ② 자기 보호는 진로이론의 중심적인 변인이 아니다.
① 자기효능감: 어떤 성과를 얻기 위해 필요한 행동들을 조직하고, 실행해 낼 수 있는 능력에 대한 개인의 평가이다.
③ 결과 기대 또는 성과 기대(outcome expectation): 개인이 어떤 일의 결과 가능성을 어떻게 평가하는가를 의미한다.
④ 목표(goals): 특정한 활동에 열중하거나 미래에 어떤 결과를 이루겠다는 결심이다.

27 직업적응이론에서 개인의 만족, 조직의 만족, 적응을 매개하는 적응유형 변인은?

① 우연(happenstance)
② 타협(compromise)
③ 적응도(adaptability)
④ 인내력(perseverance)

해설 ④ 직업적응이론에서는 유연성과 인내력이라는 두 가지 적응유형 변인이 개인의 만족과 조직의 만족 그리고 적응을 매개한다고 보았다.
① 우연: 크롬볼츠(Krumboltz)의 사회학습 이론에서 개인이 적극적으로 학습해 나가는 과정에 추가한 개념이다.
② 타협: 고트프레드슨(Gottfredson)은 직업포부 형성과정을 제한과 타협으로 설명했다.
③ 적응도: 자신의 진로에서 성공하고 만족하기 위해 변화에 대한 개인의 적응력을 구성주의 이론에서는 진로적응도라고 명명했다.

➕ **개인이 환경에 적응해 가는 직업적응 유형 4가지**

• 유연성(flexibility): 개인의 욕구와 조직의 보상 사이의 불일치에 대한 적응을 위해 어떤 조치를 취하지 않고 그 상태를 견디는 능력이다.
• 인내력(perseverance): 불일치가 확인되었지만 적응하기 위해 일을 계속 하면서 조직에 머무는 상태이다.
• 적극성(activeness): 개인은 조직의 요구수준이나 조직이 제공할 수 있는 보상을 바꾸는 작업환경의 변화를 통해 불일치를 경감시키려고 한다.
• 소극성(reactivness): 개인은 자신의 기술이나 욕구에 대해 애착 정도를 조정하는 것을 통해 불일치를 감소시키는 스스로의 변화를 시도한다.

28 직업에 관련된 흥미를 측정하는 직업흥미 검사가 아닌 것은?

① Strong Interest Inventory
② Vocational Preference Inventory
③ Kuder Interest Inventory
④ California Psychological Inventory

해설 ④ 캘리포니아 심리 특성검사(CPI)는 성격유형검사이다.
① 스트롱흥미검사는 일반직업분류(GOT), 기본흥미척도(BIS), 개인특성척도(PSS)를 측정한다.
② 직업선호도검사(VPI)는 홀랜드(Holland)의 직업성격유형 이론에 기초한 직업흥미검사이다.
③ 쿠더검사(KII)는 합리적이며 기술적인 직업흥미검사이다.

29 개인의 욕구와 능력을 환경의 요구사항과 관련시켜 진로행동을 설명하고, 개인과 환경간의 상호작용을 통한 욕구충족을 강조하는 이론은?

① 가치중심 이론   ② 특성요인 이론
③ 사회학습 이론   ④ 직업적응 이론

해설 ④ 직업적응 이론: 개인과 환경간의 상호작용을 통한 욕구충족을 강조하는 이론이다.
① 가치중심 이론: 인간기능이 개인의 가치에 의해 상당 부분 영향을 받고 또 형성되는 것이라는 가정한다.
② 특성요인 이론: 개인의 특성과 직업 연결하기 이론이다.
③ 사회학습 이론: 크롬볼츠(Krumboltz)의 사회학습 이론은 진로발달 과정에 영향을 주는 요인으로 유전적 요인과 특별한 능력, 환경조건과 사건, 학습경험, 과제접근기술을 제시했다.

30 스트레스의 예방 및 대처 방안으로 <u>틀린</u> 것은?

① 가치관을 전환해야 한다.

② 과정중심적 사고방식에서 목표지향적 초고속 심리로 전환해야 한다.

③ 균형 있는 생활을 해야 한다.

④ 취미·오락을 통해 생활 장면을 전환하는 활동을 규칙적으로 해야 한다.

 ② 목표지향적 초고속심리에서 과정중심적 사고방식으로 전환해야 한다.

31 미네소타 직업가치 질문지에서 측정하는 6개의 가치요인이 <u>아닌</u> 것은?

① 성취   ② 지위

③ 권력   ④ 이타주의

해설 ③ 권력은 가치요인이 아니다.

➕ 미네소타 중요성 질문지에 대한 6가지 직업가치

성취, 편안함, 지위, 이타주의, 안전, 자율성

32 다음 중 질문지법의 장점이 <u>아닌</u> 것은?

① 부가적인 정보를 얻을 수 있다.

② 시간과 비용이 적게 든다.

③ 다수의 응답자가 참여할 수 있다.

④ 자료 수집이 용이하다.

해설 ① 질문지법은 부가적인 정보를 얻기 어렵다.

➕ 질문지법 또는 설문지법

질문지법은 짧은 시간에 많은 정보를 얻을 수 있는 장점이 있지만, 응답자가 정직하게 응답해 주느냐? 하는 신뢰도의 문제가 제기된다.

33 다음 설명에 해당하는 타당도의 종류는?

> 검사의 문항들이 그 검사가 측정하고자 하는 내용영역을 얼마나 잘 반영하고 있는가를 의미하며, 흔히 성취도 검사의 타당도를 평가하는 방법으로 많이 사용된다.

① 준거 타당도   ② 내용 타당도

③ 예언 타당도   ④ 공인 타당도

➕ 타당도 분석 방법

종류		특징
내용 타당도		내용영역 측정. 타당도 계수 산출이 어려움. 전문가에 의해 측정
안면 타당도		'무엇을 재는 것처럼 보이는가?'와 관련됨. 일반인(수험생, 피검사자)에 의해 측정
준거 타당도	예언 (예측)	피검사자의 미래의 행동이나 특성을 정확하게 예언하는 정도
	동시 (공인)	새로운 검사를 제작하였을 경우, 기존 검사와의 유사성 검증
구성(구인) 타당도	요인 분석	서로 상관이 높은 문항들을 묶는 통계적 방법
	수렴	관계있는 변인들과 얼마나 높은 상관관계가 있는지의 정도
	변별	관계없는 변인들과 얼마나 낮은 상관관계가 있는지의 정도

34 다음과 같은 정의를 가진 직업선택 문제는?

> • 자신의 적성 수준보다 높은 적성을 요구하는 직업을 선택한다.
> • 자신이 선택한 직업이 흥미와 일치할 수도 있고, 일치하지 않을 수도 있다.

① 부적응된(maladjusted)

② 우유부단한(undecided)

③ 비현실적인(unrealistic)

④ 강요된(forced)

해설 ③ 제시된 내용은 비현실형에 대한 설명이다.

구 분	설 명
적응성	적응형: 흥미와 적성이 일치
	부적응형: 흥미와 적성이 맞는 분야를 찾지 못함
현실성	비현실형: 흥미를 느끼는 분야는 있지만 그 분야에 적성을 가지고 있지 못함
	불충족형: 자신의 적성수준보다 낮은 직업을 선택
	강압형: 적성 때문에 선택 했지만 흥미를 못 느낌
결정성	다재다능형: 가능성이 많아 흥미와 적성을 가진 직업 사이에서 결정 못함
	우유부단형: 흥미와 적성에 관계없이 성격적으로 선택과 결정 못함

35 조직 감축에서 살아남은 구성원들이 조직에 대해 보이는 전형적인 반응은?

① 살아남은 구성원들은 조직에 대해 높은 신뢰감을 가지고 있다.
② 더 많은 일을 해야 하고, 종종 불이익도 감수한다.
③ 살아남은 구성원들은 다른 직무나 낮은 수준의 직무로 이동하는 것을 거부한다.
④ 조직 감축에서 살아남은데 만족하며 조직 몰입을 더 많이 한다.

36 톨버트(Tolbert)가 제시한 개인의 진로발달에 영향을 주는 요인이 아닌 것은?

① 교육 정도(educational degree)
② 직업 흥미(occupational interest)
③ 직업 전망(occupational prospective)
④ 가정 · 성별 · 인종(family · sex · race)

37 경력개발 프로그램 중 종업원 개발 프로그램에 해당하지 않는 것은?

① 훈련 프로그램   ② 평가 프로그램
③ 후견인 프로그램   ④ 직무순환

38 일반적성검사(GATB)에서 측정하는 직업적성이 아닌 것은?

① 손가락 정교성   ② 언어 적성
③ 사무 지각   ④ 과학 적성

39 신뢰도 계수에 관한 설명으로 틀린 것은?

① 신뢰도 계수는 개인차가 클수록 커진다.
② 신뢰도 계수는 문항 수가 증가함에 따라 정비례하여 커진다.
③ 신뢰도 계수는 신뢰도 추정방법에 따라서 달라질 수 있다.
④ 신뢰도 계수는 검사의 일관성을 보여주는 값이다.

40 직업발달이론 중 매슬로우(Maslow)의 욕구위계이론에 기초하여 유아기의 경험과 직업선택에 관한 5가지 가설을 수립한 학자는?

① 로(Roe)
② 갓프레드슨(Gottfredson)
③ 홀랜드(Holland)
④ 터크만(Tuckman)

41 한국표준산업분류(제10차)에서 통계단위의 산업 결정방법에 관한 설명으로 틀린 것은?

① 생산단위의 산업활동은 그 생산단위가 수행하는 주된 산업활동의 종류에 따라 결정된다.
② 단일사업체의 보조단위는 그 사업체의 일개 부서로 포함한다.
③ 계절에 따라 정기적으로 산업을 달리하는 사업체의 경우에는 조사시점에 경영하는 사업을 분류된다.
④ 설립중인 사업체는 개시하는 산업활동에 따라 결정한다.

해설 ③ 계절에 따라 정기적으로 산업을 달리하는 사업체의 경우에는 조사시점에서 경영하는 사업과는 관계없이 조사대상 기간 중 산출액이 많았던 활동에 의하여 분류한다.

42 다음의 주요 업무를 수행하는 사업주 직업능력개발훈련기관은?

- 훈련과정인정
- 실시신고 접수 및 수료자 확정
- 비용신청서 접수 및 지원
- 훈련과정 모니터링

① 전국고용센터　　② 한국고용정보원
③ 근로복지공단　　④ 한국산업인력공단

해설 ① 전국고용지원센터: 주요 업무는 취업지원(구직자 취업지원 서비스 및 구인업체 인력지원 서비스 제공)과 고용보험관리(근로자 실업급여, 능력개발비용 및 사업주 고용유지, 교육훈련 비용 지원관리)이다. 고용복지 플러스센터 이름이 바뀌었다.
② 한국고용정보원: 주요 업무는 고용정보의 생산과 분석·제공, 진로지도 및 직업정보 제공, 고용서비스 선진화 지원, 국가고용정보망 운영이다.
③ 근로복지공단: 산업재해·고용보험(자격관리, 보험료 신고 및 납부 등), 산업재해 보상, 근로복지서비스 등의 노동복지 사업을 수행한다.

43 직업선택 결정모형을 기술적 직업결정모형과 처방적 직업결정모형으로 분류할 때 기술적 직업결정모형에 해당하지 않는 것은?

① 브룸(Vroom)의 모형
② 플레처(Fletcher)의 모형
③ 겔라트(Gelatt)의 모형
④ 타이드만과 오하라(Tideman & O'Hara)의 모형

해설 ③ 겔라트(Gelatt)는 처방적 결정모형이다.

➕ 진로의사결정이론

기술적 결정모형	
타이드만과 오하라	직업자아정체감
힐튼	직업선택 결정단계 구분: 전제단계 → 계획단계 → 인지부조화단계
브룸	직업결정 요인을 균형과 기대 그리고 힘의 원리로 설명
수	직업결정자는 선택과 목표 사이의 불균형을 극소화시키려고 시도
플래처	개념학습에 대한 생각에 근거를 둠
처방적 결정모형	
카츠	가치결정에 근거를 둔 이론을 제안
겔라트	직업선택 의사결정결과보다 그 선택과정을 중시
칼도와 쥐도우스키	직업결정자는 대안에 대해 무제한의 정보를 갖게 됨

44 한국표준산업분류(제10차)에서 산업분류의 적용원칙에 관한 설명으로 틀린 것은?

① 생산단위는 산출물뿐만 아니라 투입물과 생산공정 등을 함께 고려하여 그들의 활동을 가장 정확하게 설명된 항목으로 분류해야 한다.
② 복합적인 활동단위는 우선적으로 최상급 분류단계(대분류)를 정확히 결정하고, 순차적으로 중, 소, 세, 세세분류 단계 항목을 결정해야 한다.
③ 공식적 생산물과 비공식적 생산물, 합법적 생산물과 불법적인 생산물을 달리 분류해야 한다.
④ 산업활동이 결합되어 있는 경우에는 그 활동단위의 주된 활동에 따라서 분류해야 한다.

해설 ③ 공식적 생산물과 비공식적 생산물, 합법적 생산물과 불법적인 생산물을 달리 분류하지 않는다.

45 다음은 직업정보 수집을 위한 자료수집방법을 비교한 표이다. ( )에 알맞은 것은?

기준	(ㄱ)	(ㄴ)	(ㄷ)
비용	높음	보통	보통
응답자료의 정확성	높음	보통	낮음
응답률	높음	보통	낮음
대규모 표본 관리	곤란	보통	용이

① ㄱ: 전화조사, ㄴ: 우편조사, ㄷ: 면접조사
② ㄱ: 면접조사, ㄴ: 우편조사, ㄷ: 전화조사
③ ㄱ: 면접조사, ㄴ: 전화조사, ㄷ: 우편조사
④ ㄱ: 전화조사, ㄴ: 면접조사, ㄷ: 우편조사

➕ 자료수집 방법

- 면접조사: 면접자와 피면접자가 대면하여 질문과 응답을 통해 자료를 수집하는 방법이다.
- 전화조사: 전화를 이용해 조사하는 방법이다.
- 우편조사: 우편으로 설문지를 발송하고 응답을 받는 비대면으로 자료를 수집하는 방법이다.

46 한국표준산업분류(제10차)의 분류기준이 아닌 것은?

① 산출물의 특성
② 투입물의 특성
③ 생산단위의 활동형태
④ 생산활동의 일반적인 결합형태

해설 ③ 생산단위의 활동형태는 산업분류기준이 아니다.

47 한국표준직업분류(7차) 직업분류 원칙 중 다수직업 종사자의 분류 원칙에 해당하지 <u>않는</u> 것은?

① 수입 우선의 원칙
② 취업시간 우선의 원칙
③ 조사시 최근의 직업 원칙
④ 생산업무 우선 원칙

해설 ④ 생산업무 우선 원칙은 포괄적 업무에 대한 분류원칙에 해당한다.

➕ 다수직업종사자 원칙

- 의미: 한 사람이 전혀 상관성이 없는 두 가지 이상의 직업에 종사할 경우이다.
- 분류원칙: 취업시간 우선원칙 → 수입 우선의 원칙 → 조사시 최근의 직업원칙

48 통계청 경제활동인구조사의 주요 용어에 관한 설명으로 틀린 것은?

① 경제활동인구: 만 15세 이상 인구 중 취업자와 실업자를 말한다.
② 육아: 조사대상주간에 주로 미취학자녀(초등학교 입학 전)를 돌보기 위하여 집에 있는 경우가 해당된다.
③ 취업준비: 학교나 학원에 가지 않고 혼자 집이나 도서실에서 취업을 준비하는 경우가 해당된다.
④ 자영업자: 고용원이 없는 자영업자를 제외한 고용원이 있는 자영업자를 말한다.

해설 ④ 자영업자: 고용원이 있는 자영업자와 고용원이 없는 자영업자를 말한다.

49 국가기술자격 국제의료관광코디네이터의 응시자격으로 틀린 것은? (단, 공인어학성적 기준요건을 충족한 것으로 가정한다.)

① 보건의료 또는 관광분야의 관련학과로서 대학졸업자 또는 졸업예정자
② 2년제 전문대학 관련학과 졸업자 등으로서 졸업후 보건의료 또는 관광분야에서 2년 이상 실무에 종사한 사람
③ 관련 자격증(의사, 간호사, 보건교육사, 관광통역안내사, 컨벤션기획사 1·2급)을 취득한 사람
④ 보건의료 또는 관광분야에서 3년 이상 실무에 종사한 사람

해설 ④ 보건의료 또는 관광분야에서 4년 이상 실무에 종사한 사람

50 한국표준직업분류(7차)에서 직업의 성립조건에 대한 설명으로 옳은 것은?

① 사회복지시설 수용자의 시설 내 경제활동은 직업으로 보지 않는다.
② 이자나 주식배당으로 자산 수입이 있는 경우는 직업으로 본다.
③ 자기 집의 가사 활동도 직업으로 본다.
④ 속박된 상태에서의 제반활동은 경제성이나 계속성이 있으면 직업으로 본다.

해설 선택지 ②, ③, ④ 는 직업으로 보지 않는다.

➕ 직업의 4요건

• 계속성 : 유사성을 갖는 직무를 계속하여 수행해야 한다.
• 경제성 : 경제적 거래 관계가 성립해야 하고, 노력이 전제되어야 한다.
• 윤리성과 사회성: 비윤리적인 영리행위나 반사회적인 활동을 통한 경제적인 이윤추구는 직업활동으로 인정되지 못한다.
• 속박된 상태에서의 제반 활동은 경제성이나 계속성의 여부와 상관없이 직업으로 인정되지 못한다.

➕ 직업으로 인정하지 않는 활동

① 이자, 주식배당, 임대료(전세금, 월세) 등과 같은 자산 수입이 있는 경우
② 연금법, 국민기초생활보장법, 국민연금법 및 고용보험법 등의 사회보장이나 민간보험에 의한 수입이 있는 경우
③ 경마, 경륜, 경정, 복권 등에 의한 배당금이나 주식투자에 의한 시세차익이 있는 경우
④ 예·적금 인출, 보험금 수취, 차용 또는 토지나 금융자산을 매각하여 수입이 있는 경우
⑤ 자기 집의 가사 활동에 전념하는 경우
⑥ 교육기관에 재학하며 학습에만 전념하는 경우
⑦ 시민봉사활동 등에 의한 무급 봉사적인 일에 종사하는 경우
⑧ 사회복지시설 수용자의 시설 내 경제활동
⑨ 수형자의 활동과 같이 법률에 의한 강제노동을 하는 경우
⑩ 도박, 강도, 절도, 사기, 매춘, 밀수와 같은 불법적인 활동

51 한국직업사전에서 사람과 관련된 직무기능 중 "정책을 수립하거나 의사결정을 하기 위해 생각이나 정보, 의견 등을 교환한다"와 관련 있는 것은?

① 자문   ② 협의
③ 설득   ④ 감독

해설 ① 자문(mentoring): 법률적으로나 과학적, 임상적, 종교적, 기타 전문적인 방식에 따라 사람들의 전인격적인 문제를 상담하고 조언하며 해결책을 제시한다.
③ 설득(persuading): 상품이나 서비스 등을 구매하도록 권유하고 설득한다.
④ 감독(supervising): 작업절차를 결정하거나 작업자들에게 개별 업무를 적절하게 부여하여 작업의 효율성을 높인다.

52 다음에 해당하는 고용 관련 지원제도는?

• 비정규직 근로자를 정규직으로 전환
• 전일제 근로자를 시간선택제 근로자로 전환
• 시차출퇴근제, 재택근무제 등 유연근무제를 도입하여 활용

① 고용창출장려금   ② 고용안정장려금
③ 고용유지지원금   ④ 고용환경개선지원

해설 ② 고용안정장려금: 근로자의 고용안정을 위해 관련 조치를 하는 사업주에게 주는 장려금으로 출산육아기 고용안정장려금, 정규직 전환 지원, 시간선택제 전환 지원, 일·가정 양립 환경개선 지원의 고용안정지원을 말한다.
① 고용창출장려금: 고용노동부장관은 고용환경 개선, 근무형태 변경 등으로 고용의 기회를 확대한 사업주에게 임금의 일부를 지원할 수 있다.
③ 고용유지지원금: 고용노동부장관은 고용조정이 불가피하게 된 사업주가 그 사업에서 고용한 피보험자에게 고용유지조치를 취하여 그 고용유지조치 기간과 이후 1개월 동안 고용조정으로 피보험자를 이직시키지 아니한 경우에 지원금을 지급한다.
④ 고용환경개선지원: 고용노동부장관은 고령자, 여성 또는 장애인 피보험자 등의 고용안정과 취업의 촉진을 위하여 시설 및 장비를 설치하거나 개선하려는 사업주에게 그에 필요한 비용의 일부를 예산의 범위에서 지원하거나 대부할 수 있다.

53 국가 직업훈련에 관한 정보를 검색할 수 있는 정보망은?

① JT-Net   ② HRD-Net
③ T-Net   ④ Training-Net

해설 ② HRD-Net은 직업훈련포털로 국민내일배움카드 신청·내역조회, 교육 동영상 시청 등을 제공한다.

54 구직자에게 일정한 금액을 지원하여 그 범위 이내에서 직업능력개발훈련에 참여할 수 있도록 하고, 훈련 이력 등을 개인별로 통합관리하는 제도는?

① 사업주훈련　　　② 일학습병행제
③ 국민내일배움카드　④ 청년취업아카데미

해설 ③ 국민내일배움카드: 실업, 재직, 자영업자 여부에 관계 없이 국민내일배움카드를 발급하고 일정금액의 훈련비를 지원함으로써 직업능력개발 훈련에 참여할 수 있도록 하며, 직업능력개발 훈련이력을 종합적으로 관리하는 제도이다.
① 사업주 지원훈련: 사업주가 근로자 또는 채용예정자 및 구직자 등을 대상으로 직업능력개발 훈련을 실시할 경우 훈련비 등의 소요비용을 지원함으로써 사업주의 훈련지원 및 근로자의 능력개발 향상을 도모하는 제도이다.
② 일학습병행제: 산업현장의 실무형 인재양성을 위하여 기업이 취업을 원하는 청년 등을 학습근로자로 채용하여, 맞춤형 체계적 훈련을 제공하고, 훈련종료 후 학습근로자 역량평가 및 자격 인정을 통한 노동시장의 통용성을 확보한다.
④ 청년취업아카데미: 취업 및 창업을 희망하는 청년들을 대상으로 업무현장에서 요구하는 실무중심의 훈련프로그램을 제공하여 전문역량을 갖춘 인재를 양성함으로써 학교 교육과 취·창업 현실간의 차이를 극복하기 위한 제도이다.

55 공공직업정보의 일반적인 특성에 해당되는 것은?

① 필요한 시기에 최대한 활용되도록 한시적으로 신속하게 생산·제공된다.
② 특정 분야 및 대상에 국한되지 않고 전체 산업의 직종을 대상으로 한다.
③ 정보 생산자의 임의적 기준에 따라 관심이나 흥미를 유도할 수 있도록 해당 직업을 분류한다.
④ 유료로 제공된다.

해설 선택지 ①, ③, ④는 민간직업정보의 특성이다.

56 워크넷의 청소년 대상 심리검사의 종류 중 지필 방법으로 실시할 수 없는 것은?

① 청소년 직업흥미검사　② 고교계열 흥미검사
③ 고등학생 적성검사　　④ 청소년 진로발달검사

해설 ※ 고교계열 흥미검사는 지필방법만 가능했으나, 현재는 워크넷에서 제공하지 않는다.

➕ 청소년 심리검사

심리검사명	실시방법	주요내용
청소년 직업흥미검사	인터넷, 지필	직업적 흥미 탐색 및 적합 직업/학과 안내
고등학생 적성검사	인터넷, 지필	직업적성능력의 측정
청소년 적성검사 (중학생용)	인터넷, 지필	학업적성능력의 측정
직업가치관검사	인터넷, 지필	직업가치관 이해 및 적합직업 안내
청소년 진로발달검사	인터넷, 지필	진로성숙도 및 진로미결정 원인 측정
대학 전공(학과) 흥미검사	인터넷	전공(학과) 흥미 탐색
초등학생 진로인식검사	인터넷, 지필	자기이해, 직업세계인식, 진로태도
청소년 인성검사	인터넷, 지필	5가지 성격요인 (30가지 하위요인)

57 직업정보를 사용하는 목적과 가장 거리가 <u>먼</u> 것은?

① 직업정보를 통해 근로생애를 설계할 수 있다.
② 직업정보를 통해 전에 알지 못했던 직업세계와 직업비전에 대해 인식할 수 있다.
③ 직업정보를 통해 과거의 직업탐색, 은퇴 후 취미 활동 등에 필요한 정보를 얻을 수 있다.
④ 직업정보를 통해 일을 하려는 동기를 부여받을 수 있다.

해설 ③직업정보는 취미활동에 필요한 정보를 얻기 위한 것이 아니다.

58 2019 한국직업전망의 직업별 일자리 전망 결과에서 '다소 증가'로 전망되지 <u>않은</u> 것은?

① 항공기조종사
② 경찰관
③ 기자
④ 손해사정사

해설 ① 항공기 조종사는 향후 10년간 취업자 수는 증가할 것으로 전망된다.

59 워크넷에서 제공하는 학과정보 중 자연계열에 해당하는 학과는?

① 도시공학과

② 지능로봇과

③ 바이오산업공학과

④ 바이오섬유소재학과

해설 ③ 바이오산업공학과는 자연계열에 해당한다.
① 도시공학과는 공학계열에 해당한다.
② 지능로봇과는 공학계열에 해당한다.
④ 바이오섬유소재학과는 공학계열에 해단한다.

60 국가기술자격 종목과 해당 직무분야 연결이 옳지 않은 것은?

① 임상심리사 1급 – 보건·의료

② 텔레마케팅관리사 – 경영·회계·사무

③ 직업상담사1급 – 사회복지·종교

④ 어로산업기사 – 농림어업

해설 ② 텔레마케팅 관리사는 영업·판매분야이고, 경영분야는 사회조사분석사, 소비자전문상담사, 컨벤션기획사가 있다.

4 과목 Vocational Counselor
노동시장론

61 다음 중 생산성을 향상시키는 요인과 가장 거리가 먼 것은?

① 노동조합 조합원 수의 증가

② 자본 절약적 기술혁신

③ 자본의 질적 증가

④ 노동의 질적 향상

해설 ① 노동조합 조합원 수의 증가는 생산성 향상과 거리가 멀다.

62 완전경쟁시장의 치킨매장에서 치킨 1마리를 14,000원에 팔고 있다. 그리고 종업원을 시간당 7,000원에 고용하고 있다. 이 매장이 이윤을 극대화하기 위해서는 노동의 한계생산이 무엇과 같아질 때까지 고용을 늘려야 하는가?

① 시간당 치킨 1/2마리

② 시간당 치킨 1마리

③ 시간당 치킨 2마리

④ 시간당 치킨 4마리

해설 ① 이윤극대화를 추구하는 기업은 수입과 지출이 같아지는 지점에서 고용을 결정하므로 시간당 치킨 1/2마리가 된다.
• 지출(7,000원)과 수입(치킨을 팔아 발생하는 수입: 한 마리 14,000원)이 같아지려면 치킨 1/2마리의 가격이 해당된다.

63 기업은 조합원이 아닌 노동자를 채용할 수 있고 채용된 근로자가 노동조합 가입 여부에 상관없이 기업의 종업원으로 근무하는 데 아무 제약이 없는 숍제도는?

① 클로즈드 숍　　　　② 유니온 숍

③ 에이전시 숍　　　　④ 오픈 숍

해설 ④ 오픈숍은 노조가입 의무가 없기 때문에 교섭력이 가장 약하다.
① 클로즈드 숍: 조합 가입 후 입사가능하기 때문에 교섭력이 가장 강하다.
② 유니온 숍: 입사 후 일정기간 내 노조에 의무적으로 가입해야 한다.
③ 에이전시숍: 모든 종업원에게 노동조합비 징수한다.

64 준고정적 노동비용에 해당하지 않는 것은?

① 퇴직금　　　　② 건강보험

③ 유급휴가　　　　④ 초과근무수당

해설 ④ 초과근무수당은 기준 외 임금에 해당된다.

➕ **준고정적 노동비용의 예**
• 채용비용, 해고비용, 훈련비용, 부가급여(4대보험, 퇴직금, 육아휴직, 유급휴가 등)

65 성과급제도의 장점으로 가장 적합한 것은?

① 직원 간 화합이 용이하다.
② 근로의 능률을 자극할 수 있다.
③ 임금의 계산이 간편하다.
④ 확정적 임금이 보장된다.

[해설] ② 성과급은 개별근로자나 작업집단이 수행한 노동성과를 측정하여 그 성과에 따라 임금을 산정·지급하기 때문에 근로의 능률을 가극할 수 있는 장점이 있는 반면 직원 간 화합이 어렵고, 임금의 계산이 복잡하고 급여가 유동적이다.

66 파업의 경제적 손실에 대한 설명으로 틀린 것은?

① 노동조합 측 노동소득의 순상실분은 해당기업에서의 임금소득의 상실보다 훨씬 적을 수 있다.
② 사용자 이윤의 순감소분은 직접적인 생산중단에서 오는 것보다 항상 더 크다.
③ 파업에 따르는 사회적 비용은 제조업보다 서비스업에서 더 큰 것이 보통이다.
④ 파업에 따르는 생산량감소는 타산업의 생산량증가로 보충하기도 한다.

[해설] ② 사용자의 이윤 감소분은 생산중단에서 오는 것보다 적다.

67 근로기준법에 경영상 이유에 의한 해고, 탄력적 근로시간제 등의 조항이 등장하고 파견근로자 보호 등에 관한 법률이 제정된 이유로 가장 타당한 것은?

① 획일화되는 사회에 적응하기 위함이다.
② 노동조합의 전투성을 진정시키기 위함이다.
③ 외부자보다는 내부자를 보호하기 위함이다.
④ 불확실한 시장상황에 기업이 신속하게 대응할 수 있도록 하기 위함이다.

[해설] ④ 불확실한 노동시장의 유연성에 대응할 수 있도록 하기 위함이다.
① 다양화되는 사회에 적응하기 위함이다.
② 고용형태의 다양화는 노동조합의 조직력을 약화시키는데 영향을 주었지만 경영상 해고 등이 제정된 이유는 아니다.
③ 내부자를 보호하기 목적이라 보기 어렵다.

68 기업의 종업원주식소유제 또는 종업원지주제 도입의 목적이 아닌 것은?

① 새로운 일자리 창출
② 기업재무구조의 건전화
③ 종업원에 의한 기업인수로 고용안정 도모
④ 공격적 기업 인수 및 합병에 대한 효과적 방어수단으로 활용

[해설] ① 새로운 일자리 창출은 도입 목적이 아니다.

69 효율임금가설에 대한 설명으로 틀린 것은?

① 효율임금은 생산의 임금탄력성이 1이 되는 점에서 결정된다.
② 효율임금은 전문직과 같이 노동자들의 생산성을 관측하기 어려운 경우 채택될 가능성이 높다.
③ 효율임금은 경쟁임금수준보다 높으므로 개별기업의 이윤극대화를 가져다주는 임금이라 할 수 없다.
④ 효율임금은 임금인상에 따른 한계생산이 임금의 평균생산과 일치하는 점에서 결정된다.

[해설] ③ 효율임금제도는 기업의 이윤극대화와 밀접하게 관련있다.

➕ 효율임금정책
대기업이 중소기업에 비해 높은 임금을 지급하여 지원자가 많고, 장기근속하며 생산성이 높은 것을 효율임금정책이라 한다. 대기업의 효율성 임금정책 때문에 산업간 기업 간 임금격차가 발생하고, 이중노동시장이 성립하는데 이는 기업의 이윤극대화와 부합하는 현상이다.

70 내부노동시장의 형성요인이 아닌 것은?

① 기술변화에 따른 산업구조 변화
② 장기근속 가능성
③ 위계적 직무서열
④ 기능의 특수성

[해설] ① 기술변화에 따른 산업구조의 변화는 내부노동시장의 형성요인이 아니다.
※ 이 문제는 내부노동시장의 장점과 특징을 나타낸 것으로 내부노동시장의 형성요인은 숙련의 특수성, 채용훈련비용 관습으로 학습하기 권한다.

71 마르크스(K. Marx)에 의하면 기술진보로 인하여 상대적 과잉인구가 발생하게 되는데 이를 무슨 실업이라 하는가?

① 마찰적 실업
② 구조적 실업
③ 기술적 실업
④ 경기적 실업

해설 ③ 기술적 실업: 자본(기계·기술)이 노동을 대체함으로써 발생하는 실업이다.
① 마찰적 실업: 직업정보 부족으로 발생하며 직업정보 제공으로 실업을 낮출 수 있다. 사회적 비용이 가장 적다. 대책은 직업정보 제공, 직업안정기관의 확충이 있다.
② 구조적 실업: 노동력 수급구조상 불균형으로 발생하며 직업정보 제공으로 실업을 낮출 수 있다. 구조적 실업의 대책은 직업훈련, 지역이주금 보조, 직업전환이 있다.
④ 경기적 실업: 유효수요 부족으로 발생하는 실업으로 일자리 창출이 대책이다.

72 노동시장과 실업에 관한 설명으로 틀린 것은?

① 최저임금제는 비숙련 노동자에게 해당된다.
② 해고자, 취업대기자, 구직 포기자는 실업자에 포함된다.
③ 효율성임금은 노동자의 이직을 막기 위해 시장균형 임금보다 높다.
④ 최저임금, 노동조합 또는 직업탐색 등이 실업의 원인에 포함된다.

해설 ② 실업자는 통계청의 경제활동인구조사에서 조사대상 주간에 수입 있는 일을 하지 않았고, 지난 4주간 일자리를 찾아 적극적으로 구직활동을 하였던 사람으로서 일자리가 주어지면 즉시 취업이 가능한 자를 말한다.

73 노동의 공급곡선에 대한 설명 중 틀린 것은?

① 일정 임금수준 이상이 될 때 노동의 공급곡선은 후방굴절부분을 가진다.
② 임금과 노동시간 사이에 음(−)의 관계가 존재할 경우 임금률의 변화시 소득효과가 대체효과보다 작다.
③ 임금과 노동시간과의 관계이다.
④ 노동공급의 증가율이 임금상승률보다 높다면 노동공급은 탄력적이다.

해설 ② 임금상승(+), 노동시간 감소(−)는 후방굴절하는 부분으로 소득효과(여가선택)가 대체효과(일선택)보다 우세하다.〈그래프 ② ~ ③ 구간〉
① 임금이 상승하면 노동공급이 증가(대체효과:일선택)〈그래프 ① ~ ② 구간〉하다 어느 순간 노동공급을 줄이고 여가를 선택하면서 후방굴절〈그래프 ② ~ ③ 구간〉하게 된다.
③ 노동공급 곡선은 임금과 노동공급과의 관계를 나타낸다.
④ 노동공급탄력성 = $\dfrac{노동공급량의\ 변화율(\%)}{임금\ 1\%의\ 변화율(\%)}$ 이다. 노동공급탄력성이 1보다 크면 탄력적이다.

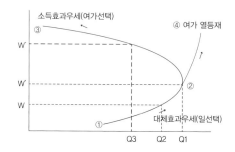

74 임금의 경제적 기능에 대한 설명으로 틀린 것은?

① 임금결정에서 기업주는 동일노동 동일임금을 선호하고 노동자는 동일노동 차등임금을 선호한다.
② 기업주에게는 실질임금이 중요성을 가지나 노동자에게는 명목임금이 중요하다.
③ 기업주에서 본 임금과 노동자 입장에서 본 임금의 성격상 상호배반적인 관계를 갖는다.
④ 임금은 인적자본에 대한 투자수요결정의 변수로서 중요한 역할을 한다.

해설 ① 기업주는 동일노동 차등임금을 선호하고 노동자는 동일노동 동일임금을 선호한다.
② 기업주에게는 명목임금이 중요성을 가지나 노동자에게는 실질임금이 중요하다.

75 다음 중 구조적 실업에 대한 대책과 가장 거리가 먼 것은?

① 경기활성화
② 직업전환교육
③ 이주에 대한 보조금
④ 산업구조변화 예측에 따른 인력수급정책

해설 ① 경기활성화는 경기적 실업의 대책이다.

76 분단노동시장(segmented labor market) 가설의 출현배경과 가장 거리가 먼 것은?

① 능력분포와 소득분포의 상이
② 교육개선에 의한 빈곤퇴치 실패
③ 소수인종에 대한 현실적 차별
④ 동질의 노동에 동일한 임금

분단노동시장 출현배경
- 빈곤퇴치 정책 실패
- 교육훈련은 채용 시 선별장치로 이용
- 지속적인 인종차별
- 필립스 곡선이 악화되고 실업이 인구의 특정부분에 집중
- 노동시장에 수요독점과 노동조합 존재하여 경쟁노동시장의 결과와 다른 현상도출
- 차별로 인하여 근로자들의 소외감 심화

77 경제활동인구조사에서 취업자로 분류되는 사람은?

① 명예퇴직을 하여 연금을 받고 있는 전직 공무원
② 하루 3시간씩 구직활동을 하고 있는 전직 은행원
③ 하루 1시간씩 학교 부근 식당에서 아르바이트를 하고 있는 대학생
④ 하루 2시간씩 남편의 상점에서 무급으로 일하는 기혼여성

해설 선택지는 ③은 취업자로 분류된다.

취업자
- 조사대상주간에 수입을 목적으로 1시간 이상 일한 자
- 동일기구 내 가족이 운영하는 농장이나 사업체의 수입을 위하여 주당 18시간 이상 일한 무급가족종사자
- 직업 또는 사업체를 가지고 있으나 일시적인 병 또는 사고, 연가, 교육, 노사분규 등의 사유로 일하지 못한 일시휴직자

78 임금상승의 소득효과가 대체효과보다 클 경우, 노동공급곡선의 형태는?

① 우상승한다.　　② 수평이다.
③ 좌상승한다.　　④ 변함없다.

해설 ③ 소득효과(여가선택)가 대체효과(일선택)보다 크면 노동공급이 감소하고, 여가가 증가하는 구간으로 좌상향한다.
① 임금이 증가하고 일선택하면 우상향한다.
② 노동공급 탄력성이 ∞일 때이며, 노동공급이 완전탄력적이다.
④ 노동공급 탄력성이 0일 때이며, 노동공급이 완전비탄력적이다.

79 외국인 노동자들의 모든 근로가 합법화되었을 때 외국인 노동수요의 임금탄력성이 0.6이고 임금이 15% 상승하면 외국인 노동자들에 대한 수요는 몇 % 감소하는가?

① 6%
② 9%
③ 12%
④ 15%

해설
- 노동수요탄력성 $= (-)\dfrac{\text{노동수요변화율(\%)}}{\text{임금 1\%의 변화율(\%)}}$,
$$0.6 = (-)\dfrac{\text{노동수요변화율(\%)}}{15\%}$$
- 노동수요변화율(%) $= (-)15\% \times 0.6 = (-)9\%$
∴ 노동수요는 9% 감소한다.

80 다음 중 시장균형임금보다 임금수준이 높게 유지되는 경우에 해당되지 않는 것은?

① 인력의 부족
② 노동조합의 존재
③ 최저임금제의 시행
④ 효율성임금 정책 도입

해설 ① 시장균형임금보다 높게 유지되면 과잉공급으로 일자리 부족현상이 발생한다.

81 고용상 연령차별금지 및 고령자고용촉진에 관한 법령상 고령자와 준고령자의 정의에 관한 설명으로 옳은 것은?

① 고령자는 55세 이상인 사람이며, 준고령자는 50세 이상 55세 미만인 사람으로 한다.

② 고령자는 60세 이상인 사람이며, 준고령자는 55세 이상 60세 미만인 사람으로 한다.

③ 고령자는 58세 이상인 사람이며, 준고령자는 55세 이상 58세 미만인 사람으로 한다.

④ 고령자는 65세 이상인 사람이며, 준고령자는 60세 이상 65세 미만인 사람으로 한다.

해설 ① 고령자는 인구와 취업자의 구성 등을 고려하여 55세 이상인 사람을 말한다. 준고령자는 50세 이상 55세 미만인 사람으로서 고령자가 아닌 사람을 말한다.

82 직업안정법령상 일용근로자 이외의 직업소개를 하는 유료직업소개사업자의 장부 및 서류의 비치 기간으로 옳은 것은?

① 종사자명부: 3년

② 구인신청서: 2년

③ 구직신청서: 1년

④ 금전출납부 및 금전출납 명세서: 1년

해설 ① 종사자명부: 2년
③ 구직신청서: 2년
④ 금전출납부 및 금전출납 명세서: 2년

➕ 유료직업소개사업자의 장부 및 서류의 비치 기간
• 구인접수대장: 2년
• 구직접수 및 직업소개대장: 2년
• 소개요금약정서: 2년
• 일용근로자 회원명부(일용근로자를 회원제로 소개·운영하는 경우만 해당한다): 2년

※ 일용근로자의 직업소개에 대해서는 구인신청서, 구직신청서, 소개요금약정서 서류를 작성하여 갖추어 두지 아니할 수 있다.

83 남녀고용평등과 일·가정 양립 지원에 관한 법률상 직장 내 성희롱에 관한 설명으로 틀린 것은?

① 사업주, 상급자 또는 근로자는 직장 내 성희롱을 하여서는 아니 된다.

② 사업주는 직장 내 성희롱 예방 교육을 매년 실시하여야 한다.

③ 고용노동부장관은 성희롱 예방 교육기관이 1년 동안 교육 실적이 없는 경우 그 지정을 취소할 수 있다.

④ 사업주는 직장 내성희롱 발생 사실을 알게 된 경우에는 지체 없이 그 사실 확인을 위한 조사를 하여야 한다.

해설 ③ 2년 동안 교육 실적이 없는 경우 그 지정을 취소할 수 있다.

➕ 성희롱 예방 교육기관의 그 지정을 취소할 수 있는 경우
• 거짓이나 그 밖의 부정한 방법으로 지정을 받은 경우
• 정당한 사유 없이 고용노동부령으로 정하는 강사를 1명 이상을 3개월 이상 계속하여 두지 아니한 경우
• 2년 동안 직장 내 성희롱 예방 교육 실적이 없는 경우

84 근로기준법령상 정의규정에 관한 설명으로 옳게 명시되지 않은 것은?

① 근로자라 함은 직업의 종류를 불문하고 임금·급료 기타 이에 준하는 수입에 의하여 생활하는 자를 말한다.

② 근로계약이란 근로자가 사용자에게 근로를 제공하고 사용자는 이에 대하여 임금을 지급하는 것을 목적으로 체결된 계약을 말한다.

③ 임금이란 사용자가 근로의 대가로 근로자에게 임금, 봉급, 그 밖에 어떠한 명칭으로든지 지급하는 일체의 금품을 말한다.

④ 사용자란 사업주 또는 사업 경영 담당자, 그 밖에 근로자에 관한 사항에 대하여 사업주를 위하여 행위하는 자를 말한다.

해설 ① 근로자라 함은 직업의 종류와 관계없이 임금을 목적으로 사업이나 사업장에 근로를 제공하는 사람을 말한다.

※ 선택지의 설명은 노동조합 및 노동관계조정법의 근로자 정의이다.

85 고용보험법령상 취업촉진 수당에 해당하지 않는 것은?

① 여성고용촉진장려금 ② 광역 구직활동비
③ 이주비 ④ 직업능력개발 수당

해설 ① 여성고용촉진장려금은 직업안정기관에 구직등록을 한 사람으로서 가족 부양의 책임이 있는 여성 실업자 중 고용노동부령으로 정하는 사람으로서 「국민기초생활 보장법 시행령」에 따른 취업대상자 또는 「한부모가족지원법」에 따른 보호대상자에 해당하고 1개월 이상 실업상태에 있는 사람을 피보험자로 고용한 사업주에게 지급하는 고용촉진장려금을 말한다.

➕ 고용촉진장려금

고용노동부장관은 장애인, 여성가장 등 노동시장의 통상적인 조건에서는 취업이 특히 곤란한 사람의 취업촉진을 위하여 직업안정기관이나 그 밖에 고용노동부령으로 정하는 기관에 구직등록을 한 사람으로서 실업자를 피보험자로 고용한 사업주에게 고용촉진장려금을 지급한다.

➕ 취업촉진 수당

구 분	내 용
조기재취업 수당	수급자격자가 안정된 직업에 재취직하거나 스스로 영리를 목적으로 하는 사업을 영위하는 경우 지급한다.
직업능력 개발수당	직업능력개발 수당은 수급자격자가 직업안정기관의 장이 지시한 직업능력개발 훈련 등을 받는 경우에 그 직업능력개발 훈련 등을 받는 기간에 대하여 지급한다.
광역 구직활동비	광역 구직활동비는 수급자격자가 직업안정기관의 소개에 따라 광범위한 지역에 걸쳐 구직 활동을 하는 경우 직업안정기관의 장이 필요하다고 인정하면 지급할 수 있다.
이주비	이주비는 수급자격자가 취업하거나 직업안정기관의 장이 지시한 직업능력개발 훈련 등을 받기 위하여 그 주거를 이전하는 경우로서 대통령령으로 정하는 기준에 따라 직업안정기관의 장이 필요하다고 인정하면 지급할 수 있다.

86 고용보험법의 적용제외 대상이 아닌 자는? (단, 기타 사항은 고려하지 않음)

① 3개월 이상 계속하여 근로를 제공하는 자
② 「지방공무원법」에 따른 공무원
③ 「사립학교교직원 연금법의 적용」을 받는 자
④ 「별정우체국법」에 따른 별정우체국 직원

해설 ① 3개월 이상 계속하여 근로를 제공하는 자와 일용근로자는 적용대상이다.

➕ 고용보험법 적용제외대상

- 소정근로시간이 대통령령으로 정하는 시간 미만인 사람
  - 1개월간 소정근로시간이 60시간 미만인 자
  - 1주간의 소정근로시간이 15시간 미만인 자
- 「국가공무원법」과 「지방공무원법」에 따른 공무원
  - 다만, 대통령령으로 정하는 바에 따라 별정직공무원, 「국가공무원법」 및 「지방공무원법」에 따른 임기제공무원의 경우는 본인의 의사에 따라 고용보험(실업급여 한정)에 가입할 수 있다.
- 「사립학교교직원 연금법」의 적용을 받는 사람
- 65세 이후에 고용(65세 전부터 피보험 자격을 유지하던 사람이 65세 이후에 계속하여 고용된 경우는 제외한다)되거나 자영업을 개시한 사람에게는 실업급여 및 육아휴직 급여를 적용하지 아니한다.
- 「별정우체국법」에 따른 별정우체국 직원

87 직업안정법령상 용어 정의로 틀린 것은?

① "고용서비스"란 구인자 또는 구직자에 대한 고용정보의 제공, 직업소개, 직업지도 또는 직업능력개발 등 고용을 지원하는 서비스를 말한다.
② "직업안정기관"이란 직업소개, 직업지도 등 직업안정업무를 수행하는 지방고용노동행정기관을 말한다.
③ "모집"이란 근로자를 고용하려는 자가 취업하려는 사람에게 피고용인이 되도록 권유하거나 다른 사람으로 하여금 권유하게 하는 것을 말한다.
④ "근로자공급사업"이란 공급계약에 따라 근로자를 타인에게 사용하게 하는 사업을 말하는 것으로서, 파견근로자보호등에 관한 법률에 의한 근로자파견사업도 포함한다.

해설 ④ "근로자공급사업"이란 공급계약에 따라 근로자를 타인에게 사용하게 하는 사업을 말한다. 다만, 「파견근로자 보호 등에 관한 법률」에 따른 근로자파견사업은 제외한다.

88 남녀고용평등과 일·가정 양립지원에 관한 법령상 남녀의 평등한 기회보장 및 대우에 관한 설명으로 틀린 것은?

① 사업주는 동일한 사업 내의 동일 가치 노동에 대하여는 동일한 임금을 지급하여야 한다.
② 사업주가 임금차별을 목적으로 설립한 별개의 사업은 별개의 사업으로 본다.
③ 사업주는 근로자를 모집하거나 채용할 때 남녀를 차별하여서는 아니 된다.
④ 사업주는 여성 근로자의 출산을 퇴직사유로 예정하는 근로계약을 체결하여서는 아니 된다.

해설 ② 사업주가 임금차별을 목적으로 설립한 별개의 사업은 동일한 사업으로 본다.

89 국민평생직업능력개발법상 다음 ( )에 알맞은 숫자를 옳게 연결한 것은?

사업주는 훈련계약을 체결할 때에는 해당 직업능력개발훈련을 받는 사람이 직업능력개발훈련을 이수한 후에 사업주가 지정하는 업무에 일정 기간 종사 하도록 할 수 있다.
이 경우 그 기간은 ( )년 이내로 하되, 직업능력개발훈련 기간의 ( )배를 초과할 수 없다.

① 3, 2   ② 3, 3
③ 5, 2   ④ 5, 3

해설 ④ 사업주는 훈련계약을 체결할 때에는 해당 직업능력개발훈련을 받는 사람이 직업능력개발훈련을 이수한 후에 사업주가 지정하는 업무에 일정 기간 종사하도록 할 수 있다. 이 경우 그 기간은 5년 이내로 하되, 직업능력개발훈련기간의 3배를 초과할 수 없다.

90 고용정책기본법령상 대량 고용변동의 신고기준 중 ( )에 들어갈 숫자의 연결이 옳은 것은?

1. 상시 근로자 300명 미만을 사용하는 사업 또는 사업장: ( )명 이상
2. 상시 근로자 300명 이상을 사용하는 사업 또는 사업장: 상시 근로자 총수의 100분의 ( ) 이상

① 10, 20   ② 10, 30
③ 30, 10   ④ 30, 20

해설 사업주는 생산설비의 자동화, 신설 또는 증설이나 사업규모의 축소, 조정 등으로 인한 고용량의 변동의 기준에 해당하는 경우에는 그 고용량의 변동에 관한 사항을 직업안정기관의 장에게 신고하여야 한다.
• 상시 근로자 300명 미만을 사용하는 사업 또는 사업장: 30명 이상
• 상시 근로자 300명 이상을 사용하는 사업 또는 사업장: 상시 근로자 총수의 100분의 10 이상

91 다음 중 근로기준법상 1순위로 변제되어야 하는 채권은?

① 우선권이 없는 조세·공과금
② 최종 3개월분의 임금
③ 질권·저당권에 의해 담보된 채권
④ 최종 3개월분의 임금을 제외한 임금채권 전액

해설 ② 최종 3개월 임금, 3년치 퇴직금, 재해보상금은 최우선 변제되어야 하는 채권이다.

➕ 채권의 우선변제 순위
1 순위: 최종 3개월 임금, 3년치 퇴직금, 재해보상금
2 순위: 담보권 우선 조세 공과금
3 순위: 담보 채권
4 순위: 임금채권
5 순위: 조세·공과금
6 순위: 일반채권

92 남녀고용평등과 일·가정 양립에 관한 법령상 상시 300명 미만의 근로자를 사용하는 사업 또는 사업장에서의 배우자 출산휴가에 관한 설명으로 틀린 것은?

① 사업주는 근로자가 배우자 출산휴가를 청구하는 경우에 10일의 휴가를 주어야한다.
② 사용한 배우자 출산휴가기간은 무급으로 한다.
③ 배우자 출산휴가는 근로자의 배우자가 출산한 날부터 90일이 지나면 청구할 수 없다.
④ 배우자 출산휴가는 1회에 한정하여 나누어 사용할 수 있다.

해설 ② 근로자가 배우자의 출산을 이유로 사용한 휴가기간은 유급으로 한다.

93 파견근로자 보호 등에 관한 법령상 근로자 파견사업을 하여서는 아니 되는 업무에 해당하는 것을 모두 고른 것은?

ㄱ. 건설공사현장에서 이루어지는 업무
ㄴ. 「산업안전보건법」 상 유해하거나 위험한 업무
ㄷ. 「의료기사 등에 관한 법률」 상 의료기사의 업무
ㄹ. 「여객자동차 운수사업법」 상 여객자동차운송사업에서의 운전업무

① ㄱ, ㄹ
② ㄱ, ㄴ, ㄷ
③ ㄴ, ㄷ, ㄹ
④ ㄱ, ㄴ, ㄷ, ㄹ

해설 ④ 제시된 내용의 업무는 모두 근로자 파견사업을 하여서는 아니된다.

➕ **근로자파견사업을 하여서는 아니 되는 업무**

1. 건설공사현장에서 이루어지는 업무
2. 「항만운송사업법」, 「한국철도공사법」, 「농수산물 유통 및 가격안정에 관한 법률」, 「물류정책기본법」의 하역(荷役)업무로서 「직업안정법」에 따라 근로자공급사업 허가를 받은 지역의 업무
3. 「선원법」의 선원의 업무
4. 「산업안전보건법」에 따른 유해하거나 위험한 업무
5. 그 밖에 근로자 보호 등의 이유로 근로자파견사업의 대상으로는 적절하지 못하다고 인정하여 대통령령으로 정하는 업무
   - 「진폐의 예방과 진폐근로자의 보호 등에 관한 법률」에 따른 분진작업을 하는 업무
   - 「산업안전보건법」에 따른 건강관리카드의 발급대상 업무
   - 「의료법」에 따른 의료인의 업무 및 간호조무사의 업무
   - 「의료기사 등에 관한 법률」에 따른 의료기사의 업무
   - 「여객자동차 운수사업법」에 따른 여객자동차운송사업에서의 운전업무
   - 「화물자동차 운수사업법」에 따른 화물자동차 운송사업에서의 운전업무

94 고용정책 기본법상 고용노동부장관이 실시하는 실업대책사업에 해당하지 않는 것은?

① 실업자 가족의 의료비 지원
② 고용촉진과 관련된 사업을 하는 자에 대한 대부(貸付)
③ 고용재난지역의 선포
④ 실업자에 대한 공공근로사업

해설 ③ 고용재난지역의 선포를 건의 받은 대통령은 국무회의 심의를 거쳐 해당 지역을 고용재난지역으로 선포할 수 있다.
※ 고용노동부장관은 대규모로 기업이 도산하거나 구조조정 등으로 지역의 고용안정에 중대한 문제가 발생하여 특별한 조치가 필요하다고 인정되는 지역에 대하여 고용재난지역으로 선포할 것을 대통령에게 건의할 수 있다.

95 헌법이 보장하는 근로 3권의 설명으로 틀린 것은?

① 단결권은 근로조건의 향상을 도모하기 위하여 근로자와 그 단체에게 부여된 단결체 조직 및 활동, 가입, 존립보호 등을 위한 포괄적 개념이다.
② 단결권이 근로자 집단의 근로조건의 향상을 추구하는 주체라면, 단체교섭권은 그 목적활동이고, 단체협약은 그 결실이라고 본다.
③ 단체교섭의 범위는 근로자들의 경제적·사회적 지위 향상에 관한 것으로 단체교섭의 주체는 원칙적으로 근로자 개인이 된다.
④ 단체행동권의 보장은 개개 근로자와 노동조합의 민·형사상 책임을 면제시키는 것이므로 시민법에 대한 중대한 수정을 의미한다.

해설 ③ 근로자가 주체가 되어 자주적으로 단결하여 근로조건의 유지·개선 기타 근로자의 경제적·사회적 지위의 향상을 도모함을 목적으로 조직하는 단체 또는 그 연합단체로 단체교섭의 주체이다.

96 채용절차의 공정화에 관한 법령상 500만원 이하의 과태료 부과사항에 해당하지 않는 것은?

① 채용광고의 내용 또는 근로조건을 변경한 구인자
② 지식재산권을 자신에게 귀속하도록 강요한 구인자
③ 채용서류 보관의무를 이행하지 아니한 구인자
④ 그 직무의 수행에 필요하지 아니한 개인정보를 기초심사자료에 기재하도록 요구하거나 입증자료로 수집한 구인자

해설 ③ 채용서류 보관의무를 이행하지 아니한 구인자에게는 300만원 이하의 과태료를 부과한다.

97 국민평생직업능력개발법상 훈련방법에 따른 구분에 해당하지 <u>않는</u> 것은?

① 집체훈련   ② 현장훈련
③ 양성훈련   ④ 원격훈련

[해설] ③ 양성훈련은 훈련대상 또는 훈련목적에 따른 구분에 해당한다.

➕ 직업훈련 분류

구 분	훈련방법	내용
훈련목적 (훈련대상)	양성훈련	직업에 필요한 기초적 직무수행 능력을 습득시키기 위해 실시
	향상훈련	더 높은 직무수행능력을 습득, 기술발전에 대응 위해 실시
	전직훈련	새로운 직업에 필요한 직무수행 능력을 습득시키기 위해 실시
훈련방법	집체훈련	훈련전용시설 또는 훈련을 실시하기에 적합한 시설에서 실시
	현장훈련	산업체 생산시설을 이용하거나 근로장소에서 실시
	원격훈련	먼 곳에 있는 사람에게 정보통신매체 등을 이용하여 실시
	혼합훈련	훈련방법을 2개 이상 병행하여 실시

98 고용보험법상 고용보험심사위원회의 재심사 청구에서 재심사 청구인의 대리인이 될 수 <u>없는</u> 자는?

① 청구인의 법인의 직원
② 청구인의 배우자
③ 청구인이 가입한 노동조합의 위원장
④ 변호사

[해설] ③ 노동조합의 위원장은 청구인의 대리인이 될 수 없다.

➕ 재심사 청구인의 대리인

- 청구인의 배우자, 직계존속·비속 또는 형제자매
- 청구인인 법인의 임원 또는 직원
- 변호사나 공인노무사
- 고용보험심사위원회에 따른 심사위원회의 허가를 받은 자

99 근로자퇴직급여 보장법령의 내용으로 옳지 <u>않은</u> 것은?

① 상시 4명 이하의 근로자를 사용하는 사업 또는 사업장에는 퇴직급여제도를 설정하지 않아도 된다.
② 퇴직연금제도란 확정급여형퇴직연금제도, 확정기여형퇴직연금제도 및 개인형퇴직연금제도를 말한다.
③ 4주간을 평균하여 1주간의 소정근로시간이 15시간 미만인 근로자는 퇴직급여제도를 설정하지 않아도 된다.
④ 퇴직급여제도를 설정하는 경우에 하나의 사업에서 급여 및 부담금 산정방법의 적용 등에 관하여 차등을 두어서는 아니 된다.

[해설] ① 근로자를 사용하는 모든 사업 또는 사업장(이하 "사업"이라 한다)에 적용한다. 다만, 동거하는 친족만을 사용하는 사업 및 가구 내 고용활동에는 적용하지 아니한다.

100 근로기준법령상 임금에 관한 설명으로 틀린 것은?

① 사용자의 귀책사유로 휴업하는 경우에 사용자는 휴업기간 동안 그 근로자에게 평균임금의 100분의 80 이상의 수당을 지급하여야 한다.
② 단체협약에 특별한 규정이 있는 경우에는 임금의 일부를 공제할 수 있다.
③ 임금은 매월 1회 이상 일정한 날짜를 정하여 지급하는 것이 원칙이다.
④ 임금채권은 3년간 행사하지 아니하면 시효로 소멸한다.

[해설] ① 사용자의 귀책사유로 휴업하는 경우에 사용자는 휴업기간 동안 그 근로자에게 평균임금의 100분의 70 이상의 수당을 지급하여야 한다. 다만, 평균임금의 100분의 70에 해당하는 금액이 통상임금을 초과하는 경우에는 통상임금을 휴업수당으로 지급할 수 있다.

1 과목 직업상담학

01 윌리암슨(Williamson)이 분류한 직업선택의 주요 문제유형이 <u>아닌</u> 것은?

① 직업 무선택
② 직업선택의 확신의 부족
③ 정보의 부족
④ 현명하지 못한 선택

➕ 윌리암슨, 크라이티스, 보딘의 문제유형 비교

윌리암슨 (Williamson)	크라이티스 (Crites)		보딘 (Bordin)
불확실한 선택	적응성	적응형, 부적응형	의존성
무선택	현실성	비현실형, 불충족형, 강압형	정보의 부족
흥미와 적성의 모순	결정성	다재다능형, 우유부단형	자아갈등 (내적갈등)
어리석은 선택	–	–	진로선택에 따르는 불안
–	–	–	문제가 없음 (확신의 결여)

02 상담 과정에서 상담자가 내담자에게 질문하는 형식에 관한 설명으로 옳지 <u>않은</u> 것은?

① 간접적 질문보다는 직접적 질문이 더 효과적이다.
② 폐쇄적 질문보다는 개방적 질문이 더 효과적이다.
③ 이중질문은 상담에서 도움이 되지 않는다.
④ '왜'라는 질문은 가능하면 피해야 한다.

해설 ① 직접적 질문보다는 간접적 질문이 더 효과적이다.
※ 질문은 간접적이며 개방적이어야 한다. 이중질문과 왜라는 질문 그리고 질문공세를 피해야 한다.

03 실존존주의 상담에 관한 설명으로 옳은 것은?

① 인간은 과거와 환경에 의해 결정되는 것이 아니라 현재의 사고, 감정, 느낌, 행동의 전체성과 통합을 추구하는 존재이다.
② 인간은 자신의 삶 속에서 스스로를 불행하게 만드는 요인이 무엇인가를 이해할 수 있을 뿐만 아니라 자신의 나아갈 방향을 찾고 건설적인 변화를 이끌 수 있다.
③ 치료가 상담목표가 아니라 내담자로 하여금 자신의 현재 상태에 대해 인식하고 피해자적 역할로부터 벗어날 수 있도록 돕는 것이다.
④ 과거 사건에 대한 개인의 지각과 해석이 현재의 행동에 어떠한 영향을 미치는가에 중점을 두고 개인의 선택과 책임, 삶의 의미, 성공추구 등을 강조한다.

해설 ① 펄스(Perls)의 형태주의 상담에 관한 설명이다.
② 로저스(Rogers)의 내담자중심 상담에 관한 설명이다.
④ 아들러(Adler)의 개인주의 상담에 관한 설명이다.

04 직업상담의 기초 기법에 관한 설명으로 <u>틀린</u> 것은?

① 적극적 경청: 내담자의 내면적 감정을 반영하는 것으로 이를 통해 내담자의 감정을 충분히 이해하고 수용할 수 있다.
② 명료화: 내담자의 말 속에 내포되어 있는 불분명한 측면을 상담자가 분명하게 밝히는 반응이다.
③ 수용: 상담자가 내담자의 이야기에 주의를 집중하고 있고, 내담자를 인격적으로 존중하고 있음을 보여주는 기법이다.
④ 해석: 내담자가 새로운 방식으로 자신의 문제들을 볼 수 있도록 사건들의 의미를 설명해 주는 것이다.

해설 ① 반영 대한 설명이다.
• 적극적 경청: 내담자의 말을 듣고 태도와 행동을 관찰하며 선택적 주목하는 것을 말한다.

05 자기인식이 부족한 내담자를 사정할 때 인지에 대한 통찰을 재구조화하거나 발달시키는데 적합한 방법은?

① 직면이나 논리적 분석을 해준다.
② 불안에 대처하도록 심호흡을 시킨다.
③ 은유나 비유를 사용한다.
④ 사고를 재구조화한다.

➕ 인지적 명확성이 부족한 내담자 유형

연번	내담자 유형	상담자의 개입	내담자의 호소문제
1	단순 오정보	정보제공	그 대학은 속물들만 다녀서 갈 수 없다.
2	복잡한 오정보	논리적 분석	단순 오정보의 내용을 계속 고집한다.
3	구체성 결여	구체화 시키기	사람들이 좋은 교사직 얻기 힘들다고들 한다.
4	원인과 결과 착오	논리적 분석	사업을 생각하지만 이혼할까봐 걱정이다.
5	파행적 의사소통	저항에 다시 초점 맞추기	상담사의 의견은 좋은 생각이다. 그러나….
6	강박적 사고	REBT 기법	가족이 모두 변호사라 나도 변호사 해야한다.
7	양면적 사고	역설적 사고	기계공학전공 말고는 아무것도 생각하지 않는다.
8	걸러내기	재구조화, 역설적 기법	부정적인 측면만 강조해서 받아들인다.
9	하늘은 스스로 돕는 자를 돕는다.	논리적 분석	내 인생은 중요하지 않다.
10	비난하기	직면, 논리적 분석	내가 술을 마시는 것은 아버지를 닮아 그렇다.
11	잘못된 의사 결정방식	심호흡, 의사결정 도움	의사결정에 대한 불안감을 호소한다.
12	자기인식의 부족	은유나 비유 사용하기	우울감 호소, 사무실에서 왕따이다.

06 성공적인 상담결과를 위한 상담목표의 특징으로 옳지 않은 것은?

① 변화될 수 없으며 구체적이어야 한다.
② 실현가능해야 한다.
③ 내담자가 원하고 바라는 것이어야 한다.
④ 상담자의 기술과 양립 가능해야만 한다.

해설 ① 구체적이며 변화할 수 있다.

07 정신역동적 직업상담에서 Bordin이 제시한 상담자의 반응범주에 해당하지 **않는** 것은?

① 소망–방어체계 　② 비교
③ 명료화 　④ 진단

해설 보딘(Bordin)은 프로이드(Freud)의 정신분석 이론을 진로교육에 도입하고 상담기법으로 명료화, 비교, 소망–방어체계의 해석을 제시했다.
① 명료화: 현재의 진로문제와 관련된 내담자의 생각과 감정을 언어로써 명료하게 재인식시켜 준다.
② 비교: 상담자는 비교를 통해 내담자가 갖고 있는 문제와 역동적인 현상 중에서 유사한 점과 차이점을 알 수 있다.
③ 소망–방어체계의 해석: 내담자의 욕구나 소망과 방어체계를 상담자가 해석해 주는 방법이다.

08 특성–요인 상담의 특징으로 옳지 **않은** 것은?

① 상담자 중심 상담이다.
② 문제의 객관적 이해보다는 내담자에 대한 정서적 이해에 중점을 둔다.
③ 내담자에게 정보를 제공하고 학습기술과 사회적 적용기술을 알려주는 것을 중요시 한다.
④ 사례연구를 상담의 중요한 자료로 삼는다.

해설 ② 로저스(Rogers)의 내담자 중심상담에 대한 설명이다. 특성–요인은 객관적 이해를 중요하게 본다.

09 직업상담의 기본 원리에 대한 설명으로 **틀린** 것은?

① 직업상담은 개인의 특성을 객관적으로 파악한 후, 직업상담자와 내담자간의 신뢰관계(rapport)를 형성한 뒤에 실시하여야 한다.
② 직업상담에 있어서 핵심적인 요소는 개인의 심리적·정서적 문제의 해결이다.
③ 직업상담은 진로발달이론에 근거하여야 한다.
④ 직업상담은 각종 심리검사를 활용하여 그 결과를 기초로 합리적인 결과를 끌어낼 수 있어야 한다.

해설 ② 직업상담의 핵심요소는 진로 또는 직업적 결정이므로, 직업상담 과정에 의사결정에 대한 지도과정이 포함되어야 한다.

10 생애진로사정의 구조 중 전형적인 하루에서 검토되어야 할 성격차원은?

① 의존적-독립적 성격차원
② 판단적-인식적 성격차원
③ 외향적-내성적 성격차원
④ 감각적-직관적 성격차원

해설 ②, ③, ④ 성격유형 검사인 MBTI에서 알 수 있다.

 **생애진로사정 구조**
- 진로사정: 일경험, 교육 또는 훈련과정과 관심사, 오락
- 전형적인 하루: 의존적-독립적, 자발적-체계적
- 강점과 장애
- 요약

마이어스-브릭스의 성격유형검사 MBTI
- 에너지 방향: 외향(E)-내향(I)
- 정보수집 방법: 감각(S)-직관(N)
- 의사결정 방식: 사고(T)-감정(F)
- 생활양식: 판단(J)-인식(P)

11 다음 상담 장면에서 나타난 진로상담에 대한 내담자의 잘못된 인식은?

> 내담자: 진로선택에 대해서 도움을 받고자 합니다.
> 상담사: 당신이 현재 생각하고 있는 것부터 이야기 하시지요.
> 내담자: 저는 올바르게 선택하고 싶습니다. 아시겠지만, 저는 실수를 저지르고 싶지 않습니다. 선생님은 제가 틀림없이 올바르게 선택할 수 있도록 도와주실 것으로 생각합니다.

① 진로상담의 정확성에 대한 오해
② 일회성 결정에 대한 편견
③ 적성·심리검사에 대한 과잉신뢰
④ 흥미와 능력개념의 혼동

진로상담에 대한 오해와 편견
① 진로상담의 정확성에 대한 오해: 상담자가 제공하는 자료나 견해가 내담자의 진로문제를 정확하게 해결할 것이라는 오해이다.
② 일회성 결정에 대한 편견: 한 번의 상담으로 진로결정을 할 것이라는 편견이다.
③ 적성·심리검사에 대한 과잉신뢰: 직업심리검사 결과가 진로문제를 해결하거나 진로결정 할 수 있을 것이라는 과잉신뢰이다.
④ 흥미와 능력개념의 혼동: 직업선택에 흥미와 적성을 혼동하는 경우이다.

12 포괄적 직업상담에 관한 설명으로 틀린 것은?

① 논리적인 것과 경험적인 것을 의미 있게 절충시킨 모형이다.
② 진단은 변별적이고 역동적인 성격을 가지고 있다.
③ 상담의 진단단계에서는 주로 특성-요인이론과 행동주의 이론으로 접근한다.
④ 문제해결 단계에서는 도구적(조작적) 학습에 초점을 맞춘다.

해설 ③ 상담 초기 진단단계는 발달적 접근법과 인간중심적 접근법을 주로 활용하고, 상담 후기에는 특성-요인이론과 행동주의 이론을 활용한다.

포괄적 직업상담 기법
- 상담 초기(진단과 탐색이 이루어지는 단계): 발달적 접근법과 인간중심적 접근법
- 상담 중기(내담자의 문제 원인 밝혀 제거 단계): 정신역동적인 접근법
- 상담 후기(상담자가 내담자의 문제해결에 개입하는 단계): 특성요인 및 행동주의적 접근법

13 다음은 어떤 직업상담 접근방법에 관한 설명인가?

> 모든 내담자는 공통적으로 자기와 경험의 불일치로 인해서 고통을 받고 있기 때문에 직업상담 과정에서 내담자가 지니고 있는 직업문제를 진단하는 것 자체가 불필요하다고 본다.

① 내담자 중심 직업상담
② 특성-요인 직업상담
③ 정신 역동적 직업상담
④ 행동주의 직업상담

해설 ② 윌리암슨(Williamson)의 특성-요인 직업상담은 상담 과정에 진단이 포함된다.
상담과정:분석(자료수집) → 종합(자료 요약) → 진단(변별진단) → 처방 → 상담(내담자 참여) → 추수지도
③ 보딘(Bordin)의 정신역동적 직업상담은 프로이드(Freud)의 정신분석이론에 진로교육을 도입 했다.
④ 행동주의 진로상담은 진로의사결정에 영향을 미치는 학습과정에 초점을 두고, 진로결정에서의 문제점들이 학습과정에서 변화를 일으킴으로써 수정될 수 있다고 본다.

14 다음은 무엇에 관한 설명인가?

> 행동주의 직업상담에서 내담자가 직업선택에 대해 무력감을 느끼게 되고, 그로 인해 발생된 불안 때문에 직업결정을 못하게 되는 것

① 무결단성   ② 우유부단
③ 미결정성   ④ 부적응성

해설 행동주의에서 진로나 직업선택 시 의사결정을 미루는 유형은 2가지로 분류된다.
- 무결단성: 진로선택에 관한 결정과 연관되는 오래 지속된 불안에서 일어나는데, 이것은 위압적이거나 지나친 요구를 하는 부모의 태도에서 비롯된다.
- 우유부단형: 제한적인 경험에 기인되는 자아와 일의 세계에 대한 정보의 결핍이 주요 원인이다.

15 발달적 직업상담에 관한 설명으로 틀린 것은?

① 내담자의 직업 의사결정문제와 직업 성숙도 사이의 일치성에 초점을 둔다.
② 내담자의 진로발달과 함께 일반적 발달 모두를 향상 시키는 것을 목표로 하고 있다.
③ 정밀검사는 특성-요인 직업상담처럼 직업상담의 초기에 내담자에게 종합진단을 실시하는 것이다.
④ 직업상담사가 사용할 수 있는 기법에는 진로 자서전과 의사결정 일기가 있다.

해설 ③ 집중검사는 특성-요인 직업상담처럼 직업상담의 초기에 내담자에게 종합진단을 실시하는 것이며, 정밀검사는 진로상담이 진행되고 있는 과정 중에 내담자의 진로발달과정과 유형을 평가하는 것이다.

16 Herr가 제시한 직업상담사의 직무내용에 해당되지 않는 것은?

① 상담자는 특수한 상담기법을 통해서 내담자의 문제를 확인하도록 한다.
② 상담자는 좋은 결정을 가져오기 위한 예비행동을 설명한다.
③ 직업선택이 근본적인 관심사인 내담자에 대해서는 직업상담 실시를 보류하도록 한다.
④ 내담자에 관한 부가적 정보를 종합한다.

해설 ③ 상담자는 내담자가 직업선택이 근본적인 관심이라면 직업상담 실시를 확정한다.

17 자기보고식 가치사정법이 아닌 것은?

① 과거의 선택 회상하기
② 존경하는 사람 기술하기
③ 난관을 극복한 경험 기술하기
④ 백일몽 말하기

해설 ③ 난관을 극복한 경험 기술하기는 가치사정법이 아니다.

＋ 자기보고식 가치사정법
- 체크목록의 가치에 순위 매기기
- 과거의 선택 회상하기
- 절정경험 조사하기
- 자유시간과 금전의 사용하기
- 백일몽 말하기
- 존경하는 사람 기술하기

18 엘리스(Ellis)가 개발한 인지적-정서적상담에서 정서적이고 행동적인 결과를 야기하는 것은?

① 선행사건
② 논박
③ 신념
④ 효과

해설 ③ 내담자의 비합리적 신념으로 정서적이고 행동적인 결과를 야기한다고 본다.

＋ 엘리스의 ABCDEF 의미
- A 선행사건: 내담자가 노출되었던 문제 장면이나 선행사건이다.
- B 신념체계: 내담자가 갖는 신념으로 합리적 신념과 비합리적 신념이다.
- C 결과: 선행사건으로 생겨난 내담자의 정서적 또는 행동적 결과이다.
- D 논박: 비합리적 신념에 대한 상담자의 적극적인 논박이다.
- E 효과: 비합리적 신념을 논박하나 비합리적 신념을 직면하여 얻게 된 효과이다.
- F 감정: 논박하기를 통해 바뀐 새로운 감정이나 행동이다.

19 대안개발과 의사결정 시 사용하는 인지적 기법으로 다음 설명에 해당하는 인지치료 과정의 단계는?

> 상담자는 두 부분의 개입을 하게 된다. 첫째 낡은 사고에 대한 인지적 평가이며, 두번째는 낡은 사고나 새로운 사고의 적절성을 검증하는 실험을 해보는 것이다. 의문문 형태의 개입은 상담자가 정답을 제시하기보다는 내담자 스스로 해결방법에 다가가도록 유도한다.

① 2단계
② 3단계
③ 4단계
④ 5단계

해설 ③ 베크(Beck)의 인지치료 치료과정의 4단계이다.

➕ 베크(Beck)의 인지치료 치료과정
- 1단계: 내담자가 느끼는 감정의 속성이 무엇인지 확인한다.
- 2단계: 감정과 연합된 사고, 신념, 태도 등을 확인한다.
- 3단계: 내담자들의 사고들을 1∼2개의 문장으로 요약·정리한다.
- 4단계: 내담자를 도와 현실과 이성의 사고를 조사해 보도록 개입한다.
- 5단계: 과제를 부여하여 신념들과 생각들의 적절성을 검증하게 한다.

20 직업상담사의 윤리에 관한 설명으로 옳은 것은?

① 내담자 개인 및 사회에 임박한 위험이 있다고 판단되더라도 개인정보와 상담내용에 대한 비밀을 유지해야 한다.
② 자기의 능력 및 기법의 한계를 넘어서는 문제에 대해서는 다른 전문가에게 의뢰해야 한다.
③ 심층적인 심리상담이 아니므로 직업상담은 비밀유지 의무가 없다.
④ 상담을 통해 내담자가 도움을 받지 못하더라도 내담자보다 먼저 종결을 제안해서는 안 된다.

해설 ① 내담자 개인 및 사회에 임박한 위험이 있다고 판단될 때 극히 조심스러운 고려 후에만 내담자의 사회생활 정보를 적정한 전문인 혹은 사회당국에 공개한다.
③ 상담에서 얻은 내담자의 정보를 누설하지 않는다.
④ 상담자는 자신의 능력을 객관적으로 평가하여 내담자를 도울 수 없는 경우 상담을 시작하지 말아야 하고, 상담에서 내담자가 도움을 받지 못하면 다른 전문가에게 의뢰해야 한다.

➕ 비밀유지 할 수 없는 경우
- 내담자가 불법적인 행위를 했을 경우
- 내담자가 자신이나 타인의 생명 혹은 사회의 안전을 위협하는 경우
- 내담자가 감염성이 있는 치명적인 질병이 있다는 확실한 정보를 가졌을 경우
- 미성년인 내담자가 학대를 당하고 있는 경우
- 내담자가 아동학대를 하는 경우
- 법적으로 정보의 공개가 요구되는 경우

2 과목 Vocational Counselor
직업심리학

21 검사의 구성타당도 분석방법으로 적합하지 않은 것은?

① 기대표 작성
② 확인적 요인분석
③ 관련 없는 개념을 측정하는 검사와의 상관계수 분석
④ 유사한 특성을 측정하는 기준 검사와의 상관계수 분석

해설 ① 기대표는 각 검사점수를 받은 사람들에 대한 서로 다른 준거성과의 확률을 나타낸 것으로 예언타당도와 관련있다.

22 직무수행 관련 성격 5요인(Big 5) 모델의 요인이 아닌 것은?

① 외향성
② 친화성
③ 성실성
④ 지배성

해설 ④ 지배성은 성격 5요인이 아니다.

➕ 성격 5요인
- 외향성
- 호감성 또는 친화성
- 성실성
- 정서적 불안정성
- 경험에 대한 개방성

23 탈진(burnout)에 관한 설명으로 옳지 <u>않은</u> 것은?

① 종업원들이 일정 기간 동안 직무를 수행한 후 경험하는 지친 심리적 상태를 의미한다.

② 탈진검사는 정서적 고갈, 인격상실, 개인적 성취감 감소 등의 세 가지 구성요소로 측정한다.

③ 탈진에 대한 연구는 대부분 면접과 관찰을 통해 이루어졌다.

④ 탈진 경험은 다양한 직무 스트레스 요인과 직무 스트레스 반응 변인과 상관이 있다.

[해설] ③ 탈진에 대한 연구는 대부분 자기보고식 조사방법을 통해 이루어졌다.

24 미네소타 직업분류체계 Ⅲ와 관련하여 발전한 직업발달 이론은?

① Krumboltz의 사회학습이론

② Super의 평생발달이론

③ Ginzberg의 발달이론

④ 롭퀴스트(Lofquist)와 데이비스(Dawis)의 직업적응이론

[해설] ④ 롭퀴스트(Lofquist)와 데이비스(Dawis)는 미네소타 대학의 직업적응 프로젝트에 참여하여 직업적응이론을 발전시켰다.

25 직업상담 장면에서 활용 가능한 성격검사에 관한 설명으로 옳은 것은?

① 특정분야에 대한 흥미를 측정한다.

② 어떤 특정분야나 영역의 숙달에 필요한 적응능력을 측정한다.

③ 대개 자기보고식 검사이며, 널리 이용되는 검사는 다면적 인성검사, 성격유형 검사 등이 있다.

④ 비구조적 과제를 제시하고 자유롭게 응답하도록 하여 분석하는 방식으로 웩슬러 검사가 있다.

[해설] ① 흥미검사에 대한 설명이다.
② 직업적응검사에 대한 설명이다.
④ 투사검사에 대한 설명이며 대표적으로 주제통각 검사, 로르샤흐 검사가 있고, 웩슬러 검사는 자기보고식 검사이다.

26 파슨스(Parsons)가 강조하는 현명한 직업 선택을 위한 필수 요인이 <u>아닌</u> 것은?

① 자신의 흥미, 적성, 능력, 가치관 등 내면적인 자신에 대한 명확한 이해

② 현대사회가 필요로 하는 전망이 밝은 분야에서의 취업을 위한 구체적인 준비

③ 직업에서의 성품, 이점, 보상, 자격요건, 기회 등 직업 세계에 대한 지식

④ 개인적인 요인과 직업관련 자격요건, 보수 등의 정보를 기초로 한 현명한 선택

[해설] ② 전망이 밝은 분야는 파슨스(Parsons)의 직업선택을 위한 요인이 아니다.

➕ 파슨스(Parsons)의 직업선택 3 요인설
• 자신에 대한 이해
• 직업에 대한 이해
• 자신과 직업의 합리적 연결

27 홀랜드(Holland) 이론의 직업환경 유형과 대표 직업 간 연결이 틀린 것은?

① 현실형(R) – 목수, 트럭운전사

② 탐구형(I) – 심리학자, 분자공학자

③ 사회형(S) – 정치가, 사업가

④ 관습형(C) – 사무원, 도서관 사서

[해설] ③ 사회형(S)–상담사, 복지사, 교사 / 진취형(E)–정치가, 사업가, 영업사원

28 과업지향적 직무분석방법 중 기능적 직무분석의 세 가지 차원이 <u>아닌</u> 것은?

① 기술(skill)　　　　②자료(data)

③ 사람(people)　　　④ 사물(thing)

[해설] 기능적 직무분석(Functional Job Analysis : FJA)은 관찰과 면접으로 직무담당자가 실제 작업하는 것을 모든 직무에 존재하는 3가지의 일반적 기능정보로 자료, 사람, 사물에 대한 작업기능을 코드를 부여하여 정리한 것이다.

29 경력개발 프로그램 중 종업원 역량개발 프로그램과 가장 거리가 먼 것은?

① 훈련 프로그램
② 사내공모제
③ 후견인 프로그램
④ 직무순환

해설 ② 사내공모제는 정보제공에 해당한다.

자기평가도구	정보제공	종업원 평가	종업원 개발
경력워크숍	사내공모제	평가센터	훈련프로그램
경력연습책자	기술목록	조기발탁제	후견인프로그램
–	경력자원센터	–	직무순환

30 직무분석을 통해 작성되는 결과물로서, 해당 직무를 수행하는 작업자가 갖추어야 할 자격요건을 기록한 것은?

① 직무기술서(job description)
② 직무명세서(job specification)
③ 직무 프로파일(job profile)
④ 직책 기술서(position description)

해설 ② 직무명세서는 직무를 수행하는 데 요구되는 인간의 재능에 초점을 두어 지식, 기술, 능력, 경험 등과 같은 작업자의 개인적 요건에 의해 직무를 분석한다.
① 직무기술서는 직무에서 수행하는 과제나 활동이 어떤 것인지를 파악하는데 초점을 둔다.
③ 직무 프로파일은 직무기술서와 직무명세서를 합한 것이다.
④ 직책 기술서는 해당 직제에서의 책임과 권한 및 주요성과 지표를 규정한 것이다.

31 조직에서 자신이 생각하는 역할과 상급자가 생각하는 역할 간 차이에 기인한 스트레스원은?

① 역할 과다
② 역할 모호성
③ 역할 갈등
④ 과제 곤란도

해설 ① 역할과다: 제한된 시간 내에 많은 양의 업무량을 수행해야 하거나 개인의 역량에 비해 어려운 직무과제를 수행해야 하는 경우에 발생한다.
② 역할 모호성: 역할을 수행하는 데 필요하다고 느끼고 있는 정보를 보유하지 못하거나 전달받지 못하는 경우에 발생한다.
④ 과제 곤란도: 과제의 어렵고 쉬운 정도를 말한다.

32 신뢰도 종류 중 검사내 문항들 간의 동질성을 나타내는 것은?

① 동등성 신뢰도
② 내적일치 신뢰도
③ 검사–재검사 신뢰도
④ 평가자 간 신뢰도

신뢰도의 종류

① 동등성 신뢰도(동형검사 신뢰도–동등성 계수): 두 개의 검사점수 간 동등성을 나타내는 신뢰도를 말한다.
② 내적일치 신뢰도(내적일관성 신뢰도–내적합치도 계수): 검사 내 문항들 간의 동질성을 나타내는 신뢰도를 말한다.
③ 검사-재검사 신뢰도(안정성 계수): 검사를 반복해서 실시했을 때 얻어지는 검사점수의 안정성을 나타내는 신뢰도를 말한다.
④ 채점자 신뢰도 또는 관찰자 신뢰도 또는 평가자 신뢰도
• 채점자 내 신뢰도: 한 사람의 채점자가 일정한 채점지침과 절차에 의하여 동일 측정대상에 대해 시간적 간격에 의한 반복채점을 시행한 후, 그 결과의 상관관계를 점수로 산정하여 신뢰도를 평가하는 방법이다.
• 채점자 간 신뢰도: 두 사람 이상의 채점자가 일정한 채점지침과 절차에 의거하여 동시에 독립적인 채점을 시행 후 채점자 간 채점의 결과를 점수로 산정하여 신뢰도를 평가하는 방법이다.

33 다운사이징(downsizing)과 조직구조의 수평화로 대변하는 최근의 조직변화에 적합한 종업원 경력개발 프로그램에 관한 설명으로 가장 거리가 먼 것은?

① 직무를 통해서 다양한 능력을 본인 스스로 학습할 수 있도록 많은 프로젝트에 참여시킨다.
② 표준화된 작업규칙, 고정된 작업시간, 엄격한 직무기술을 강화한 학습 프로그램에 참여 시킨다.
③ 불가피하게 퇴직한 사람들을 위한 퇴직자 관리 프로그램을 운영한다.
④ 새로운 직무를 수행하는데 요구되는 능력 및 지식과 관련된 재교육을 실시한다.

해설 ② 표준화된 방식에서 다양화로 변화되고 있다.

다운사이징 시대의 특징
• 고용형태의 다양화
• 제품의 수명이 짧아져 평생교육 체계로 운영
• 수평구조 및 작업환경의 다양화
• 경력개발 기회 다양화

34 로(Roe)의 욕구이론에 관한 설명으로 옳은 것은?

① 부모-자녀 간의 상호작용을 자녀에 대한 정서집중형, 회피형, 수용형의 유형으로 구분한다.
② 청소년기 부모-자녀 간의 관계에서 생긴 욕구가 직업선택에 영향을 미친다는 이론이다.
③ 부모의 사랑을 제대로 받지 못하고 거부적인 분위기에서 성장한 사람은 다른 사람들과 함께 일하고 접촉하는 서비스 직종의 직업을 선호한다.
④ 직업군을 10가지로 분류한다.

해설 ② 로(Roe)는 초기의 경험은 가정환경에 의해 주로 영향을 받으며 특히 부모와의 관계에 의해 영향을 받는다고 보아 부모행동에 관심을 기울였다.
③ 회피형-과학계, 정서집중형-예능계통, 수용형-서비스직
④ 직업은 흥미에 기초하여 8가지, 책임수준에 의해 6단계로 분류했다.

35 홀랜드(Holland)의 성격이론에서 제시한 유형 중 일관성이 가장 낮은 것은?

① 현실적(R) - 탐구적(I)
② 예술적(A) - 관습적(C)
③ 설득적(E) - 사회적(S)
④ 사회적(S) - 예술적(A)

해설 ② 예술적-관습적은 일관성이 가장 낮다.
• 일관성은 육각모형에서 근처에 인접한 유형들끼리 요약코드를 나타내면 일관성이 있다고 해석한다. (예) RI)

36 다음 중 규준의 범주에 포함될 수 없는 점수는?

① 표준점수
② Stanine 점수
③ 백분위 점수
④ 표집점수

해설 집단 내 규준은 백분위 점수, 표준점수, 표준등급이 있다.
① 백분위 점수: 개인이 집단에서 차지하는 상대적 위치를 나타낸다.
② 표준점수: 서로 다른 체계로 측정한 점수를 동일한 조건에서 비교하기 위한 개념이다.
③ 표준등급(스탠나인): 원점수를 1에서 9까지의 범주로 나눈 것으로 원점수를 크기 순서에 따라 배열한 후 백분율에 맞추어 표준등급을 매긴다.

37 인지적 정보처리 이론에서 제시하는 의사결정 과정의 절차를 바르게 나열한 것은?

> ㄱ. 분석단계   ㄴ. 종합단계   ㄷ. 실행단계   ㄹ. 가치평가단계   ㅁ. 의사소통단계

① ㄱ → ㄴ → ㄷ → ㄹ → ㅁ
② ㄴ → ㄹ → ㄱ → ㄷ → ㅁ
③ ㄷ → ㄱ → ㄴ → ㅁ → ㄹ
④ ㅁ → ㄱ → ㄴ → ㄹ → ㄷ

➕ 인지적 정보처리 과정(CASVE)
① 의사소통(Communication): 질문들을 받아들여 부호화하며 송출하여 내담자의 욕구를 분류하는 활동이 요구되는 단계다.
② 분석(Analysis): 한 개념적 틀 안에서 문제를 찾고 분류하는 활동을 통하여 진로관련문제 요인을 만드는 활동이 이루어진다.
③ 통합(Synthesis) 또는 종합: 일련의 행위를 형성시키는 과정으로 진로관련문제에 적절한 해결대안을 만드는 활동이 이루어진다.
④ 가치부여(Valuing): 승패의 확률에 관해 각각의 행위를 판단하고 다른 사람에게 미칠 여파를 판단하는 과정을 통하여 자신의 가치관을 고려한 보다 중요하다고 여기는 대안을 찾는 단계이다.
⑤ 집행(Execution) 또는 실행: 책략을 통해 계획을 실행시키는 과정으로 목표에 따른 구체적인 수단을 수립하여 실천에 옮기는 단계이다.

38 수퍼(Super)의 발달이론에 관한 설명으로 옳은 것은?

① 대부분의 사람들을 여섯 가지 유형 중 하나로 분류한다.
② 개인분석, 직업분석, 과학적 조언의 조화를 주장한다.
③ 생애역할의 중요성과 직업적 자아개념을 강조한다.
④ 부모의 자녀양육방식을 발달적으로 전개한다.

해설 ① 홀랜드(Holland) 이론의 직업선호도 검사 설명이다.
② 특성-요인 이론에서 파슨스(Parsons)의 직업지도 3가지 요인 설명이다.
④ 로(Roe)의 욕구이론 설명이다.

39 직무 및 일반 스트레스에 관한 설명으로 옳지 않은 것은?

① 17-OHCS라는 당류부신피질 호르몬은 스트레스의 생리적 지표로서 매우 중요하게 상용된다.

② A성격 유형이 B성격 유형보다 더 높은 스트레스 수준을 유지한다.

③ Yerkes와 Dodson의 역 U자형 가설은 스트레스 수준이 적당하면 작업능률도 최대가 된다고 한다.

④ 일반적응증후군(GAS)에 따르면 저항단계, 경고단계, 탈진단계를 거치면서 사람에게 나쁜 결과를 가져다준다.

> **해설** ④ 일반적응증후군 순서: 경계(경고) → 저항 → 탈진(소진)

40 심리검사의 유형 중 객관적 검사의 장점이 아닌 것은?

① 검사실시의 간편성

② 객관성의 증대

③ 반응의 풍부함

④ 높은 신뢰도

> **해설** ③은 투사검사의 장점이다.

③ 과목   Vocational Counselor
직업정보론

41 워크넷에서 제공하는 청소년 직업흥미검사의 하위척도가 아닌 것은?

① 활동척도   ② 자신감 척도

③ 직업척도   ④ 가치관척도

> **해설** ④는 가치관 검사에서 알 수 있다.

> ➕ **청소년 직업흥미검사 하위척도**
> 흥미유형, 활동/자신감 비교, 기초흥미분야, 기초흥미분야 직업 및 학과목록, 진로탐색을 위한 추가 정보

42 한국표준직업분류(제7차)에서 표준직업분류와 직능수준과의 관계가 옳지 않은 것은?

① 관리자: 제4직능 수준 혹은 제3직능 수준 필요

② 전문가 및 관련 종사자: 제4직능 수준 혹은 제3직능 수준 필요

③ 군인: 제1직능 수준 이상 필요

④ 단순노무종사자: 제1직능 수준 필요

> **해설** ③ 군인: 제2직능 수준 이상 필요

43 직업정보를 제공하는 유형별 방식의 설명이다. ( )에 알맞은 것은?

종 류	비용	학습자 참여도	접근성
인쇄물	(ㄱ)	수동	용이
면접	저	(ㄴ)	제한적
직업경험	고	적극	(ㄷ)

① ㄱ : 고, ㄴ : 적극, ㄷ : 용이

② ㄱ : 고, ㄴ : 수동, ㄷ : 제한적

③ ㄱ : 저, ㄴ : 적극, ㄷ : 제한적

④ ㄱ : 저, ㄴ : 수동, ㄷ : 용이

> **해설** 인쇄물은 제작비용이 적게 들고, 면접은 학습자가 직접 질문하기 때문에 참여도가 적극적이고, 직업경험은 접근성이 제한적이다.

44 국가기술자격 직업상담사 1급 응시자격으로 옳은 것은?

① 해당 실무에 2년 이상 종사한 사람

② 해당 실무에 3년 이상 종사한 사람

③ 관련학과 대학졸업자 및 졸업예정자

④ 해당 종목의 2급 자격을 취득한 후 해당실무에 1년 이상 종사한 사람

> **해설** 직업상담사 2급은 자격제한 없고, 1급 응시자격은 직업상담사 2급 자격을 취득한 후 해당 실무에 2년 이상 종사한 사람, 해당 실무에 3년 이상 종사한 사람이다.

45 국민내일배움카드의 지원대상에 해당하지 <u>않는</u> 것은?

① 「한부모가족지원법」에 따른 지원대상자
② 「고용보험법 시행령」에 따른 기간제근로자인 피보험자
③ 「수산업·어촌 발전 기본법」에 따른 어업인으로서 어업 이외의 직업에 취업하려는 사람
④ 만 75세 이상인 사람

➕ **국민내일배움 카드 발급 제외 대상자**
1. 수강 또는 지원·융자의 제한 기간 중에 있는 사람
2. 국가 또는 지방자치단체가 실시하거나 비용을 지원하는 직업능력개발훈련을 수강하고 있는 사람
3. 직업안정기관 또는 지방자치단체에 구직등록을 하지 않은 사람
4. 공무원으로 재직 중인 사람
5. 「사립학교교직원 연금법」에 따른 교직원으로 재직 중인 사람
6. 「군인연금법」에 따른 군인으로 재직 중인 사람. 다만, 「제대군인지원에 관한 법률」에 적용받는 사람은 제외한다.
7. 「초·중등교육법」에 따른 학교의 재학생. 다만, 고등학교 3학년에 재학 중인 사람은 제외한다.
8. 「고등교육법」에 따른 학교의 재학생으로서 해당 학교 졸업까지 수업연한이 2년 넘게 남은 사람
9. 「국민기초생활 보장법」에 따른 생계급여 수급자. 다만, 근로능력이 있는 수급자는 제외한다.
10. 만 75세 이상인 사람
11. 사업기간 1년 미만, 연 매출 1억 5천만원 이상의 자영업자
12. 월 임금 300만원 이상인 특수형태근로종사자
13. 월 임금 300만원 이상이면서 45세 미만인 대규모기업 종사자

46 한국표준산업분류(제10차)의 적용원칙에 관한 설명으로 틀린 것은?

① 산업활동들이 결합되어 있는 경우에는 그 활동단위의 주된 활동에 따라서 분류
② 생산단위는 산출물만을 토대로 가장 정확하게 설명된 항목에 분류
③ 복합적인 활동단위는 우선적으로 최상급 분류단계(대분류)를 정확히 결정하고, 순차적으로 중, 소, 세, 세세분류 단계 항목을 결정
④ 수수료 또는 계약에 의해 활동을 수행하는 단위는 자기계정과 자기책임하에서 생산하는 단위와 동일항목으로 분류

해설 ② 생산단위는 산출물뿐만 아니라 투입물과 생산공정 등을 함께 고려하여 그들의 활동을 가장 정확하게 설명한 항목에 분류

47 직업정보 수집방법으로서 면접법에 관한 설명으로 가장 적합하지 <u>않은</u> 것은?

① 표준화 면접은 비표준화 면접보다 타당도가 높다.
② 면접법은 질문지법보다 응답범주의 표준화가 어렵다.
③ 면접법은 질문지법보다 제 3자의 영향을 배제할 수 있다.
④ 표준화 면접에는 개방형 및 폐쇄형 질문을 모두 사용할 수 있다.

해설 ① 표준화된 면접은 비표준화 면접보다 신뢰도가 높다.

48 공공직업정보와 비교한 민간직업정보의 일반적인 특성에 관한 설명으로 틀린 것은?

① 필요한 시기에 최대한 활용되도록 한시적으로 신속하게 생산되어 운영된다.
② 국제적으로 인정되는 객관적인 기준에 근거하여 직업을 분류한다.
③ 특정한 목적에 맞게 해당분야 및 직종을 제한적으로 선택한다.
④ 시사적인 관심이나 흥미를 유도할 수 있도록 해당 직업을 분류한다.

해설 ②는 공공직업정보의 특성이고, 민간직업정보는 생산자 임의기준에 근거한다.

49 한국표준산업분류(제10차) 주요 개정 내용으로 틀린 것은?

① 어업에서 해수면은 해면으로, 수산 종자는 수산 종묘로 명칭을 변경
② 수도업은 국내 산업 연관성을 고려하고 국제표준산업분류(ISIC)에 맞춰 대분류 E로 이동
③ 산업 성장세를 고려하여 태양력 발전업을 신설
④ 세분류에서 종이 원지·판지·종이상자 도매업, 면세점, 의복 소매업을 신설

해설 ① 어업에서 해면은 해수면으로, 수산 종묘는 수산 종자로 명칭을 변경하였다.

50 한국표준산업분류(제10차)의 산업결정방법에 관한 설명으로 틀린 것은?

① 생산단위의 산업 활동은 그 생산단위가 수행하는 주된 산업 활동의 종류에 따라 결정된다.

② 계절에 따라 정기적으로 산업을 달리하는 사업체의 경우에는 조사시점에 경영하는 사업과는 관계없이 조사대상 기간 중 산출액이 많았던 활동에 의해 분류된다.

③ 단일사업체의 보조단위는 그 사업체의 일개 부서로 포함되지 않고 별도의 사업체로 처리한다.

④ 휴업 중 자산을 청산중인 사업체의 산업은 영업 중 또는 청산을 시작하기 이전의 산업활동에 의하여 결정된다.

> **해설** ③ 단일사업체의 보조단위는 그 사업체의 일개 부서로 포함하며, 여러 사업체를 관리하는 중앙 보조단위는 별도의 사업체로 처리한다.

51 다음은 어떤 국가기술자격 등급의 검정기준에 해당하는가?

해당 국가기술자격의 종목에 관한 공학적 기술이론 지식을 가지고 설계·시공·분석 등의 기술업무를 수행할 수 있는 능력의 유무

① 기능장   ② 기사
③ 산업기사   ④ 기능사

> **해설**
>
> | 등급 | 설명 |
> |---|---|
> | 기술사 | 고도의 전문지식과 실무경험에 입각. 지도·감리 등의 기술업무 |
> | 기능장 | 최상급 숙련기능을 가지고 현장관리 등의 업무를 수행 |
> | 기사 | 공학적 기술이론 지식을 가지고 기술업무를 수행할 수 있는 능력 |
> | 산업기사 | 기술기초 이론지식 또는 숙련기능을 바탕으로 복합적인 기능업무를 수행 |
> | 기능사 | 제작·조작·운전·채취 및 이에 관련되는 업무를 수행 |

52 직업정보 수집·제공 시 고려해야 할 사항과 거리가 먼 것은?

① 명확한 목표를 가지고 계획적으로 수집한다.

② 최신의 자료를 수집한다.

③ 자료를 수집할 때 자료출처와 일자를 기록한다.

④ 직업정보는 전문성이 있으므로 전문용어를 사용하여 제공한다.

> **해설** ④ 직업정보는 분석은 전문가에 의해 이루어져야 하지만 직업정보 가공은 이용자 수준에 준한다.

53 직업훈련의 강화에 따른 효과로 가장 거리가 먼 것은?

① 인력부족 직종의 구인난을 완화시킬 수 있다.

② 재직근로자의 직무능력을 높일 수 있다.

③ 산업구조의 변화에 대응할 수 있다.

④ 마찰적 실업을 줄일 수 있다.

> **해설** ④ 직업훈련(인력정책)은 노동력수급구조상 불균형에 의한 구조적 실업을 줄일 수 있다.

54 다음은 무엇에 대한 설명인가?

근로자를 감원하지 않고 고용을 유지하거나 실직자를 채용하여 고용을 늘리거나 사업주를 지원하여 근로자의 고용안정 및 취업취약계층의 고용촉진을 지원한다.

① 실업급여사업   ② 고용안정사업
③ 취업알선사업   ④ 직업안정사업

> **해설** ② 고용안정사업에 대한 설명이다.

55 국가기술자격종목과 그 직무분야의 연결이 틀린 것은?

① 직업상담사 2급 – 사회복지, 종교

② 소비자전문상담사 2급 – 경영·회계·사무

③ 임상심리사 2급 – 보건·의료

④ 컨벤션기획사 2급 – 이용·숙박·여행·오락·스포츠

> **해설** ④ 컨벤션기획사 —— 경영·회계·사무,
> 미용사, 이용사, 스포츠경영관리사 – 이용·숙박·여행·오락·스포츠

56 한국직업사전(2020)의 부가직업정보 중 "자료"에 관한 설명으로 틀린 것은?

① 종합: 사실을 발견하고 지식개념 또는 해석을 개발하기 위해 자료를 종합적으로 분석한다.
② 분석: 조사하고 평가한다. 평가와 관련된 대안적 행위의 제시가 빈번하게 포함된다.
③ 계산: 사칙연산을 실시하고 사칙연산과 관련하여 규정된 활동을 수행하거나 보고한다. 수를 세는 것도 포함된다.
④ 기록: 데이터를 옮겨 적거나 입력하거나 표시한다.

[해설] ③ 수를 세는 것은 포함되지 않는다.

57 직업정보 조사를 위한 설문지 작성법과 거리가 가장 먼 것은?

① 이중질문을 피한다.
② 조사주제와 직접 관련이 없는 문항은 줄인다.
③ 응답률을 높이기 위해 민감한 질문은 앞에 배치한다.
④ 응답의 고정반응을 피하도록 질문형식을 다양화한다.

[해설] ③ 일반적인 질문은 앞에, 민감한 질문은 뒤에 배치한다.

58 워크넷(직업·진로)에서 제공하는 정보가 아닌 것은?

① 학과정보
② 직업동영상
③ 직업심리검사
④ 국가직무능력표준(NCS)

[해설] ④ 국가직무능력표준(NCS, National Competency Standards)은 산업현장에서 직무를 수행하기 위해 요구되는 지식·기술·태도 등의 내용을 국가가 체계화한 것으로 NCS 홈페이지에서 제공한다.

59 한국표준직업분류(제7차)에서 포괄적인 업무에 대한 직업분류원칙에 해당하는 것은?

① 최상급 직능수준 우선 원칙
② 포괄성의 원칙
③ 취업시간 우선의 원칙
④ 조사 시 최근의 직업 원칙

[해설]

구 분	분류 원칙
직업분류의 일반 원칙	포괄성의 원칙, 배타성의 원칙
포괄적 업무에 대한 직업분류	주된 직무 우선 원칙, 최상급 직능수준 원칙, 생산업무 우선 원칙
다수직업 종사자의 분류원칙	취업시간 우선의 원칙→수입 우선의 원칙→조사시 최근의 직업 원칙

60 직업정보의 처리단계를 옳게 나열한 것은?

① 분석 → 가공 → 수집 → 체계화 → 제공 → 축적 → 평가
② 수집 → 분석 → 체계화 → 가공 → 축적 → 제공 → 평가
③ 분석 → 수집 → 가공 → 체계화 → 축적 → 제공 → 평가
④ 수집 → 분석 → 가공 → 체계화 → 제공 → 축적 → 평가

[해설] 직업정보 처리단계는 ④이다.

④ 과목 **노동시장론** Vocational Counselor

61 다음 중 산업민주화 정도가 가장 높은 형태의 기업은?

① 노동자 자주관리 기업 ② 노동자 경영참여 기업
③ 전문경영인 경영 기업 ④ 중앙집권적 기업

[해설] 산업민주화 정도가 높은 형태의 기업 순서: ① → ② → ③ → ④

62 다음은 어떤 숍제도에 관한 설명인가?

기업이 노동자를 채용할 때에는 조합원이 아닌 노동자를 채용할 수 있지만, 일단 채용되고 나면 노동자는 일정한 기간 내에 노동조합에 가입해야 하고 조합에서 탈퇴하거나 제명되어 조합원자격을 상실할 때에는 종업원자격도 상실하도록 하는 제도

① 클로즈드 숍(closed shop)
② 오픈 숍(open shop)
③ 에이전시숍(agency shop)
④ 유니언 숍(union shop)

해설 ① 클로즈드 숍: 조합에 가입하고 있는 노동자만을 채용하고 일단 고용된 노동자라도 조합원자격을 상실하면 종업원이 될 수 없도록 하는 제도
② 오픈 숍: 조합원 신분과 무관하게 종업원이 될 수 있는 제도
③ 에이전시숍: 조합원이 아니더라도 모든 종업원에게 단체교섭의 당사자인 노동조합비를 징수하는 제도

63 노동 수요측면에서 비정규직 증가의 원인과 가장 거리가 먼 것은?

① 세계화에 따른 기업간 경쟁 환경의 변화
② 정규직 근로자 해고의 어려움
③ 고학력 취업자의 증가
④ 정규노동자 고용비용의 증가

해설 ③ 고학력 취업자의 증가는 비정규직 증가의 원인가 거리가 멀다.

64 시장경제를 채택하고 있는 국가의 노동시장에서 직종별 임금격차가 손재하는 이유와 가장 거리가 먼 것은?

① 직종 간 정보의 흐름이 원활하기 때문이다.
② 직종에 따라 근로환경의 차이가 존재하기 때문이다.
③ 직종에 따라 노동조합 조직률의 차이가 존재하기 때문이다.
④ 노동자들의 특정 직종에 대한 회피와 선호가 다르기 때문이다.

해설 ① 직종간 임금격차 존재 이유와 거리가 멀다.

65 내국인들이 취업하기를 기피하는 3D직종에 대해, 외국인력의 수입 또는 불법이민이 국내내국인 노동시장에 미치는 영향을 옳은 것은?

① 임금과 고용이 높아진다.
② 임금과 고용이 낮아진다.
③ 임금은 높아지고, 고용은 낮아진다.
④ 임금과 고용의 변화가 없다.

해설 ② 외국인 근로자 유입으로 국내 비숙련공의 고용을 감소시켜 이들의 실업을 늘리거나 임금을 떨어뜨릴 여지가 있고, 숙련직과 비숙련직의 임금격차가 확대된다.

66 다음 중 수요부족실업에 해당되는 것은?

① 마찰적 실업
② 구조적 실업
③ 계절적 실업
④ 경기적 실업

해설 ④ 경기침체로 발생하는 유효수요부족 실업이다.
① 직업정보 부족으로 발생하는 비수요실업이다.
② 기술의 변화, 산업구조의 변화로 인한 노동력 수급구조상의 불균형에 의해 발생하는 비수요실업이다.
③ 계절의 변화로 인한 실업으로 농업, 제조업 등에서 발생하는 실업이다.

67 케인즈(Keynes)의 실업이론에 관한 설명으로 틀린 것은?

① 노동의 공급은 실질임금의 함수이며, 노동에 대한 수요는 명목임금의 함수이다.
② 노동자들은 화폐환상을 갖고 있어 명목임금의 하락에 저항하므로 명목임금은 하방경직성을 갖는다.
③ 비자발적 실업의 원인을 유효수요의 부족으로 설명하였다.
④ 실업의 해소방안으로 재정투융자의 확대, 통화량의 증대 등을 주장하였다.

해설 ① 노동공급은 명목임금의 함수이며, 노동에 대한 수요는 실질임금의 함수이다.

68 파업의 경제적 비용과 기능에 관한 설명으로 옳은 것은?

① 사적비용과 사회적비용은 동일하다.
② 사용자의 사적비용은 직접적인 생산중단에서 오는 이윤의 순감소분과 같다.
③ 사적비용이란 경제의 한 부문에서 발생한 파업으로 인한 타 부문에서의 생산 및 소비의 감소를 의미한다.
④ 서비스 산업부문은 파업에 따른 사회적 비용이 상대적으로 큰 분야이다.

해설 ④ 사회적 비용이 가장 큰 것은 서비스 분야이고, 가장 적은 것은 제조업 분야이다.
① 사적비용과 사회적 비용은 다르다.
② 직접적인 생산중단에서 오는 이윤의 순감소분보다 적다.
③ 사회적비용 설명이며, 노동조합의 사적비용은 생산중단으로 인한 노동소득 감소분이다.

69 숙련 노동시장과 비숙련 노동시장이 완전히 단절되어 있다고 할 때 비숙련 외국근로자의 유입에 따라 가장 큰 피해를 입는 집단은?

① 국내 소비자
② 국내 비숙련공
③ 노동집약적 기업주
④ 기술집약적 기업주

해설 외국근로자의 저임금 지급으로 재화가격이 하락하여 국내소비자는 경제적 이익을 보며, 노동집약적 기업주는 소비 증가로 단기적 이익을 본다.

70 기혼여성의 경제활동참가율은 60%이고, 실업률은 20%일 때, 기혼여성의 고용률은?

① 12%
② 48%
③ 56%
④ 86%

해설 계산식: 60% − 12% = 48%
※ 경제활동참가율 60%의 앞숫자 6, 실업률 20%의 앞숫자 2를 곱해 고용률에서 뺀다.

71 임금-물가 악순환설, 지불능력설, 한계생산력설 등에 영향을 미친 임금결정이론은?

① 임금생존비설
② 임금철칙설
③ 노동가치설
④ 임금기금설

해설 ④ 임금기금설: 리카도(Ricardo)와 밀(Mill)에 의해 주장되었으며 임금은 한 사회의 총자본에서 임금으로 지급될 기본임금을 노동자 수로 나눈 몫으로 결정한다는 이론이다. 임금-물가 악순환론, 지불능력설, 한계생산력설 등에 영향을 미쳤다.
①, ② 임금생존비설 또는 임금철칙설: 임금이 장기적으로 근로자와 그의 가족을 부양하는데 필요한 최적수준으로 수렴한다고 고전학파 애덤 스미스에 의해 주장되었다.
③ 노동가치설: 마르크스(Marx, K)에 의해 주장된 노동가치설은 노동력재생산비설이라고도 한다. 임금상승이 노동절약적 기계도입에 따른 기술적 실업의 발생으로 산업예비군을 증가시켜서 다시 임금을 생존비 수준으로 저하시킨다는 학설이다.

72 노동조합의 기능에 대한 설명으로 틀린 것은?

① 임금을 인상시키는 기능을 수행한다.
② 근로조건을 개선하는 기능을 한다.
③ 각종 공제활동 및 복지활동을 할 수 있다.
④ 특정 정당과 연계하여 정치적 영향력을 발휘할 수 없다.

해설 노동조합의 기능은 경제적, 정치적, 공제적 기능이 있다.
④ 정치적 기능으로 특정 정당과 연계하여 정치적 영향력을 발휘할 수 있다.
①, ②는 경제적 기능에 대한 설명이다.
③ 공제적 기능에 대한 설명이다.

73 다음 중 성과급 제도의 장점에 해당하는 것은?

① 직원 간 화합이 용이하다.
② 근로의 능률을 자극할 수 있다.
③ 임금의 계산이 간편하다.
④ 확정적 임금이 보장된다.

해설 성과급은 개별근로자나 작업집단이 수행한 노동성과를 측정하여 그 성과에 따라 임금을 지급하는 제도로 감독이 없이도 근로자의 능률을 자극할 수 있는 장점이 있는 반면 직원 간 화합의 문제가 발생할 수 있다.

74 임금체계에 대한 설명으로 틀린 것은?

① 직무급은 조직의 안정화에 따른 위계질서 확립이 용이하다는 장점이 있다.

② 연공급의 단점 가운데 하나는 직무성과와 관련 없는 비합리적인 인건비 지출이 생긴다는 점이다.

③ 직능급은 직무수행능력을 기준으로 하여 각 근로자의 임금을 결정하는 임금체계이다.

④ 연공급의 기본적인 구조는 연령, 근속, 학력, 남녀별 요소에 따라 임금을 결정하는 것으로 정기승급의 축적에 따라 연령별로 필요생계비를 보장해 주는 원리에 기초하고 있다.

해설 ①은 연공급에 대한 설명이고, 직무급은 직무평가에 의하여 평정된 각 직무의 상대적 가치에 따라 개별임금이 결정되는 임금제도이다. 동일노동 동일임금이라는 합리적인 임금체계이다.

75 다음 중 분단노동시장 이론과 가장 거리가 먼 것은?

① 빈곤퇴치를 위한 정책적인 노력이 쉽게 성공하지 못하고 있다.

② 내부노동시장과 외부노동시장은 현격하게 다른 특성을 갖는다.

③ 근로자는 임금을 중심으로 경쟁하는 것이 아니라 직무를 중심으로 경쟁하기도 한다.

④ 고학력 실업자가 증가하면 단순노무직의 임금도 하락한다.

해설 ④의 내용은 분단노동시장 이론과 거리가 멀다.

76 이윤극대화를 추구하는 어떤 커피숍 종업원의 임금은 시간당 6,000원이고, 커피 1잔의 가격은 3,000원일 때 이 종업원의 한계생산은?

① 커피 1잔　　　② 커피 2잔
③ 커피 3잔　　　④ 커피 4잔

해설 기업은 수입과 비용이 같아지는 지점에서 고용을 결정한다.
계산: 비용(임금): 6,000원, 수입: 6,000원일 때 고용결정
＝ 커피 1잔이 3,000원× 2잔 ＝ 6,000원

77 임금이 하방경직적인 이유와 가장 거리가 먼 것은?

① 장기노동계약

② 물가의 지속적 상승

③ 강력한 노동조합의 존재

④ 노동자의 역선택 발생 가능성

해설 임금의 하방경직성 의미: 한번 결정된 임금은 수요와 공급의 불균형, 경기변동에도 좀처럼 하락하지 않는 것이다.

➕ 하방경직성의 원인
① 강력한 노동조합의 존재
② 장기근로계약
③ 노동자의 역선택 발생가능성
④ 기업내부자 집단이기주의
⑤ 1차 노동시장에서 비노조기업들이 효율임금 추구·기업명성 유지
⑥ 사회적 관행

78 만일 여가(leisure)가 열등재라면, 임금이 증가할 때 노동공급은 어떻게 변화하는가?

① 임금수준에 상관없이 임금이 증가할 때 노동공급은 감소한다.

② 임금수준에 상관없이 임금이 증가할 때 노동공급은 증가한다.

③ 낮은 임금수준에서 임금이 증가할 때는 노동공급이 증가하다가 임금수준이 높아지면 임금증가는 노동공급을 감소시킨다.

④ 낮은 임금수준에서 임금이 증가할 때는 노동공급이 감소하다가 임금수준이 높아지면 임금증가는 노동공급을 증가시킨다.

해설 ① 여가가 정상재인 경우이다.
③ 후방굴절형에 대한 설명이다.

79 기업특수적 인적자본형성의 원인이 <u>아닌</u> 것은?

① 기업간 차별화된 제품생산
② 생산공정의 특유성
③ 생산장비의 특유성
④ 일반적 직업훈련의 차이

[해설] ④ 일반적인 직업훈련의 차이는 기업특수적 인적자본형성의 원인이 아니다.
• 일반훈련: 모든 기업에서 근로자의 생산성을 동일하게 올라가게 하는 훈련이다.
• 기업특수적훈련: 기술을 배운 기업에서만 생산성이 올라가고 그렇게 얻은 생산성은 근로자가 회사를 떠나면 소용이 없는 훈련이다.

80 마찰적 실업을 해소하기 위한 정책이 <u>아닌</u> 것은?

① 구인 및 구직에 대한 전국적 전산망 연결
② 직업안내와 직업상담 등 직업알선기관에 의한 효과적인 알선
③ 고용실태 및 전망에 관한 자료제공
④ 노동자의 전직과 관련된 재훈련 실시

[해설] ④는 구조적 실업을 해소하기 정책이다.

---

5 과목 Vocational Counselor
노동관계법규

81 다음 ( )에 알맞은 것은?

> 헌법상 국가는 ( )으로 근로자의 고용의 증진과 적정임금의 보장에 노력하여야 한다.

① 법률적 방법
② 사회적 방법
③ 경제적 방법
④ 사회적 · 경제적 방법

[해설] 모든 국민은 근로의 권리를 가진다. 국가는 사회적·경제적 방법으로 근로자의 고용의 증진과 적정임금의 보장에 노력하여야 하며, 법률이 정하는 바에 의하여 최저임금제를 시행하여야 한다.

82 근로자퇴직급여 보장법령상 퇴직금의 중간정산 사유에 해당하지 <u>않는</u> 것은?

① 무주택자인 근로자가 본인 명의로 주택을 구입하는 경우
② 사용자가 기존의 정년을 보장하는 조건으로 단체협약을 통하여 일정나이를 기준으로 임금을 줄이는 제도를 시행하는 경우
③ 3개월 이상 요양을 필요로 하는 근로자 배우자의 질병에 대한 의료비를 해당 근로자가 본인 연간 임금총액의 1천 분의 115를 초과하여 부담하는 경우
④ 퇴직금 중간정산을 신청하는 날부터 거꾸로 계산하여 5년 이내에 근로자가 「채무자 회생 및 파산에 관한 법률」에 따라 파산선고를 받은 경우

[해설] ③ 근로자가 6개월 이상 요양을 필요로 하는 사람의 질병이나 부상에 대한 의료비를 해당 근로자가 본인 연간 임금총액의 1천 분의 125를 초과하여 부담하는 경우
가. 근로자 본인
나. 근로자의 배우자
다. 근로자 또는 그 배우자의 부양가족

83 고용상 연령차별금지 및 고령자고용촉진에 관한 법령상 제조업의 고령자 기준고용률은?

① 그 사업장의 상시근로자수의 100분의 2
② 그 사업장의 상시근로자수의 100분의 3
③ 그 사업장의 상시근로자수의 100분의 4
④ 그 사업장의 상시근로자수의 100분의 6

[해설] 이 법에서 "기준고용률"이란 사업장에서 상시 사용하는 근로자를 기준(300명 이상)으로 하여 사업주가 고령자의 고용촉진을 위하여 고용하여야 할 고령자의 비율로서 고령자의 현황과 고용 실태 등을 고려하여 사업의 종류별로 대통령령으로 정하는 비율을 말한다.

➕ **고령자 기준고용률**
1. 제조업: 그 사업장의 상시근로자수의 100분의 2
2. 운수업, 부동산 및 임대업: 그 사업장의 상시근로자수의 100분의 6
3. 제1호 및 제2호 외의 산업: 그 사업장의 상시근로자수의 100분의 3

84 국민평생직업능력개발법상 직업능력개발훈련의 기본원칙으로 명시되지 않은 것은?

① 직업능력개발훈련은 근로자 개인의 희망·적성·능력에 맞게 근로자의 생애에 걸쳐 체계적으로 실시되어야 한다.

② 직업능력개발훈련은 민간의 자율과 창의성이 존중되도록 하여야 하며, 노사의 참여와 협력을 바탕으로 실시되어야 한다.

③ 제조업의 생산직에 종사하는 근로자의 직업능력개발훈련은 중요시되어야 한다.

④ 직업능력개발훈련은 근로자의 직무능력과 고용가능성을 높일 수 있도록 지역·산업현장의 수요가 반영되어야 한다.

해설 다음의 사람을 대상으로 하는 직업능력개발훈련은 중요시되어야 한다.

1. 고령자·장애인
2. 「국민기초생활 보장법」에 따른 수급권자
3. 「국가유공자 등 예우 및 지원에 관한 법률」에 따른 국가유공자와 그 유족 또는 가족이나 「보훈보상대상자 지원에 관한 법률」에 따른 보훈보상대상자와 그 유족 또는 가족
4. 「5·18민주유공자예우에 관한 법률」에 따른 5·18민주유공자와 그 유족 또는 가족
5. 「제대군인지원에 관한 법률」에 따른 제대군인 및 전역예정자
6. 여성근로자
7. 「중소기업기본법」에 따른 중소기업(이하 "중소기업"이라 한다)의 근로자
8. 일용근로자, 단시간근로자, 기간을 정하여 근로계약을 체결한 근로자, 일시적 사업에 고용된 근로자
9. 「파견근로자 보호 등에 관한 법률」에 따른 파견근로자

85 근로기준법상 임금채권의 소멸시효기간은?

① 1년   ② 2년
③ 3년   ④ 4년

해설 ③ 임금채권은 3년간 행사하지 아니하면 시효로 소멸한다.

86 남녀고용평등과 일·가정 양립 지원에 관한 법률상 육아휴직에 관한 설명으로 틀린 것은?

① 육아휴직의 기간은 1년 이내로 한다.

② 육아휴직 기간은 근속기간에 포함한다.

③ 기간제근로자 육아휴직 기간은 사용기간에 포함된다.

④ 육아휴직 기간에는 그 근로자를 해고하지 못한다.

해설 ③ 기간제근로자 또는 파견근로자의 육아휴직 기간은 「기간제 및 단시간근로자 보호 등에 관한 법률」에 따른 사용기간 또는 「파견근로자 보호 등에 관한 법률」에 따른 근로자파견기간에서 제외한다.

87 고용보험법령상 육아휴직 급여에 관한 설명이다. ( )안에 들어갈 내용이 옳게 연결된 것은?

- 육아휴직 시작일부터 3개월까지: 육아휴직 시작일을 기준으로 한 월 통상임금의 100분의 (ㄱ)에 해당하는 금액
- 육아휴직 4개월째부터 육아휴직 종료일까지: 육아휴직 시작일을 기준으로 한 월 통상임금의 100분의 (ㄴ)에 해당하는 금액

① ㄱ: 60,   ㄴ: 30
② ㄱ: 70,   ㄴ: 50
③ ㄱ: 80,   ㄴ: 30
④ ㄱ: 80,   ㄴ: 50

해설 1. 육아휴직 시작일부터 3개월까지: 육아휴직 시작일을 기준으로 한 월 통상임금의 100분의 80에 해당하는 금액. 다만, 해당 금액이 150만 원을 넘는 경우에는 150만 원으로 하고, 해당 금액이 70만 원보다 적은 경우에는 70만 원으로 한다.

2. 육아휴직 4개월째부터 육아휴직 종료일까지: 육아휴직 시작일을 기준으로 한 월 통상임금의 100분의 50에 해당하는 금액. 다만, 해당 금액이 120만 원을 넘는 경우에는 120만 원으로 하고, 해당 금액이 70만 원보다 적은 경우에는 70만 원으로 한다.

88 직업안정법령상 근로자공급사업에 관한 설명으로 틀린 것은?

① 누구든지 고용노동부장관의 허가를 받지 아니하고는 근로자공급사업을 하지 못한다.
② 국내 근로자공급사업은 「노동조합 및 노동관계조정법」에 따른 노동조합만이 허가를 받을 수 있다.
③ 국외 근로자공급사업을 하려는 자는 1천만원 이상의 자본금만 갖추면 된다.
④ 근로자공급사업 허가의 유효기간은 3년으로 한다.

해설 ③ 국외 근로자공급사업을 하려는 자는 대통령령으로 정하는 자산과 시설을 갖추어야 한다.
1. 1억 원 이상의 자본금(비영리법인의 경우에는 재무상태표의 자본총계를 말한다)
2. 국내에 소재하고, 2명 이상이 상담할 수 있는 독립된 공간을 갖춘 사무실

89 남녀고용평등과 일·가정 양립 지원에 관한 법률상 배우자 출산휴가에 관한 설명으로 틀린 것은?

① 사업주는 근로자가 배우자 출산휴가를 청구하는 경우에 10일의 휴가를 주어야 한다.
② 사용한 배우자 출산휴가기간은 유급으로 한다.
③ 배우자 출산휴가는 근로자의 배우자가 출산한 날부터 30일이 지나면 청구할 수 없다.
④ 배우자 출산휴가는 1회에 한정하여 나누어 사용할 수 있다.

해설 ③ 배우자 출산휴가는 근로자의 배우자가 출산한 날부터 90일이 지나면 청구할 수 없다.

90 고용보험법령상 취업촉진 수당의 종류가 아닌 것은?

① 특별연장급여　　② 조기재취업 수당
③ 광역 구직활동비　④ 이주비

해설 ① 특별연장급여: 실업의 급증 등의 사유가 발생한 경우에 60일의 범위에서 수급자격자가 실업의 인정을 받은 날에 대하여 소정급여일수를 초과하여 구직급여를 연장하여 지급할 수 있다

➕ 취업촉진수당
1. 조기재취업 수당　　2. 직업능력개발 수당
3. 광역 구직활동비　　4. 이주비

91 고용보험법령상 심사 및 재심사청구에 관한 설명으로 옳지 않은 것은?

① 실업급여에 관한 처분에 이의가 있는 자는 고용보험심사관에게 심사를 청구할 수 있다.
② 심사 및 재심사의 청구는 시효중단에 관하여 재판상의 청구로 본다.
③ 재심사청구인은 법정대리인 외에 자신의 형제자매를 대리인으로 선임할 수 없다.
④ 고용보험심사관은 원칙적으로 심사청구를 받으면 30일 이내에 그 심사청구에 대한 결정을 하여야 한다.

해설 ③ 심사청구인 또는 재심사청구인은 법정대리인 외에 다음에 해당하는 자를 대리인으로 선임할 수 있다.
1. 청구인의 배우자, 직계존속·비속 또는 형제자매
2. 청구인인 법인의 임원 또는 직원
3. 변호사나 공인노무사
4. 심사위원회의 허가를 받은 자

92 직업안정법령상 유료직업소개사업의 등록을 할 수 있는 자에 해당되지 않는 것은?

① 지방공무원으로서 2년 이상 근무한 경력이 있는 자
② 조합원이 100인 이상인 단위노동조합에서 노동조합업무전담자로 2년이상 근무한 경력이 있는 자
③ 상시사용근로자 300인 이상인 사업장에서 노무관리업무전담자로 1년 이상 근무한 경력이 있는 자
④ 「공인노무사법」에 의한 공인노무사 자격을 가진 자

해설 ③ 상시사용근로자 300인 이상인 사업 또는 사업장에서 노무관리업무전담자로 2년 이상 근무한 경력이 있는 자

➕ 유료직업소개사업을 등록할 수 있는 자
1. 「국가기술자격법」에 의한 직업상담사 1급 또는 2급의 국가기술자격이 있는 자
2. 직업소개사업의 사업소, 「국민평생직업능력개발법」에 의한 직업능력개발훈련시설, 「초·중등교육법」 및 「고등교육법」에 의한 학교, 「청소년기본법」에 의한 청소년단체에서 직업상담·직업지도·직업훈련 기타 직업소개와 관련이 있는 상담업무에 2년 이상 종사한 경력이 있는 자
3. 「초·중등교육법」에 의한 교원자격증이 있는 자로서 교사근무경력이 2년 이상인 자
4. 「사회복지사업법」에 따른 사회복지사 자격증을 가진 사람

93 파견근로자보호 등에 관한 법률상 근로자파견 대상업무가 아닌 것은?

① 주유원의 업무
② 행정, 경영 및 재정 전문가의 업무
③ 음식 조리 종사자의 업무
④ 선원법에 따른 선원의 업무

➕ 근로자파견사업을 하여서는 아니되는 업무

1. 건설공사현장에서 이루어지는 업무
2. 「항만운송사업법」, 「한국철도공사법」, 「농수산물 유통 및 가격안정에 관한 법률」, 「물류정책기본법」의 하역업무로서 「직업안정법」에 따라 근로자공급사업 허가를 받은 지역의 업무
3. 「선원법」에 따른 선원의 업무
4. 「산업안전보건법」에 따른 유해하거나 위험한 업무
5. 그 밖에 근로자 보호 등의 이유로 근로자파견사업의 대상으로는 적절하지 못하다고 인정하여 대통령령으로 정하는 업무

94 근로기준법령상 취업규칙에 관한 설명으로 틀린 것은?

① 상시 10명 이상의 근로자를 사용하는 사용자는 취업규칙을 작성하여 고용노동부장관에게 신고하여야 한다.
② 사용자는 취업규칙의 작성시 해당 사업장에 근로자의 과반수로 조직된 노동조합이 있는 경우에는 그 노동조합의 동의를 받아야 한다.
③ 고용노동부장관은 법령이나 단체협약에 어긋나는 취업규칙의 변경을 명할 수 있다.
④ 취업규칙에서 정한 기준에 미달하는 근로조건을 정한 근로계약은 그 부분에 관하여는 무효로 한다.

해설 ② 사용자는 취업규칙의 작성 또는 변경에 관하여 해당 사업 또는 사업장에 근로자의 과반수로 조직된 노동조합이 있는 경우에는 그 노동조합, 근로자의 과반수로 조직된 노동조합이 없는 경우에는 근로자의 과반수의 의견을 들어야 한다. 다만, 취업규칙을 근로자에게 불리하게 변경하는 경우에는 그 동의를 받아야 한다.

95 고용정책 기본법령상 근로자의 정의로 옳은 것은?

① 직업의 종류를 불문하고 임금·급료 기타 이에 준하는 수입에 의하여 생활하는 사람
② 직업의 종류와 관계없이 임금을 목적으로 사업이나 사업장에 근로를 제공하는 사람
③ 사업주에게 고용된 사람과 취업할 의사를 가진 사람
④ 기간의 정함이 있는 근로계약을 체결한 사람

해설 ③ 고용정책 기본법, 국민평생직업능력개발법, 남녀고용평등과 일·가정 양립 지원에 관한 법률상의 근로자 정의이다.
① 노동조합 및 노동관계조정법상의 근로자 정의이다.
② 근로기준법상의 근로자 정의이다.
④ 기간제 및 단시간근로자 보호 등에 관한 법률상의 기간제근로자 정의이다.

96 채용절차의 공정화에 관한 법률에 관한 설명으로 틀린 것은?

① "기초심사자료"란 구직자의 응시원서, 이력서 및 자기소개서를 말한다.
② 고용노동부장관은 기초심사자료의 표준양식을 정하여 구인자에게 그 사용을 권장할 수 있다.
③ 구직자는 구인자에게 제출하는 채용서류를 거짓으로 작성하여서는 아니 된다.
④ 이 법은 국가 및 지방자치단체가 공무원을 채용하는 경우에는 적용한다.

해설 ④ 이 법은 상시 30명 이상의 근로자를 사용하는 사업 또는 사업장의 채용절차에 적용한다. 다만, 국가 및 지방자치단체가 공무원을 채용하는 경우에는 적용하지 아니한다.

97 고용정책기본법령상 고용정보시스템 구축·운영을 위해 수집해야 할 정보로 명시되지 <u>않은</u> 것은?

① 사업자등록증
② 주민등록등본·초본
③ 장애 정도
④ 부동산등기부등본

[해설] 고용노동부장관은 업무를 효율적으로 수행하기 위하여 고용·직업 정보를 대상으로 하는 전자정보시스템을 구축·운영할 수 있다.

➕ ①, ②, ③ 그리고 아래의 정보를 수집·보유·이용할 수 있다.

1. 국민건강보험·국민연금·고용보험·산업재해보상보험·보훈급여·공무원연금·공무원재해보상급여·군인연금·사립학교교직원연금·별정우체국연금의 가입 여부, 가입종별, 소득정보, 부과액 및 수급액
2. 건물·토지·자동차·건설기계·선박의 공시가격 또는 과세표준액
3. 가족관계등록부(가족관계증명서, 혼인관계증명서, 기본증명서)
4. 북한이탈주민확인증명서
5. 범죄사실에 관한 정보
6. 출입국 정보
7. 사회보장급여 수급 이력
8. 「국가기술자격법」이나 그 밖의 법령에 따른 자격취득 정보
9. 학교교육에 관한 정보
10. 지방자치단체 등이 수집한 고용·직업 정보

98 남녀고용평등과 일·가정 양립 지원에 관한 법령상 적용범위에 관한 설명으로 <u>틀린</u> 것은?

① 근로자를 사용하는 모든 사업 또는 사업장에 적용하는 것이 원칙이다.
② 동거하는 친족만으로 이루어지는 사업장에 대하여는 법의 전부를 적용하지 아니한다.
③ 가사사용인에 대하여는 법의 전부를 적용하지 아니한다.
④ 선원법이 적용되는 사업 또는 사업장에서는 모든 규정이 적용되지 아니한다.

[해설] ④ 선원법에서 선원의 근로관계에 관하여는 「근로기준법」의 일부만 적용한다.

99 국민평생직업능력개발법상 훈련의 목적에 따라 구분한 직업능력개발훈련에 해당하지 <u>않는</u> 것은?

① 집체훈련
② 양성훈련
③ 향상훈련
④ 전직훈련

➕ 훈련목적(대상)과 훈련방법에 따른 분류

구 분	훈련 방법	설명
훈련 목적에 따른 분류	양성 훈련	작업에 필요한 기초적 직무수행능력을 습득시키기 위하여 실시
	향상 훈련	더 높은 직무수행능력을 습득시키거나 기술발전에 맞추어 지식·기능을 보충하게 하기 위하여 실시
	전직 훈련	종전의 직업과 유사하거나 새로운 직업에 필요한 직무수행능력을 습득시키기 위하여 실시
훈련 방법에 따른 분류	집체 훈련	훈련전용시설 또는 훈련을 실시하기에 적합한 시설에서 실시
	현장 훈련	산업체 생산시설을 이용하거나 근로장소에서 실시
	원격 훈련	먼 곳에 있는 사람에게 정보통신매체 등을 이용하여 실시
	혼합 훈련	훈련방법을 2개 이상 병행하여 실시

100 근로기준법령상 고용노동부장관에게 경영상의 이유에 의한 해고계획의 신고를 할 때 포함되어야 하는 사항이 <u>아닌</u> 것은?

① 퇴직금
② 해고 사유
③ 해고 일정
④ 근로자대표와 협의한 내용

[해설] 경영상 이유에 따른 신고를 할 때에는 다음 사항을 포함하여야 한다.
1. 해고 사유
2. 해고 예정 인원
3. 근로자대표와 협의한 내용
4. 해고 일정

1 과목 Vocational Counselor 직업상담학

01 직업상담에서 의사결정 상태에 따라 내담자를 분류할 때 의사결정자의 유형에 해당하지 <u>않는</u> 것은?

① 확정적 결정형
② 종속적 결정형
③ 수행적 결정형
④ 회피적 결정형

해설 ② 종속적 결정형은 의사결정자의 유형에 해당하지 않는다.

➕ 의사결정자 유형

분류	유형
진로결정자	• 확정적 결정형: 스스로 선택할 수 있고, 자신의 선택이 적절한지 정도를 점검하려는 유형
	• 수행적 결정형: 스스로 선택할 수 있지만 실행하는데 도움이 필요한 유형
	• 회피적 결정형: 주변인과 대립을 피하기 위해 선택하지만 진로를 정하지 않는 유형
진로미결정자	• 지연적 미결정형: 현재 시점에서 선택이 필요하지 않은 유형
	• 발달적 미결정형: 정보가 충분하지 못해 결정하지 못하는 유형
	• 다기능적 미결정형: 경험과 지식이 풍부해 결정하지 못하는 유형
진로무결정자	우유부단형: 지식과 경험이 부족하여 불안을 경험하는 유형

02 내담자의 세계를 상담자 자신의 세계인 것처럼 경험하지만 객관적인 위치에서 벗어나지 <u>않는</u> 상담대화의 기법은?

① 수용
② 전이
③ 공감
④ 동정

해설 ① 수용: 상담자가 내담자의 이야기에 주의를 집중하고 있고, 내담자를 인격적으로 존중하고 있음을 보여주는 기법이다.
② 전이: 내담자가 과거의 중요한 인물에게 느꼈던 감정이나 생각을 상담자에게 투사하는 것을 말한다.

03 생애진로사정에 관한 설명으로 틀린 것은?

① 상담사와 내담자가 처음 만났을 때 이용할 수 있는 비구조화된 면접기법이며 표준화된 진로사정 도구의 사용이 필수적이다.
② Adler의 심리학 이론에 기초하여 내담자와 환경과의 관계를 이해하는데 도움을 주는 면접기법이다.
③ 비판단적이고 비위협적인 대화 분위기로써 내담자와 긍정적인 관계를 형성하는데 도움이 된다.
④ 생애진로사정에서는 작업자, 학습자, 개인의 역할 등을 포함한 다양한 생애역할에 대한 정보를 탐색해간다.

해설 ① 생애진로사정은 구조화된 면접기법이며, 표준화된 검사 도구를 사용하지 않는다.

04 심리상담과 비교하여 진로상담 과정의 특징으로 옳지 <u>않은</u> 것은?

① 진로검사 결과에만 의지하는 태도에서 벗어나 보다 유연한 관점에서 진로선택에 임하려는 융통성이 요구된다.
② 내담자가 놓인 경제 현실 및 진로 상황에 따라 개인의 진로선택 및 의사결정이 상당히 변화될 수 있다.
③ 진로상담은 인지적 통찰이나 결정 이외에 행동 차원에서의 실행능력 배양 및 기술함양을 더욱 중시한다.
④ 실제 진로상담에서는 내담자의 심리적인 특성과 진로문제가 얽혀있는 경우는 많지 않다.

해설 ④ 내담자의 심리적인 특성과 진로문제가 얽혀 있는 경우가 많이 있다.

05 수퍼(Super)의 전생애 발달과업의 순환 및 재순환에서 '새로운 과업 찾기'가 중요한 시기는 언제인가?

① 청소년기(14~24세)
② 성인초기(25~45세)
③ 성인중기(46~65세)
④ 성인후기(65세 이상)

➕ 수퍼(Super)의 각 단계의 발달과업
• 성장기(13세까지/ 아동기): 직업세계에 대한 기본적인 이해
• 탐색기(14~24세/청소년기와 초기성인기): 미래에 대한 계획
• 확립기(25~44세): 정착(stabilizing), 공고화(consolid-ating), 발전(advancing)
• 유지기(45~65세): 지금까지 성취한 것을 유지하면서 새로운 도전 과제를 발견
• 쇠퇴기(65세이후): 은퇴준비, 은퇴생활

06 인간중심 진로상담의 개념에 관한 설명으로 옳지 않은 것은?

① 일의 세계 및 자아와 관련된 정보의 부족에 관심을 둔다.
② 자아 및 직업과 관련된 정보를 거부하거나 왜곡하는 문제를 찾고자 한다.
③ 진로선택과 관련된 내담자의 불안을 줄이고 자기의 책임을 수용하도록 한다.
④ 상담자의 객관적 이해를 내담자에 대한 자아 명료화의 근거로 삼는다.

해설 ④의 설명은 로저스(Rogers)의 인간중심 이론의 개념에 대한 설명이 아니다.

07 다음은 내담자의 무엇을 사정하기 위한 것인가?

내담자에게 과거에 했던 선택의 회상, 절정경험, 자유시간, 그리고 금전사용 계획 등을 조사하고, 존경하는 사람을 쓰게 하는 등의 상담 행위

① 내담자의 동기   ② 내담자의 생애 역할
③ 내담자의 가치   ④ 내담자의 흥미

해설 ③ 내담자의 가치사정하기 기법이다.

08 포괄적 직업상담에서 초기, 중간, 마지막 단계 중 중간 단계에서 주로 사용하는 접근법은?

① 발달적 접근법
② 정신역동적 접근법
③ 내담자중심 접근법
④ 행동주의적 접근법

해설 ② 중기에는 정신역동적 기법을 사용한다.

➕ 포괄적 직업상담 기법
• 상담 초기(진단과 탐색이 이루어지는 단계): 발달적 접근법과 인간중심적 접근법
• 상담 중기(내담자의 문제 원인 밝혀 제거 단계): 정신역동적인 접근법
• 상담 후기(상담자가 내담자의 문제해결에 개입하는 단계): 특성요인 및 행동주의적 접근법

09 보딘(Bordin)의 정신역동적 직업상담에서 사용하는 기법이 아닌 것은?

① 명료화
② 비교
③ 소망 – 방어 체계
④ 준지시적 반응 범주화

해설 ④ 준지시적 반응 범주화는 스나이더(Snyder)의 반응범주화 유형이다. 보딘(Bordin)은 프로이드(Freud)의 정신분석 이론을 진로교육에 도입하고 상담기법으로 명료화, 비교, 소망-방어체계의 해석을 제시했다.
① 명료화: 현재의 진로문제와 관련된 내담자의 생각과 감정을 언어로써 명료하게 재인식시켜 준다.
② 비교: 상담자는 비교를 통해 내담자가 갖고 있는 문제와 역동적인 현상 중에서 유사한 점과 차이점을 알 수 있다.
③ 소망-방어체계의 해석: 내담자의 욕구나 소망과 방어체계를 상담자가 해석해 주는 방법이다.

➕ 스나이더(Snyder)가 제시한 반응범주화
• 안내를 수반하는 범주(Lead-taking Category)
• 감정에 대한 비지시적 반응범주(Nondirective Respon-se-to-feeling Category)
• 감정에 대한 준지시적 반응범주(Semidirective Respon-se-to-feeling Category)
• 지시적 상담범주(Directive Counseling)

10 특성–요인 직업상담에서 상담사가 지켜야 할 상담원칙으로 틀린 것은?

① 내담자에게 강의하려 하거나 거만한 자세로 말하지 않는다.

② 전문적인 어휘를 사용하고, 상담 초기에는 내담자에게 제공하는 정보를 비교적 큰 범위로 확대한다.

③ 어떤 정보나 해답을 제공하기 전에 내담자가 정말로 그것을 알고 싶어 하는지 확인한다.

④ 상담사는 자신이 내담자가 지니고 있는 여러 가지 태도를 제대로 파악하고 있는지 확인한다.

해설 ② 상담 초기에 내담자에게 제공하는 정보를 비교적 적은 범위로 한정시킨다.

11 아들러(Adler) 이론의 주요 개념인 초기기억에 관한 설명을 모두 고른 것은?

ㄱ. 중요한 기억은 내담자가 '마치 지금 일어나고 있는 것처럼' 기술할 수 있다.
ㄴ. 초기기억에 대한 내담자의 지각 보다는 경험을 객관적으로 파악하는 것이 중요하다.
ㄷ. 초기기억은 삶, 자기, 타인에 대한 내담자의 현재 세계관과 일치하는 경향이 있다.
ㄹ. 초기기억을 통해 상담자는 내담자의 삶의 목표를 파악하는데 도움을 받을 수 있다.

① ㄱ, ㄴ   ② ㄴ, ㄷ
③ ㄱ, ㄷ, ㄹ   ④ ㄴ, ㄷ, ㄹ

해설 ㄴ. 초기기억은 개인의 생활양식의 원초를 드러내는 주관적인 출발점이자 단서를 제공한다.

12 직업상담에서 직업카드 분류법은 무엇을 알아보기 위한 것인가?

① 직업선택 시 사용가능한 기술
② 가족 내 서열 및 직업가계도
③ 직업세계와 고용시장의 변화
④ 직업흥미의 탐색

해설 ④ 직업카드는 테일러(Tyler)에 의해 제안되었으며, 내담자의 직업흥미 탐색에 사용한다.

13 행동수정에서 상담자의 역할은?

① 내담자가 사랑하고, 일하고, 노는 자유를 획득하도록 돕는다.

② 내담자의 가족 구성에 대한 정보를 수집한다.

③ 내담자의 주관적 세계를 이해하여 새로운 이해나 선택을 할 수 있도록 돕는다.

④ 내담자의 상황적 단서와 문제행동, 그 결과에 대한 정보를 얻기 위하여 노력한다.

해설 ④ 행동수정 상담에서 상담자 역할은 첫째, 문제 증상에 대한 정보를 얻는 것이고, 둘째, 내담자에게 본보기가 되어 내담자가 상담자의 행동을 모방함으로써 학습하도록 하는 것이다.

➕ **행동주의 행동수정 프로그램 절차**
- 1단계 목표행동의 정의: 행동 관찰·기록
- 2단계 행동의 기초선 측정: 행동의 빈도와 지속성을 측정
- 3단계 기법의 적용: 부적응 행동 약화
- 4단계 행동수정 결과의 검증: 행동수정 기법의 철회를 통한 검증
- 5단계 행동의 일반화: 수정된 행동의 고착

14 진로상담에서 내담자의 목표가 현실적으로 가능한지를 묻는 '목표실현가능성'에 관한 상담자의 질문으로 적절하지 <u>않은</u> 것은?

① 목표를 성취하기 위해 현재 처한 상황을 당신은 얼마나 통제할 수 있나요?

② 당신이 이 목표를 성취하지 못하도록 방해하는 것은 무엇인가요?

③ 언제까지 목표를 성취해야 한다고 느끼며, 마음 속에 어떤 시간계획을 가지고 있나요?

④ 당신이 목표하는 직업에서 의사결정은 어디서 누가 내리나요?

해설 ④ 목표들은 내담자가 원하고 바라는 것이어야 한다.와 관련된 질문이다.

➕ **내담자 목표설정시 유의사항**
- 목표들은 실현가능해야 한다.
- 목표들은 구체적이어야 한다.
- 목표들은 내담자가 원하고 바라는 것이어야 한다.
- 목표들은 상담자의 기술과 양립 가능해야 한다.

15 상담이론과 그와 관련된 상담기법을 바르게 짝지은 것은?

① 정신분석적 상담 – 인지적 재구성
② 행동치료 – 저항의 해석
③ 인지적 상담 – 이완기법
④ 형태치료 – 역할 연기, 감정에 머무르기

해설 ④ 형태치료 – 빈의자기법, 과장하기, 책임지기, 역할연기, 감정에 머무르기
① 정신분석 – 전이, 저항, 자유연상
② 행동치료 – 인지적 재구성, 대처기술훈련, 문제해결 접근
③ 인지적 상담 – 엘리스(Ellis)의 인지·정서·행동기법 / 베크(Beck)의 인지치료

16 실업 충격을 완화시키기 위한 프로그램이 아닌 것은?

① 실업 스트레스 대처 프로그램
② 취업동기 증진 프로그램
③ 진로개발 프로그램
④ 구직활동 증진 프로그램

해설 ③ 진로개발 프로그램은 청소년 또는 청년층 대상이다.

17 직업상담사의 윤리강령으로 옳지 않은 것은?

① 직업상담사는 개인이나 사회에 임박한 위험이 있더라도 개인정보의 보호를 위하여 내담자의 정보를 누설하지 말아야 한다.
② 직업상담사는 내담자에 대한 정보를 교육장면이나 연구에 사용할 경우에는 내담자와 합의 후 사용하되 정보가 노출되지 않도록 해야 한다.
③ 직업상담사는 소속 기관과의 갈등이 있을 경우 내담자의 복지를 우선적으로 고려해야 한다.
④ 직업상담사는 상담관계의 형식, 방법, 목적을 설정하고 그 결과에 대하여 내담자와 협의 해야 한다.

해설 ① 내담자 개인 및 사회에 임박한 위험이 있다고 판단될 때 극히 조심스러운 고려 후에만 내담자의 사회생활 정보를 적절한 전문인 혹은 사회당국에 공개한다.

18 다음 면담에서 인지적 명확성이 부족한 내담자의 유형과 상담자의 개입 방법이 바르게 짝지어진 것은?

> 내담자 : 난 사업을 할까 생각중이에요. 그런데 그 분야에서 일하는 여성들은 대부분 이혼을 한대요.
> 상담자 : 선생님은 사업을 하면 이혼을 할까봐 두려워하시는군요. 직장여성들의 이혼율과 다른 분야에 종사하는 여성들에 대한 통계를 알아보도록 하죠.

① 구체성의 결여 – 구체화시키기
② 파행적 의사소통 – 저항에 다시 초점 맞추기
③ 강박적 사고 – RET 기법
④ 원인과 결과 착오 – 논리적 분석

해설 ① 구체성의 결여 – 구체화시키기
• 내담자: 사람들이 요즘은 좋은 교사직을 얻기가 힘들다고들 해요.
• 직업상담가: 어떤 사람들을 말하는지 모르겠네요.
② 파행적 의사소통 – 저항에 다시 초점 맞추기
• 직업상담가: 제가 내준 과제를 하는 데 많은 어려움이 있다고 하셨지요. 선생님이 하시는 일을 조절하는 데에 제가 전화를 하면 도움이 될지 모르겠네요.
• 내담자: 그거 괜찮은 생각인 것 같네요. 제가 작업하는 데에 어떤 문제가 있을 수 있다는 걸 아셨어요? 그리고 오늘 저는 새 차를 하나 보아둔 것이 있어요. 그 생각만 하면 즐거워져요.
③ 강박적 사고 – RET 기법
• 내담자: 전 변호사가 될거에요. 우리 아빠도 변호사고, 할아버지도 변호사고, 제 형들도 모두 변호사에요.
• 직업상담가: 학생은 변호사가 될 거라고 확신하고 있네요.

19 직업선택을 위한 마지막 과정인 선택할 직업에 대한 평가과정 중 요스트(Yost)가 제시한 방법이 아닌 것은?

① 원하는 성과연습   ② 확률 추정 연습
③ 대차대조표연습   ④ 동기 추정 연습

해설 ④는 평가과정 방법이 아니다.

➕ **직업평가 연습하기-요스트(Yost)**
• 원하는 성과연습하기   • 찬반 연습하기
• 대차대조표 연습하기   • 확률추정 연습하기
• 미래를 내다보는 연습하기

20 상담과정의 본질과 제한조건 및 목적에 대하여 상담자가 정의를 내려주는 것은?

① 촉진화
② 관계형성
③ 문제해결
④ 구조화

해설 ② 관계형성(라포형성): 내담자가 갖고 있는 긴장감을 풀어주도록 노력하고 상담관계에서 유지되는 윤리적 문제와 비밀유지의 원칙을 설명함으로써 불안을 감소시키고 친밀감을 형성시키는 과정이다.

2 과목 Vocational Counselor 직업심리학

21 특정 집단의 점수분포에서 한 개인의 상대적 위치를 나타내는 점수는?

① 표준 점수
② 표준 등급
③ 백분위 점수
④ 규준 점수

해설 ① 표준점수: 서로 다른 체계를 측정한 점수를 동일한 조건에서 비교하기 위한 개념이다.
② 표준등급(스탠나인): 원점수를 1에서 9까지의 범주로 나눈 것으로 원점수를 크기 순서에 따라 배열한 후 백분율에 맞추어 표준등급을 매긴다.
④ 규준 점수: 해석과 활용을 위해 척도로 변환시켜 표현하는 점수로 백분위점수, 표준점수, 연령규준 등이 있다.

22 Lofquist와 Dawis의 직업적응 이론에 나오는 4가지 성격양식 차원에 해당하지 <u>않는</u> 것은?

① 민첩성
② 역량
③ 친화성
④ 지구력

➕ **롭퀴스트(Lofquist)와 데이비스(Dawis)의 직업적응이론에서 직무특성 양식**

민첩성	과제를 완성하는 속도로, 정확성보다 속도를 중시한다.
역량	근로자의 평균 활동수준, 즉 에너지 소비량이다.
리듬	활동의 다양성을 의미한다.
지구력	개인이 환경과 상호작용하는 시간의 양이다.

23 성인용 웩슬러 지능검사(K-WAIS-IV)의 처리속도지수에 포함되지 <u>않는</u> 소검사는?

① 동형 찾기
② 퍼즐
③ 기호쓰기
④ 지우기

해설 ② 퍼즐은 지각추론에 포함된다.

➕ **성인용 웩슬러 지능검사(K-WAIS-IV)**
• 대상: 고등학생부터 성인
• 구성: 소검사 15개–핵심소검사 10, 보충소검사 5개
• 검사의 내용: 언어이해, 지각추론, 작업기억, 처리속도지수
　– 핵심소검사(10개): 공통성, 어휘, 지식, 토막 짜기, 행렬추리, 퍼즐, 숫자, 산수, 동형 찾기, 기호쓰기
　– 보충 소검사(5개): 이해, 무게비교, 빠진 곳 찾기, 순서화, 지우기

구분	내용	핵심 소검사	보충 소검사
언어이해 (VCI)	어휘력, 언어적개념화 능력, 추상적인 추론 능력 등이 포함된 언어와 관련된 능력	공통성, 어휘, 상식	이해
지각추론 (PRI)	비언어적이고 시공간적인 능력	토막 짜기, 행렬추론, 퍼즐	무게 비교, 빠진 곳 찾기
작업기억 (WMI)	청각적 집중력을 요구하는 기억력	숫자, 산수	순서
처리속도 (PSI)	빠르고 정확한 손동작 능력	동형 찾기, 기호쓰기	지우기

24 개인의 진로발달 과정에서 초기의 가정환경이 그 후의 직업선택에 중요한 영향을 미친다고 보는 이론은?

① 파슨스(Parsons)의 특성이론
② 갤라트(Gelatt)의 의사결정이론
③ 로(Roe)의 욕구이론
④ 수퍼(Super)의 발달이론

해설 ③ 로(Roe)는 부모의 양육방식이 직업선택에 영향을 미친다고 했다.
① 파슨스(Parsons)는 직업지도 모델을 구체화하였으며, 개인분석, 직업분석, 과학적 조언의 조화를 주장하였다.
② 겔라트(Galatt)는 의사결정의 과정을 중시해야 한다고 했다.
④ 수퍼(Super)는 직업선택 과정을 타협과 선택이 상호작용하는 적응과정이라 보았다.

25 다음 중 전직을 예방하기 위해 퇴직의사 보유자에게 실시하는 직업상담 프로그램으로 가장 적합한 것은?

① 직업복귀 프로그램
② 실업충격완화 프로그램
③ 조기퇴직계획 프로그램
④ 직업적응 프로그램

해설 ④ 퇴직의사 보유자에게 스트레스 관리 프로그램과 직업적응 프로그램을 실시한다.
①, ②는 실직자에게 실시한다.
③ 조기퇴직프로그램은 은퇴를 앞 둔 자에게 실시한다.

26 심리검사를 선택하고 해석하는 과정에 관한 설명으로 틀린 것은?

① 검사는 진행 중인 상담과정의 한 구성요소로만 보아야 한다.
② 검사는 내담자의 의사결정을 돕기 위한 정보를 얻는 하나의 도구이다.
③ 검사는 내담자와 함께 협조해서 선택하는 것이 좋다.
④ 검사의 결과는 가능한 한 내담자에게 제공해서는 안 된다.

해설 ④ 검사결과와 내담자 정보를 통합하여 내담자가 이해할 수 있는 언어로 설명하고 검사결과는 내담자에게 제공한다.

27 스트레스와 직무수행 간의 관계에 관한 설명으로 옳은 것은?

① 스트레스가 많을수록 직무수행이 떨어지는 일차함수 관계이다.
② 어느 수준까지만 스트레스가 많을수록 직무수행이 떨어진다.
③ 일정 시점 이후에 스트레스 수준이 증가하면 수행실적은 오히려 감소하는 역U형 관계이다
④ 스트레스와 직무수행은 관계가 없다.

해설 ① 스트레스가 적정수준일 때 직무수행이 높아진다.
② 스트레스가 너무 낮거나 높아도 직무수행이 떨어진다.
④ 스트레스와 직무수행은 관계가 있다.

28 Holland의 성격유형 중 구조화된 환경을 선호하고, 질서정연하고 체계적인 자료정리를 좋아하는 것은?

① 실제형　② 탐구형
③ 사회형　④ 관습형

➕ 홀랜드(Holland)의 성격유형
• 현실형 또는 실제형(R): 분명하고 질서정연하고 체계적인 활동을 좋아하며 기계를 조작하는 활동 및 기술을 선호하는 흥미유형이다. 예 대표직업: 엔지니어, 농부, 조사연구원, 운전사
• 탐구형(I): 관찰적, 상징적, 체계적이며 물리적, 생물학적, 문화적 현상의 창조적인 탐구활동을 선호하는 흥미유형이다. 예 대표직업: 심리학자, 물리학자, 경영분석가
• 예술형(A): 예술적 창조와 표현, 변화와 다양성을 선호하고 틀에 박힌 활동을 싫어하며 자유롭고, 상징적인 활동을 선호하는 흥미유형이다. 예 대표직업: 음악가, 화가, 디자이너, 시인
• 사회형(S): 타인의 문제를 듣고, 이해하고, 도와주고, 치료해주는 활동을 선호하는 흥미유형이다. 예 대표직업: 상담사, 복지사, 바텐더, 성직자
• 진취형(E): 조직의 목적과 경제적 이익을 얻기 위해 타인을 지도, 계획, 통제, 관리하는 일과 그 결과로 얻게 되는 명예, 인정, 권위를 선호하는 흥미유형이다. 예 대표직업: 기업대표, 고위관리자, 변호사, 영업사원
• 관습형(C): 정해진 원칙과 계획에 따라 자료를 기록, 정리, 조작하는 활동을 좋아하고 사무능력, 계산능력을 발휘하는 것을 선호하는 흥미유형이다. 예 대표직업: 회계사, 경리사무원, 은행사무원

29 스트레스에 대한 방어적 대처 중 직장상사에게 야단맞은 사람이 부하직원이나 식구들에게 트집을 잡아 화풀이하는 것은?

① 합리화(rationalization)
② 동일시(identification)
③ 보상(compensation)
④ 전위(displacement)

해설 ④ 전위(전치 또는 치환): 충동을 위협적인 대상에서 보다 안전한 대상으로 대체하는 것이다.
① 합리화: 자신의 행동에 그럴듯한 이유를 붙여 자기행동을 정당화하려는 것이다. 예 여우와 신포도
② 동일시: 자기가 좋아하거나 존경하는 대상과 자기 자신을 같은 것으로 인식하는 것을 말한다. 예 자녀가 전교 1등이면 내가 1등인 것으로 인식
③ 보상: 어떤 일에 실패했다든가 자신에게 약점이 있을 경우, 이를 극복하기 위해서 다른 특성을 강조하는 것이다. 예 학력 열등감 있는 사람이 책을 많이 읽는 경우

30 직무분석 자료의 특성과 가장 거리가 먼 것은?

① 최신의 정보를 반영해야 한다.
② 논리적으로 체계화되어야 한다.
③ 진로상담 목적으로만 사용되어야 한다.
④ 가공하지 않은 원상태의 정보이어야 한다.

해설 ③ 직무분석 자료는 다목적성으로 사용되어야 한다.

31 신입사원이 조직에 쉽게 적응하도록 상사가 후견인이 되어 도와주는 경력개발 프로그램은?

① 종업원지원 시스템
② 멘토십 시스템
③ 경력지원 시스템
④ 조기발탁 시스템

해설 ② 멘토십 또는 후견인프로그램이라고 한다.
① 종업원개발 프로그램에는 훈련프로그램, 후견인프로그램, 직무순환이 있다.
③ 조기발탁제는 종업원 평가프로그램에 포함된다.

32 셀리에(Selye)의 스트레스에서의 일반적응증후군에 관한 설명으로 옳지 <u>않은</u> 것은?

① 스트레스의 결과가 신체부위에 영향을 준다는 뜻에서 일반적이라 명명했다.
② 스트레스의 원인으로부터 신체가 대처하도록 한다는 의미에서 적응이라 명명했다.
③ 경계단계는 정신적 혹은 육체적 위험에 노출되었을 때 즉각적인 반응을 보이는 단계이다.
④ 탈진단계에서 심장병을 잘 유발하는 성격의 B유형은 흥분을 가라앉히지 않는다

해설 ④는 A유형이다.

➕ 일반적응증후군 단계

• 경계단계(alarm stage): 정신적 혹은 육체적 위험 앞에 갑자기 노출되었을 때 나타나는 최초의 즉각적인 반응단계이다.
• 저항단계(resistance stage): 신체가 외부자극에 대해 완전히 적응하기 저항하고 있는 시기이다.
• 탈진단계(exhaustion stage): 우리의 신체가 탈진된 상태이다.

33 윌리암슨 (Williamson)이 제시한 상담의 과정을 바르게 나열한 것은?

| ㄱ. 분석 | ㄴ. 종합 | ㄷ. 상담 |
| ㄹ. 진단 | ㅁ. 추수지도 | ㅂ. 처방 |

① ㄱ → ㄴ → ㄹ → ㅂ → ㄷ → ㅁ
② ㄱ → ㄴ → ㄹ → ㄷ → ㅁ → ㅂ
③ ㄱ → ㄹ → ㅂ → ㄷ → ㅁ → ㄴ
④ ㄹ → ㅂ → ㄴ → ㄱ → ㄷ → ㅁ

해설 분석(자료수집)→종합(자료 요약)→진단(변별진단)→처방→상담(내담자 참여)→추수지도

34 다음의 내용을 주장한 학자는?

특정한 직업을 갖게 되는 것은 단순한 선호나 선택의 기능이 아니고 개인이 통제할 수 없는 복잡한 환경적 요인의 결과이다.

① Krumboltz
② Dawis
③ Gelatt
④ Peterson

해설 ① 크롬볼츠(Krumboltz)는 사회학습이론에서 진로발달과정에 영향을 주는 요인으로 유전적 요인과 특별한 능력, 환경조건과 사건, 학습경험, 과제접근기술을 제시했다.
② 데이비스(Dawis)는 롭퀴스트(Lofquist)와 함께 직업적응이론을 제시했다.
③ 겔라트(Galatt)는 의사결정의 과정을 중시해야 한다고 했다.

35 신뢰도 추정에 관한 설명으로 옳지 <u>않은</u> 것은?

① 그 속도검사의 경우 기우양분법으로 반분신뢰도를 추정하면 신뢰도 계수가 과대 추정되는 경향이 있다.
② 신뢰도 추정에 영향을 미치는 요인은 상관계수에 영향을 미치는 요인과 유사하다.
③ 신뢰도 추정에 영향을 미치는 요인 중 가장 중요한 요인은 표본의 동질성이다.
④ 정서반응과 같은 불안정한 심리적 특성의 신뢰도를 정확히 추정하기 위해서는 검사-재검사의 기간을 충분히 두어야 한다.

해설 ① 기우양분법(기우절반법)은 반분방법 중 하나이다. 반분신뢰도는 해당 검사를 문항수가 같도록 반씩 나눠서 개인별로 두 개의 점수를 구해서 두 점수 간의 상관계수를 계산한 것으로 속도검사의 신뢰도계수로는 적당하지 않다.

• 반분방법

　㉠ 전후절반법: 전체 검사를 문항 순서에 따라 전과 후로 나누는 방법이다.

　㉡ 기우양분법 또는 기우절반법: 전체 검사를 문항의 번호에 따라 홀수와 짝수로 나누는 방법이다.

　㉢ 짝진 임의배치법: 전체 검사를 문항의 난이도와 문항과 총점 간의 상관계수를 토대로 나누는 방법이다.

　㉣ 난수표법: 각 문항을 두 하위 검사에 무선적으로 할당하는 방법이다.

② 동형검사신뢰도에 영향을 미치는 요인은 상관계수에 영향을 미치는 요인과 유사하다.

③ 표본의 동질성 요인은 동형검사신뢰도 추정에 영향을 미친다.

36 다음의 특성을 가진 직무분석 기법은?

> • 미국 퍼듀대학교의 메코믹 (McComick)이 개발했다.
> • 행동중심적 직무분석기법(behavior-oriented job analysis method)이다.
> • 6가지의 범주 및 187개 항목으로 구성되었다.
> • 개별 직무에 대해 풍부한 정보를 획득할 수 있는 장점이 있으나, 성과 표준을 직접 산출하는데는 무리가 따른다는 단점을 지니고 있다.

① CD 직무과제분석 (JTA)

② 기능적 직무분석(FJA)

③ 직위 분석 질문지 (PAQ)

④ 관리직 기술 질문지 (MPDQ)

[해설] ③ 직위분석질문지: 직무의 수행에 요구되는 인간의 특성을 기술하는 데 사용되는 지식, 기술, 능력, 경험 등과 같은 작업자의 개인적 요건에 의해 직무를 분석한다. 직무명세서와 관련 있다.

① CD 직무과제분석(JTA): 경력개발을 위한 직무과제분석을 말한다.

② 기능적 직무분석: 관찰과 면접을 통하여 직무기술서를 작성하고, 모든 직무에 존재하는 기능정보로 자료, 사람, 사물에 대한 작업기능을 코드를 부여하여 정리한다.

④ 관리직위기술질문: 책임, 관계, 제약, 요구, 활동 등 관리직무를 객관적으로 기술하기 위한 직무분석법이다. 다양한 직능, 직급, 회사에 걸쳐 시험된 208개 항목으로 구성되었다.

37 수퍼(Super)의 직업 발달이론에 대한 중심 개념으로 볼 수 없는 것은?

① 개인은 각기 적합한 직업군의 적격성이 있다.

② 직업 발달 과정은 본질적으로 자아개념의 발달 보완과정이다.

③ 개인의 직업기호와 생애는 자아실현의 과정으로 현실과 타협하지 않는 활동과정이다.

④ 직업과 인생의 만족은 자기의 능력, 흥미, 성격특성 및 가치가 충분히 실현되는 정도이다.

[해설] ③ 현실과 타협하는 활동과정으로 보았다.

38 다음은 어떤 타당도에 관한 설명인가?

> 측정도구가 실제로 무엇을 측정했는가 또는 조사자가 측정하고자 하는 추상적인 개념이 실제로 측정도구에 의해서 적절하게 측정되었는가에 관한 문제로서, 이론적 연구를 하는데 가장 중요한 타당도

① 내용타당도(content validity)

② 개념타당도(construct validity)

③ 공인 타당도(concurrent validity)

④ 예언 타당도(predictive validity)

[해설] ② 개념타당도 또는 구성타당도: 해당 검사가 이론적 구성개념(심리적 속성: 추상적 개념)이나 특성을 잘 측정하는 정도를 말한다.

• 구성타당도 분석방법

요인분석	검사를 구성하는 문항들 간의 상호상관관계를 분석해서 서로 상관이 높은 문항들을 묶어 주는 통계적 방법이다.
수렴타당도	검사의 결과가 이론적으로 그 속성과 관계있는 변인들과 높은 상관관계를 지니고 있는지의 정도를 측정하는 것이다.
변별타당도	검사의 결과가 이론적으로 그 속성과 관계없는 변인들과 낮은 상관관계를 지니고 있는지의 정도를 측정하는 것이다.

① 내용타당도: 검사의 문항들이 그 검사가 측정하고자 하는 내용영역을 얼마나 잘 반영하고 있는지를 말하며, 성취도검사와 타당도를 평가하는 방법으로 많이 쓰인다. 해당 분야의 전문가들의 주관적 판단을 토대로 결정해야 한다.

④ 예언타당도는 준거타당도 분석방법의 하나이다.

준거타당도: 어떤 심리검사가 특정준거와 어느 정도 관련성이 있는가를 말한다.

예언 타당도	피검사자의 미래의 행동이나 특성을 얼마나 정확하게 예언하는지의 정도이다.
동시 타당도	새로운 검사를 제작하였을 때, 기존의 타당성을 보장받고 있는 검사와의 유사성을 통하여 타당성을 검증하는 방법이다.

39 다음 ( ) 안에 알맞은 것은?

> Levinson의 발달이론에서 성인은 연령에 따라 (   )의 계속적인 과정을 거쳐 발달하게 되며, 이러한 과정 단계는 남녀나 문화에 상관없이 적용가능하다.

① 안정과 변화 ② 주요 사건
③ 과제와 도전 ④ 위기

해설 ① 레빈슨(Levinson)은 남성위주의 발달이론을 제시했으며 인생을 사계절로 표현했다.

40 직업적성검사(GATB)에서 사무지각적성(clerical perception)을 측정하기 위한 검사는?

① 표식 검사 ② 계수검사
③ 명칭 비교 검사 ④ 평면도 판단검사

해설 GATB는 11개의 지필검사와 4개의 동작성 검사로 구성되어 9개의 적성을 측정한다.
① 표식검사, 타점속도검사, 종선기입검사: 운동반응
② 계수검사, 산수추리검사: 수리능력
④ 평면도 검사, 입체공간검사: 공간적성

3 과목 Vocational Counselor
직업정보론

41 한국표준산업분류(제10차)의 분류 목적에 해당하지 않는 것은?

① 기본적으로 산업 활동 관련 통계 자료 수집, 제표, 분석 등을 위해서 활동 분류 및 범위를 세공하기 위한 것
② 산업 관련 통계자료 정확성, 비교성을 확보하기 위하여 모든 통계작성기관은 한국표준산업분류를 의무적으로 사용하도록 규정
③ 일반 행정 및 산업정책 관련 다수 법령에서 적용 대상 산업영역을 규정하는 기준으로 준용
④ 취업알선을 위한 구인·구직안내 기준

해설 ④는 한국표준직업분류 목적이다.

42 워크넷에서 제공하는 채용정보 중 기업형태별 검색에 해당하지 않는 것은?

① 벤처기업 ② 환경친화기업
③ 외국계기업 ④ 일학습병행기업

해설 기업형태는 10가지로 대기업, 공무원/공기업/공공기관, 강소기업, 코스피/코스닥, 중견기업, 외국계기업, 일학습병행기업, 벤처기업, 청년친화강소기업, 가족친화인증기업

43 워크넷(직업·진로)의 한국직업정보시스템에서 '나의 특성에 맞는 직업찾기'의 하위 메뉴가 아닌 것은?

① 지식별 찾기
② 업무수행능력별 찾기
③ 통합 찾기
④ 지역별 찾기

해설 ④ 지역별 찾기는 직업정보 찾기 하위 메뉴에 해당하지 않는다.

➕ 직업정보 찾기 하위메뉴
- 키워드 검색
- 조건별 검색(평균연봉, 직업전망)
- 분류별 찾기
- 내게 맞는 직업 찾기(통합찾기, 지식별 찾기, 업무수행능력별 찾기)
- 다양한 직업세계(신직업·창직 찾기, 이색직업별 찾기, 대상별 찾기, 테마별 찾기)

44 직업정보 분석시 유의점으로 틀린 것은?

① 전문적인 시각에서 분석한다.
② 직업정보원과 제공원에 대해 제시한다.
③ 동일한 정보에 대해서는 한 가지 측면으로만 분석한다.
④ 원자료의 생산일, 자료 표집방법, 대상 등을 검토해야 한다.

해설 ③ 동일한 정보라 할지라도 다각적인 분석을 시도하여 해석을 풍부히 한다.

45 평생학습계좌제(www.all.go.kr)에 관한 설명으로 틀린 것은?

① 개인의 다양한 학습경험을 온라인 학습이력관리 시스템에 누적·관리하여 체계적인 학습설계를 지원한다.

② 개인의 학습결과를 학력이나 자격인정과 연계하거나 고용정보로 활용할 수 있게 한다.

③ 전 국민을 대상으로 실시하는 제도로서, 원하는 누구나 이용이 가능하다.

④ 온라인으로 계좌개설이 가능하며 방문신청은 전국 고용센터에 방문하여 개설한다.

해설 ④ 평생교육진흥원에 방문하여 개설해야 하며, 본인 확인을 위해 온라인 신청 시에는 개인별 공인인증서를, 방문신청 시에는 신분증을 지참하여야 한다.

46 다음은 어떤 직업훈련지원제도에 관한 설명인가?

급격한 기술발전에 적응하고 노동시장 변화에 대응하는 사회안전망 차원에서 생애에 걸친 역량개발 향상 등을 위해 국민 스스로 직업능력개발훈련을 실시할 수 있도록 훈련비 등을 지원

① 국가기간·전략산업직종 훈련

② 사업주 직업능력개발훈련

③ 국민 내일배움카드

④ 일학습병행

해설 ① 국가기간·전략산업직종 훈련: 국가기간산업이나 국가전략산업 분야에서 인력이 부족한 직종에 대한 직업능력개발훈련을 실시하여 기업에서 요구하는 수준의 기능인력 및 전문, 기술인력 양성을 지원하는 제도이다.

② 사업주 직업능력개발훈련: 사업주가 소속 근로자, 채용예정자, 구직자 등을 대상으로 직업능력개발훈련을 실시할 경우 직업능력개발훈련 실시에 따라 소요되는 훈련비 등 비용의 일부를 지원함으로써 사업주의 직업능력개발훈련 실시를 촉진하도록 한다.

④ 일학습병행: 기업 현장에서 요구하는 실무형 인재 육성을 위하여, 사업주가 고용한 해당 근로자의 근무 장소에서 해당 기업의 시설 및 장비를 활용하여 직무수행에 필요한 지식, 기술, 소양 등을 전수하는 교육훈련과 이를 보완하기 위하여 OJT 또는 OFF-JT를 제공하고 그 결과에 따라 자격 또는 학력 등으로 인정받도록 하는 교육훈련 제도이다.

47 다음은 국가기술자격 중 어떤 등급의 검정기준에 해당하는가?

해당 국가기술자격의 종목에 관한 숙련기능을 가지고 제작·제조·조작·운전·보수·정비·채취·검사 또는 작업관리 및 이에 관련되는 업무를 수행할 수 있는 능력 보유

① 기능사

② 기사

③ 산업기사

④ 기능장

해설

등급	설명
기술사	고도의 전문지식과 실무경험에 입각한 지도·감리 등의 기술업무
기능장	최상급 숙련기능을 가지고 현장관리 등의 업무를 수행
기사	공학적 기술이론 지식을 가지고 기술업무를 수행할 수 있는 능력
산업기사	기술기초이론지식 또는 숙련기능을 바탕으로 복합적인 기능업무를 수행
기능사	작업관리 및 이에 관련되는 업무를 수행

48 다음은 한국직업사전(2020) 직무기능 "사물" 항목 중 무엇에 관한 설명인가?

다양한 목적을 수행하고자 사물 또는 사람의 움직임을 통제하는 데 있어 일정한 경로를 따라 조작되고 안내되어야 하는 기계 또는 설비를 시동, 정지하고 그 움직임을 제어한다.

① 조작운전

② 제어조작

③ 정밀 작업

④ 수동조작

해설 ② 제어조작: 기계 또는 설비를 시동, 정지, 제어하고 작업이 진행되고 있는 기계나 설비를 조정한다.

③ 정밀작업: 설정된 표준치를 달성하기 위하여 궁극적인 책임이 존재하는 상황 하에서 신체부위, 공구, 작업도구를 사용하여 가공물 또는 재료를 가공, 조종, 이동, 안내하거나 또는 정위치 시킨다. 그리고 도구, 가공물 또는 원료를 선정하고 작업에 알맞게 공구를 조정한다.

④ 수동조작: 기계, 설비 또는 재료를 가공, 조정, 이동 또는 위치 할 수 있도록 신체부위, 공구 또는 특수장치를 사용한다. 정확도 달성 및 적합한 공구, 기계, 설비 또는 원료를 산정하는데 있어서 어느 정도의 판단력이 요구된다.

49 고용노동통계조사의 각 항목별 조사주기의 연결이 틀린 것은?

① 사업체 노동력 조사: 연 1회
② 시도별 임금 및 근로시간 조사: 연 1회
③ 지역별 사업체 노동력 조사: 연 2회
④ 기업체 노동비용 조사: 연 1회

해설 ① 사업체노동력조사는 매월 지정된 표본사업체를 대상으로 조사된 종사자 수, 빈 일자리 수, 입·이직자 수, 임금 및 근로시간을 조사하여 매월 고용노동부에서 실시한다.
② 시도별 임금 및 근로시간 조사는 사업체 노동력 조사의 부가조사로 매년 실시한다.
③ 지역별 사업체 노동력 조사는 사업체 노동력 조사의 부가조사로 연 2회(4월, 10월) 실시하여 시군구별 종사자 및 입·이직자 현황을 제공한다.
④ 기업체 노동비용 조사는 10인이상 규모 회사법인 기업체에서 상용근로자를 고용함으로써 발생하는 제반비용을 조사하는 것으로 매년 고용노동부에서 실시한다.

50 한국표준직업분류(제7차)의 개정 특징으로 틀린 것은?

① 전문 기술직의 직무영역 확장 등 지식정보화 사회 변화상 반영
② 사회 서비스 일자리 직종 세분 및 신설
③ 고용규모 대비 분류항목이 적은 사무 및 판매·서비스직 세분
④ 자동화·기계화 진전에 따른 기능직 및 기계 조작직 직종 세분 및 신설

해설 ④ 자동화·기계화 진전에 따른 기능직 및 기계 조작직 분류는 일부 통합

51 직업정보의 가공에 대한 설명으로 틀린 것은?

① 정보를 공유하는 방법을 강구하는 단계이다.
② 정보의 생명력을 측정하여 활용방법을 선정하고 이용자에게 동기를 부여할 수 있도록 구상한다.
③ 정보를 제공하는 것은 긍정적인 입장에서 출발하여야 한다.
④ 시각적 효과를 부가한다.

해설 ③ 객관적 입장에서 출발하여야 한다.

52 한국표준산업분류(제10차)의 산업분류 결정 방법에 관한 설명으로 틀린 것은?

① 생산단위 산업 활동은 그 생산단위가 수행하는 주된 산업 활동 종류에 따라 결정
② 계절에 따라 정기적으로 산업활동을 달리하는 사업체의 경우엔 조사대상 기간 중 산출액이 많았던 활동에 의하여 분류
③ 설립중인 사업체는 개시하는 산업 활동에 따라 결정
④ 단일사업체 보조단위는 별도의 사업체로 처리

해설 ④ 단일사업체의 보조단위는 그 사업체의 일개 부서로 포함하며, 여러 사업체를 관리하는 중앙 보조단위(본부, 본사 등)는 별도의 사업체로 처리한다.

53 인간이 복잡한 정보에 접근하게 되는 구조에 근거를 둔 이론으로 직업선택결정 단계를 전제 단계, 계획 단계, 인지부조화 단계로 구분한 직업결정모형은?

① 타이드만과 오하라(Tiedeman & O'Hara)의 모형
② 힐튼(Hilton)의 모형
③ 브룸(Vroom)의 모형
④ 수(Hsu)의 모형

해설

기술적 결정모형	
타이드만과 오하라	직업자아정체감
힐튼	직업선택 결정단계 나눔: 전제단계→계획단계→인지부조화단계
브룸	직업결정 요인을 균형과 기대 그리고 힘의 원리로 설명
수	직업결정자는 선택과 목표 사이의 불균형을 극소화시키려고 시도
플래처	개념학습에 대한 생각에 근거를 둠
처방적 결정모형	
카츠	가치결정에 근거를 둔 이론을 제안
겔라트	직업선택 의사결정결과보다 그 선택과정을 중시
칼도와 쥐도우스키	직업결정자는 대안에 무제한의 정보를 갖게 됨

54 민간직업정보와 비교한 공공직업정보의 특성에 관한 설명과 가장 거리가 먼 것은?

① 필요한 시기에 최대한 활용되도록 한시적으로 신속하게 생산 및 운영된다.

② 광범위한 이용 가능성에 따라 공공직업정보체계에 대한 직접적이며 객관적인 평가가 가능하다.

③ 특정 분야 및 대상에 국한되지 않고 전체 산업 및 업종에 걸친 직종 등을 대상으로 한다.

④ 직업별로 특정한 정보만을 강조하지 않고 보편적인 항목으로 이루어진 기초적인 직업정보체계로 구성되어 있다.

해설 ①은 민간직업정보의 특성이다.

55 다음 중 국가기술자격 종목에 해당하지 않는 것은?

① 임상심리사 2급

② 컨벤션기획사 2급

③ 그린전동자동차기사

④ 자동차관리사 2급

해설 ④ 자동차관리사는 민간자격이다.
① 임상심리사 2급은 국가기술자격으로 관련부처는 보건복지부이며, 보건의료분야에 해당한다.
② 컨벤션기획사 2급은 국가기술자격으로 관련부처는 문화체육관광부이며, 경영·회계·사무의 경영분야에 해당한다.
③ 그린 전동자동차기사는 국가기술자격으로 관련부처는 산업통상자원부이다.

56 직업정보의 일반적인 평가 기준과 가장 거리가 먼 것은?

① 어떤 목적으로 만든 것인가

② 얼마나 비싼 정보인가

③ 누가 만든 것인가

④ 언제 만들어진 것인가

해설 ② 얼마나 비싼 정보인가?는 직업정보 평가 기준과 거리가 멀다.

57 한국표준산업분류(제10차) 분류정의가 틀린 것은?

① 산업은 유사한 성질을 갖는 산업활동에 주로 종사하는 생산단위의 집합이다

② 각 생산단위가 노동, 자본, 원료 등 자원을 투입하여, 재화 또는 서비스를 생산 또는 제공하는 일련의 활동과정은 산업 활동이다.

③ 산업 활동 범위에는 영리적, 비영리적 활동이 모두 포함되며, 가정 내 가사 활동도 포함된다.

④ 산업분류는 생산단위가 주로 수행하는 산업 활동을 분류 기준과 원칙에 맞춰 그 유사성에 따라 체계적으로 유형화한 것이다.

해설 ③ 가정 내 가사활동은 제외된다.

58 워크넷에서 제공하는 학과정보 중 자연계열의 "생명과학과"와 관련이 없는 학과는?

① 의생명과학과

② 해양생명과학과

③ 분자생물학과

④ 바이오산업공학과

해설 ② 해양생명과학과는 수산학과에 해당된다.

59 한국표준직업분류(제7차) 개정시 대분류 3 '사무종사자'에 신설된 것은?

① 행정사

② 신용카드 모집인

③ 로봇공학 기술자 및 연구원

④ 문화 관광 및 숲·자연환경 해설사

해설 ① 행정사는 포괄적 직무로 분류되어 온 사무직군 직업을 세분화하며 신설되었다.
② 신용카드 모집인은 판매종사자에 해당된다.
③ 로봇공학 기술자 및 연구원은 직무 전문화 및 관련 인력 규모 확대 반영하여 분류 상향했다.
④ 문화관광 및 숲·자연환경 해설사는 여가 및 생활서비스 수요 증가를 반영하여 서비스 종사자에 신설했다.

60 Q-net(www.q-net.or.kr)에서 제공하는 국가 기술자격 종목별 정보를 모두 고른 것은?

ㄱ. 자격취득자에 대한 법령상 우대 현황
ㄴ. 수험자 동향(응시목적 별, 연령별 등)
ㄷ. 연도별 검정 현황(응시자수, 합격률 등)
ㄹ. 시험정보(수수료, 취득방법 등)

① ㄱ, ㄴ
② ㄷ, ㄹ
③ ㄱ, ㄴ, ㄹ
④ ㄱ, ㄴ, ㄷ, ㄹ

➕ 국가기술자격 종목별 정보
- 시험정보: 검정형 자격 시험일정, 검정형 자격 시험정보(수수료, 출제경향, 출제기준, 취득방법, 과정평가형 취득정보)
- 기본정보: 기본정보(개요, 수행직무, 실시기관 홈페이지, 실시기관명, 진로 및 전망), 종목별 검정현황(연도별 응시자수, 합격자 수, 합격률(%))
- 우대현황: 우대법령, 조문내역, 활용내용
- 일자리정보: 위 자격명에 대한 일자리정보(경력, 학력, 지역)
- 수험자 동향: 년도, 필기/실기, 화면(성별), 상세보기(성별, 접수자, 응시자, 응시율(%), 합격자, 합격률(%))

---

4 과목 Vocational Counselor
노동시장론

---

61 경기 침체로 실업자가 직장을 구하는 것이 더욱 어렵게 되어 구직활동을 단념함으로써 비경제활동인구가 늘어나고 경제활동인구가 감소하는 것은?

① 실망노동자 효과
② 대기실업 효과
③ 부가노동자효과
④ 추가실업효과

해설 ② 대기실업 효과: 임금수준이 높은 노동조합부문에서의 고용기회를 탐색하기 위하여 임금이 낮은 비노동조합부문의 일자리를 거부하는 근로자들의 실업으로 인한 효과이다.
③ 부가노동자 효과: 가구주 소득이 낮아지면 가구원 일부가 취업활동을 하게 되어 경제활동인구가 늘어나며 실업률이 증가한다.

---

62 다음 중 노동공급의 감소로 발생되는 현상은?

① 사용자의 경쟁심화로 임금수준의 하락을 초래한다.
② 고용수준의 증가를 가져온다.
③ 임금수준의 상승을 초래한다.
④ 일시적인 초과 노동공급 현상을 유발한다.

해설 ③ 노동공급 감소는 기업의 인력부족으로 임금수준 상승을 초래한다.

---

63 근로자의 근속연수에 따라 임금을 결정하는 임금체계는?

① 연공급
② 직무급
③ 직능급
④ 성과급

해설 ① 연공급은 개개인의 학력, 자격, 연령 등을 감안하여 근속연수에 따라 임금수준을 결정하는 임금체계이다.
② 직무급은 직무평가에 의하여 각 직무의 상대적 가치에 따라 개별임금이 결정되는 임금제도이다.
③ 직능급은 종업원의 직무수행능력에 역점을 두어 그 가치에 대응한 임금을 설정하는 것이다.
④ 성과급은 개별근로자나 작업집단이 수행한 노동성과를 측정하여 그 성과에 따라 임금을 산정·지급하는 제도이다.

---

64 다음 중 최저임금제도의 기대효과가 아닌 것은?

① 소득분배 개선
② 기업 간 공정경쟁 유도
③ 고용 확대
④ 산업구조의 고도화

해설 ③ 고용확대는 최저임금제도의 기대효과가 아니다.

➕ 기대효과 또는 장점
- 근로자간 소득격차 해소
- 고임금의 경제효과
- 유효수요 창출
- 기업경영의 합리화 촉진
- 기업간 공정경쟁 확보
- 산업구조의 고도화
- 노사 간의 분쟁 방지

➕ 부정적 효과 또는 한계
- 비자발적 실업 발생
- 기술습득에 대한 유인 감소
- 지역경제 왜곡 및 생산감소
- 진입장벽의 도구로 전락
- 소득분배의 역진성

65 노동조합에 관한 설명으로 옳은 것은?

① 노조부문과 비노조부문 간의 임금격차를 해소시킨다.
② 집단적 소리로서의 기능을 하여 비효율을 제거하고 생산성을 증진시킬 수 있다.
③ 시장기능에 의해 결정된 임금수준을 반드시 수용한다.
④ 노동조합의 임금수준은 일반적으로 비노조부문의 임금수준에 비해 낮게 책정되어 있다.

해설 ② 프리만(Freeman)과 메도프(Medoff)의 노동조합 양면을 설명하면서 노동조합이 독점자로서의 부정적인 기능을 갖는 것이 아니라 집단적 발언기구로서 성공적으로 노동자의 불만을 표출시키며 이를 집약하여 경영조직과의 단체협약을 통해 그 불만을 해결할 때 노동조합은 노동생산성을 높이는 긍정적인 기능을 하기 때문에 부정적인 측면과 긍정적인 측면을 동시에 고려해야 한다고 했다.
① 노조부문과 비노조부문의 임금격차가 확대된다.
③ 시장기능에 의해 결정된 임금수준을 반드시 수용한다고 보기 어렵다.
④ 노조부분이 비노조부분에 비해 임금수준이 높게 책정된다.

66 1960년대 선진국에서 실업률과 물가상승률 간의 상충관계를 개선하고자 실시했던 정책은?

① 재정정책   ② 금융정책
③ 인력정책   ④ 소득정책

해설 ④ 소득정책은 명목임금의 지나친 상승에 의한 비용인상 인플레이션을 억제하기 위해 정부가 취하는 임금-물가 통제정책으로 인플레이션 정책이라고도 한다.
① 재정정책은 경기적 실업 대책으로 감세정책, 금리인하정책, 지급준비율인하정책 등이 있고 재정금융정책이라 한다.
③ 인력정책은 구조적실업 대책으로 직업훈련이 있다.

67 노사간에 공동 결정(co-determination)이라는 광범위한 합의 관행이 존재하고 있는 국가는?

① 영국   ② 프랑스
③ 미국   ④ 독일

해설 ④ 독일의 바이마르 노사관계에 대한 설명으로 노동자와 사용자는 동등한 자격을 갖고 협력해야 하고, 노사간에 공동결정이라는 광범위한 합의관행이 존재하고 있다.

68 한국 노동시장에서 인력난과 유휴인력이 공존하는 이유로 가장 적합한 것은?

① 근로자의 학력 격차의 확대
② 외국인고용허가제 도입
③ 기업규모별 임금격차의 확대
④ 미숙련 노동력의 무제한적 공급

해설 ③ 기업규모별 임금격차의 확대가 가장 적합하다.

69 K회사는 4번째 직원을 채용할 때 모든 근로자의 시간당 임금을 8천원에서 9천원으로 인상할 것이다. 만약 4번째 직원의 시간당 한계 수입 생산이 1만원이라면 K기업이 4번째 직원을 새로 고용함에 따라 얻을 수 있는 시간당 이윤은?

① 1천원 증가   ② 2천원 증가
③ 1천원 감소   ④ 2천원 감소

해설 3명×8천원=24,000원 / 4명×9천원=36,000원
기업의 비용(임금) 추가지출은 12,000원, 4번째 직원의 한계수입은 10,000원이다. 그러므로 기업은 2천원 감소한다.

70 노동조합으로 인해 비노조부의 임금이 하락하고 있다면 이는 어떤 경우인가?

① 이전 효과(spillover effect)만 나타나는 경우
② 위협 효과(threat effect)만 나타나는 경우
③ 대기실업효과만 나타나는 경우
④ 비노동조합 부문에서 노동수요곡선을 좌측으로 이동하는 효과가 나타나는 경우

해설 ① 이전효과 또는 파급효과라 한다.

구 분	노조조직 회사	노조비조직 회사	임금격차
위협효과	임금인상 이유로 파업	노조결성 염려하여 임금인상	축소
파급효과 (이전효과)	임금인상 후 구조조정(해고) 신규인력 채용규모 축소	지원자 늘어 임금 하락	확대

71 개인이 노동시장에서의 노동공급을 포기하는 경우에 관한 설명으로 틀린 것은?

① 개인의 여가 소득 간의 무차별곡선이 수평에 가까운 경우이다.
② 개인의 여가–소득 간의 무차별곡선과 예산제약선 간의 접점이 존재하지 않거나, X축 코너(corner) 점에서만 접점이 이루어질 경우이다.
③ 일정수준의 효용을 유지하기 위해 1시간 추가적으로 더 일하는 것을 보상하는데 요구되는 소득이 시장임금률보다 더 큰 경우이다.
④ 소득에 비해 여가의 효용이 매우 큰 경우이다.

해설 ① 소득(노동공급)을 선호하면 무차별곡선은 수평이고, 여가를 선호하면 수직에 가깝다.

72 노사관계의 주체를 사용자 및 단체, 노동자 및 단체, 정부로 규정하고 이들 간의 관계는 기술, 시장 또는 예산상의 제약, 권력구조에 의해 결정된다는 노사관계이론은?

① 시스템이론
② 수렴 이론
③ 분산이론
④ 단체교섭이론

해설 ① 던롭(Dunlop)의 시스템이론에 대한 설명이다.

73 다음 중 내부노동시장의 특징에 관한 설명으로 옳은 것은?

① 신규채용이나 복지 그리고 능력 있는 자의 초빙 시에만 외부 노동시장과 연결된다.
② 승진이나 직무배치 그리고 임금 등은 외부노동시장과 연계하여 결정된다.
③ 임금은 근로자의 단기적 생산성과 관련된다.
④ 내부와 외부노동시장 간에 임금격차가 없다.

해설 ② 승진이나 직무배치 그리고 임금은 기업내부의 명문화된 관리규칙과 절차에 의해 결정된다.
③ 임금은 근로자의 장기적 생산성과 관련된다.
④ 내부노동시장과 외부노동시장은 임금격차가 있다.

74 통상임금과 평균임금에 관한 설명으로 틀린 것은?

① 통상임금에는 기본급, 직무관련 직책, 직급, 직무수당을 포함한다.
② 초과 급여, 특별급여 등은 통상임금 산정에서 제외된다.
③ 평균임금은 고용기간 중에서 근로자가 지급 받고 있던 평균적인 임금수준을 말한다.
④ 평균임금은 연장근로, 야간근로, 휴일근로 등의 산출 기준 임금이다.

해설 ④ 연장근로, 야간근로, 휴일근로 등의 산출 기준 임금은 통상임금이다.

➕ 평균임금과 통상임금의 비교

• 평균임금: 이를 산정하여야 할 사유가 발생한 날 이전 3개월 동안에 그 근로자에게 지급된 임금의 총액을 그 기간의 총일수로 나눈 금액을 말한다. **예** 퇴직금, 휴업급여
• 통상임금: 근로자에게 정기적이고 일률적으로 소정근로 또는 총 근로에 대하여 지급하기로 정한 시간급 금액, 일급 금액, 주급 금액, 월급 금액 또는 도급 금액을 말한다. **예** 연장근로, 야간근로, 휴일근로, 연차수당

75 노동조합 조직의 유지 및 확대에 유리한 순서대로 숍제도를 나열한 것은?

① 클로즈드숍 > 유니온숍 > 오픈숍
② 유니온숍 > 클로즈드숍 > 오픈숍
③ 오픈숍 > 유니온숍 > 클로즈드숍
④ 오픈숍 > 클로즈드숍 > 유니온숍

해설 ① 노조조직력은 클로즈드숍 → 유니온숍 → 오픈숍 순이다.

➕ 노동조합 숍유형

• 오픈 숍: 노동조합 가입의무가 없어서 노조조직력 가장 약하다.
• 클로즈드 숍: 조합 가입 후 입사가능하다.
• 유니언 숍: 입사 후 일정기간 내 노조에 의무적으로 가입해야 한다.
• 에이전시숍: 모든 종업원에게 노동조합비 징수한다.
• 프레퍼렌셜숍: 채용에 있어서 노동조합원에게 우선순위 준다.
• 메인트넌스숍: 일정기간 동안 조합원자격 유지해야 한다.

76 정보의 유통장애와 가장 관련이 높은 실업은?

① 마찰적 실업　　② 경기적 실업
③ 구조적 실업　　④ 잠재적 실업

실업의 종류	원인	대책	특징
경기적 실업	유효수요 부족	일자리 창출	비자발적
마찰적 실업	정보부족	정보 제공	자발적, 사회적 비용 적다.
구조적 실업	노동력 수급구 조상 불균형	직업 훈련	비자발적
계절적 실업	계절의 변화	–	제조업, 농업에 서 나타남

77 임금이 10,000원에서 12,000원으로 증가할 때 고용량이 120명에서 108명으로 감소한 경우 노동수요의 탄력성은?

① 0.06　　② 0.5
③ 1.0　　④ 2.0

 • 임금변화율 $= \dfrac{변화}{기존} \times 100 = \dfrac{2,000}{10,000} \times 100 = 20\%$

• 노동수요변화율 $= \dfrac{변화}{기존} \times 100 = \dfrac{-12}{120} \times 100 = (-)10\%$

• 노동수요탄력성 $= (-)\dfrac{노동수요량의\ 변화(\%)}{임금\ 1\%의\ 변화율(\%)}$

$= (-)\dfrac{(-)10\%}{20\%} = 0.5$

78 임금상승이 한 개인의 여가와 노동시간에 미치는 효과 중 소득효과가 대체효과보다 클 경우 나타나는 것은?

① 여가시간은 감소하지만 노동시간이 증가한다.
② 여가시간과 노동시간이 함께 증가한다.
③ 여가시간과 노동시간이 함께 감소한다.
④ 여가시간은 증가하지만 노동시간은 감소한다.

해설 ④ 소득효과(여가선택)가 대체효과(노동공급)보다 클 경 우 노동공급은 감소한다.
① 대체효과(일선택)가 소득효과(여가선택)보다 클 경우이다.

79 1998~1999년의 경제위기 기간에 나타난 우리 노동시장의 특징과 가장 거리가 먼 것은?

① 해고 분쟁의 증가
② 외국인 노동자 대량유입
③ 근로자의 평균근속기간 감소
④ 임시직·일용직 고용비중의 증가

해설 ② 외국인 노동자의 대량유입은 경제위기 기간 이후에 나타난 특징이다.

80 다음 중 임금수준의 결정원칙이 아닌 것은?

① 사회적 균형의 원칙
② 생계비 보장의 원칙
③ 소비욕구 반영의 원칙
④ 기업 지불 능력의 원칙

➕ 임금수준 결정원칙
• 임금수준의 하한선과 생계비 보장수준
• 임금수준의 상한선과 기업의 지불능력
• 임금수준의 결정선과 사회적 균형

⑤ 과목 Vocational Counselor **노동관계법규**

81 고용정책기본법령상 고용정책기본계획에 포함되는 내용으로 명시되지 않은 것은?

① 고용동향과 인력의 수급 전망에 관한 사항
② 고용에 관한 중장기 정책목표 및 방향.
③ 인력의 수급 동향 및 전망을 반영한 직업능력개 발훈련의 수급에 관한 사항
④ 인력의 수요와 공급에 영향을 미치는 산업정책 등의 동향에 관한 사항

해설 ③ 직업능력개발훈련의 수급에 관한 사항은 포함되지 않 는다.

82 직업안정법령상 근로자공급사업에 관한 설명으로 틀린 것은?

① 근로자공급사업 연장허가의 유효기간은 연장 전 허가의 유효기간이 끝나는 날부터 5년으로 한다.

② 누구든지 고용노동부장관의 허가를 받지 아니하고는 근로자공급사업을 하지 못한다.

③ 연예인을 대상으로 하는 국외 근로자공급 사업의 허가를 받을 수 있는 자는 민법상 비영리법인으로 한다.

④ 국내 근로자공급사업 허가를 받을 수 있는 자는 「노동조합 및 노동관계조정법」에 따른 노동조합이다.

해설 ① 근로자공급사업 허가의 유효기간은 3년으로 하되, 유효기간이 끝난 후 계속하여 근로자공급사업을 하려는 자는 고용노동부령으로 정하는 바에 따라 연장허가를 받아야 한다. 이 경우 연장허가의 유효기간은 연장 전 허가의 유효기간이 끝나는 날부터 3년으로 한다.

83 근로기준법령상 용어의 정의에 관한 설명으로 틀린 것은?

① "근로"란 정신노동과 육체노동을 말한다.

② "사용자"란 사업주 또는 사업 경영 담당자, 그 밖에 근로자에 관한 사항에 대하여 사업주를 위하여 행위하는 자를 말한다.

③ "통상임금'이란 이를 산정하여야 할 사유가 발생한 날 이전 3개월 동안에 그 근로자에게 지급된 임금의 총액을 그 기간의 총 일수로 나눈 금액을 말한다.

④ "단시간근로자"란 1주 동안의 소정근로시간이 그 사업장에서 같은 종류의 업무에 종사하는 통상근로자의 1주 동안의 소정근로 시간에 비하여 짧은 근로자를 말한다.

해설 ③은 평균임금에 대한 설명이다. 통상임금이란 근로자에게 정기적이고 일률적으로 소정(所定)근로 또는 총 근로에 대하여 지급하기로 정한 시간급 금액, 일급 금액, 주급 금액, 월급 금액 또는 도급 금액을 말한다.

84 근로기준법령상 근로계약에 관한 설명으로 틀린 것은?

① 근로기준법에서 정하는 기준에 미치지 못하는 근로조건을 정한 근로계약은 그 부분에 한하여 무효로 한다.

② 사용자는 근로계약 불이행에 대한 위약금 또는 손해배상액을 예정하는 계약을 체결할 수 있다.

③ 사용자는 근로계약을 체결할 때에 근로자에게 임금, 소정근로시간, 휴일, 연차 유급휴가 등의 사항을 명시하여야 한다.

④ 명시된 근로조건이 사실과 다를 경우에 근로자는 근로조건 위반을 이유로 손해의 배상을 청구할 수 있으며 즉시 근로계약을 해제할 수 있다.

해설 ② 사용자는 근로계약 불이행에 대한 위약금 또는 손해배상액을 예정하는 계약을 체결하지 못한다. 이를 위반한 자는 500만원 이하의 벌금에 처한다.

85 근로기준법령상 이행강제금에 관한 설명으로 틀린 것은?

① 노동위원회는 구제명령을 받은 후 이행기한까지 구제명령을 이행하지 아니한 사용자에게 2천만원 이하의 이행강제금을 부과한다.

② 노동위원회는 이행강제금을 부과하기 30일 전까지 이행강제금을 부과 징수한다는 뜻을 사용자에게 미리 문서로써 알려 주어야 한다.

③ 근로자는 구제명령을 받은 사용자가 이행기한까지 구제명령을 이행하지 아니하면, 이행기한이 지난 때부터 30일 이내에 그 사실을 노동위원회에 알려줄 수 있다.

④ 노동위원회는 이행강제금 납부의무자가 납부기한까지 이행강제금을 내지 아니하면 기간을 정하여 독촉을 하고 지정된 기간에 이행강제금을 내지 아니하면 국세 체납처분의 예에 따라 징수할 수 있다.

해설 ③ 근로자는 구제명령을 받은 사용자가 이행기한까지 구제명령을 이행하지 아니하면 이행기한이 지난 때부터 15일 이내에 그 사실을 노동위원회에 알려줄 수 있다.

86 근로자퇴직급여 보장법에 관한 설명으로 틀린 것은?

① 이 법은 상시 5명 미만의 근로자를 사용하는 사업장에는 적용하지 아니한다.

② 퇴직금제도를 설정하려는 사용자는 계속근로기간 1년에 대하여 30일분 이상의 평균임금을 퇴직금으로 퇴직 근로자에게 지급할 수 있는 제도를 설정하여야 한다.

③ 퇴직금을 받을 권리는 3년간 행사하지 아니하면 시효로 인하여 소멸한다.

④ 확정급여형 퇴직연금제도란 근로자가 받을 급여의 수준이 사전에 결정되어 있는 퇴직연금제도를 말한다.

해설 ① 이 법은 근로자를 사용하는 모든 사업 또는 사업장에 적용한다. 다만, 동거하는 친족만을 사용하는 사업 및 가구 내 고용활동에는 적용하지 아니한다.

87 남녀고용평등과 일·가정 양립 지원에 관한 법령상 과태료를 부과하는 위반행위는?

① 근로자의 교육·배치 및 승진에서 남녀를 차별한 경우

② 성희롱 예방 교육을 하지 아니한 경우

③ 동일한 사업 내의 동일 가치의 노동에 대하여 동일한 임금을 지급하지 아니한 경우

④ 육아기 근로시간 단축을 이유로 해당 근로자에 대하여 해고나 그 밖의 불리한 처우를 한 경우

해설 ② 직장 내 성희롱 예방 교육을 하지 아니한 경우에는 1천만원 이하의 과태료를 부과한다.
① 근로자의 교육·배치 및 승진에서 남녀를 차별한 경우: 500만원 이하의 벌금에 처한다.
③ 동일한 사업 내의 동일 가치의 노동에 대하여 동일한 임금을 지급하지 아니한 경우: 3년 이하의 징역 또는 3천만원 이하의 벌금에 처한다.
④ 육아기 근로시간 단축을 이유로 해당 근로자에 대하여 해고나 그 밖의 불리한 처우를 한 경우: 3년 이하의 징역 또는 3천만원 이하의 벌금에 처한다.

88 고용정책 기본법령상 고용재난지역에 관한 설명으로 틀린 것은?

① 고용 재난지역으로 선포할 것을 대통령에게 건의할 수 있는 자는 기획재정부장관이다.

② 고용 재난지역의 선포를 건의 받은 대통령은 국무회의 심의를 거쳐 해당 지역을 고용재난지역으로 선포할 수 있다.

③ 고용 재난지역으로 선포하는 경우 정부는 행정상·재정상·금융상의 특별지원이 포함된 종합대책을 수립·시행할 수 있다.

④ 고용 재난 조사단은 단장 1명을 포함하여 15명 이하의 단원으로 구성한다.

해설 ① 고용노동부장관은 대규모로 기업이 도산하거나 구조조정 등으로 지역의 고용안정에 중대한 문제가 발생하여 특별한 조치가 필요하다고 인정되는 지역에 대하여 고용재난지역으로 선포할 것을 대통령에게 건의할 수 있다.

89 고용보험 법령상 구직급여의 수급자격이 인정되기 위해서는 이직일 이전 18개월의 기준기간 중에 피보험 단위기간이 통산하여 몇 일 이상 되어야 하는가?

① 60일   ② 90일

③ 120일   ④ 180일

해설 ④ 고용보험법: 기준기간은 이직일 이전 18개월 동안의 피보험 단위기간이 통산하여 180일 이상일 것

90 헌법상 근로의 권리로서 명시되어 있지 <u>않은</u> 것은?

① 최저임금제 시행

② 여성근로자의 특별보호

③ 연소근로자의 특별보호

④ 장애인근로자의 특별보호

해설 ④ 장애인근로자의 특별보호는 명시되어 있지 않다. 국가유공자·상이군경 및 전몰군경의 유가족은 법률이 정하는 바에 의하여 우선적으로 근로의 기회를 부여받는다.

91 직업안정법령상 근로자의 모집에 관한 설명으로 틀린 것은?

① 누구든지 국외에 취업할 근로자를 모집한 경우에는 고용노동부장관에게 신고하여야 한다.

② 고용노동부장관은 건전한 모집질서를 확립하기 위하여 필요하다고 인정하는 경우에는 근로자 모집방법 등의 개선을 권고할 수 있다.

③ 고용노동부장관은 근로자의 모집을 원활하게 하기 위하여 필요하다고 인정할 때에는 국외취업을 희망하는 근로자를 미리 등록하게 할 수 있다.

④ 근로자를 모집하려는 자가 응모자로부터 그 모집과 관련하여 금품을 받은 경우 7년 이하의 징역 또는 7천만원 이하의 벌금에 처한다.

해설 ④ 근로자를 모집하려는 자가 응모자로부터 그 모집과 관련하여 금품을 받은 경우 5년 이하의 징역 또는 5천만원 이하의 벌금에 처한다.

➕ 7년 이하의 징역 또는 7천만원 이하의 벌금

1. 폭행·협박 또는 감금이나 그 밖에 정신·신체의 자유를 부당하게 구속하는 것을 수단으로 직업소개, 근로자 모집 또는 근로자공급을 한 자
2. 「성매매알선 등 행위의 처벌에 관한 법률」에 따른 성매매 행위나 그 밖의 음란한 행위가 이루어지는 업무에 취업하게 할 목적으로 직업소개, 근로자 모집 또는 근로자공급을 한 자

92 남녀고용평등 및 일·가정 양립 지원에 관한 법령상 육아기 근로시간 단축에 관한 설명이다. ( )에 들어갈 내용으로 옳은 것은?

> 사업주가 근로자에게 육아기 근로시간 단축을 허용하는 경우 단축 후 근로시간은 주당 (ㄱ) 시간 이상이어야 하고 (ㄴ) 시간을 넘어서는 아니 된다.

① ㄱ: 10, ㄴ: 15   ② ㄱ: 10, ㄴ: 20
③ ㄱ: 15, ㄴ: 30   ④ ㄱ: 15, ㄴ: 35

해설 ④ 사업주가 해당 근로자에게 육아기 근로시간 단축을 허용하는 경우 단축 후 근로시간은 주당 15시간 이상이어야 하고 35시간을 넘어서는 아니 된다. 육아기 근로시간 단축의 기간은 1년 이내로 한다.

93 남녀고용평등과 일·가정 양립 지원에 관한 법령상 직장 내 성희롱의 금지 및 예방에 관한 설명으로 틀린 것은?

① 사업주, 상급자 또는 근로자는 직장 내 성희롱을 하여서는 아니 된다.

② 사업주는 성희롱 예방 교육을 고용노동부장관이 지정하는 기관에 위탁하여 실시할 수 있다.

③ 누구든지 직장 내 성희롱 발생 사실을 알게 된 경우 그 사실을 해당 사업주에게 신고할 수 있다.

④ 사업주는 직장 내 성희롱 예방 교육을 연 2회 이상 하여야 한다.

해설 ④ 사업주는 직장 내 성희롱 예방을 위한 교육을 연 1회 이상 하여야 한다.

94 국민평생직업능력개발법상 직업능력개발훈련에 관한 설명으로 옳은 것은?

① 직업능력개발훈련은 18세 미만인 자에게는 실시할 수 없다.

② 직업능력개발훈련의 대상에는 취업할 의사가 있는 사람뿐만 아니라 사업주에게 고용된 사람도 포함된다.

③ 직업능력개발훈련 시설의 장은 직업능력개발훈련과 관련된 기술 등에 관한 표준을 정할 수 있다.

④ 산업재해보상보험법을 적용받는 사람도 재해위로금을 받을 수 있다.

해설 ① 직업능력개발훈련은 15세 이상인 사람에게 실시하되, 직업능력개발훈련시설의 장은 훈련의 직종 및 내용에 따라 15세 이상으로서 훈련대상의 연령 범위를 따로 정하거나 필요한 학력, 경력 또는 자격을 정할 수 있다.
③ 고용노동부장관은 직업능력개발훈련의 상호호환·인정·교류가 가능하도록 직업능력개발훈련과 관련된 기술·자원·운영 등에 관한 표준을 정할 수 있다.
④ 직업능력개발훈련을 실시하는 자는 해당 훈련시설에서 직업능력개발훈련을 받는 근로자(「산업재해보상보험법」을 적용받는 사람은 제외한다)가 직업능력개발훈련 중에 그 직업능력개발훈련으로 인하여 재해를 입은 경우에는 재해 위로금을 지급하여야 한다.

95 고용보험법령상 취업촉진 수당에 해당하지 <u>않는</u> 것은?

① 구직급여
② 조기재취업 수당
③ 광역 구직활동비
④ 직업능력개발 수당

해설 ① 실업급여는 구직급여와 취업촉진수당으로 구분한다.

➕ 취업촉진수당
1. 조기재취업 수당
2. 직업능력개발 수당
3. 광역 구직활동비
4. 이주비

96 국민평생직업능력개발법령상 실시방법에 따라 구분한 직업능력개발훈련에 해당하지 <u>않는</u> 것은?

① 집체훈련
② 향상훈련
③ 현장훈련
④ 원격훈련

➕ 훈련목적(대상)과 훈련방법에 따른 분류

구 분	훈련방법	설 명
훈련목적에 따른 분류	양성훈련	작업에 필요한 기초적 직무수행 능력을 습득시키기 위하여 실시
	향상훈련	더 높은 직무수행능력을 습득시키거나 기술발전에 맞추어 지식·기능을 보충하게 하기 위하여 실시
	전직훈련	종전의 직업과 유사하거나 새로운 직업에 필요한 직무수행능력을 습득시키기 위하여 실시
훈련방법에 따른 분류	집체훈련	훈련전용시설 또는 훈련을 실시하기에 적합한 시설에서 실시
	현장훈련	산업체 생산시설을 이용하거나 근로장소에서 실시
	원격훈련	먼 곳에 있는 사람에게 정보통신 매체 등을 이용하여 실시
	혼합훈련	훈련방법을 2개 이상 병행하여 실시

97 파견근로자보호 등에 관한 법령에 대한 설명으로 틀린 것은?

① 근로자파견사업의 허가의 유효기간은 3년으로 한다.
② 파견사업주는 그가 고용한 근로자 중 파견근로자로 고용하지 아니한 자를 근로자파견의 대상으로 하려는 경우에는 고용노동부장관의 승인을 받아야 한다.
③ 파견사업주는 쟁의행위 중인 사업장에 그 쟁의행위로 중단된 업무의 수행을 위하여 근로자를 파견하여서는 아니 된다.
④ 파견사업주는 근로자파견을 할 경우에는 파견근로자의 성명·성별·연령·학력·자격 기타 직업능력에 관한 사항을 사용사업주에게 통지하여야 한다.

해설 파견사업주는 그가 고용한 근로자 중 파견근로자로 고용하지 아니한 자를 근로자 파견의 대상으로 하려는 경우에는 미리 해당 근로자에게 그 취지를 서면으로 알리고 그의 동의를 받아야 한다.

98 고용상 연령차별금지 및 고령자고용촉진에 관한 법령상 운수업에서의 고령자 기준 고용률은?

① 그 사업장의 상시 근로자 수의 100분의 2
② 그 사업장의 상시 근로자 수의 100분의 3
③ 그 사업장의 상시 근로자 수의 100분의 6
④ 그 사업장의 상시 근로자 수의 100분의 10

해설 이 법에서 "기준고용률"이란 사업장에서 상시 사용하는 근로자를 기준(300명 이상)으로 하여 사업주가 고령자의 고용촉진을 위하여 고용하여야 할 고령자의 비율로서 고령자의 현황과 고용 실태 등을 고려하여 사업의 종류별로 대통령령으로 정하는 비율을 말한다.

➕ 고령자 기준고용률
1. 제조업: 그 사업장의 상시근로자수의 100분의 2
2. 운수업, 부동산 및 임대업: 그 사업장의 상시근로자수의 100분의 6
3. 제1호 및 제2호 외의 산업: 그 사업장의 상시근로자수의 100분의 3

99 개인정보 보호법령에 관한 설명으로 틀린 것은?

① "정보주체"란 처리 되는 정보에 의하여 알아볼 수 있는 사람으로서 그 정보의 주체가 되는 사람을 말한다.

② 개인정보처리자는 개인정보의 처리 목적에 필요한 범위에서 개인정보의 정확성, 완전성 및 최신성이 보장되도록 하여야 한다.

③ 개인정보 보호에 관한 사무를 독립적으로 수행하기 위하여 국무총리 소속으로 개인정보 보호위원회를 둔다.

④ 위원의 임기는 2년으로 하되, 연임할 수 없다.

해설 ④ 위원의 임기는 3년으로 하되, 한 차례만 연임할 수 있다.

100 고용보험법령상 고용안정, 직업능력개발사업의 내용에 해당하지 않는 것은?

① 조기재취업 수당 지원
② 고용창출의 지원
③ 지역 고용의 촉진
④ 임금피크제 지원금의 지급

해설 ① 조기재취업 수당은 고용보험법의 실업급여 중 취업촉진 수당에 해당한다.

1 과목　Vocational Counselor 직업상담학

01　진로 선택과 관련된 이론으로 인생초기의 발달 과정을 중시하는 이론은?

① 인지적 정보처리이론　② 정신분석이론

③ 사회학습이론　　　　④ 진로발달이론

[해설] ② 프로이드(Freud)의 정신분석 이론에 진로교육을 도입한 보딘(Bordin)은 개인이 선호하는 직업은 생후 6년 동안에 만들어지는 욕구에 의해 선택된다고 했다.

① 인지적 정보처리이론: 개인이 진로결정을 내리고 진로문제 해결과 의사결정을 할 때 정보를 어떻게 이용하는지를 다룬다.

③ 사회학습이론: 진로선택을 비롯한 진로 행동과 관련된 요인들의 경로를 예측하기 위한 모형을 제시하였다.

④ 진로발달이론: 개인의 성장과정에 따른 진로교육 및 진로선택을 다룬 이론으로 긴즈버그(Ginzberg), 수퍼(Super) 등의 학자가 있다.

02　6개의 생각하는 모자(six thinking hats) 기법에서 모자의 색상별 역할에 관한 설명으로 옳은 것은?

① 청색 – 낙관적이며, 모든 일이 잘 될 것이라고 생각한다.

② 적색 – 직관에 의존하고, 직감에 따라 행동한다.

③ 흑색 – 본인과 직업들에 대한 사실들만을 고려한다.

④ 황색 – 새로운 대안들을 찾으려 노력하고, 문제들을 다른 각도에서 바라본다.

➕ 6색 모자의 색상별 역할(용도: 의사결정 촉진)

• 백색 모자: 객관적, 중립적이고 정보에 초점을 둔다.

• 적색 모자: 주관적이고, 감정과 감각에 치중한다. 설명도 없이 고집한다.

• 황색 모자: 긍정적으로 보며 칭찬에 중점을 둔다.

• 흑색 모자: 부정적으로 보며 비판에 중점을 둔다.

• 녹색 모자: 창의적으로 대안을 찾는다.

• 청색 모자: 상황·맥락을 통찰하며 모자를 바꿔쓰도록 조정·관리한다.

03　상담이론과 직업상담사의 역할의 연결이 바르지 않은 것은?

① 인지상담 – 수동적이고 수용적인 태도

② 정신분석적 상담 – 텅 빈 스크린

③ 내담자 중심의 상담 – 촉진적인 관계형성 분위기 조성

④ 행동주의상담 – 능동적이고 지시적인 역할

[해설] ① 인지상담 – 능동적이고 수용적인 태도

• 텅 빈 스크린(blank screen): 상담사가 자신을 개방하지 않고 중립성을 유지하여 내담자가 상담자에게 투사할 수 있도록 하여 전이현상을 끌어내는 기법이다.

04　Williamson의 특성-요인 직업상담의 단계를 바르게 나열한 것은?

| ㄱ. 분석 | ㄴ. 종합 | ㄷ. 진단 |
| ㄹ. 예측 | ㅁ. 상담 | ㅂ. 추수지도 |

① ㄱ → ㄴ → ㄷ → ㄹ → ㅁ → ㅂ

② ㄷ → ㄱ → ㄴ → ㅁ → ㄹ → ㅂ

③ ㄴ → ㄱ → ㄹ → ㄷ → ㅁ → ㅂ

④ ㄱ → ㄷ → ㅁ → ㄴ → ㄹ → ㅂ

[해설] 상담과정: 분석(자료수집) → 종합(자료 요약) → 진단(변별진단) → 처방(예후=예측) → 상담(내담자 참여) → 추수지도

05　Super가 제시한 흥미사정 기법에 해당하지 않는 것은?

① 표현된 흥미　　　　② 선호된 흥미

③ 조작된 흥미　　　　④ 조사된 흥미

➕ 수퍼(Super)가 제시한 흥미사정기법

• 표현된 흥미: 어떤 활동이나 직업에 대해 '좋다, 싫다'라고 간단하게 말하도록 요청한다.

• 조작된 흥미: 활동에 대해 질문을 하거나 활동에 참여하는 사람들이 어떻게 시간을 보내는지를 관찰하는 것이다.

• 조사된 흥미: 검사에서 개인의 반응은 특정 직업에 종사하는 사람들의 흥미와 유사점 비교한다.

06 교류분석상담의 상담과정에서 내담자 자신의 부모자아, 성인자아, 어린이자아의 내용이나 기능을 이해하는 방법은?

① 구조분석
② 의사교류분석
③ 게임분석
④ 생활각본분석

➕ 에릭 번(Eric Berne)의 상담기법
- 구조분석: P–부모자아, A–성인자아, C–어린이자아
- 교류분석: 상보적, 교차적, 이면적
- 게임분석: 구조자, 박해자, 희생자
- 각본분석: 자기긍정–타인긍정, 자기긍정–타인부정, 자기부정–타인긍정, 자기부정–타인부정

07 인지·정서·행동치료(REBT)의 상담기법 중 정서기법에 해당하지 않는 것은?

① 역할연기
② 수치공격 연습
③ 자기관리
④ 무조건적 수용

해설 ② 자기관리는 행동주의 상담기법으로 내담자가 자기관리와 자기지시적인 삶을 영위하고 상담자에게 의존하지 않도록 하기 위해 상담자가 내담자와 지식을 공유하는 것을 의미한다.
- 자기교시 또는 자기지시(self–instruction): 자신에게 지시한다.
- 자기점검(self–monitoring) 또는 자기감찰: 자기의 행동을 통제하기 위해 기록하는 것이다.
- 자기강화(self–reinforcement): 바람직한 행동을 했을 때 자신의 행동에 보상이나 특별한 권리부여한다.

08 직업상담을 위한 면담에 대한 설명으로 옳은 것은?

① 내담자의 모든 행동은 이유와 목적이 있음을 분명하게 인지한다.
② 상담과정의 원만한 전개를 위해 내담자에게 태도 변화를 요구한다.
③ 침묵에 빠지지 않도록 상담자는 항상 먼저 이야기를 해야 한다.
④ 초기면담에서 내담자에 대한 기준을 부여한다.

해설 ② 상담과정의 원만한 전개를 위해 라포형성(관계형성) 한다.
③ 내담자의 침묵은 상담에 대한 저항이나 자신의 생각을 정리하는 시간일 수 있으니 원인에 따른 적절한 대응이 필요하다.
④ 초기면담에서 내담자의 상담목표를 명확하게 한다.

09 상담사가 비밀유지를 파기할 수 있는 경우와 거리가 가장 먼 것은?

① 내담자가 자살을 시도할 계획이 있는 경우
② 비밀을 유지하지 않는 것이 효과적이라고 슈퍼바이저가 말하는 경우
③ 내담자가 타인을 해칠 가능성이 있는 경우
④ 아동학대와 관련된 경우

해설 ② 슈퍼바이저의 의견은 비밀유지를 파기할 수 있는 경우와 거리가 멀다.

➕ 비밀유지를 할 수 없는 경우 = 비밀유지를 파기할 수 있는 경우
- 내담자가 불법적인 행위를 했을 경우
- 내담자가 자신이나 타인의 생명 혹은 사회의 안전을 위협하는 경우
- 내담자가 감염성이 있는 치명적인 질병이 있다는 확실한 정보를 가졌을 경우
- 미성년인 내담자가 학대를 당하고 있는 경우
- 내담자가 아동학대를 하는 경우
- 법적으로 정보의 공개가 요구되는 경우

10 비구조화 집단에 관한 설명으로 틀린 것은?

① 감수성 훈련, T 집단이 해당된다.
② 폭넓고 깊은 상호작용이 이루어질 수 있다.
③ 구조화집단보다 지도자의 전문성이 더욱 요구된다.
④ 비구조화가 중요하기에 지도자가 어떤 계획을 세울 필요는 없다.

해설 ④ 집단원 개개인이 상호작용과 자기 탐색을 촉지시킬 수 있도록 집단상담자는 계획을 세워야 한다.

➕ 집단의 유형
- 구조화 집단: 사전에 설정된 특정 주제와 목표를 달성하기 위해 일련의 구체적인 활동으로 구성되고, 집단상담자가 정해진 계획과 절차에 의해 진행하는 형태이다.
- 비구조화 집단: 사전에 정해진 행동이 없고 집단원 개개인의 경험과 관심을 토대로 상호 작용함으로써 집단의 치료적 효과를 얻고자 하는 집단의 형태이다.
- 반구조화 집단: 비구조화 행태로 운영하되, 필요에 따라 구조화 집단 형태를 활용하는 혼합집단이다.

11 사이버 직업상담 기법으로 적합하지 <u>않은</u> 것은?

① 질문내용 구상하기

② 핵심 진로논점 분석하기

③ 진로논점 유형 정하기

④ 직업정보 가공하기

➕ **사이버 직업상담 기법**

• 자기노출 및 주요 진로논점 파악하기

• 핵심 진로논점 분석하기

• 진로논점 유형 정하기

• 답변내용 구상하기

• 직업정보 가공하기

• 답변 작성하기

12 내담자가 자기지시적인 삶을 영위하고 상담사에게 의존하지 않게 하기 위해 상담사가 내담자와 지식을 공유하며 자기강화 기법을 적극적으로 활용하는 행동주의 상담기법은?

① 모델링

② 과잉교정

③ 내현적 가감법

④ 자기관리 프로그램

해설 ① 모델링: 내담자가 다른 사람의 바람직한 행동을 관찰해서 학습한 것을 수행하는 것이다.

② 과잉교정: 강화로 제공될 대안이 거의 없거나 효과적인 강화인자가 없을 때 유용한 기법으로 파괴적이고 폭력적인 행동을 수정하는데 사용하는 기법이다.

③ 내현적 가감법: 불쾌감을 연상시켜 행동소거한다.

13 상담사의 기본 기술 중 내담자가 전달하려는 내용에서 한 걸음 더 나아가 그 내면적 감정에 대해 반영하는 것은?

① 해석

② 공감

③ 명료화

④ 적극적 경청

해설 ① 해석: 내담자가 직접 진술하지 않은 내용이나 개념을 그의 과거 경험이나 진술을 토대로 하여 추론하여 말하는 것이다.

③ 명료화: 내담자가 하는 말 중에서 모호한 점이 있으면 명확하게 그 의미를 밝혀내 내담자의 의사와 감정을 구체화하는 방법이다.

④ 적극적 경청: 내담자의 말을 듣고 태도와 행동을 관찰하며 선택적 주목하는 것을 말한다.

14 아들러(A. Adler)의 개인주의 상담에 관한 설명으로 맞는 것을 모두 고른 것은?

> ㄱ. 범인류적 유대감을 중시한다.
> ㄴ. 인간을 전체적 존재로 본다.
> ㄷ. 사회 및 교육문제에 관심을 갖는다.

① ㄱ, ㄴ

② ㄱ, ㄷ

③ ㄴ, ㄷ

④ ㄱ, ㄴ, ㄷ

해설 아들러(Adler)는 더 나은 세계를 만들기 위해 현재·과거·미래의 인류와 갖는 유대감을 중시하고, 인간은 사회적 동기에 의해 동기화되는 존재로 보았으며, 인간을 분리하여 볼 수 없는 전체적 존재로 보았다.

15 다음은 어떤 상담이론에 관한 설명인가?

> 부모의 가치조건을 강요하여 긍정적 존중의 욕구가 좌절되고, 부정적 자아개념이 형성되면서 심리적 어려움이 발생된다고 본다.

① 행동주의 상담

② 게슈탈트 상담

③ 실존주의 상담

④ 인간중심 상담

해설 ④ 로저스(Rogers)는 유기체가 자기개념이 생기면서 타인(부모나 교사)에게 조건적·긍정적인 관심과 존중으로 받으려는 욕구가 생기면서 좌절하거나 충족되기도 한다고 본다.

① 행동주의 상담: 행동주의자들은 인간의 행동이 자연현상과 마찬가지로 일정한 법칙성을 지니고 있다고 가정한다.

② 게슈탈트(형태주의) 상담: 펄스(Perls)의 형태주의는 '지금-여기'를 강조하고 미해결과제에 관심을 두었다.

③ 실존주의 상담: 내담자와의 대면적 관계를 중시하며, 내담자의 문제를 모두 해결할 수는 없다고 보며, 내담자가 피해자적 역할들로부터 벗어나도록 도와야 한다고 설명한다.

16 생애진로사정의 구조에 포함되지 <u>않는</u> 것은?

① 진로사정

② 강점과 장애

③ 훈련 및 평가

④ 전형적인 하루

➕ **생애진로사정 구조**

• 진로사정: 일경험, 교육 또는 훈련과정과 관심사, 오락

• 전형적인 하루: 의존적-독립적, 자발적-체계적

• 강점과 장애

• 요약

17 직업상담 과정에서 내담자 목표나 문제의 확인·명료·상세 단계의 내용으로 적절하지 **않은** 것은?

① 내담자와 상담자 간의 상호간 관계 수립
② 내담자의 현재 상태와 환경적 정보 수집
③ 진단에 근거한 개입의 선정
④ 내담자 자신의 정보수집

해설 ③ 개입은 관계형성과 목표설정 다음 단계이다.

➕ **직업상담 단계**
• 관계수립 및 문제의 평가 → 상담목표의 설정 → 문제해결을 위한 개입 → 훈습 → 종결
• 관계형성 → 진단 및 측정 → 목표설정 → 개입 또는 중재 → 평가

18 Super의 생애진로발달 이론에서 상담 목표로 옳은 것을 모두 고른 것은?

ㄱ. 자기개념 분석하기
ㄴ. 진로성숙 수준 확인하기
ㄷ. 수행결과에 대한 비현실적 기대 확인하기
ㄹ. 진로발달과제를 수행하는데 필요한 지식, 태도, 기술 익히기

① ㄱ, ㄷ
② ㄱ, ㄴ, ㄹ
③ ㄴ, ㄷ, ㄹ
④ ㄱ, ㄴ, ㄷ, ㄹ

해설 ㄷ. 수행결과에 대한 비현실적 기대 확인하기는 수퍼(Super)의 상담 목표에 해당하지 않는다.

19 다음 사례에서 면담 사정 시 사정단계에서 확인해야 하는 내용으로 가장 적합한 것은?

중2 남학생인 내담자는 소극적인 성격으로 대인관계에 어려움을 겪고 있고 진로에 대한 고민을 한 적이 없고 학업도 게을리 하고 있다.

① 내담자의 잠재력, 내담자의 자기진단
② 인지적 명확성, 정신건강 문제, 내담자의 동기
③ 내담자의 자기진단, 상담자의 정보제공
④ 동기문제 해결, 상담자의 견해 수용

해설 자신에 대한 객관적 이해(인지적 명확성), 정신건강 문제, 직업에 대한 동기, 흥미 등을 확인해야 한다.

20 직업상담의 문제 유형 중 Bordin의 분류에 해당하지 **않는** 것은?

① 의존성
② 확신의 결여
③ 선택에 대한 불안
④ 흥미와 적성의 모순

➕ 윌리암슨, 크라이티스, 보딘의 문제유형 비교

윌리암슨 (Williamson)	크라이티스 (Crites)		보딘 (Bordin)
불확실한 선택	적응성	적응형, 부적응형	의존성
무선택	현실성	비현실형, 불충족형, 강압형	정보의 부족
흥미와 적성의 모순	결정성	다재다능형, 우유부단형	자아갈등 (내적갈등)
어리석은 선택	–	–	진로선택에 따르는 불안
–	–	–	문제가 없음 (확신의 결여)

2 과목 Vocational Counselor
직업심리학

21 다음에 해당하는 직무 및 조직관련 스트레스 요인은?

직장 내 요구들 간의 모순 혹은 직장의 요구와 직장 밖 요구 사이의 모순이 있을 때 발생한다.

① 역할 갈등
② 역할 과다
③ 과제 특성
④ 역할 모호성

해설 ② 역할과다: 제한된 시간 내에 많은 양의 업무량을 수행해야 하거나 개인의 역량에 비해 어려운 직무과제를 수행해야 하는 경우에 발생한다.
③ 과제 특성: 지루하게 반복되는 과업수행에서 오는 단조로움은 기계화 및 자동화시대에 살고 있는 오늘날 가장 위험한 스트레스 요인이 될 수 있다.
④ 역할 모호성: 역할을 수행하는데 필요하다고 느끼고 있는 정보를 보유하지 못하거나 전달 받지 못하는 경우에 발생한다.

22 다음 중 진로 의사결정 모델(이론)에 해당하는 것은?

① Holland의 진로선택이론

② Vroom의 기대이론

③ Super의 발달이론

④ Krumboltz의 사회학습이론

해설 ② 브룸(Vroom)은 기대·유인가 이론(expectancy valence theory)을 제시했다.

• 노력(effort) 대 수행(performance)기대: 노력이 발휘되면 가능성으로 평가되어 기대로 이어지며 그 결과 성공적 수행이 된다.

• 수행(performance) 대 성과(outcome)기대: 노력이 성공적으로 발휘되어야만 가능성으로 평가되어 기대로 이어지며 재정적 보상과 같은 결과를 열망한다.

① 홀랜드(Holland)의 직업선택이론은 개인-환경간 적합성 모형으로 직업선호도 검사를 개발했다.

③ 수퍼(Super)는 발달이론에서 발달단계를 성장기 → 탐색기 → 확립기 → 유지기 → 쇠퇴기로 설명했다.

④ 크롬볼츠(Krumboltz)는 사회학습이론에서 진로발달과정에 영향을 주는 요인으로 유전적 요인과 특별한 능력, 환경조건과 사건, 학습경험, 과제접근기술을 제시했다.

23 직무 스트레스에 관한 설명으로 옳은 것은?

① 17-OHCS라는 당류부신피질 호르몬은 스트레스의 생리적 지표로서 매우 중요하게 사용된다.

② B형 행동유형이 A형 행동유형보다 높은 스트레스 수준을 유지한다.

③ Yerkes와 Dodson의 U자형 가설은 스트레스 수준이 낮으면 작업능률이 높아진다는 가설이다.

④ 일반적응증후군(GAS)은 저항단계, 경계단계, 소진단계 순으로 진행되면서 사람에게 나쁜 결과를 가져다준다.

해설 ② A성격 유형이 B성격 유형보다 더 높은 스트레스 수준을 유지한다.

③ Yerkes와 Dodson의 역 U자형 가설은 스트레스 수준이 적당하면 작업능률도 최대가 된다고 한다.

④ 일반적응증후군(GAS)은 경계(경고) → 저항 → 탈진(소진) 순으로 진행된다.

24 진로성숙도 검사(CMI)의 태도척도 영역과 이를 측정하는 문항의 예가 바르게 짝지어진 것은?

① 결정성 - 나는 선호하는 진로를 자주 바꾸고 있다.

② 독립성 - 나는 졸업할 때까지는 진로선택문제에 별로 신경을 쓰지 않겠다.

③ 타협성 - 일하는 것이 무엇인지에 대해 생각한 바가 거의 없다.

④ 성향 - 나는 하고 싶기는 하나 할 수 없는 일을 생각하느라 시간을 보내곤 한다.

해설 진로성숙검사는 표준화된 진로발달 측정도구로 피검사자의 진로 선택과 관련된 태도와 능력이 어느 정도 발달해 있는가를 진단하는 목적으로 개발된 검사이다.

➕ 태도척도의 하위영역

척도	측정 내용	문항의 예
결정성 (decisiveness)	선호하는 진로의 방향에 대한 확신의 정도이다.	나는 선호하는 진로를 자주 바꾸고 있다.
참여도 (involvement) 또는 관여도	진로선택 과정에의 능동적 참여의 정도이다.	나는 졸업할 때까지는 진로 선택문제에 별로 신경을 쓰지 않겠다.
독립성 (independence)	진로선택을 독립적으로 할 수 있는 정도이다.	나는 부모님이 정해 주시는 직업을 선택하겠다.
성향(orientation) 또는 지향성	진로결정에 필요한 사전이해와 준비의 정도이다.	일하는 것이 무엇인지에 대해 생각한 바가 거의 없다.
타협성 (compromise)	진로 선택시에 욕구와 현실을 타협하는 정도이다.	나는 하고 싶기는 하나 할 수 없는 일을 생각하느라 시간을 보내곤 한다.

25 직업상담사 자격시험 문항 중 대학수학능력을 측정하는 문항이 섞여 있을 경우 가장 문제가 되는 것은?

① 타당도 ② 신뢰도

③ 객관도 ④ 오답지 매력도

해설 ① 타당도 중 내용타당도의 문제이다.

② 신뢰도: 검사 도구가 측정하고자 하는 것을 일관성 있게 측정하는 정도를 말한다.

③ 객관도: 측정 결과에 대해 검사자 또는 채점자가 얼마나 일치하는 정도를 말한다.

④ 오답지 매력도: 선다형 문항에서 피검사자가 오답지를 선택할 확률을 말한다.

26 진로발달이론 중 인지적 정보처리 이론의 핵심적인 가정으로 옳지 <u>않은</u> 것은?

① 직업 문제해결 능력은 지식과 마찬가지로 인지적인 기능에 따라 달라진다.

② 직업발달은 지식구조의 지속적인 성장과 변화를 내포한다.

③ 직업 문제해결과 의사결정은 인지적인 과정을 내포하고 있고 정서적인 과정은 포함되지 않는다.

④ 직업 문제해결과 의사결정 기술의 발전은 정보처리 능력을 강화함으로써 이루어진다.

해설 ③ 진로선택은 인지적 정의적 과정들의 상호작용의 결과이며, 진로를 선택한다는 것은 하나의 문제해결 활동이다.

27 호손(Hawthorne) 연구에 관한 설명으로 틀린 것은?

① 인간이 조직에서 중요한 요소의 하나라는 사실을 강조하였다.

② 개인과 집단의 사회적·심리적 요소가 조직성과에 영향을 미친다는 사실을 인식하였다.

③ 비공식조직이 조직성과에 영향을 미치는 것을 확인하였다.

④ 작업의 과학화, 객관화, 분업화의 중요성을 강조하였다.

해설 ④ 호손(Hawthorne)은 직무수행에서 심리학적 조건(근로자에 대한 관심)이 물리적 조건보다 더 동기부여 한다고 했다.

28 직무분석에 필요한 직무정보를 얻는 출처와 가장 거리가 먼 것은?

① 직무 현직자　　　② 현직자의 상사

③ 직무 분석가　　　④ 과거 직무 수행자

해설 ④ 과거 직무 수행자는 거리가 멀다.

➕ **정보 출처**
- 주제 관련 전문가(현직자, 현직자의 상사)
- 직무분석가
- 고객

29 신입사원을 대상으로 부서 배치 후 6개월 이내에 자신이 도달하고 싶은 미래의 모습을 경력목표로 정하고 목표에 도달하기 위한 계획을 작성, 제출하도록 하여 자율적으로 경력목표를 달성할 수 있도록 지원하는 것은?

① 경력워크숍

② 직무순환

③ 사내공모제

④ 조기발탁제

해설 ② 직무순환: 종업원에게 다양한 직무를 경험하게 함으로써 여러 분야의 능력을 개발시키는데 목적이 있다.

③ 사내공모제: 조직에서 자리가 공석이 생길 경우 그 자리를 충원하기 위하여 조직 내의 게시판, 뉴스레터 및 기타 발간물을 통하여 조직 내 모든 종업원에게 알려 주고, 그 자리를 원하는 사람으로부터 지원서를 받은 뒤 적합한 사람을 결정하는 제도를 말한다.

④ 조기발탁제: 잠재력이 높은 종업원을 조기에 발견하고 그들에게 특별한 경력경험을 제공하여 상위직으로의 승진 가능성을 높게 하기 위한 것이다.

30 직무분석 정보를 수집하는 기법 중 다음과 같은 장점을 지닌 것은?

> - 효율적이고 비용이 적게 든다.
> - 동일한 직무의 재직자 간의 차이를 보여준다.
> - 공통적인 직무 차원상에서 상이한 직무들을 비교하기가 쉽다.

① 관찰법

② 면접법

③ 설문지법

④ 작업일지법

해설 ③ 설문지법은 현장의 작업자 또는 감독자에게 설문지를 배부하여 이들로 하여금 직무의 내용을 기술하게 하는 방법이다.

① 관찰법: 분석자가 직접 작업자의 곁에 서서 직무 활동의 실제를 상세하게 관찰하고 그 결과를 기술하는 방법이다.

② 면담법 또는 면접법: 특정 직무에 대한 많은 지식과 숙련된 기능을 가지고 있는 사람을 직접 만나서 면담을 하면서 분석하는 방법이다.

④ 작업일지법: 직무분석가가 작업자에게 작업일지에 자신들이 수행하는 활동을 기록하도록 요구하는 것이다.

31 개인의 변화를 목표로 하는 이차적 스트레스 관리전략에 해당하지 않는 것은?

① 이완훈련
② 바이오피드백
③ 직무 재설계
④ 스트레스관리 훈련

➕ **스트레스 관리전략**
- 1차적 스트레스 관리전략(출처 지향적 관리전략): 스트레스 출처의 수와 강도를 줄이고 예방한다. 스트레스 출처를 제거하는 것이다. **예** 직무재설계, 인지적 재구조화
- 2차적 스트레스 관리전략(반응 지향적 관리전략): 스트레스에 대한 개인의 반응을 수정하거나 예방한다. **예** 이완 훈련, 바이오 피드백, 스트레스 관리훈련, 신체단련, 영양섭취
- 3차적 스트레스 관리전략(증후 지향적 관리전략): 스트레스로 인해 생긴 부정적 결과에 보다 효율적으로 대처할 수 있는 도움을 받음으로써 최소화한다. **예** 종업원 지원프로그램, 의학적 치료

32 심리검사를 실시할 때 지켜야 할 사항과 가장 거리가 먼 것은?

① 검사의 구두 지시사항을 미리 충분히 숙지한다.
② 지나친 소음과 방해자극이 없는 곳에서 검사를 실시한다.
③ 수검자에 대한 관심과 협조, 격려를 통해 수검자로 하여금 검사를 성실히 하도록 한다.
④ 수검자에게 검사결과를 통보할 때는 일상적인 용어보다 통계적인 숫자나 용어를 중심으로 전달해야 한다.

해설 ④ 일반 수검자들에게 검사결과를 전달할 때는 통계적인 숫자나 용어를 사용하는 것보다는 쉽고 일상적인 용어로 전달해야 한다.

33 다음 중 일반적으로 가장 높은 신뢰도 계수를 기대할 수 있는 검사는?

① 표준화된 성취검사
② 표준화된 지능검사
③ 자기보고식 검사
④ 투사식 성격검사

해설 ② 지능검사가 가장 높은 계수를 기대할 수 있다.

34 홀랜드(Holland)의 육각형 모델에서 창의성을 지향하는 아이디어와 자료를 사용해서 자신을 새로운 방식으로 표현하는 유형은?

① 현실형(R)
② 탐구형(I)
③ 예술형(A)
④ 사회형(S)

➕ **홀랜드(Holland) 직업선호도 검사 유형**
① 현실형 또는 실제형(R): 분명하고 질서정연하고 체계적인 활동을 좋아하며 기계를 조작하는 활동 및 기술을 선호하는 흥미유형이다. **예** 엔지니어, 농부, 조사연구원, 운전사
② 탐구형(I): 관찰적, 상징적, 체계적이며 물리적, 생물학적, 문화적 현상의 창조적인 탐구활동을 선호하는 흥미유형이다. **예** 심리학자, 물리학자, 경영분석가
③ 예술형(A): 예술적 창조와 표현, 변화와 다양성을 선호하고 틀에 박힌 활동을 싫어하며 자유롭고, 상징적인 활동을 선호하는 흥미유형이다. **예** 음악가, 화가, 디자이너, 시인
④ 사회형(S): 타인의 문제를 듣고, 이해하고, 도와주고, 치료해주는 활동을 선호하는 흥미유형이다. **예** 상담사, 복지사, 바텐더, 성직자
⑤ 진취형(E): 조직의 목적과 경제적 이익을 얻기 위해 타인을 지도, 계획, 통제, 관리하는 일과 그 결과로 얻게 되는 명예, 인정, 권위를 선호하는 흥미유형이다. **예** 기업대표, 고위관리자, 변호사, 영업사원
⑥ 관습형(C): 정해진 원칙과 계획에 따라 자료를 기록, 정리, 조작하는 활동을 좋아하고 사무능력, 계산능력을 발휘하는 것을 선호하는 흥미유형이다. **예** 회계사, 경리사무원, 은행사무원

35 특성요인이론에 관한 설명으로 맞는 것을 모두 고른 것은?

> ㄱ. 대표적인 학자로 파슨스, 윌리엄슨 등이 있다.
> ㄴ. 직업선택은 인지적인 과정으로 개인의 특성과 직업의 특성을 짝짓는 것이 가능하다고 본다.
> ㄷ. 개인차에 관한 연구에서 시작하였고, 심리측정을 중요하게 다루지 않는다.

① ㄱ, ㄴ
② ㄱ, ㄷ
③ ㄴ, ㄷ
④ ㄱ, ㄴ, ㄷ

해설 ㄷ. 개인차에 관한 연구에서 시작하였고, 심리측정을 중요하게 다룬다.

36 직업발달이란 직업 자아정체감을 형성해 나가는 계속적 과정이라고 간주하는 진로발달이론은?

① Ginzberg의 발달이론
② Super의 발달이론
③ Tiedeman과 O'Hara의 발달이론
④ Tuckman의 발달이론

해설 ③ 타이드만과 오하라(Tiedeman & O'Hara)의 발달이론 설명이다.
① 긴즈버그(Ginzberg)는 진로발달 단계를 환상기 → 잠정기 → 현실기로 설명했다.
② 수퍼(Super)는 진로발달 단계를 성장기 → 탐색기 → 확립기 → 유지기 → 쇠퇴기로 설명했다.
④ 터크만(Tuckman)은 진로발달을 8단계로 구분하고 각 단계에서 수행해야 하는 진로교육 방향을 제시했다.

37 직업지도 시 '직업적응' 단계에서 이루어지는 것이 아닌 것은?

① 직업생활에 적응하기 위하여 노력한다.
② 여러 가지 직업 중에서 장·단점을 비교한다.
③ 직업전환 및 실업위기에 대응하기 위한 자기만의 계획을 갖는다.
④ 은퇴 후의 생애설계를 한다.

해설 ② 직업선택을 위한 단계에서 이루어지는 것이다.

38 스트롱–캠벨 흥미검사(SVIB–SCII)에 관한 설명으로 옳지 않은 것은?

① 직업전환에 관심이 있는 사람들에게 활용될 수 있다.
② 207개 직업별 흥미척도가 제시된다.
③ 반응관련 자료 및 특수척도 점수 등과 같은 자료가 제공된다.
④ 사회 경제구조와 직업형태에 적합한 18개 영역의 직업흥미를 분류하여 구성하였다.

해설 ④ 이상호와 변창진의 직업흥미검사에 대한 설명이다.

➕ 스트롱 검사
- 연령에 따라 총 3종의 검사도구로 스트롱진로발달검사, 스트롱진로탐색검사, 스트롱직업흥미검사로 구성
- 총 325문항은 8개의 부분으로 나누어져 있다.
- 문항구성은 〈직업, 교과목, 활동, 여가활동, 사람유형, 선호하는 활동, 당신의 특성, 선호하는 일〉 8부로 구성되어 있다.

39 2차 세계대전 중에 미국 공군이 개발한 것으로 모든 원점수를 1∼9까지의 한자리 숫자체계로 전환한 것은?

① 스테나인 척도   ② 서스톤 척도
③ 서열척도   ④ T점수

해설 ① 스테나인 또는 표준등급에 대한 설명으로 가장 대표적인 것은 적성검사가 있다.
② 서스톤 척도: 어떤 사실에 대하여 가장 우호적인 태도와 가장 비우호적인 태도를 나타내는 양극단을 등간격으로 구분하여 여기에 수치를 부여하는 등간척도이다.
③ 서열척도: 숫자의 차이가 측정한 속성의 차이에 관한 정보뿐 아니라 그 순위관계에 대한 정보도 포함하고 있는 척도이다. 서열척도를 통해 얻을 수 있는 자료는 중앙값이 있다.
④ T점수: T=10(편차)*Z(표준점수)+50(평균)
표준점수는 음수값을 가질 뿐 아니라 소수점으로 표현되는 경우가 많기 때문에 표준점수에 상수를 더하거나 곱해서 친숙한 수치들로 변환한다.

40 종업원 평가 방법 중 다양한 직무과업을 모방하여 설계한 여러 가지 모의과제로 구성된 것은?

① 평가 센터(assessment center)
② 경력 자원 센터(career resource center)
③ 경력 워크숍(career workshop)
④ 경력 연습책자(career workbook)

해설 ② 경력자원 센터 또는 기관: 종업원의 경력개발을 위한 다양한 자료를 비치하고 있는 소규모의 도서관 형태를 말한다. 주로 비치하고 있는 자료는 직무기술서, 조직구조 차트, 각종 교육 AC 훈련프로그램에 대한 안내서, 경력계획 및 퇴직계획 등에 대한 안내책자 등이다.
③ 경력워크숍: 종업원을 집단으로 모아 놓고 하루에서 길게는 5일간에 걸쳐서 자신의 경력계획을 어떻게 준비하고 실행할 수 있는지에 관해 배워나가는 과정을 의미한다.
④ 경력 연습책자: 일반적으로 개인이 자신의 장단점을 알아내고 경력목표를 명확히 하고, 목표를 달성하기 위한 구체적인 행동계획을 세우는 과제로 구성되어 있다.

41 2022년 적용 최저임금은 얼마인가?

① 8,350원　　　　② 8,590원
③ 9,160원　　　　④ 9,560원

[해설] ③ 2020년 최저임금은 8,590원, 2021년 최저임금은 8,720원, 2022년 최저임금은 9,160원으로 2021년 대비 5.1% 인상이다.

42 한국표준산업분류(제10차)의 대분류별 개정 내용으로 틀린 것은?

① 채소작물 재배업에 마늘, 딸기 작물 재배업을 포함하였다.
② 전기자동차 판매 증가 등 관련 산업 전망을 감안하여 전기 판매업 세분류를 신설하였다.
③ 항공운송업을 항공 여객과 화물 운송업으로 변경하였다.
④ 행정 부문은 정부 직제 및 기능 등을 고려하여 전면 재분류하였다.

[해설] ④ 행정 부문은 정부 직제 및 기능 등을 고려하여 기존 분류를 유지하였다.

43 공공직업정보의 일반적인 특성을 모두 고른 것은?

ㄱ. 필요한 시기에 최대한 활용되도록 한시적으로 신속하게 생산되어 운영한다.
ㄴ. 특정분야 및 대상에 국한하지 않고 전체 산업 및 업종에 걸친 직종을 대상으로 한다.
ㄷ. 특정시기에 국한하지 않고 지속적으로 조사·분석하여 제공된다.
ㄹ. 관련 직업정보 간의 비교·활용이 용이하다.

① ㄱ, ㄴ, ㄷ　　　② ㄱ, ㄴ, ㄹ
③ ㄱ, ㄷ, ㄹ　　　④ ㄴ, ㄷ, ㄹ

[해설] ㄱ은 민간직업정보의 특성이다.

44 한국표준산업분류(제10차)의 "A 농업, 임업 및 어업"분야 분류 시 유의사항으로 틀린 것은?

① 구입한 농·임·수산물을 가공하여 특정 제품을 제조하는 경우에는 제조업으로 분류
② 농·임·수산업 관련 조합은 각각의 사업부문별로 그 주된 활동에 따라 분류
③ 농업생산성을 높이기 위한 지도·조언 등을 수행하는 정부기관은 "경영컨설팅업"에 분류
④ 수상오락 목적의 낚시장 및 관련시설 운영활동은 "낚시장 운영업"에 분류

[해설] ③ 농업생산성을 높이기 위한 지도·조언·감독 등의 활동을 수행하는 정부기관은 "공공행정, 국방 및 사회보장 행정"의 적합한 항목에 분류

45 취업성공패키지 I 에 해당하지 않는 것은?

① 니트족　　　　② 북한이탈주민
③ 생계급여 수급자　　④ 실업급여 수급자

[해설] ④ 실업급여 수급자가 해당하지 않는다.

➕ 국민취업지원제도

• 취업성공패키지는 2021년 01월 01일 「구직자 취업촉진 및 생활안정지원에 관한 법률」에 근거한, 한국형 실업부조 "국민취업지원제도"로 변경 시행되고 있다.
• I 유형은 '구직촉진수당(300만원)'과 '취업지원서비스'를 함께 지원한다.
• II 유형은 '취업활동비용과 취업지원서비스'를 제공한다.

46 한국표준직업분류(제7차)에서 직업분류의 목적이 아닌 것은?

① 각종 사회·경제통계조사의 직업단위 기준으로 활용
② 취업알선을 위한 구인·구직안내 기준으로 활용
③ 직종별 급여 및 수당지급 결정기준으로 활용
④ 산업활동 유형을 분류하는 기준으로 활용

[해설] ④ 한국표준산업분류의 목적이다.

47 한국직업사전(2020)의 부가직업정보 중 작업환경에 대한 설명으로 틀린 것은?

① 작업환경은 해당 직업의 직무를 수행하는 작업원에게 직접적으로 물리적, 신체적 영향을 미치는 작업장의 환경요인을 나타낸 것이다.

② 작업환경의 측정은 작업자의 반응을 배제하고 조사가가 느끼는 신체적 반응으로 판단한다.

③ 작업환경은 저온·고온, 다습, 소음·진동, 위험내재, 대기환경미흡으로 구분한다.

④ 작업환경은 산업체 및 작업장에 따라 달라질 수 있으므로 절대적인 기준이 될 수 없다.

해설 ② 작업자의 작업환경을 조사하는 담당자는 일시적으로 방문하고 또한 정확한 측정기구를 가지고 있지 못한 경우가 일반적이기 때문에 조사 당시에 조사자가 느끼는 신체적 반응 및 작업자의 반응을 듣고 판단한다.

48 한국표준산업분류(제10차)의 통계단위는 생산활동과 장소의 동질성의 차이에 따라 다음과 같이 구분된다. ( )에 알맞은 것은?

구분	하나 이상 장소	단일 장소
하나 이상 산업활동	×××	×××
	×××	
단일 산업활동	( )	×××

① 기업집단 단위 ② 지역 단위
③ 기업체 단위 ④ 활동유형 단위

➕ 한국표준산업분류: 통계단위

구분	하나 이상 장소	단일 장소
하나 이상 산업활동	㉠ 기업집단 단위	㉢ 지역 단위
	㉠ 기업체 단위	
단일 산업활동	㉡ 활동유형 단위	㉣ 사업체 단위

㉠ 기업집단 단위/기업체 단위: 하나 이상의 장소에서 이루어지는 하나 이상의 산업활동
㉡ 활동유형 단위: 하나 이상의 장소에서 이루어지는 단일 산업활동
㉢ 지역 단위: 단일 장소에서 이루어지는 하나 이상 산업활동
㉣ 사업체 단위: 단일 장소에서 이루어지는 단일 산업활동

49 워크넷(직업·진로)에서 학과정보를 계열별로 검색하고자 할 때 선택할 수 있는 계열이 아닌 것은?

① 문화관광계열 ② 교육계열
③ 자연계열 ④ 예체능계열

해설 워크넷 학과계열에는 인문계열, 사회계열, 교육계열, 자연계열, 공학계열, 의학계열, 예체능계열, 이색학과정보 등이 있다.

50 다음 설명에 해당하는 직업훈련지원제도는?

> 훈련인프라 부족 등으로 인해 자체적으로 직업훈련을 실시하기 어려운 중소기업들을 위해, 대기업 등이 자체 보유한 우수 훈련인프라를 활용하여 중소기업이 필요로 하는 기술인력을 양성·공급하고 중소기업 재직자의 직무능력향상을 지원하는 제도이다.

① 국가인적자원개발컨소시엄
② 사업주지원훈련
③ 국가기간전략산업직종훈련
④ 청년취업아카데미

해설 ② 사업주지원훈련: 사업주가 훈련비용을 부담하여 재직근로자 등을 대상으로 직업훈련을 실시하는 경우 수료자에 한하여 훈련비의 일부를 지원하는 제도이다.
③ 국가기간전략산업직종훈련: 국가기간산업이나 국가전략산업 분야에서 인력이 부족한 직종에 대한 직업능력개발훈련을 실시하여 기업에서 요구하는 수준의 기능인력 및 전문, 기술인력 양성을 지원하는 제도입니다.
④ 청년취업아카데미: 기업·사업주단체, 대학 또는 민간 우수 훈련기관이 직접 산업현장에서 필요한 직업능력 및 인력 등을 반영하고 청년 미취업자에게 대학 등과 협력하여 연수과정 또는 창조적 역량 인재과정을 실시한 후 취업 또는 창직, 창업활동과 연계되는 사업을 말합니다.

51 국가기술자격종목과 그 직무분야의 연결이 틀린 것은?
① 가스산업기사 – 환경·에너지
② 건설안전산업기사 – 안전관리
③ 광학기기산업기사 – 전기·전자
④ 방수산업기사 – 건설

해설 ① 가스산업기사 — 안전관리

52 다음 중 비경제활동인구에 해당하는 것은?

① 수입목적으로 1시간 일한 자
② 일시휴직자
③ 신규실업자
④ 전업학생

해설 ①, ②는 취업자, ③은 실업자로 경제활동인구이다.

➕ 비경제활동인구

만 15세 이상 인구 중 조사대상 기간에 취업도 실업도 아닌 상태에 있는 자

• 아르바이트 없이 학교만 다니는 학생
• 가사노동만 하는 가정주부
• 일을 할 수 없는 노약자 및 장애인
• 자발적으로 수입을 목적으로 하지 않고 자선사업 및 종교단체에 관여하는 자

53 실기능력이 중요하여 고용노동부령이 정하는 필기시험이 면제되는 기능사 종목이 아닌 것은?

① 측량기능사 ② 도화기능사
③ 도배기능사 ④ 방수기능사

해설 ① 측량기능사: 필기 – 측량학, 응용측량, 실기 – 측량작업

➕ 실기시험만 실시하는 종목(필기시험 면제 종목)

① 토목: 석공기능사, 지도제작기능사, 도화기능사, 항공사진기능사
② 건축: 조적기능사, 미장기능사, 타일기능사, 온수온돌기능사, 유리시공기능사, 비계기능사, 건축목공기능사, 거푸집기능사, 금속재창호기능사, 도배기능사, 철근기능사, 방수기능사
③ 기초실무: 한글속기 1·3급
• 한복기능사와 미용사(피부) 시험은 필기시험이 있으며, 미용사(이용사) 영업은 반드시 시장, 군수, 구청장 등의 면허를 받아야 한다.

54 직업성립의 일반요건과 가장 거리가 먼 것은?

① 윤리성 ② 경제성
③ 계속성 ④ 사회보장성

해설 직업의 4요건: 계속성, 경제성, 윤리성과 사회성, 속박된 상태에서의 제반활동이 아니어야 한다.

55 워크넷에 대한 설명으로 틀린 것은?

① 직업심리검사, 취업가이드, 취업지원프로그램 등 각종 취업지원서비스를 제공한다.
② 기업회원은 허위 구인 방지를 위해 고용센터에 방문하여 구인신청서를 작성해야 한다.
③ 청년친화 강소기업, 공공기관, 시간선택제 일자리, 기업공채 등의 채용정보를 제공한다.
④ 직종별, 근무지역별, 기업형태별 채용정보를 제공한다.

해설 ② 기업회원은 워크넷(https://www.work.go.kr)에 온라인으로 구인등록이 가능하다.

56 직업정보 수집시 2차 자료의 원천에 해당하지 않는 것은?

① 대중매체
② 공문서와 공식기록
③ 직접 수행한 심층면접자료
④ 민간부문 문서

해설 ③ 면접자료는 1차 자료이다.

➕ 자료의 종류

조사자가 필요로 하는 성격에 따라 1차와 2차 자료로 구분한다.

• 1차 자료: 연구자가 현재 수행 중인 조사연구의 목적을 달성하기 위해 직접 수집하는 자료이다. 예 설문지나 대화를 통해 얻는 방법, 전화, 우편, 면접 등
• 2차 자료: 수행 중인 조사목적에 도움을 줄 수 있는 기존의 모든 자료로 조사자가 현재의 조사목적을 위하여 직접 자료를 수집하거나 작성한 1차 자료를 제외한 모든 자료를 말한다.

57 직업정보 수집을 위한 서베이 조사에 관한 설명으로 틀린 것은?

① 면접조사는 우편조사에 비해 비언어적 행위의 관찰이 가능하다.
② 일반적으로 전화조사는 면접조사에 비해 면접시간이 길다.
③ 질문의 순서는 응답률에 영향을 줄 수 있다.
④ 폐쇄형 질문의 응답범주는 상호배타적이어야 한다.

해설 ② 전화조사가 면접조사에 비해 면접시간이 짧다.

58 한국표준직업분류(제7차)에서 직업분류의 개념과 기준에 관한 설명이다. ( ) 안에 알맞은 직업분류단위는?

> 직무 범주화 기준에는 직무별 고용의 크기 또한 현실적인 기준이 된다. 한국표준직업분류에서는 ( ) 단위에서 최소 1,000명의 고용을 기준으로 설정하였다.

① 대분류
② 중분류
③ 소분류
④ 세분류

해설 직무 범주화 기준에는 직무별 고용의 크기 또한 현실적인 기준이 된다. 한국표준직업분류에서는 세분류 단위에서 최소 1,000명의 고용을 기준으로 설정하였으며, 고용자 수가 많은 세분류에는 5,000~10,000명이 분포되어 있을 것으로 판단된다.
※ 한국표준직업분류(제7차) 개정에는 없는 내용이며, 문제 내용은 2007. 7 발표한 제 6차 개정 내용입니다.

59 국가기술자격 서비스분야 종목 중 응시자격에 제한이 없는 것으로만 짝지어진 것은?

① 직업상담사 2급 – 임상심리사 2급 – 스포츠경영관리사
② 사회조사분석사 2급 – 소비자전문상담사 2급 – 텔레마케팅관리사
③ 직업상담사 2급 – 컨벤션기획사 2급 – 국제의료관광코디네이터
④ 컨벤션기획사 2급 – 스포츠경영관리사 – 국제의료관광코디네이터

➕ 응시자격이 제한 없는 종목
• 스포츠경영관리사, 사회조사분석사2급, 소비자전문상담사2급, 텔레마케팅관리사, 직업상담사2급, 전자상거래관리사2급, 컨벤션기획사2급, 게임그래픽전문가, 게임기획전문가, 게임프로그래밍전문가, 멀티미디어콘텐츠제작전문가

60 워크넷의 채용정보 검색조건에 해당하지 않는 것은?

① 희망임금
② 학력
③ 경력
④ 연령

해설 ④ 「고용상 연령차별금지 및 고령화 고용촉진에 관한 법률」이 시행됨에 따라 채용정보에 연령을 기재할 수 없기 때문에 연령별 채용정보는 검색할 수 없다.

4 과목 Vocational Counselor
노동시장론

61 생산성 임금제를 따를 때 실질 생산성 증가율이 5%이고 물가상승률이 2%라고 하면 명목임금의 인상분은?

① 3%
② 5%
③ 7%
④ 10%

해설 명목임금 상승률 = 생산성증가율 + 물가상승률
= 5% + 2% = 7%

62 다음 중 통상임금에 포함되지 않는 것은?

① 기본급
② 직급수당
③ 직무수당
④ 특별급여

해설 ④ 특별급여는 통상임금에 포함되지 않는다.
• 통상임금이란 근로자에게 정기적이고 일률적으로 소정근로 또는 총 근로에 대하여 지급하기로 정한 시간급 금액, 일급 금액, 주급 금액, 월급 금액 또는 도급 금액을 말한다.

63 효율임금정책이 높은 생산성을 가져오는 원인에 관한 설명으로 틀린 것은?

① 고임금은 노동자의 직장상실비용을 증대시켜서 작업 중에 태만하지 않게 한다.
② 고임금 지불기업은 그렇지 않은 기업에 비해 신규노동자의 훈련에 많은 비용을 지출한다.
③ 고임금은 노동자의 기업에 대한 충성심과 귀속감을 증대시킨다.
④ 고임금 지불기업은 신규채용시 지원노동자의 평균자질이 높아져 보다 양질의 노동자를 고용할 수 있다.

해설 ② 효율임금 지불기업은 지원자의 인적자본이 형성되어 훈련비용이 적게 든다.

64 임금격차의 원인으로서 통계적 차별(statistical discrimination)이 일어나는 경우는?

① 비숙련 외국인노동자에게 낮은 임금을 설정할 때
② 임금이 개별 노동자의 한계생산성에 근거하여 설정될 때
③ 사용자가 자신의 경험을 기준으로 근로자의 임금을 결정할 때
④ 사용자가 근로자의 생산성에 대해 불완전한 정보를 갖고 있어 평균적인 인식을 근거로 임금을 결정할 때

해설 ④ 통계적 차별은 정보부족이 주된 원인으로 발생한다.

➕ **통계적 차별**
정보의 비대칭성에 주목하여 인적자본 이외의 개인적 특성에 따라 노동시장에서 성과가 달라진다고 주장하는 이론이다.

65 실업조사 등에 관한 설명으로 옳은 것은?

① 경제가 완전고용 상태일 때 실업률은 0이다.
② 실업률은 실업자 수를 생산가능인구로 나눈 것이다.
③ 일기불순 등의 이유로 일하지 않고 있는 일시적 휴직자는 실업자로 본다.
④ 실업률 조사 대상 주간에 수입을 목적으로 1시간 이상 일한 경우 취업자로 분류된다.

해설 ① 완전고용은 자발적 실업만 존재하는 경우로 실업률이 3~4% 정도일 때를 말한다.
② 실업률은 실업자 수를 경제활동인구로 나눈 것이다.
③ 일시휴직자는 취업자로 본다.

66 임금관리의 주요 구성요소와 가장 거리가 <u>먼</u> 것은?

① 기본급과 수당 등의 임금체계
② 임금지급 시기
③ 노동생산성 수준에 따른 임금수준
④ 고정급제와 성과급제 등의 임금형태

해설 ② 임금지급 시기는 구성요소와 거리가 멀다.

➕ **임금관리의 구성요소**
• 임금수준의 적정성
• 임금체계의 공정성
• 임금형태의 합리성

67 노동자가 자신에게 가장 유리한 직장을 찾기 위해서 정보수집 활동에 종사하고 있을 동안의 실업상태로 정보의 불완전성에 기인하는 실업은?

① 계절적 실업   ② 마찰적 실업
③ 경기적 실업   ④ 구조적 실업

해설 ② 정보부족으로 인한 실업은 마찰적 실업이다.
① 계절적 실업: 계절의 변화로 인한 실업으로 농업, 제조업 등에서 발생하는 실업이다.
③ 경기적 실업: 경기침체로 인해 유효수요 부족으로 발생하는 실업이다.
④ 구조적 실업: 기술의 변화, 산업구조의 변화로 인한 노동력 수급구조상의 불균형에 의해 발생하는 비수요실업이다.

68 직업이나 직종의 여하를 불문하고 동일산업에 종사하는 노동자가 조직하는 노동조합의 형태는?

① 직업별 노동조합
② 산업별 노동조합
③ 기업별 노동조합
④ 일반 노동조합

해설 ② 산업별 노동조합은 노조간의 관할권 분쟁이 없으며, 기업의 지불능력 차이를 반영하여 협상의 타결이 용이하다.
① 직업별 또는 직능별 또는 직종별 노동조합: 전문직이 노동 공급 독점과 직무통제를 통하여 상대적 고임금을 유지하는 활동 했다.
③ 기업별 노동조합: 동일기업에 종사하는 근로자에 의하여 조직된 노동조합으로 대기업에서 가능하고 중소기업에서는 어용노조가 될 가능성이 높다.
④ 일반노동조합: 직종이나 산업에 구애됨이 없이 모든 근로자에 의해 조직되는 단일노동조합을 말한다.

69 사용자의 부당해고로부터 근로자 보호를 강화하는 정책을 실시할 때 발생되는 효과로 옳은 것은?

① 고용수준 감소, 근로시간 증가
② 고용수준 증가, 근로시간 감소
③ 고용수준 증가, 근로시간 증가
④ 고용수준 감소, 근로시간 감소

해설 ① 부당해고로부터 근로자 보호가 강화되면 사용자는 노동수요를 줄이기 때문에 근로자의 근로시간은 증가한다.

70 노동수요탄력성의 크기에 영향을 미치는 요인과 거리가 가장 먼 것은?

① 생산물 수요의 가격탄력성
② 총 생산비에 대한 노동비용의 비중
③ 노동의 대체곤란성
④ 대체생산요소의 수요탄력성

해설 ④ 대체생산요소의 공급탄력성이다.

71 실업에 관한 설명으로 틀린 것은?

① 실업급여의 확대는 탐색적 실업을 증가시킬 수 있다.
② 경기변동 때문에 발생하는 실업은 경기적 실업이다.
③ 구직단념자는 비경제활동인구로 분류된다.
④ 비수요부족 실업은 경기적 실업을 의미한다.

해설 ④ 경기적 실업은 수요부족이고, 비수요부족은 마찰적실업, 구조적실업, 기술적실업 있다.

72 노사관계의 3주체(tripartite)를 바르게 짝지은 것은?

① 노동자 − 사용자 − 정부
② 노동자 − 사용자 − 국회
③ 노동자 − 사용자 − 정당
④ 노동자 − 사용자 − 사회단체

해설 던롭(Dunlop)의 시스템 이론의 3주체는 노동자, 사용자, 정부이다.

73 정부가 임금을 인상시킬 때 오히려 고용이 증대되는 경우는?

① 공급독점의 노동시장
② 수요독점의 노동시장
③ 완전경쟁의 노동시장
④ 복점의 노동시장

해설 ② 수요독점은 수요가 증가한다.

74 노동자 7명의 평균생산량이 20단위일 때, 노동자를 추가로 1명 더 고용하여 평균생산량이 18단위로 감소하였다면, 이 때 추가로 고용된 노동자의 한계생산량은?

① 4단위
② 5단위
③ 6단위
④ 7단위

해설
- 노동자 7명 일 때 평균생산량 20단위: 7명×20개=140개
- 노동자 1명 추가 고용하여 평균생산량 18단위: 8명×18개=144개
- ∴ 144개−140개=4개, 추가 고용된 노동자의 한계생산량은 4개이다. ∴ 4단위이다.

75 노동조합의 단체교섭 결과가 비조합원에게도 혜택이 돌아가는 현실에서 노동조합의 조합원이 아닌 비조합원에게도 단체교섭의 당사자인 노동조합이 회비를 징수하는 숍(shop)제도는?

① 유니온숍(union shop)
② 에이전시숍(agency shop)
③ 클로즈드숍(closed shop)
④ 오픈숍(open shop)

 노동조합 숍(Shop) 유형
- 오픈 숍: 노동조합 가입의무가 없어서 노조조직력 가장 약하다.
- 클로즈드 숍: 조합 가입 후 입사가능하다.
- 유니언 숍: 입사 후 일정기간 내 노조에 의무적으로 가입해야 한다.
- 에이전시숍: 모든 종업원에게 노동조합비 징수한다.
- 프레퍼렌셜숍: 채용에 있어서 노동조합원에게 우선순위 준다.
- 메인트넌스숍: 일정기간 동안 조합원자격 유지해야 한다.

76 소득정책의 효과에 대한 설명으로 틀린 것은?

① 성장산업의 위축을 초래할 수 있다.
② 행정적 관리비용을 절감할 수 있다.
③ 임금억제에 이용될 가능성이 크다.
④ 급격한 물가상승기에 일시적으로 사용하면 효과를 거둘 수 있다.

해설 ② 소득정책은 관리비용과 관계 없다.

77 노동공급 탄력성이 무한대인 경우 노동공급곡선 형태는?

① 수평이다.　　② 수직이다.
③ 우상향이다.　　④ 우하향이다.

➕ 노동공급 탄력성
• 완전비탄력적(수직): 임금변화에도 공급량의 변화가 '0'이다.
　예 전문직
• 완전탄력적(수평): 노동시장이 노동공급이 무제한인 경우 변화가 '∞'이다. 예 개발도상국

78 노동공급곡선이 그림과 같을 때 임금이 W0 이상으로 상승한 경우의 설명으로 옳은 것은?

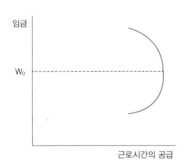

① 대체효과가 소득효과를 압도한다.
② 소득효과가 대체효과를 압도한다.
③ 대체효과가 규모효과를 압도한다.
④ 규모효과가 대체효과를 압도한다.

해설 ② 임금이 상승하며 노동공급(대체효과)을 줄이고, 여가(소득효과)를 늘리기 때문에 소득효과가 압도한다.

79 기업별 노동조합의 장점이 아닌 것은?

① 조합 구성이 용이하다.
② 단체교섭 타결이 용이하다.
③ 노동시장 분단을 완화시킬 수 있다.
④ 조합원 간의 친밀감이 높고 강한 연대감을 가질 수 있다.

해설 ③ 기업별 노동조합은 중소기업에서는 어용노조가 될 가능성이 있어 대기업에서만 조직가능하고 기업 내부 이기주의에 의해 노동시장 분단을 강화시킬 수 있다.

80 파업이론에 대한 설명이 옳은 것을 모두 고른 것은?

> ㄱ. 힉스의 파업이론에 의하면, 사용자의 양보곡선과 노조의 저항곡선이 만나는 곳에서 파업기간이 결정된다.
> ㄴ. 카터-챔벌린 모형에 따르면, 노조의 요구를 거부할 때 발생하는 사용자의 비용이 노조의 요구를 수락했을 때 발생하는 사용자의 비용보다 클 때 노조의 교섭력이 커진다.
> ㄷ. 매브리 이론에 따르면, 노조의 최종수락조건이 사용자의 최종수락조건보다 작을 때 파업이 발생한다.

① ㄱ, ㄴ　　② ㄴ, ㄷ
③ ㄱ, ㄷ　　④ ㄱ, ㄴ, ㄷ

해설 ㄱ. 힉스는 노조와 사용자의 불완전한 정보로 사용자 제시임금을 나타내는 양보곡선이 우상향하고, 노조의 요구임금을 나타내는 저항곡선이 우하향하며 두 선이 만나 지점까지 파업이 일어난다고 했다.
ㄴ. 카터-챔블린 이론은 수치를 대입하면 이해하는데 도움된다.
예 노조의 파업중단으로 오는 손실이 100억이라고 할 때, 임금인상으로 추가지급되는 돈이 120억이면 사용자가 거부할 것이고, 80억이라면 받아들일 것이다.
생산중단 손실액 > 임금 추가지급액 ⇒ 사용자 수락
생산중단 손실액 < 임금 추가지급액 ⇒ 사용자 거부, 파업
ㄷ. 매브리 이론: 노조 수락조건 < 사용자 수락조건 일 때 파업이 발생한다해서 틀렸다.
예 노조 수락조건(5% 인상), 사용자 수락조건(10% 인상)이기 때문에 파업이 발생하지 않는다.

---

⑤ 과목　Vocational Counselor　노동관계법규

81 고용상 연령차별금지 및 고령자고용촉진에 관한 법령상 준고령자의 정의로 옳은 것은?

① 40세 이상 45세 미만인 사람
② 45세 이상 50세 미만인 사람
③ 50세 이상 55세 미만인 사람
④ 55세 이상 60세 미만인 사람

해설 ① 고령자는 55세 이상인 사람으로 한다.
② 준고령자는 50세 이상 55세 미만인 사람으로 한다.

82 직업안정법령상 직업정보제공사업자의 준수사항으로 틀린 것은?

① 구인자의 업체명이 표시되어 있지 아니한 구인광고를 게재하지 아니할 것
② 직업정보제공매체의 구인·구직의 광고에는 구인·구직자의 주소 또는 전화번호를 기재하지 아니할 것
③ 구직자의 이력서 발송을 대행하거나 구직자에게 취업추천서를 발부하지 아니할 것
④ 직업정보제공사업의 광고문에 "취업추천"·"취업지원" 등의 표현을 사용하지 아니할 것

해설 ② 직업정보제공매체의 구인·구직의 광고에는 구인·구직자의 주소 또는 전화번호를 기재하고, 직업정보제공사업자의 주소 또는 전화번호는 기재하지 아니할 것

83 고용정책 기본법상 명시된 목적이 아닌 것은?

① 근로자의 고용안정 지원
② 실업의 예방 및 고용의 촉진
③ 노동시장의 효율성과 인력수급의 균형 도모
④ 기업의 일자리 창출과 원활한 인력확보 지원

해설 ② 고용보험법상 명시된 목적이다.

 **고용정책기본법상 명시된 목적**

국가가 고용에 관한 정책을 수립·시행하여 국민 개개인이 평생에 걸쳐 직업능력을 개발하고 더 많은 취업기회를 가질 수 있도록 하는 한편, 근로자의 고용안정, 기업의 일자리 창출과 원활한 인력 확보를 지원하고 노동시장의 효율성과 인력수급의 균형을 도모함으로써 국민의 삶의 질 향상과 지속가능한 경제성장 및 고용을 통한 사회통합에 이바지함을 목적으로 한다.

고용보험법상 목적

고용보험의 시행을 통하여 실업의 예방, 고용의 촉진 및 근로자 등의 직업능력의 개발과 향상을 꾀하고, 국가의 직업지도와 직업소개 기능을 강화하며, 근로자 등이 실업한 경우에 생활에 필요한 급여를 실시하여 근로자 등의 생활안정과 구직활동을 촉진함으로써 경제·사회 발전에 이바지하는 것을 목적으로 한다.

84 기간제 및 단시간근로자 보호 등에 관한 법률상 사용자가 기간제근로자와 근로계약을 체결하는 때에 서면으로 명시하여야 하는 사항을 모두 고른 것은?

ㄱ. 근로계약기간에 관한 사항
ㄴ. 근로시간·휴게에 관한 사항
ㄷ. 휴일·휴가에 관한 사항
ㄹ. 취업의 장소와 종사하여야 할 업무에 관한 사항

① ㄱ, ㄴ
② ㄴ, ㄷ, ㄹ
③ ㄱ, ㄷ, ㄹ
④ ㄱ, ㄴ, ㄷ, ㄹ

해설 사용자는 기간제근로자 또는 단시간근로자와 근로계약을 체결하는 때에는 다음의 모든 사항을 서면으로 명시하여야 한다.
1. 근로계약기간에 관한 사항
2. 근로시간·휴게에 관한 사항
3. 임금의 구성항목·계산방법 및 지불방법에 관한 사항
4. 휴일·휴가에 관한 사항
5. 취업의 장소와 종사하여야 할 업무에 관한 사항
6. 근로일 및 근로일별 근로시간(단시간근로자에 한정)

근로기준법상 근로조건의 명시
• 사용자는 근로계약을 체결할 때에 근로자에게 다음의 사항을 명시하여야 한다.
  1. 임금   2. 소정근로시간
  3. 유급휴일   4. 연차 유급휴가
  5. 그 밖에 대통령령으로 정하는 근로조건
• 사용자는 임금의 구성항목·계산방법·지급방법 및 소정근로시간, 유급휴일, 연차 유급휴가의 사항이 명시된 서면(전자문서 포함)을 근로자에게 교부하여야 한다.

85 고용보험법상 구직급여의 수급 요건에 해당하지 않는 것은?

① 이직일 이전 18개월간 피보험 단위기간이 합산하여 180일 이상일 것
② 근로의 의사와 능력이 있음에도 불구하고 취업하지 못한 상태에 있을 것
③ 전직 또는 자영업을 하기 위하여 이직한 경우
④ 재취업을 위한 노력을 적극적으로 할 것

해설 ② 자기사정으로 이직한 피보험자 수급자격 제한
• 전직 또는 자영업을 하기 위하여 이직한 경우
• 중대한 귀책사유가 있는 사람이 해고되지 아니하고 사업주의 권고로 이직한 경우
• 고용노동부령으로 정하는 정당한 사유에 해당되지 아니하는 사유로 이직한 경우

86 고용보험법령상 피보험자격의 신고에 관한 설명으로 틀린 것은?

① 사업주가 피보험자격에 관한 사항을 신고하지 아니하면 근로자가 신고할 수 있다.
② 사업주는 그 사업에 고용된 근로자의 피보험자격의 취득 및 상실 등에 관한 사항을 고용노동부장관에게 신고하여야 한다.
③ 자영업자인 피보험자는 피보험자격의 취득 및 상실에 관한 신고를 하지 아니한다.
④ 피보험자격의 취득 및 상실 등에 관한 신고는 그 사유가 발생한 날로부터 14일 이내에 하여야 한다.

해설 ④ 사업주나 하수급인(下受給人)은 고용노동부장관에게 그 사업에 고용된 근로자의 피보험자격 취득 및 상실에 관한 사항을 신고하려는 경우에는 그 사유가 발생한 날이 속하는 달의 다음 달 15일까지(근로자가 그 기일 이전에 신고할 것을 요구하는 경우에는 지체 없이) 신고해야 한다.

87 남녀고용평등과 일·가정 양립지원에 관한 법률에 대한 설명으로 틀린 것은?

① 근로자란 사업주에게 고용된 자와 취업할 의사를 가진 자를 말한다.
② 사업주가 임금차별을 목적으로 설립한 별개의 사업은 동일한 사업으로 본다.
③ 사업주는 육아기 근로시간 단축을 하고 있는 근로자의 명시적 청구가 있으면 단축된 근로시간 외에 주 12시간 이내에서 연장근로를 시킬 수 있다.
④ 사업주는 사업을 계속할 수 없는 경우에도 육아휴직 중인 근로자를 육아휴직 기간에 해고하지 못한다.

해설 ④ 사업주는 육아휴직을 이유로 해고나 그 밖의 불리한 처우를 하여서는 아니 되며, 육아휴직 기간에는 그 근로자를 해고하지 못한다. 다만, 사업을 계속할 수 없는 경우에는 그러하지 아니하다.

88 남녀고용평등과 일·가정 양립 지원에 관한 법령상 1천만원 이하의 과태료 부과행위에 해당하는 것은?

① 난임치료휴가를 주지 아니한 경우
② 성희롱 예방 교육을 하지 아니한 경우
③ 직장 내 성희롱 발생 사실 조사 과정에서 알게 된 비밀을 다른 사람에게 누설한 경우
④ 사업주가 직장 내 성희롱을 한 경우

해설 ① 난임치료 휴가를 주지 아니한 경우: 500만원 이하의 과태료를 부과
② 성희롱 예방 교육을 하지 아니한 경우: 500만원 이하의 과태료를 부과
③ 직장 내 성희롱 발생 사실 조사 과정에서 알게 된 비밀을 다른 사람에게 누설한 경우: 500만원 이하의 과태료를 부과

89 고용정책기본법령상 실업대책사업에 관한 설명으로 틀린 것은?

① 실업자에 대한 공공근로사업은 실업대책사업에 해당한다.
② 6개월 이상 기간을 정하여 무급으로 휴직하는 사람은 실업자로 본다.
③ 실업대책사업의 일부를 한국산업인력공단에 위탁할 수 있다.
④ 실업대책사업에는 많은 인력을 사용하는 사업이 포함되어야 한다.

해설 ③ 고용노동부장관은 대통령령으로 정하는 바에 따라 실업대책사업의 일부를 「산업재해보상보험법」에 따른 근로복지공단에 위탁할 수 있다.

90 고용보험법상 (   )에 알맞은 것은?

육아휴직 급여를 지급받으려는 사람은 육아휴직을 시작한 날 이후 1개월부터 육아휴직이 끝난 날 이후 (   )개월 이내에 신청하여야 한다.

① 1 　　　　　　② 3
③ 6 　　　　　　④ 12

해설 육아휴직 급여를 지급받으려는 사람은 육아휴직을 시작한 날 이후 1개월부터 육아휴직이 끝난 날 이후 12개월 이내에 신청하여야 한다.

91 남녀고용평등과 일·가정 양립 지원에 관한 법령상 ( ) 안에 들어갈 숫자의 연결이 옳은 것은?

> 제19조의4(육아휴직과 육아기 근로시간 단축의 사용형태)
> ① 근로자는 육아휴직을 (ㄱ)회에 한정하여 나누어 사용할 수 있다.
> ② 근로자는 육아기 근로시간 단축을 나누어 사용할 수 있다. 이 경우 나누어 사용하는 (ㄴ)회의 기간은 (ㄷ)개월 이상이 되어야 한다.

① ㄱ : 1, ㄴ : 2, ㄷ : 2
② ㄱ : 2, ㄴ : 1, ㄷ : 2
③ ㄱ : 1, ㄴ : 2, ㄷ : 3
④ ㄱ : 2, ㄴ : 1, ㄷ : 3

해설 근로자는 육아휴직을 2회에 한정하여 나누어 사용할 수 있다. 이 경우 나누어 사용하는 1회의 기간은 3개월 이상이 되어야 한다.

92 국민평생직업능력개발법상 직업능력개발훈련이 중요시 되어야 할 대상으로 명시되지 않은 것은?

① 「국민기초생활 보장법」에 따른 수급권자
② 「국가유공자 등 예우 및 지원에 관한 법률」에 따른 국가유공자
③ 「제대군인지원에 관한 법률」에 따른 제대군인
④ 「한부모가족지원법」에 따른 지원대상자

해설 직업능력개발훈련이 중요시되어야 하는 사람
1. 고령자·장애인
2. 「국민기초생활 보장법」에 따른 수급권자
3. 「국가유공자 등 예우 및 지원에 관한 법률」에 따른 국가유공자와 그 유족 또는 가족이나 「보훈보상대상자 지원에 관한 법률」에 따른 보훈보상대상자와 그 유족 또는 가족
4. 「5·18민주유공자예우에 관한 법률」에 따른 5·18민주유공자와 그 유족 또는 가족
5. 「제대군인지원에 관한 법률」에 따른 제대군인 및 전역예정자
6. 여성근로자
7. 「중소기업기본법」에 따른 중소기업(이하 "중소기업"이라 한다)의 근로자
8. 일용근로자, 단시간근로자, 기간을 정하여 근로계약을 체결한 근로자, 일시적 사업에 고용된 근로자
9. 「파견근로자 보호 등에 관한 법률」에 따른 파견근로자

93 근로기준법령상 근로시간 및 휴게시간의 특례사업에 해당하지 않는 것은?

① 수상운송업
② 항공운송업
③ 육상운송 및 파이프라인 운송업
④ 노선(路線) 여객자동차운송사업

해설 ④ 노선 여객자동차운송사업은 제외한다.

➕ 근로시간 및 휴게시간의 특례사업

통계청장이 고시하는 산업에 관한 표준의 중분류 또는 소분류 중 다음 사업에 대하여 사용자가 근로자대표와 서면으로 합의한 경우에는 주(週) 12시간을 초과하여 연장근로를 하게 하거나 휴게시간을 변경할 수 있다.
- 육상운송 및 파이프라인 운송업.
  다만, 「여객자동차 운수사업법」에 따른 노선(路線) 여객자동차운송사업은 제외한다.
- 수상운송업
- 항공운송업
- 기타 운송관련 서비스업
- 보건업

94 직업안정법상 직업소개사업을 겸업할 수 있는 것은?

① 「결혼중개업의 관리에 관한 법률」 상 결혼중개업
② 「공중위생관리법」 상 숙박업
③ 「식품위생법」 상 식품접객업 중 유흥주점영업
④ 「식품위생법」 상 식품접객업 중 일반음식점영업

해설 다음의 경영하는 자는 직업소개사업을 하거나 직업소개사업을 하는 법인의 임원이 될 수 없다.
1. 「결혼중개업의 관리에 관한 법률」 상 결혼중개업
2. 「공중위생관리법」 상 숙박업
3. 「식품위생법」 상 식품접객업 중 대통령령으로 정하는 영업
"대통령령으로 정하는 영업"이란 다음에 해당하는 영업을 말한다.
- 「식품위생법 시행령」의 휴게음식점영업 중 주로 다류(茶類)를 조리·판매하는 영업(영업자 또는 종업원이 영업장을 벗어나 다류를 배달·판매하면서 소요 시간에 따라 대가를 받는 형태로 운영하는 경우로 한정한다)
- 「식품위생법 시행령」의 단란주점영업
- 「식품위생법 시행령」의 유흥주점영업

95 근로자퇴직급여 보장법령상 용어의 정의에 관한 설명으로 틀린 것은?

① 퇴직급여제도란 확정급여형퇴직연금제도, 확정기여형퇴직연금제도 및 개인형퇴직연금제도를 말한다.

② 사용자란 사업주 또는 사업의 경영담당자 또는 그 밖에 근로자에 관한 사항에 대하여 사업주를 위하여 행위하는 자를 말한다.

③ 임금이란 사용자가 근로의 대가로 근로자에게 임금, 봉급, 그 밖에 어떠한 명칭으로든지 지급하는 일체의 금품을 말한다.

④ 확정급여형퇴직연금제도란 근로자가 받을 급여의 수준이 사전에 결정되어 있는 퇴직연금제도를 말한다.

해설 ① 퇴직급여제도란 확정급여형퇴직연금제도, 확정기여형퇴직연금제도 및 퇴직금제도를 말한다.

• 퇴직연금제도란 확정급여형퇴직연금제도, 확정기여형퇴직연금제도 및 개인형퇴직연금제도를 말한다.

96 근로기준법령상 경영상의 이유에 의한 해고에 관한 설명으로 옳은 것은?

① 사용자는 근로자 대표에게 해고를 하려는 날의 60일 전까지 해고의 기준을 통보하여야 한다.

② 경영 악화를 방지하기 위한 사업의 합병은 긴박한 경영상의 필요가 있는 것으로 볼 수 없다.

③ 사용자는 근로자를 해고하려면 해고사유와 해고시기를 서면으로 통지하여야 한다.

④ 사용자는 경영상 이유에 의하여 해고된 근로자에 대하여 재취업 등 필요한 조치를 우선적으로 취하여야 한다.

해설 ① 사용자는 근로자대표에게 해고를 하려는 날의 50일 전까지 해고의 기준을 통보하여야 한다.
② 경영 악화를 방지하기 위한 사업의 양도·인수·합병은 긴박한 경영상의 필요가 있는 것으로 본다.
④ 정부는 경영상 이유에 의하여 해고된 근로자에 대하여 재취업 등 필요한 조치를 우선적으로 취하여야 한다.

97 국민평생직업능력개발법상 고용노동부장관이 직업능력개발사업을 하는 사업주에게 지원할 수 있는 비용이 아닌 것은?

① 근로자를 대상으로 하는 자격검정사업 비용

② 직업능력개발훈련을 위해 필요한 시설의 설치 사업 비용

③ 근로자의 경력개발관리를 위하여 실시하는 사업 비용

④ 고용노동부장관의 인정을 받은 직업능력개발훈련 과정의 수강 비용

해설 ④ 수강 비용은 실업자 등에게 지급한다.

➕ **사업주 및 사업주단체 등에 대한 직업능력개발 지원**

고용노동부장관은 직업능력개발사업을 하는 사업주나 사업주단체·근로자단체 또는 그 연합체에게 그 사업에 필요한 비용을 지원하거나 융자할 수 있다.

1. 국민평생직업능력개발훈련(위탁하여 실시하는 경우를 포함한다)
2. 근로자를 대상으로 하는 자격검정사업
3. 「고용보험법」에 따른 기업 또는 중소기업과 공동으로 우선지원대상기업 또는 중소기업에서 근무하는 근로자 등을 위하여 실시하는 직업능력개발사업
4. 직업능력개발훈련을 위하여 필요한 시설(기숙사를 포함한다) 및 장비·기자재를 설치·보수하는 등의 사업
5. 직업능력개발에 대한 조사·연구, 직업능력개발훈련 과정 및 매체의 개발·보급 등의 사업
6. 그 밖에 대통령령으로 정하는 사업

98 채용절차의 공정화에 관한 법률에 관한 설명으로 틀린 것은?

① 고용노동부장관은 입증자료의 표준양식을 정하여 구인자에게 그 사용을 권장할 수 있다.

② 원칙적으로 상시 30명 이상의 근로자를 사용하는 사업장의 채용절차에 적용한다.

③ 채용서류란 기초심사자료, 입증자료, 심층심사자료를 말한다.

④ 심층심사자료란 작품집, 연구실적물 등 구직자의 실력을 알아볼 수 있는 모든 물건 및 자료를 말한다.

해설 ① 고용노동부장관은 기초심사자료의 표준양식을 정하여 구인자에게 그 사용을 권장할 수 있다.

99 헌법상 노동3권과 관련이 있는 것은?

① 법률에 의해 최저임금제 보장
② 자주적인 단체교섭권의 보장
③ 연소근로자 특별한 보호
④ 국가유공자의 우선근로 기회 부여

➕ 헌법 32조 근로권리
• 모든 국민은 근로의 권리를 가진다.
• 모든 국민은 근로의 의무를 진다.
• 근로조건의 기준은 인간의 존엄성을 보장하도록 법률로 정한다.
• 여자의 근로는 특별한 보호를 받으며, 고용·임금 및 근로조건에 있어서 부당한 차별을 받지 아니한다.
• 연소자의 근로는 특별한 보호를 받는다.
• 국가유공자·상이군경 및 전몰군경의 유가족은 법률이 정하는 바에 의하여 우선적으로 근로의 기회를 부여받는다.

➕ 헌법 33조 노동 3권
• 근로자는 근로조건의 향상을 위하여 자주적인 단결권·단체교섭권 및 단체행동권을 가진다.
• 공무원인 근로자는 법률이 정하는 자에 한하여 단결권·단체교섭권 및 단체행동권을 가진다.
• 법률이 정하는 주요방위산업체에 종사하는 근로자의 단체행동권은 법률이 정하는 바에 의하여 이를 제한하거나 인정하지 아니할 수 있다.

100 근로기준법령상 임금에 관한 설명으로 틀린 것은?

① 고용노동부장관은 체불사업주의 명단을 공개할 경우 체불사업주에게 3개월 이상의 기간을 정하여 소명 기회를 주어야 한다.
② 단체협약에 특별한 규정이 있는 경우에는 임금의 일부를 공제하거나 통화 이외의 것으로 지급할 수 있다.
③ 사용자는 도급으로 사용하는 근로자에게 근로시간에 따라 일정액의 임금을 보장하여야 한다.
④ 사용자는 고용노동부장관의 승인을 받은 경우 통상임금의 100분의 70에 못미치는 휴업수당을 지급할 수 있다.

해설 ④ 사용자의 귀책사유로 휴업하는 경우에 사용자는 휴업 기간 동안 그 근로자에게 평균임금의 100분의 70 이상의 수당을 지급하여야 한다. 부득이한 사유로 사업을 계속하는 것이 불가능하여 노동위원회의 승인을 받은 경우에는 기준에 못 미치는 휴업수당을 지급할 수 있다.

1 과목 직업상담학

01 실존주의 상담에 관한 설명으로 틀린 것은?

① 정형화된 상담 모형과 훈련프로그램이 마련되어 있지 않은 것이 한계점이다.
② 인간을 자기인식 능력을 지닌 존재로 본다.
③ 상담자는 내담자가 스스로 삶의 의미와 목적을 발견하고, 삶을 주체적으로 선택하고 책임지도록 돕는 것을 목표로 한다.
④ 실존주의 상담에서 가정하는 인간의 궁극적인 관심사는 무의식의 자각이다.

➕ 실존주의 상담의 궁극적인 관심사
• 자유와 책임 • 불안과 죄책감
• 삶의 의미성 • 죽음과 비존재

02 Gysbers가 제시한 직업상담의 목적에 관한 설명으로 옳은 것은?

① 생애진로발달에 관심을 두고, 효과적인 사람이 되는데 필요한 지식과 기능을 습득하게 한다.
② 직업선택, 의사결정 기술의 습득 등이 주요한 목적이고, 직업상담 과정에는 진단, 문제분류, 문제구체화 등이 들어가야 한다.
③ 자기관리 상담모드가 주요한 목적이고, 직업정보 탐색과 직업결정, 상담만족 등에 효과가 있다.
④ 직업정보를 스스로 탐색하게 하고 자신을 사정하게 하는 능력을 갖추도록 돕는다.

해설 ② 크라이티스(Crites)의 포괄적 직업상담에 대한 설명이다.
③ 크리바치(Krivatsy)와 마군(Magoon)이 제시한 직업적 상담처치의 견해 설명이다.
④ 마올라(Maola)와 카네(Kane)가 제시한 직업상담의 견해 설명이다.

➕ 기스버스(Gysbers)가 제시한 직업상담의 목적
• 예언과 발달 • 처치와 자극 • 결함과 유능

03 상담의 초기면접 단계에서 일반적으로 고려할 사항이 아닌 것은?

① 통찰의 확대 ② 목표의 설정
③ 상담의 구조화 ④ 문제의 평가

해설 ① 통찰은 내담자가 의식하지 못했거나 잘 모르던 동기, 관계, 충동들을 깨닫게 되는 것으로 통찰의 확대는 상담 초기에 고려할 사항은 아니다.

04 인간중심 상담이론에 관한 설명으로 틀린 것은?

① 실현화 경향성은 자기를 보전, 유지하고 향상시키고자 하는 선천적 성향이다.
② 자아는 성격의 조화와 통찰을 위해 노력하는 원형이다.
③ 가치의 조건화는 주요 타자로부터 긍정적 존중을 받기 위해 그들이 원하는 가치와 기준을 내면화하는 것이다.
④ 현상학적 장은 경험적 세계 또는 주관적 경험으로 특정 순간에 개인이 지각하고 경험하는 모든 것을 뜻한다.

해설 ②는 칼 융(Carl Jung)의 성격심리학 이론이다.

05 직업상담 시 흥미사정의 목적과 가장 거리가 먼 것은?

① 여가선호와 직업선호 구별하기
② 직업탐색 조장하기
③ 직업·교육상 불만족 원인 규명하기
④ 기술과 능력 범위 탐색하기

해설 흥미사정의 목적은 ①, ②, ③ 외에도 자기인식 발전시키기, 직업탐색 조장하기가 있다.

06 자기인식이 부족한 내담자를 사정할 때 인지에 대한 통찰을 재구조화하거나 발달시키는데 적합한 방법은?

① 직면이나 논리적 분석을 해준다.
② 불안에 대처하도록 심호흡을 시킨다.
③ 은유나 비유를 사용한다.
④ 사고를 재구조화한다.

➕ **인지적 명확성이 부족한 내담자 유형**

연번	내담자 유형	상담자의 개입	내담자의 호소문제
1	단순 오정보	정보제공	그 대학은 속물들만 다녀서 갈 수 없다.
2	복잡한 오정보	논리적 분석	단순 오정보의 내용을 계속 고집한다.
3	구체성 결여	구체화 시키기	사람들이 좋은 교사직 얻기 힘들다고들 한다.
4	원인과 결과 착오	논리적 분석	사업을 생각하지만 이혼할까봐 걱정이다.
5	파행적 의사소통	저항에 다시 초점 맞추기	상담사의 의견은 좋은 생각이다. 그러나....
6	강박적 사고	REBT 기법	가족이 모두 변호사 나도 변호사 해야한다.
7	양면적 사고	역설적 사고	기계공학전공 말고는 아무것도 생각하지 않는다.
8	걸러내기	재구조화, 역설적 기법	부정적인 측면만 강조해서 받아들인다.
9	하늘은 스스로 돕는 자를 돕는다.	논리적 분석	내 인생은 중요하지 않다.
10	비난하기	직면, 논리적 분석	내가 술을 마시는 것은 아버지를 닮아 그렇다.
11	잘못된 의사 결정방식	심호흡, 의사결정 도움	의사결정에 대한 불안감을 호소한다.
12	자기인식의 부족	은유나 비유 사용하기	우울감 호소, 사무실에서 왕따이다.

07 내담자에 대한 상담목표의 특성이 아닌 것은?

① 구체적이어야 한다.
② 내담자가 원하고 바라는 것이어야 한다.
③ 실현가능해야 한다.
④ 인격성장을 도와야 한다.

해설 상담목표는 ①, ②, ③ 그리고 상담자의 기술과 양립해야 한다.

08 직업상담의 문제유형에 대한 Crites의 분류 중 부적응형에 관한 설명으로 옳은 것은?

① 적성에 따라 직업을 선택했지만 그 직업에 대해 흥미를 못 느끼는 사람
② 흥미를 느끼는 분야는 있지만, 그 분야에 대한 적성을 가지고 있지 못한 사람
③ 흥미나 적성 유형에 상관없이 어떤 분야를 선택할지 결정을 못한 사람
④ 흥미를 느끼는 분야도 없고 적성에 맞는 분야도 없는 사람

➕ **크라이티스(Crites)가 제시한 직업상담의 문제유형**

구 분		설 명
적응성	적응형	흥미와 적성이 일치
	부적응형	흥미와 적성이 맞는 분야를 찾지 못함
현실성	비현실형	흥미를 느끼는 분야는 있지만 그 분야에 적성을 가지고 있지 못함
	불충족형	자신의 적성수준보다 낮은 직업을 선택
	강압형	적성 때문에 선택했지만 흥미를 못 느낌
결정성	다재다능형	가능성이 많아 흥미와 적성을 가진 직업 사이에서 결정 못함
	우유부단형	흥미와 적성에 관계없이 성격적으로 선택과 결정 못함

09 직업상담 시 한계의 오류를 가진 내담자들이 자신의 견해를 제한하는 방법에 해당하지 않은 것은?

① 예외를 인정하지 않는 것
② 불가능을 가정하는 것
③ 왜곡되게 판단하는 것
④ 어쩔 수 없음을 가정하는 것

➕ **전이된 오류 정정하기**

• 정보의 오류: 삭제, 불확실한 인물의 인용, 불분명한 동사의 사용, 참고자료, 제한적 어투의 사용
• 한계의 오류: 예외를 인정하지 않는 것, 불가능을 가정하는 것, 어쩔 수 없음을 가정하는 것
• 논리적 오류: 잘못된 인간관계 오류, 마음의 해석, 제한된 일반화

10 특성–요인 직업상담의 과정을 순서대로 바르게 나열한 것은?

> ㄱ. 분석 ㄴ. 종합 ㄷ. 진단
> ㄹ. 예측 ㅁ. 상담

① ㄱ → ㄴ → ㄷ → ㄹ → ㅁ

② ㄱ → ㄴ → ㄷ → ㅁ → ㄹ

③ ㄱ → ㅁ → ㄷ → ㄹ → ㄴ

④ ㄷ → ㄱ → ㄴ → ㄹ → ㅁ

해설 상담과정: 분석(자료수집) → 종합(자료 요약) → 진단(변별진단) → 처방(예후=예측) → 상담(내담자 참여) → 추수지도

11 행동주의적 접근의 상담기법 중 공포와 불안이 원인이 되는 부적응 행동이나 회피행동을 치료하는데 가장 효과적인 기법은?

① 타임아웃 기법 ② 모델링 기법

③ 체계적 둔감법 ④ 행동조성법

해설 ① 타임아웃 기법: 긍정적 기회를 일시적으로 박탈하여 부적응 행동을 치료하는데 사용하는 기법이다.
② 모델링 기법: 내담자가 다른 사람의 바람직한 행동을 관찰해서 학습한 것을 수행하는 기법이다.
④ 행동조성법: 새로운 행동을 처음 가르칠 때 사용하는 기법으로 학습촉진기법에 주로 사용된다.

12 크럼볼츠의 사회학습진로이론에 관한 설명으로 틀린 것은?

① 진로의사결정 과정에서 자기효능감과 결과기대를 중요시 한다.

② 개인이 환경과의 상호작용을 통해 무엇을 학습했는가를 중요시 한다.

③ 개인은 학습경험을 통해 세계를 바라보는 관점이나 신념을 형성한다고 본다.

④ 우연한 사건을 다루는 데 도움이 되는 기술은 호기심, 낙관성 위험감수 등이다.

해설 ①은 사회인지이론의 주요개념에 대한 설명이다.

13 레빈슨의 성인발달이론에 관한 설명으로 틀린 것은?

① 인생주기를 네 개의 계절로 구분한다.

② 성인 초기의 주요 과업은 꿈의 형성과 멘토 관계의 형성이다.

③ 안정기는 삶을 침체시키거나 새롭게 만드는 시기이다.

④ 인생 구조에는 직업, 가족 결혼, 종교와 같은 요소들이 포함된다.

해설 ③ 안정기는 새로운 삶의 구조를 형성하는 시기이고, 선택지 설명은 전환기이다.

➕ 레빈슨의 인생구조 발달과정
• 성인 초기전환기(17~22세): 청소년기에서 성인기로의 전환기로 성인 세계로 예비적인 발걸음을 내딛는다.
• 성인 입문기(22~28세): 자아와 성인세계를 연결해줄 수 있는 최초의 인생구조를 형성하고 시험해보며, 결혼, 독립, 멘토링, 꿈과 같은 최초의 인생구조를 만든다.
• 30대 전환기(28~33세): 최초의 인생구조의 결함을 인식하고 재평가하고, 미래를 생각해보는 시기로 불안감과 긴박감이 증가, 점차 현실적이다.
• 초기성인기 절정기(33~40세): 일, 가족, 우정, 공동체에 자신을 투자하며 2번째 인생구조를 확고히 하며 사회에 자신의 자리를 만들고 꿈을 성취하려 노력한다.
• 중년 전환기(40~45세): 초기에서 중기로 넘어가는 과도기다.
• 중년기 입문기(45~50세): 새로운 직장, 새로운 결혼과 같은 새로운 인생구조를 만든다.
• 50대 전환기(50~55세): 30대 전환기와 유사, 중년의 인생구조에 대한 훨씬 작은 적응의 문제다.
• 성인중기 절정기(55~60세): 중년기를 안정화시키는 중년기의 2번째 인생구조를 확고히 한다. 자신과 역할의 변화에 인생구조가 잘 맞아떨어지면 만족스러운 시기가 되나, 잘 맞지 않는 인생구조일 경우 괴로워진다.
• 성인후기 전환기(60~65세): 중년기와 성인후기의 과도기로 은퇴를 준비한다.
• 성인 후기(65세 이후): 은퇴와 노화 속에 새로운 패턴에 잘 맞는 새로운 인생구조를 형성한다.

14 직업상담에서 내담자의 생애진로 주제를 확인하는 가장 중요한 이유는?

① 내담자의 사고과정을 이해하고 행동을 통찰하도록 도와주기 때문이다.
② 상담을 상담자 입장에서 원만하게 이끌 수 있도록 해주기 때문이다.
③ 작업자, 지도자, 개인역할이 고려되어야 하기 때문이다.
④ 내담자의 생각을 읽을 수 있게 해주기 때문이다.

해설 생애진로주제(Life Career Themes)는 사람들이 표현한 생각, 가치, 태도, 자신의 신념, 타인에 관한 신념 그리고 세상에 대한 신념 등의 단어를 말한다. 이러한 주제들은 내담자의 표현적 체계를 보여주고, 내담자의 행동을 통찰하도록 도와준다.

15 인지적·정서적 상담에 관한 설명으로 **틀린** 것은?

① Ellis에 의해 개발되었다.
② 모든 내담자의 행동적-정서적 문제는 비논리적이고 비합리적인 사고에서 발생한 것이다.
③ 성격 자아상태 분석을 실시한다.
④ A-B-C 이론을 적용한다.

해설 ③은 에릭 번(Eric Berne)의 교류분석 설명으로 자아는 P(부모), A(성인), C(아동)이다.

16 다음 중 효과적인 적극적 경청을 위한 지침과 가장 거리가 **먼** 것은?

① 내담자의 음조를 경청한다.
② 사실 중심으로 경청한다.
③ 내담자의 표현의 불일치를 인식한다.
④ 내담자가 보이는 일반화, 빠뜨린 내용, 왜곡을 경청한다.

해설 ② 적극적 경청은 내담자의 말을 듣고 태도 그리고 행동을 관찰하며 선택적 주목하는 것을 말한다.

17 타이드만(Tiedman)은 어떤 발달단계를 기초로 진로발달이론을 설명하였는가?

① 피아제의 인지발달이론
② 에릭슨의 심리사회발달이론
③ 콜버그의 도덕발달단계
④ 반두라의 인지사회발달단계

해설 타이드만(Tiedman)은 에릭슨(Erikson)의 심리사회적 발달단계이론 토대로 개인 심리사회적 위기를 해결하는 과정에 일에 대한 태도와 자아가 발달한다고 보았으며, 자기정체감이 발달하면서 의사결정이 이루어진다고 하였다.
① 피아제(Piaget)는 인간의 인지 발달을 유기체와 환경의 상호작용에 의해 발달하며 그 과정을 4단계로 제시하였다.
② 에릭슨(Erikson)은 인간의 발달단계를 8단계로 나누고 과업의 성취여부를 양극단으로 제시하였다.
③ 도덕발달단계는 콜버그(Kohlberg)가 피아제(Piaget)의 인지발달이론을 도덕성 발달에 적용 시킨 것으로 인간의 도덕성 발달을 3수준 6단계로 제시하였다.
④ 반두라(Bandura)의 사회인지학습에 영향을 주는 요인들을 5단계로 제시하였다.

18 Harren이 제시한 진로의사결정 유형 중 의사결정에 대한 개인적 책임을 부정하고 외부로 책임을 돌리는 경향이 높은 유형은?

① 유동적 유형
② 투사적 유형
③ 직관적 유형
④ 의존적 유형

➕ 하렌(Harren)의 진로의사 결정 유형

하렌은 개인이 의사결정을 할 때 합리적인 전략 또는 정의적인 전략을 사용하는 정도와 자신의 결정에 대한 책임을 지는 정도에 기초하여 합리적 유형, 직관적 유형, 의존적 유형으로 분류하였다.
① 합리적 유형: 의사결정과정에서 논리적이고 체계적으로 접근하는 것을 의미한다.
② 직관적 유형: 의사결정에서 개인의 생각이나 느낌과 감정적인 자기인식에 의존하는 것을 의미한다.
③ 의존적 유형: 의사결정에 대한 개인적 책임을 부정하고 그 책임을 외부로 투사하려는 경향이 있다.

19 상담 윤리강령의 역할과 기능을 모두 고른 것은?

> ㄱ. 내담자의 복리증진
> ㄴ. 지역사회의 도덕적 기대존중
> ㄷ. 전문직으로서의 상담기능 보장
> ㄹ. 상담자 자신의 사생활과 인격 보호
> ㅁ. 직무수행 중의 갈등 해결 지침 제공

① ㄱ, ㄴ, ㄷ   ② ㄴ, ㄷ, ㄹ
③ ㄱ, ㄴ, ㄹ, ㅁ   ④ ㄱ, ㄴ, ㄷ, ㄹ, ㅁ

해설 상담 윤리강령은 상담장면과 상담과정에서 내담자를 돕는 것은 물론 상담자 자신을 보호하는 역할이며 기능이다.

20 진로시간전망 검사지를 사용하는 주요 목적과 가장 거리가 먼 것은?

① 목표설정 촉구   ② 계획기술 연습
③ 진로계획 수정   ④ 진로의식 고취

➕ 진로시간전망 검사지의 사용목적
• 미래의 방향을 이끌어내기 위해서
• 미래에 대한 희망을 심어 주기 위해서
• 미래가 실제인 것처럼 느끼도록 하기 위해서
• 계획에 대해 긍정적 태도를 강화하기 위해서
• 목표설정을 촉구하기 위해서
• 현재의 행동을 미래의 결과와 연계시키기 위해서
• 계획기술을 연습하기 위해서
• 진로의식을 높이기 위해서

---

2 과목   Vocational Counselor
직업심리학

---

21 조직에 영향을 미치는 직무 스트레스의 결과와 가장 거리가 먼 것은?

① 직무수행 감소   ② 직무 불만족
③ 상사의 부당한 지시   ④ 결근 및 이직

해설 ③ 상사의 부당한 지시는 직무 스트레스의 원인이다.

22 다음 중 로(Roe)가 제시한 8가지 직업 군집 중 어디에 해당하는가?

> • 상품과 재화의 생산·유지·운송과 관련된 작업을 포함하는 군집이다.
> • 운송과 정보통신에 관련된 직업뿐만 아니라 공학, 기능, 기계무역에 관련된 직업들도 이 영역에 속한다.
> • 대인관계는 상대적으로 덜 중요하며 사물을 다루는 데 관심을 둔다.

① 기술직(Technology)
② 서비스직(Service)
③ 비즈니스직(Business Contact)
④ 옥외활동직(Outdoor)

➕ Roe가 제안한 흥미에 기초한 8가지 직업군집
• 서비스: 다른 사람의 욕구와 복지에 관심
• 사업적 접촉/비즈니스: 상대방을 설득하는데 초점
• 조직/관리: 관리직군이 해당
• 기술과학/기술직: 상품과 재화의 생산·유지·운송과 관련된 직업을 포함하는 군집
• 옥외활동: 천연자원을 개간·보존·수확하는 것
• 과학직: 과학이론과 그 이론을 특정한 환경에 적용하는 직업
• 보편문화/일반문화: 보편적인 문화유산의 보존과 전수에 관련되는 직업
• 예술과 연예: 창조적인 예술과 연예에 관련된 특별한 기술 사용

23 직무 스트레스에 관한 설명으로 틀린 것은?

① 직장 내 소음, 온도와 같은 물리적 요인이 직무 스트레스를 유발할 수 있다.
② 직무 스트레스를 일으키는 심리사회적 요인으로 역할 갈등, 역할 과부하, 역할 모호성 등이 있다.
③ 사회적 지지가 제공되면 우울이나 불안 같은 직무 스트레스 반응이 감소한다.
④ 직무 스트레스는 직무만족과 부정적 관계에 있으며, 모든 스트레스는 항상 직무수행 성과를 떨어뜨린다.

해설 ④ 직무 스트레스와 직무수행 성과는 역 U자형 관계를 보이며, 스트레스가 너무 낮거나 높으면 생산성이 떨어지지만 적절한 스트레스는 생산성 향상에 영향을 미친다.

24 직무특성 양식 중 개인의 환경과의 상호작용에 있어 반응을 지속하는 시간의 길이는?

① 신속성
② 속도
③ 인내심
④ 리듬

➕ 롭퀴스트(Lofquist)와 데이비스(Dawis)의 직업적응이론의 성격적 측면

민첩성	과제를 완성하는 속도로, 정확성보다 속도를 중시한다.
역량	근로자의 평균 활동수준, 즉 에너지 소비량이다.
리듬	활동의 다양성을 의미한다.
지구력	개인이 환경과 상호작용하는 시간의 양이다.

➕ 롭퀴스트(Lofquist)와 데이비스(Dawis)의 직업적응방식 4가지

- 융통성 또는 유연성(Flexibility): 작업과 개인의 부조화가 크더라도 잘 참아낼 수 있는 정도를 말한다.
- 인내 또는 끈기(Perseverance): 환경이 자신에게 맞지 않아도 개인이 얼마나 오랫동안 견뎌낼 수 있는가?하는 것을 말한다.
- 적극성(Activeness): 개인이 작업환경을 개인적 방식과 좀 더 조화롭게 만들어가려고 노력하는 정도를 말한다.
- 반응성(Reactiveness): 개인이 작업성격의 변화로 인해 작업환경에 반응하는 정도를 말한다.

25 스트레스의 원인 중 역할갈등과 가장 관련이 높은 것은?

① 직무관련 스트레스
② 개인관련 스트레스
③ 조직관련 스트레스
④ 물리적 환경관련 스트레스

➕ 직업관련 스트레스 요인

- 직무관련 스트레스 요인: 과제특성, 역할과부하, 역할갈등, 역할모호성, 의사결정 참여
- 개인관련 스트레스 요인: 성격특성(A유형/B유형)
- 조직관련 스트레스 요인: 조직구조, 조직풍토, 집단응집력, 지도유형
- 물리적 환경관련 스트레스 요인: 소음, 온도, 조명, 공기오염, 사무실 설계, 사회적 밀도

26 직업적성검사인 GATB에서 측정하는 적성요인에 해당하지 않는 것은?

① 기계적성
② 공간적성
③ 사무지각
④ 손의 기교도

➕ GATB직업적성검사

11개의 지필검사와 4개의 동작검사로 구성, 15개의 하위검사로 9개 분야의 적성을 측정하는 검사 ① 지능, ② 언어능력, ③ 산수능력(수리능력), ④ 사무지각, ⑤ 공간적성, ⑥ 형태지각, ⑦ 운동반응, ⑧ 손가락 재치, ⑨ 손재치

27 진로 심리검사 결과 해석에 관한 설명으로 틀린 것은?

① 검사결과는 가능성보다는 확실성의 관점에서 제시되어야 한다.
② 내담자가 검사결과를 잘 이해할 수 있도록 안내하고 격려해야 한다.
③ 검사결과로 나타난 강점과 약점 모두를 객관적으로 검토해야 한다.
④ 검사결과는 내담자가 이용 가능한 다른 정보와 관련하여 제시되어야 한다.

해설 ① 검사결과는 획일적, 절대적인 것이 아니므로 확실성보다는 가능성의 관점에서 제시되어야 한다.

28 작업자 중심 직무분석의 특징과 가장 거리가 먼 것은?

① 표준화된 분석도구의 개발이 어렵다.
② 직무들에서 요구되는 인간특성의 유사정도를 양적으로 비교할 수 있다.
③ 대표적인 예로서 직위분석질문지(PAQ)가 있다.
④ 과제 중심 직무분석에 비해 보다 폭넓게 활용될 수 있다.

해설 ① 표준화된 분석도구의 개발이 용이하다.

29 수퍼(Super)의 진로발달이론의 설명으로 틀린 것은?

① 이론의 핵심기저는 직업적 자아개념이다.

② 직업선택은 타협과 선택이 상호작용하는 적응과정이다.

③ 진로발달은 유아기에 시작하여 성인초기에 완성된다.

④ 직업발달과정은 본질적으로 자아개념을 발달시키고 실현해 나가는 과정이다.

해설 ③ 수퍼(Super)는 진로발달 단계를 성장기 → 탐색기 → 확립기 → 유지기 → 쇠퇴기로 나타냈다.

30 파슨스의 특성요인이론에 관한 설명으로 옳은 것은?

① 개인의 특성과 직업의 요구가 일치할수록 직업적 성공 가능성이 크다.

② 특성은 특정 직무의 수행에서 요구하는 조건을 의미한다.

③ 개인의 진로 발달 과정을 설명하고 있다.

④ 심리검사를 통해 가변적인 특성을 측정한다.

해설 ② 특성은 개인의 특별한 성질(흥미, 적성 등)을 의미하고, 선택지는 요인에 대한 설명이다.
③ 긴즈버그(Ginzberg), 수퍼(Super) 등 진로발달이론을 말한다.
④ 심리검사를 통해 내담자가 타고난 특성을 측정한다.

31 홀랜드(Holland)가 제시한 육각형 모델과 대표적인 직업유형을 바르게 짝지은 것은?

① 현실적(R) 유형 – 비행기 조종사

② 탐구적(I) 유형 – 종교지도자

③ 관습적(C) 유형 – 정치가

④ 사회적(S) 유형 – 배우

➕ 홀랜드(Holland)의 직업흥미검사 유형
- 현실형(R): 엔지니어, 농부, 조사연구원, 파일럿
- 탐구형(I): 학자, 연구원, 교수, 분석가
- 예술형(A): 작가, 예술가
- 사회형(S): 상담사, 성직자, 바텐더
- 진취형(E): 정치인, 경영인, 영업
- 관습형(C): 사무원, 회계원, 은행원

32 다음에 해당하는 규준은?

학교에서 실시하는 성취도검사나 적성검사의 점수를 정해진 범주에 집어넣어 학생들 간의 점수차가 작을 때 생길 수 있는 지나친 확대해석을 미연에 방지할 수 있다.

① 백분위 점수　　　② 표준점수

③ 표준등급　　　　④ 학년규준

해설 표준등급은 원점수를 1에서 9까지의 범주로 나눈 것으로 백분율에 맞추어 표준등급을 매긴 것으로 스탠나인이라고도 한다. 성취도검사, 적성검사에 사용한다.
- 백분위 점수: 개인이 표준화 집단에서 차지하는 상대적 위치를 가리킨다.
- 표준점수(Z): 서로 다른 체계로 측정한 점수들을 동일한 조건에서 비교하기 위한 개념이다.
- 표준화점수(T)=10(편차)×Z(표준점수)+50(평균)
- 학년규준: 성취도검사에서 이용하기 위해 학년별 평균이나 중앙치를 이용해서 규준을 제작하는 방법이다.

33 다음은 어떤 학자와 가장 관련이 있는가?

- 학습경험을 강조하는 동시에 개인의 타고난 재능의 영향을 강조하였다.
- 이 이론에 따라 개발된 진로신념검사는 개인의 진로를 방해하는 사고를 평가하는 데 목적이 있다.

① 오하라(R. O'Hara)

② 스키너(B. Skinner)

③ 반두라(A. Bandura)

④ 크럼볼츠(J. Krumboltz)

해설 ① 오하라(R. O'Hara)는 진로의사결정이론의 기술적 결정모형이론을 제시하였다.
② 스키너(B. Skinner)는 행동주의 심리학자로 조작적 조건형성을 제시하였다.
③ 반두라(A. Bandura)는 자기효능감 개념을 진로에 적용하여 사회인지진로이론을 제시하였다.

➕ 크럼볼츠(J. Krumboltz)의 사회학습이론에서 진로발달과정에 영향을 주는 요인
유전적 요인과 특별한 능력, 환경조건과 사건, 학습경험, 과제접근기술

34 "어떤 흥미검사(A)의 신뢰도가 높다"고 하는 말의 의미는?

① 어떤 사람이 흥미검사(A)를 처음 치렀을 때 받은 점수가 얼마 후 다시 치렀을 때의 점수와 비슷하다.
② 흥미검사(A)가 원래 재고자 했던 흥미영역을 재고 있다.
③ 그 흥미검사(A)와 그와 유사한 목적을 가진 다른 종류의 흥미검사(B)의 점수가 유사하다.
④ 흥미검사(A)가 흥미에 대해 가장 포괄적으로 측정하고 있다.

해설 ①은 검사-재검사 신뢰도 설명이고, ②는 내용타당도 설명이다.

35 다음은 무엇에 관한 설명인가?

한 검사가 그 준거로 사용된 현재의 어떤 행동이나 특성과 관련된 정도를 나타내는 타당도

① 공인 타당도   ② 구성 타당도
③ 내용 타당도   ④ 예언 타당도

➕ 타당도 분석 방법

분석 방법		특징
내용 타당도		내용영역 측정, 타당도 계수 산출 어려움, 전문가에 의해 측정
안면 타당도		'무엇을 재는 것처럼 보이는가?'와 관련됨, 일반인(수험생, 피검사자)에 의해 측정
준거 타당도	예언 (예측)	피검사자의 미래 행동이나 특성을 정확하게 예언하는 정도
	동시 (공인)	새로운 검사를 제작하였을 경우, 기존 검사와의 유사성 검증
구성 타당도	요인 분석	서로 상관이 높은 문항들을 묶어 주는 통계적 방법
	수렴	관계있는 변인들과 얼마나 높은 상관관계가 있는지의 정도
	변별	관계없는 변인들과 얼마나 낮은 상관관계가 있는지의 정도

36 직업선택 문제들 중 '비현실성의 문제'와 가장 거리가 먼 것은?

① 흥미나 적성의 유형이나 수준과 관계없이 어떤 직업을 선택해야 할지 결정하지 못한다.
② 자신의 적성수준보다 높은 적성을 요구하는 직업을 선택한다.
③ 자신의 흥미와는 일치하지만, 자신의 적성수준보다 낮은 적성을 요구하는 직업을 선택한다.
④ 자신의 적성수준에서 선택을 하지만, 자신의 흥미와는 일치하지 않는 직업을 선택한다.

해설 ①은 결정성의 우유부단형이고, ②는 현실성의 비현실형, ③은 현실성의 불충족형, ④는 현실성의 강압형이다.

37 소외 양상의 개념에 관한 설명 중 틀린 것은?

① 무기력감(powerlessness) : 자유와 통제의 결핍 상태
② 무의미감(meaninglessness) : 경영정책이나 생산목적 등의 목적으로부터의 단절
③ 자기소외감(self-estrangement) : 직무에 자신이 몰두할 수 없는 상태
④ 고립감(isoiation) : 지루함이나 단조로움을 느끼는 심리적 상태

해설 ④는 권태감의 설명이고, 고립감은 남의 도움을 받지 못하여 홀로 된 느낌이다.

38 경력개발을 위한 교육훈련을 실시할 때 가장 먼저 고려해야 하는 사항은?

① 사용 가능한 훈련방법에는 어떤 것들이 있는지에 대한 고찰
② 현시점에서 어떤 훈련이 필요한지에 대한 요구분석
③ 훈련프로그램의 효과를 평가하고 개선할 수 있는 방안을 계획하고 수립
④ 훈련방법에 따른 구체적인 훈련프로그램 개발

해설 경력개발 교육 훈련 실시순서: ② → ① → ③ → ④

39 진로나 적성을 측정하는 검사로 적합하지 않은 것은?

① 진로사고검사   ② 자기탐색검사

③ 안전운전검사   ④ 주제통각검사

[해설] ④ 주제통각검사(Thematic Apperception Test: TAT): 개인과 환경 간의 관계를 밝히는 검사로 심리적 갈등에 대한 정보를 얻을 수 있다.

① 진로사고검사(Career Thought Inventory; CTI): 개인이 진로에 대한 부정적 생각으로 진로결정을 피하거나 무력감을 느끼게 하는 역기능적 사고를 측정하는 검사이다.

② 자기탐색검사(Self Directed Search; SDS): 홀랜드 직업흥미유형(RIASEC)을 측정하여 개인의 진로유형에 적절한 전공학과나 직업들을 탐색하는 검사이다.

40 직무분석의 자료의 분석 시 고려해야 할 사항으로 가장 거리가 먼 것은?

① 논리적으로 체계화되어야 한다.

② 여러 가지 목적으로 활용될 수 있어야 한다.

③ 필요에 따라 가공된 정보로 구성해야 한다.

④ 가장 최신의 정보를 반영하고 있어야 한다.

➕ 직무분석 자료의 특성

- 가장 최신 정보반영
- 여러 가지 용도로 활용되는 다목적성
- 가공되지 않은 원자료
- 보편성   • 체계적

---

3 과목   Vocational Counselor

직업정보론

41 워크넷에서 제공하는 학과정보 중 공학계열에 해당하는 학과가 아닌 것은?

① 생명과학과   ② 건축학과

③ 안경광학과   ④ 해양공학과

[해설] ① 생명과학과는 자연계열에 해당하는 학과이다.

42 고용노동통계조사의 각 항목별 조사대상의 연결이 틀린 것은?

① 시도별 임금 및 근로시간 조사: 상용 5인 이상 사업체

② 임금체계, 정년제, 임금피크 제조사: 상용 1인 이상

③ 직종별사업체 노동력 조사: 근로자 1인 이상 33천 개 사업체

④ 지역별사업체 노동력 조사: 종사자 1인 이상 200천 개 사업체

[해설] ③ 직종별사업체 노동력 조사: 상용근로자 5인 이상 약 32천 개 표본사업체를 조사대상으로 사업체의 정상적인 경영활동에 필요한 구인인원, 채용인원, 부족인원, 채용계획인원을 조사한다.

① 시도별 임금 및 근로시간 조사는 사업체 노동력 조사의 부가조사로 매년 실시한다.

사업체노동력조사는 매월 지정된 표본사업체를 대상으로 조사된 종사자 수, 빈 일자리 수, 입·이직자 수, 임금 및 근로시간을 조사하여 매월 고용노동부에서 실시한다.

② 임금체계, 정년제, 임금피크 제조사는 연 1회 기본급 체계, 임금피크제 등 도입현황 조사한다.

④ 지역별 사업체 노동력 조사는 사업체 노동력 조사의 부가조사로 연 2회(4월, 10월) 실시하여 시군구별 종사자 및 입·이직자 현황을 제공한다.

43 국가직무능력표준(NCS)에 관한 설명으로 틀린 것은?

① 산업현장에서 직무를 수행하기 위해 요구되는 지식·기술·태도 등의 내용을 국가가 표준화한 것이다.

② 한국고용직업분류 등을 참고하여 분류하였으며, 대분류 → 중분류 → 소분류 → 세분류 순으로 구성되어 있다.

③ 능력단위는 NCS분류의 하위 단위로서 능력단위요소, 직업기초능력 등으로 구성되어 있다.

④ 직무는 NCS분류의 중분류를 의미하고, 원칙상 중분류 단위에서 표준이 개발된다.

[해설] ④ 직무는 국가직무능력표준 분류의 세분류를 의미하고, 원칙상 세분류 단위에서 표준이 개발된다.

44 직업정보에 대한 설명으로 틀린 것은?

① 직업정보는 경험이 부족한 내담자들에게 다양한 직업을 접할 수 있는 기회를 제공한다.
② 직업정보는 수집 → 체계화 → 분석 → 가공 → 제공 → 축적 → 평가 등의 단계를 거쳐 처리된다.
③ 직업정보를 수집할 때는 항상 최신의 자료인지 확인한다.
④ 동일한 정보라 할지라도 다각적인 분석을 시도하여 해석을 풍부하게 한다.

해설 ② 직업정보는 수집 → 분석 → 가공 → 체계화 → 제공 → 축적 → 평가의 단계이다.

45 민간직업정보의 일반적인 특징과 가장 거리가 먼 것은?

① 한시적으로 정보가 수집 및 가공되어 제공된다.
② 객관적인 기준을 가지고 전체 직업에 관한 일반적인 정보를 제공한다.
③ 직업정보 제공자의 특정한 목적에 따라 직업을 분류한다.
④ 통상적으로 직업정보를 유료로 제공한다.

해설 ②는 공공직업정보의 특징이다. 민간직업정보는 생산자 임의기준이다.

46 한국표준직업분류(제7차)의 특정 직종의 분류요령에 관한 설명으로 틀린 것은?

① 행정 관리 및 입법기능을 수행하는 자는 '대분류 1 관리자'에 분류한다.
② 자영업주 및 고용주는 수행되는 일의 형태나 직무내용에 따라 정의된 개념이다.
③ 연구 및 개발업무 종사자는 '대분류 2 전문가 및 관련종사자'에서 그 전문 분야에 따라 분류된다.
④ 군인은 별도로 '대분류 A'에 분류한다.

해설 ② 자영업주 및 고용주는 수행되는 일의 형태나 직무내용에 따른 정의가 아니라 고용형태 또는 종사상 지위에 따라 정의된 개념이다.

47 다음은 한국표준산업분류(제 10차)의 분류 정의 중 무엇에 관한 설명인가?

> 각 생산단위가 노동, 자본, 원료 등 자원을 투입하여 재화 또는 서비스를 생산 또는 제공하는 일련의 활동과정

① 산업
② 산업활동
③ 생산활동
④ 산업분류

해설 ① 산업: 유사한 성질을 갖는 산업 활동에 주로 종사하는 생산단위의 집합이다.
④ 산업분류: 생산단위가 주로 수행하고 있는 산업 활동을 그 유사성에 따라 유형화한 것이다.

48 국민내일배움카드제의 적용을 받는 자에 해당하는 것은?

① 「공무원연금법」을 적용받고 현재 재직 중인 사람
② 만 75세인 사람
③ HRD-Net을 통하여 직업능력개발훈련 동영상 교육을 이수하지 아니하는 사람
④ 대학교 4학년에 재학 중인 졸업예정자

➕ 국민내일배움 카드 발급 제외 대상자
1. 수강 또는 지원·융자의 제한 기간 중에 있는 사람
2. 국가 또는 지방자치단체가 실시하거나 비용을 지원하는 직업능력개발훈련을 수강하고 있는 사람
3. 직업안정기관 또는 지방자치단체에 구직등록을 하지 않은 사람
4. 공무원으로 재직 중인 사람
5. 「사립학교교직원 연금법」에 따른 교직원으로 재직 중인 사람
6. 「군인연금법」에 따른 군인으로 재직 중인 사람. 다만, 「제대군인지원에 관한 법률」에 적용받는 사람은 제외한다.
7. 「초·중등교육법」에 따른 학교의 재학생. 다만, 고등학교 3학년에 재학 중인 사람은 제외한다.
8. 「고등교육법」에 따른 학교의 재학생으로서 해당 학교 졸업까지 수업연한이 2년 넘게 남은 사람
9. 「국민기초생활 보장법」에 따른 생계급여 수급자. 다만, 근로능력이 있는 수급자는 제외한다.
10. 만 75세 이상인 사람
11. 사업기간 1년 미만, 연 매출 1억 5천만원 이상의 자영업자
12. 월 임금 300만원 이상인 특수형태근로종사자
13. 월 임금 300만원 이상이면서 45세 미만인 대규모기업 종사자

49 워크넷에서 제공하는 직업선호도검사 L형의 하위검사가 아닌 것은?

① 흥미검사
② 성격검사
③ 생활사검사
④ 문제해결능력검사

해설 ④ 웩슬러 성인지능검사의 언어성검사는 지적능력을 측정하고, 동작성 검사는 문제해결능력을 측정한다.

➕ 직업선호도 검사

유형	하위검사	내용
S형	직업흥미	현실형(R), 탐구형(I), 예술형(A), 사회형(S), 진취형(E), 관습형(S)
L형	직업흥미	현실형(R), 탐구형(I), 예술형(A), 사회형(S), 진취형(E), 관습형(S)
	직업성격	외향성, 호감성, 성실성, 정서적 불안정성, 경험에 대한 개방성
	생활사검사	대인관계지향, 독립심, 가족친화, 야망, 학업성취, 예술성, 운동선호, 종교성, 직무만족

50 한국표준산업분류(제10차)의 분류구조 및 부호체계에 대한 설명으로 틀린 것은?

① 분류구조는 대분류(알파벳 문자 사용), 중분류(2자리 숫자 사용), 소분류(3자리 숫자 사용), 세분류(4자리 숫자 사용)의 4단계로 구성된다.
② 부호처리를 할 경우에는 아라비아 숫자만을 사용토록 했다.
③ 권고된 국제분류 ISIC REV.4를 기본체계로 하였으나, 국내실정을 고려하여 국제분류의 각 단계 항목을 분할, 통합 또는 재그룹화하여 독자적으로 분류 항목과 분류 부호를 설정하였다.
④ 중분류의 번호는 01부터 99까지 부여하였으며, 대분류별 중분류 추가 여지를 남겨놓기 위하여 대분류 사이에 번호 여백을 두었다.

해설 ① 분류구조는 대분류(알파벳 문자 사용), 중분류(2자리 숫자 사용), 소분류(3자리 숫자 사용), 세분류(4자리 숫자 사용), 세세분류(5자리 숫자 사용)의 5단계로 구성된다.

51 한국표준산업분류(제10차)에서 산업분류의 적용원칙에 관한 설명으로 틀린 것은?

① 생산단위는 산출물뿐만이 아니라 투입물과 생산공정 등을 함께 고려하여 그들의 활동을 가장 정확하게 설명된 항목으로 분류해야 한다.
② 산업활동이 결합되어 있는 경우에는 그 활동단위의 주된 활동에 따라서 분류해야 한다.
③ 수수료 또는 계약에 의하여 활동을 수행하는 단위는 동일한 산업활동을 자기계정과 자기책임 하에서 생산하는 단위와 같은 항목에 분류해야 한다.
④ 공식적인 생산물과 비공식적인 생산물, 합법적인 생산물과 불법적인 생산물을 달리 분류해야 한다.

해설 ④ 공식적 생산물과 비공식적 생산물, 합법적 생산물과 불법적인 생산물을 달리 분 류하지 않는다.

52 국가기술자격 중 한국산업인력공단에서 시행하지 않는 것은?

① 3D프린터개발산업기사
② 빅데이터분석기사
③ 로봇기구개발기사
④ 반도체설계산업기사

해설 ② 빅데이터분석기사: 한국데이터베이스진흥원 시행, 국가공인민간자격

53 한국표준직업분류(제7차)의 대분류별 주요개정 내용으로 틀린 것은?

① 대분류 1: '방송·출판 및 영상 관련 관리자'를 영상관련 관리자'로 항목명을 변경
② 대분류 2: '한의사'를 '전문 한의사'로 항목명을 변경
③ 대분류 4: '문화 관광 및 숲·자연환경 해설사' 신설
④ 대분류 5: '자동차 영업원'을 신차와 중고차 영업원으로 세분

해설 ① 영상 관련 관리자를 '방송·출판 및 영상 관련 관리자'로 항목명을 변경하여 분류명과 포괄범위가 일치하도록 하였다.

54 워크넷에서 채용정보 상세검색 시 선택할 수 있는 기업형태가 아닌 것은?

① 대기업
② 일학습병행기업
③ 가족친화인증기업
④ 다문화가정지원기업

➕ **워크넷 기업형태**
- 대기업, 공무원/공기업/공공기관, 강소기업, 코스피/코스닥, 중견기업, 외국계기업, 일학습병행기업, 벤처기업, 청년친화 강소기업, 가족친화인증기업

55 직업정보를 제공하는 유형별 방식의 설명이다. ( )에 알맞은 것은?

종 류	비용	학습자 참여도	접근성
인쇄물	(A)	수동	용이
면접	저	(B)	제한적
직업경험	고	적극	(C)

① A : 고, B : 적극, C : 용이
② A : 고, B : 수동, C : 제한적
③ A : 저, B : 적극, C : 제한적
④ A : 저, B : 수동, C : 용이

해설 인쇄물은 제작비용이 적게 들고, 면접은 학습자가 직접 질문하기 때문에 참여도가 적극적이고, 직업경험은 접근성이 제한적이다.

56 질문지를 사용한 조사를 통해 직업정보를 수집하고자 한다. 질문지 문항 작성방법에 대한 설명으로 틀린 것은?

① 객관식 문항의 응답 항목은 상호배타적이어야 한다.
② 응답하기 쉬운 문항일수록 설문지의 앞에 배치하는 것이 좋다.
③ 신뢰도 측정을 위해 짝(pair)으로 된 문항들은 함께 배치하는 것이 좋다.
④ 이중(double-barreled) 질문과 유도질문은 피하는 것이 좋다.

해설 ③ 신뢰도 측정을 위해 짝(pair)으로 된 문항들은 분리하여 배치한다.

57 경제활동인구조사의 주요산식으로 틀린 것은?

① 잠재경제활동인구=잠재취업가능자+잠재구직자
② 경제활동참가율=(경제활동인구÷15세 이상 인구)×100
③ 고용률=(취업자÷15세 이상 인구)×100
④ 실업률=(실업자÷15세 이상 인구)×100

해설 실업률=(실업자÷경제활동 인구)×100

➕ **통계용어**
- 잠재취업가능자: 비경제활동인구 중에서 지난 4주간 구직활동을 하였으나, 조사대상주간에 취업이 가능하지 않은 자
- 잠재구직자: 비경제활동인구 중에서 지난 4주간 구직활동을 하지 않았지만, 조사대상주간에 취업을 희망하고 취업이 가능한 자
- 잠재경제활동인구 = 잠재취업가능자 + 잠재구직자
- 확장경제활동인구 = 경제활동인구 + 잠재경제활동인구

58 국가기술자격 산업기사 등급의 응시자격 기준으로 틀린 것은?

① 고용노동부령이 정하는 기능경기대회 입상자
② 동일 및 유사 직무 분야의 산업기사 수준 기술훈련과정 이수자 또는 그 이수 예정자
③ 동일 및 유사 직무 분야의 다른 종목의 산업기사 등급 이상의 자격을 취득한 사람
④ 응시하려는 종목이 속하는 동일 및 유사 직무 분야에서 1년 이상 실무에 종사한 사람

해설 ④ 동일 및 유사 직무 분야에서 2년 이상 실무에 종사한 사람

59 2023년 신설하여 시행되는 국가기술자격종목이 아닌 것은?

① 공간정보융합산업기사
② 정밀화학기사
③ 한복기능장
④ 이러닝운영관리사

해설 ② 정밀화학기사는 2022년 신설된 자격증이다.

➕ 2023년 국가기술자격 종목 신설 4개 종목

직무분류	국가기술자격명
지형공간정보	공간정보융합산업기사
지형공간정보	공간정보융합기능사
교육훈련	이러닝운영관리사
한복	한복기능장

60 한국직업사전(2020)의 부가 직업정보 중 정규교육에 관한 설명으로 틀린 것은?

① 우리나라 정규교육의 연한을 고려하여 6단계로 분류하였다.
② 4수준은 12년 초과~14년 이상(전문대졸 정도)이다.
③ 독학, 검정고시 등을 통해 정규교육과정을 이수하였다고 판단되는 기간도 포함된다.
④ 해당 직업 종사자의 평균학력을 나타내는 것이다.

해설 ④ 해당 직업 종사자의 평균학력을 나타내는 것은 아니다.

4 과목 Vocational Counselor
노동시장론

61 경기적 실업에 대한 대책으로 가장 적합한 것은?

① 지역 간 이동촉진
② 총수요의 증대
③ 퇴직자 취업알선
④ 구인·구직에 대한 전산망 확대

해설 ① 구조적 실업대책
④ 마찰적 실업대책

62 마찰적 실업의 원인에 해당하는 것을 모두 고른 것은?

> ㄱ. 노동자들이 자신에게 가장 잘 맞는 직장을 찾는 데 시간이 걸리기 때문이다.
> ㄴ. 기업이 생산성을 재고하기 위해 시장균형임금보다 높은 수준의 임금을 지불하는 경향이 있기 때문이다.
> ㄷ. 노동조합의 존재로 인해 조합원의 임금이 생산성보다 높게 형성되기 때문이다.

① ㄱ　　　　　　　　② ㄴ
③ ㄱ, ㄴ　　　　　　④ ㄴ, ㄷ

해설 ㄴ: 효율임금정책 설명
ㄷ: 노동조합 조직회사가 임금이 높은 이유 설명

63 노동시장에 관한 설명으로 틀린 것은?

① 재화시장은 불완전경쟁이더라도 노동시장이 완전경쟁이면 개별기업의 한계요소비용은 일정하다.
② 재화시장과 노동시장이 모두 완전경쟁일 때 재화가격이 상승하면 노동수요곡선이 오른쪽으로 이동한다.
③ 재화시장과 노동시장이 모두 완전경쟁일 때 임금이 하락하면 노동수요량은 장기에 더 크게 증가한다.
④ 재화시장이 불완전경쟁이고 노동시장이 완전경쟁일 때 임금은 한계수입생산보다 낮은 수준으로 결정된다.

해설 ④ 재화시장이 불완전경쟁이고 노동시장이 완전경쟁일 때 임금은 한계요소비용보다 낮은 수준으로 결정된다.

64 노동수요곡선이 이동하는 이유가 아닌 것은?

① 임금수준의 변화
② 생산방법의 변화
③ 자본의 가격 변화
④ 생산물에 대한 수요의 변화

해설 ① 임금수준의 변화는 점으로 이동한다.

65 실업에 관한 설명으로 옳은 것은?

① 정부는 경기적 실업을 줄이기 위하여 기업의 설비투자를 억제시켜야 한다.
② 취업자가 존재하는 상황에서 구직포기자의 증가는 실업률을 감소시킨다.
③ 전업주부가 직장을 가지면 실업률과 경제활동참가율 모두 낮아진다.
④ 실업급여의 확대는 탐색적 실업을 감소시킨다.

 ① 경기적 실업은 유효수요부족이 원인이므로 일자리 확대하기 위해 설비투자를 장려해야 실업률을 감소시킬 수 있다.
② 실망노동자 설명으로 구직자가 구직포기하면 비경제활동인구가 되어 실업률을 감소시킨다.
③ 부가노동자 설명으로 실업자가 증가하여 실업률과 경제활동참가율이 높아진다.
④ 실업급여 확대는 탐색적 실업을 증가시킨다.

66 A국가의 경제활동참가율은 50%이고, 생산가능인구와 취업자가 각각 100만 명, 40만 명이라고 할 때, 이 국가의 실업률은?

① 5%
② 10%
③ 15%
④ 20%

 • 경제활동참가율 $= \dfrac{경제활동인구}{생산가능인구} \times 100$,

$50\% = \dfrac{경제활동인구}{100만} \times 100$, 경제활동인구 $= 50만$

• 경제활동인구 $=$ 취업자 $+$ 실업자,
$50만 = 40만 +$ 실업자, 실업자 $10만$

• 실업률 $= \dfrac{실업자}{경제활동인구} \times 100$, $\dfrac{10만명}{50만명} \times 100 = 20\%$

67 산업별 노동조합의 특성과 가장 거리가 먼 것은?

① 기업별 특수성을 고려하기 어려워진다.
② 임시직, 일용직 근로자를 조직하기 용이하다.
③ 해당 산업분야의 정보자료 수집·분석이 용이해진다.
④ 숙련공만의 이익옹호단체가 되기 쉽다.

 ④ 직업별 노조의 특성이다.

68 임금의 보상격차에 관한 설명으로 틀린 것은?

① 근무조건이 열악한 곳으로 전출되면 임금이 상승한다.
② 성별격차도 일종의 보상격차이다.
③ 물가가 높은 곳에서 근무하면 임금이 상승한다.
④ 더 높은 비용이 소요되는 훈련을 요구하는 직종의 임금이 상대적으로 높다.

 ② 경쟁적 요인의 생산성 격차에 해당한다.

➕ **보상적 임금격차 요인**
• 작업의 쾌적함 정도
• 교육훈련비용
• 직업에서의 성공 가능성
• 고용의 안정성 여부
• 책임의 정도

69 단체교섭에 관한 설명으로 틀린 것은?

① 단체협약은 노동조합과 사용자단체가 단체교섭 후 합의된 사항을 문서로 남긴 것으로 강제의 효력이 있다.
② 경영자가 정당한 사유 없이 단체교섭을 거부하는 행위는 불법행위에 해당한다.
③ 이익분쟁은 임금 및 근로조건 등에 합의하지 못해 발생하는 분쟁이다.
④ 노동자들이 하는 쟁의행위에는 파업, 태업, 직장폐쇄 등의 방법이 있다.

 ④ 직장폐쇄는 사용자 측 쟁의행위이다.

➕ **노동쟁의 행위**
• 근로자: 파업, 태업, 불매운동, 피켓팅, 준법투쟁
• 사용자: 파업근로자 대신 다른 근로자로 대체, 직장폐쇄 권리

70 연봉제의 장점과 가장 거리가 먼 것은?

① 전문성의 촉진
② 개인의 능력에 기초한 생산성 향상
③ 구성원 상호 간의 친밀감 증진
④ 임금 관리 용이

 ③ 구성원 상호 간의 친밀감 감소한다.

71 유니온숍(union shop)에 대한 설명으로 옳은 것은?

① 조합원이 아닌 근로자는 채용 후 일정 기간 내에 조합에 가입해야 한다.
② 조합원이 아닌 자는 채용이 안 된다.
③ 노동조합과 노동공급원이 독점하여 관련 노동시장에 강력한 영양을 미친다.
④ 채용 전후 근로자의 조합 가입이 완전히 자유롭다.

해설 ②, ③은 클로즈드숍 설명이고, ④는 오픈숍 설명이다.

72 다음 중 직무급 임금체계의 장점이 <u>아닌</u> 것은?

① 개인별 임금 격차에 대한 불만 해소
② 연공급에 비해 실시가 용이
③ 인건비의 효율적 관리
④ 능력 위주의 인사풍토 조성

해설 ② 연공급에 비해 실시가 복잡하다.
• 직무급은 직무평가하여 각 직무의 상대적 가치에 따라 개별 임금이 결정되는 임금제도이다. 동일노동 동일임금이라는 합리적인 임금체계로 절차와 실시가 복잡한 단점이 있다.

73 이원적 노사관계론의 구조를 바르게 나타낸 것은?

① 제1차 관계: 경영 대 노동조합관계
　제2차 관계: 경영 대 정부기관관계
② 제1차 관계: 경영 대 노동조합관계
　제2차 관계: 경영 대 종업원관계
③ 제1차 관계: 경영 대 종업원관계
　제2차 관계: 경영 대 노동조합관계
④ 제1차 관계: 경영 대 종업원관계
　제2차 관계: 정부기관 대 노동조합관계

➕ 이원적 노사관계론
• 제1차 관계: 경영자와 종업원(친화 우호, 협력)
• 제2차 관계: 경영자와 노동조합(대립적, 투쟁적)

74 노동의 수요탄력성이 0.5이고 다른 조건이 일정할 때 임금이 5% 상승한다면 고용량의 변화는?

① 0.5% 감소한다.
② 2.5% 감소한다.
③ 5% 감소한다.
④ 5.5% 감소한다.

해설
$$노동수요탄력성 = (-)\frac{노동수요량의\ 변화율(\%)}{임금\ 1\%의\ 변화율(\%)}$$
$$0.5 = (-)\frac{노동수요량의\ 변화율(\%)}{5\%},\ 0.5 \times 5\% = (-)2.5\%$$

75 구인처에서 요구하는 기술을 갖춘 근로자가 없어서 발생하는 실업은?

① 구조적 실업
② 잠재적 실업
③ 마찰적 실업
④ 자발적 실업

해설 ② 통계조사에 실직자로 집계되지 않는 상태로, 비경제활동인구와 근로조건(임금, 근로시간 등)이 불만족하여 이직 또는 전직을 고려하는 취업자가 있다.
③ 직업정보 부족으로 발생하는 실업으로 사회적 비용이 가장 적다.
④ 자발적 실업에는 마찰적 실업과 대기실업이 있다.

76 다음 중 최저임금제가 고용에 미치는 부정적 효과가 가장 큰 상황은?

① 노동수요곡선과 노동공급곡선이 모두 탄력적일 때
② 노동수요곡선과 노동공급곡선이 모두 비탄력적일 때
③ 노동수요곡선이 탄력적이고 노동공급곡선이 비탄력적일 때
④ 노동수요곡선이 비탄력적이고 노동공급곡선이 탄력적일 때

해설 ① 노동수요곡선과 노동공급곡선이 모두 탄력적이면 임금의 변화에 수요와 공급이 영향을 많이 받기 때문에 가장 부정적이 상황이다.

77 유보임금(reservation wage)에 관한 설명이 옳은 것으로 짝지어진 것은?

> ㄱ. 유보임금의 상승은 실업기간을 연장한다.
> ㄴ. 유보임금의 상승은 기대임금을 하락시킨다.
> ㄷ. 유보임금은 기업이 근로자에게 제시한 최고의 임금이다.
> ㄹ. 유보임금은 근로자가 받고자 하는 최저의 임금이다.

① ㄱ, ㄷ
② ㄱ, ㄹ
③ ㄴ, ㄷ
④ ㄴ, ㄹ

해설 ㄴ : 유보임금의 상승은 기대임금을 상승시킨다.
ㄷ : 기업이 근로자에게 제시하는 임금은 제시임금이다.
※ 유보임금=기대임금=희망임금=의중임금이다.

78 개인의 후방굴절형(상단부분에서 좌상향으로 굽어짐) 노동공급곡선에 대한 설명으로 옳은 것은?

① 임금이 상승함에 따라 노동시간을 증가시키려고 한다.
② 소득–여가 간의 선호체계분석에서 소득효과가 대체효과를 압도한 결과이다.
③ 소득–여가 간의 선호체계분석에서 대체효과가 소득효과를 압도한 결과이다.
④ 임금이 하향함에 따라 노동시간을 줄이려는 의지를 강력하게 표현하고 있다.

해설 ① 그래프 ① ~ ② 구간으로 임금이 상승함에 따라 노동공급이 증가하여 대체효과가 압도한다.
② 그래프 ② ~ ③ 구간으로 임금상승함에 따라 여가를 증가하고 노동공급은 감소시켜 노동공급곡선이 후방굴절하는 부분으로 소득효과(여가선택)가 대체효과(일선택)보다 압도한다.
③ 그래프 ① ~ ② 구간 설명이다.

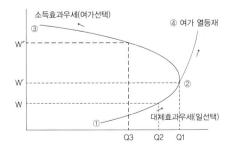

79 완전경쟁적인 노동시장에서 노동의 한계생산을 증가시키는 기술진보와 함께 보다 많은 노동자들이 노동시장에 참여하는 변화가 발생할 때 노동시장에서 발생하는 변화로 옳은 것은?(단, 다른 조건들은 일정하다고 가정한다.)

① 균형노동고용량은 반드시 증가하지만 균형임금의 변화는 불명확하다.
② 균형임금은 반드시 상승하지만 균형노동고용량의 변화는 불명확하다.
③ 임금과 균형노동고용량 모두 반드시 증가한다.
④ 임금과 균형노동고용량의 변화는 모두 불명확하다.

해설 기업의 고용량은 증가하지만, 노동공급이 증가하여 임금의 변화는 불명확하다.

80 경제적 조합주의(economic unionism)에 대한 설명으로 틀린 것은?

① 노동조합운동과 정치와의 연합을 특징으로 한다.
② 경영전권을 인정하며 경영참여를 회피해온 노선이다.
③ 노동조합운동의 목적은 노동자들의 근로조건을 포함한 생활조건의 개선과 유지에 있다.
④ 노사관계를 기본적으로 이해대립의 관계로 보고 있으나 이해조정이 가능한 비적대적 관계로 이해한다.

해설 ① 경제적 조합주의는 조합의 활동을 임금과 노동조건의 개선 등 노동자의 생활 향상에 의식적으로 한정시키며, 노동조합 운동의 독자성·자주성 확보 및 조합 내 민주주의 실현이 가장 중요한 조직 원리이다.

81 고용보험법령상 ( ) 안에 들어갈 숫자의 연결이 옳은 것은?

> 육아휴직 급여는 육아휴직 시작일을 기준으로 한 월 통상임금의 100분의 (ㄱ)에 해당하는 금액을 월별 지급액으로 한다. 다만, 해당 금액이 (ㄴ)만원을 넘는 경우에는 (ㄴ)만원으로 하고, 해당 금액이 (ㄷ)만원보다 적은 경우에는 (ㄷ)만원으로 한다.

① ㄱ : 80, ㄴ : 150, ㄷ : 70
② ㄱ : 80, ㄴ : 120, ㄷ : 50
③ ㄱ : 50, ㄴ : 150, ㄷ : 50
④ ㄱ : 50, ㄴ : 120, ㄷ : 70

해설 고용보험법령상 육아휴직 급여는 육아휴직 시작일을 기준으로 한 월 통상임금의 100분의 80에 해당하는 금액을 월별 지급액으로 한다. 다만, 해당 금액이 150만 원을 넘는 경우에는 150만 원으로 하고, 해당 금액이 70만 원보다 적은 경우에는 70만 원으로 한다.

82 근로기준법령상 용어의 정의로 틀린 것은?

① "근로"란 정신노동과 육체노동을 말한다.
② "근로계약"이란 근로자가 사용자에게 근로를 제공하고 사용자는 이에 대하여 임금을 지급하는 것을 목적으로 체결된 계약을 말한다.
③ "단시간근로자"란 1일의 소정근로시간이 통상 근로자의 1일의 소정근로시간에 비하여 짧은 근로자를 말한다.
④ "사용자"란 사업주 또는 사업 경영 담당자, 그 밖에 근로자에 관한 사항에 대하여 사업주를 위하여 행위하는 자를 말한다.

해설 ③ "단시간근로자"란 1주 동안의 소정근로시간이 그 사업장에서 같은 종류의 업무에 종사하는 통상 근로자의 1주 동안의 소정근로시간에 비하여 짧은 근로자를 말한다.

83 국민평생직업능력개발법령에 관한 설명으로 틀린 것은?

① 「제대군인지원에 관한 법률」에 따른 제대군인 및 전역예정자의 직업능력개발훈련은 중요시 되어야 한다.
② 「산업재해보상보험법」에 따른 근로복지공단은 직업능력개발훈련시설을 설치할 수 없다.
③ 이 법에서 "근로자"란 사업주에게 고용된 사람과 취업할 의사가 있는 사람을 말한다.
④ 직업능력개발훈련은 훈련의 목적에 따라 양성훈련, 향상훈련, 전직훈련으로 구분한다.

해설 ② 「산업재해보상보험법」에 따른 근로복지공단은 직업능력개발훈련시설을 설치할 수 있다.

➕ 직업능력개발훈련시설을 설치할 수 있는 공공단체의 범위
• 「한국산업인력공단법」에 따른 한국산업인력공단(한국산업인력공단이 출연하여 설립한 학교법인을 포함한다.)
• 「장애인고용촉진 및 직업재활법」에 따른 한국장애인고용공단
• 「산업재해보상보험법」에 따른 근로복지공단

84 근로자퇴직급여 보장법령상 퇴직금의 중간정산 사유에 해당하지 않는 것은?

① 무주택자인 근로자가 본인 명의로 주택을 구입하는 경우
② 중간정산 신청일부터 거꾸로 계산하여 10년 이내에 근로자가 「민법」에 따라 파산선고를 받은 경우
③ 사용자가 기존의 정년을 보장하는 조건으로 단체협약 및 취업규칙 등을 통하여 일정나이, 근속시점을 기준으로 임금을 줄이는 제도를 시행하는 경우
④ 재난으로 피해를 입은 경우로서 고용노동부장관이 정하여 고시하는 사유에 해당하는 경우

해설 ② 퇴직금 중간정산을 신청하는 날부터 거꾸로 계산하여 5년 이내에 근로자가 「채무자 회생 및 파산에 관한 법률」에 따라 파산선고를 받은 경우

85 근로기준법령상 여성의 보호에 관한 설명으로 옳은 것은?

① 사용자는 임신 중의 여성이 명시적으로 청구하는 경우 고용노동부장관의 인가를 받으면 휴일에 근로를 시킬 수 있다.

② 여성은 보건·의료, 보도·취재 등의 일시적 사유가 있더라도 갱내(坑內)에서 근로를 할 수 없다.

③ 사용자는 여성 근로자가 청구하면 월 3일의 생리휴가를 주어야 한다.

④ 사용자는 여성을 휴일에 근로시키려면 근로자대표의 서면 동의를 받아야 한다.

> **[해설]** ② 사용자는 여성과 18세 미만인 사람을 갱내(坑內)에서 근로시키지 못한다. 다만, 보건·의료, 보도·취재 등 대통령령으로 정하는 업무를 수행하기 위하여 일시적으로 필요한 경우에는 그러하지 아니하다.
> ③ 사용자는 여성 근로자가 청구하면 월 1일의 생리휴가를 주어야 한다.
> ④ 사용자는 18세 이상의 여성을 오후 10시부터 오전 6시까지의 시간 및 휴일에 근로시키려면 그 근로자의 동의를 받아야 한다.

> **➕ 고용노동부장관의 인가를 받아 임산부와 18세 미만자를 휴일근로 시킬 수 있는 경우**
> • 18세 미만자의 동의가 있는 경우
> • 산후 1년이 지나지 아니한 여성의 동의가 있는 경우
> • 임신 중의 여성이 명시적으로 청구하는 경우

86 국민평생직업능력개발법령상 원칙적으로 직업능력개발훈련의 대상 연령은?

① 13세 이상

② 15세 이상

③ 18세 이상

④ 20세 이상

> **[해설]** ② 직업능력개발훈련은 15세 이상인 사람에게 실시하되, 직업능력개발훈련시설의 장은 훈련의 직종 및 내용에 따라 15세 이상으로서 훈련대상자의 연령 범위를 따로 정하거나 필요한 학력, 경력 또는 자격을 정할 수 있다.

87 남녀고용평등과 일·가정 양립 지원에 관한 법령상 육아기 근로시간 단축에 관한 설명으로 틀린 것은?

① 사업주는 육아기 근로시간 단축을 하고 있는 근로자의 명시적 청구가 있으면 단축된 근로시간 외에 주 15시간 이내에서 연장근로를 시킬 수 있다.

② 원칙적으로 사업주는 근로자가 초등학교 2학년 이하의 자녀를 양육하기 위하여 근로시간의 단축을 신청하는 경우에 이를 허용하여야 한다.

③ 사업주가 근로자에게 육아기 근로시간 단축을 허용하는 경우 단축 후 근로시간은 주당 15시간 이상이어야 하고 35시간을 넘어서는 아니 된다.

④ 육아기 근로시간 단축을 한 근로자에 대하여 평균임금을 산정하는 경우에는 그 근로자의 육아기 근로시간 단축 기간을 평균임금 산정기간에서 제외한다.

> **[해설]** ① 사업주는 육아기 근로시간 단축을 하고 있는 근로자에게 단축된 근로시간 외에 연장근로를 요구할 수 없다. 다만, 그 근로자가 명시적으로 청구하는 경우에는 사업주는 주 12시간 이내에서 연장근로를 시킬 수 있다.

88 채용절차의 공정화에 관한 법령상 500만 원 이하의 과태료 부과행위에 해당하는 것은?

① 채용서류 보관의무를 이행하지 아니한 구인자

② 구직자에 대한 고지의무를 이행하지 아니한 구인자

③ 시정명령을 이행하지 아니한 구인자

④ 지식재산권을 자신에게 귀속하도록 강요한 구인자

> **➕ 3천만 원 이하의 과태료 부과**
> • 채용강요 등의 행위를 한 자

> **➕ 500만 원 이하의 과태료 부과**
> • 채용광고의 내용 또는 근로조건을 변경한 구인자
> • 지식재산권을 자신에게 귀속하도록 강요한 구인자
> • 그 직무의 수행에 필요하지 아니한 개인정보를 기초심사자료에 기재하도록 요구하거나 입증자료로 수집한 구인자

> **➕ 300만 원 이하의 과태료를 부과**
> • 채용서류 보관의무를 이행하지 아니한 구인자
> • 구직자에 대한 고지의무를 이행하지 아니한 구인자
> • 시정명령을 이행하지 아니한 구인자

89 근로기준법의 기본원리와 가장 거리가 먼 것은?

① 강제근로의 금지
② 근로자단결의 보장
③ 균등한 처우
④ 공민권 행사의 보장

해설 ② 헌법상 노동 3권: 근로자는 근로조건의 향상을 위하여 자주적인 단결권, 단체교섭권 및 단체행동권을 가진다.

➕ 근로기준법의 기본원리
• 근로조건 준수
• 균등한 처우
• 강제근로의 금지
• 폭행의 금지·중간착취의 배제
• 공민권 행사의 보장

90 기간제 및 단시간근로자 보호 등에 관한 법령상 2년을 초과하여 기간제 근로자로 사용할 수 있는 경우가 아닌 것은?

① 휴직 등으로 결원이 발생하여 해당 근로자가 복귀할 때까지 그 업무를 대신할 필요가 있는 경우
② 근로자가 학업, 직업훈련 등을 이수함에 따라 그 이수에 필요한 기간을 정한 경우
③ 특정한 업무의 완성에 필요한 기간을 정한 경우
④ 「의료법」에 따른 간호사 자격을 소지하고 해당분야에 종사한 경우

➕ 2년 이상 초과하여 기간제 근로자를 사용할 수 있는 경우
• 사업의 완료 또는 특정한 업무의 완성에 필요한 기간을 정한 경우
• 휴직·파견 등으로 결원이 발생하여 해당 근로자가 복귀할 때까지 그 업무를 대신할 필요가 있는 경우
• 근로자가 학업, 직업훈련 등을 이수함에 따라 그 이수에 필요한 기간을 정한 경우
• 「고령자고용촉진법」의 고령자와 근로계약을 체결하는 경우
• 전문적 지식·기술의 활용이 필요한 경우와 정부의 복지정책·실업대책 등에 따라 일자리를 제공하는 경우로서 대통령령으로 정하는 경우

91 남녀고용평등과 일·가정 양립 지원에 관한 법령상 근로자의 가족 돌봄 등에 관한 지원에 관한 설명으로 틀린 것은?

① 사업주는 대체인력 채용이 불가능한 경우 근로자가 신청한 가족돌봄휴직을 허용하지 않을 수 있다.
② 원칙적으로 가족돌봄휴가 기간은 연간 최장 10일로 하여, 일단위로 사용할 수 있다.
③ 가족돌봄휴직 기간은 연간 최장 90일로 하여, 이를 나누어 사용할 수 있다.
④ 가족돌봄휴직 및 가족돌봄휴가 기간은 근속기간에서 제외된다.

해설 ④ 가족돌봄휴직 및 가족돌봄휴가 기간은 근속기간에 포함한다. 다만, 「근로기준법」에 따른 평균임금 산정기간에서는 제외한다.

➕ 가족돌봄휴직을 허용 예외의 경우
• 대체인력 채용이 불가능한 경우, 정상적인 사업 운영에 중대한 지장을 초래하는 경우

92 헌법 제32조에 명시된 내용이 아닌 것은?

① 연소자의 근로는 특별한 보호를 받는다.
② 근로조건의 기준은 인간의 존엄성을 보장하도록 법률로 정한다.
③ 여자의 근로는 특별한 보호를 받으며, 고용·임금 및 근로조건에 있어서 부당한 차별을 받지 아니한다.
④ 국가는 사회적·경제적 방법으로 근로자의 고용 증진과 최저임금제를 시행하여야 한다.

해설 ④ 국가는 사회적·경제적 방법으로 근로자의 고용의 증진과 적정임금의 보장에 노력하여야 하며, 법률이 정하는 바에 의하여 최저임금제를 시행하여야 한다.

93 직업안정법에 관한 설명으로 틀린 것은?

① 국외 무료직업소개사업을 하려는 자는 고용노동
부장관에게 허가를 받아야 한다.
② 국외 유료직업소개사업을 하려는 자는 고용노동
부장관에게 등록하여야 한다.
③ 구인자가 직업안정기관에서 구직자를 소개받은
때에는 그 사용여부를 직업안정기관의 장에게 통
보하여야 한다.
④ 누구든지 국외에 취업할 근로자를 모집한 경우에
는 고용노동부장관에게 신고하여야 한다.

해설 ① 국외 무료직업소개사업을 하려는 자는 고용노동부장
관에게 신고하여야 한다.

94 직업안정법령상 근로자공급사업의 허가를 받을 수 있는 자는?

① 파산선고를 받고 복권되지 아니한 자
② 미성년자, 피성년후견인 및 피한정후견인
③ 이 법을 위반한 자로서 벌금형이 확정된 후 2년이
지나지 아니한 자
④ 근로자공급사업의 허가가 취소된 후 7년이 지난 자

➕ 직업소개사업의 신고·등록을 하거나 허가를 받을 수 없는 자

1. 미성년자, 피성년후견인 및 피한정후견인
2. 파산선고를 받고 복권되지 아니한 자
3. 금고 이상의 실형을 선고받고 그 집행이 끝나거나 집행을
하지 아니하기로 확정된 날부터 2년이 지나지 아니한 자
4. 이 법, 「성매매알선 등 행위의 처벌에 관한 법률」, 「풍속영업
의 규제에 관한 법률」 또는 「청소년 보호법」을 위반하거나
직업소개사업과 관련된 행위로 「선원법」을 위반한 자로서
다음 각 목의 어느 하나에 해당하는 자
   가. 금고 이상의 실형을 선고받고 그 집행이 끝나거나 집행을
   하지 아니하기로 확정된 날부터 3년이 지나지 아니한 자
   나. 금고 이상의 형의 집행유예를 선고받고 그 유예기간이
   끝난 날부터 3년이 지나지 아니한 자
   다. 벌금형이 확정된 후 2년이 지나지 아니한 자
5. 금고 이상의 형의 집행유예를 선고받고 그 유예기간 중에
있는 자
6. 해당 사업의 등록이나 허가가 취소된 후 5년이 지나지 아니
한 자
7. 임원 중에 제1호부터 제6호까지의 어느 하나에 해당하는 자
가 있는 법인

95 고용보험법령상 고용보험기금의 용도에 해당하지 않는 것은?

① 일시 차입금의 상환금과 이자
② 실업급여의 지급
③ 보험료의 반환
④ 국민건강 보험료의 지원

➕ 고용보험기금의 용도

• 고용안정·직업능력개발 사업에 필요한 경비
• 실업급여의 지급
• 국민연금 보험료의 지원
• 육아휴직 급여 및 출산전후휴가 급여 등의 지급
• 보험료의 반환
• 일시 차입금의 상환금과 이자
• 이 법과 고용산재보험료징수법에 따른 업무를 대행하거나
위탁받은 자에 대한 출연금
• 이 법의 시행을 위하여 필요한 경비로서 대통령령으로 정하
는 경비와 사업의 수행에 딸린 경비

96 고용보험법령상 자영업자의 피보험자의 실업급여의 종류에 해당하지 않는 것은?

① 이주비   ② 광역 구직활동비
③ 직업능력개발 수당   ④ 조기재취업 수당

해설 ④ 자영업자인 피보험자의 실업급여의 종류는 연장급여
와 조기재취업 수당은 제외한다.

97 고용정책기본법령상 지역고용심의회에 관한 설명으로 틀린 것은?

① 지역고용심의회는 위원장 1명을 포함하여 30명
이내의 위원으로 구성한다.
② 위원장은 시·도지사가 된다.
③ 시·도의 고용촉진, 직업능력개발 및 실업대책에
관한 중요사항을 심의한다.
④ 지역고용심의회의 전문위원회의 위원은 시·도지
사가 임명하거나 위촉한다.

해설 ① 지역고용심의회는 위원장 1명을 포함하여 20명 이내
의 위원으로 구성한다.

98 고용상 연령차별금지 및 고령자고용촉진에 관한 법령상 ( ) 안에 알맞은 것은?

> 상시 ( )명 이상의 근로자를 사용하는 사업장의 사업주는 기준고용률 이상의 고령자를 고용하도록 노력하여야 한다.

① 50 ② 100
③ 200 ④ 300

➕ **고령자 기준고용률**

1. 제조업: 그 사업장의 상시근로자 수의 100분의 2
2. 운수업, 부동산 및 임대업: 그 사업장의 상시근로자 수의 100분의 6
3. 제1호 및 제2호 외의 산업: 그 사업장의 상시근로자 수의 100분의 3

99 남녀고용평등과 일·가정 양립 지원에 관한 법령상 모성 보호에 관한 설명으로 틀린 것은?

① 국가는 출산전후휴가를 사용한 근로자에게 그 휴가기간에 대하여 평균임금에 상당하는 금액을 지급할 수 있다.
② 근로자가 사용한 배우자 출산휴가는 유급으로 한다.
③ 배우자 출산휴가는 근로자의 배우자가 출산한 날부터 90일이 지나면 청구할 수 없다.
④ 원칙적으로 사업주는 근로자가 난임치료를 청구하는 경우에 연간 3일 이내의 휴가를 주어야 한다.

해설 ① 국가는 배우자 출산휴가, 「근로기준법」에 따른 출산전후휴가 또는 유산·사산 휴가를 사용한 근로자 중 일정한 요건에 해당하는 사람에게 그 휴가기간에 대하여 통상임금에 상당하는 금액을 지급할 수 있다.
② 사업주는 근로자가 배우자의 출산을 이유로 휴가를 청구하는 경우에 10일의 휴가를 주어야 한다. 이 경우 사용한 휴가기간은 유급으로 한다.
④ 사업주는 근로자가 인공수정 또는 체외수정 등 난임치료를 받기 위하여 휴가를 청구하는 경우에 연간 3일 이내의 휴가를 주어야 하며, 이 경우 최초 1일은 유급으로 한다.

100 고용정책기본법령상 고용정책심의회의 전문위원회에 명시되지 않은 것은?

① 지역고용전문위원회
② 고용보험전문위원회
③ 장애인고용촉진전문위원회
④ 건설근로자고용개선전문위원회

➕ **고용정책심의회의 전문위원회**

- 지역고용전문위원회
- 고용서비스전문위원회
- 사회적기업육성전문위원회
- 적극적고용개선전문위원회
- 장애인고용촉진전문위원회
- 건설근로자고용개선전문위원회

01 하렌(V. Harren)의 진로의사결정 유형에 해당하는 것은?

① 운명론적 – 계획적 – 지연적
② 합리적 – 의존적 – 직관적
③ 주장적 – 소극적 – 공격적
④ 계획적 – 직관적 – 순응적

➕ 하렌(Harren)의 진로의사결정 유형

하렌(Harren)은 개인이 의사결정을 할 때 합리적인 전략 또는 정의적인 전략을 사용하는 정도와 자신의 결정에 대한 책임을 지는 정도에 기초하여, 진로의사결정을 3가지 유형으로 분류했다.
- 합리적 유형: 의사결정과정에서 논리적이고 체계적으로 접근한다.
- 직관적 유형: 의사결정에서 개인의 생각이나 느낌, 감정적인 자기인식에 의존한다.
- 의존적 유형: 의사결정에 대한 개인적 책임을 부정하고 그 책임을 외부로 투사하려는 경향이 있다.

02 행동주의적 상담기법 중 학습촉진기법이 아닌 것은?

① 강화
② 변별학습
③ 대리학습
④ 체계적 둔감화

해설 ④ 체계적 둔감화는 불안감소기법이다.
① 강화: 어떤 행동에 따른 결과를 제공하는 절차로서, 그 행동의 확률을 증가 또는 유지시킨다. 정적 강화를 제공하거나 부적 강화를 제거하는 것이다.
② 변별학습: 유사한 자극에서 나타나는 조그만 차이에 따라 서로 다른 반응을 보이도록 유도하는 것이다.
③ 모델링(대리학습): 내담자가 다른 사람의 바람직한 행동을 관찰해서 학습한 것을 수행하는 기법이다.

03 진로수첩이 내담자에게 미치는 유용성이 아닌 것은?

① 자기평가를 통해 자신감과 자기인식을 증진시킨다.
② 일 관련 태도 및 흥미에 대한 지식을 증진시킨다.
③ 다양한 경험들이 어떻게 직무 관련 태도나 기술로 전환될 수 있는지에 대해 이해를 발전시킨다.
④ 진로, 교육, 훈련 계획을 개발하기 위한 상담 도구를 제공한다.

해설 ④ 진로수첩은 개인이 구직활동에 활용하는 것으로 진로, 교육, 훈련 계획 개발을 위한 상담 도구는 아니다.

04 생애진로사정의 구조에서 중요주제에 해당하지 않는 것은?

① 요약
② 평가
③ 강점과 장애
④ 전형적인 하루

해설 ② 평가는 생애진로 사정 단계에 해당하지 않는다.

➕ 생애진로사정의 구조

- 진로사정(일 경험, 교육 또는 훈련과정 관심사, 오락) → 전형적인 하루(의존적–독립적, 자발적–체계적 차원의 검토) → 강점과 장애(직업 관련 강점과 약점 파악) → 요약

05 직업상담사의 직무내용과 가장 거리가 먼 것은?

① 직업문제에 대한 심리치료
② 직업관련 임금평가
③ 직업상담 프로그램의 개발과 운영
④ 구인·구직상담, 직업적응, 직업전환, 은퇴 후 등의 직업상담

해설 ② 직업관련 임금평가는 직업상담사의 직무내용과 거리가 멀다.

➕ 직업상담사의 역할

- 상담자, 처치자, 조언자, 개발자, 지원자, 해석자, 정보분석가, 협의자, 관리자

06 집단상담의 특징에 관한 설명으로 틀린 것은?

① 집단상담은 상담사들이 제한된 시간 내에 적은 비용으로 보다 많은 내담자들에게 접근하는 것을 가능하게 한다.

② 효과적인 집단에는 언제나 직접적인 대인적 교류가 있으며 이것이 개인적 탐색을 도와 개인의 성장과 발달을 촉진시킨다.

③ 집단은 집단과정의 다양한 문제에 많은 시간을 사용하게 되어 내담자의 개인적인 문제를 등한시할 수 있다.

④ 집단에서는 구성원 각자의 사적인 경험을 구성원 모두가 공유하지 않기 때문에 비밀유지가 쉽다.

해설 ④ 집단상담은 비밀을 유지하기 어렵다.

07 다음 상황에 가장 적합한 상담기법은?

> • 상담사 : 다른 회사들이 사용해 본 결과 많은 효과가 입증된 그런 투쟁 해결 방법을 써보도록 하지요.
> • 내담자 : 매우 흥미로운 일이군요. 그러나 그 방법은 K 주식회사에서는 효과가 있었는지 몰라도 우리 회사에서는 안 될 것입니다.

① 가정 사용하기
② 전이된 오류 정정하기
③ 분류 및 재구성 기법 활용하기
④ 저항감 재인식 및 다루기

해설 ① 가정 사용하기: 상담자가 내담자에게 그 행동이 존재하는가를 질문하는 것이 아니라, 내담자에게 그러한 행동이 이미 존재했다는 것을 가정하는 것이다.
② 전이된 오류 정정하기: 정보의 오류, 한계의 오류, 논리적 오류가 있다.
③ 분류 및 재구성하기: 내담자의 경험을 이끌어 내는 것을 도와주고 또한 경험의 중요성을 새로운 언어로 구사함으로써 내담자의 긍정적인 측면들에 초점을 맞춘 것이다.
④ 저항감 재인식하기 및 다루기: 전혀 동기화되지 않거나 저항감을 나타내는 내담자를 상담하는 경우가 있다.

※ 4번의 선택지는 '내담자의 정보 및 행동에 대한 이해기법'이다. 그러나 예시내용은 '인지적 명확성이 부족한 내담자 유형'의 '파행적 의사소통'의 변형으로 상담기법은 '저항에 다시 초점 맞추기'로 이해하는 것이 도움 될 것으로 보인다. 이 내용은 2013년 1회에도 같은 형식으로 출제되었습니다.

➕ **인지적 명확성이 부족한 내담자 유형**

연번	내담자 유형	상담자의 개입	내담자의 호소문제
1	단순 오정보	정보제공	그 대학은 속물들만 다녀서 갈 수 없다.
2	복잡한 오정보	논리적 분석	단순 오정보의 내용을 계속 고집한다.
3	구체성 결여	구체화 시키기	사람들이 좋은 교사직 얻기 힘들다고들 한다.
4	원인과 결과 착오	논리적 분석	사업을 생각하지만 이혼할까봐 걱정이다.
5	파행적 의사소통	저항에 다시 초점 맞추기	상담사의 의견은 좋은 생각이다. 그러나....
6	강박적 사고	REBT 기법	가족이 모두 변호사라 나도 변호사를 해야한다.
7	양면적 사고	역설적 사고	기계공학전공 말고는 아무것도 생각하지 않는다.
8	걸러내기	재구조화, 역설적 기법	부정적인 측면만 강조해서 받아들인다.
9	하늘은 스스로 돕는 자를 돕는다.	논리적 분석	내 인생은 중요하지 않다.
10	비난하기	직면, 논리적 분석	내가 술을 마시는 것은 아버지를 닮아 그렇다.
11	잘못된 의사 결정방식	심호흡, 의사결정 도움	의사결정에 대한 불안감을 호소한다.
12	자기인식의 부족	은유나 비유 사용하기	우울감 호소, 사무실에서 왕따이다.

08 직업상담사가 지켜야 할 윤리사항으로 옳은 것은?

① 습득된 직업정보를 가지고 다니면서 직업을 찾아준다.

② 습득된 직업정보를 먼저 가까운 사람들에 알려준다.

③ 상담에 대한 이론적 지식보다는 경험적 훈련과 직관을 앞세워 구직활동을 도와준다.

④ 내담자가 자기로부터 도움을 받지 못하고 있음이 분명한 경우에는 상담을 종결하려고 노력한다.

해설 ① 효율성이 떨어지기 때문에 내담자를 돕기 어렵다.
② 직업상담사의 윤리사항에 어긋난다.
③ 상담은 이론적 지식과 경험을 바탕으로 객관적 입장에서 해야 한다.

09 Williamson의 직업문제 분류범주에 포함되지 않는 것은?

① 진로 무선택   ② 흥미와 적성의 차이

③ 진로선택에 대한 불안   ④ 진로선택 불확실

해설 진로선택에 대한 불안은 보딘(Bordin)의 분류범주에 해당한다.

➕ 윌리암슨, 크라이티스, 보딘의 문제유형 비교

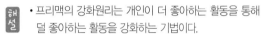

윌리암슨 (Williamson)	크라이티스 (Crites)		보딘 (Bordin)
불확실한 선택	적응성	적응형, 부적응형	의존성
무선택	현실성	비현실형, 불충족형, 강압형	정보의 부족
흥미와 적성의 모순	결정성	다재다능형, 우유부단형	자아갈등 (내적갈등)
어리석은 선택	–	–	진로선택에 따르는 불안
–	–	–	문제가 없음 (확신의 결여)

10 상담을 효과적으로 진행하는데 장애가 되는 면담 태도는?

① 내담자와 유사한 언어를 사용하는 태도

② 분석하고 충고하는 태도

③ 비방어적 태도로 내담자를 편안하게 만드는 태도

④ 경청하는 태도

해설 ② 조언, 충고, 비난 등은 상담의 효과적 진행에 장애가 된다.

11 직업카드 분류법에 관한 설명으로 틀린 것은?

① 내담자의 흥미, 가치, 능력 등을 탐색하는 방법으로 활용된다.

② 내담자의 흥미나 능력 수준이 다른 사람에 비하여 얼마나 높은지 알 수 없다.

③ 다른 심리검사에 비하여 내담자가 자신을 탐색하는 과정에 보다 능동적으로 참여하게 하는 방법이다.

④ 표준화되어 있는 객관적 검사방법의 일종이다.

해설 ④ 비표준화된 검사방법이다.

12 다음에서 사용된 상담기법은?

> A는 저조한 성적으로 인해 학교생활에 어려움을 겪고 있다. 상담사는 A가 평소 PC 게임하는 것을 매우 좋아한다는 사실을 알고 A가 계획한 일일 학습량을 달성하는 경우, PC 게임을 1시간 동안 하도록 개입하였다.

① 프리맥의 원리, 정적강화

② 정적강화, 자기교수훈련

③ 체계적 둔감법, 자기교수훈련

④ 부적강화, 자극통제

해설
- 프리맥의 강화원리는 개인이 더 좋아하는 활동을 통해 덜 좋아하는 활동을 강화하는 기법이다.
- 정적강화: 행동이 정적 강화물에 의해 뒤따를 때 반응의 빈도가 증가하는 것이다.
- 자기교수훈련(자기교습훈련): 내담자로 하여금 자기대화를 지각하도록 하여 내담자를 돕는 것으로 자기관찰, 자기대화, 자기학습 등의 방법을 사용한다.
- 체계적 둔감화: 내담자로부터 불안을 없애기 위해 불안 반응을 체계적으로 증대시키면서 동시에 불안과 대립되는 이완반응을 야기하는 방법이다.
- 부적강화: 행동에 뒤따르는 혐오 자극을 제거함으로써 반응의 빈도가 증가하는 것이다.
- 자극통제: 내담자가 환경을 수정함으로써 자극을 통제하도록 한다. 예 다이어트 중인 내담자에게 음식을 보이지 않는 곳에 두게 한다.

13 발달적 직업상담에서 직업정보가 갖추어야 할 조건이 아닌 것은?

① 부모와 개인의 직업적 수준과 그 차이, 그리고 그들의 적성, 흥미, 가치들 간의 관계

② 사회경제적 측면에서 수준별 직업의 유형 및 그러한 직업들의 특성

③ 근로자의 이직 시 직업의 이동 방향과 비율을 결정하는 요인에 대한 정보

④ 특정 직업분야의 접근가능성과 개인의 적성, 가치관, 성격특성 등의 요인들 간의 관계

해설 ③ 일반적인 직업의 이동 방향과 비율을 결정하는 요소에 대한 정보

14 인지적 명확성 문제의 원인 중 경미한 정신건강 문제의 특성으로 옳은 것은?

① 심각한 약물남용 장애
② 잘못된 결정방식이 진지한 결정 방해
③ 경험 부족에서 오는 고정관념
④ 심한 가치관 고착에 따른 고정성

➕ 인지적 명확성이 부족한 문제의 원인과 특성

원인		특성
정보결핍	1. 왜곡된 정보에 집착하는 경우 2. 정보분석능력이 보통 이하인 경우 3. 변별력이 낮은 경우	직업상담
고정관념	1. 경험부족에서 오는 관념 2. 편협된 가치관 3. 낮은 자기 효능감 4. 의무감에 의한 집착성	
경미한 정신건강	1. 잘못된 결정방법이 진지한 결정을 방해한 경우 2. 낮은 효능감 3. 비논리적 사고 4. 공포증이나 말더듬	개인상담 후 직업상담
심각한 정신건강	1. 직업선택 능력이 심각하게 손상된 정신증 2. 심각한 약물남용 장애	심리치료 후 직업상담
외적요인	1. 일시적 위기(사별, 불화 등) 2. 일시적·장기적 스트레스(실업 충격 등) 3. 직업문제 집중 어려움	다른 치료 후 직업상담

15 아들러(Adler)의 개인심리학적 상담의 목표로 옳지 않은 것은?

① 사회적 관심을 갖도록 돕는다.
② 내담자의 잘못된 목표를 수정하도록 돕는다.
③ 패배감을 극복하고 열등감을 감소시킬 수 있도록 돕는다.
④ 전이해석을 통해 중요한 타인과의 관계 패턴을 알아차리도록 돕는다.

해설 ④ 전이는 내담자가 과거 중요인물에게 느꼈던 생각이나 감정을 상담자에게 투사하는 현상으로 프로이드의 정신분석 상담기법이다.

16 상담 시 상담사의 질문으로 바람직하지 <u>않은</u> 것은?

① 당신이 선호하는 직업이 있다면 무엇인가요? 그런 이유를 말씀해 주시겠어요?
② 당신이 특별히 좋아하는 것이 있다면 말씀해 주시겠어요?
③ 직업상담을 해야겠다고 결정했나요?
④ 어떻게 생각해야 할지 이해가 잘 가지 않는군요. 잘 모르겠어요. 제가 좀 더 확실하게 이해할 수 있도록 도와주시겠어요?"

해설 ③ 내담자에게 특정한 내용의 답변을 요구하는 폐쇄형 질문으로 정보지향적 상담이외의 상담장면에서는 사용하는 것은 바람직하지 않다.

17 왜곡된 사고체계나 신념체계를 가진 내담자에게 실시하면 효과적인 상담기법은?

① 내담자 중심 상담
② 인지치료
③ 정신분석
④ 행동요법

해설 ② 엘리스(Ellis)의 인지치료 설명이다.

18 정신분석적 상담에서 훈습의 단계에 해당하지 <u>않는</u> 것은?

① 환자의 저항
② 분석의 시작
③ 분석자의 저항에 대한 해석
④ 환자의 해석에 대한 반응

해설 ② 분석의 시작은 훈습의 단계에 해당하지 않는다.
• 훈습은 내담자의 갈등과 방어를 탐색하고 이를 해석해 나가는 과정으로, 내담자의 통찰을 변화로 이끄는 것을 방해하는 저항을 반복적이고 점진적으로 정교하게 탐색하는 것을 말한다.

➕ 정신분석적 상담: 훈습의 단계
환자의 저항 → 분석자의 저항에 대한 해석 → 환자의 해석에 대한 반응

19 직업상담에서 특성–요인이론에 관한 설명으로 옳은 것은?

① 대부분의 사람들은 여섯 가지 유형으로 성격 특성을 분류할 수 있다.
② 각각의 개인은 신뢰할 만하고 타당하게 측정될 수 있는 고유한 특성의 집합이다.
③ 개인은 일을 통해 개인적 욕구를 성취하도록 동기화되어 있다.
④ 직업적 선택은 개인의 발달적 특성이다.

해설 ① 개인–환경 간 적합성 모형에 의해 개발된 직업선호도 검사에 대한 설명이다.
③ 롭퀴스트(Lofquist)와 데이비스(Dawis)의 직업적응이론 중 만족에 대한 설명이다.
④ 직업발달이론에 대한 설명이다.

➕ **롭퀴스트(Lofquist)와 데이비스(Dawis)의 개인-환경 상담**
- 만족(satisfaction): 수행하는 일을 통해 개인의 욕구와 요구 조건이 충족되는 정도이다.
- 충족(satisfactoriness): 개인이 자신에게 주어진 일을 완수하는 정도에 대한 다른 사람의 평가로, 보통 관리자의 평가와 관련되어 있는 개념이다.

20 내담자 중심 상담에서 사용되는 상담기법이 <u>아닌</u> 것은?

① 적극적 경청　　② 역할연기
③ 감정의 반영　　④ 공감적 이해

해설 ② 역할연기는 내담자 중심 상담에서 사용하는 상담기법이 아니다.
① 적극적 경청: 내담자의 내면적 감정을 반영하는 것으로 이를 통해 내담자의 감정을 충분히 이해하고 수용할 수 있다.
② 역할연기: 내담자가 문제 행동과 관련된 장면에서의 느낌을 탐색하도록 하기 위해 그 장면에서의 행동을 연기해 보도록 한다.
③ 감정의 반영: 내담자의 진술에 관련된 감정에 대한 명확한 주의와 함께 내담자의 표현을 부연하는 것이다.
④ 공감적 이해: 상담기간 중에 상호작용을 통해 나타나는 내담자의 경험과 감정을 민감하고 정확하게 이해하는 것이다.

21 직무분석에 관한 설명으로 옳은 것은?

① 직무 관련 정보를 수집하는 절차이다.
② 직무의 내용과 성질을 고려하여 직무들 간의 상대적 가치를 결정하는 절차이다.
③ 작업자의 직무수행 수준을 평가하는 절차이다.
④ 작업자의 직무기술과 지식을 개선하는 공식적 절차이다.

해설 ② 직무평가에 대한 설명이다.
③ 직무수행평가에 대한 설명이다.
④ 직무분석의 결과물인 직무기술서와 직무명세서를 활용한 교육훈련에 대한 설명이다.

22 데이비스(R. Dawis)와 롭퀴스트(L. Lofquist)의 직업적응이론에 관한 설명으로 <u>틀린</u> 것은?

① 개인과 직업 환경의 조화를 6가지 유형으로 제안한다.
② 성격은 성격양식과 성격구조로 설명된다.
③ 개인이 직업 환경과의 조화를 이루기 위해 역동적 적응과정을 경험한다.
④ 지속성은 환경과의 상호작용을 얼마나 오랫동안 유지하는지를 의미한다.

해설 ① 개인–환경 간 적합성 모형의 홀랜드 직업선호도 검사 설명이다.

➕ **개인의 성격**
- 성격양식
  - 신속성: 개인이 얼마나 빨리 환경에 적응하는가를 말한다.
  - 속도: 개인이 환경에 반응할 때 에너지와 노력을 얼마나 기울일지를 말한다.
  - 규칙성: 활동수준의 안정성을 말한다.
  - 지속성: 개인이 환경과 상호작용하는 시간의 길이를 말한다.
- 성격구조
  - 능력과 직업가치관을 말한다.

23 Maslow의 욕구 단계 이론 중 자아실현과 존중의 욕구 수준에 상응하는 내용으로 적합한 것은?

① Alderfer의 ERG 이론 중 존재욕구

② Herzberg의 2요인 이론 중 위생요인

③ McClelland의 성취동기 이론 중 성취동기

④ Adams의 공정성 이론 중 인정동기

해설 ① Alderfer(알더퍼)의 E(존재), R(관계), G(성장)욕구이론은 한 가지 이상의 욕구가 동시에 작용할 수 있다고 한다.
② Herzberg(허즈버그)의 2요인은 동기요인(직무 만족―일의 내용, 개인의 성취감, 책임의 수준)과 위생요인(직무 불만족―조직의 정책, 감독형태, 대인관계, 작업조건)을 말한다.
③ McClelland(멕클리랜드)는 조직 내 개인의 욕구를 성취욕구, 친교욕구, 권력욕구로 파악했으며, 성취욕구는 Maslow(매슬로우)의 자아실현 욕구와 유사하다.
④ Adams(아담스)의 공정성이론은 작업동기 이론으로 형평성 이론이라고도 한다.

24 직업적성 검사의 측정에 관한 설명으로 옳은 것은?

① 개인이 맡은 특정 직무를 성공적으로 수행할 수 있는지를 측정한다.

② 일반적인 지적 능력을 알아내어 광범위한 분야에서 그 사람이 성공적으로 수행할 수 있는지를 측정한다.

③ 직업과 관련된 흥미를 알아내어 직업에 관한 의사결정에 도움을 주기 위한 것이다.

④ 개인이 가지고 있는 기질이라든지 성향 등을 측정하는 것으로 개인에게 습관적으로 나타날 수 있는 어떤 특징을 측정한다.

해설 ② 지능검사 ③ 직업흥미검사 ④ 성격검사

25 경력개발 단계를 성장, 탐색, 확립, 유지, 쇠퇴의 5단계로 구분한 학자는?

① Bordin ② Colby

③ Super ④ Parsons

해설 ③ 수퍼(Super)는 진로발달 단계를 성장기 → 탐색기 → 확립기 → 유지기 → 쇠퇴기로 설명했다.

26 솔직하고, 성실하며, 말이 적고, 고집이 세면서 직선적인 사람들은 홀랜드(Holland)의 어떤 작업환경에 잘 어울리는가?

① 탐구적(I) ② 예술적(A)

③ 현실적(R) ④ 관습적(C)

해설 ③ 현실형의 설명이다.

➕ 홀랜드(Holland)의 직업흥미검사 유형

현실형	기계를 조작하는 활동 및 기술을 선호 <예> 엔지니어, 농부, 조사연구원, 파일럿
탐구형	연구활동을 선호 <예> 학자, 연구원, 교수
예술형	틀에 박힌 활동을 싫어하며, 자유롭고 상징적인 활동을 선호 <예> 작가, 예술가
사회형	타인의 문제를 듣고 이해하며, 돕고 치료해 주는 활동을 선호 <예> 상담사, 성직자, 바텐더
진취형	타인을 지도, 계획, 통제, 관리하며, 명예와 인정, 권위를 선호 <예> 정치인, 경영인
관습형	정해진 원칙과 계획에 따라 자료를 기록, 정리, 조작하는 활동을 선호 <예> 사무, 회계

27 스트레스에 관한 설명으로 옳은 것은?

① 스트레스에 대한 일반적응증후는 경계, 저항, 탈진 단계로 진행된다.

② 1년간 생활변동 단위(life change unit)의 합이 90인 사람은 대단히 심한 스트레스를 겪는 사람이다.

③ A유형의 사람은 B유형의 사람보다 스트레스에 더 인내력이 있다.

④ 사회적 지지가 스트레스의 대처와 극복에 미치는 영향력은 거의 없다.

해설 ② 사회재적응척도는 43개의 주요 생활사건을 1년간 생활변동단위로 측정하도록 되어 있다. 생활변동의 합이 300 이상인 사람은 중증도의 생활위기로 인해 질병 가능성이 있다고 본다.
③ A유형의 사람은 B유형의 사람보다 더 많은 스트레스를 경험한다.
④ 사회적 지지는 스트레스 대처와 극복에 영향을 미친다.

28 수퍼(D. Super)의 진로발달이론에 관한 설명으로 틀린 것은?

① 개인은 능력이나 흥미, 성격에 있어서 각각 차이점을 갖고 있다.
② 진로발달이란 진로에 관한 자아개념의 발달이다.
③ 진로발달단계의 과정에서 재순환은 일어날 수 없다.
④ 진로성숙도는 가설적인 구인이며 단일한 특질이 아니다.

해설 ③ 수퍼(Super)는 진로발달단계를 대순환(성장기 → 탐색기 → 확립기 → 유지기 → 쇠퇴기)을 제시하고, 대순환마다 각 단계별 소순환이 있을 수 있다고 했다.

29 파슨스(Parsons)의 특성·요인이론에 관한 설명으로 틀린 것은?

① 개인의 특성과 직업의 요구가 일치할수록 직업적 성공 가능성이 크다.
② 사람들은 신뢰할 수 있고 타당하게 측정될 수 있는 특성을 지니고 있다.
③ 특성은 특정 직무의 수행에서 요구하는 조건을 의미한다.
④ 직업선택은 직접적인 인지과정이기 때문에 개인은 자신의 특성과 직업이 요구하는 특성을 연결할 수 있다.

해설 ③은 요인에 대한 설명이며, 특성은 개인의 특별한 성질(적성, 흥미, 가치 등)을 말한다.

30 신뢰도 계수에 관한 설명으로 틀린 것은?

① 신뢰도 계수는 점수 분포의 분산에 의해 영향을 받는다.
② 측정오차가 크면 신뢰도 계수는 작아진다.
③ 수검자들 간의 개인차가 크면 신뢰도 계수는 작아진다.
④ 추측해서 우연히 맞을 수 있는 문항이 많으면 신뢰도 계수가 작아진다.

해설 ③ 수검자들 간의 개인차가 클수록 신뢰도 계수는 높아질 수 있다.

31 규준점수에 관한 설명으로 틀린 것은?

① Z점수 0에 해당하는 웩슬러(Wechsler) 지능검사 편차 IQ는 100이다.
② 백분위 50과 59인 두 사람의 원점수 차이는 백분위 90과 99인 두 사람의 원점수 차이와 같다.
③ 평균과 표준편차가 60, 15인 규준집단에서 원점수 90의 T점수는 70이다.
④ 백분위 50에 해당하는 스테나인(stanine)의 점수는 5이다.

해설 ② 백분위 점수로 원점수를 알 수 없다.

③ 표준점수(Z) = $\dfrac{원점수 - 평균}{표준편차}$. $\dfrac{90 - 60}{15} = 2$

표준화점수(T) = (10×Z) + 50 = (10×2) + 50 = 70

32 적성검사에서 높은 점수를 받은 사람이 입사 후 업무수행이 우수한 것으로 나타났다면, 이 검사는 어떠한 타당도가 높은 것인가?

① 구성타당도(construct validity)
② 내용타당도(content validity)
③ 예언타당도(predictive validity)
④ 공인타당도(concurrent validity)

➕ 타당도 분석방법

분석 방법		특징
내용 타당도		내용영역 측정, 타당도 계수 산출 어려움, 전문가에 의해 측정
안면 타당도		'무엇을 재는 것처럼 보이는가?'와 관련됨, 일반인(수험생, 피검사자)에 의해 측정
준거 타당도	예언 (예측)	피검사자의 미래 행동이나 특성을 정확하게 예언하는 정도
	동시 (공인)	새로운 검사를 제작하였을 경우, 기존 검사와의 유사성 검증
구성 타당도	요인 분석	서로 상관이 높은 문항들을 묶어 주는 통계적 방법
	수렴	관계있는 변인들과 얼마나 높은 상관관계가 있는지의 정도
	변별	관계없는 변인들과 얼마나 낮은 상관관계가 있는지의 정도

33 크롬볼츠(J. Krumboltz)의 사회학습 진로이론에 관한 설명으로 틀린 것은?

① 도구적 학습경험이란 행동과 결과의 관계를 학습하게 되는 것을 의미한다.
② 과제접근기술이란 개인이 어떤 과제를 성취하기 위해 동원하는 기술이다.
③ 우연히 일어난 일들을 개인의 진로에 긍정적으로 활용하는 것이 중요하다.
④ 개인의 진로선택에 영향을 미치는 요인에서 유전적 재능이나 체력 등의 요소를 간과했다.

해설 ④ 크롬볼츠는 진로선택에 영향을 미치는 요인으로 유전적 요인과 특별한 능력, 환경조건과 사건, 학습경험, 과제접근 기술을 제시했다.

34 스트레스에 대처하기 위한 포괄적인 노력과 가장 거리가 먼 것은?

① 과정중심적 사고방식에서 목표 지향적 초고속 사고로 전환해야 한다.
② 가치관을 전환해야 한다.
③ 스트레스에 정면으로 도전하는 마음가짐이 있어야 한다.
④ 균형 있는 생활을 해야 한다.

해설 ① 스트레스에 대처하기 위해서는 목표지향적 사고방식에서 과정지향적 사고방식으로 전환해야 한다.

35 심리검사에 관한 설명으로 틀린 것은?

① 행동표본을 측정할 수 있다.
② 개인 간 비교가 가능하다.
③ 심리적 속성을 직접적으로 측정한다.
④ 심리평가의 근거자료 중 하나이다.

해설 ③ 개인의 심리적 속성(흥미, 적성, 태도, 가치 등)은 직접적으로 측정하기 어렵다.

36 갓프레드슨(L. Gottfredson)의 진로발달이론에서 제시한 진로포부발달 단계가 아닌 것은?

① 내적 자아 확립단계
② 서열 획득단계
③ 안정성 확립단계
④ 사회적 가치 획득단계

➕ 갓프레드슨(L. Gottfredson)의 진로발달단계

• 힘과 크기 지향성(서열 획득단계): 사고과정이 구체화되며, 어른이 된다는 것의 의미를 알게 된다.
• 성역할 지향성(성역할 획득단계) : 자아개념이 성의 발달에 의해서 영향을 받게 된다.
• 사회적 가치 지향성(사회적 가치 획득단계): 사회계층에 대한 개념이 생기면서 자아를 인식하게 되고, 일의 수준에 대한 이해를 확장시킨다.
• 내적, 고유한 자아 지향성(내적 자아확립 단계): 내성적인 사고를 통하여 자아인식이 발달되며, 타인에 대한 개념이 생겨난다.

37 조직에서의 스트레스를 매개하거나 조절하는 요인들 중 개인 속성이 아닌 것은?

① Type A형과 같은 성격 유형
② 친구나 부모와 같은 주변인의 사회적 지지
③ 상황을 개인이 통제할 수 있느냐에 대한 신념
④ 부정적인 사건들에서 빨리 벗어나는 능력

해설 ② 주변인의 사회적 지지는 상황적 변수이다.

38 직업지도 프로그램 선정 시 고려해야 할 사항과 가장 거리가 먼 것은?

① 활용하고자 하는 목적에 부합하여야 한다.
② 실시가 어렵더라도 효과가 뚜렷한 프로그램이어야 한다.
③ 프로그램의 효과를 평가할 수 있어야 한다.
④ 활용할 프로그램은 비용이 적게 드는 경제성을 지녀야 한다.

해설 ② 실시가 어려우면 효과가 뚜렷한 프로그램일 가능성이 낮다.

39 작업자 중심 직무분석에 관한 설명으로 **틀린 것은?**

① 직무를 수행하는데 요구되는 인간의 재능들에 초점을 두어서 지식, 기술, 능력, 경험과 같은 작업자의 개인적 요건들에 의해 직무가 표현된다.

② 직책분석설문지(PAQ)를 통해 직무분석을 실시할 수 있다.

③ 각 직무에서 이루어지는 과제나 활동들이 서로 다르기 때문에 분석하고자 하는 직무 각각에 대해 표준화된 분석도구를 만들 수 없다.

④ 직무분석으로부터 얻어진 결과는 작업자 명세서를 작성할 때 중요한 정보를 제공한다.

해설 ③ 인간의 다양한 특성이 각 직무에서 어느 정도나 요구되는지를 분석하기 때문에 직무에 관계없이 표준화된 분석도구를 만들기 비교적 용이하다.

40 Strong 검사에 관한 설명으로 **옳은 것은?**

① 기본흥미척도(BIS)는 Holland의 6가지 유형을 제공한다.

② Strong 진로탐색검사는 진로성숙도 검사와 직업흥미검사로 구성되어 있다.

③ 업무, 학습, 리더십, 모험심을 알아보는 기본흥미척도(BIS)가 포함되어 있다.

④ 개인특성척도(BSS)는 일반직업분류(GOT)의 하위척도로서 특정흥미분야를 파악하는데 도움이 된다.

해설 ① 일반직업분류(GOT)는 홀랜드의 이론에 기초하여 6개의 분류로 피검사자의 흥미에 대한 정보를 제공해 준다.
③ 기본흥미척도(BIS)는 특정 흥미 분야에 집중하여 가능성 있는 직업 분야를 구체적으로 활용하는데 유용하다.
④ 개인특성척도(PSS)는 업무유형, 학습유형, 리더십유형, 모험심유형에 대해 개인이 선호하고 편안하게 느끼는 것을 측정한다.

41 워크넷에서 제공하는 성인용 직업적성검사의 적성요인과 하위검사의 연결로 **틀린 것은?**

① 언어력 – 어휘력 검사, 문장독해력 검사

② 수리력 – 계산능력 검사, 자료해석력 검사

③ 추리력 – 수열추리력 1, 2검사, 도형추리력 검사

④ 사물지각력 – 조각맞추기 검사, 그림맞추기 검사

해설 ④ 사물지각력 – 사물지각력 검사

42 워크넷에서 채용정보 상세검색에 관한 설명으로 **틀린 것은?**

① 최대 10개의 직종 선택이 가능하다.

② 연령별 채용정보를 검색할 수 있다.

③ 재택근무 가능 여부를 검색할 수 있다.

④ 희망임금은 연봉, 월급, 일급, 시급별로 입력할 수 있다.

해설 ② 고용상 연령차별금지 및 고령자고용촉진에 관한 법률이 시행됨에 따라 채용정보에서 연령이 삭제되었다

43 질문지를 활용한 면접조사를 통해 직업정보를 수집할 때, 면접자가 지켜야 할 일반적 원칙으로 **틀린 것은?**

① 질문지를 숙지하고 있어야 한다.

② 응답자와 친숙한 분위기를 형성해야 한다.

③ 개방형 질문인 경우에는 응답 내용을 해석·요약하여 기록해야 한다.

④ 면접자는 응답자가 이질감을 느끼지 않도록 복장이나 언어사용에 유의해야 한다.

해설 ③ 피면접자의 응답 내용을 해석·요약하지 않고 모두 기록해야 한다.

44 한국직업사전(2020)의 작업강도 중 무엇에 관한 설명인가?

> 최고 20 kg의 물건을 들어올리고 10 kg 정도의 물건을 빈번히 들어 올리거나 운반한다.

① 가벼운 작업   ② 보통 작업
③ 힘든 작업   ④ 아주 힘든 작업

해설 ② 보통 작업 설명이다.

➕ 한국직업사전의 작업강도 5단계

구분	정의
아주 가벼운 작업	최고 4 kg의 물건을 들어 올리고, 때때로 장부, 소도구 등을 들어 올리거나 운반한다.
가벼운 작업	최고 8 kg의 물건을 들어 올리고 4 kg 정도의 물건을 빈번히 들어 올리거나 운반한다.
보통 작업	최고 20 kg의 물건을 들어 올리고 10 kg 정도의 물건을 빈번히 들어 올리거나 운반한다.
힘든 작업	최고 40 kg의 물건을 들어 올리고 20 kg 정도의 물건을 빈번히 들어 올리거나 운반한다.
아주 힘든 작업	40 kg 이상의 물건을 들어 올리고 20 kg 이상의 물건을 빈번히 들어 올리거나 운반한다.

45 직업정보로서 갖추어야 할 요건에 대한 설명으로 틀린 것은?

① 직업정보는 객관성이 담보되어야 한다.
② 직업정보 활용의 효율성 측면에서 이용 대상자의 진로발달단계나 수준, 이용 목적에 적합한 직업정보를 개발하여 제공되는 것이 바람직하다.
③ 우연히 획득되거나 출처가 불명확한 직업정보라도 내용이 풍부하다면 직업정보로서 가치가 있다고 판단한다.
④ 직업정보는 개발년도를 명시하여 부적절한 과거의 직업세계나 노동시장 정보가 구직자나 청소년에게 제공되지 않도록 하는 것이 바람직하다.

해설 ③ 직업정보는 계획적으로 수집해야 하고, 출처와 수집일자를 반드시 기록해야 한다. 우연히 획득된 것은 직업정보가 아니다.

46 2023년 적용 최저임금은 얼마인가?

① 10,000원   ② 9,620원
③ 9,160원   ④ 8,720원

해설 2023년 최저시급은 9,620원으로 2022년 대비 5.0% 인상
※ 월급여 계산 : 최저시급 × 209시간(주휴수당 포함)
= 월급 2,010,580원

47 국민내일배움카드 제도를 지원받을 수 있는 자는?

① 만 65세인 사람
② 「사립학교교직원 연금법」을 적용받고 현재 재직 중인 사람
③ 「군인연금법」을 적용받고 현재 재직 중인 사람
④ 지방자치단체로부터 훈련비를 지원받는 훈련에 참여하는 사람

해설 ① 만 65세인 사람은 지원받을 수 있다.

➕ 국민내일배움 카드 발급 제외 대상자
1. 수강 또는 지원·융자의 제한 기간 중에 있는 사람
2. 국가 또는 지방자치단체가 실시하거나 비용을 지원하는 직업능력개발훈련을 수강하고 있는 사람
3. 직업안정기관 또는 지방자치단체에 구직등록을 하지 않은 사람
4. 공무원으로 재직 중인 사람
5. 「사립학교교직원 연금법」에 따른 교직원으로 재직 중인 사람
6. 「군인연금법」에 따른 군인으로 재직 중인 사람. 다만, 「제대군인지원에 관한 법률」에 적용받는 사람은 제외한다.
7. 「초·중등교육법」에 따른 학교의 재학생. 다만, 고등학교 3학년에 재학 중인 사람은 제외한다.
8. 「고등교육법」에 따른 학교의 재학생으로서 해당 학교 졸업까지 수업연한이 2년 넘게 남은 사람
9. 「국민기초생활 보장법」에 따른 생계급여 수급자. 다만, 근로능력이 있는 수급자는 제외한다.
10. 만 75세 이상인 사람
11. 사업기간 1년 미만, 연 매출 1억 5천만원 이상의 자영업자
12. 월 임금 300만원 이상인 특수형태근로종사자
13. 월 임금 300만원 이상이면서 45세 미만인 대규모기업 종사자

48 다음은 한국직업사전(2020)에 수록된 어떤 직업에 관한 설명인가?

> • 직무개요: 기업을 구성하는 여러 요소(재무, 회계, 인사, 미래비전, 유통 등)에 대한 분석을 통하여 기업이 당면한 문제점과 해결방안을 제시한다.
> • 직무기능: 자료(분석)/사람(자문)/사물(관련 없음)

① 직무분석가   ② 시장조사분석가
③ 환경영향평가원   ④ 경영컨설턴트

> **[해설]** ① 직무분석가: 조직적인 인사관리, 합리적인 직무평가, 과학적인 교육훈련 등을 목적으로 사업체 및 공공기관 등에서 수행되는 업무의 내용, 수행요건, 근로조건 등과 같은 기술적인 정보를 조사·분석·평가한다.
> ② 시장조사분석가: 마케팅계획 수립 등을 위해 시장규모, 미래현황, 유통채널, 소비자, 경쟁업체 등에 관한 조사를 수행하고 분석·평가한다.
> ③ 환경영향평가원: 환경영향평가 대상 사업의 계획을 수립하는데 당해 사업의 시행으로 인하여 자연환경, 생활환경, 사회·경제 환경에 미치는 해로운 영향을 미리 예측·분석하여 환경영향을 줄이는 방안을 강구하고 제안한다.

49 다음은 국가기술자격 검정의 기준 중 어떤 등급에 관한 설명인가?

> 해당 국가기술자격의 종목에 관한 고도의 전문지식과 실무경험에 입각한 계획, 연구, 설계, 분석, 조사, 시험, 시공, 감리, 평가, 진단, 사업관리, 기술관리 등의 업무를 수행할 수 있는 능력 보유

① 기술사   ② 기사
③ 산업기사   ④ 기능장

[해설]

등급	설명
기술사	고도의 전문지식과 실무경험에 입각한 지도·감리 등의 기술업무
기능장	최상급 숙련기능을 가지고 현장관리 등의 업무를 수행
기사	공학적 기술이론 지식을 가지고 기술업무를 수행할 수 있는 능력
산업기사	기술기초이론지식 또는 숙련기능을 바탕으로 복합적인 기능업무를 수행
기능사	작업관리 및 이에 관련되는 업무를 수행

50 직업정보관리에 관한 설명으로 **틀린** 것은?

① 직업정보의 범위는 개인, 직업, 미래에 대한 정보 등으로 구성되어 있다.
② 직업정보원은 정부부처, 정부투자출연기관, 단체 및 협회, 연구소, 기업과 개인 등이 있다.
③ 직업정보 가공 시 전문적인 지식이 없어도 이해할 수 있도록 가급적 평이한 언어로 제공하여야 한다.
④ 개인의 정보는 보호되어야 하기 때문에 구직 시 연령, 학력 및 경력 등의 취업과 관련된 정보는 제한적으로 제공되어야 한다.

> **[해설]** ④ 구직자 개인의 정보는 보호되어야 하지만 취업과 관련된 정보는 제공한다.

51 워크넷에서 제공하는 학과정보 중 사회계열에 해당하지 **않는** 학과는?

① 경찰행정학과   ② 국제학부
③ 문헌정보학과   ④ 지리학과

> **[해설]** ③ 문헌정보학과는 인문계열이다.

52 2022년 신규 정기검정으로 시행되는 국가기술자격 종목은?

① 방재기사   ② 떡제조기능사
③ 가구제작산업기사   ④ 정밀화학기사

> **[해설]** ① 방재기사: 관련부처 – 행정안전부, 2019년 신설
> ② 떡제조기능사: 관련부처 – 식품의약품안전처, 2019년 신설
> ③ 가구제작산업기사: 관련부처 – 국토교통부, 2019년 신설

 2022년 국가기술자격 개정종목
• 신설: 정밀화학기사, 제과산업기사, 제빵산업기사
• 폐지: 철도토목산업기사, 메카트로닉스기사, 반도체설계기사, 연삭기능사
• 통합: 치공구설계산업기사 – 기계설계산업기사
• 명칭변경: 굴삭기운전기능사 – 굴착기운전기능사

53 다음은 한국표준산업분류(제10차)에서 산업분류 결정방법이다. ( )에 알맞은 것은?

> 계절에 따라 정기적으로 산업을 달리하는 사업체의 경우에는 조사시점에서 경영하는 사업과 관계없이 조사대상 기간 중 ( )이 많았던 활동에 의하여 분류

① 급여액
② 근로소득세액
③ 산출액
④ 부가가치액

54 분야별 고용정책 중 일자리 창출 정책과 가장 거리가 먼 것은?

① 고용유지지원금
② 실업크레딧 지원
③ 일자리 함께하기 지원
④ 사회적기업 육성

해설 ② 실업크레딧은 사회안전망 제도이다.

➕ 사회안전망 제도

- 고용보험제도, 산재보험제도, 소규모사업장 저임금근로자 사회보험료 지원(두루누리사업), 실업크레딧 지원, 건설근로자 퇴직공제제도, 건설일용근로자 기능향상 지원

55 다음은 한국표준직업분류(제7차)에서 직업분류의 일반원칙이다. ( )에 알맞은 것은?

> 동일하거나 유사한 직무는 어느 경우에든 같은 단위직업으로 분류되어야 한다는 점이다. 하나의 직무가 동일한 직업단위 수준에서 2개 혹은 그 이상의 직업으로 분류될 수 있다면 ( )의 원칙을 위반한 것이라 할 수 있다.

① 단일성
② 배타성
③ 포괄성
④ 경제성

➕ 한국표준직업분류에서 직업분류의 일반원칙

- 포괄성의 원칙: 우리나라에 존재하는 모든 직무는 어떤 수준에서든지 분류에 포괄되어야 한다. 특정한 직무가 누락되어 분류가 불가능할 경우에는 포괄성의 원칙을 위배한 것으로 볼 수 있다.
- 배타성의 원칙: 동일하거나 유사한 직무는 어느 경우에든 같은 단위직업으로 분류되어야 한다는 점이다. 하나의 직무가 동일한 직업단위 수준에서 2개 혹은 그 이상의 직업으로 분류될 수 있다면 배타성의 원칙을 위반한 것이라 할 수 있다.

56 한국표준산업분류(제10차)의 주요 개정내용으로 틀린 것은?

① 채소작물 재배업에 마늘, 딸기 작물 재배업을 포함
② 안경 및 안경렌즈 제조업을 의료용기기 제조업에서 사진장비 및 기타 광학기기 제조업으로 이동
③ 산업용 기계 및 장비 수리업은 국제표준산업분류(ISIC)에 맞춰 수리업에서 제조업 중 중분류를 신설하여 이동
④ 어업에서 해면은 해수면으로, 수산 종묘는 수산 종자로 명칭을 변경

해설 ② 안경 및 안경렌즈 제조업을 사진장비 및 기타 광학기기 제조업에서 의료용기기 제조업으로 이동

57 한국표준산업분류(제10차)의 산업분류 적용원칙으로 틀린 것은?

① 자본재로 주로 사용되는 산업용 기계 및 장비의 전문적인 수리활동은 경상적인 유지·수리를 포함하여 "95 개인 및 소비용품 수리업"으로 분류
② 생산단위는 산출물 뿐만 아니라 투입물과 생산공정 등을 함께 고려하여 그들의 활동을 가장 정확하게 설명한 항목에 분류
③ 산업활동이 결합되어 있는 경우에는 그 활동단위의 주된 활동에 따라 분류
④ 공식적인 생산물과 비공식적 생산물, 합법적 생산물과 불법적인 생산물을 달리 분류하지 않음

해설 ① 자본재로 주로 사용되는 산업용 기계 및 장비의 전문적인 수리활동은 경상적인 유지·수리를 포함하여 "34 : 산업용 기계 및 장비 수리업"으로 분류한다.

58 Q-net(www.q-net.or.kr)에서 제공하는 국가별 자격제도 정보가 아닌 것은?

① 영국의 자격제도
② 프랑스의 자격제도
③ 호주의 자격제도
④ 스위스의 자격제도

해설 스위스의 자격제도 정보는 제공하지 않는다.
- 국가별 자격제도: 일본, 독일, 영국, 호주, 미국, 프랑스

59 직업정보의 처리에 대한 설명으로 틀린 것은?

① 직업정보는 전문가가 분석해야 한다.

② 직업정보 제공 시에는 이용자의 수준에 맞게 한다.

③ 직업정보 수집 시에는 명확한 목표를 세운다.

④ 직업정보 제공 시에는 직업의 장점만을 최대한 부각해서 제공한다.

해설 ④ 직업정보는 장단점 편견 없이 객관적 입장에서 제공한다.

60 한국표준직업분류(제7차)의 대분류 항목과 직능수준과의 관계가 올바르게 연결된 것은?

① 전문가 및 관련 종사자 – 제4직능 수준 혹은 제3직능 수준 필요

② 사무 종사자 – 제3직능 수준 필요

③ 단순노무 종사자 – 제2직능 수준 필요

④ 군인 – 제1직능 수준 필요

➕ 대분류 항목과 직능수준

1 관리자: 제4직능 수준 혹은 제3직능 수준 필요

2 전문가 및 관련 종사자: 제4직능 수준 혹은 제3직능 수준 필요

3 사무 종사자: 제2직능 수준 필요

4 서비스 종사자: 제2직능 수준 필요

5 판매 종사자: 제2직능 수준 필요

6 농림 어업 숙련 종사자: 제2직능 수준 필요

7 기능원 및 관련 기능 종사자: 제2직능 수준 필요

8 장치 기계 조작 및 조립 종사자: 제2직능 수준 필요

9 단순노무 종사자: 제1직능 수준 필요

∧ 군인: 제2직능 수준 이상 필요

61 다음 중 사회적 비용이 상대적으로 가장 적게 유발되는 실업은?

① 경기적 실업   ② 계절적 실업

③ 마찰적 실업   ④ 구조적 실업

해설 ③ 마찰적 실업은 정보 부족으로 발생하고 일시적이기 때문에 사회적 비용이 가장 적게 유발된다.

① 경기적 실업은 유효수요의 부족으로 발생하며, 그 대책으로 일자리 창출, 재정정책 등의 대책이 있다.

② 계절적 실업은 계절의 변화에 의해 발생하여 예측이 가능하고 농업, 건설업, 제조업 등에서 발생한다.

④ 구조적 실업은 노동력 수급 구조상의 불균형으로 발생하며, 경기적 실업에 비해 장기화될 가능성이 높다.

62 불경기에 발생하는 부가노동자효과(added worker effect)와 실망실업자효과(discouraged worker effect)에 따라 실업률이 변화한다. 실업률에 미치는 효과의 방향성이 옳은 것은? (단, + : 상승효과, – : 감소효과)

① 부가노동자효과 : +, 실망실업자효과 : –

② 부가노동자효과 : –, 실망실업자효과 : –

③ 부가노동자효과 : +, 실망실업자효과 : +

④ 부가노동자효과 : –, 실망실업자효과 : +

해설 ① 부가노동자효과는 비경제활동인구가 노동시장에 유입되면서 실업률이 높아지는 효과이고, 실망노동자효과는 실업자가 구직활동을 포기하여 비경제활동인구가 되어 실업률이 감소하는 효과이다.

※ '부가노동자는 부가적으로 늘고, 실망노동자는 실망해서 빠진다'로 이해하세요.

63 노동조합측 쟁의 수단에 해당하지 않는 것은?

① 태업   ② 보이콧

③ 피케팅   ④ 직장폐쇄

해설 ④는 사용자측 쟁의 수단이다.

64 개별기업수준에서 노동에 대한 수요곡선을 이동시키는 요인을 모두 고른 것은?

| ㄱ. 기술의 변화 | ㄴ. 임금의 변화 |
| ㄷ. 최종생산물 가격의 변화 | ㄹ. 자본의 가격 변화 |

① ㄱ, ㄴ, ㄷ ② ㄱ, ㄴ, ㄹ
③ ㄱ, ㄷ, ㄹ ④ ㄴ, ㄷ, ㄹ

해설 ㄴ. 임금의 변화는 다른 요인들과 달리 노동수요곡선 자체를 이동시키지 못하고 점으로 움직인다.

65 노조가 임금인상 투쟁을 벌일 때, 고용량 감소효과가 가장 적게 나타나는 경우는?

① 노동수요의 임금탄력성이 0.1일 때
② 노동수요의 임금탄력성이 1일 때
③ 노동수요의 임금탄력성이 2일 때
④ 노동수요의 임금탄력성이 5일 때

해설 ① 임금탄력성은 임금 1%의 변화율(%)에 의한 노동수요량 변화율(%)을 나타낸 것으로 임금탄력성이 낮을수록 고용감소가 적어 고용이 안정된다.

66 일부 사람들이 실업급여를 계속 받기 위해 채용될 가능성이 매우 낮은 곳에서만 일자리를 탐색하며 실업상태를 유지하고 있다. 다음 중 이러한 사람들이 실업자가 아니라 일할 의사가 없다는 이유로 비경제활동인구로 분류될 때 나타나는 현상으로 옳은 것은?

① 실업률과 경제활동참가율 모두 높아진다.
② 실업률과 경제활동참가율 모두 낮아진다.
③ 실업률은 낮아지는 반면, 경제활동참가율은 높아진다.
④ 실업률은 높아지는 반면, 경제활동참가율은 낮아진다.

해설 ② 실업률은 실업자 수를 경제활동인구로 나눈 것으로 비경제활동인구가 증가하면 실업률과 경제활동참가율이 낮아진다.

67 임금에 대한 설명으로 틀린 것은?

① 산업사회에서 사회적 신분의 기준이 되기도 한다.
② 임금수준은 인적자원의 효율적 배분과는 무관하다.
③ 가장 중요한 소득원천 중의 하나이다.
④ 유효수요에 영향을 미쳐 경제의 안정과 성장에 밀접한 관련이 있다.

해설 ② 임금수준은 인적자원의 효율적 배분과 관계있다.

68 2차 노동시장의 특징에 해당되는 것은?

① 높은 임금 ② 높은 안정성
③ 높은 이직률 ④ 높은 승진율

해설 ③ 고용불안으로 이직률이 높다.
※ 1차 노동시장 : 임금수준이 상대적으로 높고, 근로조건이 양호하며, 승진의 기회도 다양할 뿐만 아니라, 고용의 안정성이 보장된다.
※ 2차 노동시장 : 임금수준이 상대적으로 낮고, 근로조건이 매우 열악하며, 승진의 기회도 부족할 뿐만 아니라 고용이 불안정하다.

69 기업별 노동조합에 관한 설명으로 틀린 것은?

① 노동자들의 횡단적 연대가 뚜렷하지 않고, 동종, 동일산업이라도 기업 간의 시설규모, 지불능력의 차이가 큰 곳에서 조직된다.
② 노동조합이 회사의 사정에 정통하여 무리한 요구로 인한 노사분규의 가능성이 낮다.
③ 사용자와의 밀접한 관계로 공동체 의식을 통한 노사협력 관계를 유지할 수 있어 어용화의 가능성이 낮다.
④ 각 직종 간의 구체적 요구조건을 공평하게 처리하기 곤란하여 직종 간에 반목과 대립이 발생할 수 있다.

해설 ③ 사용자와 밀접하게 노사협력 관계를 유지하는 것은 어용노조의 형태이다.

70 연공급의 특징과 가장 거리가 먼 것은?

① 기업에 대한 귀속의식 제고
② 전문기술인력 확보 곤란
③ 근로자에 대한 교육훈련의 효과 제고
④ 인건비 부담의 감소

해설 ④ 생산성과 관계없이 인건비가 상승하여 인건비 부담이 커진다.

71 A국의 취업자가 200만명, 실업자가 10만명, 비경제활동인구가 100만 명이라고 할 때, A국의 경제활동 참가율은?

① 약 66.7%
② 약 67.7%
③ 약 69.2%
④ 약 70.4%

해설 ② 경제활동참가율은 67.7%이다.

• 경제활동참가율 = $\dfrac{경제활동인구(취업자 + 실업자)}{15세 이상 인구} \times 100$,

$\dfrac{210만}{310만} \times 100 = 67.7\%$

• 15세 이상인구 = 경제활동인구(취업자 + 실업자) + 비경제활동인구, (200만명 + 10만) + 100만명 = 310만명

72 직무급 임금체계에 관한 설명으로 가장 적합한 것은?

① 정기승급에 의한 생활안정으로 근로자의 기업에 대한 귀속의식을 고양시킨다.
② 기업풍토, 업무내용 등에서 보수성이 강한 기업에 적합하다.
③ 근로자의 능력을 직능고과의 평가결과에 따라 임금을 결정한다.
④ 노동의 양뿐만 아니라 노동의 질을 동시에 평가하는 임금 결정 방식이다.

해설 직무급은 직무분석하여 직무기술서와 직무명세서를 이용하여 직무의 상대적 가치를 평가하여 결정한다.
①, ②는 연공급, ③은 직능급에 대한 설명이다.

73 조합원 자격이 있는 노동자만을 채용하고 일단 고용된 노동자라도 조합원 자격을 상실하면 종업원이 될 수 없는 숍 제도는?

① 오픈숍
② 유니온숍
③ 에이전시숍
④ 클로즈드숍

➕ 노동조합의 숍 제도

• 오픈 숍: 노동조합 가입의무가 없어서 노조조직력이 가장 약하다.
• 유니언 숍: 입사 후 일정기간 내 노조에 의무적으로 가입해야 한다.
• 클로즈드 숍: 노동조합에 가입해야만 입사가 가능하다.
• 에이전시 숍: 모든 종업원에게 노동조합비를 징수한다.
• 프레퍼렌셜 숍: 채용에 있어서 노동조합원에게 우선순위를 준다.
• 메인터넌스 숍: 일정기간 동안 조합원자격을 유지해야 한다.
⇒ 노조 조직력: 클로즈드 숍 > 유니언 숍 > 오픈 숍

74 최저임금제도의 기대효과로 가장 거리가 먼 것은?

① 소득분배의 개선
② 기업 간 공정경쟁의 확보
③ 산업평화의 유지
④ 실업의 해소

해설 ④ 실업의 해소는 최저임금제도의 기대효과와 거리가 멀다.

75 다음 중 가장 적극적인 근로자의 경영참가 형태는?

① 단체교섭에 의한 참가
② 단체행동에 의한 참가
③ 노사협의회에 의한 참가
④ 근로자중역, 감사역제에 의한 참가

해설 ④ 근로자 경영참가는 근로자중역, 감사역제에 의한 경영참가이다.

76 임금격차의 원인을 모두 고른 것은?

> ㄱ. 인적자본 투자의 차이로 인한 생산성 격차
> ㄴ. 보상적 격차
> ㄷ. 차별

① ㄱ, ㄴ

② ㄱ, ㄷ

③ ㄴ, ㄷ

④ ㄱ, ㄴ, ㄷ

[해설] ④ ㄱ, ㄴ, ㄷ 모두 해당한다.

➕ 임금 격차의 경쟁적 요인

• 인적자본량(생산성 격차): 노동자의 학력, 경력, 근속연수, 성별
• 기업의 합리적 선택으로서 효율임금정책
• 보상적 임금 격차
• 단기적 불균형 과정에서의 임금 격차 또는 과도기적 임금 격차
• 보이지 않는 질적 차이

➕ 임금 격차의 경쟁 외적 요인

• 시장지배력과 독점지대의 배당
• 노동조합의 효과(위협효과, 파급효과)
• 비효율적인 연공급 제도의 영향

77 단체교섭에서 사용자의 교섭력에 관한 설명으로 가장 거리가 먼 것은?

① 기업의 재정능력이 좋으면 사용자의 교섭력이 높아진다.
② 사용자 교섭력의 원천 중 하나는 직장폐쇄(lockout)를 할 수 있는 권리이다.
③ 사용자는 쟁의행위기간 중 그 쟁의행위로 중단된 업무를 원칙적으로 도급 또는 하도급을 줄 수 있다.
④ 비조합원이 조합원의 일을 대신할 수 있는 여지가 크다면, 그만큼 사용자의 교섭력이 높아진다.

[해설] ③ 사용자는 쟁의행위기간 중 그 쟁의행위로 중단된 업무를 원칙적으로 도급 또는 하도급을 줄 수 없다.

78 내부노동시장의 형성요인과 가장 거리가 먼 것은?

① 관습   ② 현장훈련
③ 임금수준   ④ 숙련의 특수성

[해설] ③ 임금수준은 내부노동시장의 형성요인과 거리가 멀다.

79 선별가설(screening hypothesis)에 대한 설명과 가장 거리가 먼 것은?

① 교육훈련이 생산성을 직접 높이는 것은 아니고 유망한 근로자를 식별해주는 역할을 한다.
② 빈곤문제 해결을 위해서는 교육훈련 기회를 확대하는 것이 중요하다.
③ 학력이 높은 사람이 소득이 높은 것은 교육 때문이 아니고 원래 능력이 우수하기 때문이다.
④ 근로자들은 자신의 능력과 재능을 보여주기 위해 교육에 투자한다.

[해설] ② 선별가설의 비판점이다.

➕ 인적자본투자이론과 선별가설(신호-선별이론)

• 인적자본투자이론: 교육은 생산성을 높이는 주요한 요인이기 때문에 고학력자에게 취업의 기회가 많다.
• 선별가설: 생산성은 타고난 기질에 의해 영향을 받는다. 교육은 생산성을 높이는 요인이 아니라 기업이 채용선발 비용을 줄이기 위해 선별기준으로 삼는 것으로, 입사에 필요한 입장권의 역할을 한다.

※ 두 이론의 공통점: 고학력화, 두 이론은 과학적으로 입증되지 않았다.

80 실업에 관한 설명으로 옳은 것은?

① 마찰적 실업은 자연실업률 측정에 포함되지 않는다.
② 더 좋은 직장을 구하기 위해 잠시 직장을 그만둔 경우는 경기적 실업에 해당한다.
③ 경기적 실업은 자연실업률 측정에 포함된다.
④ 현재의 실업률에서 실망실업자가 많아지면 실업률은 하락한다.

[해설] ① 마찰적 실업은 자연실업률 측정에 포함된다.
② 탐색적 실업에 해당한다.
③ 경기적 실업은 자연실업률 측정에 포함되지 않는다.
※ 자연실업률은 구조적 실업과 마찰적 실업이 측정에 포함된다.

81 파견근로자보호 등에 관한 법률상 사용사업주가 파견근로자를 직접 고용할 의무가 발생하는 경우가 아닌 것은?

① 고용노동부장관의 허가를 받지 않고 근로자파견 사업을 하는 자로부터 근로자파견의 역무를 제공받은 경우

② 제조업의 직접생산공정업무에서 일시적·간헐적으로 사용기간 내에 파견근로자를 사용한 경우

③ 건설공사현장에서 이루어지는 업무에서 부상으로 결원이 생겨 파견근로자를 사용한 경우

④ 건설공사현장에서 이루어지는 업무에서 연차 유급휴가로 결원이 생겨 파견근로자를 사용한 경우

➕ 파견근로자를 직접 고용할 의무가 발생하는 경우

• 근로자파견 대상 업무에 해당하지 아니하는 업무에서 파견근로자를 사용하는 경우
• 근로자파견 대상 업무 등을 위반하여 파견근로자를 사용하는 경우
• 파견기간을 위반하여 2년을 초과하여 계속적으로 파견근로자를 사용하는 경우
• 근로자파견의 기간 위반하여 파견근로자를 사용하는 경우
• 근로자파견의 역무를 제공받은 경우

➕ 근로자파견사업을 하여서는 아니 되는 업무

• 건설공사현장에서 이루어지는 업무
• 「항만운송사업법」, 「한국철도공사법」, 「농수산물 유통 및 가격안정에 관한 법률」, 「물류정책기본법」의 하역(荷役)업무로서 「직업안정법」에 따라 근로자공급사업 허가를 받은 지역의 업무
• 「선원법」의 선원의 업무
• 「산업안전보건법」에 따른 유해하거나 위험한 업무
• 그 밖에 근로자 보호 등의 이유로 근로자파견사업의 대상으로는 적절하지 못하다고 인정하여 대통령령으로 정하는 업무

82 국민평생직업능력개발법령상 근로자의 정의로서 가장 적합한 것은?

① 1주 동안의 소정근로시간이 그 사업장에서 같은 종류의 업무에 종사하는 통상 근로자의 1주 동안의 소정근로시간에 비하여 짧은 자

② 직업의 종류와 관계없이 임금을 목적으로 사업이나 사업장에 근로를 제공하는 사람

③ 직업의 종류를 불문하고 임금·급료 기타 이에 준하는 수입에 의하여 생활하는 자

④ 사업주에게 고용된 사람과 취업할 의사가 있는 사람

해설 ①은 근로기준법의 단시간근로자 정의다.
②는 근로기준법의 근로자 정의다.
③은 노동조합 및 노동관계조정법의 근로자 정의다.

83 국민평생직업능력개발법령상 고용노동부장관이 반드시 지정 직업훈련시설의 지정을 취소해야 하는 경우에 해당하는 것은?

① 시정명령에 따르지 아니한 경우

② 변경지정을 받지 아니하고 지정 내용을 변경하는 등 부정한 방법으로 지정직업훈련시설을 운영한 경우

③ 훈련생을 모집할 때 거짓 광고를 한 경우

④ 거짓으로 지정을 받은 경우

해설 ④는 취소사유에 해당한다.
• 그 시정을 명하거나 그 지정의 취소 또는 1년 이내의 기간을 정하여 직업능력개발훈련의 정지를 명할 수 있는 경우
• 감염병에 관한 조치를 취하지 아니한 경우
• 거짓이나 그 밖의 부정한 방법으로 지정직업훈련시설 지정을 받은 경우〈취소사유 해당〉
• 지정직업훈련시설 요건을 갖추지 못한 경우
• 지정직업훈련시설을 지정받으려는 자가 결격사유에 해당하게 된 경우〈취소사유 해당〉
• 정당한 사유 없이 계속하여 1년 이상 직업능력개발훈련을 실시하지 아니한 경우
• 변경지정을 받지 아니하고 지정 내용을 변경하는 등 부정한 방법으로 지정직업훈련시설을 운영한 경우
• 훈련생을 모집할 때 과대 광고 또는 거짓 광고를 한 경우
• 시정명령에 따르지 아니한 경우
• 그 밖에 이 법 또는 이 법에 따른 명령을 위반한 경우

84 고용보험법령상 다음 사례에서 구직급여의 소정급여일수는?

> 장애인 근로자 A씨(40세)가 4년간 근무하던 회사를 퇴사하여 직업안정기관으로부터 구직급여 수급자격을 인정받았다.

① 120일 ② 150일
③ 180일 ④ 210일

해설 ④ 장애인은 50세 이상인 것으로 적용, 피보험기간이 3년 이상 5년 미만이므로 210일의 급여일수를 인정 받는다.

➕ 고용보험법 구직급여의 소정급여일수

구분		피보험기간				
		1년 미만	1년 이상 3년 미만	3년 이상 5년 미만	5년 이상 10년 미만	10년 이상
이직일 현재 연령	50세 미만	120일	150일	180일	210일	240일
	50세 이상	120일	180일	210일	240일	270일

비고: 「장애인고용촉진 및 직업재활법」에 따른 장애인은 50세 이상인 것으로 적용한다.

85 고용상 연령차별금지 및 고령자고용촉진에 관한 법령상 고령자 고용정보센터의 업무로 명시되지 않은 것은?

① 고령자에 대한 구인·구직 등록
② 고령자 고용촉진을 위한 홍보
③ 고령자에 대한 직장 적응훈련 및 교육
④ 고령자의 실업급여 지급

해설 ④는 고령자 고용정보센터의 업무로 명시되지 않았다.

➕ 고령자 고용정보센터의 업무
• 고령자에 대한 구인·구직 등록, 직업지도 및 취업알선
• 고령자에 대한 직장 적응훈련 및 교육
• 정년연장과 고령자 고용에 관한 인사·노무관리와 작업환경 개선 등에 관한 기술적 상담·교육 및 지도
• 고령자 고용촉진을 위한 홍보
• 그 밖에 고령자 고용촉진을 위하여 필요한 업무

86 고용보험법령상 용어의 정의로 옳은 것은?

① "피보험자"란 근로기준법상 근로자와 사업주를 말한다.
② "실업"이란 근로의 의사와 능력이 있음에도 불구하고 취업하지 못한 상태에 있는 것을 말한다.
③ "보수"란 사용자로부터 받는 일체의 금품을 말한다.
④ "일용근로자"란 3개월 미만 동안 고용된 자를 말한다.

해설 ① "피보험자"란 보험에 가입되거나 가입된 것으로 보는 근로자, 예술인 또는 노무제공자, 자영업자를 말한다.
③ 《보수》란 근로소득에서 금품(비과세 근로소득)을 뺀 금액을 말한다.
④ 《일용근로자》란 1개월 미만 동안 고용되는 사람을 말한다.

87 직업안정법령상 신고를 하지 아니하고 할 수 있는 무료직업소개사업이 아닌 것은?

① 한국산업인력공단이 하는 직업소개
② 한국장애인고용공단이 장애인을 대상으로 하는 직업소개
③ 국민체육진흥공단이 체육인을 대상으로 하는 직업소개
④ 근로복지공단이 업무상 재해를 입은 근로자를 대상으로 하는 직업소개

해설 ③은 해당하지 않는다.
• 직업소개의 경우에는 신고를 하지 아니하고 무료직업소개사업을 할 수 있다.
• 「한국산업인력공단법」에 따른 한국산업인력공단이 하는 직업소개
• 「장애인고용촉진 및 직업재활법」에 따른 한국장애인고용공단이 장애인을 대상으로 하는 직업소개
• 교육 관계법에 따른 각급 학교의 장, 「국민 평생 직업능력 개발법」에 따른 공공직업훈련시설의 장이 재학생·졸업생 또는 훈련생·수료생을 대상으로 하는 직업소개
• 「산업재해보상보험법」에 따른 근로복지공단이 업무상 재해를 입은 근로자를 대상으로 하는 직업소개
※ 국내 무료직업소개사업을 하려는 자는 주된 사업소의 소재지를 관할하는 특별자치도지사·시장·군수 및 구청장에게 신고하여야 하고, 국외 무료직업소개사업을 하려는 자는 고용노동부장관에게 신고하여야 한다.

88 근로기준법상 미성년자의 근로계약에 관한 설명으로 틀린 것은?

① 원칙적으로 15세 이상 18세 미만인 사람의 근로시간은 1일에 7시간, 1주에 35시간을 초과하지 못한다.
② 미성년자는 독자적으로 임금을 청구할 수 없다.
③ 고용노동부장관은 근로계약이 미성년자에게 불리하다고 인정하는 경우에는 이를 해지할 수 있다.
④ 친권자나 후견인은 미성년자의 근로계약을 대리할 수 없다.

해설 ② 미성년자는 독자적으로 임금을 청구할 수 있다.

89 근로기준법령상 이행강제금에 관한 설명으로 옳은 것은?

① 노동위원회는 구제명령을 받은 후 이행기한까지 구제명령을 이행하지 아니한 사용자에게 3천만원 이하의 이행강제금을 부과한다.
② 노동위원회는 이행강제금 납부의무자가 납부기한까지 이행강제금을 내지 아니하면 즉시 국세 체납처분의 예에 따라 징수할 수 있다.
③ 노동위원회는 최초의 구제명령을 한 날을 기준으로 매년 4회의 범위에서 구제명령이 이행될 때까지 반복하여 이행강제금을 부과·징수할 수 있다.
④ 근로자는 구제명령을 받은 사용자가 이행기한까지 구제명령을 이행하지 아니하면 이행기한이 지난 때부터 30일 이내에 그 사실을 노동위원회에 알려줄 수 있다.

해설 ② 노동위원회는 이행강제금 납부의무자가 납부기한까지 이행강제금을 내지 아니하면 기간을 정하여 독촉을 하고 지정된 기간에 이행강제금을 내지 아니하면 국세 체납처분의 예에 따라 징수할 수 있다.
③ 노동위원회는 최초의 구제명령을 한 날을 기준으로 매년 2회의 범위에서 구제명령이 이행될 때까지 반복하여 이행강제금을 부과·징수할 수 있다. 이 경우 이행강제금은 2년을 초과하여 부과·징수하지 못한다.
④ 근로자는 구제명령을 받은 사용자가 이행기한까지 구제명령을 이행하지 아니하면 이행기한이 지난 때부터 15일 이내에 그 사실을 노동위원회에 알려줄 수 있다.

90 헌법상 노동기본권 등에 관한 설명으로 틀린 것은?

① 국가는 근로자의 고용의 증진과 적정임금의 보장에 노력하여야 한다.
② 여자의 근로는 특별한 보호를 받으며 고용·임금 및 근로조건에 있어서 부당한 차별을 받지 아니한다.
③ 국가는 법률이 정하는 바에 의하여 최저임금제를 시행하여야 한다.
④ 공무원인 근로자는 자주적인 단결권·단체교섭권 및 단체행동권을 가진다.

해설 ④ 공무원인 근로자는 법률이 정하는 자에 한하여 단결권·단체교섭권 및 단체행동권을 가진다.

91 개인정보보호법령상 개인정보 보호위원회(이하 "보호위원회"라 한다)에 관한 설명으로 틀린 것은?

① 대통령 소속으로 보호위원회를 둔다.
② 보호위원회는 상임위원 2명을 포함한 9명의 위원으로 구성한다.
③ 보호위원회의 회의는 재적위원 과반수의 출석으로 개의하고, 출석위원 과반수의 찬성으로 의결한다.
④ 「정당법」에 따른 당원은 보호위원회 위원이 될 수 없다.

해설 ① 개인정보 보호에 관한 사무를 독립적으로 수행하기 위하여 국무총리 소속으로 개인정보 보호위원회를 둔다. 보호위원회는 「정부조직법」에 따른 중앙행정기관으로 본다.

92 남녀고용평등과 일·가정 양립 지원에 관한 법률에 명시되어 있는 내용이 아닌 것은?

① 직장 내 성희롱의 금지
② 배우자 출산휴가
③ 육아휴직
④ 생리휴가

해설 ④는 근로기준법에 명시된 내용으로 '사용자는 여성 근로자가 청구하면 월 1일의 생리휴가를 주어야 한다.'

93 고용보험법령상 실업급여에 관한 설명으로 틀린 것은?

① 실업급여로서 지급된 금품에 대하여는 국가나 지방자치단체의 공과금을 부과하지 아니한다.
② 실업급여를 받을 권리는 양도하거나 담보로 제공할 수 없다.
③ 실업급여수급계좌의 해당 금융기관은 이 법에 따른 실업급여만이 실업급여수급계좌에 입금되도록 관리하여야 한다.
④ 구직급여에는 조기재취업수당, 직업능력개발 수당, 광역구직활동비, 이주비가 있다.

해설 ④는 취업촉진수당의 종류이다.

➕ 실업급여
• 구직급여와 취업촉진 수당

➕ 취업촉진 수당의 종류
• 조기재취업 수당
• 직업능력개발 수당
• 광역 구직활동비
• 이주비

94 근로기준법령상 사용자가 3년간 보존하여야 하는 근로계약에 관한 중요한 서류로 명시되지 않은 것은?

① 임금대장
② 휴가에 관한 서류
③ 고용·해고·퇴직에 관한 서류
④ 퇴직금 중간정산에 관한 증명서류

➕ 근로계약에 관한 중요한 서류
• 근로계약서
• 임금대장
• 임금의 결정·지급방법과 임금계산의 기초에 관한 서류
• 고용·해고·퇴직에 관한 서류
• 승급·감급에 관한 서류
• 휴가에 관한 서류
• 서면 합의 서류
  – 탄력적 근로시간제, 선택적 근로시간제, 연장 근로의 제한, 휴일, 보상 휴가제, 근로시간 계산의 특례, 근로시간 및 휴게시간의 특례, 유급휴가의 대체
• 연소자의 증명에 관한 서류

95 직업안정법령상 직업소개사업을 겸업할 수 있는 자는?

① 식품접객업 중 유흥주점영업자
② 숙박업자
③ 경비용역업자
④ 결혼중개업자

해설 ③ 경비용역업자는 겸업할 수 없는 자에 명시되어 있지 않다.

➕ 직업소개사업을 하거나 직업소개사업을 하는 법인의 임원이 될 수 자
1. 「결혼중개업의 관리에 관한 법률」상 결혼중개업
2. 「공중위생관리법」상 숙박업
3. 「식품위생법」상 식품접객업 중 대통령령으로 정하는 영업
 • 「식품위생법 시행령」의 단란주점영업
 • 「식품위생법 시행령」의 유흥주점영업

96 기간제 및 단시간근로자 보호 등에 관한 법률상 차별시정제도에 대한 설명으로 틀린 것은?

① 기간제근로자는 차별적 처우를 받은 경우 노동위원회에 차별적 처우가 있은 날부터 6개월이 경과하기 전에 그 시정을 신청할 수 있다.
② 기간제근로자가 차별적 처우의 시정신청을 하는 때에는 차별적 처우의 내용을 구체적으로 명시하여야 한다.
③ 노동위원회는 차별적 처우의 시정신청에 따른 심문의 과정에서 관계당사자 쌍방 또는 일방의 신청 또는 직권에 의하여 조정(調停)절차를 개시할 수 있다.
④ 시정신청을 한 근로자는 사용자가 확정된 시정명령을 이행하지 아니하는 경우 이를 중앙노동위원회에 신고하여야 한다.

해설 ④ 시정신청을 한 근로자는 사용자가 확정된 시정명령을 이행하지 아니하는 경우 이를 고용노동부장관에게 신고할 수 있다.

97 남녀고용평등과 일·가정 양립 지원에 관한 법령상 고용에 있어서 남녀의 평등한 기회와 대우를 보장하여야 할 사항으로 명시되지 <u>않은</u> 것은?

① 모집과 채용   ② 임금

③ 근로시간   ④ 교육·배치 및 승진

 ③ 근로시간은 명시되지 않았다.

➕ **남녀의 평등한 기회보장 및 대우를 보장하여야 할 사항**

- 모집과 채용
- 임금
- 임금 외의 금품 등
- 교육·배치 및 승진
- 정년·퇴직 및 해고

98 남녀고용평등과 일·가정 양립 지원에 관한 법령상 다음 ( ) 안에 각각 알맞은 것은?

제18조의2(배우자 출산휴가) ① 사업주는 근로자가 배우자의 출산을 이유로 휴가(이하 "배우자 출산휴가"라 한다)를 청구하는 경우에 (ㄱ)일의 휴가를 주어야 한다.
(이하 생략)
③ 배우자 출산휴가는 근로자의 배우자가 출산한 날부터 (ㄴ)일이 지나면 청구할 수 없다.

① ㄱ : 5, ㄴ : 30   ② ㄱ : 5, ㄴ : 90

③ ㄱ : 10, ㄴ : 30   ④ ㄱ : 10, ㄴ : 90

 사업주는 근로자가 배우자의 출산을 이유로 휴가를 청구하는 경우에 (10일) 의 휴가를 주어야 한다. 이 경우 사용한 휴가기간은 유급으로 한다. 배우자 출산휴가는 근로자의 배우자가 출산한 날부터 (90일) 이 지나면 청구할 수 없다. 배우자 출산휴가는 1회에 한정하여 나누어 사용할 수 있다.

99 다음 ( )에 알맞은 것은?

고용정책 기본법령상 상시 ( )명 이상의 근로자를 사용하는 사업주는 매년 근로자의 고용형태 현황을 공시하여야 한다.

① 50   ② 100

③ 200   ④ 300

④ 상시 300명 이상의 근로자를 사용하는 사업주는 매년 근로자의 고용형태 현황을 공시하여야 한다. 사업주는 매년 근로자의 고용형태 현황을 작성하여 해당 연도 4월 30일까지 공시해야 한다.

100 고용정책 기본법상 근로자의 고용촉진 및 사업주의 인력 확보 지원시책이 <u>아닌</u> 것은?

① 구직자와 구인자에 대한 지원

② 학생 등에 대한 직업지도

③ 취업취약계층의 고용촉진 지원

④ 업종별·지역별 고용조정의 지원

④는 고용조정지원 및 고용안정대책이다.

➕ **근로자의 고용촉진 및 사업주의 인력확보 지원**

- 구직자와 구인자에 대한 지원
- 학생 등에 대한 직업지도
- 청년·여성·고령자 등의 고용촉진의 지원
- 취업취약계층의 고용촉진 지원
- 일용근로자 등의 고용안정 지원
- 사회서비스일자리 창출 및 사회적기업 육성
- 기업의 고용창출 등 지원
- 중소기업 인력확보지원계획의 수립·시행
- 외국인근로자의 도입

빠른 정답

◯ 직업상담학

1	2	3	4	5	6	7	8	9	10	11	12	13	14	15	16	17	18	19	20
④	②	④	③	②	①	③	④	④	④	③	②	④	④	①	③	③	①	③	①

21	22	23	24	25	26	27	28	29	30	31	32	33	34	35	36	37	38	39	40
①	④	④	②	④	②	①	②	②	②	②	④	④	④	②	②	①	②	③	②

41	42	43	44	45	46	47	48	49	50	51	52	53	54	55	56	57	58	59	60
④	③	③	③	④	③	①	①	③	③	④	④	④	②	②	①	④	③	①	④

61	62	63	64	65	66	67	68	69	70	71	72	73	74	75	76	77	78	79	80
③	④	④	④	④	④	①	①	②	④	④	②	③	①	②	①	③	④	②	④

81	82	83	84	85	86	87	88	89	90	91	92	93	94	95	96	97	98	99	100
①	④	②	④	②	①	④	③	②	①	③	①	②	①	①	②	④	②	②	②

101	102	103	104	105	106	107	108	109	110	111	112	113	114	115	116	117	118	119	120
②	①	②	②	①	③	②	④	①	④	④	①	③	④	①	④	④	③	③	②

121	122	123	124	125	126	127	128	129	130	131	132	133	134	135	136	137	138	139	140
③	①	①	④	①	④	③	②	③	④	①	③	②	④	③	②	③	②	①	①

141	142	143	144	145	146	147	148	149	150	151	152	153	154	155	156	157	158	159	160
①	①	①	③	③	①	④	②	③	②	④	④	④	①	③	②	②	③	③	①

161	162	163	164	165	166	167	168	169	170	171	172	173	174	175	176	177	178	179	180
④	④	②	②	④	③	③	④	①	③	②	②	③	③	①	④	②	②	③	④

181	182	183	184	185	186	187	188	189	190	191	192	193	194	195	196	197	198	199	200
④	③	①	④	①	①	③	②	④	④	②	②	②	③	③	④	②	③	①	①

◯ 직업심리학

201	202	203	204	205	206	207	208	209	210	211	212	213	214	215	216	217	218	219	220
②	②	①	①	③	②	④	②	③	②	④	④	③	①	④	③	③	②	②	③

221	222	223	224	225	226	227	228	229	230	231	232	233	234	235	236	237	238	239	240
④	④	④	④	④	④	②	①	③	④	③	①	④	③	④	②	③	③	④	③

241	242	243	244	245	246	247	248	249	250	251	252	253	254	255	256	257	258	259	260
③	③	②	②	①	②	①	③	③	③	①	④	④	①	②	③	①	②	②	④

261	262	263	264	265	266	267	268	269	270	271	272	273	274	275	276	277	278	279	280
①	②	①	④	①	①	①	②	③	④	④	④	④	②	④	②	②	④	②	①

281	282	283	284	285	286	287	288	289	290	291	292	293	294	295	296	297	298	299	300
④	④	②	③	②	③	②	④	①	②	③	④	④	②	④	②	①	①	②	②
301	302	303	304	305	306	307	308	309	310	311	312	313	314	315	316	317	318	319	320
③	②	③	②	④	④	①	④	①	③	①	④	①	③	②	④	③	③	③	①
321	322	323	324	325	236	327	328	329	330	331	332	333	334	335	336	337	338	339	340
③	③	②	②	②	①	③	①	③	①	③	①	②	④	③	②	①	④	③	①
341	342	343	344	345	346	347	348	349	350	351	352	353	354	355	356	357	358	359	360
②	③	④	③	④	②	④	④	④	②	④	①	②	②	④	①	①	①	④	④
361	362	363	364	365	366	367	368	369	370	371	372	373	374	375	376	377	378	379	380
①	①	③	②	③	①	②	③	④	②	④	①	③	③	④	④	②	②	①	①
381	382	383	384	385	386	387	388	389	390	391	392	393	394	395	396	397	398	399	400
②	①	④	③	②	②	③	①	①	④	④	①	③	③	①	③	①	④	③	②

○ 직업정보론

401	402	403	404	405	406	407	408	409	410	411	412	413	414	415	416	417	418	419	420
③	④	②	③	④	④	②	④	④	④	③	③	①	③	①	②	③	①	④	②
421	422	423	424	425	426	427	428	429	430	431	432	433	434	435	436	437	438	439	440
③	③	③	②	③	④	②	①	③	②	③	①	④	④	④	②	①	①	③	③
441	442	443	444	445	446	447	448	449	450	451	452	453	454	455	456	457	458	459	460
①	④	②	①	②	③	③	②	④	①	④	①	①	④	④	②	①	④	①	④
461	462	463	464	465	466	467	468	469	470	471	472	473	474	475	476	477	478	479	480
①	②	①	③	③	②	①	③	③	②	④	③	②	②	①	③	②	④	③	①
481	482	483	484	485	486	487	488	489	490	491	492	493	494	495	496	497	498	499	500
③	③	②	②	②	②	④	①	④	④	③	③	③	④	④	②	②	①	②	④
501	502	503	504	505	506	507	508	509	510	511	512	513	514	515	516	517	518	519	520
④	④	④	②	④	④	①	③	②	④	②	①	②	③	②	②	③	④	④	④
521	522	523	524	525	526	527	528	529	530	531	532	533	534	535	536	537	538	539	540
②	④	③	③	①	②	②	①	①	④	①	③	①	④	③	④	④	①	③	④
541	542	543	544	545	546	547	548	549	550	551	552	553	554	555	556	557	558	559	560
②	①	③	①	②	④	②	③	④	④	④	④	②	④	②	④	④	③	①	④
561	562	563	564	565	566	567	568	569	570	571	572	573	574	575	576	577	578	579	580
①	③	③	①	②	④	④	①	①	②	②	②	④	④	②	②	①	④	②	①
581	582	583	584	585	586	587	588	589	590	591	592	593	594	595	596	597	598	599	600
④	②	③	④	①	④	①	④	①	①	②	④	②	②	①	④	②	④	②	③

노동시장론

601	602	603	604	605	606	607	608	609	610	611	612	613	614	615	616	617	618	619	620
③	①	①	③	③	④	③	③	③	②	②	②	①	①	④	①	②	①	③	①
621	622	623	624	625	626	627	628	629	630	631	632	633	634	635	636	637	638	639	640
②	③	④	③	①	④	②	①	④	④	③	③	③	②	①	②	②	①	④	②
641	642	643	644	645	646	647	648	649	650	651	652	653	654	655	656	657	658	659	660
④	④	③	③	④	④	④	모두정답	②	③	④	③	④	①	④	④	②	②	④	②
661	662	663	664	665	666	667	668	669	670	671	672	673	674	675	676	677	678	679	680
②	②	①	①	②	②	③	②	④	④	①	②	③	③	③	①	④	④	③	④
681	682	683	684	685	686	687	688	689	690	691	692	693	694	695	696	697	698	699	700
③	①	④	④	②	④	①	①,②	②	①	③	②	④	②	③	①	①	④	①	②
701	702	703	704	705	706	707	708	709	710	711	712	713	714	715	716	717	718	719	720
②	③	①	③	④	②	①	④	①	④	①	③	①	②	②	②	①	②	③	③
721	722	723	724	725	726	727	728	729	730	731	732	733	734	735	736	737	738	739	740
④	②	③	④	②	②	④	①	①	③	③	①	④	①	③	④	②	②	③	②
741	742	743	744	745	746	747	748	749	750	751	752	753	754	755	756	757	758	759	760
②	③	②	④	②	①	③	④	③	④	③	④	①	①	②	②	②	③	①	①
761	762	763	764	765	766	767	768	769	770	771	772	773	774	775	776	777	778	779	780
④	③	③	②	④	①	③	③	①	③	④	①	①	①	②	①	④	④	②	④
781	782	783	784	785	786	787	788	789	790	791	792	793	794	795	796	797	798	799	800
③	①	①	①	③	④	①	④	①	④	③	②	②	①	②	③	②	①	③	①

노동관계법규

801	802	803	804	805	806	807	808	809	810	811	812	813	814	815	816	817	818	819	820
④	③	②	④	②	③	①	①	②	④	④	④	④	④	④	④	③	②	④	①	④
821	822	823	824	825	826	827	828	829	830	831	832	833	834	835	836	837	838	839	840
②	②	④	③	③	②	③	①	③	①	③	④	③	①	④	④	④	④	③	④
841	842	843	844	845	846	847	848	849	850	851	852	853	854	855	856	857	858	859	860
④	③	②	②	③	④	①	③	①	②	④	①	③	①	②	④	③	④	③	②
861	862	863	864	865	866	867	868	869	870	871	872	873	874	875	876	877	878	879	880
③	③	④	②	①	①	②	①	③	④	④	④	④	②	④	④	④	④	②	④
881	882	883	884	885	886	887	888	889	890	891	892	893	894	895	896	897	898	899	900
②	④	②	④	①	③	④	③	④	④	①	①	④	③	①	①	③	②	④	②

901	902	903	904	905	906	907	908	909	910	911	912	913	914	915	916	917	918	919	920
④	④	④	③	②	③	④	④	②	④	②	②	③	③	③	②	④	④	②	③
921	922	923	924	925	926	927	928	929	930	931	932	933	934	935	936	937	938	939	940
②	②	④	④	①	④	④	①	④	③	②	④	④	②	①	③	②	③	③	④
941	942	943	944	945	946	947	948	949	950	951	952	953	954	955	956	957	958	959	960
①	③	③	①	③	④	①	①	②	③	④	④	④	③	③	①	②	④	④	①
961	962	963	964	965	966	967	968	969	970	971	972	973	974	975	976	977	798	979	980
②	④	③	③	②	④	①	①	④	④	④	③	②	④	②	②	④	④	①	④
981	982	983	984	985	986	987	988	989	990	991	992	993	994	995	996	997	998	999	1000
④	④	④	④	①	①	④	④	②	①	①	③	①	③	③	④	②	③	②	①

● 실전기출문제 01회

1	2	3	4	5	6	7	8	9	10	11	12	13	14	15	16	17	18	19	20
②	④	④	②	④	④	①	①	③	②	①	④	①	④	③	②	③	②	③	③
21	22	23	24	25	26	27	28	29	30	31	32	33	34	35	36	37	38	39	40
②	①	④	④	③	①	④	④	③	①	④	③	④	②	③	②	③	②	②	④
41	42	43	44	45	46	47	48	49	50	51	52	53	54	55	56	57	58	59	60
④	③	③	④	①	②	②	④	③	①	②	②	③	②	②	③	④	④	④	①
61	62	63	64	65	66	67	68	69	70	71	72	73	74	75	76	77	78	79	80
③	②	①	②	②	①	③	①	②	②	②	④	④	④	②	③	①	③	④	④
81	82	83	84	85	86	87	88	89	90	91	92	93	94	95	96	97	98	99	100
④	③	③	④	②	②	①	②	③	③	④	④	④	①	③	④	②	①	④	③

● 실전기출문제 02회

1	2	3	4	5	6	7	8	9	10	11	12	13	14	15	16	17	18	19	20
②	④	④	④	②	②	③	②	①	④	②	④	③	②	③	④	③	①	①	①
21	22	23	24	25	26	27	28	29	30	31	32	33	34	35	36	37	38	39	40
②	④	①	②	③	①	①	②	④	③	②	④	①	②	④	①	④	①	③	④
41	42	43	44	45	46	47	48	49	50	51	52	53	54	55	56	57	58	59	60
③	③	④	①	④	④	①	④	④	②	②	④	③	②	②	①	②	①	②	④
61	62	63	64	65	66	67	68	69	70	71	72	73	74	75	76	77	78	79	80
①	③	①	②	①	④	③	②	④	③	②	②	④	②	④	①	③	②	모두정답	②
81	82	83	84	85	86	87	88	89	90	91	92	93	94	95	96	97	98	99	100
①	②	④	③	②	②	③	②	③	④	④	②	①	④	④	③	④	②	④	④

실전기출문제 03회

1	2	3	4	5	6	7	8	9	10	11	12	13	14	15	16	17	18	19	20
④	①	③	④	②	②	②	③	②	④	①	④	③	①	①	③	②	①	②	③
21	22	23	24	25	26	27	28	29	30	31	32	33	34	35	36	37	38	39	40
③	②	③	④	③	②	②	④	③	④	④	④	①	②	②	④	①	④	②	③
41	42	43	44	45	46	47	48	49	50	51	52	53	54	55	56	57	58	59	60
④	①	①	②	③	①	③	④	③	②	모두정답	③	③	④	③	③	①	②	①	②
61	62	63	64	65	66	67	68	69	70	71	72	73	74	75	76	77	78	79	80
③	①	①	①	②	①	④	④	④	④	②	①	③	④	④	①	④	①	④	④
81	82	83	84	85	86	87	88	89	90	91	92	93	94	95	96	97	98	99	100
④	④	②	②	④	④	①	③	④	④	④	②	④	②	②	④	②	①	②	④

실전기출문제 04회

1	2	3	4	5	6	7	8	9	10	11	12	13	14	15	16	17	18	19	20
①	②	④	③	④	②	①	③	②	③	③	④	③	③	④	①	③	②	③	③
21	22	23	24	25	26	27	28	29	30	31	32	33	34	35	36	37	38	39	40
②	①	④	④	④	②	①	②	③	③	②	③	①②	③	①	①	③	④	④	③
41	42	43	44	45	46	47	48	49	50	51	52	53	54	55	56	57	58	59	60
②	③	④	③	④	④	④	①	④	①	④	②	②	②	①	④	②	①	④	②
61	62	63	64	65	66	67	68	69	70	71	72	73	74	75	76	77	78	79	80
④	②	①	③	④	③	②	②	④	①	①	①	④	②	③	③	②	③	③	③
81	82	83	84	85	86	87	88	89	90	91	92	93	94	95	96	97	98	99	100
③	③	①	③	④	②	④	③	②	①	①	③	④	①	②	③	②	④	③	④

실전기출문제 05회

1	2	3	4	5	6	7	8	9	10	11	12	13	14	15	16	17	18	19	20
④	①	②	①	④	①	②	①	④	①	③	①	④	④	①	③	④	③	③	③
21	22	23	24	25	26	27	28	29	30	31	32	33	34	35	36	37	38	39	40
④	④	④	④	③	②	④	④	④	②	③	①	②	③	②	③	②	④	②	①
41	42	43	44	45	46	47	48	49	50	51	52	53	54	55	56	57	58	59	60
③	④	③	③	③	③	④	④	④	①	②	②	②	③	②	②	③	①	③	②
61	62	63	64	65	66	67	68	69	70	71	72	73	74	75	76	77	78	79	80
①	①	④	④	②	②	④	①	③	①	③	②	②	①②	①	④	③	③	②	①
81	82	83	84	85	86	87	88	89	90	91	92	93	94	95	96	97	98	99	100
①	②	③	①	①	①	④	②	④	③	②	②	④	③	③	③	③	③	①	①

1	2	3	4	5	6	7	8	9	10	11	12	13	14	15	16	17	18	19	20
③	①	③	①	③	①	④	②	②	①	①	③	①	①	③	③	③	③	③	②
21	22	23	24	25	26	27	28	29	30	31	32	33	34	35	36	37	38	39	40
①	④	③	④	③	②	③	①	②	②	③	②	②	①	②	④	④	③	④	③
41	42	43	44	45	46	47	48	49	50	51	52	53	54	55	56	57	58	59	60
④	③	③	②	④	②	①	②	①	③	②	④	④	②	④	③	③	④	①	④
61	62	63	64	65	66	67	68	69	70	71	72	73	74	75	76	77	78	79	80
①	④	③	①	②	④	①	④	②	②	④	④	②	①	④	②	②	②	④	④
81	82	83	84	85	86	87	88	89	90	91	92	93	94	95	96	97	98	99	100
④	③	①	③	③	③	④	③	③	①	③	③	④	②	③	④	④	④	①	①

1	2	3	4	5	6	7	8	9	10	11	12	13	14	15	16	17	18	19	20
②	③	①	④	③	④	③	②	④	②	③	④	④	④	④	④	③	①	④	④
21	22	23	24	25	26	27	28	29	30	31	32	33	34	35	36	37	38	39	40
③	③	②	③	④	④	③	④	④	③	②	④	①	①	④	③	③	②	①	③
41	42	43	44	45	46	47	48	49	50	51	52	53	54	55	56	57	58	59	60
④	②	④	③	④	③	①	①	①	④	③	④	②	①	④	②	③	②	①	④
61	62	63	64	65	66	67	68	69	70	71	72	73	74	75	76	77	78	79	80
①	③	①	③	②	④	④	③	④	①	①	①	①	④	①	①	②	④	②	③
81	82	83	84	85	86	87	88	89	90	91	92	93	94	95	96	97	98	99	100
③	①	③	②	③	①	②	①	④	④	④	④	④	②	①	②	②	③	④	①

1	2	3	4	5	6	7	8	9	10	11	12	13	14	15	16	17	18	19	20
②	②	①	①	②	①	③	①	②	④	①	④	②	④	④	③	③	②	②	④
21	22	23	24	25	26	27	28	29	30	31	32	33	34	35	36	37	38	39	40
①	②	①	①	①	③	④	④	①	③	③	④	②	③	①	③	②	④	①	①
41	42	43	44	45	46	47	48	49	50	51	52	53	54	55	56	57	58	59	60
③	④	④	③	④	④	②	④	①	①	①	④	①	④	②	③	②	④	②	④
61	62	63	64	65	66	67	68	69	70	71	72	73	74	75	76	77	78	79	80
③	④	②	④	④	②	②	②	①	④	④	①	②	①	②	②	①	②	③	①
81	82	83	84	85	86	87	88	89	90	91	92	93	94	95	96	97	98	99	100
③	②	②	④	③	④	④	④	③	④	④	④	④	④	④	①	③	④	①	②

실전기출문제 09회

1	2	3	4	5	6	7	8	9	10	11	12	13	14	15	16	17	18	19	20
④	①	①	②	④	③	④	④	③	①	③	①	③	①	③	②	②	④	④	③
21	22	23	24	25	26	27	28	29	30	31	32	33	34	35	36	37	38	39	40
③	①	④	③	①	①	①	①	③	①	①	③	④	①	①	①	④	②	④	③
41	42	43	44	45	46	47	48	49	50	51	52	53	54	55	56	57	58	59	60
①	③	④	②	②	②	②	④	④	①	④	②	①	④	③	③	④	④	②	④
61	62	63	64	65	66	67	68	69	70	71	72	73	74	75	76	77	78	79	80
②	①	④	①	②	④	④	②	④	③	①	②	③	②	①	①	②	②	①	①
81	82	83	84	85	86	87	88	89	90	91	92	93	94	95	96	97	98	99	100
①	③	②	②	①	②	①	④	②	④	④	④	①	④	④	④	①	④	①	②

실전기출문제 10회

1	2	3	4	5	6	7	8	9	10	11	12	13	14	15	16	17	18	19	20
②	④	④	②	②	④	④	④	③	②	④	①	③	②	④	③	②	②	②	②
21	22	23	24	25	26	27	28	29	30	31	32	33	34	35	36	37	38	39	40
①	①	③	①	③	③	①	③	③	③	②	③	④	①	③	③	②	②	③	②
41	42	43	44	45	46	47	48	49	50	51	52	53	54	55	56	57	58	59	60
④	②	③	②	③	②	①	④	①	④	③	④	③	②	②	②	①	④	④	①
61	62	63	64	65	66	67	68	69	70	71	72	73	74	75	76	77	78	79	80
③	①	④	③	①	②	②	③	③	④	②	④	④	④	④	④	③	③	②	④
81	82	83	84	85	86	87	88	89	90	91	92	93	94	95	96	97	98	99	100
②	④	④	④	④	②	③	②	①	④	①	④	④	④	③	④	③	④	④	④